Paul Scheerbart

70 Trillionen Weltgrüsse

Argon

Paul Scheerbart

70 Trillionen Weltgrüsse

Eine Biographie in Briefen 1889–1915

Herausgegeben von
Mechthild Rausch

Argon

Abbildung Frontispiz: *Paul Scheerbart, frühestes erhaltenes Porträt, mit einer Rahmenzeichnung von Nils Wiwel*

Printed in Germany
Satz: Mercator Druckerei GmbH, Berlin
Druck und Lithographie: Graphische Werkstätten Berlin GmbH
Umschlagentwurf: Jürgen Freter unter Verwendung
von Zeichnungen von Bruno Paul und Paul Scheerbart

ISBN 3-87024-802-5

Inhalt

Editorischer Bericht

1. Umfang, Anordnung, Auswahl

Die vorliegende Ausgabe von Briefen Paul Scheerbarts wurde aus einer Sammlung von rund 770 Dokumenten ausgewählt. Dies ist die Summe aller Briefe, Postkarten, Telegramme, Briefentwürfe und -fragmente, die ich in in- und ausländischen Archiven, in Privatbesitz und in gedruckter Form ausfindig machen konnte. Zwei größere Kollektionen wurden nicht berücksichtigt: Die eine befindet sich im Besitz eines Berliner Antiquars, der die Veröffentlichung seiner Autographen verweigerte, ja nicht einmal zu Auskünften über die genaue Anzahl und die Adressaten der Briefe bereit war. Bei der anderen Kollektion handelt es sich um die sogenannten »Schmoll- und Liebesbriefe des Dichters an seine Frau«, die 1921 von Alfred Richard Meyer unter dem Titel »Von Zimmer zu Zimmer« veröffentlicht wurden. Da diese Billets im strikten Sinn keine Briefe sind, wenig Substanz besitzen und sich am besten im Zusammenhang erschließen, wurde auf ihre Aufnahme verzichtet. Sie liegen überdies in zwei Neuausgaben vor.

Wenngleich die aufgefundenen Briefe nur einen Teil von Scheerbarts gesamter Korrespondenz ausmachen, so besteht doch Grund zu der Annahme, daß der bedeutendste Teil seiner Briefproduktion in dieser Ausgabe enthalten ist. Sie umfaßt die Briefe an Scheerbarts wichtigste Verleger (mit Ausnahme der Briefe an den Georg Müller Verlag, dessen Firmenarchiv im Zweiten Weltkrieg zerstört wurde), an die engsten Freunde, an zahlreiche Auftraggeber, Kritiker, Förderer und schließlich an die engste weibliche Freundin und Vertraute, Rosa Gerlach. Gewiß weist die Liste der Adressaten bedauerliche Lücken auf; es fehlt in ihr eine beträchtliche Anzahl von Personen, mit denen Scheerbart in Kontakt stand und nachweislich oder vermutlich Briefe wechselte, wie z. B. Otto Erich Hartleben, Anna Costenoble, Maximilian Dauthendey, Johannes Schlaf, Auguste Achaume, René Schickele, Rudolf Blümner, Eugen Mondt. Bisherige Recherchen nach Briefen an die genannten Personen blieben ohne Erfolg. Sollte nach Veröffentlichung dieser Ausgabe eine größere Anzahl bemerkenswerter Briefe auftauchen, so werden Herausgeberin und Verlag ihre Veröffentlichung in einem Ergänzungsband in Erwägung ziehen.

Während von Scheerbarts Briefen allem Anschein nach der wichtigste Teil erhalten blieb, müssen die an ihn gerichteten Schreiben größtenteils als verloren gelten; sie sind, wie sein Nachlaß, seit dem Tod Anna Scheerbarts verschollen. Einige wenige dieser Briefe haben in Form von Veröffentlichungen oder Kopien überdauert; sie wurden bei der Kommentierung von Scheerbarts Briefen ausgewertet, manche auch teilweise oder vollständig zitiert. Komplette Briefwechsel zwischen Scheerbart und seinen Korrespondenten blieben jedoch in keinem Fall erhalten.

Aufgrund der Dokumentenlage erschien die chronologische Anordnung des Materials als sinnvollste Lösung. Die systematische Gliederung wurde verworfen, weil Scheerbart nur mit wenigen seiner Adressaten einen intensiven brieflichen Gedankenaustausch pflegte. Da die entsprechenden Briefe etwa an Max Bruns, Rosa Gerlach, Alfred Kubin, Ernst Rowohlt meist in einem relativ engen Zeitraum geschrieben wurden, stehen sie auch in der chronologischen Anordnung dicht beeinander und können mühelos im Zusammenhang studiert werden.
Trotz ihres fragmentarischen Charakters erfüllt die vorliegende Sammlung doch hoffentlich den Zweck, Scheerbarts Leben in groben Zügen nachzuzeichnen oder, wie es im Untertitel heißt, als »Biographie in Briefen« zu fungieren. Daß der Begriff »autobiographische Materialiensammlung« die Sache genauer träfe, sei gern eingeräumt; er stände aber allenfalls einer wissenschaftlichen Publikation zu Gesicht. Die Auswahl der Briefe erfolgte nach dem Prinzip, alle für Person und Werk bedeutsamen Informationen zusammenzutragen, also jeden Brief zu berücksichtigen, der in der einen oder anderen Hinsicht relevante Angaben enthält. Daß in diesem Punkt ein Ermessensspielraum existiert, versteht sich von selbst. Um wissenschaftlichen Interessenten entgegenzukommen, die die ausgesonderten Briefe, aber auch die verwendeten Vorlagen studieren möchten, werde ich die von mir benutzten Photokopien und Mikrofiches im Archiv der Berlinischen Galerie deponieren.

2. Wiedergabe

Bei der Wiedergabe der Briefe wurde auf größtmögliche Authentizität geachtet. Allgemein läßt sich wohl darüber streiten, ob Empfänger- und Absenderangaben zum Brieftext gehören und mit ihm zusammen präsentiert werden sollten. Ich neige zur Bejahung dieser Frage, erst recht, wenn diese Angaben, wie es bei Scheerbart häufig vorkommt, eigenwillig formuliert sind. Daher wurden alle originell gestalteten Adressierungen mit dem Brieftext abgedruckt. Bei konventioneller Formulierung wurde, um Platz zu sparen und Redundanz zu vermeiden, ein Kompromiß getroffen: Die Anschriften von Empfänger und Absender wurden jeweils beim ersten Vorkommen vermerkt, also auch bei Orts- und Wohnungswechsel. Wo sie fehlen, sind sie entweder nicht existent (bei den meisten Briefen) oder mit der vorhergehenden Notierung identisch (Postkarten).
Aus Gründen der Authentizität wurde auch die Beschreibung visueller Besonderheiten der Briefe und Karten zusammen mit dem Wortlaut abgedruckt. Zeichnungen des Verfassers, handschriftliche Extravaganzen, aber auch von ihm ausgesuchte Postkartenansichten bilden meines Erachtens dem Text gleichwertige, für sein Verständnis unabdingbare Informationen, die im Anhang falsch plaziert wären. Dagegen habe ich auf Angaben für das

Format der Briefe und Karten, die Anzahl der Seiten und das benutzte Schreibgerät verzichtet, teils, weil ich nicht alle Briefe im Original begutachten konnte, teils, weil ich derartige Angaben in einer sich nicht an ein Fachpublikum richtenden Ausgabe für entbehrlich halte.
Sämtliche Briefe und Karten sind in einer leicht lesbaren deutschen Schrift geschrieben, deren Entzifferung keine nennenswerten Schwierigkeiten bereitete. Lediglich bei der Wiedergabe der Großbuchstaben C und K bestand gelegentlich Unsicherheit darüber, welcher von beiden gemeint war. Nicht nur sind beide Buchstaben in Scheerbarts Handschrift nahezu identisch, er pflegte sie auch bei manchen Wörtern wahlweise anzuwenden.
Scheerbarts Schreibweise wurde grundsätzlich originalgetreu wiedergegeben mit einigen Ausnahmen: Der Doppelungsstrich über dem $\overline{\text{m}}$ wurde durch zwei Buchstaben ersetzt; das veraltete Kürzel für Pfennig wurde gegen Pf ausgetauscht; einfach und mehrfach unterstrichene Wörter erscheinen gesperrt; einfach und mehrfach unterstrichene Buchstaben und Zahlen erscheinen in Fettdruck. Inkonsequenzen und Fehler in Rechtschreibung und Zeichensetzung wurden in der Regel und ohne Hinweis belassen; nur sinnentstellende Fehler wurden bei entsprechender Kennzeichnung korrigiert. Das Druckbild der Briefe folgt im wesentlichen dem Schriftbild. Einige Details wurden den Möglichkeiten typographischer Reproduktion angepaßt und zugunsten eines harmonischen Gesamteindrucks verändert; hierzu zählt die Plazierung der Anreden und Grußformeln am rechten und linken Rand des Satzspiegels. Die Anmerkungen der Herausgeberin im Briefteil wurden durch Kursivschrift kenntlich gemacht; sie zusätzlich einzuklammern erschien überflüssig. Korrekturen der Herausgeberin wurden in Winkelklammern ⟨⟩ gesetzt. Da Scheerbart selbst runde und eckige Klammern verwendete stand die traditionelle eckige Herausgeberklammer nicht mehr zur Verfügung.

3. Anmerkungen, Bibliographie
Die Briefe wurden einer ausführlichen Kommentierung unterzogen. Ihr Ausmaß ergab sich aus der Überlegung, daß sowohl Scheerbart als auch der mit ihm in Verbindung gestandene Personenkreis dem heutigen Leser durch den Lauf der Geschichte entrückt sind. Es war ferner zu berücksichtigen, daß keine Scheerbart-Biographie existiert, sondern nur ein in Dissertationen und Nachworten verstreutes Konglomerat von Daten, von denen nicht wenige falsch sind. Ziel der Kommentierung war es, dem Leser Scheerbarts Persönlichkeit sowie sein berufliches und privates Umfeld so lebendig wie möglich vor Augen zu führen. Die biographischen Daten der erwähnten Personen wurden entweder mit der ersten Namensnennung oder - bei Briefempfängern - mit der Kommentierung des ersten Briefes verknüpft. Vollständigkeit und Fehlerfreiheit lassen sich bei einem Unternehmen die-

ser Art wohl niemals erreichen, um so weniger, wenn ein knapp bemessenes Stipendium den Nachforschungen enge Grenzen setzt. So bedeutet die Formel »konnte nicht ermittelt (oder aufgeklärt) werden« nicht immer der Weisheit letzten Schluß, sondern besagt in den meisten Fällen, daß die Recherchen aus Zeitmangel abgebrochen werden mußten. Dies gilt besonders für die Überprüfung der zahlreichen Hinweise auf Veröffentlichungen in Zeitungen und Zeitschriften; bei ausgedehnterem Quellenstudium läßt sich vermutlich noch mancher nicht aufgeklärte Hinweis verifizieren.
Die vollständige bibliographische Erfassung des Scheerbartschen Werkes ist die vordringlichste Aufgabe der Scheerbart-Forschung. In Dissertationen wird das Fehlen einer zuverlässigen Bibliographie zwar seit Jahrzehnten beklagt, doch fühlte sich bislang keiner der wissenschaftlichen Bearbeiter verpflichtet, Abhilfe zu schaffen. Leider konnte diese Aufgabe aus Zeitmangel auch im Rahmen dieser Edition nicht bewältigt werden. Ds vorgelegte Werkverzeichnis ist nicht vollständig und vermutlich auch nicht fehlerfrei; auch bedürfte es einer systematischen Überarbeitung, in der Erst- und Nachdrucke eindeutig gekennzeichnet sind. Dennoch wurde auf die Veröffentlichung der Bibliographie nicht verzichtet, weil sie zum Verständnis der Briefe einfach unentbehrlich ist. Sie basiert auf der in der Neuausgabe des Romans »Das graue Tuch und zehn Prozent Weiß« von mir publizierten Bibliographie, welche um mehr als 65 Nummern, darunter 40 Erstveröffentlichungen, erweitert wurde.

4. Danksagung

Die Arbeit an dieser Ausgabe wurde durch ein elfmonatiges Stipendium der »Pressestiftung Tagesspiegel« in Berlin gefördert, für das ich an dieser Stelle meinen Dank abstatte.
Gedankt sei auch allen im Anmerkungsteil genannten Personen und Institutionen, die mir die Veröffentlichung der in ihrem Besitz befindlichen Briefe erlaubten.
Mein Dank gilt ferner all jenen, die mich durch Hinweise auf Briefe, durch die Beschaffung von Kopien und durch Mitarbeit bei den Recherchen unterstützten: Dr. Rolf Burmeister, Hamburg; Hilde Dick, Pully/Schweiz; Viktoria Fuchs, Deutsches Literaturarchiv, Marbach; Wolf Fuchs, Berlin; Hartmut Geerken, Herrsching; Helmut Geisert, Berlin; Christine Gerlach, Berlin; Dr. Hans Gressel, Minden; Dr. Elisabeth Höpker-Herberg, Herscheid; Dr. Gerd Jungblut, Schlitz; Günther Kühne, Berlin; Marta Lachova, München; Gerhard Rühm, Köln; Cornelia Thater-Schulz, Berlin; Dr. Liesl Ujvary, Wien; Fritz Widhalm, Wien; Dr. Otto Wichtl, Wien. Ein besonderer Dank geht an Horst Hussel, Berlin, der mir am meisten geholfen hat. Zu danken habe ich auch Thomas Wölk vom Argon Verlag für die Veröffentlichung eines nicht eben bestsellerverdächtigen Werkes, Dr. Vera Hau-

schild, Leipzig, für die kompetente Lektorierung des Manuskripts und Heinz-Friedrich Hillenherms, Berlin, für die Anfertigung des Registers. Den größten Dank schulde ich jedoch Janos Frecot, Kurator an der Berlinischen Galerie, durch dessen Vermittlung mir das Arbeitsstipendium gewährt wurde und ohne dessen Interesse und Einsatz dieses Buch nicht entstanden wäre.

M. R.

Briefe

1 An Julius Hart

Berlin den 27. April 89.

Sehr geehrter Herr!
Sie würden mich zu großem Danke verpflichten, wenn Sie mir mitteilen wollten, in welcher Zeit ungefähr das nächste Heft der kritischen Jahrbücher erscheinen könnte. Sie benachrichtigen mich wohl auch, ob Sie meinen Aufsatz »Dichter und Künstler« zum Abdruck bringen wollen. Falls Sie mir ein paar Worte über meine Meinungen zukommen ließen, würde ich sehr glücklich sein.
Leider denke ich zu viel an eine Besprechung meines Paradieses. Darf ich dieselbe bald in der Tägl. Rundsch. und in der nächsten Nummer der krit. Jahrb. erwarten?

Mit vorzüglichster Hochachtung
Paul Scheerbart
NW. Birkenstrasse 7. IV.

2 An Richard Dehmel

Visitenkarte mit Aufdruck:
Paul Scheerbart

Rückseitenbeschriftung:
grüßt seinen königlichen Bruder Richard sieben Mal und flüstert leise, dunkel und verheißungsvoll:
Hurrah! Hurrah!

Kleine Zeichnung in der rechten unteren Ecke

3 An Richard Dehmel

Gedruckter Briefkopf:
Der
Verlag deutscher Phantasten
Berlin SW.
Schützen-Strasse 68. 28. Oct. 92.
Liebster Richard Dehmel!
Da Du jetzt so daran gewöhnt bist, von mir schriftliche Aeußerungen p. Post zu empfangen – so schreibe ich Dir heute auch einen Brief. Heilmann

bat mich, Dir Walloths Karte zu senden - weil sie Dich interessiren würde. Walloth u Lilienkron könnten ja gemeinsam gegen Friedrich vorgehen. Meine betrunkenen Karten nimmst Du doch nicht übel, nicht?
Ja - etwas möchte ich noch.
Kannst Du mir Przybyczewski's Adresse mittheilen? - er wohnt N. Wöhlertstr. ich habe die Nummer nicht behalten. P. läßt Dich herzlich grüßen.

Ganz
Dein
Paul Scheerbart

4 AN OTTO JULIUS BIERBAUM

Gedruckter Briefkopf:
Der Verlag deutscher Phantasten *etc.*

1. Nov. 92.

Verehrter Otto Julius Bierbaum!
Sehr geschmerzt hat es mich, daß Sie ein verlegerisches oder vielmehr ein antiverlegerisches Unternehmen nicht als solches gleich anerkannt haben. Statt »Phantasten« kann auch meinetwegen »Individualisten« oder sonst ein andres abgebrauchtes Schlagwort stehen. -
Entschuldigen Sie die Bierkarten, aber ich war geärgert - ordentlich. Wollen Sie mir's verargen, daß ich dem Publicum kaltblütig Sand in die Augen streute? Vielleicht haben Sie die Güte - wenn Sie etwas gegen die Construktion des Verlags einzuwenden haben - dieses mir zu schreiben.
Ueber »Richtung und Schule« werde ich demnächst einen Artikel veröffentlichen. Es ist doch eine bekannte Thatsache, daß es gleichartig Strebende giebt, die sich nie beeinflußt haben. Was man von Richtungslosigkeit immer redet - ist doch nur ein Nietzsche nachgekautes Gewäsch.
Es wird, glaub ich, immer Dichter geben - - die sich sympathisch sind. Warum sollen sie nicht zusammen in demselben Verlag ihre Werke veröffentlichen?
Ueberhaupt - ich ärgere mich halb todt. Es scheint mir eine lächerliche Komödie, daß Künstler und Dichter - immerfort Kaiser und Päpste sein wollen......
Aber gestatten Sie nun, daß ich lachend schließe. Ich bin gern bereit, Ihnen, wenn Sie wollen, meine sämmtlichen Geschäftskniffe zu verrathen. Anbei

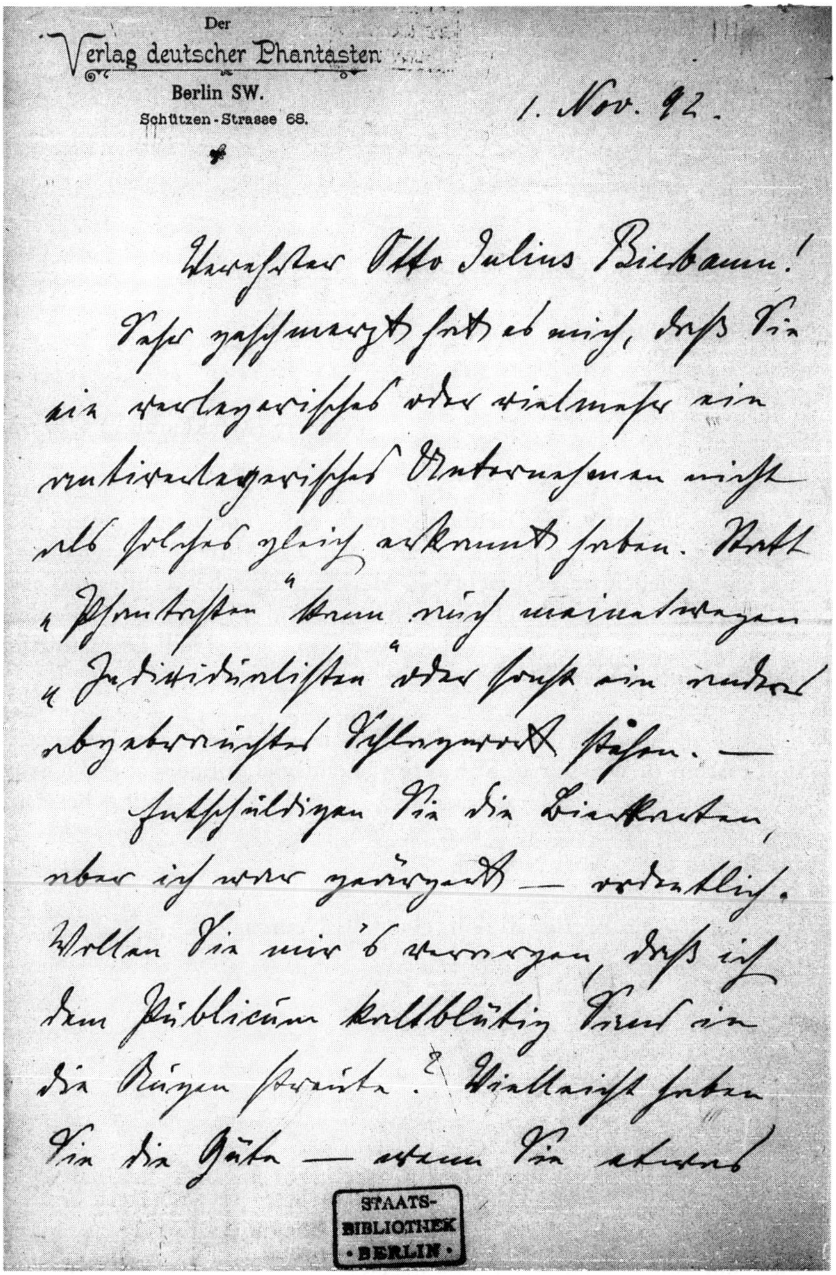
Der Verlag deutscher Phantasten
Berlin SW.
Schützen-Strasse 68.

1. Nov. 92.

Verehrter Otto Julius Bierbaum!

Sehr geschmerzt hat es mich, daß Sie ein verlegerisches oder vielmehr ein antiverlegerisches Unternehmen nicht als solches gleich erkannt haben. Statt „Phantasten" kann auch meinetwegen „Individualisten" oder sonst ein anderes abgetriebenes Dichterwort stehen. —

Entschuldigen Sie die Visitkarten, aber ich war gezwungen — ordentlich. Wollen Sie mir's verargen, daß ich dem Publicum kaltblütig Sand in die Augen streute? Vielleicht haben Sie die Güte — wenn Sie etwas

Nr. 4

ein Gedicht zu beliebiger Verwendung, da Ihnen »Laß die Erde!« wohl nicht mehr in Ihren Almanach hineinpaßt

Herzlich - aber eingeärgert
Ihr
Paul Scheerbart

5 Hans Heilmann an Richard Dehmel

Herrn Richard Dehmel
Pankow b Berlin
Parkstraße 25.

Feldberg (Mecklenburg) 4. IV. 93.

L. R - - - - -
An den Fleischtöpfen Mecklenburgs sitzen wir und weinen, wenn wir daran denken, daß es unmöglich war, Dich zur Mitreise zu verführen. Landschafts-Beleuchtungen prachtvoll, Mecklenburgische Verpflegung brillant, Sterne zum Dichten reichlich vorhanden. Auf Wiedersehen in Berlin!

Heil! D. Heilmann

Zusatz von Paul Scheerbart:
L. D. - - - - -
Wild gesehen - selbst Wildenten - dann Bäume und Felder - höchst interessante Erdarten u. Wasser u. Schatten, nicht viel Sonne - aber Licht u. Beleuchtung!! Hellgrüne Grasgrüsse v. D. Paul Scheerbart
Zusatz von Karl Neunzig:
Freundlichen Gruß Karl Neunzig
Zusatz von Rudolf Neunzig:
und dessen grossen Bruder Rudolf, ebenfalls Neunzig.

6 An Richard Dehmel

Poststempel: 16. 7. 93

Lieber Richard Dehmel! Flaischlen bat mich, Dir mitzutheilen, daß er einen Band Prosa von versch. Autoren im Verlage der Bücherfreunde herausgäbe. Würdest Du ihm nicht das in das in der Tgl. Rundschau veröffentlichte Stimmungsbild (Brand, Fuß, Lilie etc) senden zu wollen? Honorar für schon Gedrucktes 54-74 M (für 1 1/2 Bgn) 1. Oct. zahlbar.

Ungedrucktes wird doppelt bezahlt – ist aber sehr schwer anzubringen.... denn der Verlag will augenscheinlich Bewährtes u. Billiges. Ich besuche Dich demnächst. Muß leider schrecklich arbeiten.

Heiligen Gruß von Deinem
Paul Scheerbart

Randbeschriftung:
N. Weissenburger. 8

7 An Hanns von Gumppenberg

Herrn Baron
Hanns von Gumppenberg
⟨Berlin⟩
Oranienstrasse 154.II.

Berlin N.Weissenburger Str 8. IV.
Poststempel: 7.2.94

Heil! Heil! Heil!
Dein Sieg hat mich gewaltig gefreut. Hurrah! Doch denk' nur, wie raffinirt ich denke. Ich sehe Dich schon im Gefühl des Triumphs »Pataky belächeln wollend«. Sollst Du also in den nächsten Wochen oder Monden - Deine techn. Position aufgeben wollen, so denke daran, daß ich diese Position ganz gern für einige Monde weiterführen würde wollen – sowohl aus Rücksicht auf meine ideellen wie pekuniären Interessen. – Doch das nur nebenbei – hat keine Eile!

Randbeschriftung:
Hoffentlich mißverstehst Du mich nicht. O! Thu's nicht! Antwort nächsten Freitg evtl – später mündlich.

Herzlich Dein
Paul Scheerbart

8 An Richard Dehmel

Poststempel: 24.5.94

O Richard! Bitte sei nicht bös, dass ich erst jetzt schreibe. Heissen Dank für Deine Mühe. Habe Zeile für Zeile und Silbe für Silbe anerkannt und umgehend an Friedrich Lange gesandt. Es kam noch zur Zeit. Lange indessen wollte mal wieder nicht. Er brachte letzten Sonntag eine Variante, die schon älter war und die er vor nicht langer Zeit für bestialisch und lüstern erklärt hatte [und zwar schriftlich in einem Brief] Ich besuche Dich wahrscheinlich nächsten Sonntag. Wenn Du nicht zu Haus, schadet's nichts. Deine Anerkennung hat mich sehr gefreut. Wenn Du Bierbaum siehst, so sag' ihm doch, er möge mir nur nicht böse sein, dass ich so lang schweige.

Seligen Gruß Dein Paulus

9 An Hanns von Gumppenberg

Herrn Baron
Hanns von Gumppenberg
Berlin-Friedenau
Rembrandtstr. 9. I. *Poststempel:* 14. 9. 94

Lieber H. v. G! Könntest Du evtl, wenn Du augenblicklich Zeit haben solltest, einen Artikel:
»Die Kunst und der Spiritismus«
oder so ähnlich schreiben? Es ist höchstwahrscheinlich, daß die Sache sofort gedruckt wird - evtl. mit Porträt. Schick's in ca 8-12 Tagen an
»Paul Hildebrandt«
Berlin W. Leipziger Str 130
Sonst schreib' mir! Karte am 14ten bis jetzt nicht erhalten⟨.⟩ Honorar gut.

Heil! Heil! Heil!
Dein
Paul Scheerbart

Berlin-Schöneberg Akazienstr. 14 III. l

10 An Hanns von Gumppenberg

⟨An⟩ den Freiherrn u. Dichter
Hanns von Gumppenberg
Friedenau bei Berlin
Rembrandtstr 9. I.

19 Sept
94.

Lieber Freund!
bis zur nächsten Woche hat's natürlich Zeit... obgleich ich nicht weiß, ob die Sache dann noch für die nächste Nummer in Frage kommen kann.

Doch das schadet ja schließlich nicht. Honorar wird sofort nach Annahme bezahlt. Fordere dem Werth entsprechend! Evtl 30 oder 35 oder 40 M – wenn's eine Art Lebensarbeit ist – unbedingt mehr. Ich werd's zu vertreten suchen

Herzlichst
Dein Scheerbart

Randbeschriftung:
beachte umseitig meine neue Adresse

11 An Hanns von Gumppenberg

Lieber Hanns von Gumppenberg!
Herm. Hendrich hat eine Photographie von einem spiritistischen Gemälde. Bitte schreib' ihm, er möcht' es Dir schicken. Ich hab'⟨s⟩ ihm schon gesagt. Er wohnt Berlin W. Friedr. Wilhelmstr 16.
Dann schick' Dein Autogramm (auf großem Stück steifen Papiers) an Herrn Paul Hildebrandt Berlin W. Leipziger Str 130 umgehend.
Und schreib' den Artikel in jedem Falle sofort, daß er noch nächsten Sonntag (resp. Montag) in Händen der Redaction sein kann.

Heil!
Dein
24. Sept 94. Paul Scheerbart

12 An Hanns von Gumppenberg

Herrn Baron Hanns von Gumppenberg
Mitarbeiter der »kalten Nachtmütze⟨«⟩
Friedenau b/Berlin
Rembrandtstrasse 9. I. *Poststempel:* 28. 10. 94

Lieber Gumppenberg!
Mein berühmter Weltkater hat mir so heftig ins linke Bein gebissen, daß ich nicht kommen konnte.
Entweder komm' ich morgen Sonntag Nachm. zwischen 2 u. 3. oder Montag ganz früh des Morgens.

Mit Trommeln und Trompeten
Dein
Paul Scheerbart

Randbeschriftung:
Samstag Abend

13 An Richard Dehmel

Gedruckter Briefkopf:

Amsler & Ruthardt's
Wochenberichte
Illustrirte Zeitschrift für Kunst, Kunsthandel und Kunstgewerbe

⟨Berlin W.,⟩ wahrscheinlich ⟨18⟩. Nov. 94

O Riccardo!
Mein Herz sehnt sich nach Dir! Darum möcht' ich mit Dir 25 geschäftliche Angelegenheiten besprechen. - - -
ad I. Hedwig Lachmann würde gut thun, mir Manuskript zur Verfügung zu stellen - für 50 M - rede Du bitte! Evtl. ist Frl. Lachmann eine redaktionelle Stelle nicht unangenehm.
ad II. Du denkst vielleicht darüber nach, was man in den beifolgenden Ring hineindichten könnte. Schmeiß den Ring nicht fort, damit Du beweisen kannst, daß Du furchtlos bist. Am 1. Jan. wird der große Ring gedruckt. Deine Artikel etc dahinter!!
ad III. Wie denkst Du über den Huronen-Club? - das eilt! schrecklich! Ich bin Generaldirektor des Clubs.
ad IV. Wie denkst Du über meine neue Bühne?
ad V. Wann sollen Dichter nüchtern sein?
Aus diesen Fragen erhellt zur Genüge, daß ich Montag spätestens Dienstag Abend mit Dir umständlich sprechen muß.
Schreib - falls Du nicht Zeit hast
Sonst komm' ich! Im Namen der Unsterblichen!
Dein Paul Carl Wilhelm Scheerbart a. D.

14 An Richard Dehmel

⟨An⟩ jenen Richard Dehmel
Pankow bei Berlin
Parkstr 25.

Poststempel: 23. 2. 95

Die Gebratene Flunder. Allerneustes Tanz-Poëm.
Die gebratene Flunder sitzt auf dem gelben Familiensopha und sinnt - sinnt lange.

AMSLER & RUTHARDT'S

WOCHEN-BERICHTE

ILLUSTRIRTE ZEITSCHRIFT FÜR KUNST, KUNSTHANDEL UND KUNSTGEWERBE.

Abonnementspreis: pro Jahr 52 Nummern Mk. 12.—.

Jeder Jahres-Abonnent erhält sämmtliche im Laufe des Jahres erscheinenden Beilagen gratis geliefert.

BERLIN W., wahrscheinlich 18. Nov. 94

Redaction und Expedition: 130 LEIPZIGER STRASSE.

O Riccardo!

Mein Herz sehnt sich nach Dir! Darum möcht' ich mit Dir 25 geschäftliche Angelegenheiten besprechen. — — —

ad I. Hedwig Lachmann würde gut thun, mir Manuskript zur Verfügung zu stellen — für 50 M — sage Du bitte! Evtl. ist Frl. Lachmann eine redaktionelle Stellung nicht unangenehm.

ad II. Du denkst vielleicht darüber nach, was man in den beifolgenden Ring hineindichten könnte. Schmeiß den Ring nicht fort, damit du beweisen kannst, daß du furchtlos bist. Am 1. Jan. wird der große Ring gedruckt. Deine Artikelchen dahinter!!

ad III. Wie denkst Du über den Herren-Club? — das wird schrecklich! Ich bin Generaldirektor des Klubs.

ad IV. Wie denkst Du über meine neue Bühne?

ad V. Wann sollen Dichter nüchtern sein?

Aus diesen Fragen erhellt zur Genüge, daß ich Montag spätestens Dienstag Abend mit Dir ausführlich sprechen muß.

Schreib — falls du nicht Zeit hast

Sonst komm' ich! Im Namen der Unsterblichen!

Dein Paul Karl Wilhelm Scheerbart a. D.

Nr. 13

Plötzlich springt sie auf und schaut den heiligen Nepomuk, der sich im Schaukelstuhl ein wenig schaukelt, durchdringend an.
Dann schreit die gebratene Flunder, während sie auf ihrem knusprigen Schwanze herumhopst: »Nepomuk! Du sollst Kaiser von Pangermanien werden! Wahrhaftig!«
»Du hast wohl«, meint Nepomuk, »zu viel gebratene Butter im Kopp!«
- - -
Die gebratene Flunder springt auf den Tisch und singt die Marseillaise.
Da wird der heilige Nepomuk wüthend und schlägt mit der Faust auf den Tisch.
Was geschieht?
Die Lampe fällt runter – und explodirt.
Alles verbrennt und stirbt.
Die Asche giebt kein einziges Lebenszeichen von sich.
Hieraus erkennt man wieder, wie viel der Zorn zerstören kann.

Mit 999999 Milliarden Grüßen Dein Paulus

15 An Richard Dehmel

⟨An⟩ jenen Richard Dehmel
Schaibert von Oesterreich
Pankow bei Berlin
Parkstr 25.

Poststempel: 4.3.95

Mein lieber Schaibert!
Du wirst Dich wohl gehörig wundern! Aber Du mußt doch bedenken, daß Caesar in Kaiser umgewandelt wurde. Anjetzo brauchen wir trotzdem was Größeres. Daher wandelte ich m e i n e n Namen um. Nimm dein »Schaibertreich« ruhig an!

Dein
Scheerbart
Schaibert von Deutschland

P.S. Ich sitze dem Schaibert von Afrika gegenüber und bin entschieden als ächtester aller Schaiberts f ü r die Umsturzvorlage. Hurrah! Sturm!

16 An Franz Servaes

In Anna Costenobles Handschrift: Datum des Poststempels
Datierung von Franz Servaes: 4. VI. 1895

Was willst Du?
Wir sind göttlich
Opp emm Innig ⟨?⟩

Zusatz von Anna Costenoble:
Also er meent man blos, Dir ist doch recht, wo wa Drei, Costenoble-Scheerbart-Pastor, Donnerstag Abend, punkt 6 1/2 bei Dir erscheinen?

Anna Costenoble
Unterschrift: Paul Scheerbart
Unterschrift quer über das Blatt: Willy Pastor

17 An Richard Dehmel

Herrn Dr. Richard Dehmel
Erzbischof.
Pankow
Parkstrasse

Villa Bitû anno 33
Poststempel: 24. 6. 95

Lieber Richard Dehmel!
Hierdurch gebe ich Dir zu erkennen, daß Dein Buch mein größtes Wohlgefallen erregte - ich danke Dir! Anna Costenoble liest Dich bereits - sie spricht mit Hochachtung von Deiner Prosa - freu Dich!
Ich zittre - denn ich bin doch eigentlich sehr glücklich

Dein
Paul Anna Scheerbart

Kleine Zeichnung am rechten oberen Rand

18 An Richard Dehmel

Herrn Dr. Richard Dehmel
Schriftsteller und Rentier
Pankow bei Berlin
Parkstrasse 25.

Abs. Scheerbart, Eremit. Berlin-Schöneberg, Akazienstr 14. III. links

Poststempel: 18. 10. 95

Lieber Richard Dehmel! Oh - ich bin sehr unglücklich! Du kennst doch meinen lieben Sohn Humorus - im Volksmunde Morus genannt - nicht wahr? Also - denk' Dir - ach, die liebe Familie! - denk Dir - Morus hat Scharlach u. Diphteritis (oder so was Aehnliches), kann nicht sprechen - liegt zu Bett. Ich muss nun immer zu Hause sitzen und den armen Morus pflegen. Ich schreibe jetzt auf dem schönsten Schreibtisch - mein Balkonzimmer ist entzückend. Deshalb sage mir doch, ob Du was von Bierbaums Adresse weißt - der hat 2 grosse und 17 kl. Manuscr. von mir. Morus läßt Dich grüssen. Du sollst ihn trösten - Deine Rügen-Karte hat mich entzückt.

Dein grüssender
Paulus

Randbeschriftung:
Der logische Zusammenhang ist sehr wichtig!

19 An Franz Brümmer

3. Dec. 95

Sehr geehrter Herr!
Verzeihen Sie, daß ich Ihnen nicht schon früher die Biographie zusandte - doch die Geschichte ist so furchtbar schwierig. Ich schreibe nicht so gern humorlos, daher erlaube ich mir, Ihnen folgenden Wortlaut vorzuschlagen: (hoffentlich scheint es Ihnen nicht zu nüchtern.)
»Paul Carl Wilhelm Scheerbart ist geboren am 8. Januar 1863 zu Danzig (Westpreussen) als das elfte Kind seiner Eltern. Sein Vater war Zimmermann, seine Mutter sehr religiös und eine geborene Hering aus Altona. S. wollte schon im dreizehnten Jahr Missionar werden, es ward aber Nichts daraus; die Philosophie verleidete ihm sehr bald die religiöse Tätigkeit. Und die Kunst, speciell die Dichtkunst, verleidete ihm später wieder die philosophischen Geschichten. Daher gab sich S. im Jahre 1884 ganz und gar seinen

litterarischen Arbeiten hin, führte in Leipzig, Halle, München, Wien u. a. Städten Deutschlands ein unstätes Leben, schrieb Dramen und Kritiken, nahm Alles, was zu dem Worte »Kunst« Beziehungen hat, gierig in sich auf und hatte schließlich ein besonderes Vergnügen an orientalischen und religionshistorischen Studien.
Seit dem Jahre 1887 lebt S. in Berlin und schreibt seine sämmtlichen poetischen und anderen Werke mit beneidenswerther Beharrlichkeit.
Im Jahre 1889 erschien »Das Paradies, die Heimat der Kunst. 1893 erschien dasselbe Werk in dem von S. gegründeten »Verlag deutscher Phantasten« noch einmal, 1893 erschien auch das Wunderfabelbuch: »Ja... was... möchten wir nicht Alles!« dann folgten »Die Städte der Zukunft« (Broschüre), »Ich liebe Dich! Ein Eisenbahn-Roman mit 33 merkwürdigen Geschichten« und »Tarub, Bagdads berühmte Köchin. Arabischer Kulturroman«.
(Die beiden letzten Bücher erscheinen Anfang des nächsten Jahres bei Hugo Storm Berlin im Verein für freies Schriftthum.)

Sie können den Wortlaut selbstverständlich nach Gutdünken verändern – ich werde mich sehr freuen, wenn's so genügt. Meine Photographie folgt anbei, sobald ich eine bessere habe, folgt auch diese.

Mit hochachtungsvoller Begrüßung
Ihr
sehr ergebener
Paul Scheerbart

Berlin Schöneberg, Akazienstr. 14. III. links

20 An Richard Dehmel

Poststempel: 24. 2. 96

!,,,; O Riccardo! Weisst Du was Humor ist??... – »Jedem derbe auf'n Kopp hauen!«,,,, also definirte heute der Bär! – und mir gegenüber hat Er Humor! Ich muß arbeiten – Tag und Nacht. = wenn »Ich liebe Dich«. Eisenbahn-Roman mit 66 Intermezzos« fertig ist, komm' ich mit dem Manuskript zu Dir! Ich schreibe hoffentlich in 3–4 Wochen, wann ich bei Dir sein werde. Die Intermezzos sind schon fertig.
66...... Mal

Dein Paulus!?! Herr der Kröten u der Molche

Randbeschriftung:
Ich besitze ein Aquarium und einen Mandarinenmantel

21 An Franz Servaes

Franz Servaes
Halensee b./Berlin
Kurfürstendamm 118.

Poststempel: 27.3.96

Lieber Franz Servaes! Meine Seele blutet – aber ich kann nicht kommen! Ich bin ja »der Gefangene von der Akazienstrasse«. Ich muß erst meinen pantheistischen Allerweltsroman fertig stellen – eher kann ich nicht. Ich bin also immer zu Hause – das Zuhausesitzen soll die Mutter meiner Werke werden. Vielleicht kommst Du mal?? Ja? Komm! Denn ich bin ja

Dein armer Gefangener
von der Akazienstrasse.

22 An Franz Servaes

Poststempel: 1.7.96

Lieber Franziskus!
Ich habe soeben an Löffler geschrieben, er möchte doch den Eisenbahnroman zu Ende lesen – ich schrieb sehr höflich – mit vornehmer kühler Melancholie.
Storm habe ich noch nicht aufgesucht. Zu Dehmel bin ich schließlich doch nicht raus gekommen. Ich traf einen alten Danziger u. war »demnach« gestern in Oranienburg.
Dein Drama lese ich noch heute
Heilige Grüße von

Deinem Paulus.

Randbeschriftung:
St. wegen Fruchttötungsmanöver angekl.

23 An Franz Servaes

5. August 96.

Lieber Franz Servaes!
Schuster u. Löffler lassen mich noch bis zum 20. August warten – das sind gute 14 Tage.

Löffler kann sich noch immer nicht entschließen – aber ich glaube, ich werde siegen.
Um Letzteres aber zu können, muß ich die 14 Tage leben. Ich habe an alle Menschen (auch an W.) verzweifelte Briefe geschrieben – und es war vergeblich!
Ich erhielt nicht einmal eine Antwort – von Keinem!
Jetzt schreib ich auch noch an Dich!
Kannst Du mir 40 M besorgen.
Der Bär verpflichtet sich, das Geld so bald wie möglich wiederzugeben.
Thu mir den Gefallen und schreibe umgehend, ob Dir was möglich sein könnte – oder besuche mich!
Zu Dir kann ich nicht kommen, ich bin zu müde.
Schreib wenigstens, damit ich nicht vergeblich warte – das Warten ist das Entsetzlichste.

Schmerzliche Grüße
von
Deinem
Paul Scheerbart

24 An Richard Dehmel

Richard Dehmel
grosser Dichter
Pankow ^{b}/Berlin
Parkstrasse 25.

Poststempel: 6. 8. 96

Lieber Richard Dehmel! Mit großer Freude habe ich bemerkt, daß Du endlich einem frommen Leben zusteuerst und im Wupperthal die Pietisten besuchst. Das freut mich! Was machen denn die Brüder? Etwas traurig bin ich allerdings, daß Du Dich nicht der allein seligmachenden katholischen Kirche zuwendest. Du nanntest mich in Altona »Eminenz« – das erweckte schon so große Hoffnungen in mir! Na – ich will nicht zu anspruchsvoll sein. Der Kringel aus Burg war wohl ein Symbol des Umsichselbstdrehens, der Einsamkeit, Antierotik und des Kosmotheismus – ja? Und mit der anderen Allegorie wolltest Du wohl sagen, daß nur »bekneipte« Seelen ein Herz haben – nicht? Na – laß nur das viele Trinken! Dichten ist viel besser. Bist Du vielleicht mal für mich zu Hause? Meine Zeit ist durch lauter Unsinn so in Anspruch genommen, daß ich nicht gern vergeblich nach Pankow reise – das macht mich auch so traurig. Na – allweil Kosmotheistisch

Dein dicker Paulus

25 An Franz Servaes

Poststempel: 4. 9. 96

L. F. S! Es läuft Alles besser aus, als ich dachte. Der Boden unter meinen Füßen wird endlich kühler. Mündlich Näheres! Ich glaube, ich kann zufrieden sein. Dein Drama wollen sie sehr gern bringen, wenns Ihnen gefällt und – und – Du bezahlst. Löfflern leuchtete die Bedeutung des Kritikers F. S. für seinen Verlag sofort ein – und Schuster wird sich nach meinem Dafürhalten sehr bald für Dein Drama »lebhaft interessiren«. Du kannst nun hingehen oder schicken – wie Du willst (3 andre Dramen haben sie schon.) Alles scheint mir so ziemlich »erledigt«.

Heil!
Dein P.

26 An Franz Servaes.

⟨An⟩ Franz den Ersten
Dr. Franz Servaes
Halensee bei Berlin
Kurfürstendamm 118.

Poststempel: 17. 9. 96
Akazienschloss!

Mein königlicher Bruder!
Dein herzliches Handschreiben hat meinem Herzen wohlgethan. Du hast ganz recht: unser Club erstreckt sich über den ganzen Erdball.
Jetzt aber ist es endlich Zeit, das Weib von der drückenden Last der unnatürlichen Menschenrechte zu erlösen! Also los!
Bitte Laura, die Gewaltige, um ihre Unterstützung.
Und verliere meine Artikel aus dem Berl. Tagebl nicht!
Schleife Dein Schwert!
Prosit Mahlzeit!

Dein
P. D. E.

Vertikale Doppelbeschriftung:
Kämpfen wir für die Wiedereinführung der mittelalterlichen Hexenprozesse
Es thut noth!

27 An Franz Servaes

Poststempel: 4.10.96

Lieber Franz Servaes!
Leider wirkt unser gestriges Gespräch heute noch so stark nach, daß ich erst morgen den Artikel schreiben kann. Ich werd' ihn Dir bis morgen Abend persönlich bringen. Wenn Du morgen Montag 5. October nicht zu Hause bist, so steck ich das Manuskript in den Briefkasten. Wenn ich das nicht thun soll, schreibst Du vielleicht was für mich auf!

Herzlichen Gruß
Dein Paul Scheerbart

Randbeschriftung:
Gern spräch ich noch mal mit Dir. Ich hab Dir noch schrecklich viel zu sagen.

28 An Franz Servaes

Von Servaes datiert: 1897
Vermutlich Oktober 1896

Liebes Franzi
Dein Brief hat mir als solcher sehr wohlgethan! Deine kluge Taktik hat mir goliathisch imponirt.
Ja – ja – es ist traurig, daß man die Spaßvögel nicht so ohne Weiteres ernst nehmen will.
Nun – ich werde Deine Rathschläge ganz peinlich genau befolgen! Thatsächlich!
Indessen – der Dr. Zolling hat mir noch nicht geantwortet. Kann ich noch was thun?
Ich habe geschrieben. Soll ich nun ruhig warten – oder soll ich Z. besuchen? Rath mir, bitte!
Hast Du meinetwegen an die Wiener Rundschau geschrieben?
Ich bin in Angst und Sorge.
Pastor hat mich P's wegen auf Pistolen, Evers auf Säbel fordern lassen – andre Feinde haben sich noch nicht gemeldet.

100000000000 Grüße von
Deinem ernsten Paulus!

Wenn Du nicht schreibst – wart' ich ruhig ab

29 An Franz Servaes

Stickluft 13. Oct. 96.

Oh Franzi!
Die Korrektur kam heute an, und ich war sehr glücklich. Ich drück Dir die Hand! Ich drück Dir die Hand! Also: Du meinst, ich kann jetzt ganz ruhig sein? Ich bin's! Ich sandte die Korrektur an die Redaction ohne weiteres Begleitschreiben. Doch richtig – was? Indessen – ich bin ganz gerührt – die Freude ist ungeheuerlich. Deine Rathschläge werde ich genau befolgen. Im Uebrigen: hältst Du P. u. E. wirklich für fähig, mich herauszufordern? So kühn können sie garnicht sein. Nimm sie daher nicht tragisch. Nach etlichen Monaten sind sie wieder gut.
Anbei auch ein Brief, den ich Dir auch zu verdanken habe – gieb ihn mir gelegentlich wieder!
Was mach' ich nun mit meinen Prinzipien?
Eigentlich möcht' ich mich kugeln vor Lachen – der Bär brummt und schimpft. Und ich weiß wirklich nicht, was ich thun soll. Ich muß doch in jedem Falle liebenswürdig sein.
Ich bin ein altes Opferlamm!
Rathe mir!
Na – was mach ich nun?
Abwarten wäre doch unliebenswürdig.
Oh diese Prinzipien!
Lach mich aus!

Tausend urkomische Grüße von
Deinem
Paul Scheerbart

Liebes Franzi! Ich bin Dir schrecklich dankbar, so daß ich das Wort garnicht aussprechen kann – auch für Wiener Rundschau.
In diesem Monat giebt es aber keine anderen Ausstellungen. Es schadet daher doch Nichts, wenn ich das nächste Manuskript erst nach dem 1. Nov. einsenden würde – nicht wahr?
Entschuldige meinen trocknen Ton!
Aber ich bin so nachdenklich.
Die antierotischen Conflikte sind zu tragikomisch. Es ist noch garnicht so leicht, Alles allen Menschen recht zu machen.
Die Antierotik ist das Höhere.
Oh – und ich gebe mir so schreckliche Mühe, keinem Menschen wehe zu thun. Ist das aber nicht das beste Mittel – um allen Menschen wehe zu thun? Ich glaube, ich denke zu viel nach! Heihohaû! Ich werde dämlich?

Schräg über eine Seite:
Merkwürdiger Brief!
7 Manuscripte anbei.

Randbeschriftung:
Die Manuskripte giebst Du mir bald wieder - nicht?

30 An Franz Servaes

Herrn Dr. Franz Servaes
p. Adr. Dr. Chr. Rang
Greifswald
Gutzkower Str.

Poststempel: 18.10.96

Oh Franzi! Deine Karten kamen zu spät. Aber es schadet Nichts. Ich schreibe einen Artikel über A. C., daß alle Welt staunen soll. Die Sache ist sehr wichtig, da ich dabei ausgezeichnet der Welt meinen höheren antierotischen und kosmischen Standpunkt klar machen kann. Alle Welt schreibt über A. C. - selbst O. Bie u. Caesar Flaischlen. Ich glaube, Dehmel auch! Kl. Journal Berl. Tagebl. etc haben schon. Aber ich schreibe das Beste - und das wird Rops, Stachu u. Anna zu gleicher Zeit umbringen. Du wirst verblüfft sein über meinen wissenschaftl. philos. ernsten Ton.

Dein
Paulus!

Randbeschriftung:
Ich will Zolling damit imponiren. Hab keine Angst um mich. Es war durchaus richtig hinzugehen. Demnächst Näheres - - - Wie geht es Dir? Wann kommst Du wieder? Schreib - bitte!

31 An Richard Dehmel

Poststempel: 25. 10. 96

Oh Richard! Ich danke Dir! Der Bär sagt: D e i n e Sachen verstehe er doch – d i e seien l e i c h t – meine versteht der Bär nicht.
Hurrah!
Ich grüße Dich, Du populärer Dichter!
Nächstens beiß ich Dir die Nase ab!!

Ich
Dein
lieber Paulus

Randbeschriftung:
Prosit Neujahr!
Lach doch nicht so viel! – Ich bin ernst!
Ich mach Dich jetzt überall ordentlich schlecht!
Das Titelbild ist grandios, die's verdammen sind dumm!

Zusatz von Franz Servaes:
Mein Richterspruch erfolgt später! Besten Gruss

Servaes

Kleine Zeichnung in der rechten unteren Ecke

32 Franz Servaes an Richard Dehmel

Halensee, Kurfürstenpark
Poststempel: 26. 10. 96

Lieber Dehmel! Er hat Reue! Er merkt, er fühlt allmählich, dass er doch eigentlich recht ruppig heute an Sie geschrieben hat.
Zusatz von Paul Scheerbart:
Ich dagegen ruinire Alles! Was willst Du mehr? Mir gegenüber tanzt entzückend die sogenannte tolle Welt. Húrrah! Schiess Dich tot. Ich bin tanzend Dein Paulus
Servaes:
Er sagte mir, ich sollte »recht nett« schreiben. Ich sollte ihm nämlich die Wege ebnen. Er war aber leider unfähig, sie zu beschreiten. Somit müssen Sie sich mit dieser lakonischen Begrüssung und Beglückwünschung begnügen. Natürlich hält er sich immer noch für den Bedeutenderen.
Besten Gruß Ihr Franz Servaes

33 An Franz Servaes

Franz Servaes
Löw'
Halensee ^{b}/Berlin
Kurfürstendamm 118. *Poststempel:* 9.11.96

Franzi! Du bist ein böser Mensch, daß du selbst in meinen liebenswürdigsten Artikeln etwas Verbissenes siehst. Und das Blitzweib hältst Du für die Mutter meiner Hellblauen? Du bist mir in der Bösartigkeit über! Ich werde mich vor Gram aufhängen; - wenn Du mich morgen Nachm (Dienstag) noch einmal sehen willst, so komm' zu mir - ich bin so schwach, daß ich kaum mehr gehen - geschweige denn dichten kann. Ich bin ein sehr melancholischer Mensch. In ewiger Trauerlaune

Dein kranker Paulus

Kleine Zeichnung innerhalb des Textes

34 An Franz Servaes

17. Nov. 96.

Liebes Franzi!
Kannst Du der Frau Scherler bis zum 1. Dec. d.J. 20 M pumpen? Du würdest sie sehr erfreuen, wenn Du ihr das Geld per Post zusenden wolltest. Ist es Dir aber nicht möglich, so schreib umgehend, da dann wieder alles Mögliche versetzt werden muß. Dein Artikel hat mir in den meisten Theilen große Freude gemacht. Sehr bedeutsam erschien mir das über die Freundlosigkeit Goethe's. Eigentlich hätte die Geschichte viel länger sein können. Es hat aber auch die Kürze ihr Gutes. Geärgert habe ich mich über »Goethe als Erotiker«, der immer in einer Frauenathmosphäre leben muß. Das ist einfach skandalös.
Kann man nicht auch ganz harmonisch mit der Disharmonie auskommen? Ja - Du kannst es auch! Dein Artikel schließt eine Verteidigung Deines eigenen Lebens in sich.

Tiefernsten Gruß
von
Deinem
Paul Scheerbart

Randbeschriftung:
Frau S. grüßt auch.
Frau S. garantirt Dir für pünktlichste Rückzahlung des Geldes

35 An Franz Servaes

Schöneberg 7. Dec. 1896.

Liebes Franzi!
Frau Scherler ist mit Allem einverstanden und freut sich sehr. Sie hält aber das Hersenden der Betten für überflüssig, da sie genug Betten hat. Du kannst also Dattychen bringen, wann Du willst. Evtl. hole ich Dich ab, damit wir zusammen gleich die Wäsche u. Kleider herbringen*) können.
Frau Scherler grüßt herzlichst

Und ich bin mit Haut und Haaren
Dein
Paul Scheerbart

Randbeschriftung:
*) entschuldige die stilistische Unbeholfenheit - da müßte herschleppen stehen.
Die Bettstelle braucht die Fr. Scherler auch nicht
Es regnet augenblicklich sehr stark.

36 An Richard Dehmel

Herrn Dr Richard Dehmel
Sexualisten-Häuptling [a]/D.??
Pankow [b.]/Berlin
Parkstrasse 22.

Poststempel: 11. 12. 96

Lieber Richard! Mit tiefer Trauer habe ich aus Deiner Karte ersehen, daß Du auch Antierotiker werden willst. Das bricht mir das Herz. Ich hatte gehofft, Dich mit meinem Artikel über Anna Costenoble bis ins Mark zu treffen - und nun ist es Dir »aus der Seele« geschrieben. Das ist einfach tragikomisch. Soll ich denn wirklich keinen Feind haben? Gegen den Seelenstachu allein kann ich mich doch nicht wenden. Da mir nun die Antierotik verleidet wurde, so werde ich mich der Antialkoholik zuwenden. Wir können uns demnach leider nicht sehen, damit ich nicht rückfällig werde. Dein

armer Paulus

Randbeschriftung:
Meine Seele ist geborsten. Ihr müsset noch viel unklarer werden. Ich aber will ganz alleine klar sein, denn meine Sucht nach dem Aparten vergehet nie.

Paul Scheerbart (1897)
Fotografie von Wilhelm Fechner

37 An Franz Servaes

Herrn Dr. Franz Servaes
z. Z. Goslar am/Harz
Sanatorium Marienbad

Poststempel: 15. 1. 97

Was? Faul, alt und gebrechlich thust Du?
Was? Mit knurrendem Magen ruhst Du?
Auf! In die Welt! Den Fürsten entgegen!

Liebes Franzi! Müdigkeit willst Du vorschützen? Laß das! Ich sage Dir: laß das! Der erste Bogen des Eisenbahnromans ist gesetzt - und ich habe mich halbtot gelacht. Ich empfehle Dir »Einsamkeit, »Keuschheit und »Fleiß - Du mußt Asket werden - das macht gesund
Hurrah! Opp emm!

Ton
Pal! Sebat!

Randbeschriftung:
Der Schlüssel ist abgegeben

38 An Richard Dehmel

Von Scheerbart gezeichnete Zierleiste am oberen Kartenrand

Lieber Richard! Ja - wenn Dein Weltzimmer so neu aussieht - dann freilich muß ich erscheinen. Feierlich werd ich kommen - so wie's aechten Weltgeistlichen ziemt. Uebrigens kann ich Dich ja garnicht hassen - denn das paßt ja nicht in mein Programm.

Programmäßig und zielbewußt
Dein
alter
22. Jan. 97. Paulus

Paul Scheerbart (1897),
Fotografie von Wilhelm Fechner

39 An Franz Servaes

Poststempel: 27.1.97

Lieber Franz Servaes!
Ich freue mich, daß Du wieder da bist und bitte Dich herzinniglich, mir umgehend die lächerliche Kritikerstellung an der »Gegenwart« wieder abzunehmen. Möge Dich der Teufel mit Deinen elenden Stellungen holen! Der Himmel bewahre mich vor Zolling u. Gen. Ich danke Dir von ganzem Herzen

Dein
Paulus.

Randbeschriftung:
Grüße Bal. u. Brand – die können sich freun.

40 An Franz Servaes

Franz Servaes
Eremitenaspirant
Halensee b/Berlin
Kurfürstendamm 118

Liebes Franzi! Es thut mir wirklich schrecklich leid, morgen nicht zu Dir rauskommen zu können – besonders Holzens halber. Aber es paßt nicht in mein Programm! Ich bin ein viel größerer Principienreiter als Holz. Das wirst Du wohl schon gemerkt haben.
Grüße meinen Kollegen und bleibe gut

Deinem
guten
Paulus
1. Febr. 97 Eremit von Schöneberg

Paul Scheerbart (1897)
Fotografie von Wilhelm Fechner

41 An Franz Servaes

An Franzi Servaes
Halensee b/Berlin
Kurfürstendamm 118.

Poststempel: 24.2.97

Die Tulpen duften ja! Oh, liebes Franzi, Du hast mir eine große Freude gemacht. Die Tulpen sind thatsächlich aus Battany's Garten. Ich danke Dir viel tausend Mal. Schreibst Du evtl mal an den Papa Heilmann? Für die Zeit will auch Bierbaum schreiben, könntest Du diesem nicht auch schreiben? B kann doch für die Gegenwart schreiben. Oh, ich bin so weltmüde! Heil! Heil!

Dein
Paulus

Randbeschriftung:
Zürne nicht dem kranken Stil!

42 An Franz Servaes

23. März 97.

Liebes Franzi!
Nach reiflicher Ueberlegung muß ich Dir mittheilen, daß ich's für taktisch falsch halte, sich schon jetzt an S. u. L zu wenden. Sie würden in jedem Falle nur dann etwas Geld für die Geschichte übrig haben, wenn Du 4/5 der Kosten bereits zusammen hast. Dagegen halte ich's eigentlich nicht für falsch, Storms Unternehmungslust wieder etwas aufzureizen. Könntest Du nicht von unbetheiligter Seite c 5000 M garantirt bekommen? Das wäre immerhin eine Grundlage.
Vergessen darfst Du jedenfalls nicht, daß sowohl Storm wie S. u. L. selbst als Geldgeber eigentlich nicht in Frage kommen. Demnach brauchst Du die Leute garnicht. Das Geld muß in andrer Weise aufgetrieben werden; die Verleger machen Dich viel zu abhängig und verkorksen nur Alles. Storm muß auch vorsichtig behandelt werden, da er Herrn Dr Wrede keine Concurrenz wird bereiten wollen.
Die Verleger kommen also nach meiner Ueberzeugung eigentlich ganz zuletzt. Geldgeber müssen in andren Kreisen aufgesucht werden (cf. Meier-Gräfe u. d. Pan.)

Schicke oder bringe mir doch meine Manuskripte so bald wie möglich zurück, damit ich die Abschriften anfertigen kann (es eilt sehr!)

Herzlichst
Dein
Paulus.

sc. ich gehe nicht zu S. u. L., weil ich fürchte, daß sie der Sache schaden könnten, wenn sie sie nicht in die Hand bekommen.
Nachher machst Du mich verantwortlich!
Vorsicht! Vorsicht! Vorsicht!
Wir müssen uns hauptsächlich vor übereilten Schritten hüten.
Besuche mich evtl!
In Halensee giebt's zu viel zu trinken.
Ich arbeite! Thatsächlich!

43 An Karl Kraus

Herrn Karl Kraus
Wien
Maximilianstr. 13. I.

30. 3. *Poststempel:* 97

Hochgeehrter Herr Kraus.
Schönen Dank für Ihren lieben Brief, den ich soeben auf Umwegen erhielt. Ich werde mich sehr freuen, wenn Ihnen meine Bücher gefallen. Ihr Artikel über Bahr hat mir sehr vielen Spaß gemacht.

Mit verbindlichstem Gruß
Ganz
Ihr
Paul Scheerbart

44 An Franz Servaes

Poststempel: 1. 4. 97

Lieber Franz! Kann Naglos nicht über Deinen Goethe schreiben? Mir ist es total unmöglich, da Du Louvier nicht berücksichtigt hast und ich seit vielen Jahren gewöhnt bin, Goethe nur durch Louviers Brille zu sehen. Es ist mir einfach physisch unmöglich, über Deine Broschüre drei annehmbare Zeilen zusammenzubringen. Ich kann's einfach nicht. Also zürne nicht! Ich werde jeden Tag wüthender!!

Schick mir bitte mein Manuskript (Delphin) – bring's mir auch, wenn Du willst. Aber mach Dich darauf gefaßt....... Giftflammen lodern Dir hier entgegen.
Mit Dynamit u. Pestbacillen

Dein lieber guter Paulus!

45 An Franz Servaes

⟨An⟩ Franz Servaes
Eleve der litterarischen Diplomaten-Akademie
Halensee b/Berlin
Kurfürstendamm 118.

Poststempel: 5.4.97

Hetären sind dem Gold ergeben –
Ihr Beutel ist ja ewig leer!
Ich kann von »Einem« doch nicht leben –
Mein lieber Franz, was willst Du mehr?
Ich werde stets im Weltall schweben –
Und wärst auch »Du« ein Millionär!
Ich kann mein Herzchen nicht verkleben –
Oh, komm' nur wieder zu mir her!
Ich liebe Alle ohne Leben –
Es fällt mir nur ein bischen schwer!

Der Herr der goldnen Kröten lacht Dich an!!!!!

46 An Richard Dehmel

Poststempel: 14.7.97

Lieber Richard! Mein Herz sehnt sich nach dem heiligen Landleben – aber das nützt Nichts. Ich kann nicht zu Dir kommen – es sei denn, daß ich zunächst meine Mordsgeschichte fertig hätte. Am 15. August muß sie fertig sein. Leider bin ich erst beim 8ten Capitel. 24 Capitel sollen's aber werden. Also: sei mir nicht böse! Ich muß mit dem Messer am Halse meine Mordsgeschichte schreiben. Ich bin natürlich furchtbar wüthend. Mein Messer ruft mir – verzeih!

Voll Blutdurst!
Dein Paul Scheerbart

Nieder mit dem Heroenhunger!

Oh Franzi!
Du bist ein Mann der Impulse, und ich bin ein Mann ohne Geld - das ist der Unterschied.
Die Rede vom lauteren Heroismus ist derartig einschmeichelnd und beleidigend, daß ich Dich zunächst mal anpumpen muß.
Was sagst Du nun?
Ist das nicht Hyper-Heroismus?
Nun? Na? Ich glaube doch!
Ich komme mir immer heroischer vor.
Am 15. September - spätestens am 20ten müssen wir ziehen.
Und dabei ist noch nicht einmal die Miethe zusammen - für den Monat September - zum Leben ist a u c h Nichts da.
Aber immer heroisch!
Scheerbart, sei heroisch!
Wahrlich! Ich hab's nöthig.
Mein Manuscript liegt am Donnerstag 2ten September 14 Tage bei Schuster u. Löffler. Aber erst nach 14 Tagen, behauptete Schuster, könnten sie's lesen.
Ein Geduldsspiel!
Ja, ich bin ein Heros!
Wenn ich blos nicht dabei zu Grunde gehe!
Ich werde S. u. L. morgen Dienstag wahrscheinlich schon zu einer Erklärung zwingen - sonst will mir Evers bis zum 15. Sept. 250 M (das halbe Honorar*) bestimmt besorgen.
Ich hoffe also durchzukommen.
Kannst Du nun, damit ich ein bischen ruhiger agiren**) kann und Evers nicht mit kl. Summen zu kommen brauche - auch nicht auf ihn allein angewiesen bin - mir 20 M pumpen? oder weniger? oder mehr?
Ich werde Dir sehr dankbar sein und Dir das Geld nach Empfang der ersten Rate umgehend zurücksenden.
Franz! Ich sage Dir: sei heroisch!
Sei a u c h heroisch!

Dein
alter Heros
Paulus I.

Rand- und Zwischenraumbeschriftung:
*) Evers will nämlich den Haremsroman in den Verlag »Kreisende Ringe« aufnehmen.

**) Ich muss mir's doch sehr scharf überlegen, wo mein »furchtbarer« Haremsroman am besten untergebracht ist. Ich muß auch ein diplomatischer Heros sein

Wenn Du nicht kannst – so schreibe – damit ich nicht warte! Ich werde mir auch meine Verbissenheit und Scheinklugheit abgewöhnen
Schick wenigstens etwas – wenn Du kannst! Ich nehme Alles an.
Hoffentlich verstehst Du die Wichtigkeit dieses Briefes. Ich möchte mich an Evers nicht mit Haut und Haaren ausliefern. Mein Mißtrauen schläft nie. Ich bin auch gegen Pastor mißtrauisch – und möchte ihn nicht ohne zwingende Zwangslage zum zweiten Mal anpumpen. –
Kannst Du mir evtl bis Mittwoch einen Rath in der Verlagsangelegenheit geben? S. u. L. werden sicherlich nicht mit Begeisterung an den Druck gehen.
Vor Weihnachten müssen die Barmekiden en tout cas erscheinen.
Ich bin muthig wie zehn Blaue!
Also: sei heroisch!
Montag Abend 30. August 1897.

48 An Franz Servaes

Berlin-Schöneberg 3. Sept. 97.

Oh Franzi!
Du hast mir eine unbeschreiblich große Freude gemacht und mir sehr viel geholfen. Die Miethe ist bezahlt, und das Baarvermögen beträgt noch 2,30 M. Eier, Butter u. andre nothwendige Utensilien sind auch da. Der Bär hat zwar den fürchterlichsten Rheumatismus, der mich Tag und Nacht zum Krankenwärter macht – das schadet aber Nichts – denn jetzt wird Alles gut.
Entweder zahlen S. u. L. 500 M für den Roman – oder Evers bekommt ihn.
Es wird Alles gehen. Die 10 M kriegst Du hoffentlich noch vor dem 20ten dieses Monats zurück – und dann sehen wir uns wieder Kantstr 19. Charlottenburg. Der Bär geht gedankenvoll im Zimmer herum, freut sich, daß er gehen kann und läßt schön grüßen.
Ich danke Dir für alle Deine Liebe, empfehle Dir in allen Lebenslagen eine unglaubliche Lebensfreude und bitte Dich, mir nicht zu zürnen, daß dieser Brief so kurz ist – aber kurz ist auch das Leben

Ich bin ganz
Dein
alter Paulus

Es lebe der anständige Mensch! Mein Haremsroman ist aber sicherlich mindestens 600000 M werth – unterschätze ihn nicht! Uebrigens: wollen wir zusammen eine antischlappige Richtung gründen?

Kreuz und quer über die Seite geschrieben:
Entschuldige die vielen Tintenflecke! das liegt aber an der dummen Feder und an der vielen Tinte, in der ich sitze.
Oele Dein Herz!!
Immer muthig!
Das Kaiser-Wilhelm-Denkmal zu Coblenz muss ja grossartig sein – Hurrah!
Der Heros lebet ewiglich!
Entschuldige die verdrehte Schreiberei.
Jetzt kann ich in Ruhe die Honorareintreibungsangelegenheit betreiben.

Kleine Zeichnung innerhalb des Textes

49 An Franz Servaes

Abs. Paul Scheerbart Nieder-Schönhausen b/Bln Waldstr 2.I

Kleine Zeichnung in der rechten oberen Kartenecke

Poststempel: 4. 10. 97

O Franzi!
Deine Burgkarte hat mich entzückt. Meine Löwen erscheinen noch in diesem Monat. Erscheinst Du nicht mal in Nieder-Schönhausen Waldstr 2.I? Na? Ne? Schreib' eine Karte vorher. Der Wald rauscht. Die Löwenzehne stehen in diesem Monat zu Deiner Verfügung.
Ganz ruhig

Dein
Paulus

Randbeschriftung:
von Bahnhof Schönhauser Allee Pferdebahn mit 12 Minuten-Verkehr.

Sonntag Nachmittag 17. Oct. 97.
Nieder-Schönhausen b/Berlin
Waldstr. 2.

Oh Franzi!
Ich wohne jetzt hier mitten im Walde in einer herrlichen Villa. Die Waldstrasse trägt ihren Namen mit Recht und besteht nur aus drei fern von einander gelegenen Villen.
Ganz Europa wundert sich. Wirklich!
Und der Bär wird hier allmählich gesund.
Ich werde auch gesund. Thatsächlich!
Vor c 3 Wochen schrieb ich Dir eine Karte, die Dir meinen Umzug mittheilte. Aber die Karte ward von mir nach Halensee gesandt, da ich mir merkwürdiger Weise garnicht denken konnte, daß Du noch nicht von Deinen Reisen zurück sein könntest. Die Karte ging natürlich wohl verloren - wenn sie nicht von Deinem Wirth aubewahrt wird, den ich leider nicht danach frug. Indessen - trösten wir uns - es ist gut, daß Du noch einmal schriebst, denn ich glaubte schon, daß Dich ein kl. Rappel ergriffen hätte. Ich hörte nämlich, daß Du in die Pariser Strasse nach Wilmersdorf gezogen seist und dort mit Holz, Julius Hart, Pastor u. Baluschek ein Clique gegründet hättest.
Nun - es ist gut, daß dem nicht so ist. Ich wollte hier gleich mit Dehmel eine Clique gründen - aber Dehmel hat eine neue Tochter bekommen und demnach keine Zeit. Pastor wird jetzt Kaufmann und hat augenscheinlich auch keine Zeit - er ist nämlich froh - keinen Menschen sehen zu brauchen. Augenblicklich schreibt P noch eine große Sache, die »diesmal schwieriger ist als je zuvor«. Das Drama »Der neue Stern« wird, soviel ich weiß, vorläufig noch nicht gedruckt - von einer Aufführung weiß ich auch noch Nichts. P. war aber 4 Wochen im Schwarzwald - ich wundre mich, daß Ihr Euch nicht getroffen habt.
Nun - komm' nur bald wieder, denn es geht doch nicht anders. Jedenfalls kannst Du bei mir einen guten Grog bekommen. Mein Heim wird Dir gefallen - Nowaja Semlja kann kaum schöner sein. Ich will demnächst übrigens nach Vadsö (östl. vom Nordkap) übersiedeln - bleib aber vorläufig noch hier - - - denn Storm will meinen Schloßroman »Weltglanz« drucken - zahlt mir c 1 Jahr monatlich 70 M (vom nächsten Monat ab) Schuster u. Löffler bringt im Febr. 98 mein Phantastenbuch »Na! prost!« Evers bringt (für 500 M) noch in diesem Monat die blauen Löwen. Habe schon 4 Bogen Correktur gelesen. Weiter wüßte ich Nichts! Grüße die Scheerbartgemeinden und wundre Dich nicht, daß ich das Paket

unfrankirt sende. Aber – ich wollte Dich nicht erschrecken. Die 10 M stehen um den 1. November herum ganz zu Deiner Verfügung – ich schick sie Dir nicht umgehend, damit Du nicht umfällst.

Rand- und Zwischenraumbeschriftung:
7000000000000000 lustige höchst selige Grüße! von

Deinem Paulus.

Nun – komm bald wieder – sonst wird der Grog kalt. Mein Schloßroman ist der mit den rein-astralen Intermezzos! Du wirst staunen!
Na! Prost!
Deinen Brief erhielt ich erst heute Sonntag Morgen. Ich bin fix – was?
»Schreibe bald!«
Entschuldige den laxen Stil – aber es ist die Fahrt nach Halensee Vormittags sehr anstrengend gewesen
Der Bär lässt auch schön grüssen.
Oh! Und die Sonne scheint so hell!!
Hurrah!

Beschriftung des Briefumschlags:
Wie viel Romane schreibst Du jetzt jährlich? Bierbaum schreibt 5 Dehmel 7 Pastor 8 Scheerbart 13!!
Arbeite nur fleissig an Deinem Roman, Du musst schon um meinethalben berühmt werden! Lach nicht!

51 An Richard Dehmel

Poststempel: 1. 12. 97

Lieber Richard! Es ist mir leider d o c h unmöglich, morgen loszukommen. Man stöhnt mir so fürchterlich die Ohren voll, daß ich zu Hause bleiben m u ß. Ich leide an veritablen Wuthkrämpfen – mir geht der Humor aus. Außerdem muß ich an meinem Phantastenbuch arbeiten – sonst wirds nicht bis zum 15. Januar fertig. Also: zürne mir nicht und lege Deiner Gattin meine herzlichsten Glückwünsche zu Füßen. Wenn Du Merians Brief suchen wolltest, würde ich Dir sehr dankbar sein. E v t l hole ich mir den Brief Montag oder Dienstag zwischen 3 u 4 Nachm.
So! Nun sei nicht böse – sondern sei herzlich f r o h, daß ich zu Hause bleibe......
Na – prost!

Mit tausend schmerzhaften Grüßen
Dein
Paulus

52 An Franz Servaes

Herrn Ritter
Franz von Servaes
Halensee b. Berlin
Kurfürstendamm 118

Abs. Häuptling Scheerbart Nieder-Schönhausen Waldstr 2

Poststempel: 23.12.97

Wüster Ritter! Ich will Dir all Deine nichtswürdigen Schandthaten noch einmal verzeihen, wenn Du am 1. Januar 1898 zum Frühstücksschoppen in den Pankgrafen kommst u. Brandenburg mitbringst, der in jedem Falle Baluschek u. Tovote mitbringen muß. Es umarmt Dich

Dein
Paulus

Randbeschriftung:
Daß Ihr ja kommt! Wir feiern das erste Bestienfest.
Sämmtliche »erstklassigen« Leute kommen!
Dehmel erwartet Euch auch!

Zeichnung über der Schrift

53 An Richard Dehmel

⟨An⟩ den großen Antierotiker
Herrn Dr Richard Dehmel
Pankow b/Nieder-Schönhausen
Parkstrasse N° 25 I links

6. Febr. 36. S.
Poststempel: 6.2.98

Mein lieber Kapitän!
Deine letzte Karte hat mein antierotisches Herz in einen schäumenden Niagara-Fall verwandelt. Ich danke Dir! Ich beglückwünsche Dich zu Deiner Bekehrung – herzlichst. Weiß Du auch, daß ich besoldeter Apostel des »Allgemeinen Mäßigkeits-Vereins« bin. Thatsächlich! Ich bekleide Stellung schon seit Jahren.

Gruss aus dem Wirtshaus „Zum Pankgrafen", Pankow, Schlossstr. 6.
gegenüber dem Königl. Schlosspark. - Inh. Otto Hädrich. - Fernsprecher Amt Pankow 104.

Kannst Du nebenbei die Liebenswürdigkeit haben, mir das gedruckte Original-Manuskript des astr. Dithyrambus möglichst umgehend und heimlich zukommen zu lassen? Dank vorher! Dein ehrwürdiger

Apostel Paulus.

54 An Franz Servaes

Herrn Dr. Franz Servaes
Vorsitzender des Mässigkeits-Vereins »Pastor«.
Halensee b/Berlin
Kurfürstendamm 118.

Zeichnung am oberen Kartenrand

Poststempel: 22.2.98

Mein theurer Bogenschütze.
Franz Evers theilte mir vor 14 Tagen mit, daß die Recensionsexemplare bereits verschickt seien. Ja! Ja!
Würdest Du mir den Gefallen thun und das Dir aus Leipzig zugesand⟨*t*⟩e Recensionsexemplar dem Hannsch Balûschek zu schenken? Grüß ihn! Na prost!

Dein
Paulus.

55 An Franz Servaes

Herrn Dr Franz Servaes
B. v. E. u. d. O.
Halensee b/Berlin
Kurfürstendamm 118.

Poststempel: 23.2.98

Mein lieber Franz!
Also: Du wirst Dir ja selber sagen, daß Deine Karte nur mit Blut abgewischt werden kann. Der Grunewald ist Dir ja nahe genug.
Ich komme daher Dienstag den 1. März mit meinem Sekundanten nach Halensee, lasse letzteren auf der Bahnbrücke u. hole Dich runter. Sei bitte zu Hause bis 4 Uhr Nachmittags. Wir kommen bestimmt. Evtl von 1 Uhr ab Nachricht an der Thür!

Randbeschriftung:
Waffen bringt mein Sekundant mit
Ich rathe Dir, bis zum Ersten streng-solid zu leben.
Evtl. sekundirt Dir Pastor - nicht?
Dr. Schleich ist im Grunewald Hubertus.

56 An Franz Servaes

Poststempel: 3.2.98

Liebes Franzi! Du verwechselst wieder mal Alles. Ich bin der Gekränkte - nicht Du. Den ganzen schönen Abend hast Du mir durch Deine Weglauferei verdorben. Ich mußte doch annehmen, daß Du umgehendst nach Hause fahren wolltest. So - sind wir überhaupt nicht mit der Droschke gefahren. Es schloß Alles ärgerlich ab. Scherler giebt Dir jetzt noch Recht. Na - ich trinke von nun ab nur noch allein.

Dein
Paulus.

Randbeschriftung:
Na - sei gut!

57 An Franz Servaes

⟨An⟩ den großen Alkoholiker
Herrn Dr Franz Servaes
Halensee b/Berlin
Kurfürstendamm 118.

Poststempel: 27.4.98

Mein liebes gutes armes Franzi!
Ich bin mit Dir ganz trostlos. Aber trotzdem wollen wir Dich trösten, und Bär und ich laden Dich daher zu morgen Donnerstag zu einem Löffel Suppe ein! Na?

Ganz
Dein
Paulus

Randbeschriftung:
Sei so früh wie möglich – spätestens um 1/2 2 hier.
Weine nicht mehr!
Es wird schon Alles gut werden!
Prost Franzi!
Bär grüsst auch!

58 An Richard Dehmel

Mai 1898

Oh Richard!
Ich bin Du, und Du bist ich! Hast Du nu genug?
Beifolgender Flieder ist für Deine Frau Gemahlin von Uns eigenhändig (natürlich Schwindel!) gepflückt.
Kommst Du daher in den Patzenhofer zu einer Weissen?

Selig Euch grüssend
Scheerbart *Zusatz von Anna Scherler:* u. der Bär

Randbeschriftung
Rücksichtsvoll
Rücksichtsvoll

59 An Franz Servaes

Poststempel: 21. 5. 98

Liebes Franzi!
Du bist erstaunt, daß ich Nichts von mir hören lasse? Sei nicht erstaunt! Wer zwei dicke Bücher in jedem Frühling herauszugeben gewohnt ist, wird müde und abgespannt. Gerne würde ich Deinen Artikel lesen – aber ich kann an Bahr nicht schreiben – da ich ihm vor 14 Tagen ein großes Manuskript gesandt habe – – das muß er ungestört verdauen Kannst Du mir nicht den Artikel besorgen? Umsonst krieg ich ihn doch nicht – und ich bin noch immer

Dein armes Pauli.

60 An Franz Servaes

⟨An⟩ Franzi Servaes
Halensee b/Berlin
Kurfürstendamm 115. od. 118.
Kleine Zeichnung in der rechten oberen Kartenecke

23.5.98
Vormittag

Liebes Franzi!
Weine nicht! Es wird schon Alles gut werden! In meinem Walde sind schrecklich viele Vögel. Der Garten der Unendlichkeit steht in voller Blüte. An S.u.L. habe ich soeben geschrieben. Die Zeit aber läßt sich immer Zeit – sonst würde sie sich nicht die Zeit nennen. Wauer giebt eine Wochenschrift »Die Ewigkeit« heraus, ich werde Architekt und schreibe den Semâfi – meine Stimmung ist undefinirbar – aber mir gehts durchaus nicht schlecht. Die Vögel sind so laut

und ich
bin
Dein
Johann Jakob Muschke.

Randbeschriftung:
Grüße den stillen Pastor!!!!!

61 An Detlev von Liliencron

9. Juni 98.

Verehrter Herr Baron!
Ich habe soeben die Redaktion eines neuen illustrirten Wochenblattes »Lachende Welt!« übernommen. Ich würde mich sehr freuen, wenn Sie sich zur Mitarbeit bereit erklären wollten. Es soll Alles schrecklich laut lachen. Ich bin natürlich mit dem, was Sie mir senden, in jedem Falle zufrieden – aber besonders dankbar würde ich Ihnen sein, wenn Sie mir für eine phantastische Kriegsnummer einen kurzen lustigen Beitrag senden könnten – vielleicht eine unglaubliche Muthgeschichte.... Sie schicken wohl auch mehr! Auch Lyrik würde mich sehr glücklich machen.

Das Honorar wird selbstverständlich gleich nach Empfang der Manuskripte gesandt – vom »Genossenschaftsverlag deutscher Künstler u. Schriftsteller« bezahlt.

Mit verbindlichstem Gruß
Hochachtungsvoll
Ihr
ergebenster
Paul Scheerbart

Nieder-Schönhausen bei Berlin Waldstr 2.

62 An Franz Servaes

9. Juni 98.

Franz!
Aus der besprochenen Zeitungsangelegenheit wird was – die Sache ist bereits gegründet. Ich übernehme die Redaktion der lachenden Welt, und Alles wird köstlich werden.
Bist Du bereit, mal mit Wauer zusammenzukommen? Engagement (glänzendes!) nicht ausgeschlossen. Wenn Du an Meier-Graefe schreiben wolltest, würde ich Dir sehr dankbar sein – er antwortet nicht. Es grüßt Dich festlich

Dein
lachender Paulus.

63 An Ludwig Jacobowski

10. Juni 98.
Nieder-Schönhausen bei Berlin
Waldstr 2.

Herrn Dr. Ludwig Jakobowski

Verehrter Herr Doktor!
Habe soeben die vom »Genossenschaftsverlag deutscher Künstler u. Schriftsteller« herausgegebene illustr. Wochenschrift »Lachende Welt« übernommen – d. h. ich möchte und werde sie redigiren.
Darf ich auf Ihre Mitarbeiterschaft rechnen? Sie schreiben doch auch kleine Sachen – nicht wahr?

Ich werde Ihnen sehr dankbar sein, wenn Sie mir sobald wie möglich was zukommen ließen – auch dem Blatte sonst Ihr Interesse nicht vorenthalten möchten.
Entschuldigen Sie gütigst das schlechte Deutsch. Ich hoffe, es wird ein ungeheures Gelächter geben – selbst die Löwen werden staunen. Übrigens: wenn Sie mir Mitarbeiter empfehlen könnten, würd ich Ihnen auch sehr dankbar sein. Honorar gleich nach Annahme. Drucksachen folgen anbei.

Herzlichen Gruss!
Ihr
ergebenster
Paul Scheerbart

64 An Franz Servaes

11. Juni 98.

Liebes Franzi!
Also: Wauers kommen morgen Sonntag Nachmittags c 4 Uhr hier nach Nieder-Schönhausen in die Waldstraße. Es würde daher sehr wichtig sein, wenn Du »zufällig« auch hierherkämest. Es würde mir von außerordentlichem Werthe sein, wenn ich einige Angelegenheiten in Deiner Gegenwart erledigen könnte. Und außerdem würde es mir möglich sein, Dich für die Monatsschrift wirksamer zu empfehlen. Vielleicht kommst Du früher!
Indessen – kaltes Blut!
Was ich gestern war –
Bin ich heute nicht....

Ewig
Dein Paulus Cunctator

Kleine Zeichnung innerhalb des Textes

65 An Ludwig Jacobowski

Herrn Dr. Ludwig Jacobowski
Redacteur der »Gesellschaft«
Berlin S. W.
Wilhelmstr 151. *richtig: 141*

Verehrter Herr Doctor!
Meinen herzlichsten Dank für Alles! Näheres u. Weiteres in 5-6 Tagen! Aber

Eines: vielleicht vergessen Sie bei den »nächsten Manuscriptsendungen« nicht, dass ich eigentlich Antierotiker bin!!! Das Honorar ist übrigens erstklassig.

Mit lachendem Weltgruss
Ihr
ergebenster
Paul Scheerbart

15.6.98

66 An Ludwig Jacobowski

Gedruckter Briefkopf:

Abtheilung III. Kunst-, Buch- und Zeitschriften-Verlag
Genossenschafts-Verlag Deutscher Künstler und Schriftsteller m.b.H.
Centrale: Berlin.

Nieder-Schönhausen bei Berlin, 18. Juni 1898.

Verehrter Herr Doctor!
Ihr »stummer Kampf« hat mich so schrecklich angeregt, daß ich mich sofort hingesetzt habe und ihn in meiner Art noch mal schrieb! Ich sende Ihnen die Geschichte der Kuriosität wegen mit! Das Unerotische muß sehr prickelnd sein – und lachende Kunst will ich geben – nicht mal lächelnde!
Darf ich Sie daher bitten, mir lachende Beiträge zu senden? Unterschätzen Sie den Verlag nicht! Die Honorare sind beträchtlich!

Mit lachenden Grüßen
Ihr
lachender
Paul Scheerbart

Randbeschriftung:
p.s. mein Manuskript können Sie selbstverständlich vernichten
Die Entscheidung hab ich behalten!

67 An Otto Ernst Schmidt

Herrn Otto Ernst Schmidt
Hamburg Eimsbüttel
Quickborn⟨s⟩tr. 1.

19. Juni 98

Sehr geehrter Herr!
Am 1. Oct. d.J. erscheint ein illustrirtes Wochenblatt »Lachende Welt«.

(Genossenschafts-Verlag) Darf ich Sie bitten - mitzuarbeiten? Besonders für die erste Nummer, die eine Luft-Nummer werden soll? Das Kürzeste wird mir das Liebste sein. Honorar gleich nach Annahme. Eine halbe Jugend-spalte maximum.

Mit hochachtungsvoller Begrüßung
Ihr
ergebenster
Paul Scheerbart

68 AN PAUL ERNST

Herrn Paul Ernst
Clausthal i/Harz

Gedruckter Briefkopf:

Deutscher Kunst-Verlag
Gerhard Wauer *von Scheerbart durchgestrichen und durch* Actien-Gesellschaft *ersetzt*
Berlin S.W. 61
Belle-Alliance-Platz 14

1. Juli 98.

Sehr geehrter Herr!
Besten Dank für das Manuskript! Ich weiß noch nicht, ob ich's gleich unterbringen kann. Eine Märchennummer ist erst für später vorgesehen. Ich acceptire also noch nicht.
Also: bitte recht bald mehr! Näheres später

Hochachtungsvoll
Ihr
ergebenster
Paul Scheerbart

69 An Franz Servaes

Gedruckter Briefkopf:

Deutscher Kunst-Verlag A. G.
Berlin S. W., Belle-Allianceplatz 14.
Telephon: IX. 6250.
Redaktion der »Lachenden Welt«.

6. Juli 1898.

Liebes Franzi!
Wirst Du mir nu bald Manuskript schicken? Die erste Nummer, die in 100000 Exemplaren erscheint, in **14** Tagen fertig sein muß und eine Luft-Nummer im weitesten Sinne des Wortes werden soll, kann doch auch nicht ohne Deinen Namen erscheinen. Schreibe! Es eilt! Kurzes! Reize auch Pastor u. die anderen Männer? Warum sendest Du mir nicht den Anti-Europäer? Ich ersticke in meiner Arbeit und begrüße Dich

Lachend
Dein
Paulus

70 Anna Scherler an Franz Servaes

Poststempel 12.7.98

Geehrter Herr Doctor!
Heute Dienstag früh gegen 1/2 10 Uhr war ich bei Ihnen draußen, leider vergebens. Herr Scherbart ist schon seit Sonnabend früh von hier fort und bis jetzt noch nicht zurückgekehrt. Ich las auf Ihrer Tafel genug heraus. Also das alte Lied b. H. Scherbart. Auch laß ich Ihren Brief, und ersah wunderbare Sachen daraus, nun es ist noch kein Eisen geschmiedet.

Hochachtungsvoll.
A. Scherler Niederschönhausen.

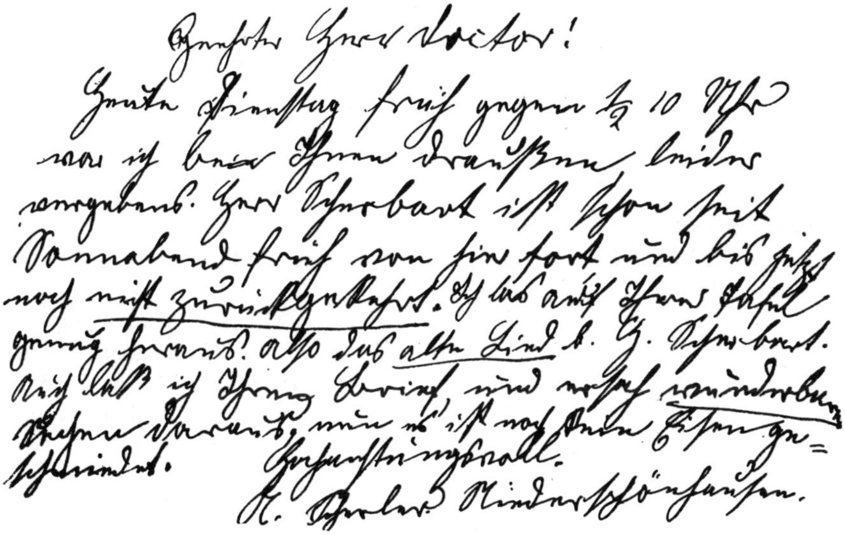
Geehrter Herr Doctor!
Heute Dienstag früh gegen 1/2 10 Uhr war ich bei Ihnen draußen, leider vergebens. Herr Scheerbart ist schon seit Sonnabend früh von hier fort und bis jetzt noch nicht zurückgekehrt. Ich las auch Ihren Zettel genau heraus. Also das alte Lied d. H. Scheerbart. Auch läßt ich Ihnen Brief und welche wunderbaren Sachen daraus, nun er ist noch keinen [illegible] geschwindet.
Hochachtungsvoll.
A. [illegible] Niederschönhausen.

Nr. 70

71 An Ludwig Jacobowski

Gedruckter Briefkopf:

Deutscher Kunst-Verlag *etc.* Redaktion der »Lachenden Welt«.

Berlin, den 13.7 1898

Herrn Dr L. Jakobowski
Hier

Sehr geehrter Herr!
Ich bin von Ihrem Prinzen ganz entzwei und sende Ihnen für die beiden Manuskripte Mk 70.^{oo}

Mit lachendem Weltgruß
Hochachtungsvoll
Unterschrift: Paul Scheerbart
Unterschrift: William Wauer

72 An Franz Servaes

Gedruckter Briefkopf:

Deutscher Kunst-Verlag *etc.* Redaktion der »Lachenden Welt«.

Berlin, den 13. Juli 1898

Liebes Franzi!
Du bist ein bischen toll! Dein Artikel ist doch so entzückend, daß ich geschmacklos wäre, wenn ich Dir das noch beweisen wollte.
In Betreff Deiner Mitarbeiterschaft sei ein ganz klein wenig geduldiger
Es wird schon Alles schön werden

Ich umarme Dich feierlich
und bin
Dein
Paulus.

73 An Otto Julius Bierbaum

⟨An⟩ Herrn Otto Julius Bierbaum
auf Schloss Englar im/Eppan
Süd-Tirol

Poststempel: 16.7.98

Lieber Otto Julius!
Ich habe also empfohlen, Deine Zeitschrift erst zum 1. Januar herauszugeben. Ist das so gut? Du kannst die Erledigung trotzdem beschleunigen. Ueber die weiteren Kontraktvorsichtsmaßregeln brauche ich Dir wohl Nichts zu sagen. Ich glaube, Alles wird gehen. Unter uns: nach meiner Meinung ist der Verlag von anderen großen Unternehmungen gemacht u. gehalten Wichtiges Neues theile ich Dir evtl telegraphisch mit!

Dein Paulus

Randbeschriftung:
Und Vergiss die Mutter der Weisheit nicht.
Lass mich also nie ohne Adresse!
Grüsse Peter Behrens!!!!!

74 An Ludwig Jacobowski

Poststempel: 18.7.98

Sehr geehrter Herr!
Können Sie so freundlich sein, mir den Empfang der 70 M Honorar (für Prinz u. Entscheidung) zu bestätigen. Die erste Nummer soll jetzt leider blos eine Thier-Nummer werden. Die Luft-Nummer habe ich nicht zusammenbekommen. Haben Sie vielleicht eine Thier-Burleske liegen? Aber – ich will nicht unbescheiden sein.
Ihren Prinzen finde ich wundervoll! Tausend Grüße!

Ihr
Paul Scheerbart

75 An Franz Servaes

Gedruckter Briefkopf:

Deutscher Kunst-Verlag *etc.* Redaktion der »Lachenden Welt«.

Berlin, den 19. Juli 1898

Edler Priester!
Man würde hinter jedem Pseudonym den Redakteur vermuthen, und deshalb darf dieser nur ganz allein vom Pseudonym Gebrauch machen – was nur im Nothfalle geschehen soll, da ein Mangel an Mitarbeitern nicht gern eingestanden wird

Tief und beharrlich
Paul Carl Wilhelm Scheerbart-Heering
old king

Na? Nu?

76 An Franz Servaes

Herrn Dr Franz Servaes
Goslar am/Harz
Sanatorium Marienbad

Gedruckter Briefkopf:
Deutscher Kunstverlag *etc.*

Berlin, den 3. Aug. 1898

Holder Thor!
Dir rappelt's wohl wieder. Uns rappelt's hier alle Tage. Damit kannst Du Uns nicht imponiren. Das Exemplar ist noch nicht da – ich aber.
Hast Du den Eitelkeitsteufel?
Na prost!

Dein
King Janhagel.

Randbeschriftung:
Giebst Du Deinen Namen für die L. W?
Sei gut!
Hier wirds alle Tage besser!

Deutscher Kunstverlag
Act.-Ges.
Berlin S.W., Belle-Allianceplatz 14.
Telephon: IX, 6250. Postzeitungsliste 4177 a.

Berlin, den 3. Aug. 1898

Holder Thor!

Dir vergällt's wohl wieder.
Uns vergällt's hier alle Tage.
Damit kannst Du Uns nicht
imponieren. Das Exemplar
ist noch nicht da – ich aber.
Hast Du den Eitelkeitsteufel?
Nä prost!
Dein
King Janhagel.

[illegible]

Nr. 76

Zusatz von Emil Schering:
Auf Herrn Sch.'s Veranlassung u. Verantwortung unbekannter Weise ergebensten Gruss
Emil Schering (»Quickborn«)

77 An Franz Servaes

Gedruckter Briefkopf:

Redaktion der »Lachenden Welt«
Herausgegeben von William Wauer
Berlin S. W., Belle-Allianceplatz 14.

Berlin, den 5. Aug 1898

Liebes Franzi!
Ich gratulire Dir zu den Gährungen und freue mich sehr.
Na prost!
Ich danke Dir für Deinen Namen
30 M für Khniffo in 8 Tagen
Der Deutsche Kunstverlag ist das reine Paradies
Na prost!

Dein
wüthender
Paul Scheerbart

Randbeschriftung:
Empfiehl mich Deinem Herrn Vater! Besten Dank für den Gruß!
Die gebundenen Löwen demnächst!

78 An Otto Julius Bierbaum

16. Aug 98.

Lieber Otto Julius! Wir haben in den letzten Tagen 25 ° Réaumur im Schatten – sonst hätte ich Dir schon vor 3 Tagen geschrieben. William Wauer ist aus der L. W. ausgeschieden, mit der Sache hat er also Nichts mehr zu thun. Du kennst aber meinen Contrakt und wirst Dir denken können, welche köstlichen Complikationen dieses Ausscheiden zur Folge haben könnte. Na – immer muthig! Die Aktien-Gesellschaft »Deutscher Kunst-Verlag«, die bekanntlich noch nicht eingetragen ist und Geschäfte daher nicht »abschlie-

ßen« darf, hat die L. W. an die »Berliner Verlags-Gesellschaft m.b.H.«, die augenblicklich auch noch nicht eingetragen ist, verkauft.
Das hört sich ganz blödsinnig an – nicht wahr? Na – ich kann Dir aber trotzdem sagen, daß die L. W. vermuthlich zum 1. Oct. d. J. erscheinen wird.
Du siehst wahrscheinlich kopfschüttelnd Deine Gletscher an und hältst mich ebenfalls für blödsinnig. Indessen – W. Wauer war niemals bei dieser Gründertragödie ein ernst zu nehmender Faktor – sein Bruder Gerhard hat immer die Fäden in der Hand gehabt. Dieser gründete drei Aktien-Gesellschaften und etablirte sie Leipziger Str 19 überm Cafe Klose*) – eine ost⟨a⟩frikanische Gesellschaft (mit c 300 000 M), eine Ges. gegen Hypothekenzinsausfall (mit 4 Millionen) und eine Bank für moderne Unternehmungen (mit 1 Mill) **) neuerdings auch die erwähnte Berl. Verlags-Ges. m.b.H. (c 40000 sollen da sein)
Die 3 Aktiengesellschaften sind noch nicht eingetragen, d. h. das Geld ist noch nicht ganz so da, wie's sein muß – aber »kannst Du im Großen Nichts verrichten, so fang es nur im Kleinen an!« Also sagt G. W. Und so hat die Berl. Verlags Ges. m.b.H. die größte Aussicht, bis zum 1. Sept. eingetragen zu werden – und damit kann die L. W. herauskommen – vorausgesetzt, daß in diesem Monat Geld genug für die allernöthigsten Ausgaben da ist (was bislang nicht der Fall war) Also: L. W. kommt vermuthlich raus!
Natürlich erscheint die L. W. nicht vielfarbig und auch nicht wöchentlich, denn das wäre viel zu theuer. Die L. W. erscheint am 1. u. 15. jeden Monats in einem kleineren Format als die Jugend – und bringt nur Geschichten für die Elite der Menschheit – auf deutsch: den Kapitalisten, die ihr Geld in die verschiedenen Aktien-Gesellschaften stecken sollen, wird auch mit der jetzigen Form der L. W. was vorgeprotzt – damit sie Vertrauen kriegen.
Jetzt weiß ich nicht, ob Dein Blatt den Unternehmern nöthig erscheinen wird, denn die L. W. ist ja so weit reduzirt, daß sie sich eigentlich mit Deinem Blatte vollkommen deckt. Indessen – diese Unternehmer habens nöthig, das, was sie einmal versprochen haben, zu halten – oder anständige Abschlagszahlungen zu zahlen. Also: verlange von W. W. umgehenden endgiltigen Bescheid – und beim Nein verlangst Du Schaden-Ersatz, denn Dein Name ist in W. W's Prospekten verwerthet u. durch die Presse gegangen. Es wäre lächerlich, wenn Du Dich ohne Schadenersatz abfinden ließest. W. W. besitzt Nichts⟨.⟩ Aber W. W. ist immerhin Direktor des Deutschen Kunstverlags A. G. und einer der Gründer (die anderen Gründer sind G. Wauer, Behrmann, Scheele Häring) laut Handelsgesetzbuch haften vor Eintragung einer Firma die »Handelnden« persönlich u. solidarisch. In diesem Falle kannst Du behaupten, daß W. W. mindestens mit Vorwissen von G. W. gehandelt hat (beruf Dich nur auf mich!) Die andern Gründer haben außer Häring, dessen Vermögensverhältnisse unbe-

kannt sind, so wenig wie WW. und GW zusammen d.h. Nichts.
Es fragt sich also, ob was zu holen ist bei diesen Leuten. Jedenfalls ist was zu holen, wenn d. L.W. erscheint. Erscheint diese nicht, so bin ich dafür, daß wir zusammen den Fall öffentlich klar legen.

Na prost!
Dein Paulus

Du thust wohl gut, W.W. kurz u. bündig um Erledigung der Contrakt-Angelegenheit zu bitten, sonst würdest Du die Sache Deinem Rechtsanwalt übergeben.
Nach diesem Brief thu aber Nichts ohne mein Vorwissen, da ich ja hier die Situation besser übersehen kann.
Du wirst wohl einsehen, daß die Geschichte herzlich verzwickt ist.
Ich habe mich bei der Geschichte halb tot geärgert. Das wird Dir der Bär bestätigen.

Zusatz von Anna Scherler:
Es ist wahr. Mit Gruß auch an Frau Gusti

der Bär

Randbeschriftung:
*) allwo ich jetzt auch throne als Redacteur, der nicht weiß was nu werden wird.
**) Durch dieses Bankinstitut, das ein erweitertes Patent-Bureau ist, kommt G.W. mit allen Kapitalistenkreisen in Berührung. Etwas wird also schon dabei abfallen. Monopolisirung des gesammten modernen Gründerthums – das ist die geniale Idee (1898 bekanntlich Gründerjahr)

Du siehst wohl ein, daß der Deutsche Kunst Verlag A.G. mit seinen 3 Zeitungen nur die Reklametrommel für die Bank mit den modernen Unternehmungen rühren soll.
Selbstverständlich helfe ich Dir in jedem Falle zum Schadenersatz – gehts nicht, dann gehen wir gemeinsam in jedem Falle öffentlich vor. Wir werden doch nicht mit uns spielen lassen – nicht wahr? Na prost! Dein Paulus
Honorar für L.W. sobald Geld da ist!
Der deutsche K.V. wollte das gesammte Kunstgewerbe monopolisiren ⟨.⟩ D. Idee reizte Herrn G.W. aber bald nicht mehr. Daher interessirt er sich für den D.K.V. nicht mehr
Wenn Alles klappt, ist GW. fein raus – wir aber auch! Das vergiß nicht!
Dies ist kein Diplomaten-Brief – was?
Ob der Quickborn erscheinen wird, weiß ich nicht – bin sehr neugierig.

Die Münchner haben also Recht: Passen Sie auf! Ich bin neugierig, wie's endet.
G. W. entschieden ein imponirender Gründer!
Das Geld soll täglich »morgen früh« da sein.
Ich sehe erst in den letzten Tagen klarer. Vernichte diesen Brief nicht!
Entschuldige diese Randbeschreiberei – aber ich wollte Dir doch das Wichtigste mittheilen.

79 An Ludwig Jacobowski

Poststempel: 27. 8. 98

Verehrter Herr Doctor!
Der »Kettenhund« ist für die »Vieh-Nummer« leider zu lang. Die Lachende Welt kommt jetzt als Halbmonatsschrift heraus. Ich werde mir erlauben, Sie in der nächsten Woche einmal Vormittags heimzusuchen. Dann Alles mündlich.

Ganz
Ihr
Paul Scheerbart

80 An Max Bruns

Herrn Max Bruns
Minden
Westfalen

31. 8. 98.

Sehr geehrter Herr!
Die »Lachende« Welt erscheint jetzt im neuzugründenden »Modernen Verlag G.m.b.H.« Berlin SW Dessauer Str 30. Die erste Nummer soll am 1. November rauskommen. Ich danke Ihnen für den »Nero«⟨.⟩ Näheres demnächst! Ich muß erst wissen, wie der Hase läuft. Die Sache steht noch nicht fest. Dehmel werde ich grüßen.
Es lebe Nero!!!!!

Ganz
Ihr
Scheerbart

81 An Richard Dehmel

2.9.98

Edler Altmeister u. College!
Correktur schon da. 1te Nummer erscheint 1. Nov., Honorar soll morgen Sonnabend gezahlt werden, sodaß es nächsten Dienstag al. Mittwoch in Deinen Händen sein wird. Sei sanft! Die L.W. heißt jetzt »Witzblatt zum Schutze der oberen Zehntausend«. Na?

Dein
alter
Engel

82 An Ludwig Jacobowski

8. Sept. 98.

Verehrter Herr Jacobowski!
Leider bin ich nicht mehr in der Stimmung, in die Stadt zu kommen und über die Schicksale meiner Gründungen zu sprechen. Die »Lachende Welt« soll jetzt erst am 1. Jan. 99 erscheinen und zudem noch eine Tendenz erhalten. Für eine reinkünstlerisch und reinlitterarisch zu leitende Zeitschrift hat der Deutsche Kunst-Verlag A.G das sogenannte Geld nicht übrig. Mein Kontrakt, der am 1. Juli von Herrn William Wauer als Direktor der A.G. unterzeichnet wurde, ist vom Aufsichtsrath nicht anerkannt worden, da die Gründer-Versammlung erst am 12. Juli stattfand*).
Jetzt ist nur das Eine klar, daß ich mir sobald wie möglich von andrer Seite Geld schaffen muß, und deshalb sende ich Ihnen mit dem Kettenhund 7 Manuskripte, die Sie im Ganzen oder getheilt veröffentlichen können.
Jetzt müßte ich eigentlich eine öffentliche Erklärung drucken lassen. Aber – dann verklagt mich die A.G. wegen Geschäftsschädigung und zahlt Garnichts mehr, was sie allerdings jetzt beinah auch schon thut.
Können Sie mir einen Rath geben?

Mit außerordentlich traurigen Grüßen
Ihr
ergebenster
Paul Scheerbart
Nieder-Schönhausen b/Berlin

Quer über die Seite geschrieben:
Pardon! Dieses Alles v o r l ä u f i g u n t e r D i s c r e t i o n! Die ganze Ge-

schichte ist so ungemein schwierig, dass ich am liebsten einen Gründerroman darüber schriebe – aber damit thäte ich diesem Erlebnis wohl zu viel Ehre an. Entschuldigen Sie gütigst das Schrägeschreiben. Das Nähere später und mündlich

Ganz
Ihr
S.

*) feierlich – nicht wahr?

83 An Franz Servaes

Poststempel: 8.9.98

Liebes Franzi!
Ich sehe eben, daß ich Dir letzthin nicht die Adresse des Verbrechertisches mitgetheilt habe. Er thront in der Dorotheenstrasse bei Stallmann (Künstlerklause) jeden Sonnabend von 10 Uhr ab. Ich bin leider so deprimirt, daß ich beim besten Willen nicht hinkommen kann

Ganz
Dein
Paulus

Randbeschriftung:
Es geht mir herzlich schlecht

84 An Franz Servaes

Franz Servaes
Mitarbeiter der »Lachenden Welt« Ulkblatt zum Schutze der Angeulkten
Halensee b/Berlin
Kurfürstendamm 118

Poststempel: 12.9.98

Oh Franzi! Das Leben ist der Güter höchstes nicht, und der deutsche Kunst-Verlag A.G. ist eine ganz besondre Nummer. Ich danke Dir für Deine Theilnahme. Leider muß ich Dir mittheilen, daß ich nur sehr wenig Hoffnungen habe⟨*n*⟩. Ich hätte am 1. Sept. d.J. 280 M erhalten sollen – bis jetzt noch Nichts da. 5-600 M sind auch an Honorar für die L.W. fällig. Meinen neuen Contrakt hat man mir auch noch nicht unterzeichnet. Das ist grade jetzt, wo ich umziehen muß, recht empfindlich. Ich schreibe also für die Berliner Ztg über »Berlins litt. Bohème« und bin ganz

Dein Paulus

Rand- und Zwischenraumbeschriftung:
»L. W.« erscheint am 1. Jan 99. Willst Du nicht Redacteur werden???? Ich habs Redigiren satt bekommen!
Die neue Wohnung ist ein Ueber-Märchen – u. mein Trost!
Ich ziehe in die Kaiser-Wilhelmstr. zu Nieder-Schönhausen
Ausser dem Gelde ist natürlich Alles da.
Ja – das liebe Geld!!

85 An Otto Julius Bierbaum

Herrn Otto Julius Bierbaum
Mitarbeiter der »Lachenden Welt« Witzblatt zum Schutze der Verulkten!!!!!!
Schloss Englar im/Eppan
Süd-Tirol
Oesterreich

Abs. Scheerbart Gründer, Nieder-Schönhausen b/Berlin

Poststempel: 14.9. ⟨?⟩ 98

Lieber Otto Julius!
Schönsten Dank für den Brief und die Erklärung. Daß William zornig auf mich ist, freut mich sehr. Deinen Revers habe ich gelesen und für ganz »natürlich« erklärt – Weiteres vom Quickborn weiß ich aber nicht. Selbstverständlich sage ich Dir klipp und klar: Nähere Dich dem »wirklich fundirten« Verlage so schnell wie möglich!! Die Familie Wauer ist, selbst wenn sie mal Geld bekommt, immer eine Nummer allerletzten bedenklichsten Ranges. Aber mit der brich erst ab, wenn Du anderweitig festen Fuß gefaßt hast.

Ich umarme Dich
und bin Dein Paulus

Randbeschriftung:
Und binde Dich nicht fest an W.
Gerhard verlangt von mir, daß ich jetzt der Sache kein Mißtrauen entgegenbringe.

Ich bekomme für August noch 280 M!
außerdem sind noch 638 M Honorar für L. W. zu bezahlen.
Das Geldschiff ist leider noch nicht in Sicht
Na prost Neujahr!

86 An Franz Servaes

Herrn Herrn Herrn
Herrn Franz Servaes-Servaes
Halensee b/Berlin
Kurfürstendamm 118.
Allemagne

22. 9. 98

Mein lieber Großherzog!
Schönsten Dank für Deine Einladung! Aber – fest zusagen kann ich nicht, denn wir sind beim Umzuge – und die Aufregung kannst Du Dir ausmalen. Von Wauer habe ich bislang noch keine Nachricht und das Versprochene?? Nix! Nix! Es ist doch gut, wenn man seine Hoffnungen noch nicht ganz verloren hat. Bekomme ich bis Sonntag was, so komme ich – andernfalls bleibe ich zu Hause, da ich nicht ein »mißmuthiger« Zuhörer sein möchte. Ich möchte aber sehr gern kommen – das glaube mir.
Umarmung! Kratzfuß! Schüttelei!

Dein
alter Held u. Hosenträger!

Randbeschriftung:
Der Bär hat also wieder mal Recht!!!

87 An Franz Servaes

⟨An⟩ den Altmeister u Lebensritter
Herrn Herrn Franz Servaes
Halensee b/Berlin
Kurfürstendamm 118.

Poststempel: 17. 10. 98

Liebes Weltfranzi! Dein Buch bringt mich immer mehr in Aufruhr. Und deshalb hab ich ganz vergessen, auf der ersten Karte meine genaue Adresse noch mal mitzutheilen. Also: Kaiser Wilhelm Strasse 24. part. Die Straße liegt hinter der Endstation der Pferdebahn (hinter der Kirche!) Du gehst durch die erste Gartenthür – und klopfest an die Balkonthür! Auf Wiedersehen!

Dein
Paulus

88 An Franz Servaes

Franz Servaes
Riesenkind
Halensee b/Berlin
Kurfürstendamm 118

18. Oct. 98

Heil Dir, edler König!
Bald hab ich den Roman ausgelesen!
Kommst Du morgen zum Gänsebraten? Mittwoch? Um 12? Ja? Bitt! Bitt!
Ich bin auf S. 235!
Ich komme heute noch ans Ende! Ich reiss Dir in Gedanken die Nase aus und bin

Dein guter Paulus.

Randbeschriftung:
Bärengruss!

89 An Franz Servaes

⟨An⟩ den Welt- u. Wüstenrath Herzherrn
Franz Servaes-Servaes-Servaes
Halensee b/Berlin
Kurfürstendamm 118

Poststempel: 21.10.98

Hoher Liebespriester!
Meine beiden Paukenfäuste hauen ins Chaos, und die Suppe spritzt mir in die Ohren, denn meine beiden Paukenfäuste waren zu weit aus einander – jetzt sind sie wieder zusammen – dicht vor Deinem Antlitz. Und siehe! es bleibt zur Seite gewandt - als ob's wieder nach anderen Chaossen lüstern wäre. Ich danke Dir, radikalster Chaotiker! Ich will ewig Dein kaltes Firmament sein.

Randbeschriftung:
Hurrah! Dann bin ich Dir doch über!
Der Bär beisst - beisst!!
Uebermorgen Brief! oder Ueber-Uebermorgen!
Demnächst Ehren- und Säulenfest -- hier!

90 An Otto Julius Bierbaum

Nieder-Schönhausen b/Berlin 29.10.98

Lieber Otto Julius!
Die niemals eingetragene Firma Deutscher Kunst-Verlag A.G. (unterzeichnet wird jetzt persönlich von Herrn ⟨Herrn⟩ Herm. Behrmann) schrieb mir unterm 12.10.98: »Die bisherigen Bemühungen für das Zustandekommen des Verlags sind ohne Erfolg gewesen, sodaß eine gestern stattgehabte Gründerversammlung*) beschlossen hat, die Geschäfte allmählich aufzulösen. Wir sind somit nicht in der Lage, die »Lachende Welt« herausgeben zu können und müssen zu unserem Bedauern von unserem Kündigungsrechte Gebrauch machen, indem wir Sie bitten, Ihr Engagement vom 31. December d.Js. ab als gelöst zu betrachten. Herr Gerhard Wauer hat für die Unterbringung der »Lachenden Welt« neue Beziehungen angeknüpft und hofft, in einem anderen Verlage doch die Lachende Welt zustande zu bringen. Er wird dabei auf Sie Rücksicht nehmen und wenn möglich Ihr Engagement als Redakteur befürworten.«
Ein schöner Brief - nicht wahr?
Die neuen Beziehungen des Herrn G. Wauer sind aber einfach kindisch. An Herrn Baron von Reisswitz, Politischer Redacteur der Münchner Allgem. Zeitung, hat er mich geschickt - und in c 20 Jahren dürften die Herren wohl einen Verleger nicht gefunden haben. Damit ist mir aber, wie Du wohl nicht bestreiten wirst, sehr wenig gedient. Ich stellte dennoch ein Ultimatum - widrigenfalls ich lang breit und kurz das Nichterscheinen der L.W. öffentlich motiviren würde. Ich wartete vergeblich - eine Postkarte von G. Wauer kam zu spät an. Und die Notiz im Berl. Tagebl. (liegt anbei) erschien.
Was schreibt der Herr Behrmann jetzt? Ich schreibe Dir auch diesen Brief - obgleich mir's schwer fällt:

26.10.98

.......wir verstehen Ihren Wunsch, in Schriftstellerkreisen das Nichterscheinen der L.W. zu motiviren, weil Ihr Name damit verknüpft ist. Indessen durfte dies nie u. nimmermehr auf Kosten des Verlages geschehen, mit dessen Interessen Sie sich identisch fühlen müßten, so lange Sie in einem

Verhältnisse zu demselben standen. Wenn Sie sich in puncto Gehaltsforderung**) dieses Verhältnisses bewußt waren, mußten Sie es auch in jeder anderen Hinsicht sein. Die Folgen Ihrer Zeitungsnotiz über Auflösung der Geschäfte haben wir bereits an uns verspüren müssen. Man wird mißtrauisch, man mahnt von allen Seiten und die ruhige Ablösung unserer Verpflichtungen wird uns erschwert, ja theils unmöglich gemacht.
Wir sehen uns deshalb gezwungen, Sie als sofort entlassen zu betrachten und Ihre Gehaltsforderung bis zur gesetzmäßig zugelassenen Höhe zu sperren. Wir werden ferner den Zeitungen auf Ihre Notiz erwidern, daß das Erscheinen der L. W. in der Hauptsache dadurch erschwert worden ist, daß Sie nicht der geeignete Redakteur waren und uns dadurch die Interessirung der Kapitalisten erschwert wurde.«

Achtungsvoll.
Herm Behrmann.

Dieses Schreiben, das selbstverständlich von Herrn G. Wauer inspirirt ist, dürfte doch wohl an Frechheit seinesgleichen suchen – die Herren haben ganz vergessen, daß ich von Ihnen 2 Mal kontraktlich engagiert bin – daß sie den ersten Contrakt mit William Wauer für ungiltig erklärten (in dem ich bis Jan. 1900 unkündbar engagiert war, und den ich aus reiner Liebe zur Sache einfach fallen ließ. (Der 2te Contrakt gilt vom 15. Aug. ab)
Na – hieraus erkennst Du wohl, daß wirs hier mit ganz ordinären Schweinen zu thun haben und daß ein Erscheinen des Embryo vollkommen ausgeschlossen ist.
Der Quickborn ist schon Schuster u. Loeffler angeboten – der wird auch nicht untergebracht. Außerdem – das Bierbaum-Thoma Heft – erscheint das? Nein! Die wollen mit dem 2ten Heft anfangen – Schering wird Dir wohl umgehend noch schreiben.
Die Geschädigten sollten wohl außer Deinem Artikel in den M. Neuesten Nachrichten noch zusammen was veröffentlichen – es wären c 20 Schriftsteller u. Maler (incl. Thoma u. Fidus)
Bist Du für einen Waschzettel an c 100 Zeitungen? Bist Du für gemeinsames Vorgehen incl der Quickborn-Leute?
Ich will das Thema im Neuen Jahrhundert oder in der Zukunft behandeln. Es ist Alles so perspektivenreich – man kann so viel Allgemeines sagen.
Bitte schreibe recht bald - Du kannst diesen ganzen Brief in jeder Zeile als Dokument benutzen (wie Du willst!) Ich schreibe einen Artikel

»Moderne Gründer«

und einen Gründerroman

»Schweine«

und bin

Ganz
Dein
Paulus

Anbei auch sämmtl Manuskripte incl d. Angekauften, das gesetzt aber nie gedruckt ist.
Es handelt sich nach meiner Meinung (dafür fehlen mir aber noch die Beweise) um ein Gründerpack, daß ⟨*sic!*⟩ durch die 3 großen Zeitungen sich Kredit verschaffen wollte [strafbare Vorspiegelung falscher Tatsachen evtl.]

Randbeschriftung:
al. die Litteratur und Kunst ist wieder mal als Reklameschild missbraucht.
Was Dir jetzt noch nicht klar ist, erkläre ich Dir auf Wunsch gern noch einmal
Und zürne mir nicht – ich habs wahrhaftig gut gemeint

*) Gründer sind Gerhard u. William Wauer, Herm. Behrmann, Alfred Scheele u. ein Herr Häring (Adresse der Herren sämmtlich per: Aktien-Gesellschaft für moderne Unternehmungen Berlin W. Leipziger Str. 19.
**) für den halben August, September u. October ist das Gehalt noch nicht da, trotz ewiger Mahnung!!!

91 An Franz Servaes

Nieder-Schönhausen 29. 10. 98.

Lieber Franz Servaes! Den versprochenen Brief kann ich Dir leider noch nicht schreiben. Ich bin in einer beklagenswerthen Verfassung. Von keiner Seite gehen die Gelder ein. Die Wage schreibt mir, daß sie mir in den nächsten Tagen 15 Gulden schicken wird (Brief vom 22. Oct d. J) die »wilde Kralle« hat sie mir zurückgeschickt – das ist Entschädigungsgeld!! Kannst Du mir demnach die 25 Mark gleich nach Empfang dieses Briefes zusenden? Ich werde Dir sehr dankbar sein. Wenn Du eine Ahnung hättest, wie sauer mir dieser Brief wird! Wir dürfen die Miethe nicht schuldig bleiben den Ersten – das könnte mich einfach verrückt machen. Breuer von der Morgenpost hat mir die 40 M auch zum Ersten versprochen – aber auf ihn ist kein Verlaß – das kann auch am Zweiten kommen. Du kriegst das Geld umgehend, sobald ichs von einer dieser beiden Stellen habe. Zürne mir nicht und schicke gleich! Bitte! Bitte!

Schmerzl. Gruß
Dein
Paul Scheerbart

Herzlichen Dank für Deine Karte! Wauer schickt jetzt Nichts mehr
Herrlichen Brief bekommen!
Es lebe der Krieg!
Na prost!

92 An Franz Servaes

Herrn Dr Franz Servaes
Dt. Wilmersdorf b/Berlin
Bruchsalstrasse 1.

Edler Lord! Ich drücke Dir zärtlich die Hand und bin sehr gerührt. Und ich schrieb eine:

H o b e l p h a n t a s i e !

Mir klappern alle Zähne;
Der alte Brei der Welt ist dick.
Doch lange Wunderspäne
Umringeln all mein Mißgeschick.

Schäumenden Gruß
von
Deinem
Paulus.

1. Nov 98.

Kleine Zeichnung in der linken unteren Kartenecke

93 An Franz Servaes

Nieder-Schönhausen bei Berlin
Montag 21. Nov. 98 1/2 1 Uhr Morgens

Liebes Franzi!
Zunächst nochmals meinen herzlichsten Dank für die 25 M – sie folgen anbei zurück. Ich hatte heute die feste Absicht, Dir einen längeren Brief über die Gährungen zu schreiben. Aber – meine Kraft reicht auch heute wieder nicht mehr aus. Ich arbeite in so unheimlicher Manier, daß mir der Kopf schmerzt – es zuckt in den Schläfen. Ich habe die vielen Wochen t ä g l i c h Dir den versprochenen Brief schreiben wollen – aber ich mußte immerfort

Lieber Lord! Ich drücke dir
zärtlich die Hand und bin
sehr gerührt. Und ich schreib ein:

Hobelphantasie!

Mir klappern alle Zähne;
der alte Brei der Welt ist dick.
doch lange Wunderspäne
Umringeln all mein Mißgeschick.

Schäumenden Gruß
von
Deinem
Paulus.

1. Nov 98.

an Manuskripten schreiben – ich konnte nicht anders. Sei mir also nicht böse. In dieser Woche mache ich eine Pause – dann schreibe ich den Brief. Der Artikel »Kritik u. Produktion« kommt auch demnächst ran.
Schreibst Du mir mal drei gute Worte auf einer Karte?
Ich würde mich sehr freuen.
Was macht Datty?
Bär fragt jeden Tag!
In Sturm und Regen

Dein Paulus

Du bist mir doch nicht böse? Sei gut!
Siehst Du?

94 An Franz Servaes

30. Nov. 98.

Heiliger Franz!
Thaten – nicht Worte – sollen Dir beweisen, wie ich Deinen Roman »Gährungen« zu schätzen weiß. Lange hab ich über ihn nachgedacht – aber beinah möcht ich sagen »je mehr ich denke – um so weniger schreibe ich«⟨.⟩ Doch das darfst Du nicht so ohne Weiteres verallgemeinern – bitte: cum grano salis! Na – wie wird Dir bei diesem Citat?
Eins nur will ich Dir schreiben: Dein Chaotismus hat mich derart angeregt, daß ichs jetzt endlich müde geworden bin, »klar« und »realistisch« zu sein. Ich werde jetzt einen Roman schreiben, in dem sämmtliche psychologischen Impressionen wüste durch einander geschoben werden sollen – wie die Glasstücke im Kaleidoskop. Auch ich will ein Chaos schaffen. Früher wurde aus dem Chaos das Klare gemacht – heutzutage gehen die Schöpfer anders vor – machens grade umgekehrt.
Ich schreibe also:

Randbeschriftung:
Bist Du zufrieden mit mir? Das schreibe mir! bitte!!!! bitte!!

Kleine Zeichnungen innerhalb des Textes

»Die Macher vons Janze!«
Berliner Herrenroman.

Grundlage – mein Artikel über »Berlins litterarische Bohème«, der natürlich nicht in der Morgenpost erscheint. 50-80 Litteraten als Modelle – aber

Jeder wird so verschroben, daß er sich beim besten Willen nicht wiedererkennen dürfte. Außerdem werden die Leute unheimlich »geistreich«. Na? Jókki Jókki búmdada!

Dein
trutziger
Pipapopaulus
Weltverdreher

95 An Franz Servaes

Herrn Dr Franz von Servaes
– – Oase – –
Wilmersdorf bei Berlin
Bruchsalstrasse 1. IV.

Edler Kapitän! Das Sonne scheint. Das Schäfer thut woll vorrnehm – serr bedenklich! Abber kommen wollt' es! Wird schon! Weißt ja – Frauen putschen gern. Frau – serr schwieriges Möbell. Immer füttern mit Bong-Bong! Theures Spaß! Kost serr vill Zeit! Katz hat Dir Mûsik macht? Bist feines Mann, das sich so was leisten kann. Gieb Katz blausaure Härings.
Murx das Ewig-Schleichende
Murx das Nie-Ausreichende
Murx das Keck-Ausweichende
Mit bärlichsten Grüßen Dir und Datty'n

Dein wildes Wiestenbiest.

Randbeschriftung:
13. December 1898. Morgens!
Ick arbeete vor purer Verzweiflung
Bär serr guttes Frau!
Hû!

96 An Richard Dehmel

Lieber Richard! Herzlichen Dank für die liebe Einladung!
Leider hat sich seit vielen Jahren im Hause Scheerbart die Sitte eingebürgert, Sylvester still zu Hause zu bleiben. Ich kann in diesem Jahre keine Aus-

nahme machen – denn ich bin abergläubisch. Uebermittle Deiner Gattin unsre herzlichsten Glückwünsche und sei nicht böse

Deinem
guten
Paulus

28. December 1898.

97 An Franz Servaes

Heiligster! Ich streichle Dein Haupt – und theile Dir mit, daß sich große Dinge vorbereiten. Du wirst in kürzester Zeit über meine Frische sehr erstaunt sein.
Die Wauer-Affäre scheint sich übrigens ganz gut abzuwickeln. Geld ist sicher da.
Also: Prost Neujahr!

Mit tapfere⟨*n*⟩ Bärengrüßen Dir u. Datty'n
Dein
alter
Paulus

Randbeschriftung:
Wann sieht man Dich??
4. Jan. 99.

98 An Franz Servaes

Lieber Franz! Hat die bewußte Geschichte noch ein paar Tage Zeit? Ich erwarte Größeres vom Wauer und vom Pan. Ersterer will bestimmt in diesem Monat seinen Verpflichtungen nachkommen – allen. Jedenfalls krieg ich Etwas. Beim Pan herrscht naturgemäß ein entsetzlich umständliches Verfahren. Also: vielleicht schreibst Du mir letzten Termin – sonst muß ich anders Rath schaffen. Mein Wort möcht ich jedenfalls halten. Ich nehme diese »nothwendige« Seite des Lebens jetzt sehr ernst.
Na – Heil! Kranz u. Kuchen!

Dein
alter Paulus

18. Jan. 99.

99 AN CÄSAR FLAISCHLEN

Nieder-Schönhausen 19. Jan. 99.

Lieber Caesar Flaischlen!
Die 10 M habe ich erhalten. Besten Dank! Aber mit großer Trauer habe ich Deinen Brief gelesen. Richard Dehmel und Wilhelm Schäfer haben 35 M für die Panseite bekommen - und ich soll blos 20 M haben? Wenn Dehmel blos allein 35 M erhalten hätte, so könnte die Redaktion sein Honorar ein Extra-Honorar nennen, und Jeder hätte sich drein zu fügen. Da aber Schäfer ebenfalls 35 M erhalten hat - so kann von Extra-Honorar nicht mehr die Rede sein. Der zweite Fall stempelt den Satz von 35 M pro Seite zum usuellen - und da wir vor der Drucklegung kein bestimmtes Honorar abgemacht haben - so habe ich rechtlichen Anspruch auf das usuelle Honorar - dieses beträgt pro Seite 35 M - und ich darf mit weniger nicht zufrieden sein - wenn ich mir nicht offen vor aller Welt eine verletzende Zurücksetzung gefallen lassen will. Du wirst einsehen, daß ich gegen diese offen vor aller Welt protestiren müßte. Ich bitte Dich daher herzlich: unterbreite dem Vorstande den Fall und bitte in meinem Namen höflichst um das Resthonorar von 37 M 50 Pf [2 1/2 Seiten = 35 + 35 + 17,50 = 87,50 M. Da 50 M gezahlt sind, bleiben also 37 M 50 Pf]
Sei nicht böse - ich bitte Dich! Ist es nicht genug, daß die Dichter Märtyrer sind? Müssen sie auch noch Geschäftsleute werden? Das ist doch beklagenswerth. Also: sei nicht böse und schreibe!

Heil!
Dein
Paul Scheerbart

100 AN FRANZ SERVAES

Nieder-Schönhausen 21. Febr 99.

Liebes Franzi!
Das war etwas Viel auf ein Mal! Also: zunächst meine herzlichsten Glückwünsche zur Hochzeit! Der Bär gratulirt Euch ebenfalls!
Die Praeludien erscheinen bei Sch. u. L? Donnerwetter! Das will sehr viel sagen. -
Und - nach Wien willst Du?
Ja .. ich erhielt Deine Karte gestern Nachmittag um 3 Uhr. Heute ist Mittag 12 Uhr (Dienstag). Deine Karte hat mich aufgeregt. Mitkommen soll ich? Leicht gesagt! Da liegt wohl etwas Hohn drinn - ja? Na - ich bin nicht böse!

Jedenfalls käme ich sehr gerne mit - ich muß nur schrecklich lachen - warum - weiß ich nicht.
Na - sehen wir uns vor Deiner Abreise noch mal? Bestimme!
Wünsch Datty'n gute Besserung. Wir hatten Influenza - schrecklich!

70000000000 Grüße der Familie Servaes
von
Paul Scheerbart nebst Bär.

Sei nicht zornig über den trocknen Ton dieses Briefes - aber ich habe so viel über Wien nachdenken müssen.
Können wir nicht mal zusammen nachdenken? Wann? Ich habe stets Zeit..

Frühlingsgruß!
Dein
Paulus

Entschuldige, daß wir das Geld noch nicht geschickt haben!

P. u. B!

101 AN FRANZ SERVAES

Herrn Dr Franz Servaes-Servaes
geheimer Cardinals-Revisor der »submaritimen« Schaibert-Staaten des stillen Oceans.
Wilmersdorf bei Berlin
Bruchsalstrasse 1.

7. März 99.

Oh Franzi! Liebster Revisor!
Deine Karte hat mich höllisch gefreut. Also: jetzt soll ich wirklich berühmt werden? Thatsächlich? Aber Franzi! Kruxt es Dir? Das Berühmtwerden hab ich ja garnicht mehr nöthig - ich bin ja schon submaritimer Staatengründer und gratulire Dir zu Deiner neuen Stellung. In N. Schönhausen scheint die Sonne - leider werde ich Freitag wohl nicht kommen können, da ich »Influenza« habe. Wenn Du glaubst, daß das leicht zu ertragen ist, so irrst Du. Jedenfalls hörst Du bis Freitag noch von mir.
Meere des Glücks Dir und Deiner Gemahlin!

Dein
alter
Paulus. Schaibert.

102 An Franz Servaes

Nieder-Schönhausen 9. März 99.

Liebes liebes Franzi!
Wir danken Dir herzlich für Deine Karte! Aber mit der Influenza ist das keine Flunkerei. Ich habe noch Fieber und empfindlichste Hinterkopfschmerzen. Zwei Mal ist die Sache schon wiedergekommen - blos durch einfachen Spaziergang. Vor dem dritten Rückfall muß ich mich also in Acht nehmen. Es geht nicht - so leid es mir thut. Dem Bären geht es besser, aber er hat auch 8 Tage fest zu Bett gelegen. Was das heißt, kannst Du Dir denken. Sobald es in der nächsten Woche angeht, kommen wir zu Euch. Der Bär läßt Deine Gattin tausend Mal grüßen und wünscht Glück - sehr sehr viel Glück. Der Bär wäre auch so gern gekommen. Ich wünsche Euch auch sehr sehr viel Glückswalten und bitte Euch, mir nicht böse zu sein - aber ich möchte mir keine Lungenentzündung zuziehen - Du weißt, wie ich mich davor fürchte. Ich habe ja vor keiner Geschichte so viel Angst wie vor der Lungenentzündung. Daß Du mich noch berühmter machen willst, freut mich schrecklich, obgleich ich wirklich nicht weiß, wie das möglich gemacht werden kann.
Ich hüte das Zimmer und denke an Euch - so wie ichs in den letzten Wochen oft gethan.
Heil und Segen

und 700000000 Bärengrüße
von
Eurem
Paulus!

103 An Richard Dehmel

Herrn Dr Richard Dehmel, Erster Korallenrath der submaritimen Staatengruppe des stillen Oceans [Erdball der 7ten Milchstrasse]
Pankow bei Berlin
Parkstrasse 25.
Aussenwelt! 10. März 1899 C.
(37 S.)

Mein heiligster Korallenrath!
Oceandonner zuvor! Ich gratulire Dir zunächst zu Deiner Weltwürde. Sodann bitte ich Dich, Deiner Frau Gemahlin und Deiner Frau Schwester die verbindlichsten Bärengrüße zu übermitteln und mitzutheilen, daß ich wohl

in der beneidenswerthen Lage bin, gratis die verschiedensten Republiken, Idealstaaten und Kaiserreiche (sofern sie submaritimer Natur sein dürfen) in jeder beliebigen Anzahl vertheilen zu können – leider aber nicht Billets für den West-West-Club. Berichte bitte, daß ich das Letztere herzlich bedaure, gleichzeitig aber nicht umhin kann, zu behaupten, daß meine Blumen-Pantomime »Die siegreiche Kunst« nicht einmal den Werth von Napoleons Sommerüberzieher besitzt. Ich bleibe daheim. Empfiehl den Damen meinen Bären und meine Wenigkeit aufs Herzlichste.

Mit verbeultem Qualcylinder verbleibe ich ewig
Dein Rassikollubómmke I.

104 An Franz Servaes

⟨An⟩ den gekrönten Ritter vom blanken Erdgürtel
Herrn Herrn Dr Franz Servaes-Servaes
Wilmersdorf bei Berlin
Bruchsalstrasse 1.

13. März 99

Trommelnde Bärengrüße zuvor!
Der Bär steht jetzt auf meinem Schreibtisch und sagt gemüthvoll: »Ja – Ja – wir waren auch sehr schmerzvoll!« Wir weinen aber nicht, denn wir müssen kochen und dichten. Weint auch nicht mehr! Weinen macht die Wangen naß! Indessen – sobald Du aus Wien wieder zurück bist, muß Du schreiben – und wir werden kommen, wann Du willst – Du mußt aber Zeit angeben. Kneif der Datty in beide Ohrläppchen und wünsche ihr gute Besserung, streichle Roderichs Haupt und erzieh ihn zum Erzidealisten – und grüße recht schön Deine Frau von

dem Bären und dem Löwen
Scheerbart-Scheerbart

p.s. Ich habe nicht geklagt. Schreibe mir bitte nach der Verhandlung, was los war. Ich sollte eigentlich klagen....... aber man hat mir Ratenzahlung versprochen......

Rand- und Zwischenraumbeschriftung:
Es geht uns etwas besser – die Sonne scheint wieder
Es lebe die »heilige Familie«!
Hoi-Hoi! Ráx!!

Nieder-Schönhausen b/Berlin 16.3.99.

Heiligster Diplomat!
Zunächst meinen schönsten Dank für Deinen Brief! Du hast Nichts schlecht gemacht - im Gegentheil! Ich lasse mich sehr gern in der Wauer-Affaire vernehmen. Vielleicht stellt sich dabei raus, ob man mit einer Klage weiter kommt. Ohne Klage komm ich jedenfalls auch nicht weiter. Doch darüber Näheres mündlich! Du hast Alles gut gemacht, denn - pardon! - ich fürchte, bei der Sache ist beim besten Willen schlecht mehr falsch zu machen. Na - jedenfalls lernt man dabei wieder etwas Diplomatenkunst! Hehe! Nee?
Nu aber zu Schuster u. Loeffler! Was ist denn das? Spielen da Hintertreppenkünste mit? Ich fürchte, die ganze Diplomatie ist Nichts als Hintertreppenkunst - mit kommunsten Gerüchen...
Jedenfalls bin ich schrecklich neugierig und werde nächsten Montag 20. d.M. in der Bruchsalstrasse sein - früher kann ich nicht, da ich erst schnell noch eine Odyssee zu Ende dichten muß. Der Bär, mein Cardinal-Staatssekretär, meldet uns an. Die Geschwister Servaes werden dann hoffentlich ganz gesund sein. Also - ich bin gespannt.
Da ich jetzt aber zwei Seiten über Diplomatenspässe geschrieben habe - sende ich Dir in meiner hellen Verzweiflung den hellsten verzweifeltsten Diplomaten-Artikel über das Diplomatenland der Chinesen. Der Baron von Reiswitz (auch ein Diplomat!) hat ihn volle 9 Wochen (aus Versehen) in seiner Schublade behalten.
Der Artikel dürfte in Oesterreich das größte Aufsehen erregen (d.h. das Wort »größte« meine ich nicht so ernst)
Na - liebes Franzi! Ich glaube, Du könntest mich begreifen, wenn ich Dich ganz höflich fragen würde, ob Du nicht den Artikel da in Wien - fall nicht um! - evtl an hervorragender Stelle unterbringen könntest? Wir könnten evtl beide einen chinesischen Orden bekommen!! Eine Redaktionsnotiz könnte ja meine Ausführungen auch als die eines »diplomatischen Laien« hinstellen - und evtl den Lesern als Aprilscherz zum 1. April vorsetzen.
Mir liegt der Decentralisation wegen gräßlich viel an dem Artikel - aber ich zürne nicht, wenn Du Nichts ausrichtest, bleibe nur gut

Deinem
alten
Paulus-Paulus
mit 17 edlen Bärengrüßen!!!

Randbeschriftung:
Franzi! Ich halte den Artikel für schrecklich gut – sei ihm auch gut!
Der Artikel hat mich fürchterlich aufgeregt.
für den Artikel käme aber nur die N.Fr. Presse in Betracht!!!
vom Artikel »China u. d. D.« existirt keine Abschrift!!!
Na prost!

106 An Franz Servaes

Liebes Franzi! Nun haben wir Euch 8 Tage vergeblich erwartet. Wir sind traurig – da Du morgen fort machst. Ich kann leider nicht zu Dir kommen, da ich meines nervösen Zustandes ⟨*wegen*⟩ Nieder-Schönhausen nicht verlassen darf. Schade, daß ich Dich so doch nicht mehr sehen kann. Aber das dacht ich mir schon. Was macht nun mein Artikel? Bitte schreibe mir hierüber umgehend – Ich bin in großer Sorge!!

Herzliche Bären- u. Ostergrüße
Dir und den Deinen
von
Deinem Paulus

3. April. 99.

107 An Franz Servaes

Herrn Herrn Herrn
Dr Franz Servaes-Servaes
Wilmersdorf bei Berlin
Bruchsalstrasse 1.

Poststempel: 10.4.99

Liebes dampfendes Franzi!
Hastig wie siebzehn wilde Stiere sage ich dir lachend: Guten Morgen! Die Gartenpforte ist geöffnet. Der Storch ist drüben und klappert. Ich bin der große Schornstein der Gelassenheit und freue mich, Euch endlich wiederzusehen. Wir gehen durch den Peter-Hille-Pfad an den stillen See und dann an den Servaes-See.

Deiner Gemahlin und Dir 170000000 Bärengrüsse!
Dein
Paulus.

Randbeschriftung:
Kaiser Wilhelm Str 24. –
Du, ich glaube, morgen ist gutes Wetter! Na??
Grüß Datty und Roderich!!

2 kleine Zeichnungen innerhalb des Textes.

108 An Franz Servaes

Herrn Dr Franz Servaes
Vertreter des »Erdballs«
Wien II
Roten Stern Gasse 6. II bei Löwy.
Oesterreich!

4. Mai 1899.

Liebes Franzi! Du kannst lachen und Frühlingskarten schreiben – hier aber ist schlechtes Wetter – denn es regnet immerzu – und die »Praeludien« kommen nicht – o – warum kommen sie nicht? Der Bär ist schon ganz verzweifelt! O schick doch – oder schreibe an S. u. L! Hast Du vom chinesischen Dampfbahnvertrage gelesen? Mein Artikel wird für »Oesterreich« immer »aktueller« – er ist nicht naiv – denk an den Grafen Hübner, der als österreichischer Diplomat ein China-Werk herausgegeben hat.

Ich
bin ewig
Dein braver Paulus

Randbeschriftung:
Siehst Du Dr. Zweybrück? Der schreibt nichts von der Lika!!!
Oh Lika! Lika!
Oh Franzi!
Es lebe Burraburiasch!!!
Es lebe auch der Erdball!
Immer muthig!
Knix!

109 An Franz Servaes

Nieder-Schönhausen bei Berlin
11. Mai 99.

Liebes Franzi!
Mein Herz quiekt vor Wonne, die Nachtigallen piepen, der Storch klappert, und der Bär singt:
o wie wohl ist mir am Abend!
Draußen regnets, und die Nachtigallen machen einen höllischen Spektakel, es ist 5 Uhr Abends und Himmelfahrtstag. Und ich danke Dir für die Praeludien.
Na prost! Franzi! Das hast Du großartig gemacht. Bei allen Fürsten der erotischen Hölle! Es ist auch sehr gut, daß Du den »einsamen« Paul Scheerbart nicht erwähnt hast, denn der sieht heute ganz anders aus. Ueberhaupt – Alles sieht eigentlich anders aus – aber das hast Du ja schon so fein erwähnt. Entzückt hast Du mich mit der Bemerkung, daß ich mich nicht mehr verändern kann – hm! Na – Du wirst Dich ja wohl nicht wundern, wenn ich das wundervoll finde! Ich verändere mich immerfort – und daher bleibe ich natürlich der »unveränderliche« Veränderliche. Natürlich!
Ich verstehe – ja – ich verstehe – und Du verstehst mich – und ich verstehe auch nicht – und Du verstehst mich auch nicht – daß wir das aber ganz verständlich finden – das macht uns zu verständigen Menschen, die ewig unverständig sind, weil sie über das Unverständliche das Verständliche, Sich selbst und alles Uebrige so oft vergessen – Oh Franzi!
Aber wahrlich! Entschuldige die drei Seiten Ulk und sei überzeugt, daß ich einfach weg bin von Deinen prächtigen 33 Seiten. Was ich dagegen zu sagen habe, ist nicht wichtig und liefe eigentlich nur auf Spaß hinaus. Auf S. 190 muß es heißen »syrischen« Teppich! Die persischen Teppiche sind ja ornamental ganz unbedeutend. »Perlen« funkeln nicht. Ich kapitulire nicht vor dem Weibe – aber vor Dir, liebes Franzi!
Der Bär ist in »abstruser« Begeisterung
Das ist das Breitere! Das Breitere!

Mit 777777 Bärengrüssen umarmt Dich
Dein alter*) Paulus

Randbeschriftung:
*) stimmt natürlich auch nich.
S. 185 steht: »daß der Harem ebenso wenig taugt.« Das liegt doch blos an dem freiheitsdurstigen Harun! Der ächte Harem ist ganz sicher – – da kann Nichts passiren⟨.⟩ Bedenke doch die vielen Eunuchen!! Siehst Du?
Das ist Alles nicht böse gemeint! Nein!! Ich knack Dir den Kopp auf, wenn Du hier was »Böses« bemerkst!

Das Paradies erschien aber 1889 zum 1ten Mal.
Die venetianische Photographie hat mir Wiens Bedeutung ganz u. gar beleuchtet.
Ja – Ja – Ja!!! –
Es lebe das Längere!
Es lebe auch das Kürzere! O – schreibe mir bald eine Karte!
Die Lika wird »meiner großen Datty Servaes« gewidmet
Warum schickst Du mir niemals Neue Freie Presse?

110 An Franz Servaes

⟨An⟩ den Großherzog von Beludschistan
Herrn Herrn Dr Franz Servaes
Wien II
Roten Stern Gasse 6. II

16. Mai 99.

Regierender Großherzog von Beludschistan.
Was macht Euer Staat? Wie gehts Euern Pferden, Kindern und Frauen? Wisset Ihr nicht mehr, daß ich Euch einen wichtigen diplomatischen Artikel über Chinas Zukunft anvertraut habe? Warum erhalte ich keine Nachricht über den Artikel? Anbei folgen meine besten Maulesel (700 Stück) mit 700 Centnern Gold.
Laßt Euch nur bestechen!

Ich bin
Euer
King Bums III.

Randbeschriftung:
Und Fluch vor Allem der Geduld!

111 An Franz Servaes

1. Juni 99.

Edles und wohlwerthes General und Obermaschinist!
Weißt Du schon, daß ich soeben ein Erziehungsinstitut für angehende Mil-

lionäre gegründet habe? Wenn Du auch darauf bedacht bist, bei mir Unterricht im richtigen Geldausgeben, Gründen und Wurstessen zu nehmen, so melde Dich bald - denn mein Institut ist nur klein.
Lachend wie 10 Kanarienvögel voll Bärengruß

Dein alter
Knut Lemcke von Bullerstein.

Randbeschriftung
Streichle meine Liebe Lika!!!
Wir grüßen auch Deine Gattin viel hundert tausend Mal!

112 An Franz Servaes

Nieder-Schönhausen 17. Juni 99

Gewaltiger Herzog von Turkestan!
Wenn Du glaubst, daß es mir Spaß macht, blos in der Phantasie zu morden, so kennst Du Schultze VII schlecht. Allerdings - Du kennst diesen Herrn überhaupt noch nicht - nun - sei dem, wie ihm wolle!
Sonst flöten die ältesten Nachtigallen. Was die Auster bei Kempinski - das bedeutet die Nachtigall beim Poeten.
Hasen giebts hier schon eine schwere Menge. Der Servaes-See wird täglich herrlicher, an seinen Ufern wandeln die Eingeborenen von Nieder-Schönhausen.
Wie wär's daher, wenn Du uns besuchen wolltest? Du kannst hier Alles haben - Alles! Der Bär hat sich ein junges Krokodil gekauft - und weint mit ihm um die Wette - das mußt Du sehen! Unbezahlbar! Philippinenhaft!
Kaufst Du Dir eine Südseeinsel?
Immerhin könntest Du mir eine kaufen. Wie beneide ich manchmal den edlen Dreyfuss. Wohl dem Dreyfuss, der seine Pythia hinterm Ofen weiß - - ach ja - räuchern thuts überall.
Glaubst Du nun, daß ich in diesem Stile noch 2 Stunden weiter schreiben soll? Du irrst Dich! Das wäre zu viel verlangt. Wir aber harren Dein und sind zu Allem bereit. Morgen Sonntag bleiben wir bis 4 Uhr Nachm. zu Hause.
Demnach - bitte schreibe - Du bist uns Tag und Nacht zu jeder Stunde ein glückbringender Odysseus.

Solltest Du des Zeitmangels wegen besondre Arrangements treffen, so werden wir mit großen Schmerzen - aber doch mit edlem Muth Allem Folge leisten - denn wir sind voll Resignation bis auf den Nabel.
Der Bär ruft: Es lebe der Herzog!
Ich aber sagte und sage:
Schwipp! Widiwípp! Widiwúmbumbum!

Randbeschriftung:
Paul VII

113 An Otto Julius Bierbaum

Nieder-Schönhausen 21. 6. 99.

Lieber Otto Julius!
Daß Du den Rakkox nicht genommen hast, hat mein Herz mit penetranter Bitterkeit erfüllt.
Du willst nun außer dem Räuber noch drei weitere Sachen bringen. Warum aber willst Du die drei nicht a u c h gleich honoriren? Soll ich an der Galle erkranken? Das kannst Du doch nicht wollen!! Sei bitte so lieb und honorire die 4 Sachen zusammen mit 75 Mark. Das ist doch nicht unbescheiden von mir, nicht wahr? Im Laufe der nächsten 4 Wochen erhältst Du auch noch ein paar »g a n z n e u e S a c h e n«.

Heiligen Gruß!
Dein
Paulus

114 An Otto Julius Bierbaum

11. Juli 1899.

Lieber Otto Julius! Rakkox fährt bereits nach München. 100 Mark haben mich schon sehr glücklich gemacht - ich bin Dir sehr sehr dankbar. Wenn Du noch m e h r Manuskripte willst, brauchst Du blos zu sagen. Weißt Du auch, daß mich ein einfacher Negerkönig zum Großherzog von Timbuktu gemacht hat?

Dunkel
Dein
Paul Carl Wilhelm.

115 An Alfred Walter Heymel

Nieder-Schönhausen
16. Juli 99.

Sehr geehrter Herr Heymel!
Leider ist mein Telegramm, in dem ich mittheilte, daß der Rakkox frei ist, soeben als unbestellbar zurückgekommen. Haben Sie vielleicht die Güte, Herrn Heyschröbier meinen herzlichsten Dank zu übermitteln? Auch Ihnen sage ich meinen herzlichsten Dank.

Mit hochachtungsvollem Gruß
Ihr
ergebenster
Paul Scheerbart

116 An Alfred Walter Heymel

Nieder-Schönhausen
30. Juli 1899.

Sehr verehrter Herr Heymel!
Heißen Dank für das Honorar! Sie haben mich sehr glücklich gemacht. Und für das Buch danke ich Ihnen ebenfalls – bumm! Wie mir das gefällt! Es ist aber sehr gut, daß Sie mir mitgetheilt haben – daß Sie die Geschmacklosigkeiten ebenfalls mal geschrieben haben.
Meine Phantasten-Verlags-Bücher erhalten Sie erst in c 4-6 Wochen – da mein Paradies vielfach so abstoßend wirkt – – – – – – – – – – – – – – – –
Ihre Verse geben mir einen lustigen Schwung – am Anfange war das Temperament! – Sie dürfen aber nicht vergessen, daß ich Antierotiker bin – daher preise ich Sie nicht allzu sehr – ich fürchte auch, daß Sie mir nicht glauben könnten. Zum Bären, der 1213 ehrwürdige Grüße sendet, bin ich heil zurückgekommen. Er staunte meine schwankungslose Haltung an – ich staunte mit. Muß ich Sie eigentlich um Entschuldigung bitten, daß ich so »maßvoll« war? So war ich eigentlich noch nie. Ich glaube, ich war bislang immer nur mit Temperamentlosen zusammen ....
Man muß immer anders als die Andern sein – nicht wahr?
Ich freue mich sehr, daß Ihnen meine Sachen gefallen haben – grade »Lichtwunder«. Im »Galanten« steht wohl besser zum Schluß:
»Ihr müßt immer nur verliebt thun«. So ist es nämlich gemeint gewesen.

Es ist doch so von denkbar größter Vieldeutigkeit.
Mit schönsten Grüßen - auch an Ihren Herrn Vetter u. Bierbaum

Ganz
Ihr ergebener
Paul Scheerbart

117 An Max Bruns

20. October 99.

Sehr verehrter lieber Herr Bruns!
Meinen herzlichsten Dank für den Brief! Ich werde noch in dieser Woche Alles beantworten. Heute nur so viel: Die Widmung ehrt und erfreut mich wie gesagt entschieden nach allen Richtungen und in jeder Form! Ich danke Ihnen! Die Liwûna ist wohl fertig - aber die Durcharbeit wird mich wohl noch bis Mitte November in Anspruch nehmen. Der Bär freut sich ganz gewaltig, wir danken schön für Ihre Grüße und erwidern sie.
Brieflich mehr!

Ganz Ihr Paul Scheerbart

118 An Max Bruns

Briefentwurf

21. October 1899.

Lieber Herr Bruns!
Zunächst steht fest, daß Sie mir mit vollem Recht ein erotisches Buch widmen können. Sie fassen mich eben anders auf, Ihnen ist augenscheinlich die Persönlichkeit eines Dichters interessanter und wichtiger als die Produktionen desselben; Sie wollen durch diese zunächst nur den Menschen sehen - Ihnen liegt daran, die untere Seite der Produktion zu überschauen. Gestatten Sie mir einen Vergleich! Er hat ja wie alle Vergleiche auch schiefe Seiten - aber er bringt doch eine Anschaulichkeit. Jedes Kunstwerk könnte man wohl mit einer Seidenweberei vergleichen. Die Farben, von denen im Muster nur ein paar Punkte zu sehen sind, zeigen sich auf der Rückseite in größter Fülle - denn alle Fäden einer Weberei gehen durch. Und umgekehrt: die Fäden, die im Muster massenhaft da sind, werden sich auf der unteren Seite nur in beschränkter Anzahl vorfinden. Und so sind die Erotica hauptsächlich auf der unteren Seite des Eisenbahnromans und die lachenden

Dinge zunächst auf der oberen. Die Erotica sind also die Unterströmung – ganz gewiß! Und sie können mich also auch als Erotiker auffassen. Die erotische Unterströmung im Eisenbahnroman hat sogar zwei Forsetzungen – erstens: den erotischen Haremsroman und zweitens den »Freundschaftsroman« Na prost! Im Paradiese haben Sie als Unterströmung eine ethisch-ästhetische Weltanschauung – die Kunst wird der Machtsucht gegenübergestellt und Beide werden wieder der Liebe gegenübergestellt – und auf beiden Seiten (in Himmel u. Hölle) entsteht eine Antierotik – nur daß man in der Hölle mit der Wollust gegen die Liebe ankämpft (cf. Alberich in Wagners Rheingold), während im Himmel auch die Wollust von der Kunst bekämpft wird. Indessen – auch im Paradiese können Sie eine erotische Unterströmung konstatiren, die ihren weiteren Ausdruck in einem Tonschauspiel »Der Asket« fand; die Geschichte ist nicht vollendet worden – aber sie sollte den »Himmel der Araber« al. den »Himmel der Erotik« im Gegensatze zum Kunsthimmel in die Höhe bringen. Sie sehen also, daß Sie ein Recht haben, mich auch als Erotiker aufzufassen. Vergessen Sie aber nicht, daß meine Antierotik an die drei hundert reinkünstlerische Geschichten erzeugte, die wieder eine ganze Anzahl verschiedenster Richtungen erzeugen könnten. Ich habe die Absicht c 77 Geschichten à la Eisenbahnroman zusammenzufassen und sie unter dem Titel »Immer muthig! Ein phantastischer Nilpferderoman« herauszugeben. Im »Rahmen« dieses Romans stelle ich den Kritikern kleine alte Nilpferdchen gegenüber, die noch die Zeiten Ramses I gesehen haben und in meinen Geschichten unzählige neue Kunst-Richtungen im Keime entdecken – damit endlich mal offenbar werde, wie viel künstlerisch-zeugende Kraft durch die Unterdrückung der geschlechtlich-zeugenden Kraft frei wird!!!
Eins hat mich sehr gefreut: Sie halten, wenn ich richtig lese, den Wunsch nach Auflösung im Allwesen für ein zu anmaßliches Begehren. In »Liwuna u. Kaidôh« löst sich nun dieser schließlich nicht im Allwesen auf sondern blos in einer ihm faßbaren Architektur. Der Schluß ist vielleicht das Gewaltigste, was mir bisher gelungen ist, es steckt so viel Tragik darin wie in allen meinen anderen Sachen – aber ich glaube eine erlösende Tragik.
Ich könnte nun noch 100 Seiten über meine Sachen schreiben – aber ich möchte alles für meinen »Nilpferderoman« aufsparen – da soll den Kritikern vor lauter Perspektiven bange werden. Sehr freuen würde ich mich, wenn ich mich Ihnen verständlich gemacht hätte. Hab ich Sie recht verstanden mit dem, was Sie »Außerachtlassen der Menschen- und Weltgeistdistanz« nannten? Genügt Ihnen jetzt die Tragik in L. u. K.? Ich glaube die Distanz habe ich jetzt zum Ausdruck gebracht – und noch vieles Andre! Darf ich Sie daher bitten, Ihre liebenswürdigen Widmungszeilen*) für später aufzubewahren? Es geht mir in mein augenblickliches Streben zu scharf hinein – und Sie werden verstehen, daß ich da nicht so mitkann. Ueber Ruhe und

Unrast kommt in L. u. K. auch so viel. Ich freue mich sehr, daß Sie mir so viel entgegenbringen – ich werde mich sehr freuen, wenn wir uns noch besser kennen lernen – und bin daher sehr gespannt auf Ihr Buch!! Die Antierotik ist übrigens auch Bestandteil eines jeden Diplomaten-Ceremoniells. Man kommt mit der Antierotik immer so gut aus.

Tausend Grüße!
Ihr
P. Scheerbart

Randbeschriftung:
*) ich meine natürlich das Inhaltliche des beifolgenden Manuskr.

119 An Max Bruns

Nieder-Schönhausen b/Berlin
21. Oktober 1899.

Lieber Herr Bruns!
Den Brief, den ich Ihnen schreiben wollte, hätte ich gern in der Abschrift behalten. Nun ist er aber so lang geworden. Entschuldigen Sie daher, daß ich ihn so mitschicke? Ich brauche die Abschrift eigentlich nicht und muß so an L. u. K. arbeiten. Ach – der Prosastil! Das Ciseliren ist so schwer.
Der Bär erzählt mir soeben, daß aus meinem Schreiben hervorgehe, ich möchte Ihre Widmung nicht. So habe ichs selbstverständlich nicht gemeint. Ich sage Ihnen nochmals meinen allerherzlichsten Dank für die Widmung, würde mich aber sehr freuen, wenn Sie das beifolgende Manuskript nicht verwenden wollten. Sind Sie mir böse? Seien Sie's nicht! Es ist so eine Gefühlsangelegenheit. Die schönsten Grüße Ihrer Frau Gemahlin und Ihnen von meiner Frau und

Ihrem
Paul Scheerbart

Die Form der Widmung überlasse ich selbstverständlich ganz Ihnen.

120 An Max Bruns

Nieder-Schönhausen bei Berlin
25. October 1899.

Lieber Herr Bruns!
So gerne würde ich Ihren Brief beantworten – ganz eingehend! Aber – es

geht nicht. Ich muß L. u. K. zu Ende bringen, bin so nervös, daß ich keinen Menschen sehen kann – und eigentlich zu beklagen.
Sind Sie mir böse, daß ich mich ausschweige? Ich bitte Sie flehentlich, mir nicht böse zu sein. Sie werden in L. u. K. so viel Antwort finden.
Glauben Sie, daß man in Briefen mehr sagen kann, als in Büchern, bei denen jede Silbe überlegt ist? Ich kann es nicht glauben. Meine Nilpferdchen sind übrigens die größten Kritiker des Erdballs und sagen über meine Geschichten so viele köstliche Dinge mit unzähligen ästhetischen Perspektiven. Eins wird Sie allerdings stören: die Thiere sagen Nichts über meine Persönlichkeit. Was sagen Sie dazu?
Mein Bär sendet die herzlichsten Grüße Ihrer Frau Gemahlin und Ihnen!
Und ich schließe mich zaghaft an! Es lebe die Zweieinigkeit!
Hurrah! Es lebe die Kritik!

Ganz
Ihr
Paul Scheerbart

121 An Richard Dehmel

King Richard Dehmel!!!
Spezgart bei Ueberlingen
am Bodensee

Abs. Scheerbart alter Millionär in Nieder-Schönhausen bei Berlin

Fotopostkarte mit Aufdruck: Gruss aus Niederschönhausen. Kirche vom Walde gesehen.

2. 11. 1899.

Mein Cardinal! Du, der Du immer noch glaubst, daß Kometen einen sogenannten Dassel haben, wisse, daß das pure Anthropomorphik ist. Du bist ein Mensch! Ich aber bin der Unmensch, der Dir was sagen möchte – und es doch nicht thut! Und dennoch will ich Dir antworten! Warte nur! Balde! Lange Grüße!

Dein Paulus.

122 An Franz Servaes

Herrn Dr Franz Servaes
Wien II
Valeriestrasse 54.

Wilhelmsruh bei Berlin
6. November 1899.

Dear King! Ist es wirklich wahr, daß Karl Kraus absoluter König von Ungarn werden will? Du sollst darüber einen Leitartikel geschrieben haben – kannst Du mir den nicht zusenden? Hier redet alle Welt davon, daß Du Finanzminister bei König Kraus werden sollst. Soll ich da die Stadt Pest umbauen? Ich mach's gut.
Heil Deiner Gattin u. Dir!

Dein
P. C. W.

Randbeschriftung:
Schreibe bald!

Zusatz von Anna Scheerbart:
2 Bärengrüße!

123 An Richard Dehmel

25. Nov. 1899.

Lieber Admiral! Obgleich ich die Geschichte vom Freitag Abend nur für einen
»abgekarteten Hintertreppenwitz«
halte, will ich doch nicht unterlassen, Dir mitzutheilen, daß wir selbstverständlich zu Hause waren. Vorne war Alles offen – warum berührtest Du nicht die Gitterthüre. Ich habe mich geärgert.

Na prost!
Dein Paul Carl Wilhelm

124 An Max Bruns

14. Dec. 99.

Lieber Herr Bruns!
Meinen schönsten Dank für Ihre letzte Karte! Entschuldigen Sie gütigst, daß

ich mich erst heute bedanke – aber heute ist erst die letzte Seite des »Seelenromans« geschrieben. Ich weiß nicht, wies mir eigentlich geht – aber hier liegt Schnee, und ich werde Grog trinken.
Zwei-Einigkeitsgrüsse den Zwei-Einigkeitsgrüssen

Herzlich
Ihr Paul Scheerbart

Randbeschriftung:
Na prost!
Nächstens Brief!!!!!

125 An Max Bruns

Nieder-Schönhausen bei Berlin
3. Januar 1900.

Lieber Herr Bruns!
Meinen schönsten Dank für die Sylvesterkarte! Leider fühle ich mich augenblicklich so abgespannt, daß ich an Versendung lustiger Sylvestergrüße garnicht gedacht habe. Verzeihen Sie mir also, wenn ich Ihnen noch nachträglich die herzlichsten Glückwünsche sende – Ihrer Gemahlin und Ihnen wünschen ein lustiges neues Jahrhundert

P. C. W. u. A. Bär!

Ihre Aufforderung, Ihrem Verlage Liwûna oder die Nilpferdchen zu senden, hat mich selbstverständlich sehr sehr glücklich gemacht – das war ein sehr lieber Neujahrsgruß – ich danke Ihnen!
L. ist noch in München bei der Insel – Heymel hatte mich aufgefordert, für seinen Verlag ein Buch zu schreiben – und wird die L. demnach wohl behalten. Die Nilpferdchen aber werden bald in Ihren Händen sein – sodaß sie evtl im Herbst erscheinen könnten.
Hoffentlich ist meine Müdigkeit bald überwunden.

Viele Viele Doppelgrüße Ihnen u. Ihrer Gemahlin
Ganz
Ihr
Paul Scheerbart

Randbeschriftung:
Von der Zwei-Einheit schreibe ich – so bald ich kann

126 An Otto Julius Bierbaum

Nieder-Schönhausen b/Berlin
15. Januar 1900.

Lieber Otto Julius! Meinen herzlichsten Dank für den lieben Brief. Ich freue mich natürlich unbändig, daß Euch L. u. K. sehr gefallen hat. Jetzt bin ich wieder lebendig. Ich trinke heute Abend im Pankgrafen – an demselben Tische, an dem wir mal mit Dehmel und Servaes zusammen gesessen haben, drei Ganze aufs Wohl der Inselherausgeber. Und dann werde ich an Vallottons Zeichnungen denken – und meine Seele zu beruhigen suchen – denn sie ist natürlich – in brennender Revolution.
Soll Rakkóx durchaus ohne Accent geschrieben werden? Ich habe in der Korrektur im Titel und in der ersten Zeile den Accent wieder hingesetzt. Der macht das Wort so abschließend. Sonst würde man doch Rákkox lesen – und das klingt blos nervös. Und allem Nervösen fehlt das Abschneidende. Indessen – ganz wie Ihr wollt. Wenn Du an Dr. schreibst, daß der Accent weg soll – so ist es auch gut.
Ich harre des Definitiven.

Herzlich
Dein
Paulus.

127 An Franz Servaes

Lieber Großherzog! Dem Verdienste seine Krone! Daß jetzt Alles gut geht – das ist doch nur »das Werk des Bären«. Wie kannst Du da von Dir noch reden? Du Egoist! Wenn der Bär nicht so viel geredet hätte!
Frau Auerbach wird also Kaiserin von Brasilien? Na prost! Wo Pastor ist, weiß ich nicht. Ich grüße Dich! Ich grüße die Deinen – mit 7000 Bärengrüßen! Es lebe das alte Weltall!

Dein Paul Carl Wilhelm.

4. Febr. 1900

128 An Max Bruns

Nieder-Schönhausen bei Berlin
5. Februar 1900.

Lieber lieber Herr Bruns!
Mit unsäglicher Mühe habe ich mich endlich auf den beifolgenden Blättern

Paul Scheerbart, Zeichnung von Bruno Paul

über Ihre Zwei-Einheit geäußert. Eigentlich wollte ich wieder Alles noch einmal abschreiben, aber ich glaube, daß es so unmittelbarer wirkt. Vielleicht gelingt es Ihnen, so mehr zwischen den Zeilen zu lesen. Ich habe so viel über das Schöpferthum und die großen Stunden des Lebens und Sterbens nachgedacht, daß es mir vorläufig noch recht schwer fällt, meine Gedanken geordnet zum Ausdrucke zu bringen.
Entschuldigen Sie also gütigst das Ungehobelte des Briefes.

Ganz
Ihr
Paul Scheerbart

129 An Max Bruns

Briefentwurf

5. Febr. 1900

Lieber Herr Bruns! ⟨*gestrichen:* Entschuldigen Sie zunächst die Briefbogen – aber ich habe augenblicklich keine andern da – und es macht sich so lustig, daß ich das Antierotische auf rosarothem Papier schreibe. Etwas Spaß muß überall sein – besonders dann, wenn man sich die Mühe giebt so ernst wie nur möglich zu schrei / auf großen Bogen zu schreiben. Entschuldigen Sie die großen Bogen!⟩
Sie werden sich denken können, daß es mir nicht leicht gefallen ist, zu Ihrer Zwei-Einheit Stellung zu nehmen. Jedenfalls bin ich jetzt weit entfernt davon, Ihr Buch für ein einfaches Eroticum zu halten. Schon der Mönchskuttendeckel giebt zu denken. Ich glaube wohl, daß Sie bewußt oder unbewußt zunächst die Absicht hatten, die Erotik zu »retten«. Die Opposition ist ja so natürlich in allen Lebenslagen. Sie überschätzen die Tragweite meines Eisenbahnromans – und der »scheinbar« so doktrinäre Ton desselben reizte ja zum Widerspruch – sollte wohl dazu reizen – da meiner Natur Widerspruch lieber ist als Anerkennung. Meine ganze Antierotik ist doch ebenfalls nur Produkt des Oppositionsgeistes. Ich verstehe also Ihre Opposition vollkommen und sie ist mir sehr sympathisch.
Wenn ich aber versuche, zwischen den Zeilen Ihres Buches zu lesen, so merke ich doch, daß Sie eigentlich nicht die Liebe, sondern das Schaffen preisen. Die erotische Einkleidung erscheint mir als Hülle – und der Kern sieht, wenn man nur ehrlich hinsieht, ganz und gar nicht mehr erotisch aus – im Gegentheil.
Jetzt kann ich Stellung nehmen.

Sie werden lachen – aber das verändert ja eine Sache ebenso wenig wie Weinen und Wüthen.
Sie fühlen sich im Sexualen als Schöpfer.
Ja – ist das nicht wieder poetische Vermessenheit?
Fühlt sich Jemand im Kunstschaffen als selbstherrlicher Schöpfer, so ist das doch auch nur eine poetische Vermessenheit – wie kühn aber ist es, im Sexualen Schöpferbewußtsein zu haben! Wir bilden uns doch nur ein, selbstthätige Schöpfer zu sein – nicht wahr?
Somit wird aber Ihr Menschenerschaffungsstreben – ein wirklich großartiges poetisches Thema – und ich kann nur sagen, daß dieses Thema als solches in Ihrer Zwei-Einigkeit nach meinem Geschmack noch etwas krasser hätte herausgedrückt werden sollen.
Vergessen darf man eben nirgendwo, daß die ganze Schöpferinbrunst nur in der praktischen Einbildung Realität besitzt – denn wir schaffen doch nicht – es ist doch ein Höherer.
Sehr interessant würde mirs sein, dieses Schaffens- oder Gebärungsthema (was doch schließlich so ziemlich auf dasselbe hinausläuft) mal vom Standpunkte der Frau behandelt zu sehen – oder von einer Frau selbst.
Es hat mir noch ein Zweites in Ihrer Zwei-Einheit sehr gefallen – die Sehnsucht nach der großen Stunde! Auch diese Sehnsucht ist im Grunde garnicht erotisch, denn ob ich nun die große Stunde im Erzeugen eines Kunstwerkes oder eines Kindes erblicke, ist doch so ziemlich dasselbe. Jedenfalls halte ich diese Sehnsucht nach einer großen Stunde (gleichviel welcher Natur sie ist – es kann auch die Todesstunde gemeint sein) für das Allerwichtigste im Leben eines Dichters.....
Schade, daß wir darüber nicht mündlich sprechen können – es schreibt sich so schwer darüber, da man so leicht mißverstanden werden kann. Aber Sie merken wohl, daß ich mich, so schwers mir auch fiel, mit Ihrer Zwei-Einheit, die ja als Schöpfungsfaktor ihre Berechtigung hat*), nicht blos oberflächlich beschäftigt habe. Ich glaube, daß ich trotz der erotischen Hülle, die mich natürlich wie mit Nadeln sticht, den wahren Kern entdeckt habe.
Lachen Sie nun?
Das thäte wie gesagt der Sache garnichts an.
Wissen Sie schon, daß Swift der Antierotiker des Jahres 1700 mein geistiger Urgroßvater ist? O lesen Sie Swift (Gulliver Reclam – die zweite Hälfte!)
Ich habe von Thoma ein Bild bekommen, auf dem steht »Ein Herz ein Treu allein soll bei uns Beiden sein«⟨.⟩ Das hat mich oft an Ihre Zwei-Einheit erinnert, der ich ja eigentlich nach meinem Haremsroman recht grollen müßte. Aber der Haremsroman ist auch nur »fürs Volk«.
Die Totenmesse des Prz. habe ich auch wieder gelesen – und bin im Moment sehr gepackt worden – aber die Wirkung hält nicht an. Da mich Ihr

Buch nur langsam fest hielt - wirds wohl auch länger halten. Die Schlußverse gefallen mir außerordentlich.
Von sexualen »Mysterien« u allem Religiösen, das damit zusammenhängen könnte hätte ich gerne mündlich mit Ihnen gesprochen - vielleicht schreiben Sie mir noch, ob wir uns »ungefähr« verstehen - es ist ja das gegenseitige Verständnis so schwer. Wir dürfen auch nicht so eitel sein und behaupten, daß wir uns selber so ohne Weiteres ganz verstehen - wir verstehen uns selber oft ganz falsch. Vielleicht kommen Sie noch mal dazu, sich für den größten Antierotiker zu halten, der ja gar kein Feind der Ehe zu sein braucht (vielleicht - im Gegentheil) Und vielleicht - halte ich mich noch mal für einen selbstthätigen Schöpfer - wahrscheinlich ist das nicht - aber wer kann wissen, was da kommt.
Über alles Dieses mag ich ganz gerne reden - aber nicht schreiben - da man doch keine gehobelten Worte dafür hat - Beim Gespräch geht Alles viel schneller, da man sich telepathisch gegenseitig viel mehr geben kann.
Schreiben Sie mir wenigstens, ob ich jetzt Ihren Wünschen nach sogen. Kritik entsprochen habe. Entschuldigen Sie, daß ich mich zuweilen nicht klar genug ausgedrückt habe - aber ich konnte wohl nicht.
Die herzlichsten Grüße Ihrer Frau Gemahlin und Ihnen von der Meinigen und

Ihrem
Paul Scheerbart

»Liwûna und Kaidôh« erscheinen im Verlage der «Insel« sowohl in der Zeitschrift wie als Buch.

Randbeschriftung:
*) ich meine: der Dualismus hat als Schöpfungsfaktor seine Berechtigung.

Nochmals: Pardon diesem Geschmiere!
Heil! Heil!

130 An Alfred Walter Heymel

Nieder-Schönhausen bei Berlin
8. März 1900.

Lieber Herr Heymel! Ihr Brief hat mir eine riesige Freude bereitet - ich danke Ihnen. Ich bin Ihnen garnicht böse gewesen, daß Sie nicht so umgehend antworteten - denn das Umgehende zeugt immer von sehr wenig

komplicirter Art. Ich mag eigentlich trotz Galiani das ganze Briefschreiben nicht leiden - das ist nur für die »Einfachen« eine natürliche Sache nicht wahr? Nebenbei zeugt es auch von Faulheit, die Sie sich ganz ohne Grund vorwerfen. Wenn ich mich nicht täusche, so sehe ich in der »Insel« so viel von Ihrer Art, daß ich Sie sogar für außerordentlich thätig halten muß - Sie haben so viel Verstecktes, selbstironisch Verschleierndes - das Komplicirte, das zum Symbolicum zwingt - daß ich recht traurig war, als ich aus Ihrem Briefe allmählich herauslas, wie wenig Sie daran glauben mögen, daß die »ausgereiften Geister« sich um Ihrer selbst willen Ihnen zu nähern suchen. Verstehen kann ich allerdings, daß das stärkste Selbstbewußtsein sehr leicht in eine Alles auflösende Bescheidenheit umkippt - ich verstehe auch das Ironisirende in dieser Wandlung - aber das verführt auch zum Verdrehen aller Dinge, sodaß man schließlich die einfachsten Geschichten so komplicirt wie Spitzengewebe macht - was wieder sehr spitz macht......
Sie dürfen auch nicht vergessen, daß schließlich Alles doch blos Anlage in uns ist - und daß die Blüte viel reizvoller aussieht als die praktische Frucht. Unser persönliches Empfinden geht auch so leicht im Allempfinden auf - das erstere ist garnicht so stark. Ich freue mich sehr, daß Sie sich über die Widmung freuen. Und daß Sie L. u. K. so preisen, hat mich wirklich erfrischt.
Ich fühle so ungefähr, daß Sie sich gegen alles Intime wehren möchten - aber dieses Wehren ist ja gerade das Antierotische, dem alles Einfache so unbequem ist. Ich sende Ihnen deshalb meinen antierotischen Roman. Pardon, daß ichs erst jetzt thue!
Ich sage Ihnen nochmals meinen besten Dank für alles Liebe! Sie ahnen wohl, was mir die Insel thut. Ich freue mich, daß ich jetzt so viel schreiben kann. Leben heißt: immerzu Dichten!
Ich habe übrigens die Saharet gelesen - Ihr Tidlidei dazu ist ein einfach glänzendes Gedicht - Niggerrhythmus mit Temperamentstakt wirken zusammen verblüffend. Daß Sie so viele Kritiker gegen sich haben, braucht sie nicht zu wundern - das sind lauter Neidhämmel. Ich nehme übrigens an, daß Sie Franz Blei und Roger de Campagnolle zu gleicher Zeit sind und gratuliere Ihnen dazu von ganzem Herzen.

Eine ganze Wolke der lustigsten Grüße!
Ganz und gar
und immer
Ihr
Paul Scheerbart

131 An Max Bruns

Lieber Herr Bruns! Schönsten Dank für Ihren Brief! Ich fürchtete schon, Sie könnten mir a l l z u böse sein – die bösen Nadeln! Sie haben Recht, sehr göttlich sind die nicht. Jawohl, wir müssen auch Uebereremiten werden. Sie dürfen mir aber wegen meiner allzugroßen Menschenfeindlichkeit nicht böse werden – sie gehört in meinen Kram – ist für mich eine Art Himmelsleiter – die ich hoffentlich bald nicht mehr brauchen werde. Verzeihen Sie mir also die Nadeln! Ja? Ich werde sie kurz u. klein hacken.

Tausend Doppelgrüße den Doppelgrüßen
Ganz
Ihr
Paul Scheerbart

8.3.1900

Randbeschriftung:
Pardon der »eiligen« Karte!

132 An Max Bruns

Nieder-Schönhausen b. Berlin
15. März 1900.

Lieber Herr Bruns!
Sie sind der Erste, der meinen Rakkóx beachtet hat; über ein Dutzend Zuschriften habe ich für das Indianerlied bekommen.
O ja, ich kenne die Europäer.
Ich danke Ihnen für Ihre Anerkennung von ganzem Herzen; sie that mir sehr sehr wohl.
Ich habe mich so gefreut, daß Sie das Ernste in dem Rakkóx entdeckten. Er soll als Buch mit einem Mondroman, den ich augenblicklich schreibe, zusammen erscheinen.
Ich freue mich auch, daß Sie mein Paradies nicht vergessen. Mein Bär hat mir so viele Vorwürfe gemacht, daß ich Ihnen so garnicht liebenswürdig über Ihr Buch geschrieben habe – aber ich weiß, Sie verzeihen mir das – Ihre Verse sagens mir – nie mehr künstlerisch schaffen! Das ist eigentlich die richtige europäische Künstlerstimmung. Und dabei wird immerfort muthig weitergedichtet, daß die Wände zittern. Ich glaube, es wird schon Alles wer-

den – auf Ihre Bücher freue ich mich sehr – ich kann jetzt so schrecklich viel lesen – und ich glaube, andre Art jetzt viel besser zu verstehen. Ich hatte so lange zu viel mit mir selbst zu thun.

Mit weiten weiten Doppelgrüßen
bin ich
mit allen meinen Namen
Ihr
Paul Scheerbart

p. s. Eine Namengeschichte muß ich auch bald schreiben. Ja! Ja!

133 An Cäsar Flaischlen

25. März 1900

Lieber Caesar Flaischlen!
Soeben höre ich, daß der Pan nicht mehr erscheinen soll? Ist das wahr? Wenn ich keine Nachricht erhalte, glaube ich nicht an das Gerücht. Ich glaube am liebsten an Garnichts!

Drei Mal Heil!
Dein
Paul Carl Wilhelm

134 An Franz Servaes

Herrn Dr Franz Servaes
Hotel Sanssouci
Berlin W
Linkstrasse

Kaiser Wilhelm Str 24.
25. März 1900.

Liebes Franzi! Hast du eine Ahnung von dem Großbetriebe einer modernen Dichtermühle? Wenn Du eine Ahnung hast, so wirst Du Dir denken können, daß ich täglich bis zum Diner (1/2 4 Uhr) alle Hände voll zu thun habe. Wirst Du daher begreifen, daß ich Dich evtl Dienstag zwischen 4 und 1/2 5 in N.S. erwarten möchte?

Herzl. Bärengrüße!
Dein P.C.W.

Randbeschriftung:
die elektrische Bahn fährt alle 3 Min von der Mittelstr. nach Pankow
Kleine Zeichnung in der linken oberen Kartenecke

135 An Franz Servaes

Herrn Herrn
Dr Franz Servaes
Berlin W.
Linkstrasse
Hotel Sanssouci

27. März 1900

L. Franzi! Sei mir nicht böse, aber nach Berlin zu kommen, ist mir einfach unmöglich. Du mußt schon nach N.S. kommen, wenn Du mich sehen willst. Darf ich Dich also zu Donnerstag zum »Souper« einladen. Schreibe, wann Du kommst – »Wir« speisen um 1/2 8 Uhr, und ich stehe von 4 Uhr ab zu Deiner Verfügung. Aber schreibe eine bestimmte Stunde. Noch einmal warte ich nicht vergebens.

Mit Bärengrüßen
Dein
Paul Carl Wilhelm Scheerbart-Heering

Randbeschriftung:
Na? Nu?

136 An Franz Servaes

Herrn Dr Franz Servaes
Berlin W
Linkstrasse
Hotel Sanssouci

28. März 1900.

Liebes Franzi! Ich bin bei einer großen Arbeit, die mich mehr in Anspruch nimmt, als kleinliche Geschäftsangelegenheiten in Anspruch zu nehmen

pflegen. Eine Fahrt in die Linkstraße kann ich meinen Nerven nicht mehr zumuthen – es geht nicht. Um keine Besuche mehr empfangen zu brauchen, ziehe ich in diesem Sommer für immer – an die Ostsee.
Also – auf Wiedersehen dort!

Bärengrüße Deiner Gattin und
Dir von Deinem P.

137 An Alfred Walter Heymel

Nieder-Schönhausen b/Berlin
1. Mai 1900

Lieber Herr Heymel!
Schönsten Dank für die Insel-Bücher! Ich habe mich schrecklich gefreut, daß sie alle einen Charakter haben, der mir von oben bis unten sympathisch ist. Jetzt muß ich mich doch über so manche kritische Äußerung sehr wundern. Ich habe das meiste Kritikerthum immer für ein Parasitentum erklärt – aber eigentlich genügt das Wort nicht, denn der Parasit ist doch nicht so dumm, und die Kritik ist das doch so oft – bei aller Schlauheit oder infolge der Schlauheit. Ich habe große Lust, später auch Kritiken zu schreiben – andre. Schade, daß ich vorläufig noch nicht dazu komme; ich hätte über die Inselbücher viel Liebes sagen können und hätte so lachen können, wenn man mich dafür für einen herrlichen »Diplomaten« gehalten hätte. Doch meine schreckliche Produktivität läßt mir leider zu kritischen Späßen keine Zeit – schrecklich! Pardon diesem Wort! Ihre »Unrast« hat mir am meisten imponirt, aus Ihrem ganzen Buche lacht eine Indvidiualität heraus, an die ich glauben mag – und die ich für s e h r selbständig halte. Glauben Sie übrigens, daß es Originale gegeben hat, die n i c h t beeinflußt waren? Das ist ja anfangs gar nicht denkbar. Man muß sich von andern Künsten (Musik, Malerei, Architektur) beeinflussen lassen – dann ist der Einfluß nicht bemerkbar. Wie schlau – nicht? Ihr Nonsens hat mich aber entzückt, im Höllen-Serpentintanz sah ich viele Keime, und einzelne Lieder vergaß ich nicht – speciell Parforce! Die Fischer geben einem Komponisten nach meiner Meinung alles Mögliche, aber wird ein Komponist das Wort »Dreck« komponiren? So weit sind die wohl noch nicht.
Mir scheint es manchmal, als wäre unsre Zeit so übersättigt, daß sie für feinere Sachen momentan kein Organ mehr hat zum Zupacken. Und mit dem Aerger darüber erkläre ich mir Schröders »Unmut«. Wenn ich Beiträge zur Entwicklungsgeschichte modernen Eremitenthums schreiben würde, könnte ich über diesen Unmut unsäglich Vieles sagen, was Andre wohl noch nicht sagten. Ich glaube jedoch, dieser Unmut ist sehr nöthig, wenn

große Kunstwerke entstehen sollen – denen muß der Unmut vorangehen. Die oft undefinirbare Qual hat doch wohl großen Schaffenswerth. Wie viel könnte man aber andrerseits über den Schaffenswerth einer permanenten Lustigkeit sagen! »Mut u. Unmut« – darüber hätte ich schreiben mögen – dabei hätte man die ganze Kunstschafferei mal besonders beleuchten können. Bei Hofmannsthal habe ich merkwürdiger Weise parodistische Keime entdeckt – will er nicht die »Reife« parodieren? Ueber den »Pan im Busch« hab ich mich im ersten Augenblick beinah geärgert – ich habe eine astrale Pantomime (bei mir ist natürlich Alles astral) ebenfalls genau wie Bierbaum mit 28 zahllosen Kapitelüberschriften versehen.
Das ist aber wohl die einzige Möglichkeit, solchen Stoff lesbar zu machen. Könnten Sie mir nun zur Beruhigung meiner Nerven auf einer Postkarte mittheilen, wann Sie den Rakkóx als Buch herausgeben wollen? Wenn Sie vor Ende Juli nicht daran denken, wäre die Karte nicht nöthig. Mein Mondroman ist hoffentlich Anfang Juni in Ihren Händen.
Soeben erhalte ich von Dehmel eine Karte aus Olympia – er schreibt wörtlich: »morgen reite ich auf 4 wirklichen Pferden 5 Tage lang durch den Peloponnes«⟨.⟩ Das muß doch schrecklich anstrengend sein! Wie froh bin ich nur, daß ich auf der von mir geplanten Orientreise bis Bagdad die Eisenbahn benutzen kann.
Mit vielen dreizackigen Inselgrüßen und einem Walpurgisnachgruß

bin
ich
ganz
Ihr
Paul Scheerbart

138 An Alfred Walter Heymel

Nieder-Schönhausen b. Berlin
9. Mai 1900

Lieber Herr Heymel!
Entschuldigen Sie gütigst, daß ich heute mit einer ganz besonderen Bitte komme. Könnten Sie nicht so lieb sein und mir durch Bierbaum mittheilen lassen, wie Sie's mit den Buchhonoraren für Rakkóx und Liwûna halten möchten? Ich lebe jetzt gerade mein achtunddreißigstes Lebensjahr und sehne mich nach einem stillen Fischerdorf und möchte auch verheiratet sein – denn es ist mir entsetzlich geworden, daß mein Bär allmonatlich 22 M 33 Pf Pension von der Post holen muß – das ist ja ein testimonium paupertatis – und somit muß ich endlich heiraten. Und da möchte ich wissen, was ich

noch von Ihnen zu erwarten habe, damit ich danach meine Verhältnisse ordnen kann. Wollen Sie für alle Auflagen eins meiner Bücher nehmen - oder wollen Sie blos das erste Tausend honoriren? Bitte - bitte - lassen Sie mich das so bald wie möglich erfahren. Ich werde Ihnen ewig dankbar sein. Seien Sie mir auch nicht böse, wenn der Mondroman erst Ende Juni in Ihren Händen sein sollte - aber er soll so »vollendet« werden.

Viele viele herzliche Grüße
von
Ihrem
Paul Scheerbart

139 An Otto Julius Bierbaum

Nieder-Schönhausen b. Berlin
9. Mai 1900

Lieber Otto Julius!
Soeben habe ich Herrn Heymel gebeten, mir doch durch Dich mittheilen zu lassen, wie ers mit den beiden Buchhonoraren zu halten gedenkt. Du wirst Dir denken können, wie wichtig für mich die Angelegenheit ist. Darf ich Dich darum bitten, die Sache so bald wie möglich ins Reine zu bringen? Die Insel hat auch noch 7 kleine Manuskripte, die noch nicht honorirt sind, für Liwûna und Kaidôh habe ich bisher 500 M bekommen - was darf ich nun im Ganzen noch erwarten? Verzeih mir, daß ich Dich hiermit behellige, aber es läßt sich doch nicht umgehen. Immerzu im Ungewissen zu leben und zu »dichten«, ist mir ganz unmöglich geworden. Ich möchte gern einen Brief haben, der Contraktwerth hat. Bitte sei so lieb und thu für mich, was Du thun kannst. Ich werde Dir sehr sehr dankbar sein.
Da Ihr »Rakkóx und andere Geschichten« angezeigt habt, so bin ich beinah mit dem Titel einverstanden - möchte Euch aber bitten, mit der Herausgabe noch etwas zu warten. Ich könnte Euch für die 7 kl. Manuskripte, die Ihr da habt, im Juli evtl bessere geben (direkt zum Rakkóx passende; wir könnten evtl. austauschen!!)
Der Mondroman kommt hoffentlich Ende Juni an - und wird doch umfangreicher, sodaß er sicherlich später mal als apartes Buch erscheinen könnte - wenn Ihr ihn haben wollt. Sicherlich wird er noch reizvoller und packender als der Seelenroman. Nu sei gut!

Viele lustige weite Grüße
von
Deinem
Paul Scheerbart

Postscriptum:
Für Richard Strauss hab ich eine astrale Pantomime in 2 Aufz. »Kometentanz« geschrieben. Ich hoffe, daß er sie jetzt komponiren wird (es ist meine dritte Bearbeitung und geht auf alle seine Wünsche ein) – kannst Du mir da vielleicht mitteilen, wie viel ich usueller Weise von der Tantième beanspruchen könnte? Ein Drittel? Oder blos ein Viertel? Ich würde der Sache gern einen usuellen Charakter verleihen und mich evtl (wenns Dir nicht unangenehm ist!!) auf Dich berufen. Für Deinen »Pan im Busch« bin ich schlankweg begeistert – ich habe ebenfalls Kapitelüberschriften – »Mondgavotte«, »Zofenwalzer«, »Die Sterne des Himmels« »Der Scharfrichter« »Saturnringreigen« »Leoniden-Polonaise« u. s. w. – ebenfalls 28 Nummern. Ist das nicht seltsam? Mein Manuskript war schon fertig, als ich Deinen Pan bekam. Ich war mächtig verblüfft.
Wenn Du dieses Manuskript bald auf einer Karte beantworten wolltest, würde ich mich so freuen.

Maiglück!
Ich
bin
Dein
Paulus (thatsächlich!)

140 An Max Bruns

Nieder-Schönhausen
11. Mai 1900

Lieber Herr Bruns!
Leider muß ich Ihnen mittheilen, daß der Nilpferderoman in diesem Sommer beim besten Willen nicht fertig werden kann. Eine Pantomime, die ich für Richard Strauss geschrieben habe, hat mich zu lange in Anspruch genommen. Ich habe die Geschichte »drei« Mal bearbeitet und bin ganz mürbe. Es ist natürlich eine »astrale« Pantomime – und veritable Sterne treten auf und tanzen – es ist ein »Kometentanz« – mit einem Schluß, der unzählige seltsame Wandelsterne mitten im Weltall zeigt – einfach kosmisch. Aber ich bin ganz mürbe und muß nun noch für die »Insel« das Ungeheuerlichste schreiben.
Würden Sie evtl. geneigt sein, einen Seeroman »Die Seeschlange« von mir zu acceptiren? Ich weiß allerdings nicht, ob ich im August damit fertig

werde - bis wann würden Sie das Manuskript haben müssen, wenn Sie die Geschichte im Herbst bringen möchten?
Ich würde Ihnen für eine Zeile sehr dankbar sein. Verzeihen Sie, daß ich so müde schreibe.

Tausend Bärengrüße Ihrer Gattin u. Ihnen
von
Ihrem
Paul Scheerbart

Die Stelle im Novalis war mir ganz unbekannt.
Danke schön!

141 An Richard Dehmel

Nieder-Schönhausen
in der Mark Brandenburg
Montag den 21. Mai 1900 C.
12 - 1 Uhr Mittags
[Kaiser Wilhelm Strasse vierundzwanzig]

Edler Rikkardo!
Allen wahrhaft edlen Lebewesen ist Alles unangenehm - besonders aber das Wesen mit der dem Edlen ähnlichen Struktur - daher die raffinirte Antierotik, die allen Aerger tötet und die Lex Heinze erzeugt. Bedenke, daß es gemeinhin die unangenehmsten Folgen hat, wenn man einen Mitmenschen für den angenehmsten erklärt. Ich thu so was nicht - denn ich bin ja so kannibalisch schlau. Sei kalt wie der Nordpol. Indessen - ich schreibe Dir diesen Brief, um Dir mitzutheilen, daß ich im November, als Du hier warst, sehr wohl zu Hause war. Wir warteten auf Dich mit Grog und Bärenkuchen. Die Gartengitterthür war auf. Wer das bestreitet, hat kein reines Gewissen. Ich habe Dir sofort einen empörten Brief auf rosafarbigem Papier geschrieben und in den Grunewald geschickt. Dieser rosafarbige Brief scheint nicht in Deine Hände gerathen zu sein. Ich habe mir daher seit November systematisch alle Liebenswürdigkeit abgewöhnt.
Nu angle nur in den Wolken!
Ich wiege jetzt 280 Pfund und werde jetzt Preisboxer werden

Mit dicken Bärengrüßen
bin ich
Dein Pol Paul Carl Wilhelm

142 An Max Bruns

Nieder-Schönhausen b. Berlin
23. Mai 1900

Lieber Herr Bruns!
Besten Dank für den Brief! Die Seeschlange wird nicht lang, und ich bin vollkommen damit einverstanden, wenn Sie die Geschichte erst Anfang des nächsten Jahres bringen möchten. Ich zieh im Herbst an den Seestrand, und die Seeschlange soll dann im neuen Heim mein erstes Buch werden. Ich hoffe, schon Mitte August anfangen zu können.
Empfehlen Sie mich Ihrem Herrn Vater und vergessen Sie mich bis dahin nicht.

Mit den Doppelgrüßen
Ganz
Ihr
Paul Scheerbart

Postscriptum:
Würden Sie evtl meine Tarub in Ihren Verlag nehmen? Das ist doch ein Buch, mit dem vielleicht noch ein Geschäft gemacht werden könnte? Es stimmt mich wirklich recht traurig, daß auch dieses Buch so leblos da liegt. Storm ließ 1500 Exemplare drucken (Anfang 1897) – davon erhielt der Verein für deutsches Schriftthum c 4-500 Ex. Am 17. August 1899 schrieb mir C. G. Röder Leipzig wörtlich: »... theile Ihnen mit, daß von den Vorräthen Ihres Romans »Tarub« die hier in Leipzig lagernden Exemplare, ca 473, in meinen Besitz übergingen und von mir wieder an Hrn C. F. Tiefenbach Stephanstr 22 hier weiter verkauft worden sind, während mir nicht erinnerlich ist, wer die Berliner Vorräthe s. Z. erworben hat⟨.⟩ Zu diesem Weke lagern bei mir noch 283 Matern, die ich Ihnen à 50 Pf verkaufen würde.«
Würden Sie es wagen, die Matern anzukaufen und das Buch in Ihren Verlag zu nehmen? Sie brauchen mir selbstverständlich heut und morgen kein Honorar zu zahlen; wenn Sie mir nach Verkauf von je 1000 Exemplaren immer c 15% vom Ladenpreise gäben, so wärs gut. Ich habe das Buch außer Schuster u. Loeffler noch keinem Verlage angeboten; die wollten das Buch Mitte 1898 nicht übernehmen, da ihnen die verramschten Exemplare hinderlich schienen – aber der Ramsch ist doch heute – nach zwei Jahren – schon vergessen ....
Ich würde mich sehr freuen, wenn Ihrem Herrn Vater und Ihnen mein Anerbieten nicht unwillkommen wäre. Aber – die Sache eilt nicht.

Ich bin
Ihr
Paul Carl Wilhelm

143 An Ludwig Jacobowski

23.5.1900

Lieber Herr Jacobowski!
Könnten Sie mir nicht mittheilen, wann Sie die 5 kleinen Sachen, die Sie von mir noch da haben, in der »Gesellschaft« bringen wollen? Ich werde Ihnen für eine Nachricht sehr dankbar sein.

Mit vielen Maigrüßen
Ihr
ergebenster
Paul Carl Wilhelm Scheerbart

144 An Ludwig Jacobowski

Nieder-Schönhausen
24. Mai 1900

Lieber Herr Jacobowski!
Schönsten Dank für Ihre freundliche Karte. Ihrem Verlangen nach neuen Manuskripten komme ich umgehend nach und sende:
Nackte Kultur
Er hatte...
Kreischende Poesie.
Das Letztere wird Ihnen in der Zusammenstellung neu sein. Es ist das kreischende Element doch augenblicklich sehr nöthig, in Europa ist Alles so flau.
Ich danke Ihnen auch sehr, daß Sie mir anbieten, in Ihrem Club mal vorzulesen. Aber ich kanns leider nicht. Ich schreibe jetzt nur noch ziemlich lange Sachen, die mich Monate lang ganz und gar in Anspruch nehmen. Ich muß daher jede Ablenkung – auch solche angenehmster Natur vermeiden. Ich lebe wie ein veritabler Eremit und bitte Sie herzlichst, mir nicht böse zu sein, daß ich nicht kann.

Viele Himmelfahrtsgrüße
von
Ihrem
Paul Scheerbart

145 An Ludwig Jacobowski

Nieder-Schönhausen b. Berlin
Kaiser Wilhelm Str 24 pt.
20. Juni 1900.

Lieber Herr Jakobowski!
Mehrere Nächte habe ich nicht ordentlich schlafen können, da ich immer ganz schreckliche Dinge von Berlin träumen mußte.
Und so bin ich denn schließlich zu der Ueberzeugung gekommen, daß ich an der »Stadtscheu« leide. Die Krankheit ist neu - aber sehr gefährlich - da's Heilmittel noch nicht giebt.
Werden Sie mir da sehr böse sein, wenn ich Ihnen mittheile, daß ich schlechterdings nicht nach Berlin kommen kann? Es geht nicht.
Darf ich sie daher sehr bitten, diesen Freitag oder Sonnabend Nachmittag zu mir rauszukommen? Es wird Ihnen hier ganz bestimmt gefallen - Sie finden einen ausgezeichneten Kaffee und ein edles ländliches Abendbrot und einen Bären - wie's keinen sonst mehr giebt. Und - Sie sind mir ja eigentlich noch einen Gegenbesuch schuldig. Und - ich siedle in diesem Sommer noch für die nächsten sieben Jahre nach Rügen über - da der Nordpol leider noch nicht bewohnbar ist.
Würden Sie daher so lieb sein und mich benachrichtigen, wann Sie kommen wollen? Sie fahren mit der elektr. Bahn von der Mittelstraße (Ecke Friedrich Str) bis zur Pankower Apotheke - und von dort mit der Pferdebahn Rixdorf - Nieder-Schönhausen bis zum Schluß und gehen dann rechts neben der hiesigen Kirche in die K. W. Str. Die Vorgartengitterthüre wird nicht verschlossen sein.

Viele schöne Grüße! Auf Wiedersehen!
Ihr
Paul Scheerbart

146 An Franz Servaes

Herrn Dr Franz Servaes
Bundesrathsmitglied des Chinesenbundes
Wien II
Valeriestrasse 54.

26. Juli 1900.

Liebes Franzi! Ich gebe jetzt ein »Manierenbüchlein für europäische Diplomaten und solche, die's gern mal werden möchten« heraus. Willst Du mir

vielleicht ein saftiges Brieflein schreiben, das ich evtl. in meinem Büchlein reproduciren dürfte?
Ich danke Dir für Deine Züricher Karte und nehme an, daß Du meine Karte aus Frz. Buchholz in Paris erhalten hast. Heil!

Dein Paul Carl Wilhelm

Randbeschriftung:
Heilige trostreiche Bärengrüsse Deiner Gattin u. Dir!!!!!

147 An Alfred Walter Heymel

Nieder-Schönhausen
9. August 1900

Lieber Herr Heymel!
Anbei endlich die Anderen! Es ging nicht schneller. Pardon! Es ist eine divina comedia geworden – veritable Jenseitsgeschichten! Sie werden Mühe mit dem Durchlesen haben, wenn Sie wenig Zeit drauf verwenden wollen – die beiden ersten Geschichten sind wohl etwas angreifend. Aber – ich habe gethan – was ich konnte. Sie werden wohl erkennen, daß ich Alles aufgeboten habe, um Ihnen mein Bestes zu geben. Ich würde mich sehr sehr freuen, wenn Sie mir sobald wie möglich die Nachricht senden könnten, daß Ihnen so Alles recht ist. Sie sagten mir im vorigen Jahre, daß sie gerne umfangreichere Bücher herausgeben möchten; ich hoffe somit, nicht zu lang geworden zu sein – es soll doch auch ein 5 M-Buch werden. Jetzt kann der Titel: »Rakkox der Billionär, ein Protzenroman und andere Geschichten« so bleiben.
Daß Ihnen diese »wilde Jagd« als Kunstwerk vielleicht zu viel Stürmisches haben könnte – würde mir wohl begreiflich erscheinen – aber man schreibt doch nur ein Mal solche Jagdgeschichte.
Der Mondroman »Die Sieger« soll dafür ganz im Gegensatz zur Jagd sehr maßvoll sein. Ich hätte Ihnen gern noch 100 Seiten geschrieben – aber ich bin zu erschöpft.

Heiligste Grüße der Insel!
Ganz
Ihr
Paul Scheerbart

p. s. Kennen Sie vielleicht Swifts schwebende Insel, die allen Rebellen auf den Kopf fallen kann? Darauf bezieht sich in »Theater« das Wort Swift-Insel. (cf. Gulliver III)

148 An Max Bruns

Nieder-Schönhausen b/Berlin
15. August 1900.

Lieber Herr Bruns!
Sie schweigen, und ich fürchte beinahe, daß Sie zürnen. Wollen Sie mir über die Tarub erst Definitives schreiben, nachdem Sie das Manuskript der Seeschlange haben? Es sieht sehr schlecht aus, daß ich Sie auf diese so lange warten lasse - aber ich muß erst allen älteren Verpflichtungen nachkommen. Vom 15. Dec 99 bis zum Mai d.J. habe ich außerdem noch für R. Strauss eine astrale Pantomime drei Mal geschrieben.
Nun hatte ich Heymel versprochen, einen Mondroman zum Rakkóx zu schreiben. Inzwischen hatte aber H. im Insel-Almanach ohne mein Vorwissen »Rakkóx und andere Geschichten« angezeigt.
Nun war ich plötzlich verpflichtet, die anderen Geschichten sowohl wie auch den Mondroman für die Insel zu schreiben, die ersteren sind fertig - der Mondroman wird aber erst im September zu Ende gebracht sein.
Sie wissen wohl, wie das mit allen solchen Versprechungen geht - es wird immer nicht ganz so, wie man dachte.
Ich verspreche Ihnen die Seeschlange zum Weihnachten dieses Jahres - und verspreche Ihnen gleichzeitig, fürderhin mit Versprechungen vorsichtiger zu sein.
Jedenfalls sehen Sie wohl, daß meine scheinbare Lauheit wirklich nicht böser Wille ist - ich komme blos allen den Versprechungen, die ich v o r Ihrem Sylvesterbriefe einging, zuerst nach.
Und so sind sie mir nicht böse, nicht wahr? Sie können überzeugt sein, daß ich Alles thue, was ich kann. Im nächsten Monat siedle ich nach Rügen über - und das wird mir hoffentlich neue Kräfte geben.
Wenn Sie mir gelegentlich schreiben würden, wie Ihnen die Tarub gefällt, würde ich mich sehr freuen. Ich versichre Ihnen, daß ich die derbste Kritik vertragen kann.
Empfehlen Sie mich bitte Ihrem Herrn Vater - und - obgleich ich durchaus keine Eile mit der Tarub habe - würde mich doch eine Zeile über ihr ferneres Schicksal sehr freuen.

Mit vielen lustigen Doppelgrüßen
Ganz
Ihr
Paul Scheerbart

149 An Max Bruns

Nieder-Schönhausen b. Berlin
20 August 1900

Lieber lieber Herr Bruns!
Ihre Briefe haben mich unglaublich glücklich gemacht - so - daß ich garnicht vernünftig schreiben kann. Zu dem Abu-Maschar bemerke ich nur, daß ich zum Rakkóx einen Entwicklungsroman zugegeben habe, der allen ihren Wünschen auch in Betreff der »Reife« genügen wird.
Ich freue mich schrecklich, daß Sie so viel gegen mich geeifert haben - mein Bär freut sich auch - Sie glauben garnicht, wie sehr er sich freut.
Ich glaube jetzt nicht mehr, daß ich zu viel Maler bin. Daß meine primitivsten Sätze einander beeinflussen, glaube ich schon - ich ziehe jetzt Vieles mehr auseinander!
Aber jetzt bin ich so schrecklich lustig, daß ich garnicht weiterschreiben kann. Grüßen Sie herzlich Ihre Frau Gemahlin von meiner und von mir - und eifern Sie nicht zu heftig gegen mich!

Lachende Weltgrüße
von
Ihrem
P. Scheerbart

Randbeschriftung:
Ich danke Ihnen! Ich danke Ihnen!
Rakkóx u Entwicklungsroman kommt zu Weihnachten

150 An Alfred Walter Heymel

Nieder-Schönhausen
3. September 1900.

Lieber Herr Heymel!
Meinen schönsten Dank für den »Tod des Narzissus«. Verzeihen Sie, daß ich erst jetzt für das Buch danke - aber ich war acht Tage krank - und dann war mein lieber Bär acht Tage krank. Jetzt hab ich die Lethargie überwunden. Wenn Aphrodite mit Ihrem Narciss im Arme aus dem Wasser steigt und dann den toten Körper auf dem weichen Moose bettet, so ist das auch ein Sinnbild der Lethargie - und das hat mich auch als solches sehr stark gepackt, da ich selbst so schlaff wie eine Leiche war. Daß ich mich für die ganze Geschichte sehr interessiren würde, wußten sie wohl. Schon S. 18 u.

19 gaben mir sehr viel – so viel, daß ich eigentlich nur darüber reden und nicht schreiben möchte; denn das greift alles sehr weit aus und hat mir mächtig imponirt. S. 25-27 sind mir sehr sehr nahe gegangen. »Weil ich, zu selbstisch, Freund zu heißen, bin – Freund sein, heißt Zweiter sein –«
Was ich dazu alles sagen könnte! Aber Sie wissens wohl. Sie können überzeugt sein, daß ich sehr oft an das denke, was Sie noch mal schaffen könnten.......
Meinen herzlichsten Glückwunsch Ihrem Narciß!
Für die griechische Skulptur kann ich mich heute absolut nicht mehr begeistern – der Narciss ist beinah die einzige Sache, die für mich ihren Anfangswerth behalten hat. Ich bedaure eigentlich, daß Ihr Narciss nicht einen größeren Umfang bekommen hat. Aber der widerstrebt wohl dem Stoff.

Sonnigste Inselgrüße
von
Ihrem
Paul Scheerbart

Der Buchdeckel wirkt wie eine assyrische Palastwand aus Gold und Alabaster!!

151 An Richard Dehmel

Gedruckte Briefkarte

Paul Scheerbart
Anna Scheerbart
geb. Sommer
Vermählte
Niederschönhausen den 13. September 1900
bei Berlin

Paul Scheerbart
Anna Scheerbart
geb. Sommer
Vermählte
Nieder-Schönhausen den 13. September 1900.
bei Berlin.

Nr. 151

152 An Richard Dehmel

Herrn Dr Richard Dehmel
und seinem ganzen Hause
Heidelberg
Schlossberg 21.

Abs. Scheerbart Breege auf Rügen

Fotopostkarte mit Aufdruck: Gruss aus dem Ostseebad Breege (Rügen)

Poststempel: 1. 10. 00

Himmel! Hölle! Teufel! Gift! Seequalle!
Victoria! Bärengrüsse! Paul! Carl! Wilhelm!

153 An Franz Servaes

Herrn Herrn Dr Franz Servaes
nebst Frau und Nachkommen
Wien II
Valeriestrasse 54.

Fotopostkarte mit Aufdruck: »Gruss aus Ostseebad Breege (Rügen).« *Von Scheerbart gezeichneter Pfeil auf ein Haus der* »Dorfstrasse« *und die Anmerkung:* »da wohnen wir – – –«.

Mittwoch 3. October 00

Liebes Franzi! Deiner Gemahlin u. Dir unsern schönsten Bärendank! Bekanntlich setzen sich aber alle großen Leute ans Meer. Das europäische Paris muß doch ignoriret werden. Wann kommst Du demnach mit Familie her? Bärengrüsse!!

Randbeschriftung:
Komm über Stralsund – aber bald! – sonst friert der Bodden zu
In Schöns Gasthof habe ich schon 2 Zimmer für Dich bestellt.

154 An Max Bruns

Breege auf Rügen
11.11.1900

Lieber lieber Max Bruns!
Für Ihren Brief und für Ihre Verklärungen sage ich Ihnen meinen herzlichsten Dank! Ich werde Ihnen nicht zu kurz antworten – aber schrecklich leid thut mirs, daß ich Ihnen nicht »Liwûna und Kaidôh« schicken kann – das wäre die umfassendste Antwort. Daß mich Ihre Verklärungen gepackt haben – davon können Sie für alle Zeiten überzeugt sein. Ich habe mich sehr sehr gefreut, daß Sie das geschrieben haben. Das ist in jedem Falle ein Kunstwerk, das ich von oben bis unten anerkennen kann. Was ich dagegen zu sagen hätte, wäre nur ganz untergeordneter technischer Natur – davon später!
Zunächst steckt eine vollendete Komposition in dem Ganzen – selbst die wehende Frauenwäsche und die Mutterbürde der Bauernfrau sind vortrefflich – sehr nothwendige feinste Kontrasttöne! Das Pantheistische, das Sie haben, ist nach meiner Ueberzeugung himmelweit von dem Dehmelschen verschieden. Von diesen Verklärungen aus kann ich mir sehr viele Wege in andre neue Kunstgebiete denken, und jetzt bin ich auf das, was Sie später noch schaffen werden, gespannt. Ich fühle jetzt starke innerliche Beziehungen zu Ihnen, die ich zu Anderen nicht in dem Maße habe. Mehr kann ich nicht sagen, nicht wahr? Das »Ahnungsspiel« spielt auch in L. u. K. eine Hauptrolle. Die »Seeschlange« wird auch eine Variante zu dem großen »Zusammenklangsthema«, das Sie in Ihren Verklärungen so fein und leise in Bewegung bringen. Es steckt in der Vkl. sehr viel Zartes, Hingehauchtes, das glücklicher Weise n i r g e n d w o in Maeterlincksche Wesenlosigkeit zerrinnt (cf S. 86!). M. ist nach meinem Gefühl oft unehrlich – und das sind Sie wahrhaftig niemals. Und die Composition ist so sicher bei Ihnen, daß ich mich mächtig gefreut habe – das ist wohl eine Folge der Ehrlichkeit (sc. d. Sicherheit!) Die drei letzten Stücke habens mir ganz besonders angethan. Ja – das ist ein Buch nach meinem Herzen – obgleich ich das Wort »Herz« garnicht gerne schreibe. Ihre Vkl. bilden a u c h einen n e u e n Weg ins unbekannte phantastische Land – und ich lache vor Freude – ich werde Alles in den nächsten Wochen noch öfters lesen. Und dann bekommen Sie noch mal mehr zu hören. »Erotisch« nenne ich diese Vkl. in keinem Fall – das steht bombenfest! Sind Sie zufrieden mit mir? Damit Sie's aber nicht zu sehr sind, werde ich Ihnen gleich noch sagen, was ich technisch auszusetzen habe –
Das Wort »Geleucht« haben Sie nicht vorsichtig und sparsam genug gebraucht. Ueberhaupt – wenn ich Ihnen was sagen darf – ich meins so gut!

– so bitte ich Sie: »Vorsicht« und »Sparsamkeit« müssen Sie in Ihrer Natur mehr entwickeln. Sie dürfen nach meinem Ermessen nicht so leicht den Sprachgebrauch unbeachtet lassen. Wenn Sie ein Mal Sonneglanz statt Sonne**n**glanz sagen, so wirkt das fein und besagt gelegentlich was. Sagen Sie's aber öfters, so kanns leider leicht manirirt wirken. In dieser Beziehung habe ich in meinem Paradiese geradezu zuchthäuslerisch gesündigt – ich war da noch so jung. –
Sie müssen viel mehr »Expressionist« werden. Es würde mich sehr freuen, wenn Sie das ganz verstehen. Es kann wohl nur gefühlt – geahnt werden. Es dreht sich doch Alles um ein immer festeres Zusammenhalten der Natur. Doch diese Worte beziehen sich bei Ihnen nur auf die Technik im Einzelnen – die Technik im Ganzen haben Sie schon – und das ist ja die Hauptsache! Aber – Sie sind nicht böse, daß ich das so sage – nicht wahr?
Heut ist Nebel auf Rügen – daher ist mein Brief nicht so frisch wie der letzte – doch Sie müssen mit diesem nebligen schon zufrieden sein.........

Lange weite Doppelgrüße und strahlende Sonnengrüße
von
Ihrem
mitklingenden und mitsingenden
Paul Scheerbart

Was aber bedeuten die rasselnden Kochtöpfe des Orients? Ich weiß es nicht. Ein lachendes Glückauf!

155 An Franz Servaes

Herrn Dr Franz Servaes
Wien III
Reisner Str 23

Breege auf Rügen
20. Nov. 1900.

Franzi! Franzi! Franzi!
Verlaß Wien so schnell wie möglich – mit Frau und Kindern und siedle nach Breege über – sonst gehst Du in den Revolutionsstürmen des Jahres 1901 zu Grunde. Das Scheerbart-Archiv steht Dir offen! Na? Nu?

Familiengrüße mit der Bärentatze!
Dein
Paul Carl Wilhelm

Randbeschriftung:
Ich b l e i b e hier!

156 An Richard Dehmel

Poststempel: 7. 12. 00

Täglich, lieber Rikko-Tikko, ich könnte beinahe sagen: stündlich erwartete ich das erste Exemplar meiner »wilden Jagd«. Und täglich – beinahe stündlich – erfand ich eine neue Widmung, die ich Dir in das für Dich bestimmte Exemplar hineinschreiben wollte. Aber mein Buch kam nicht. Und da packte mich der Neid – und ich schwieg – Dir neidisch grollend. Zürne mir aber nicht, denn das hat garkeinen Zweck. Über Deine neomexikanische »Richtung« könnte ich Bücher schreiben – – – warum jedoch hast Du keine veritable »Menschenschlächterei« bildlich darstellen lassen? Mich interessirt »eigentlich« nur noch so was – aber es muß so blutrünstig sein, daß sich selbst einem alten Schweineschlächter die Haare zu Berge sträuben. Na prost! Es lebe die vergiftete neomexikanische Streitaxt. Auf Rügen wird man so friedlich wie ein Lamm. Hier beruhigt sich*) das erregte Gemüth vollkommen.

Mit artigen Eisbärgrüßen bin ich
Dein
sanfter Paul Carl Wilhelm

Randbeschriftung:
*) das bemerktest du wohl.

Ich danke Dir für das allererste Fitzebutze-Exemplar!
Ich danke Dir dafür am 15. Januar anno 38 post Dehmelum natum

157 An Max Bruns

Breege 18. 12. 00.

Lieber Max Bruns! Die Seeschlange wird am Weihnachtsabend fertig sein. Meinem Versprechen bin ich also nachgekommen. Dann muß ich aber eine Abschrift herstellen (al. die Ciselirung!) Wie lange habe ich dazu Zeit? Volle vierzehn Tage? Oder weniger? Oder 3 Wochen? Ich kanns machen, wie Sie wollen. Bitte seien Sie doch so lieb, mir per Karte zu schreiben. Hochachtungsvollen Gruß Ihrem Herrn Vater

und mit den bekannten D-G!
Ganz
Ihr
Paul Scheerbart

Randbeschriftung:
Entschuldigen Sie, daß ich in der Eile und Aufregung dieses auf einer Karte schrieb.

158 An Richard Dehmel

Herrn Richard Profundus Dehmel
Punktianer
Heidelberg
Schlossberg 21.

Abs. General Scheerbart Breege (Insel Rügen)

Poststempel 18.12.00

Lieber Centrosoph! Ich danke Dir für Deine Karte. In c 3 Monaten erhältst Du eine umständliche Antwort – dann wird nämlich meine »Seeschlange« gedruckt sein. Das ist die »Tragödie eines Concentristen«. Aber daß das nur noch übrig bleibt, gebe ich nicht zu – cf Jagd pag 112 (zinnoberrothe Eidechse!) Woher weißt Du übrigens, daß das Unendliche frei von sich ist? Und wie kamst Du auf das »Freiere« des Punktualismus?*) O – ich verstehe Dich. Du willst mich derbe verulken. Du willst blos sagen, daß ich – – – – –
Ich aber schreibe die »Messias-Tragödie des Größenwahns« – das ist die Seeschlange.
Außerdem trinke ich demnächst auf Dein Wohl 15 Glas Grog. Na? lach nich so dreckig!

Ich bin ja Dein ehrwürdiger
Irokesengeneral

Randbeschriftung:
*) Trau blos nicht den ollen Indiern zu viel zu – die sind durchaus nicht profunder als die ollen Indianer!
Sonnenschein! blaues Meer! Windstille!

159 An Richard Dehmel

Lieber Richard! Deine Karte hat mir wohlgethan. Du hast jetzt den richtigsten herrlichsten Hohn in Dir! Hohn mit Glockengeläute! Ich mußte am Meeresstrande immerzu an die Danziger Rathhausglocken denken – die spielen Deinen Choral auch. Wie das wirkt! Wie Aal à la tartare!!! Ja – ja –

unser Leben kann garnicht göttlich genug sein. Aber Du willst mir blos noch Deinen Choral schreiben? Du machst Dir das Vergöttern sehr »bequem«. Ich werds complicirter gestalten – das Innere muß nach außen kommen – und umgekehrt! – und dann wieder anders. Pereat Simplicitati! Hoffentlich ist das richtig! Ich liebe es, wenn das Leben ein bischen unbequem ist – das wirkt interessanter. Suum cuique! Für den Spickaal sorgt der Bär. Suum cuique! Das Aalstechen beginnt aber erst, wenn der Bodden friert. Lange dauerts nicht mehr! Nein!
Billionen Weihnachts- und Neujahrs-Grüsse an Frau Isi, A. Mombert und Dich.

Ich bin Dein Paulus

22. Dec. 1900.

Randbeschriftung:
Der Bär freut sich schon aufs Aalpacketpacken – *Zeichnung*)*
*) das ist die Packetform

160 An Richard Dehmel

⟨An⟩ Richard Dehmel
und Genossen
Heidelberg
Schlossberg 21

2. 1. 1.

Heilige Dreieinigkeit!
Mir zittern alle Glieder – das Feuerwerk war zu stark – mir ist Hören und Sehen vergangen. Oh! Oh! Ich danke! Ich danke!
Und die Seeschlange ist getroffen – und die Aale werden jetzt auch getroffen werden – denn jetzt ist der halbe Bodden zu; – 5° R.
Es lebe das Feuerwerk des neuen Jahrhunderts! Hurrah!

Ganz
Votre
P. C. W.

Randbeschriftung:
Pardon dem matten Ton, aber ich bin – veritables Ovationsopfer – – –

Breege auf Rügen 1901.

Liebe Buchschmuckmißversteher!
Da Ihr leider nicht am Oceanwasser wohnt, so verstehen wir wohl, daß Ihr Jossots Wildenten nicht gleich als solche erkannt habt - aber gepickt hat es uns doch! Andrerseits haben uns Eure freundlichen Worte über das Stilvolle - angenehm gekitzelt! Daß Ihr die jungen Soldaten und die alten Priester so schlankweg in »irdischer« Manier erklären möchtet, hat uns allerdings eklig verblüfft. Da fehlt ja garnicht viel - und Ihr nehmt das Wort vom aufgeregten Patrioten für eine Spitze gegen das Berliner Parlament. Wir würden uns auch nicht wundern, wenn Ihr an den Grafen Bülow denken solltet - wenn Ihr lesen würdet: »taktlos wie der Diplomat eines jungen Raubstaates.« Oh - wie irdisch! Wie entsetzlich antimilchstraßensystemhaft! Vergeßt nicht, daß die Geister, die da wattfahren, von »Billionen« Kugelsternen herstammen - und daß die Erde immer blos »ein« Kugelstern ist - wer das Gegentheil von diesem Letzteren behaupten möchte - würde sich ja sehr interessant machen - aber - wir nehmen doch gemeinhin an, daß 1 = 1 ist - obwohl jeder Gebildete die wahnsinnige, beinahe tobsüchtige Tollkühnheit dieser Behauptung wohl durchschaut. Indessen - verlieren wir uns nicht - wenn wir uns auch grade dadurch finden sollten. Aber - finis! finis!
Datty und Rola haben uns einfach entzückt. Wir danken Euch für die Bilder sehr - sehr. Und ganz besonders dankt der Bär. Wie würden sich die Kinder freuen, wenn sie hier in Breege weilten - das ist doch ein Fischerdorf, das 1000 Jahre alt ist und schon zu Karls des Dicken Zeit existirte. Vor drei Tagen blühten noch die Rosen in unserem Boddengarten - und jetzt sind schon die ersten Eisberge aus Lappland angekommen, und die Fischer stechen Aale. Wenn wir jetzt an den Strand gehen, so nehmen wir immer für 75 Pf Brot und etwas Syrup mit. Damit füttern wir die jungen Seehunde, die schaarenweise die Eisberge bevölkern. Sollen wir Euch demnächst einen kl. Seehund für D. u. R per Eisenbahn zusenden? Die Dampfschifffahrt hat des Eises wegen aufgehört.

Billionen Jahrhundertsgrüße
von
Anna Charlotte Louise
und
Paul Carl Wilhelm

Auf das Nähere über die Jagd ist der Letztere sehr gespannt - der hat jetzt auch eine »Seeschlange« geschrieben und schreibt sie im Januar ab - ciselirt jetzt immerzu. Schreibt bald! Schreibt bald!

Randbeschriftung:
Vom Lächerlichen zum Tragischen ist nur e i n Schritt – d i e Mischung ist sogar bittrer als alle Mampes der Welt
Wann gedenkt Ihr, Wien zu verlassen?

162 An Richard Dehmel

Breege auf Rügen 25. 1. 01.

Lieber Richard Richard! Die Aalstecherei hat bislang nur ein paar ganz dünne Aale zu Tage gefördert. Und diese Dünnen eignen sich zu Räucherungszwecken keineswegs. Du darfst demnach nicht ungeduldig werden. Die Aale pflegen im Januar zumeist zu schlafen. Demzufolge nennt man hier den Januaraal »Traumaal«. Na – im Februar, wenns Eis weg ist, giebts fettere Aale.
Es lebe die Korpulenz.

Mit s ä m m t l i c h e n Grüßen bin ich
Dein
Paul Carl Wilhelm

Randbeschriftung:
Nu warte man blos – und schimpf man nich!

163 An Max Bruns

Breege auf Rügen
8. Febr. 1901.

Lieber Max Bruns!
Meine Frau hat mir in den letzten 14 Tagen täglich gesagt – daß Sie warten werden. Ob die Frauen Recht haben mit ihren Empfindungen? Jedenfalls bitte ich Sie, mir nicht böse zu sein, daß die zweite Hälfte der Seeschlange so lange auf sich warten läßt. Morgen Sonnabend den 9. Februar 1901 soll sie ganz bestimmt abgeschickt werden. Ich bin schließlich noch wirklich krank geworden. Aber – ich hoffe, mich bald zu erholen – wenn Sie zu meiner Seeschlange recht freundlich sind.

Hausgrüße! Hausgrüße!
Ganz
Ihr
Scheerbart

164 An Rudolf Alexander Schröder

Breege auf Rügen
8. Febr. 1901.

Sehr geehrter Herr Schröder!
Gestern erhielt ich Ihre liebenswürdigen Zeilen - konnte gestern aber nicht antworten - da ich mal sehr krank war. Heute gehts besser - und ich freue mich sehr auf das, was Sie mir schreiben werden. Ich freue mich auch, daß Sie garnicht schimpfen. Ich denke jetzt weiter über die Geschichte des Wortes »Zweck« - über »Schreibfaulheit«, »Verehrung« u.s.w. nach - sage aber Nichts davon, denn ich merke, daß Sie mit dem Worte »schreibfaul« blos mir den Vorwurf der allzu großen Redseligkeit machen wollen - aber den Vorwurf nehme ich nicht so ernst - im Gegentheil - ich harre der Ihrigen - und bin

Ganz
Ihr
ergebener
Paul Scheerbart

- -
- -

165 An Richard Dehmel

⟨An⟩ den veritablen Onkel Satanas
Herrn Dr Richard Richard Richard Dehmel
Heidelberg
Schlossberg 21.
im Feuerregen

Abs. Scheerbart-Heering Breege auf Rügen im Schnee

Fotopostkarte mit Aufdruck: Dorfstrasse. Gruss aus Ostseebad Breege (Rügen), *von Scheerbart überzeichnet*

Poststempel: 25.2.01

Ich bin ein Schwein?
Oh nein! Oh nein!
Riskir nicht Kopf und Kragen,
Mein edler Schwartenmagen!

Dorfstrasse.
Gruss aus Ostseebad Breege (Rügen).
Ich bin ein Schwein?
Oh nein! Oh nein!
Riskier nicht Kopf und Kragen,
Mein edler Schwartenmagen!

Nr. 165

166 An Richard Dehmel

Breege auf Rügen
Dienstag den 26. Febr. 1901.

Lieber Richard! Lancire bitte die umstehende Rosa-Notiz in sämmtliche Zeitungen des Erdballs! Die Sache eilt!
Entschuldige den stürmischen Ton

In Rage
Dein
P. C. W. J. J. P. D.

Die noch jugendlichen Dichter Dehmel und Scheerbart haben sich zu gleicher Zeit die Nase abgeschnitten und das Fleisch durch ein Milchglasstück ersetzt. Die beiden Glasnasen sind mit Brillanten im Werthe von je 30000 Mark geschmückt. Vor Freude über dieses Ereignis hat ein Scheerbartianer [der Professor Dr Wilhelm Schultze] einem Dehmelianer den Kopf abgeschnitten. Wir wollen den Namen des Letzteren aus Diskretion für uns behalten.
Ob aber diese Thaten in unsrer stumpfsinnigen Zeit Eindruck machen werden?
Wir erlauben uns, das zu bezweifeln.

167 An Julius Hart

Herrn Herrn Julius Hart
Berlin Steglitz
Florastr. 2

Boddenschloss zu Breege auf Rügen
den 2. März 1901

Lieber Ju! Da Du, wie ich höre, in diesem Jahre unsern Park
»Juliusruhe«
zu besichtigen gedenkst, so vergiß nicht, daß ich hier »wohne«. Mein Luftballonpark mit sämmtlichen Wolkenkitzlern steht selbstverständlich vollkommen zu Deiner Verfügung. Vollkommen!

Dein
alter
Paulus.

168 An Richard Dehmel

⟨An⟩ den berühmten
Herrn Richard Dehmel
Heidelberg
Schlosberg 21.

Poststempel: 3. 3. 01

Hochgeehrter Herr College!
Gerne würde ich »Lebensweise« lesen – aber ich kanns mir doch nicht kaufen – das sähe doch so aus, als wenn ich neugierig wäre. Was mach ich da?
Ich werde wahrscheinlich durch Nachdenken dahinter kommen.
Nachdenkend – Sichinselbstallspaßversenkend – – –
Scheerbart-Heering-Eggers-Steinhard. – – –

169 An Richard Dehmel

⟨An⟩ den Herrn Liebesdichter
Richard Dehmel
Heidelberg
Schlossberg 21.

Abs. Scheerbart Schweineschlächter Breege auf Rügen

Sonntag 10 März 1901.

Lieber Richard! Damit doch mal endlich was »Neues« von Dir erscheine, gebe ich demnächst ein von mir geschriebenes Buch unter Deinem Namen heraus. Es wird bei E. Pierson in Dresden erscheinen. Freue Dich!
Herzlichen Gruß!
Ganz
Dein
lieber Paulus.

170 An Max Bruns

Breege auf Rügen
12. März 1901.

Lieber Bruns! Schönsten Dank für Ihren Brief! Auch ich bin jetzt wieder in Thätigkeit. Heitmann wohnte in Nieder-Schönhausen und besuchte mich

oft. Auf seine »schönen Dinge« bin ich sehr neugierig; ich weiß nur, daß er sich Mühe giebt, eine künstlerische Prosa zu schreiben. Ich glaube, es könnte sich der Mühe lohnen, der Sache näher zu treten. Aber - garantiren kann ich für Garnichts, da mir H. von seinen Sachen zu wenig gezeigt hat.
Ich empfehle Ihnen, H. um Einsendung einiger Prosasachen zu ersuchen, dabei jedoch zu betonen, daß Ihnen diese Einsendung keinerlei Verpflichtung auferlege. Wie gesagt - ich bin eigentlich selber sehr neugierig - und würde mich sehr freuen, wenn Sie gelegentlich später was darüber mittheilen könnten.
So! Und nun hundert Tausend lachender weiter weltfroher Grüße

von
Ihrem
treuen
Scheerbart

Randbeschriftung:
H. ist c 26 Jahre alt u. aus Hamburg

171 An Richard Dehmel

Fotopostkarte mit Aufdruck: Gruß aus dem Ostseebad Glowe a. R. Post Bobbin

Poststempel: 26. 3. 01

Lieber Richard! Jetzt bin ich 7 Tage unterwegs - blos um Heeringe zu bekommen - aber die Walfische haben alle aufgegessen. Demnach kriegst Du was Andres! Na prost!

Dein P. C. W.

172 An Richard Dehmel

Abs. Rittergutsbesitzer Scheerbart Breege auf Rügen

Kolorierte Federzeichnung in der linken oberen Ecke der Postkarte

Breege auf Rügen
28. April 1901.
Sonntag Nachmittag 1/2 2 Uhr
Das Meer rauscht –
Die Sonne scheint hell.

Lieber Dux! Gestern kam ein alter Negerfürst nach Breege, reichte mir die schwarze Hand und fragte mich: »Wissen Sie, wo Richard Dehmel wohnt?« Sofort rief ich »Keine Ahnung! Keine Ahnung!« Da schüttelte der alte Fürst wehmuthsvoll sein edles Haupt und sprach: »Schade! Sehr schade! Diesen Dehmel hätte ich ganz gerne aufgegessen!« Ich erbleichte – – aber ich freute mich, daß ich Dir wieder mal das Leben gerettet hatte. Nu – schimpf nich mehr! Ich bin Dein

P. C. W.

173 An Rudolf Alexander Schröder

Breege auf Rügen
Sonnabend 4. Mai 1901

Verehrter Herr Schröder!
Meinen herzlichsten Dank für den »Empedocles«!
Es fällt mir schwer, Ihnen zu sagen, welche Freude mir dieses Buch bereitet.
Es giebt wohl auch eine Anerkennung, die schwer nur Worte findet – und dennoch blos von der äußeren Schale gepackt ist – aber ich glaube – bei mir ist es mehr.
Ich fühle, was mir nahe steht und nahe geht.
Verzeihen Sie, daß ich so lange schwieg – doch das hatte noch einen besondren Grund: mein Mondroman nimmt mich so in Anspruch, daß ich mich um Andres garnicht konzentriren kann.

Breege auf Rügen
28. April 1901.
Sonntag Nachmittag ½ 2 Uhr
Das Meer rauscht —
Die Sonne scheint hell.

Lieber Dux! Gestern kam ein alter Negerfürst nach Breege, reichte mir die schwarze Hand und fragte mich: „Wissen Sie, wo Richard Dehmel wohnt?" Sofort rief ich „Keine Ahnung! Keine Ahnung!" Da schüttelte der alte Fürst wehmütig sein edles Haupt und sprach: „Schade! Sehr schade! Diesen Dehmel hätte ich ganz gerne aufgegessen!" Ich erbleichte — — aber ich freute mich, daß ich Dir wieder mal das Leben gerettet hatte. Nu — schimpf nich mehr! Ich bin Dein

O. E. H.

Nr. 172

Im Juni wird das Manuskript fertig sein - dann schreibe ich Ihnen Näheres über Ihr Buch - es wird sehr Vieles sein - aber Alles wird Sie erfreuen - dessen, glaube ich, können Sie sicher sein.

Tausend Frühlingsgrüße
von
Ihrem
ergebenen
Paul Scheerbart

Bitte grüßen Sie auch Ihren Herrn Vetter und Bierbaum - der Titel des Mondromans lautet jetzt »Die grosse Revolution«

174 An Richard Dehmel

Abschnitt einer Paketkarte

Poststempel: 9.5.01

Dinir' mit Teufelsübermuth;
Es steckt ein Prinz in jedem Butt.
Das Menschenfleisch ist endlich da
Und schmeckt so wie Ambrosia.
Ha! Ha! Ha!
- - -

Zwei kleine Zeichnungen am unteren Rand des Abschnitts

175 An Max Bruns

Breege auf Rügen
Freitag 17. Mai 1901.

Lieber lieber Max Bruns!
Meinen schönsten Dank für Ihre liebe Karte, sie hat mir gestern den ganzen Himmelsfahrtstag verherrlicht, denn ich kann mich über jedes liebe Wort schrecklich freuen. Leider erinnere ich mich garnicht mehr ordentlich an diesen Schweinejungen - der wurde von der Jugend vor guten zwei Jahren angenommen - und die Jugend sendet Belegexemplare nur dann, wenn man nach dem Erscheinen der Sachen darum bittet. Entschuldigen Sie, daß ich so langweilig schreibe, aber ich arbeite jetzt an dem Mondroman in so ner-

venzerstörender Manier, daß mich hier nicht einmal der großartige Frühling aus der Raserei rausbringt.
O – die Bläue hier! Na – ich glaube, Ihnen gäbs auch was!
Uebrigens – pardon! Im § 3 des Tarub-Vertrages steht was von einem Autoren-Wunsch – darf ich den äußern? Wenn ich was nach den Feiertagen hören würde davon, wäre ich sehr dankbar.

Treue Doppelgrüße!
Es lebe die Bläue! Ich bin
Ihr
P. C. W.

Randbeschriftung:
Meine liebe Frau hat gestern unsern blauen Ofen umgeworfen – so stark ist sie hier schon geworden. Na – das sagt genug – nicht?

176 An Richard Dehmel

⟨An⟩ den lieben guten Onkel
Richard Dehmel-Heidelberg
Heidelberg
Schlossberg 21.

Abs. Scheerbart-China Breege auf Rügen

Poststempel: 18.5.01

Lieber Lux! Du willst wieder sagen, daß ich gestern zu viel getrunken habe? Sage nich Sachen, die Jedermann weiß. Indessen – Wir schnupfen nich, denn wir wissen, daß heutzutage die schlimmsten Bacillen per Schnupftabak »eingegeben« werden. Darauf fallen Wir aber nich rein!! Und wenn wir*) noch so sehr verschnupft wären. Eine Flasche Bier mußte ich übrigens schon um 1/2 8 Uhr trinken, als der Dampfer nach Stralsund abfuhr. Jetzt ist es 10 Minuten vor 8 Uhr »Morgens«. Dein Wundertier ist also ein Bacillus! Dies wissen Wir. Aber was for einer? Das wissen Wir nich! Es giebt den Kanonen-Bacillus, den Bombenschmieter-Bacillus, den Aurora-B., den Kannibalen-B, den Verhöhungs-B., den Magenverrenkungs B., den Pabst B. (Ja! Ja!) den Verleumdungs B. den Selbstverkleinerungs B (Ne? O doch!) den Allgemeinen Vogel B. den Erinnerungs B. den Bacillus Tristitiae den Kohl B. den Terrainbepflanzungs B (hat mein B!) den Selbstverbergungs B den Massenmord B. den Augenausklau B. den Saltomortal B. 000

Rand- und Zwischenraumbeschriftung:
*) pardon dem kleinen W!!! Au weh! Klee! Schnee! Beh! Beh!

die brummen alle im Kopp. Na - wähle nur - Wir brauchen ja nich zu rathen, da wir ja nich schnupfen! Hi!
Der Bär lacht, denn er hat soeben unsern blauen Ofen umgeschmissen - und der war so blau - so blau!

Hopp! Hipp! Hurrah! Thy

P. C. W. J. J. P. David. - - -

Guten Morgen!
Guten Morgen!

177 An Richard Dehmel

Sr. Hochwürden den Herren Erzbischof
Richard von Dehmel
Heidelberg
Schlossberg 21.
Germany!

Abs. Quilliwaûke u. Muschibróps, Breege auf Rügen

den fünften Juni 1901

Hochwürden! Eure Zwölf Apostel sind ja stumm - wie Krebse! Soll das heissen: Hochwürden gedenken im Sommer 1901. C. nach Breege zu kommen, um allda lange Reden zu schwingen - in höchsteigender Person?
Na denn man tau!
Wir grüßen Euch und erwarten Euch!

Randbeschriftung:
Quilliwaûke und Muschibróps sind total die Eurigen
Hipp! Hopp!
Na prost. Na prost! Na prost! - - -

178 An Richard Dehmel

Se. Eminenz den Cardinal
Marquis de Dehmel
Heidelberg
Schlossberg 21.

Abs. Scheerbart Bonbonfabrikant Breege auf Rügen

Breege auf Rügen 10. Juni 1901 C.

Eminenz! Wir leben im Zeitalter der Fabrikation. Diese Thatsache drückt alle anderen Interessen in den veritablen Hintergrund. Ich habe Dynamit-Bonbons fabrizirt. Wer ein Stück davon runterschluckt, wirds schon gewahr werden. Nach 4 1/2 Minuten fliegt die obere Hälfte des Schlucker-Rumpfes mitsammt den Armen in 1000 Fetzen nach allen Windrichtungen. Der Kopf des armen Schluckers fällt aber mit der Nase in die Eingeweide seines Bauches. Eine gradezu humoristische Todesart. Das wäre der Lustmord an sich - oder die Nase im Gedärm - oder das Gehirn im Unterleibe. Beim Kopffall befindet sich die Nase immer unten. Das bewirkt die Bonbon-Construktion. Wünschen Eminenz besagte Bonbons in Freundeskreisen zu verwerthen? Lacherfolg bei Gala-Diners kolossal!!! Es lebe der Bauchwitz! Hipp! Hopp! Ich bin Euer wohlaffektionirter Bonbon-Fabrikant

179 An Franz und Martha Servaes

Ostseebad Breege auf Rügen
15. Juni 1901
Sonnabend Mittags 12 Uhr.

Weltkameraden!
Eure Karte hat uns mit großer Betrübnis erfüllt, da wir Euch ganz bestimmt erwartet haben. Habt Ihr thatsächlich keine Zeit? Ueberschätzt Ihr vielleicht die Kosten? Zwei Retourbillets Berlin-Stralsund kosten nicht viel. Am Stettiner Bahnhof hört ihr von den ermäßigten »Extrapreisen« (fünf Wochen-Billets à 13 M c) Von Stralsund fährt täglich außer Sonntags um 3 Uhr N. c Dampfer »Germania« in c 3 Stunden direkt nach Breege. (grandiose Seefahrt - Seekrankheit ausgeschlossen.) Hier kosten in Privat 2 Betten wöchentlich c 15 M. Außerdem sind 3 Hotels im Dorfe, 2 am Strande und eins im Park Juliusruhe. Und außerdem sind wir sehr ortskundig u. »Eingeborene«. Wir würden uns so furchtbar freuen, wenn Ihr kämt. Bad

heute eröffnet – auch das »Warmbad«. Alles schon geflaggt. Fische in absoluter Großartigkeit werden täglich beinahe stündlich gefangen. Oh – schreibt uns noch mal! Laßt Euch die Seeluft nicht entgehen. Wir wiegen zusammen 200 Kilo. Na prost!
Wir grüßen Euch und umarmen Euch und sehnen uns nach Euch und sind Eure Weltkameraden

Anna u. Paul

180 An Max Bruns

Breege auf Rügen
Freitag 28. Juni 1901.

Lieber Bruns! Soeben finde ich das beiliegende Inserat und möchte dazu gleich das Folgende bemerken: In Bongs Verlag ist für die Inseratenabtheilung Paul Hildebrandt seit Jahren engagirt – dieser gab im Jahre 1894 Amsler u. Ruthardts Wochenberichte heraus – und ich war bei diesem Unternehmen c 5 Monate hindurch litterarischer Leiter (gratis!) aus Liebe zur Litteratur, um dabei von allen meinen damaligen Bekannten Artikel u Verse etc unterzubringen. Ich habe damals das Inseratenunwesen in seiner ganzen Gefährlichkeit kennen gelernt – der Verlag setzte überall zu – Vortheile hatte nur der Inseraten-Acquisiteur P. Hildebrandt. Und wenn ich mich nicht sehr irre, so ist die Berliner Range auf eine Idee des P.H. zurückzuführen. Wenn in den Bänden der B.R. heute auch noch nicht Inserate enthalten sind – sie werden bald kommen – die Sommerfrischen u. Badeorte sind für den Inseratenmann zu verlockend – es kommen für ihn auch all die Reisegeschäfte in Frage.
Der Verlag Bong kann ein solches Unternehmen nur in Verbindung mit der »Modernen Kunst« halten u. fruchtbar machen. Wer hier nicht inserirt, soll auf die B.R. reinfallen. Dadurch wird den Acquisiteuren mehr Redegelegenheit gegeben.
Mit dem Inserat läßt sich aber nur Geld verdienen, wenn mehrere Blätter im größten Stile einander in die Hände arbeiten (cf. Scherl!)
Ich bitte Sie bei allen Ideen, die Sie mit der B.R. in Zusammenhang bringen, das soeben Gesagte nicht zu unterschätzen. Meine Loosung ist:
Keinen Pfennig für Inseratenunwesen u. Reclame!

Heil! Heil! Heil!
Ganz
Ihr
Scheerbart

181 An Richard Dehmel

⟨An⟩ den lieben guten Onkel
Richard Dehmel
Heidelberg
Schlossberg 21.

Lieber Dick! Daß Du lange nicht so »fein« besoffen bist wie der P. C. W. sieht man Dir an!!
Prost! – – –

Ton
P. C. W.

Breege auf Rügen Freitag 12. Juli 1901 Vorm. 11 Uhr

Kolorierte Federzeichnung auf der unteren Kartenhälfte

182 An Rudolf Alexander Schroeder

Breege auf Rügen
19. Juli 1901.

Verehrter Herr Schröder!
Jetzt habe ich über Ihren Empedocles so viel nachgedacht, daß ich leicht 4-500 Seiten darüber schreiben könnte. Aber dieses Gedankenmaterial werde ich in meinem »Nirwana« verwerthen.
Finden Sie es nicht höchst komisch, wenn mein Landsmann Schopenhauer das Nirwana zum Mittelpunkte seiner Philosophie macht – in dem Glauben, daß das N. ein Zustand nach dem Tode sei? Wie versch⟨*r*⟩oben wird Arthurs Weisheit, wenn man weiß, daß die Inder ihr N. für einen Zustand in ihrem sogenannten Menschenleben halten! Daran knüpft sich leicht viel an. Nun aber möchte ich Ihnen doch zu dem, was Ihnen im Empedocles das Wichtigste zu sein scheint, etwas Merkwürdiges sagen. Ich muß Ihnen das sagen – selbst wenn Sie mir anfänglich böse sein sollten. Sie behaupten, daß »Klugheit traurig macht«. Hm – welche Klugheit? Die Klugheit der Menschen ist doch nur ein Wissen von der »Unrealität seiner gesammten Erscheinungs- und Empfindungswelt«. Und darum geht es doch nicht an, daß wir uns abschließende Urtheile über die Welt erlauben. Halten Sie fest, daß nicht blos unsre Erscheinungswelt – daß auch unsre gesammte Empfindungswelt nichts Reales vorstellt – dann werden Sie doch zu andern Meinungen über menschliche »Klugheit« kommen. Dieser alte Schopenhauer, dem ich sonst so zugethan bin, hat sich auch in seinem »System« ein paar

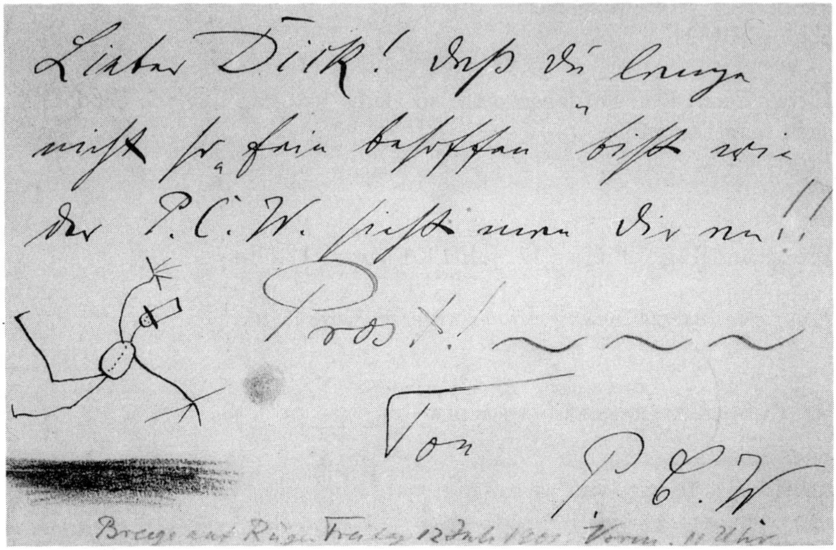

Lieber Dirk! daß du lange
nicht so fein besoffen bist wie
der P.C.W. sieht man dir an!!

Prost!!

Von P.C.W.

Breege auf Rügen Freitag 12 Juli 1901 Vorm. 11 Uhr

Nr. 181

fatale Irrwitze geleistet; überall konstatirt er die Unrealität der Welt - und dann erlaubt er sich Urtheile über diese Welt, die er doch nach seiner eigenen Aussage garnicht kennt - er hätte blos noch bemerken müssen, daß auch unsre Empfindungswelt (incl. sämmtl. Schmerzen) nichts Reales ist - dann wäre ihm vor Schreck die Nase an die Erde gefallen. Diesen Arthur halte ich für den geistreichsten Philosophen aller Zeiten; sein »Witz« vom Willen ist sehr fein. Aber - ist es nicht komisch, daß S. so klar liegende Sachen nicht überschauen kann? er redet von Schmerzen, ohne zu wissen, was Schmerzen sind. Incroyable! Und außerdem bemerkt A. S. nicht, daß er regulär Erdleben mit Weltleben verwechselt! A. S. hätte meinen Mondroman lesen sollen! Schade, daß der jetzt erst zu lesen ist! Ach ja! Seit hundert Jahren hat man die Leute, die die Grandiosität der Welt als »unantastbare« Sache hinstellen wollten, für Flachköpfe erklärt. Das war sehr unvorsichtig! Dieser Arthur hält sich immer für so klug, wenn er Alles für dumm erklärt! Ist das ein Witz - hei - so ist der »noch lange nicht geistreich genug« - und nebenbei noch ein Culissenreißer fürs allzu erotische Volk - - - - - - - - -
Aber - nun schreibe ich Ihnen nicht mehr - denn Sie schweigen immerzu - und das ist so - bequem ....
Drei ganz dicke Welträume mit lachenden Grüßen vollgestopft sendet Ihnen

Ihr ergebener
Paul Scheerbart

183 An Otto Julius Bierbaum

Breege auf Rügen
12. August 1901.

Lieber Otto Julius! Du darfst nicht erschrecken, daß ich Dich noch einmal bemühe. Ich möchte Dich blos bitten, mir die folgenden drei Punkte zu beantworten:
I Da an andrer Stelle jetzt ein Buch von mir erscheinen soll, so möchte ich dort die drei Bücher, die bei Euch erscheinen sollen, anzeigen. Darf ich Dich daher bitten, mir die Erscheinungstermine von Seelenroman, Pantomime und Mondroman anzugeben? Bitte - bitte - thu's! Es eilt!
II. 10 kl. Manuskripte, von denen 3 honorirt sind, lagern bei Euch jetzt über 2 Jahre!! Darf ich Dich daher bitten, mir mitzutheilen, bis wann Du die in der Zeitschrift »Insel« bringen willst? Vielleicht theilst Du mir auch mit, ob »Der Aufgang zur Sonne« von Dir bis 1. October 1902 gebracht wird.

III. Wollt Ihr den Mondroman als Volksbuch für eine Mark herausgeben? Daß Herr Heymel garnichts darüber schreibt - und daß Herr Schröder nach der Lektüre des M. auch ganz still ist - deutet mir darauf hin, daß Ihr »geneigt« sein könntet. Bitte - befürworte das doch! Bei der Revolutionsspannung unsrer Zeit muß doch »Die grosse Revolution« einen entscheidenden Schlag bedeuten.
Nun bitte ich Dich - schmerzlichst und herzlichst - schreibe mir über diese drei Punkte. Ich platze vor Ungeduld und bin mit Trillionen Revolutionsgrüßen

Dein
alter
Paulus

p.s. Ganz im Vertrauen eine stille Frage: wann kann ich wieder mit etwas Geld rechnen? In diesem Moment geht wieder Alles zu Ende - - - - -

184 An Alfred Walter Heymel

Breege auf Rügen
Montag 26. August 1901.

Lieber Herr Heymel!
Bierbaum schreibt mir unterm 23ten d.M., daß der Seelenroman »demnächst« im I.V. erscheinen solle und daß die Pantomime für den I.V. angenommen sei - und daß Sie wegen des Mondromans noch nicht schlüssig wären. Und ich sollte Ihnen daher inbetreff der Honorar-Angelegenheit schreiben. Zunächst meinen herzlichsten Dank für die Erledigung der beiden ersten Punkte; für die Pantomime erbat ich vor einem Jahre nur 100 M für die erste Auflage (ich dachte dabei an eine A. von 1000 Exempl. à 50 Pf oder an eine A. von 500 E. à 1 M). Die 100 M erhielt ich im Juli d.J. telegraphisch, sodaß das Pantomimen-Honorar damit erledigt wäre. Meinen herzlichsten Dank! Für den Seelenroman vereinbarten wir im Mai vorigen Jahres ein Honorar von 600 M (für eine A. von 600 Exempl. à 5 M). Nun wärs mir eigentlich lieber, wenn Sie eine Aufl. von 1000 Ex. à 3 M - oder eine A. von 1500 Ex. à 2 M - oder gar eine A. von 3000 Ex. à 1 M herausgeben würden.
Der letzte Fall wäre mir naturgemäß der liebste. Das Honorar würde in allen vier Fällen das gleiche sein. Nun möchte ich Ihnen selbstverständlich die freie Wahl unter diesen vier Fällen lassen - und Ihnen gleichzeitig den Vorschlag machen, den noch einmal so umfangreichen Mondroman ganz genau so wie den Seelenroman zu behandeln - -

Würden Sie die große Freundlichkeit haben können, Seelen- und Mondroman zu gleicher Zeit mit je 600 M zu honoriren - so könnten Sie die Wahl zwischen den vier Erscheinungsarten bis zum letzten Termine unentschieden lassen. Und ich möchte Ihnen dann nicht dreinreden. Ich glaube, daß Ihnen das so bequem sein könnte.
Sie würden mich zu großem Danke verpflichten, wenn Sie mir bald mittheilen, ob Ihnen die gleichzeitige Honorirung der beiden Romane recht und möglich ist. Was Sie mir mit Bejahung dieser Frage thun würden, brauche ich Ihnen wohl nicht zu sagen. Ich fange an - unter meiner Situation zu leiden; ich muß leider gestehen, daß mir ein paar Erfolge fast Lebensbedürfnis geworden sind. Aber - wenn Sie Vertrauen zu meinen Sternen hätten - dann würde mir gleich wieder besser sein. Ich würde Ihnen so sehr dankbar sein.

Mit ergebenstem Gruße
bin ich
Ganz
Ihr
Scheerbart

185 An Max Bruns

Breege auf Rügen
Donnerstag 5. September 1901.

Lieber Bruns!
Was habe ich Ihnen gethan, daß Sie so lange schweigen - immerzu schweigen?
Bitte - ein Wort!

Sieben lange Grüße
von
Ihrem
Scheerbart

186 An Alfred Walter Heymel

Breege auf Rügen
16. Sept. 1901.

Lieber Herr Heymel! Zuerst meinen herzlichsten Dank für die Annahme des Mondromans! Ich freue mich sehr, daß Sie ihn so bald bringen wollen. Indessen: daß der I. V. den Seelenroman so in die Ferne rücken möchte, das

will mir garnicht gefallen. Stoßen Sie sich an der Bärenwidmung? Wenn das der Fall sein sollte - so erkläre ich mich mit Weglassung dieser Widmung einverstanden. Ich habe bei Herrn von Poellnitz angefragt, ob eine Honorirung des S. R. im Januar 1902 erfolgten könnte. Darf ich Sie herzlich bitten, die »Honorirung im Januar« zu befürworten? Im Januar sinds zwei Jahre, daß der für mich so wichtige S. R. bei der Insel »angenommen« lagert. Kann da der S. R. nicht im März nächsten Jahres spätestens erscheinen? Wenn Sie mir das versprechen könnten, wäre Alles Alles gut. Ich freue mich, daß Ihr langes Schweigen nichts Böses »für mich« bedeutete - obgleich mich die große Revolution in der Insel mit vielen großen Sorgen erfüllt.
Ich bitte Sie nochmals sehr, die Honorirung des S. R. für Januar 1902 zu befürworten. Es hängt so viel für mich davon ab, daß ich im nächsten Jahre so viel Geld habe, daß ich Rügen wieder verlassen kann. Der Eremitismus hat seine Schuldigkeit gethan, und ich sehne mich nach einer Großstadt - allerdings nicht nach Berlin.

Viele stürmische Grüße
von Ihrem Ihnen herzlich
ergebenen
Paul Scheerbart

p. s. Die Stürme auf Rügen sind mir allmählich etwas furchtbar geworden - leider!

187 An Rudolf von Poellnitz

Breege auf Rügen
23. September 1901.

Herrn R. von Poellnitz
Insel-Verlag
Leipzig-Plagwitz

Sehr geehrter Herr!
Verbindlichen Dank für Ihren Brief vom 22. d. M! Ich erkenne leider, daß sich ein Mißverstehen eingeschlichen hat. Ich glaubte blos, daß beide Romane »nicht gleichzeitig« herauskommen könnten. Daß aber der S. R. »überhaupt nicht« erscheinen sollte, das las ich noch nicht aus Ihrem Briefe vom 14. d. M. heraus. Und damit kann ich mich leider beim besten Willen nicht einverstanden erklären. Und so muß ich Sie bitten, den S. R. zu bringen; der S. R. ist in der Zeitschrift Insel gedruckt und wird daher in einem anderen Verlage schwerlich Aufnahme finden - während der M. R. als abso-

lute Novität auf Annahme in einem anderen Verlage viel eher rechnen darf (Weihnachten 1899 wollte den S.R. ein andrer Verlag sofort bringen - aber heute könnte dieser anders denken.)
Nun brauchen Sie mir aber den M.R. nicht s o f o r t zur Verfügung stellen. Wenn es Ihnen recht ist, überlasse ich Ihnen das Manuskript des M.R. bis zum 1. December d.J. Vielleicht ist es Ihnen bis dahin möglich, mir mitzutheilen, ob und wann Sie den M.R. bringen können. Sie schreiben mir in Ihrem letzten Briefe in dieser Beziehung:
»Ob Aussicht vorhanden, denselben [das ist der M.R.] später zu bringen, kann ich leider zur Zeit nicht sagen, d o c h d e n k e i c h e s.« Diese letzteren vier Worte veranlaßten mich, Ihnen vorzuschlagen, die Entscheidung bis zum 1. December d.J. hinauszuschieben. Ich würde mich sehr freuen, wenn Sie mit diesem meinem Vorschlage einverstanden wären. Ich bitte Sie, dabei zu bedenken, daß ich den M.R., der noch einmal so umfangreich ist als der S.R., nur unter d e r Voraussetzung dem I.V. für 600 anbot, daß der S.R. ebenfalls im I.V. erscheinen würde.
Eine Zeitungsnotiz veranlaßte mich, dem »I.V. München« heute morgen ein Telegramm zu senden. Ich bedaure lebhaft, daß ich so nervös war, dasselbe abzuschicken, und bitte Sie, mir das nicht böse auszulegen.
Für Zusendung des Honorars für den S.R. (600 M) würde ich Ihnen zu außerordentlichem Danke verpflichtet sein. Sie schrieben mir unterm 14. d.M., daß das Honorar »sogleich« angewiesen werden könnte. Ich würde mich sehr freuen, wenn das Honorar auch unter den jetzigen Umständen so bald wie möglich gesandt werden könnte.

In ausgezeichneter Hochachtung
Paul Scheerbart
Breege auf Rügen

188 An Rudolf von Poellnitz

Breege auf Rügen 2.X.01.

Herrn R.v. Poellnitz Insel-Verlag
Leipzig-Plagwitz

Sehr geehrter Herr! Die 600 M für den Seelenroman brauche ich zum Allernothwendigsten. Warum erhalte ich das Geld nicht? Darf ich Sie bitten, mir telegraphisch mitzutheilen, wann ich das Geld bekommen kann? Drei Tage kann ich kaum noch warten. Ich bitte Sie herzlich, mir zu telegraphiren. -

In ausgezeichneter Hochachtung
Paul Scheerbart

189 An Richard Dehmel

Breege auf Rügen
Mittwoch 2. Oct. 1901.

Lieber Richard! Weißt Du irgend Etwas von der Insel? Daß sie eine G.m.b.H (Geschäftsführer R. v. Poellnitz) geworden ist – das weiß ich. Daß Bierbaum Mitte November in Berlin »Lebende Lieder« leitet – das weiß ich auch. Mehr aber nicht – und davon...
Ich wäre Dir für jede weitere Nachricht schrecklich dankbar.

Heil! Heil! Dein Paulus

Randbeschriftung:
Ob B die Zeitschrift »Insel« auch noch leitet?

190 An Rudolf Alexander Schröder

Breege auf Rügen
2. October 1901.

Sehr verehrter Herr Schröder!
Können Sie mir nicht den großen großen Gefallen thun und mir zwei Fragen beantworten, die mir Keiner beantworten will? Erstens: Erscheint die Zeitschrift Insel weiter? Und zweitens: Ist es nicht möglich, daß ich das Honorar für den Seelenroman (600 M) umgehend erhalten kann? Verzeihen Sie die grobe Form – aber ich bin so in Verzweiflung, daß ich zum ersten Male in meinem Leben »thatsächlich« verzage. Ich bin seit vollen sieben Wochen außer Stande, irgend Etwas zu schreiben. Wenn Sie mir ein Telegramm senden würden, würde ich Ihnen ewig dankbar sein. Nichts ist so entsetzlich und umbringend als die Ungewißheit.

Ganz
Ihr
Scheerbart

191 An Max Bruns

Breege auf Rügen
Mittwoch 23. October 1901.

Lieber Bruns! Für Ihren Brief sage ich Ihnen meinen herzlichsten Dank. Ich freue mich sehr, daß Ihnen die Seeschlange so gefällt. Ihr Wort vom »religiösen Architekturstile« hat mirs ganz besonders angethan; meine letzten Neigungen gehen ohne Frage auf große Zukunftsdome hinaus. So in c. 7 Jahren hoffe ich so weit zu sein, daß ich ein richtiges Dombuch (meinen Schloßroman »Weltglanz«) schreiben könnte. Aber bis dahin ist noch ein weiter Weg. Ich freue mich sehr, daß Sie in der Seeschlange so viel vorausempfinden möchten. Ich habe schon so lange kein freundliches Wort mehr gehört – und das Ihre hat mir so wohl gethan. Ich danke Ihnen!

Nach einer großen Qualperiode, in der ich tausend Dinge angefangen habe, die ich noch nicht überwältigen kann, bin ich jetzt endlich wieder bei meinen Nilpferdchen angelangt – die sind früher große ägyptische Könige und Oberpriester gewesen – und momentan sehr ernsthafte Kritiker und so beruhigend. Ich hoffe, daß die Geschichte jetzt die richtige Größe bekommen wird. – Aber ich sage nie wieder was Bestimmtes in meinen produktiven Angelegenheiten voraus; nachher gehts wieder mal nicht und dann bin ich so unglücklich. Ich hoffe, daß ich noch vor »Weihnachten« abschließen kann. Es soll ein großes Perspektivenreich werden ....

Was die »Und-Krönung« anbetrifft, so möchte ich nur bemerken, daß das »und« sehr häufig nur ein »Zittern der Hand« bedeutet – ein »Außerathemsein« – ein »Sichnichtrechttrauen« – ein »Schwanken der Kraft« – oder eine »Marodigkeit des Selbstbewußtseins« (Ach ja!)

Sollten Ihnen unter diesem Gesichtspunkte nicht einzelne Unds, die Ihnen zu viel sind, wieder Accent bekommen?

Die oft schwankende Gestalt des alten Lorenz schien mir zuweilen nach einem Ausdrucke zu verlangen, der so was Hilfloses hat – und das wollte sich wohl in manchen Unds geben. Die zu heftige Steigerung der Selbstherrlichkeit muß doch eigentlich einen großen Tatterich zur Folge haben.

Wenn Sie sich dazu mal »gelegentlich« äußern möchten ....

Jetzt bin ich aber schrecklich begierig auf Ihre »Himmelfahrt«!

Ich freue mich sehr, daß sie kommt, da ich daraus ersehe, daß Sie wieder ganz auf Deck sind.

Ich grüße Sie mit unsern Doppelgrüßen!!

Stets

Ihr

Scheerbart

p. s. Die bibliographischen Notizen, die ich vorgestern dem Verlage sandte, könnten, wenn kein andrer Platz da ist, wohl auf dem Deckel untergebracht werden – nicht wahr?

192 An Max Bruns

Poststempel: 25. 10. 01

Lieber Bruns! Sie haben doch Recht gehabt mit »einigen« Unds
Schönsten Dank!

Ganz
Ihr
S.

Randbeschriftung:
Uebrigens: die zu vielen Unds sind lutherisch!!
Jetzt verstehe ich erst, dass sich Ihre Worte von den Unds auf den Schluss 224-228 beziehen. Ja daran dachte ich nicht. Ist es jetzt so gut?
Und auf den 7 Schlußseiten sind 7 Unds weniger!!!!!!!

193 An Rudolf von Pollnitz

Breege auf Rügen 4. 11. 1901.

Herrn R. von Poellnitz
I. V. Leipzig

Sehr geehrter Herr!
Besten Dank für die Zusendung des ersten Correkturbogens, den ich umgehend dem Verlage retour sende!
Wenn Sie nicht Anderes schreiben, nehme ich an, daß ich auch Revisionsbogen erhalte.
Die Seeschlange, von der ich als Druckseite die Eingangsbogen mitsende, kommt zum Ladenpreise von 2 M (zwei Mark) heraus. Ich erlaube mir, das mitzutheilen, damit Sie das bei der Preisstellung des Seelenromans berücksichtigen können. Das Beste wird, glaub ich, auch hier ein Preis von 2 M sein – denn als Markbuch könnte doch nur ein Roman gehen, der das Wort »Revolution« im Titel führt.
Indessen – in Betreff des Ladenpreises haben Sie wie gesagt freie Hand – freuen würd ich mich allerdings sehr, wenn Sie mir was drüber schreiben könnten – denn die Preisfrage erscheint mir für den buchhändlerischen Vertrieb das Wichtigste zu sein.

Beifolgend sende ich die bibliographischen Notizen und würde sehr dankbar sein, wenn Sie diese Notizen ganz im Insel-Geschmack setzen lassen möchten.

In ausgezeichneter Hochachtung
Paul Scheerbart

p. s. Darf ich bitten, für mich ein Abonnement auf die Zeitschrift »Insel« zu bestellen?

194 An Max Bruns

Breege auf Rügen
Mittwoch Abend 6. Nov. 1901.

Lieber Bruns! Ihre Himmelfahrt hat mir eine so große Freude bereitet, daß ich eigentlich noch garnicht im Stande bin, Ihnen die richtigen Worte darüber zu schreiben. Aber ich wills versuchen!
Kurz gesagt: die Himmelfahrt ist bereits ein Stück von der großen Kunst, die ich immer ersehnt habe. Da ist der Symbolismus schon vielfach überwunden. Das hätte ich nicht von Ihnen erwartet. Ihr Buch rührt an Alles – ans Nirwana, an die großen Katharsen und an die großen kosmischen Träume. Der Raum »nichts als ungeheurer Schöpfertraum« – »die weite Ruhe« und »die großen Stunden«! Lieber lieber Bruns, ich glaube, daß ich Ihnen nicht zu versichern brauche – daß ich von Ihrer Himmelfahrt »überzeugt« bin! Wie ich das Alles verstehe – und begeistert aufnehme! Und – die höchste Stelle als Resultat der Askese! Ich schreibe Ihnen später ganz bestimmt noch mehr über Ihre Himmelfahrt – und zwar nur Dinge, die Ihnen Freude machen sollen! Aber Sie müssen noch »Liwûna und Kaidôh« lesen; das Buch kommt noch in diesem Monat heraus. Da ist auch das größte Thema – das von der Zeit und Ewigkeit – Verse, die Sie überraschen werden. Die Lyrik Ihrer Himmelfahrt ist so voll und gereift so energisch zum Höchsten – daß ich bislang ein für mich werthvolleres Buch nicht kennen gelernt habe.
Sie müssen sich jetzt aber Ruhe gönnen und sich zerstreuen – und ablenken – denn so was nimmt mit. Die Ermattung wird schon wieder vergehen!

Sturmgrüße – ganz mächtige!
von
Ihrem
Scheerbart

195 An Richard Dehmel

Familie Dehmel
Blankenese bei Hamburg
Parkstrasse 40.

Familie Scheerbart Breege auf Rügen (Abs.)

Poststempel: 7.11.01

Kolorierte Fotopostkarte mit Segelboot auf See und Aufdruck: Gruss von der See

Randbeschriftung:
Es lebe die Windstille! Es lebe die Ehe! Hei! Jetzt kann ich aber nicht mehr weiter! Na - prost! Sei bloss mässig im Trinken! Das ist der beste »Spruch in die Ehe«⟨.⟩ Er lebe!!
Wer da meint, dass ich m e i n e r am 1. April 1898 gegründeten »Einfachen Bühne« durch Ueberbrettelei Concurrenz machen möchte - der hat ka Idee von meinem Ingenium

196 An Rudolf von Poellnitz

Breege auf Rügen
16. Nov. 1901.

Sehr geehrter Herr von Poellnitz!
Anbei erlaube ich mir, die gewünschten Reklame-Zeilen zu senden. Ich glaube, sie könnten so gut sein. Der dritte Satz scheint mir der wichtigste zu sein. Sie schreiben: vielleicht verfassen Sie eine Art Selbstanzeige. Und ich glaube, Sie haben gemeint, daß es gut wäre, wenn ich den Inhalt skelettartig ganz deutlich darstellte. Das dürfte sich aber nicht so leicht machen lassen. Die vier beifolgenden Sätze scheinen mir zu buchhändlerischen Zwecken genügend zu sein. Wohl könnte ich eine ganz trockene philosophische Abhandlung über das Buch schreiben - auch eine ästhetische - und dann noch eine, die nur die religiösen Momente beleuchtet. Aber ich glaube, daß die Dichtung dabei kurz und klein gepflückt werden könnte. Jedenfalls bitte ich Sie, wenn Sie noch mehr oder Anderes wollen, mir nochmals zu schreiben.
Ich freue mich sehr, daß das Buch so gut ausgestattet werden soll. In dieser Hinsicht bin ich aber vom Inselverlage ganz und gar überzeugt. Nur Eins:

hat die Druckerei diese Anführungszeichen: » «. Mir erscheinen die so wichtig – da sie die Hauptsätze herausheben sollen. Könnten Sie die Druckerei nicht veranlassen, diese Anführungszeichen anzuschaffen? Das kann doch nicht mehr als 3-5 M kosten. Ich möchte Sie flehentlich bitten......
Und dann habe ich die Absätze, die Sie ausgestrichen haben, wieder hineingesetzt, da sie sich leicht anbringen lassen. Ich schrieb, daß ich auf die mit Rotstift von mir eingefügten Absätze evtl verzichten würde – aber nicht auf die mit blauer Tinte – da mir die doch z u wichtig sind – sie stehen sämmtlich im Manuskript. Ich bedaure lebhaft, daß das der Druckerei nicht zur Verfügung steht – und bitte Sie, zu entschuldigen, daß ich darauf so umständlich zurückkomme. Der Leser muß durch die Absätze immer wieder zum langsamen Lesen gezwungen werden – sonst geht ihm sehr leicht Alles durch einander.

Mit hochachtungsvoller Begrüßung
Paul Scheerbart

197 An Richard Dehmel

⟨An⟩ die Seefahrerfamilie
R. u. I. Dehmel
Blankenese bei Hamburg
Parkstrasse 40.

Abs. Bärenfamilie Breege auf Rügen

Poststempel: 17.11.01.

Bildpostkarte mit trinkenden Mönchen und Aufdruck:
So leben wir, so leben wir, / So leben wir alle Tage
Gruss aus – *von Scherbart ergänzt:* Breege!

Hurrah! Hipp! Hipp! Hurrah!
Wir trinken auf Euer Wohl!
Immer muthig! Bärengrüsse!!

Randbeschriftung:
Es lebe die gemüthliche Antierotik!
Es lebe die alte dicke Askese!!!!
Es lebe die Klarheit – im Glase!

198 An Max Bruns

Breege auf Rügen
Montag den 18. November 1901

Lieber lieber Bruns! Schönsten Dank für Ihren lieben Brief und für den Baudelaire, über den ich Ihnen später schreiben werde.
Ja – es ist sehr traurig, daß wir nicht mündlich mit einander sprechen können. In Ihrer Himmelfahrt klingt mir Alles so gut zusammen, daß ich das, was mir vielleicht widerstreben könnte, für nebensächlich erklären kann. Der große volle Schluß imponirt mir ganz besonders, die Steigerung »packt«. Ich weiß nicht, ob eine Prosabehandlung einem solchen Stoffe gegenüber weiter kommen könnte. Ich bin ja mehr für Prosalyrik – aber für die höheren großen Erkenntnisregionen kann ich auch nicht auf den Vers verzichten – was Sie in der Liwûna sehen werden. Der Vers bringt wie die Musik viele unbewußte Stimmungsfaktoren in Thätigkeit. Von Ungleichwerthigkeit kann ich in Ihrer Himmelfahrt nichts entdecken – das grade nicht! Die Verslyrik nimmt Vieles zu »summarisch«, sodaß der Eindruck des Vollen auch wieder einen Mangel zeigt – der ist aber auch nicht zu ändern. S. XIII Ihrer B. Vorrede hat mich sehr interessirt. Wissen Sie auch, daß unser Gehirn auch blos ein Sinneseindruck für uns ist? Kennen Sie Karl du Prel's Doppelnatur des Menschen? Die variirt das Geistige doch recht lebhaft, sodaß man kaum noch sagen kann – ein Mensch vergeistigt sich – nach d. P. ist er ja schon Geist – unbewußt.
Dehmel leidet leider an Streitsucht; er meint es aber nie so ernst, wie's klingt. Indessen – wir wollen zusammenhalten. Einigkeit macht stark.

Herzlichste Doppelgrüße!
Ihr
Scheerbart

Randbeschriftung:
p. s. Würden Sie erlauben, daß ich Ihnen zu Weihnachten die Nilpferdchen »widme«? Ja? Bitte – thun sie's doch!

199 An Rudolf von Poellnitz

Breege auf Rügen
Donnerstag 21. Nov. 1901.

Sehr geehrter Herr von Poellnitz!
Sie erhalten anbei blos Correktur von Bg 6. zurück. Ich bitte Sie nochmals flehentlich, die Druckart der Verse entsprechend meinem Telegramm an-

ders gestalten zu wollen – sodaß sich der Vers als solcher heraushebt. Um diesen bedauernswerthen Zwischenfall, der mich immer mehr erregt, so schnell wie möglich zu erledigen, erkläre ich mich bereit, die entstehenden »Mehrkosten für den Satz« auf mein Konto zu nehmen.
Ich bitte Sie herzlichst, meinen erregten Zustand zu entschuldigen und mir von Bg 7. ab nochmals Korrektur zu senden.

In ausgezeichneter Hochachtung
Paul Scheerbart

200 An Rudolf von Poellnitz

Breege auf Rügen
25. Nov. 1901.

Sehr geehrter Herr von Poellnitz!
Leider muß ich Ihre Güte noch ein Mal in Anspruch nehmen – so schwer es mir auch fällt. Ich erbat in meiner Depesche Petit m i t S p a t i u m. Letzteres hat aber der Drucker nicht berücksichtigt. Wenn die Spatia fehlen, so ist mir mit dem Petit allein nicht geholfen. Es wäre doch z u traurig, wenn auf dem guten Papier die Verse so »gedrückt« dastehen würden. Bei dem größeren Versdruck würde der Satz zwei Seiten mehr als jetzt in Anspruch nehmen. Auf diese zwei Seiten kann ich unmöglich verzichten. Sie k ö n n e n das nicht verlangen.
Ich bitte Sie herzlich, die Spatia veranlassen zu wollen. Ich werde Ihnen für alle Zeit sehr dankbar sein.

Mit den besten Empfehlungen
Ganz
Ihr
Scheerbart

201 An Richard Dehmel

Scheerbart-Breege seinem lieben Dehmel-Blankenese

Lieber Richard!
Meinen heiligsten Dank!
Vom Januar nächsten Jahres ab will ich drei Monate lang n u r für Dein »Sammelbuch« schreiben – und dann kannst Du unter lauter »neuen« Sachen »wählen«.
Das Alte ist leider schon weg.

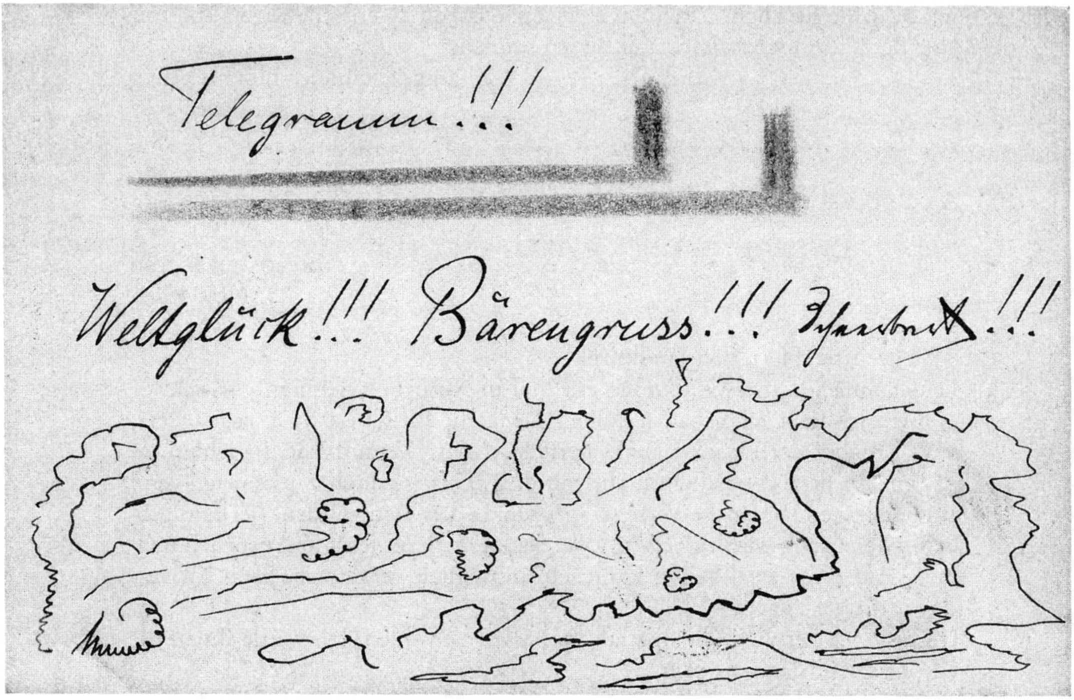

Undatierte Briefkarte an Franz Servaes

Indessen - nur »einen« Illustrator willst Du mir besorgen? Das kann doch Dein Ernst nicht sein.

Ich bin
ganz und gar
Dein
Paul Carl Wilhelm

p. s. Ist Dir mein Bescheid »ernsthaft« genug? Ich hätte Dir so gern noch ein Schock Dollheiten geschrieben - aber - wahrlich - ich kann auch ernsthaft sein!

Breege auf Rügen 30. Nov. 1901 7 U. Abends.

202 An Rudolf von Poellnitz

Sehr geehrter Herr von Poellnitz!
Meinen verbindlichsten Dank für die beiden ersten Exemplare. Von der Ausstattung bin ich dermaßen entzückt, daß ich heute noch keine Worte dafür finden kann.

In ausgezeichneter Hochachtung
Ihr
Paul Scheerbart

Breege auf Rügen
12. December 1901.

203 An Max Bruns

Breege auf Rügen
12. December 1901.

Lieber Bruns!
Verzeihen Sie, daß ich Ihren letzten Brief noch nicht beantwortet habe. Aber ich arbeite derartig, daß ich momentan noch nicht kann. Was Sie über Wagner sagen, ist ein Hauptwort! Ich habe Ihnen übrigens noch für die liebenswürdige Erwähnung im Baudelaire-Vorwort zu danken. Verzeihen Sie auch, daß das erst jetzt geschieht.
L. u. K. folgt anbei - und

ich
bin
Ganz
Ihr
Scheerbart

204 An Max Bruns

Breege auf Rügen
Sonntag den 22. December 1901.

Lieber Bruns! Ihr Brief hat mir eine sehr sehr große Freude bereitet. Meinen herzlichsten Dank! Verzeihen Sie, daß ich erst heute schreibe – aber ich bin ganz und gar kaputt. Ich habe meine Nerven doch ein wenig zu viel zugetraut; ich habe fünf Wochen ununterbrochen gearbeitet, ohne ein einziges Mal spazierenzugehen. Das war zu viel – und nun muß ich mich schonen. Und die Nilpferdchen kann ich Ihnen darum noch nicht senden – aber im Januar sollen sie kommen.
Nun aber zu Ihrem Brief! Da ist doch Eines sehr merkwürdig: seit vielen Jahren schon habe ich das Nirwâna-Thema im Kopfe – aber seit Anfang dieses Jahres bin ich fest entschlossen, ein Buch unter dem Titel »Nirwâna« zu schreiben. Darüber können noch Jahre vergehen, doch geschehen wirds. Wissen Sie auch, daß Nirwâna in der Vorstellung Gautama's ein Zustand in diesem irdischen Leben ist? Oh – darüber müßten wir mündlich sprechen. Reclam $^{3941}/_{3942}$ »Der Buddhismus von T. W. Rhys Davids« bietet eine Uebersicht. Wenn Sie das nicht kennen, kann ich Ihnen nur rathen, die betreffenden Stellen über das Nirwâna schnell zu lesen; ich glaube, Sie könnten ebenfalls ein Nirwâna-Buch schreiben. Dasselbe würden wir nicht so ganz sagen – aber es würde vielleicht gut zusammenklingen. Der ruhige volle Ton, den Sie haben, drängt auch *Sie* zu dem Nirwâna-Thema hin, das wohl grade von Mehreren in Angriff genommen werden sollte. Daß Sie von Ihren letzten Büchern sehr angegriffen sein würden, dachte ich mir schon. Und die Freude greift am meisten an. Uebrigens: Sie müssen dem Buddhismus furchtbar kritisch gegenübertreten. Die Harts sind mit Ihrer »Neuen Gemeinschaft« so unkritisch – und dabei Berufskritiker!
Nun hat mich aber Ihre Idee, ein Buch mit meinen »stillen« Stunden zusammenzutragen – ganz furchtbar gefreut. Sie haben mir eine richtige Weihnachtsfreude damit bereitet. Indessen – Sie haben wohl die Güte, mit der Ausführung der Idee noch so lange zu warten, bis »Immer muthig! Ein phantastischer Nilpferderoman mit drei und achtzig merkwürdigen Geschichten« in Ihren Händen ist. Erschrecken Sie nicht vor der großen Zahl der Geschichten – es sind nur 12 über 10 Quartseiten lang – und die meisten ganz kurz. Aber das Ganze soll »mächtig« wirken, und Sie sollen sich wieder freuen können – und Sie sollen nicht wieder schwermüthig werden, wie nach der Liwûna, die nebenbei bemerkt vom alten Gautama »Durst« genannt werden würde. »Immer muthig!« geht dem Pessimismus – und zwar nicht blos dem Schopenhauer, sondern auch dem alten Gautama – sehr scharf zu Leibe. Ich will wenigstens Vieles anders fassen – mindestens thuns

die Nilpferdchen, die alte ägyptische Priester sind. Am meisten liegt mir daran, immer wieder (wie auch in L. u. K.) ein hohes Lied auf die Grandiosität der Welt zu singen. Ergo – muß der Pessimismus – und alle Traurigkeit energisch überwunden werden.
Wenn Sie nicht dagegenreden, nehme ich an, daß Ihnen meine Widmung »Meinem lieben Max Bruns« so in der Form so recht ist.
Aber – schreiben Sie »vorläufig« nicht – denn Sie sind ebenso kaputt wie ich selbst. Und da soll man nicht Briefe schreiben. Wenn der große Frost kommt wird Alles wieder besser werden.
Frohes Weihnachtsfest wünscht Ihrer Frau Gemahlin und Ihnen – die meinige und

Ihr
Paul Scheerbart

Immer muthig! – – – – – – –

205 An Richard Dehmel

⟨An⟩ den Herrn Notwendigkeits-Inspektor
Dr Richard von Dehmel
Blankenese bei Hamburg
Parkstrasse 40
Seitwärts von der Elbe – –

Poststempel: 3.1.02

Bildpostkarte mit Mann und Frau am Meer, von Scheerbart mit »Kaidôh« und »Liw⟨*ûna*⟩« *beschriftet*

K. Na – was sagen Sie nu zu diesem Dr Fitzebutze?
L. Er ist in Blankenese so ötepetöte geworden.
K. Sie meinen – er hat sich so?
L. Yes – besonders mit deinen dicken Gedanken – er spricht sie nicht aus.
K. Und war doch sonst son fideles Haus!

[Liw. denk an Dr. F. und sinnt – sinnt lange –]

Randbeschriftung:
1902!!
1902!!

1902!!
1902!!
Liw.
Kaidöh
K. was sagen Sie nu zu diesem Dr
L. Er ist in Blankenese geworden.
K. Sie meinen – er hat sich so?
L. Yes – besonders mit seinen dicken Gedanken –
er spricht sie nicht
K. Und war doch sonst son fideles Haus!
[Liw. denkt an den Dr. F. und sinnt
— sinnt lange ~]

Nr. 205

Breege auf Rügen
8. Jan. 1902.

Sehr geehrter Herr von Poellnitz!
Meinen besten Dank für Ihren Brief. Aber mit ihren Ausführungen kann ich mich in keinem Falle so ohne Weiteres einverstanden erklären. Herr Bierbaum schrieb mir unter dem 26. Dec. v. J., daß er Mondroman u. alles Andre sehr gern in der »Zeitschrift« Insel bringen möchte - »wenn ich wahnsinnig-billig wäre.«
Hieraus geht mir zunächst hervor, daß die ganze Angelegenheit blos eine Honorarfrage ist. Wenn Sie so felsenfest davon überzeugt wären, daß mit dem Mondroman »kein Geld« zu verdienen ist, so hätten Sie mir ohne Frage das Manuskript am 1. Dec. v. J. (wie es stillschweigend abgemacht war) zurückgesandt. Das ist aber nicht geschehen. Und daraus folgre ich, daß Sie durchaus nicht so ohne Weiteres abgeneigt sein können, die Geschichte auch im Buchverlage zu bringen.
Daß mit »Rakkóx u. wilde Jagd« so wie auch mit dem »Seelenroman« nicht so leicht Geld zu verdienen ist, das stand mir längst fest. Mit Geldgedanken waren diese Sachen auch nicht geschrieben, denn Herr Heymel äußerte im Jahre 1899 daß der Inselverlag auf Einkünfte fünf Jahre hindurch nicht zu rechnen brauchte. Und daher schrieb ich, was ich Herrn Heymel ewig danken werde, allerhöchste Litteratur ohne die geringste Rücksicht auf ein Publikum zu nehmen. Ich hielt mich für verpflichtet dazu - denn so, glaubte ich, wollte es die »Insel«.
Nachdem ich nun im September 1900 nach Rügen übersiedelte, merkte ich, daß es mit der allzu offenen Verleugnung aller Geldinteressen in der »Insel« vorbei sei. Und da schrieb ich den Mondroman. Und ich wußte, daß ich mit diesem ein sehr großes Publikum gewinnen würde. Damit wollte ich Herrn Heymel meinen Dank für das Bisherige ausdrücken. Und somit dürfen Sie nicht sagen, daß mit dem »Mondroman« kein Geld zu verdienen sei - das Gegentheil ist der Fall. Ich habe gethan, was ich konnte. Im Februar schrieb ich Herrn Heymel nochmals, daß ich mich jetzt mit allen Kräften dem Mondroman widmen würde. Und ich setzte c 8 Monate Lebenskraft und alles Geld, das ich hatte aufbringen können, daran. Ich weiß, daß ich wohl für den M. einen anderen Verleger finde - aber das kann Monate dauern. Bruns kann ich damit nicht kommen, denn er muß schon in einer anderen Sache für mich sehr viel aufwenden.
Ich habe am 6. Jan. d. J. an Herrn Bierbaum ein Angebot gesandt, das Sie für »wahnsinnig billig« erklären werden. Ich erlaube mir, dasselbe beizulegen und bitte Sie, sich dazu zunächst zu äußern.

Ich bitte Sie herzlich, die ganze Sache noch einmal in Erwägung zu ziehen; der Mondroman ist einfach ein Schlager. Wenn er mit dem »Kometentanz« nicht von der Insel gebraucht wird, so komme ich nicht nur um das Resultat der Inselarbeit (soweit sie mich betrifft) – nein – die Insel kommt dadurch auch um die sogenannten Früchte. Ich verlange wirklich keine weiteren Opfer – es soll blos das Dach auf das Haus kommen. So, wie's jetzt steht, bin ich in der Insel »halbe Arbeit« – und das ist so gut wie keine!

Mit den besten Empfehlungen und Grüßen bin ich

Ihr

sehr ergebener

Paul Scheerbart

207 An Max Bruns

Breege auf Rügen

Sonntag den 12. Jan. 1902

Lieber Bruns! Letzten Freitag Abend waren wir hier in »grandioser« Stimmung – und ich wollte Ihnen schreiben – ungefähr dies: Jetzt halt ichs nicht mehr aus. Können wir uns nicht im Februar mal mündlich aussprechen? Ist es Ihnen recht, wenn wir Mitte Februar nach Beendigung von »Immer muthig« nach Minden kommen? Möbl. Zimmer mit zwei Betten werden sich ja wohl dort für kurze Zeit finden. Unbequemlichkeiten machen wir Ihnen unter keinen Umständen. Ich halte es nicht für richtig, wenn wir uns von veritablen Nullitäten auch fürderhin die Sahne abschöpfen lassen – meine Frau hat so viel Sinn für Schlagsahne – na – das müssen wir doch berücksichtigen – denn hier in Breege giebts doch keine – etc. etc. Na ja! Und Sonnabend früh (gestern) erhielt ich meinen Mondroman von der Insel zurück – denn die Insel hat kein Geld mehr – und kann nicht mehr – obschon sie möchte.

Das war denn doch eine schöne Bescherung!

Das war aber gleichzeitig ein großer Strich durch die Reise-Rechnung. Das nach all dem papiernen Luxus. Wenn das Ganze nicht so einen fatalkomischen Beigeschmack hätte, könnte man sich totärgern. Dieses Jahr fängt für mich so schlecht an, daß ich glauben möchte: jetzt muß es ganz bestimmt anders werden. Je schlechter es mir geht, desto mehr Humor kriege ich. Und der kommt den Nilpferdchen zu gute; die beweisen mir klipp und klar, daß jede Situation, wenn sie auch scheinbar blos aus Gemeinheit besteht, doch ihre grandiosen Seiten hat – und daß die höhere Harmonie des überall

ins Unendliche steigenden Weltganzen nur von Leuten geleugnet werden kann, die infolge von Intelligenzmangel sich mit erfrischenden Randglossen nicht zu helfen wissen.
Sie werden zugestehen: ich bin einfach nicht umzubringen.
Indessen – obschon ich weiß, daß der Verlag J. C. C. Bruns eigentlich schon genug für mich thut – möchte ich Ihnen doch morgen den Mondroman zusenden – es ist doch ein »Nirwana« schon drin. Und außerdem glaube ich, daß mit diesem M. thatsächlich »Geschäfte« zu machen wären.
Damit ich aber dem Verlage nicht »officiell« beschwerlich falle, erlaube ich mir, die Sache Ihnen zu schicken. Und wenns Ihnen nicht opportun erscheint, dem Verlage die Sache »officiell« zu übergeben – so schicken Sie mirs zurück. Aber vielleicht behalten Sie die Sache noch, bis ich »Immer muthig« fertig habe – sonst verliere ich vielleicht doch noch den Muth.
Wärs Ihnen wohl recht, statt der »stillen Stunden« die »Revolution« zu geben? Vom Seeroman über Mondroman bis »Immer muthig!« ist eigentlich meine Rügensche Entwicklung – und die Steigerung ist da.
Wenn Sie mir jetzt vier Wochen lang kein Wort schreiben, so bin ich ganz beruhigt und kann bis dahin I. m. fertig bringen.

Unendlich viele Grüße von Ihrem immer muthigen
Paul Carl Wilhelm

Randbeschriftung:
Der Orkan heult heute wieder, als wenn er furchtbare Schmerzen aushalten müsste.

208 An Max Bruns

Breege auf Rügen
13. Jan. 1902

Lieber Bruns! Soeben habe ich nochmals den Schluß dieses Mondromans gelesen – und da muß ich doch sagen – – – daß ich so vergnügt bin, daß ich garnichts mehr sagen möchte.
Der Orkan hat in der letzten Nacht 2237 Dachziegel auf die Straße und in die Gärten geschleudert – und jetzt tobt er ruhig weiter.
Meine Frau schimpft, daß ich mit so selbstlobe – na ja – die Frauen müssen ja immer was zu tadeln haben!

Doppel-Weltgrüße
von
Ihrem
Paul Carl Wilhelm Johann Jacob Peter David, der sich »heimlich« schlecht macht.

Jetzt lacht »sie« wieder.
es ist Montag Abend in der Dämmerstunde;
Der Orkan tobt immer noch.

209 An Max Bruns

Fotopostkarte mit Aufdruck: Insel Rügen / Adlerhorst auf Arcona.

23. Januar 1902 C. 11. U. V.

Liebster Bruns! Schönsten Dank für den lieben Brief! Wissen Sie aber auch, was mein Oberpriester Lapapi sagte, als ich ihm das von den »Professoren« erzählte? »Is man blos gut«, sagte er, »daß er uns nicht Empereurs, Präsidenten oder gar »Scheerbarts« geschimpft hat!« Dieser Lapapi! Ganz voll Dollheiten bin ich Ihr alter Paul Carl Wilhelm von Breege.

Randbeschriftung:
Und – Doppelgrüsse mit orkanistischem Bärengebrüll in den alten Tonarten
Aber – wehe mir – die Bouillon ward kalt

210 An Rudolf von Poellnitz

Breege auf Rügen
25. Januar 1902

Herrn R. von Poellnitz
Insel-Verlag
Leipzig

Sehr geehrter Herr!
Meinen besten Dank für den ausführlichen Brief vom 23. d. M. Gestatten Sie, daß ich ebenso ausführlich antworte:
Am 11. Sept. 1900 sandte ich Herrn Heymel den Kometentanz »eingeschrieben« zu und sagte in meinem Begleitschreiben:
»Ich würde mich sehr freuen, wenn Sie meine Pantomime im nächsten Jahre evtl. bringen könnten – ein Honorar von 100 M pro Auflage würde mir vollauf genügen ......«
Hierauf schrieb Herr Bierbaum umgehend am 13. Sept. 1900:
»Wir haben Deinen ›Kometentanz‹ erhalten und sind ganz entzückt davon..... Heymel und ich sind sehr dafür, ihn in der Insel zu

bringen, und zwar möglichst bald. Es erscheint uns zweifellos, dass auch Schröder dieser Meinung sein wird. Wir gratuliren Dir ganz besonders zu dieser Sache...........«

Und dann schrieb Herr Bierbaum am 23. August 1901:

»Heymel schrieb mir, dass der Seelenroman ⟨demnächst⟩ im I. V. erscheinen soll und dass die Pantomime für den Verlag angenommen sei...«

Hierauf schrieb ich an Herrn Heymel am 26. August 1901:

».....für die Pantomime erbat ich vor einem Jahre 100 M für die erste Auflage (ich dachte dabei an eine Auflage von 1000 Exempl. à 50 Pf oder an eine A. von 500 St. à 1 DM) Die 100 M erhielt ich im Juli d. J. (1901!) telegraphisch, sodass das Pantomimen-Honorar damit erledigt wäre. Meinen herzlichsten Dank! ......«

Demnach steht mir eine Honorarforderung für die Buchausgabe des »Kometentanzes« garnicht mehr zu; ich nahm irrthümlicherweise an, daß Sie Kenntnis von diesem Briefwechsel hätten.

Ich habe Herrn Bierbaums Briefe in Händen und bin, wie Sie zugeben werden, nicht in der Lage, zum dritten Male von Herrn Bierbaum eine Erklärung zu verlangen. Aus Herrn Bierbaums beiden Briefen geht hervor, daß er im Auftrage des Herrn Heymel handelte. Ein Zweifel daran müßte beleidigend wirken. Andrerseits bemerke ich, daß die drei Gründer der Insel für die Zeit, in der der Verlag noch nicht G.m.b.H. war, für einander in jedem Falle aufzukommen hätten - und zwar mit ihrem gesammten Vermögen. Rechtlich würde damals »beispielsweise« ein Abkommen zwischen Herrn Schröder und mir [was natürlich nicht existirt] - auch dann für die Herren Bierbaum und Heymel rechtsverbindlich gewesen sein - wenn diese garnichts von dem Abkommen gewußt hätten; das Gesetz behandelt drei Gründer, die im Handelsregister nicht eingetragen sind, als freie Handelsgesellschaft, für die eben die schärfsten Bestimmungen bestehen.

Ich erklärte übrigens Ihnen gegenüber am 16. Sept 1901, daß ich mir vorbehielte, auf die Pantomime nach Erledigung der beiden Romanfragen zurückzukommen. Da ich Ihnen nun den Mond-Roman bis zum 1. Dec. 1901 daließ, Sie aber dieses Manuskript 6 Wochen länger behielten - so kam es, daß die Pantomimen-Angelegenheit über drei Monate lang schwebte - daran bin ich aber, wie Sie zugeben werden, unschuldig.

Sie bringen mir zum Schlusse Ihres Briefes nahe, zu erwägen, ob ich nach Abgabe Ihrer Erklärungen nicht besser thäte, freiwillig zurückzutreten. Da muß ich aber ganz feierlich erklären, daß für mich die Verbindung mit dem Insel-Verlage eine sehr große Bedeutung behält; es giebt, um nur eine Seite hervorzuheben, keinen Verlag, der geschmackvollere Bücherausstattungen arrangiren könnte. Was das bedeutet, weiß ich - schon vom rein-buchhändlerischen Standpunkte aus - wohl zu schätzen; ich glaube deshalb auch an

die Zukunft des Insel-Verlags.
Sie würden mich nun sehr verpflichten, wenn Sie dieses sehr lang gewordene Schreiben in allen Theilen erwägen und bald beantworten möchten; mir scheint doch, daß alle Hindernisse in dieser Frage durchaus beseitigt sind.

In ausgezeichneter Hochachtung
Ihr
Paul Scheerbart

211 An Beate Servaes

Fräulein Beate Servaes
p. Adr. Herrn Dr Servaes
Wien III
Reisner Strasse 23.
Oesterreich!

Abs. Onkel Paul Breege auf Rügen

Fotopostkarte mit Aufdruck: Insel Rügen / Adlerhorst auf Arcona, *von Scheerbart überzeichnet*

27. Januar 1902

Liebe Beate! Bist Du nicht auch der Meinung, daß das Jahrhundert, in dem Du geboren bist, das der Wunder u. Zeichen ist? Beweist das nicht schon wieder das Segantini-Buch Deines Papas? Sei so lieb und gratulire Deinem Papa ‹?› in meinem Namen dazu - aber ganz gehörig. Ich bin stets Dein lieber Onkel Paul

In das Foto geschrieben:
Wenn Du hier erst »baden« könntest!
Na prost! liebe Beate!
Grüße Deine Eltern u. Geschwister von B. u. P. recht tüchtig!

212 An Max Bruns

Breege auf Rügen
30 Januar 1920, *richtig: 1902*

Lieber Bruns! Soeben fällt mir etwas ein, und es ist mir unmöglich, die Sache zu zerdrücken. Dehmel forderte mich vor c. 2 Monaten auf, an einem

Sammelbuch für Kinder mitzuarbeiten. Ich versprach das für Ende Februar. Nun fällt mir heute ein, daß mein Beitrag unter allen Umständen ein Theaterstück für die lieben Kinder sein muß. Sie werden zugeben, daß man dabei eine gradezu borstige Tiefsinnigkeit - spielen lassen kann. Wie denken Sie nun darüber, wenn wir so was evtl. zusammenmachten? Sie machen ja so gute Verse - und Verse werden den größten Effekt machen. Hier scheint mir Sahne zu winken. An Skeletten werde ich bald überreich sein - wenn die Nilpferdchen erst ihr letztes Wort geredet haben werden. Diese Geschichte wird gut - mir steht »Immer muthig« thurmhoch über allen meinen Büchern. Vielleicht schreiben Sie - ich verschreibe meine Seele dem Theaterteufel. Immer muthig

bin ich
Ganz
Ihr Scheerbart

Randbeschriftung:
Ich meine natürlich nicht eine Doppelarbeit für Dehmels Sammlung.

213 An Otto Julius Bierbaum

Briefentwurf

Bierbaum 10. Febr. 1902

Lieber Bierbaum! Lies diesen Brief zu Ende. Es stehen wichtige Dinge drinn. Das Wichtigste zu beantworten, hast Du natürlich vergessen. Du hast überhaupt sehr viel vergessen. Du leidest offenbar an Gedächtnisschwäche oder thust wenigstens so. Am Anfange meines letzten Briefes sagte ich Dir, daß ich am 28 Dec. vorigen Jahres 400 M für den Zeitschriftenabdruck des Kometentanz »wörtlich« gefordert hatte. Dieses ignorirst Du einfach. Es ist einfach »entzückend«. Dann erklärst Du die 250 M für ein »sehr großes« Honorar - im December vorigen Jahres schriebst Du, daß die Honorare der Insel »einfach gemein« seien. Das hast Du natürlich auch wieder vergessen. Dann sagst Du, daß Du nirgends solche Honorare bekommst ⟨*gestrichen:* Lieber Bierbaum, so was möcht ich mir doch verbitten. Du willst mir wohl beweisen, daß Du auch Humor hast. Du glaubst wohl, mir gegenüber mit der höheren »Kaltblütigkeit« durchzukommen. Das kommt mir so vor, als wenn sich eine Seequalle mit ihrer «Kaltblütigkeit« brüsten möchte.⟩ Jedenfalls bin ich nicht dazu da, Dein Gedächtnis zu repariren. Ich erinnere Dich daran, daß die Gesellschaft 5 M pro Seite zahlt - und daß ein derartiges Angebot von Seiten der Insel einfach als Brüskirung aufzufassen ist. Laß

Dich blos nicht auf Prozesse ein – Du hast ja keine blasse Ahnung von Prozeßsachen – Du denkst, ich würde Dich verklagen? Da müßte ich ja brägenklieterig sein – man verklagt immer den Verlag. Und das werde ich auch in diesem Falle thun. Ob Du Herausgeber oder Redakteur bist, bleibt sich ganz gleich. Glaubst Du, ich werde »Jahre« lang Manuskripte bei einer Zeitschrift lagern lassen, um schließlich 5 M pro Seite in Seligkeit hinzunehmen? – Du irrst Dich durchaus. Zahle nur nicht – wie Du willst. Bei wem der Schade sein wird, wird sich ja bald herausstellen. Wenn eine Gründung wie die Insel für die Drucker und Papierhändler Hunderttausende übrig hat – und dabei die Autoren so behandelt, wie die Pracher im Pfandhause behandelt werden – so ist das eine Infamie – der in der richtigen Weise zu begegnen, ich grade der richtige Mann bin. Daß Du Dich an die Annahme meiner 7 Geschichten auch nicht mehr »erinnerst«, die 2 1/2 Jahre bei der Insel »lagern« – das ist auch eine »Gedächtnisschwäche«, die einfach »entzückend« wirkt. Gestatte, daß ich herzlich lache. Mir kommt es beinahe so vor, als wenn mir die Insel durchaus und durchum Stoff zu einem Theaterstücke geben möchte. Also – wie gesagt – zahle nur nicht, das Weitere wird sich schon finden. Ich schreibe an den Verlag die Ultimata – an Dich schreibe ich Weiteres in dieser Angelegenheit nicht mehr.

⟨*gestrichen:* Herzlichen Gruß
von
Deinem
Paul Scheerbart⟩

214 An Otto Julius Bierbaum

Briefentwurf

Bierbaum 11. Febr. 1902

Lieber Bierbaum! Dein Brief hat mir ein riesiges Vergnügen bereitet. So habe ich lange nicht gelacht. Du glaubst also wirklich, ich werde Dich verklagen? Deine Naivetät ist köstlich. Der Verlag hat für die Thaten seines Redakteurs aufzukommen. Und wenn Du Dich »Herausgeber« nennst – so ist das blos eine kleine Groteske. ⟨*gestrichen:* die Andre mit Dir aufzuführen belieben.⟩ Ich weiß, daß Du das Budget verwaltest (gewiß!) – aber die Sache hat doch einen Haken; eine Klausel in Deinem Kontrakt verpflichtet Dich, jedes Manuskript von A. W. Heymel anzunehmen und mit 25 M pro Seite zu honoriren – Heymelianer (wie William Weigand) erhalten 23 M 50 Pf pro Seite. Nun schreiben aber Heymel und die Heymelianer Deine ganze Zeitschrift ganz allein voll. Und ⟨*gestrichen:* das soll keine Groteske sein?⟩ da

nennst Du Dich noch stolz Herausgeber? ⟨*gestrichen:* Du bist der Herausgeber von Heymels »Ancien régime«⟨.⟩ Und da denkst Du, ich werde Dich verklagen. ⟨*gestrichen:* Dich lach ich einfach aus⟩ Du kannst mir leid thun. Ich habe Dich schon im Jahre 1900 herzlich bemitleidet - und Dir deshalb meinen Kometentanz gewidmet. ⟨*gestrichen:* Und jetzt bist Du so.⟩ Ich verstehe Situationen besser zu beurtheilen als Du. ⟨*gestrichen:* Heymel will Jeden innerlich und äußerlich vernichten. Nicht einen Moment bin ich mir über ihn im Unklaren gewesen. Wenn Du Dich mir gegenüber aufs hohe Pferd setzen wolltest, so hättest Du früher aufstehen müssen.⟩
Es freut mich sehr, daß Du meine litterarischen Potenzen auch fürderhin hochschätzen möchtest. Diese Herablassung mir gegenüber rührt mich wirklich zu Thränen. Du hast mich gefördert, lieber Bierbaum - auch materiell. Selbstverständlich - alles Geld, daß ich von Heymel bekam, habe ich Dir zu verdanken⟨.⟩ Ich werde Dir jeder Zeit dankbar sein⟨.⟩ Aber ich erinnere Dich, daß ich Dich im Jahre 1898 bei der Wauerkiste auch gefördert - auch materiell. Daß es sich bei dieser Honorarangelegenheit nicht blos um eine materielle Sache handelt, wirst Du ja längst bemerkt haben. Wenn Du aber behaupten möchtest, daß Du über die Beweggründe meines schroffen Auftretens nicht im Klaren bist - so fange ich an, Deine Gedächtnisschwäche für gemeingefährlich zu halten. Nimm mir dieses ganz klare Wort nicht übel - aber ich habe die sanfte Schreibweise dick bekommen.

Herzlichen Gruß
Dein Paul Scheerbart

215 An Rudolf von Poellnitz

Breege auf Rügen
11. Febr. 1902.

Sehr geehrter Herr!
In Betreff des Zeitschriftenhonorars für »Kometentanz« und »Aufgang zur Sonne« verhandle ich noch mit Herrn Bierbaum. An die Annahme der 7 von Herrn Heymel acceptirten Sachen will sich Herr Bierbaum nicht erinnern. Nun liegt die Sache so: Herr Heymel besuchte mich im Juli 1899 in Nieder-Schönhausen bei Berlin und wollte Manuskripte haben; ich gab die erwähnten sieben Sachen, die zusammen ungefähr 50 geschriebene Quartseiten enthielten, während Rakkóx c. 60 geschriebene Quartseiten enthielt. Und nach c. 3 Tagen bekam ich von Herrn Heymel einen Brief aus München, in dem Folgendes stand:
»Liegend auf den Polstern des Eisenbahnwagens gestern Nacht las ich mit Hochgenuss, Wollust und Grausen Ihre schönen Prosasachen.

Der General von Bax, besonders das herrliche, prächtige, nächtige Lichtwunder gefielen mir am Besten.
Meine Tinte finde ich wunderlich-wundervoll.
Mein Vetter wird Ihre Sachen ebenso gerne lesen.....«
Diese Zeilen, aus denen doch hervorgeht, daß eine Ablehnung garnicht in Frage kam, bedeuten für mich, da die Sachen trotz wiederholter Anfragen nicht zurückkamen, so viel wie Annahme, und ich glaube, daß kein einziger Richter zögern dürfte diese Zeilen auch für Annahme zu erklären.
Darf ich nun ergebenst anfragen, ob Sie diese Annahme der 7 Sachen als »Annahme« anerkennen und 200 M dafür zahlen wollen? Herrn Heymels Brief ist in meinen Händen und beglaubigte Abschrift kann ich auf Wunsch evtl. sofort einsenden. Eigentlich wärens entsprechend Rakkóx, der für die Zeitschrift mit 300 M und Liwûna, die für die Zeitschrift mit 900 M bezahlt wurden - mindestens 250 M - aber ich bin, um der Abwicklung alle Umstände aus dem Wege zu räumen, mit 200 M (zwei hundert Mark) zufrieden.
Ich bemerke noch, daß ich lediglich des Mondromans wegen die 7 Sachen so lange lagern ließ. Ueber den Mondroman wurde von Febr 1900 bis Juni 1901 in verschiedenen Phasen korrespondirt.
Für eine baldige Benachrichtigung in Betreff der 200 M würden Sie mich sehr verpflichten.
Ich bitte Sie nur, niemals zu vergessen, daß alle diese unerquicklichen Erörterungen lediglich durch die Ablehung des Mondromans, die rechtlich mit zweifellosem Erfolge anzufechten wäre, entstanden sind.

In ausgezeichneter Hochachtung
Ihr
sehr ergebener
Paul Scheerbart

216 An Alfred Walter Heymel

Breege auf Rügen
11. Februar 1902

Sehr geehrter Herr Heymel!
Sie haben meinen Brief vom Juni v.J., in dem ich Ihnen meinen Mondroman als Zeichen meines Dankes huldigend zu Füßen legte, unbeantwortet gelassen. Darf ich Sie bitten, mir mitzutheilen, ob Sie diesen Brief erhalten haben? Sie werden andrerseits wissen, daß mir dieser Mondroman im vorigen Monat nach 6 1/2 monatlicher Lagerung einfach »zurückgesandt«

wurde. Und Aequivalente hat mir der Verlag nicht geboten. Und Sie wußten seit März 1900, daß ich den Roman speciell für Sie schrieb ....
Durch die Rücksendung bin ich nun einfach pekuniär ruinirt. Glauben Sie, daß ich das nicht als Brutalisirung auffasse? Daß Sie sich aus meiner Widmung »nichts machen« verletzt mich natürlich – bin ich aber genöthigt, in dieser Ablehnung eine Beleidigung zu erblicken? Bitte – klären Sie mich auf.
Bierbaum will nun außerdem noch meine Manuskripte mit »fünf Mark« pro Seite honoriren. Glauben Sie, daß ich das auch nicht als Brutalisirung auffasse? Ich werde jedenfalls, wenn weder Sie noch Ihr Herr Vetter eingreifen, an Herrn von Poellnitz ein Ultimatum senden, in dem ich 650 M Restsumme erbitten werde. Sonst muß ich klagen – so leid mirs auch thut.
Ich sehe, daß Sie in Ihrer Zeitschrift unter unzähligen Pseudonymen für Brutalisirung aller vermögenslosen Autoren plaidiren. Bitte nehmen Sie mich aus. Brutalisiren Sie – wen Sie wollen – aber nicht mich – denn ich werde mich wehren, daß Sie Ihr blaues Wunder erleben sollen.
Indessen – ich würde mich sehr freuen, wenn Sie Anweisung geben möchten, die Sache in Güte beizulegen – auf eine Motivirung Ihres Schweigens will ich dann gerne Verzicht leisten – andernfalls durchaus nicht.
Sie sind durchaus nicht berechtigt, diese Sache als eine Mitleidsgeschichte anzusehen. Was ich von Ihnen will, ist eigentlich – nur das »Selbstverständliche«. Sie werden verstehen, nicht wahr? Wir verstehen uns ja sonst so ausgezeichnet. Wenn Sie als Blei, André Gide, R. Michel etc. etc. immerzu ergrimmte Bösewichter darstellen wollen, so brauchen Sie ein solcher noch nicht zu werden – das würde ja so nach Dilettantismus à la Ludwig II schmecken. Ich gehöre sicher zu denen, die Sie als Autor sehr lebhaft anerkennen. Aber deswegen brauchen Sie mich doch nicht zu brutalisiren. Da steckt doch keine Logik drinn. Das merkt doch selbst der, der niemals Logik studirte. Kurzum: Seien Sie so freundlich und schließen Sie wieder mit mir Frieden.

Mit hochachtungsvoller Begrüßung
bin ich Ihr sehr ergebener
Paul Scheerbart,

der Ihnen in seinem ganzen Leben noch nichts zu Leide gethan hat.

p. s. Wenn Sie sich über Andre ärgern, so lassen Sie den Uebermuth Ihres Zorns (wie Sie so köstlich sagen) bitte nicht an mir aus ....

217 An Rudolf Alexander Schröder

Breege auf Rügen
11. Febr. 1902

Sehr geehrter Herr Schröder!
Sie schrieben mir im Sommer vorigen Jahres, daß Sie auf meinen Brief von Wien aus antworten würden »ich sollte sehen«, so ungefähr sagten Sie damals, »daß ich meine Worte nicht an einen Unwürdigen verschwendet hätte.«
Nun hab ich aber, wie Sie wissen, keine Zeile weiter von Ihnen erhalten. Daß Sie nicht ohne schwerwiegende Gründe schweigen könnten, nahm ich an; ich glaubte anfänglich, daß »außerordentliche« pekuniäre Verluste hinter diesem Schweigen stäken. Von dieser Annahme bin ich jetzt aber durchaus abgekommen. Ich stehe demnach vor einem Räthsel. Ich bitte Sie, mir Ihr Schweigen zu erklären.
Es kommt nun noch hinzu, daß Herr von Poellnitz mir im September v.J. anbot, den Mondroman für Liwûna und Kaidôh »einzustauschen«. Ich war wirklich s e h r erstaunt. Und nun bekomme ich im vorigen Monat noch den Mondroman ganz einfach zurück. Ich habe Ihrem Vetter 4-5 Mal von dem M. geschrieben. Er mußte also das Manuskript »erwarten«. Ich habe acht Monate an diesem Roman gearbeitet und bin dadurch pekuniär gänzlich ruinirt. Kein andrer Verlag würde diese Arbeit zurückgesandt haben, ohne Aequivalente zu bieten.
Und jetzt kommt noch hinzu, daß Bierbaum für Manuskripte, die »Jahre« bei der Insel gelagert haben, blos **5** M pro Seite zahlen will. Meine Verwunderung ist außerordentlich groß. Und Bierbaum schreibt so »merkwürdige« Briefe, daß es mich einfach »peinlich« berührt. Ich sehe mich gezwungen, gegen die Bierbaumhonorare zu protestiren, und werde schlimmsten Falls die Klage gegen den Verlag einreichen. Ich werde auf Zahlung einer Restsumme von 650 M klagen. Da Sie, wie ich annehme, Gesellschafter des Insel-Verlags G.m.b.H. sind, so erlaube ich mir, Sie hiervon in Kenntnis zu setzen. Herr von Poellnitz wird, falls Sie nicht eingreifen, ein Ultimatum von mir erhalten.
Ich bitte Sie, wenn Sie's vermögen, der Sache eine gütliche Wendung beizubringen. Ich schreibe gleichzeitig an Ihren Herrn Vetter, bezweifle aber, daß er meinen Brief erhält – da er meine letzten beiden Briefe a u c h nicht beantwortet hat. Ob er die erhalten, muß mir heute a u c h zweifelhaft sein, da im Juni v.J. mein »eingeschriebenes« Manuskript von Herrn Bierbaum in Empfang genommen wurde, obschon es an Herrn Heymel adressirt war.
Sie würden mich durch ein paar Zeilen zu großem Danke verpflichten; viel-

leicht wissen Sie um die Beweggründe dieser offenkundigen »Brutalisirung«, die ich unter keinen Umständen ruhig hinnehmen kann.

Mit hochachtungsvoller Begrüßung
Ihr
sehr ergebener
Paul Scheerbart

218 An Max Bruns

Breege auf Rügen
11. Febr 1902
Dienstag – Fastnacht.

Lieber Bruns! Warum machen Sie blos solchen Radau? Ich habe Ihnen nichts zu Leide thun wollen. Dehmel schrieb mir im Herbst von seinem Sammelbuch – und ich sagte, daß ich ihm in diesem Winter noch was schicken würde. Und als er beim Herauskommen meiner beiden Bücher sehr »komische« Karten schrieb, that mir meine liebenswürdige Zusage eigentlich schon sehr leid. Von Kinder-Dramen weiß Dehmel noch Garnichts, und von Ihnen haben wir uns nie eine Zeile geschrieben – wir schreiben uns eigentlich nur Ansichtskarten, in denen jegliche Ansichtsäußerung peinlich vermieden wird.
Also: von »Bestellung« ist garkeine Rede – und somit hat die »Schneider-Akademie« keinen reellen Untergrund.
Sodann bemerke ich, daß ich an Ihrer Ideenfülle nie gezweifelt habe. Ich wollte Ihnen blos meine scenische Routine, die Sie bestimmt nicht haben, zur Verfügung stellen. Ich sprach von Skeletten.
Also: viel Lärm um Nichts.
Denken Sie nur an Kaulbachs »Weltgeschichte in Kindergestalten«, die, wenn ich nicht irre, in der Münchener Pinakothek zu sehen sind. Ich wollte Ihnen blos rasch eine fruchtbare Anregung geben. Ich habs wirklich nicht böse und mit dem Zusammenarbeiten nicht so furchtbar ernst gemeint. Eigentlich haben Sie mich recht geärgert – und darum (aus veritabler Rache!) schreib ich Ihnen auch nicht, warum ich noch immer dichte. Ich bin auch so boshaft, Ihnen zu sagen, daß es mich durchaus nicht kränkt, daß Sie ein geschworener Feind derer sind, die noch immer »künstlerisch schaffen« – denn da müssen Sie ja ein Freund meiner Mondmänner sein. Na prost! Wir wollen uns wieder vertragen, die Aegypter kommen noch in diesem Monat, und ich bin Ihr alter Paul Carl Wilhelm.

219 An Richard Dehmel

Paketabschnitt

Poststempel: 11.2.02.

Das Begleitschreiben befindet sich in dem Postpacket. Kennst Du aber auch die Insel, auf der Sancho Pansa Statthalter war? Der arme arme Sancho - Du hättest ein Herz von Stein, wenn Du ihn nicht bemitleiden würdest.

Je suis D. U.

Beschriftung des Briefkuverts:
Das Begleitschreiben

Breege auf Rügen
Fastnacht des Jahres 1902

Lieber Richard Dehmel!
Da Du im November 1899 nicht dazu kamst, bei uns Pfannkuchen zu essen, so sieht sich der Bär genöthigt, anitzo Dir Gelegenheit zu geben - - -
- -
Keiner entgeht seinem Schicksal. Glaube mir: das ist ein wahres Wort..

Bärengrüße
der Familie Dehmel!

Und - Frohe Fastenzeit!
Recht frohe Fastenzeit!

Ich bin Dein wehmüthig
lächelnder
Paul Carl Wilhelm

p. s. Das Manuscript kommt im nächsten Monat

220 An Alfred Walter Heymel

Briefentwurf

Sonntag 16. Februar 1902

Lieber Herr Heymel! Also: meinen allerherzlichsten Dank! Der Mondroman wird voraussichtlich nächsten Sonnabend oder Sonntag in Ihren Hän-

den sein. Ihren Brief, den Sie vor 5 Monaten an mich schrieben, habe ich natürlich nie erhalten - aber Ende gut - Alles gut. (gestrichen: Ich habe sehr gelitten) Selbstverständlich ist unter diesen Umständen auch das Bierbaumhonorar mit Freuden willkommen. Ich nehme an, daß Sie wie bei den beiden andern Büchern 600 M für die Auflage zahlen und dafür 1500 Exemplare à 2 M - oder 3000 Exemplare à 1 M drucken lassen. Wenn Sie Letzteres thun würden, wäre ich der glücklichste aller Menschen - 30-40000 Exemplare würden ganz bestimmt im Trubel der diesjährigen Märzrevolution verkauft werden.
Oh - bitte - drucken Sie eine Auflage von 3000 Stück.
Ich werde Ihnen so furchtbar danken und auch ganz fest daran glauben, daß Sie nur als Rennreiter ein Pseudonym führen. Die ganze häßliche Verquickung ist aber anitzo weggeblasen; mein »brutaler« Brief wandert ins Scheerbart-Archiv - und ich bin ganz

Ihr
alter
Paul Scheerbart

p. s. Eingehender beantworte ich Ihren Brief, wenn ich das Manuskript mit schicken kann, das ich nicht hier habe.

221 AN MAX BRUNS

Breege auf Rügen
Sonntag, 16. Febr. 1902

Lieber Bruns! Soeben schreibt mir Heymel, daß er den Mondroman bereits vor fünf Monaten acceptiret habe -
- -
kurzum: er will ihn umgehend drucken.
Nun ist es mir einerseits sehr peinlich, daß ich Sie unnütz bemüht habe - andrerseits freue ich mich aber, daß ich Ihnen so mit dem Mondroman nicht weiter beschwerlich falle. Ich erlaube mir daher, Ihnen 70 Pf. Porto beizulegen und bitte Sie sehr, das Manuskript an meine Adresse so schnell wie möglich zurückzusenden.
Seien Sie nicht böse

Ihrem
Paul Scheerbart

Der Nilpferderoman ist fertig - ich bin bei der Abschrift

⟨An⟩ »den großen Don Quixote der Friedenspartei«
Richard Dehmel
Blankenese b. Hamburg
Parkstrasse 40.

Abs. Der Onkel – Breege auf Rügen

Poststempel: 19.2.02

D a s P r e i s d r a m a . [Es ist ganz gleichgiltig, wo dieses Drama aufgeführt wird – da ja alles Gleichgiltige heute modern ist – bäh!]
NOBÉL: Wohin so eilig, lieber Onkel? ONKEL: Als Friedensapostel nach Stockholm. NOBÉL: Hast du saftige Waffen bei Dir? ONKEL: Yes, Mylord – mein Maul. NOBÉL: Armes Stockholm! Willst Du nicht lieber nach Cuxhaven zu R.D.? ONKEL: Der geht auch als Friedensapostel nach Stockholm. NOBÉL: Sag doch lieber Preisapostel – ich aber sagte Dir: R.D. wird sich hüten, in Deine Maulnähe zu kommen – so muthig ist der R.D. noch nicht. ONKEL: Er hat M i c h Sancho Pansa geschumpfen – wenn d a s nich Muth war! NOBÉL: Allerdings – das war muthig! Dann sind die Preisapostel wohl auch so muthig, ihre Familien mitzunehmen, nicht wahr? ONKEL: Wir nehmen »Alles« mit – den Menschen muß der Eigenthumsdünkel ausgebrochen werden. NOBÉL: Ausbrecher! Dir gegenüber habe ich keinen Muth mehr! ONKEL: Wenn Du dafür lieber eine Million Kronen bei Dir hättest. NOBÉL: Grafenkronen oder echte Potentatenkronen? ONKEL: Sehr piepe! Her mit dem was Du hast! NOBÉL: A l l e s in Stockholm gelassen. ONKEL: W e h D i r , w e n n s n i c h t w a h r i s t ! -- i c h s c h l a g D i c h t o t ! NOBÉL: Ein Glück, daß ich schon tot b i n ! (in weiter Ferne) Da hab ich was Schönes angerichtet! ONKEL: Du! ich spaß nicht! Ich schlage Alles kurz und klein, wenn die Agitationsgelder nicht flüssig zu machen sind! NOBÉL: (am Ende der Welt) Die Brüder wollen A l l e s »flüssig« machen. Nur ans Saufen denken sie! Ich weiß nicht, wo der Leichtsinn hinführen soll! (er fällt)
D e r V o r h a n g f ä l l t e b e n f a l l s .

Zwei kleine Zeichnungen am unteren Kartenrand

223 An Alfred Walter Heymel

Breege auf Rügen
Donnerstag 20. Febr. 1902

Lieber Herr Heymel! Meinen besten Dank für das Telegramm. Ich werde mich sehr freuen, wenn Alles sobald wie möglich erledigt werden könnte. Ich befinde mich in Verhältnissen, die ich nicht mehr beschreiben kann. Ich danke Ihnen, daß Sie mit dem Honorar von sechs hundert Mark einverstanden sind, und werde sehr glücklich sein, wenn ich das Geld so bald wie möglich erhalten könnte.

Auguste Achaume, der jetzt auch meinen Rakkóx übersetzen will, schreibt mir:

»Si vous avez quelque influence dans la revue »Insel« vous m'obligeriez beaucoup en m'en faisant faire le servire, et en me faisant adresser les ouvrages qu' elle ⟨*a*⟩ édité et dont elle désire que je parle.«

Mr. Achaume hat in »Les Semailles« 6 Seiten über mich geschrieben und schreibt auch an verschiedenen anderen Zeitschriften. Vielleicht theilen Sie mir mit, was ich ihm im Interesse der »Insel« schreiben soll. Ich würde mich sehr freuen, wenn Sie sich wieder für die Litteratur und den Insel-Verlag interessiren möchten. Mit vielen Grüßen bin ich

Ganz
Ihr
alter Scheerbart

224 An Max Bruns

Breege auf Rügen
1. März 1902

Lieber Bruns! Nun sind die Herren aus dem alten Aegypten endlich da – und ich bin darüber sehr glücklich und wünsche nur, daß Sie's auch sind. Aber ich weiß nicht, was ich Ihnen außerdem noch schreiben soll – ich glaube es ist in den beiden Bänden Alles, was ich Ihnen sagen möchte, gesagt.

Wenn Sie jetzt aber nicht wieder lustig werden –

Verzeihen Sie, daß es zwei Bände geworden sind – aber es ging nicht anders. Hoffentlich sind Sie mit mir der Meinung, daß man ein derartiges Opus nicht als Resultat des Ihnen verhaßten »künstlerischen Schaffens« auffassen darf.

Ich werde mich sehr freuen, wenn Sie mir bald was schreiben.
Wie glücklich wäre ich, wenn das Buch so bald wie möglich erscheinen könnte.
Anbei »Les Semailles« - in denen auch die »Seeschlange« erwähnt wird (Rakkóx wird ins Französische übersetzt)
Aus unsrer Festlandsreise wird nichts - aber vielleicht sehen wir uns im Sommer im Norden!!

Unendlich viele Grüße
sendet Ihnen
Ihr
Paul Scheebart

p.s. Und - unsre Doppelgrüße!!

225 An Max Bruns

Breege auf Rügen
Montag den 10. März 1902

Lieber Bruns! Ihr Brief hat mir eine sehr sehr große Freude bereitet. Meinen herzlichsten Dank! Und daß Sie in fünf Tagen das ganze Manuskript durchgelesen haben - - das hat mir furchtbar wohlgethan. Nun hätte ich Ihnen am liebsten einen 24 Seiten langen Brief geschrieben - aber das geht nicht; ich fühle mich doch zu »schwach« dazu. Selbstverständlich habe ich über das Wort »Witz« sehr lange nachgedacht - so lange, daß ich jetzt wirklich ganz schwach bin. Die Art von Witz, die Sie an mir nicht ausstehen können, müssen Sie mir doch etwas näher bezeichnen. Meinen Sie das »Brutalsatirische« oder meinen Sie das sogenannte »Berlinerische«? Wenn Sie dieses Letztere meinen, so werde ichs mit dem Witz des Cervantes, Shakespeare, Eichendorff und Lichtenberg vergleichen - und wahrscheinlich zu dem Schlusse kommen - -
Aber ich schreibe nicht weiter, bevor Sie sich nicht näher erklärt haben. Bitte, seien Sie so lieb und thun Sie das so bald wie möglich - doch wenns geht, ziehen Sie nur »Immer muthig⟨»⟩ in die Debatte. Sie können so scharf sein, wie Sie wollen. Ich sehne mich einfach nach einer scharfen Kritik - aber sie muß mir was Sachliches sagen. Man greift mich jetzt so wüthend an - indessen, ich vermisse überall das Sachliche. Die Leute (cf. Benzmann, Schaukal etc) sagen einerseits, ich wäre roh langweilig und kalt - und gleich nachher rühmen sie dann die Seeschlange in einer Weise, die mir beinahe schon peinlich wird. Servaes und Schäfer wollen auch über diese Seeschlange die größten Dinge schreiben. Und trotzdem schimpft man jetzt auf

mich mehr denn je – sagt, ich hätte ja blos »Witz«. Wie ich das verstehe! Als ich vor 13 Jahren die Harts kennen lernte, sagten die von Conradi, er wäre ja ein »geistreicher« Mensch! Das war so viel als »Riesenrind«. Und dann kams bald so weit, daß man nur noch das Verlumpte genial nannte – und »Schaf« wurde zum Ehrentitel. Entschuldigen Sie, daß ich nun doch alles Mögliche schreibe, aber ich habe jetzt leider die Absicht, mich um die Kritik zu kümmern. Ich werde mich wehren.
Wenn Sie mir Kritiken schicken möchten, würde ich Ihnen sehr dankbar sein. Ich habe über die Seeschlange »Rheinisch-Westfälische Ztg« (Benzmann) »Vossische Ztg« (E. S.) »Gesellschaft« (Schaukal) »Rheinlande« (Einzell) und »Les Semailles« (Achaume) gelesen. Achaume schreibt, wie mir scheint, ausschließlich über »Lettres allemandes«⟨.⟩ Er wohnt Paris 13 Boulevard Beaumarchais und bekommt offenbar keine oder nur sehr wenig Recensionsexemplare. Soll ich Ihrer Bücher wegen an ihn schreiben und ihn veranlassen, Ihnen deshalb zu schreiben? Oder – wollen Sie ihm evtl. »Verklärungen« senden? So leicht wird ihm das Verselesen glaube ich nicht – »Himmelfahrt« dürfte vielleicht für ihn zu schwer sein. – Er ist furchtbar liebenswürdig – und wenn Sie ihm was schicken, so schreiben Sie wohl, daß ich Sie veranlaßt hätte. Die Ausländer müssen nach meiner Meinung ganz energisch für die deutsche Litteratur interessirt werden. Könnten Sie mir vielleicht auf einer Karte Hofmannsthals Adresse senden? Ich würde Ihnen sehr dankbar sein. Ueber H. will der A. a u c h schreiben. Deshalb erscheint es mir nöthig, daß Sie dem A auch von Ihrer Existenz eine Nachricht geben. Evtl. ist die »Himmelfahrt« doch sehr wichtig für A. Indessen – Sie dürfen mir nicht wieder böse sein, daß ich Sie veranlassen will, »der Kritik nachzulaufen«. So ist es nicht gemeint – es scheint mir nur sehr wichtig, das Ausland zu interessiren. Deutschland ist doch für »Uns« zu klein.
Nun, lieber lieber Bruns, sage ich Ihnen nochmals meinen herzlichsten Dank für Ihren lieben Brief – und, wenns geht, seien Sie auch dem »Geschäftlichen« nicht böse. Jasóllu! Jasóllu!

Lange dunkelblaue Seegrüße
von
Ihrem
Scheerbart

226 An Franz Servaes

Breege auf Rügen
Donnerstag 13. März 1902

Liebes Franzi! Die Frühmesse steht auf meinem Tisch, und die andern Bilder stehen auf dem Divan und auf den Büchern des Phantastenverlags. In

meinem Bureau-Zimmer liegen die Papiere und Bücher in großer Unordnung herum. Es ist sieben Uhr Abends - draußen auf dem Bodden ging die Sonne soeben volle zwei Stunden unter - und die Eisflächen waren herrlich - herrlich. Ach ja - das Eis! Na - die Gardinen sind schon abgenommen; in den Feiertagen wird die Packerei hoffentlich beendet sein - und dann siedeln wir nach Stockholm über, allwo doch noch mehr Eis sein muß.
Nun aber sei bedankt - für die herrlichen Segantinis zunächst; sie sollen sämmtlich in Stockholm umrahmt werden und unsre Zimmer stilvoll machen - die Rahmen werden blau und grün (d. h. theils so - theils so) entsprechend den neuen Möbeln, in denen ich natürlich meinen eigenen Stil zum Ausdrucke zu bringen gedenke. Entschuldige, daß ich mich so feierlich ausdrücke, aber mir ist auch wirklich sehr feierlich zu Muthe.
Indessen - nun danke ich Dir auch für Dein Buch, das mich sehr sehr intim berührt. Ich gratulire Dir dazu und freue mich mit Dir. Du kannst wirklich stolz auf diese Sache sein. Alle Hagel - das imponirt mir! Nein - Du bist keine gewöhnliche Schreiberseele - das hab ich nie von Dir gedacht. Aber - grade freundlich hat mich Dein langes Schweigen nicht gemacht - das will ich schon zugeben. Indessen - wenn man drei volle Jahre fern von einander ist - so ergeben sich Mißverständnisse mit zwingender Nothwendigkeit. Das ist nun mal so - daran läßt sich nichts ändern. Und das schadet auch nicht so sehr - nicht wahr? Jetzo anitzo zu Deinem lieben Brief! Parbleu! (An diesem Ausdruck hat Achaume schuld.) Einen so freundlichen Brief hatte ich nicht von Dir erwartet. Meinen herzlichsten Dank! Ja - Du hast schon Recht! Es löst sich so Manches. Und wenn Du meinen zweibändigen phantastischen Nilpferderoman mit 83 Geschichten »Immer muthig!« lesen wirst, so wirst Du mich für einen Dichter halten, der sich mit der Welt und dem Leben endgiltig vertragen hat. Vor 13 Tagen wurde dieses Opus gaudii abgeschlossen und zu Bruns gesandt, ders verlegen will. »Die grosse Revolution« und »Kometentanz« erscheinen in der Insel. Somit habe ich in den letzten 3 Jahren sieben Romane ans Licht unsrer Weltecke gesetzt (in sieben Bänden, von denen vier in Breege entstanden). Jetzt werde ich eine Zeit lang blos »neue« Theaterstücke schreiben. »N e u e«!
Und nun danke ich Dir zum Schlusse mit gewaltiger Stimme, daß Dir der Seeroman - so gefällt - und daß Du über ihn schreiben willst. Hast Du Liwûna in der Vogler-Ausstattung erhalten? Und hast Du da die in der Luft schlafenden Kinder bemerkt? Eine Nachwirkung von Segantinis Nirwâna, das 1891 »direkt« sehr stark auf mich wirkte. Auch die über den Boden schwebenden Geister der wilden Jagd entstanden wohl durch Segantini-Gedanken.
»Lange lange« Bärengrüße Deiner lieben Frau Gemahlin - oh - wir denken a u c h sehr oft an Euch. Hat denn die Beate meine Karte ordentlich gelesen? Warum antwortet sie nicht? Na - sie hat vielleicht keine Zeit ....

777 Trillionen »lustigster« Bärengrüße der Familie Servaes! Jedenfalls bin ich in allen Fällen Dein alter

Paul Carl Wilhelm.

Randbeschriftung:
Entschuldige, daß dieser Brief so schwerfällig ist – aber ich habe so viel geschrieben, daß mir das Schreiben sehr schwer fällt. Es lebe Stockholm! Können wir uns nicht alle Vier im Sommer in Stockholm sehen? Nee? Ih – ich denke doch!
Weisst Du vielleicht, wo die Frau Baronin von Suttner wohnt? Ich will ja nebenbei auch Friedensbewegung in Stockholm studiren!!!!!!!

227 An Alfred Walter Heymel

Telegrammentwurf

Heymel Oldenburg Großherzogthum Harmoniestraße 8.
Himmel! Wetter! Ich danke Ihnen rasend. Brief rast ebenfalls

Scheerbart

Sonntag 16 März 1902 erhielt ich das Geld

228 An Richard Dehmel

Poststempel: 19.3.02

Gezeichnete Briefmarke in der linken oberen Kartenecke

Wünsche Ihnen, wohl zu ruhen ....
und dann möge Ihnen im Traume ein gewisses Sternbild mit einem Fragezeichen höhnisch zurufen: Anna – n – aas??????? 999999999 Quillionen Mal möge das das Sternbild ausrufen. Und wenn Sie dann aufwachen, soll die Rache kommen – aber Wir sagen nicht wie! Hihi! Nur in der ersten Nummer des Pacific-Kladderadatsch »Die Friedenspfeife« werden wir Ihr Portrait als Bombenadmiral bringen (blau weiss orange – mit »Krone«) – oh! Sie entzückender Witzbold Sie! Das I als Bouteille! Ih! Sie sollen Directeur unsrer

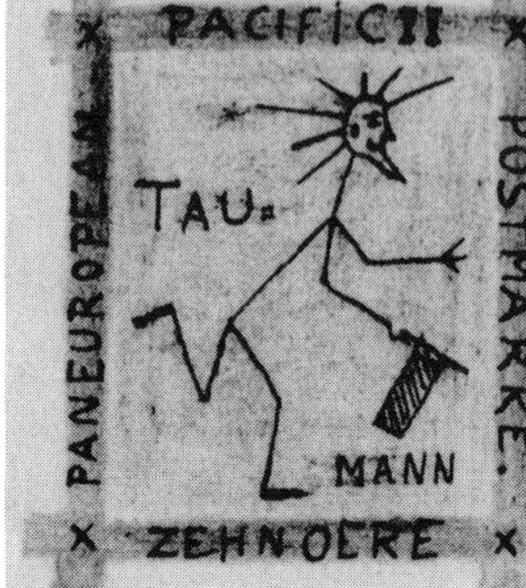

Wünsche Ihnen, wohl zu ruhen ....

und drum möge Ihnen im Traume ein gewisses Sternbild mit einem Fragezeichen höhnisch zurufen: Anna-n-aas?????? 999 999 999 Quillionen Mal möge das das Sternbild zurufen. Und wenn Sie dann aufwachen, soll die Reise kommen — aber Wir sagen nicht wie! Hihi! Und in der ersten Nummer des Pacifit-Kladderadatsch „Die Friedenspfeife" werden wir Ihr Portrait als Bombardiermiral bringen (blau weiss orange – mit „Krone") — oh! Sie entzückender Witzbold Sie! Das I als Bouteille! Oh! Sie sollen Directeur unserer [illegible] Mitarbeiterinnen und Mitarbeiter werden. Sie sollen was „erleben". Indem ich Ihnen in Gedanken den Kopf so kraft schüre – wie mir Ihre erste Bombenhälfte geholfen hat – verbleibe ich mit kobaldischen Friedensgrüßen Ihr P. T. W. I. I. P. D. S. H. Z. S.

Contre-Redacteur der „Friedenspfeife"

p.s. Nach Ostern starten wir in Da* — aber vor Ostern erhalten Sie u. A. noch ein Stück „Friedenspfeife". Eija.

Bombenerfolg garantirt.

* natürlich mit „Volldampf"

Nr. 228

pangermanischen Mitarbeiterinnen und Mitarbeiter werden. Sie sollen was »erleben«. Indem ich Ihnen in Gedanken den Kopf so kahl scheere – wie mirs Ihre erste Bombenhälfte gethan hat – verbleibe ich mit kabeldicken Friedensgrüßen Ihr P. C. W. J. J. P. D. S. H. E. S.

Contre-Redacteur der »Friedenspfeife«

p. s. Nach Ostern stechen wir in See*) – aber vor Ostern erhalten Sie u. A. noch ein Stück »Friedenspfeife«. Ei ja. – Bombenerfolg garantirt. –

*) natürlich mit »Volldampf⟨«⟩ voraus – – – – –

229 An Richard Dehmel

Sonnabend 29. März 1902

Lieber Richard! Ich schreibe drei Kinderdramen und will Breege erst dann verlassen, wenn ich sie fertig habe. Ob mir das gelingen wird, weiß ich noch nicht, da ich c 22. April abfahren muß! Ich dichte jedenfalls mit der denkbar größten Lebhaftigkeit.

1 Die Friedenspfeife
Ein Europäisches Kinder-Drama
2 Herr Kammerdiener Kneetschke
Eine Kammerdiener-Tragödie
3 Onkel Satanas
Eine teuflische Komödie.

} so ungefähr!

Heil! Hipp! Hopp! Totalement le tien – P. C. W.

230 An Richard Dehmel

Sonnabend 19. April 1902
Breege auf Rügen

Ich weiß nicht, was ich Dir sagen soll -
Mein Herz ist über und über voll!

Lieber Richard! nächsten Dienstag des Morgens um 3/4 6 verlasse ich Breege.
Verzeih, daß ich nicht mehr schreibe - aber - aber -

Ewig
Dein
alter
Paulus

Die schwedische Adresse sende ich - sobald ich sie habe. Uebrigens: heute kamen hier die ersten Schwalben und die ersten Kraniche (Kronen) an.

Kleine Zeichnung in der rechten unteren Ecke

231 An Max Bruns

Breege auf Rügen Sonntag 20 April 1902

Liebster Bruns! Meinen heiligsten Dank! Morgen verauktionire ich meine sämtlichen Sachen und fahre nach Stockholm (Schweden). Von da das Weitere und das Erklärende!
Mit den alten Doppelgrüßen und Bärengrüßen und Seewellengrüßen

Ganz
Ihr treuer
Scheerbart

232 An Richard Dehmel

Abs. Scheerbart Kiel

Poststempel: 28.4.02

Lieber Richard!
Also: auf Wiedersehen morgen Dienstag 29. April d.J. Vormittags!

Totalement
ton
P.C.W.

233 An Richard Dehmel

Poststempel: 1.5.02

Lieber Richard Richard! Ich danke Dir für die Karte! Ich schrieb sofort ans Postamt. Mein Leben wird a u c h zur Groteske! Ich wohne hier
Stiftsstrasse 44 b II
und sende Bärengrüße an das Haus Dehmel! Heil

Tot - alement Ton P.C.W.

234 An Rudolf von Poellnitz

z. Zt. Minden in Westfalen
Stiftstraße 44 c

Herrn R. von Poellnitz
Inselverlag
Leipzig

Sehr geehrter Herr!
Darf ich Sie ganz ergebenst bitten, mir mitzutheilen, wann der Druck meiner beiden Bücher »Kometentanz« und »die grosse Revolution« beginnen wird?
Sie theilten mir vor c 8 Wochen mit, daß die Sachen sofort in Angriff genommen werden sollten. Für eine baldige Benachrichtigung werde ich Ihnen sehr dankbar sein. Ich bitte an obige Adresse zu schreiben.
Das April-Heft der Insel habe ich nicht erhalten. Ich war in Stockholm und Kopenhagen und habe mir Alles nachschicken lassen. Sollte das Heft verloren gegangen sein?

In ausgezeichneter Hochachtung
Paul Scheerbart
z. Zt. Minden in Westfalen
Stiftsstrasse 44 c.

Montag 12. Mai 1902

235 An Richard Dehmel

Herrn Dr Richard Dehmel
Deutscher Dichter
Blankenese b. Hamburg
Parkstrasse 40.

Federzeichnung in der oberen Postkartenhälfte

Juni 1902. C.
Minden in Westfalen
Poststempel: 26. 6. 02

Lieber Richard! Schönsten Dank für den Brief! Ich sende Dir bestimmt ein Gespensterstück: Der alte Petrus oder im Himmel spukt es auch!!! Im Juli kommt es!!! Entschuldige, dass ich so wortkarg bin - aber es fällt mir Alles so schwer. Lege uns Deiner Gemahlin zu Füssen - wir sind totalement for ever altid les vôtres

A. C. L. und PCW

236 An Rudolf von Poellnitz

Sehr geehrter Herr!
Wenn Sie nicht Andres schreiben, nehme ich an, daß ich Revision der letzten zehn Bogen mit den bibl. Notizen noch bekomme; ich fürchte, daß manche Fehler stehen geblieben sind, da ich hier öfters an einem Tage 7-8 Bogen korrigiren mußte. Und - wenns Herr Heymel nicht grade so haben möchte - bitte ich »Ende des Mondromans« doch stehen zu lassen; wenn die Vignette etwas tiefer kommt, kann das nach meiner Meinung nur gut aussehen. Ich nehme auch an, daß die Revisionsbogen 1 u. 2 zur rechten Zeit angekommen sind. Die Correkturbogen 11 u. 12 sende ich morgen.

In ausgezeichneter Hochachtung
Paul Scheerbart

z. Z. Minden in Westfalen
Stiftsstr. 44 c
12. Juli 1902

237 An Richard Dehmel

Donnerstag 17. Juli 1902

Lieber Richard! Anbei der alte Petrus!

Ich bin
Dein
alter Paulus

Weite grosse Bärengrüsse dem Hause Dehmel!!!!
Wie intensiv ich mich mit dieser Geschichte beschäftigt habe, ersiehst Du aus dem beiliegenden Fenster. Es lebe die Sonne!

Briefkuvert mit Aufschrift: Brief mit Fenster
Beilage: Buntstiftzeichnung von Fenster mit Ausblick auf Landschaft

238 An Richard Dehmel

Lieber Richard! Die Umänderung ist leider unmöglich, da ich von andrer Seite ganz und gar in Anspruch genommen bin. Im Spätherbst das Nähere und Weitere!

Bärengrüße!
Dein
alter
Paulus

20. Juli 1902.

239 An Richard Dehmel

⟨An⟩ den Herrn Rrrichard Dehmel
Knurrrrrrhaahhn
Blankenese bei Hamburg
Parkstrasse N° 40 (vierzig)
Deutschland

Geliebtes R.D!
Du bist wirklich gut – denn Du bist grob. Ich kann leider nicht grob sein, weil ich bös bin. Böse Menschen dürfen doch nicht grob sein, nicht – wahr?
Es lebe Blankenese!

Ich bin
Dein altes
Quilliwauke

22. Juli 1902

240 An Richard Dehmel

Herrn Dichter Richard Dehmel
Blankenese b. Hamburg
Parkstrasse 40.

Abs. Maler P.C. Wilhelm **z.Z.** Minden in Westf. Stiftsstrasse 44c.

Große kolorierte Federzeichnung

Dicker Lyriker! Das Schreiben überlasse ich meinem Bären – ich male nur noch. Na prost! Aegyptische Bärengrüsse.

Altid
din
11.8.02 P.C.W.

241 An Rudolf von Poellnitz

Minden in Westfalen
14. August 1902

Sehr geehrter Herr von Poellnitz!
Meinen besten Dank für die 20 Exemplare! Ich versende sie an persönl. Adressen, die für die Kritik in Frage kommen, und bitte Sie, an die beifolgenden 10 Adressen vom Verlage aus zu senden – aber so bald wie möglich – es kann mir das bei den persönl. Adressen nur nützen. Daß die andern Recensionsexemplare an die Zeitschriften und Zeitungen erst Anfang September versandt werden, erscheint mir sehr richtig – die kämen jetzt zu früh. Ich bin auch ganz Ihrer Meinung in Betreff der Anzahl der Rec. und Frei-Exemplare – 40 persönliche Adressen genügen bestimmt. Da i c h nun 20 und Sie 10 versenden – bleiben bloß noch 10. Ich würde Ihnen daher zu großem Danke verpflichtet sein, wenn Sie den gebundenen noch ein paar ungebundene beifügen könnten.
Darf ich fragen, wann der Kometentanz erscheinen soll?

In ausgezeichneter Hochachtung
ganz ergebenst
Paul Scheerbart

z.Zt. Minden i. Westfalen
Stiftsstr 44c

242 An Rudolf von Poellnitz

Minden in Westfalen
Sonntag, den 17. Aug. 1902

Sehr geehrter Herr von Poellnitz!
Meinen verbindlichsten Dank für die Versendung der Rezensionsexemplare. Aber – Sie haben mir vor c. 6 Wochen geschrieben, daß Sie den Kometentanz sofort in den Druck geben wollten. Und da muß ich sie leider beim Worte halten. Wir hatten diesen Erscheinungstermin auch schon in Breege festgesetzt, da in diesem Herbste grade zwei Jahre nach der Annahme des Manuskriptes verstrichen sind.
Es steht zudem im Mondroman und in »Immer muthig!«, daß der Kometentanz 1902 herauskommt. Kommt er nun nicht, so bin ich sowohl Bruns gegenüber, wie auch c 50 andern Leuten gegenüber blamirt – und empfindlich geschädigt..
Sie schreiben: Wenn man nur Musik dazu hätte! Den Musiker hoffe ich aber grade durch das buchartige Erscheinen der Geschichte zu bekommen. Es muß ein sehr einflußreicher Musiker sein, da nur die größten Bühnen in Betracht zu ziehen sind. Die Pantomime wurde Anfang 1900 speciell für Richard Strauss geschrieben, der mit der Komposition bereits begonnen hatte – – aber plötzlich mit Wolzogen die »Feuerprobe« schrieb – und mich einfach sitzen ließ. Machen konnte ich ja dagegen nichts, da man Keinen zum Komponiren zwingen kann.
Sie können diese Pantomime ganz einfach herausgeben – evtl. textbuchartig. Ich sende zu diesem Zwecke ein paar Vignetten mit. N° 1 dürfte sich vielleicht für das Titelblatt eignen. Ich habe hier c. 150 Stücke »Buchschmuck« gezeichnet. Wenn Sie mehr zur Auswahl haben wollen, sende ich gerne mehr ein; das Beste (c. 100 Sachen) hat momentan Bruns, den ich heute Sonntag nicht antreffe.
Es liegt mir sehr sehr viel daran, daß der Kometentanz noch in diesem Herbst erscheint. Ende September ziehe ich nach Berlin und will da unter allen Umständen einen Komponisten zu finden suchen. Sie werden mich daher sehr verbinden, wenn Sie mich möglichst bald in Betreff des Erscheinungstermines benachrichtigen möchten. Mich beunruhigt die Sache ganz außerordentlich. Ich glaubte schon, daß nun Alles geordnet sei – und nun ist es wieder nicht.

Sie senden mir das s.Z. honorirte Sonnenmärchen »Der Aufgang zur Sonne« zurück. Muß ich da annehmen, daß die – »Zeitschrift« Insel »eingeht«? Das wäre sehr beklagenswerth.

In ausgezeichneter Hochachtung
Ganz
Ihr
ergebenster
Paul Scheebart

z.Z. Minden in Westfalen
Stiftsstrasse 44c.

p.s. Sie haben wohl die Güte, die Vignetten, wenn Sie sie nicht verwenden können, zurückzusenden.

243 An Richard Dehmel

⟨An⟩ den großen Ohrenschmaus, den Erd-Herrn und -Meister
Lord Richard Dehmel
Blankenese bei Hamburg
Parkstrasse 40.

Abs. Scheerbart-Heering-Eggers-Steinhard
z.Z. Minden in Westfalen Stiftsstr 44c

Kolorierte Federzeichnung in der linken oberen Kartenecke

Minden in Westfalen 18.8.1902

Sir! Mondohr? cf. Mondroman pag. 188 lin 4-12!! Der Mond ist kein Lärmstern und hat daher auch keine Ohren. Die Mehrzahl der astralen Lebewesen verständigt sich unter einander o h n e Ohren!! Du aber bist ein Lärmm a n n, der g e h ö r t werden will. Oh! Oh! Und du denkst, die Mondleute seien g e n ü g s a m, da sie Dich nicht mit O h r e n hören möchten! Mußt Du stolz sein – auf den Lärm, den Du machen willst! Und Du hofftest, der Mond würde sich bald umdrehen, damit die Mondleute Dir mit dem g r o ß e n Rohr in die Karten kucken könnten? Warum? Weil Du die Wünsche der Weltgeister zu kennen glaubtest? Welch ein komischer Stern ist doch die

Minden in Westfalen 18.8.1902

Sir! Mondohr? cf. Mondroman pag. 188 lin. 4–12!! der Mond ist kein Lärmstern und hat daher auch keine Ohren. Die Mehrzahl der astralen Lebewesen verständigt sich unter einander *ohne* Ohren!! du aber bist ein *Lärmmensch*, der *gehört* werden will. Oh! Oh! Und du denkst, die Mondleute seien *genügsam*, da sie dich nicht mit *Ohren* hören mochten! Musst du stolz sein – auf den Lärm, den du machen willst! Und du hofftest, der Mond würde sich bald umdrehen, damit die Mondleute dir mit dem *großen* Kopf in die breiten Rücken kucken könnten? Warum? Weil du die Wünsche des Weltgeistes zu kennen glaubtest? Welch ein komischer Stern ist doch die Erde, auf dem Lebewesen herumkrabbeln, die sich einbilden, dem *Weltgeiste* näher zu kommen! Auf dem Monde passiert so was nicht! Na – „Immer mutig!" dies brüllt innigst der P.C.W.I.I.P.D. ~

Nr. 243

Erde, auf dem Lebewesen herumkrabbeln, die sich einbilden, dem Weltgeiste näher zu kommen! Auf dem Monde passirt so was nicht! Na – »Immer muthig!« Das brüllt sinnigst der

P. C. W. J. J. P. D. –

244 Rudolf von Poellnitz

Minden in Westfalen
24. August 1902

Sehr geehrter Herr von Poellnitz!
Meinen allerherzlichsten Dank für Ihren liebenswürdigen Brief vom 23. d. M.
Es freut mich auch außerordentlich, daß Ihnen die kleinen Zeichnungen gefallen. Und ich erlaube mir daher, anbei noch 26 Stück zur Auswahl einzusenden. Gerne gebe ich für den Kometentanz die Sachen kostenfrei. Es wird mir sehr angenehm sein, wenn Sie so viel wie möglich nehmen, doch überlasse ich Ihnen die Anzahl und Auswahl durchaus.
Die Nummern 8-19 kommen wohl nur als Vignetten in Frage, doch möchte ich empfehlen, nicht zu viel zu verkleinern; ich sende zum Vergleiche als Drucksache die Vignetten für »Immer muthig!«, die mir doch zu klein vorkommen.
Die Nummern 20-33 dachte ich mir zumeist in natürlicher Größe als Umrahmungen für die »inneren Titelblätter« »Widmung« »Personenverzeichnis« »Erster Aufzug« »Zweiter Aufzug« »Finis« »Inhaltsverzeichnis(!)« etc.
Morgen werde ich mir erlauben, für den »äußeren« Deckeltitel noch Weiteres als Drucksache einzusenden – zur Auswahl! Was Sie nicht gebrauchen, senden Sie mir wohl gelegentlich zurück.

In ausgezeichneter Hochachtung
Ganz
Ihr
ergebenster
Paul Scheerbart

245 An Rudolf von Poellnitz

Minden in Westfalen
13. September 1902

Sehr geehrter Herr von Poellnitz
Umgehend sende ich das Gewünschte; ich glaube, es dürfte so die Sortimenter reizen. Aber - sehr sehr glücklich würden Sie mich machen, wenn Sie mir so bald wie möglich zwei Zeilen über Kometentanz u. Zeichnungen schreiben könnten.

Mit besten Empfehlungen
Ihr ergebenster
Paul Scheerbart

246 An Rudolf von Poellnitz

Minden in Westfalen
24. September 1902

Sehr geehrter Herr von Poellnitz!
Für die Zeichnungen sage ich Ihnen und dem Verlage meinen allerherzlichsten Dank. Ich habe mich ganz außerordentlich gefreut - und freue mich noch. Wenn Sie nächsten Dienstag spätestens die Correktur nachschicken könnten, würde ich sie noch hier in Minden Mittwoch Morgen erhalten. Ich fahre Mittwoch Vormittag nach Berlin (voraussichtlich!) - lasse Alles nachsenden - oder schreibe noch vordem meine Berliner Adresse.
Darf ich Sie auch sehr bitten, ein »Szenen-Verzeichnis« beizugeben? Das Manuskript hat ein solches gehabt. Es ist das so außerordentlich praktisch; die Uebersichtlichkeit des Ganzen wird dadurch so sehr gehoben. Es kann ja auf zwei Seiten petit gesetzt werden; es sind zwei Mal 14 Nummern - die im Manuskript die Kapitelüberschriften sind.
Die bibliographischen Notizen lege ich bei und überlasse Ihnen das Arrangement.

Mit den besten Empfehlungen
Ihr
ergebenster
Paul Scheerbart

247 An Richard Dehmel

Charlottenburg 10.10.02

Lieber Richard! Gestatte, daß ich Dir meine neue Adresse mittheile: ich wohne anitzo: Charlottenburg bei Berlin Kaiser Friedrich Strasse 43. Gartenhaus II Treppen rechts. Die Aussicht ist hier entzückend. Wann kommst Du nach Charlottenburg?

100000 Bärengrüße von Palais zu Palais – for ever

Din

P.C.W.

Randbeschriftung:
Deine Karte war einfach – be-rau-schend!

248 An Rudolf von Poellnitz

Charlottenburg 17. October 1902

Sehr geehrter Herr von Poellnitz!
Meinen besten Dank für die Correktur, die anbei als Drucksache folgt; das Arrangement scheint mir einfach vortrefflich zu sein, und ich freue mich sehr und bin mit Allem einverstanden – auch mit dem Fortlassen des Inhaltsverzeichnisses.
Bei den bibliographischen Notizen bitte ich nur, für »Der Kaiser von Utopia« – »Der Aufgang zur Sonne« zu setzen; das Buch erscheint unter diesem Titel noch vor Weihnachten.
Wenn ich noch kurz vor dem Druck – evtl. blos Ansichts halber einen Revisionsabzug erhalten könnte – würde ich sehr dankbar sein.
Gleichzeitig erlaube ich mir den folgenden Verlagsvorschlag zu unterbreiten:
Da die Zeitschrift Insel vorläufig nicht mehr erscheint, so nehme ich an, daß der Inselverlag geneigt sein könnte, durch kleinere Buchpublikationen in größerer Anzahl das Interesse des Buchhandels für den Verlag auf derselben Höhe zu erhalten. Ich habe nun drei arabische Novellen, die ich unter dem Titel »Machtspäße. Arabische Novellen« herausgeben möchte. Die drei Novellen sind 1891/92/94 in »Freie Bühne«, »Tägl. Rundschau« und »Neuland« ein Mal gedruckt und nirgendwo noch einmal erschienen, sodaß sie heute als Nova gelten dürften. Die Titel sind: »Dichtermacht« »Weltmacht« »Rebellenmacht«. Diese Novellen werden zweifellos einen buchhändlerischen Erfolg haben, da sie einfache novellistische Spiegelbilder arabischer

Kultur sind und nicht »anspruchsvoll« auftreten. Sie können die Sachen drucken, wie Sie wollen - Zeichnungen dazu möchte ich mitsenden zur Auswahl - doch würde ich ihre Verwerthung keineswegs zur Bedingung machen. An Honorar möchte ich nur ein hundert und fünfzig Mark erbitten (für tausend Exemplare zum Ladenpreise von einer Mark) Sehr erfreut würde ich sein, wenn Sie diesem Vorschlage näher treten und Einsendung des Manuskripts gestatten würden. Allerdings würde mir von außerordentlichem Werthe sein, wenn ich das Honorar für das durchaus nicht umfangreiche Manuskript noch bis zum 1. Nov. d.J. erhalten könnte - den Erscheinungstermin könnte dann der Verlag so bestimmen, wie es ihm paßt. Sehr zu Danke wäre ich Ihnen verbunden, wenn Sie mich in dieser Angelegenheit so bald wie möglich benachrichtigen würden.

In ausgezeichneter Hochachtung
ganz ergebenst
Paul Scheerbart

249 An Rudolf von Poellnitz

Charlottenburg 21. Oct. 1902

Sehr geehrter Herr von Poellnitz!
Meinen besten Dank für Ihren liebenswürdigen Brief und für die Druckpapierproben. Ich bin für eine Zusammenstellung von Blau, Gelb und Roth mit Gold in jedem Falle; es wird sich wohl nur darum handeln, ein nicht glänzendes Blau zu finden. Ich weiß nicht, ob sich leicht ein Blau finden läßt, das auf dem gelben Papier sitzt. Aber ich würde mich sehr freuen, wenns ginge - jedenfalls wäre ich in jedem Falle für ein Blau. »Der Aufgang zur Sonne« wird grün gedruckt. Nochmals meinen besten Dank für die Zusendung

In ausgezeichneter Hochachtung
ganz ergebenst
Paul Scheerbart

250 An Albert Langen

Charlottenburg Kaiser Friedrich Str 43. Gartenhaus II.
11. Nov. 1902

Herrn
Albert Langen
München

Sehr geehrter Herr!
Mit Beifolgendem erlaube ich mir, Ihnen ein Manuskript »Machtspäße« anzubieten. Die 9 Zeichnungen stehen evtl zur Auswahl. Es würde mich sehr freuen, wenn Sie das Manuskript mit allen 9 Zeichnungen acceptiren könnten – für den Buchverlag.
Für eine baldige Benachrichtigung würde ich sehr dankbar sein. Zeichnungen für den Insel-Verlag und für J.C.C. Bruns Minden liegen zum Vergleiche bei.

In ausgezeichneter Hochachtung
Ganz
Ihr
ergebenster
Paul Scheerbart

251 An Richard Dehmel

Bleistiftzeichnung, einen Kranz aus 7 Köpfen darstellend, innen beschriftet:
Wir gratuliren!! A.C.L. u P.C.W.

Lieber Richard! Entschuldige die Kürze – u. daß der »Potentatenkranz« nicht ausgeführt ist – aber ich habe Eile!

Randbeschriftung:
Demnächst auf dem Süllberg das Weitere u wahrhaft Bedeutende
Hurrah!
Hoho! Aussicht hier gut!
Empfiehl uns Deiner Frau Gemahlin
17. Nov 1902

252 An Richard Dehmel

9. Januar 1903

Lieber lieber Richard!
Oh - Deine Ungeheuer!
Den Grimm, den ich hatte [selbstverständlich nicht auf Dich, wie mein Bär so richtig bemerkte] - kannst Du nicht ermessen.
Und die Freude, die Du mir gemacht hast - auch nicht.
Selbstverständlich bekommst Du Auswahl - jeden Tag.
Sei froh, daß Du nicht in Berlin bist. - Es ist hier beinah noch schlimmer als in Westfalen.
Oh!
Oh!
Jawohl!

Ich bin der Deine
ganz und gar
Dein
Paul
Paulaccio
Paulissimo.

Hacke uns in Gedanken kurz u. klein und lege uns so dort hin, wo Du's für richtig halten thust.
Verzeih mir die Strandhandschrift.

Kleine Federzeichnung am unteren Kartenrand

253 An Richard Dehmel

Charlottenburg 17. Januar 1903

Lieber Richard! Zunächst meinen allerschönsten Dank für Deinen lieben Brief. Ich bin mit Allem einverstanden und habe dem entsprechend umgearbeitet. Blos das Eine ging nicht: Krabsikrobsi konnte sich über die Explosion nicht freuen - »er hatte ja keine Stiefel an«.
Dein »fürstliches« Honorar hat mein Herz mit großer Wonne erfüllt - ich würde Dir sehr dankbar sein, wenn Du's mir senden könntest so bald - wie Du kannst.
Ich verpflichte mich gern, bis zum 1. October 1905 die beiden Sachen nirgendwo anders zu veröffentlichen.

Alle Deine Bemerkungen haben mir große Freude bereitet - ich verstehe nur nicht, warum auf S. 7 »war's« - so - mit einem Apostroph geschrieben werden soll.
Für die Explosionsidee sage ich Dir noch meinen ganz besonderen Dank. Hoffentlich gefällt Dir so die ganze Geschichte - sonst bin ich gern bereit, nochmals zu verändern.
Jetzt werde ich auch ganz bestimmt nicht mehr traurig sein. Wenn aber dieser Zickel im November 6 Theaterstücke von meinen **21** Theaterstücken zur Aufführung annimmt - und nachher erklärt, daß er noch nicht pekuniär sanirt ist, so soll mal..... na, Schall u. Rauch*) werden jetzt wohl »korrekter« sein. Ueberhaupt: die Traurigkeit ist sehr überflüssig - besonders, wenn man, wie ich, ein Lustspiel »Rübezahl« schreibt - das ganz im alten Theaterstiebel dahinwandelt!
Oh ja! Es lebe der alte Gummischuh!**)
Es ist so erquickend, wenn alle Leute so anspruchslos sind - wie diese Theaterleute; sie behaupten, daß meine Stücke das Publikum nervös machen könnten...... na, und so will ich sanftere Saiten aufziehen.
Du hast Recht: wir d ü r f e n uns nicht mehr einsam fühlen. Aber wenn man son Pechvogel ist - wie ich - dann auch nich? Na - gut! Es sei wie Du sagst! Aber über die verschiedenen Arten des Sicheinsamfühlens könnte man Bände schreiben. Götterglanz über ganz Blankenese!

Dein alter Paulus

*) mit denen ich vor Kurzem angebunden habe.
**) Wir leben offenbar nach jeder Hinsicht in einer herrlichen Reactionszeit

Randbeschriftung:
Entschuldige bitte das komische Briefpapier mit dem Wasserzeichen
Und entschuldige auch die vielen Gedankenstriche und -schnörkel.

254 An Rudolf von Poellnitz

Charlottenburg 30. Januar 1903

Sehr geehrter Herr von Poellnitz!
Erhielt leider erst heute den Kometentanz, da ich acht Tage verreist war. Ich bin einfach entzückt von der Ausstattung - besser ist die Sache garnicht zu drucken. Ich bitte Sie sehr, dem Verlage meinen verbindlichsten Dank auszusprechen.

In ausgezeichneter Hochachtung
Paul Scheerbart

255 An Richard Dehmel

Poststempel: 30. 1. 03

L. R! »Ih was!« ist doch kein Widerspruch – sondern so viel wie »ganz egal«. Allerdings setzt es einen Widerspruch voraus – der sollte aber auch vorausgesetzt sein – sonst hätte »doch hineinspringen ...« keinen Sinn. Hexen sind nicht so ohne Weiteres mit einem Gummischuh zufrieden – andrerseits scheint es mir aber auch nicht nöthig jedem Gedankensprunge einen Ausdruck zu geben – damit immer noch Dinge zwischen den Sätzen bleiben – was doch allein die wahre Fülle vorzaubern thut. 2 a. lin. 1 »Allen« u. »Weiteres« sind nach meinem Gefühl schwere Substantiva u. folglich »groß« zu schreiben; ich gebe der preußischen O. nicht »überall« nach – sie ist ein Attentat auf die »freien« Autoren – und müßte von diesen eigentlich öfters gerempelt werden. Aber man hat ja »Gottseidank« mehr zu thun. Ich bin deshalb auch zuweilen »sehr« kapriciös (cf. der kleinste der Zwerge) – damit man blos nicht glaubt, ich hätte die O. »wirklich« mal ernst genommen. »Du« in der Anrede klein zu schreiben – das ist allerdings ein Vorbote der demokratisirenden Geheimrathsrevolution. So viel Spaß mir auch diese selbst von potentatlicher Seite geförderte R. machen wird – die gesellschaftliche Form ist mir doch zu heilig – – –

Altid Din P. C. W. im Ernste.

256 An Richard Dehmel

Ch. 1.2.3.

Lieber Richard!
Da sichs also um eine veritable Verschwörung handelt (wie ichs gleich geahndet habe) so bin ich natürlich mit jeder Orthographie einverstanden – da mir doch die Verschwörungen größeren Spaß bereiten als die Orthographieen.
»Der Vorschlag gefiel Allen sehr!« gefällt mir ebenfalls sehr. Und daß ich die Mixmex »illustriren« darf, freut mich außerordentlich. Ich danke Dir sehr und harre der Osterzeit mit Spannung entgegen. Würde Dir als Untertitel »Ein Märchen aus lustiger*) Sommernacht« behagen?

1001 Grüße! Altid Din
P. C. W.

*) oder ein anderes dreisilbiges Adjektiv!

257 An Richard Dehmel

⟨An⟩ jenen Richard Dehmel
Blankenese bei Hamburg
Parkstrasse 40

Abs. Scheerbart-Heering Charlottenburg Kaiser Friedrich Str 43.

Kolorierte Federzeichnung am oberen Kartenrand

4.2.3. Ch.

Mordsspaß! Na – das wird ja die schönste Erziehung zur Antierotik! Ich schreie rasch: Ja! Ja! Jawohl! Mir hat es immer Spaß gemacht (pardon – Mordsspass!) wenns in der Welt recht bunt wurde – buntscheckig! Also: Du wirst der kommenden Generation schon den Kopf zurechtsetzen – das glaube ich – und somit kann ich wieder hoffend warten – auf das Kommende! Halloh! Altid Din P. C. W.

258 An Franz Servaes

Sonntag 5. April 1903.

Liebes Franzi! Meinen wildesten Dank! Dein Telegramm war eine Erlösung. Jetzt wird Alles gehen.
Bruns und Insel haben den Auftrag gehabt, Dir a l l e meine Bücher zuzusenden. Aber ich bin mit Bruns ganz und mit der Insel halb aus einander – und daher! Ich sollte Dich zu den Verlorenen rechnen? Ich beklage, daß Du nicht hier bist – immerzu; die Berliner Litteratur ist einfach gräßlich. Einst wars anders.
»Karrogborrier« hast Du geschrieben? Hohhoh! Schick sie bald! Ich dachte auch sehr sehr viel an Dich und die Deine! Alte treue Bärengrüße Ihr und Dir! Hoffentlich sehen wir uns mal. Wir bleiben noch ein Jahr hier. Im vergangenen Jahr ging bei uns Alles drunter und drüber. Aber jetzt wollen wir wieder – – A t h e m h o l e n. Ich bin momentan b e i n a h k o n f u s – infolge all der vielen Unbequemlichkeiten....
Wir glauben an Euch und grüßen Euch viel hundert tausend Mal!

Dein
dankbarer
Paulus.

259 An Richard Dehmel

7. April 1903.

Lieber Richard! Ich wohne jetzt: Charlottenburg, Kaiser Friedrich-Strasse **29.**
Zu Sylvester 1903 werden 5 von meinen Theaterstücken im Kleinen oder im Neuen Theater aufgeführt. Billets sende ich demnächst. Schreib bald! Ganz helle lachende Bärengrüße dem Hause Dehmel.

Altid
Din
P. C. W. J. J. P. D.

Demnächst Langes!!

260 An Richard Dehmel

23. 4. 1903

Lieber Richard! Meinen allerschönsten Dank! Alles kommt Anfang nächster Woche. Wir lesen eifrigst »Zwei Menschen«. Und ich zeichne außerdem so viel, daß ich das Schreiben beinahe verlerne. Entschuldige drum meine Kürze. Bärenstarke Frühlingsgrüße dem Hause Dehmel in Blankenese.

Dein
Paulus

261 An Franz Servaes

Charlottenburg 28. April 1903

Liebes Franzi! Ich bin soeben bis Seite 110 gekommen - mächtig ergriffen! Das war glänzend - die zitternde Eleganz einfach brillant. Es ist Mitternacht - und ich grüße Dich! Ich freue mich mit Dir - sehr - sehr.
Grüße auch Dein Weib viel tausend Mal. Mein Bär schläft schon - oder liest Zeitung - aber er grüßt Euch auch - ich weiß es ganz genau.
Ich danke Dir für Deine lieben Zeilen in der Vorrede. Na - ich glaube - da stimmt etwas nicht so recht - d. h. ich glaube, wir stimmen viel besser zusammen, als Du denkst. Aber - darüber müssen wir reden - mündlich. Mir fällt jetzt das Schreiben so schwer - ich - zeichne so viel. In den letzten 9 Monaten hab ich über 1000 (tausend) Zeichnungen »verfertigt«. Vieles ist

bunt - und meine Zimmerwände werden allmählich mit meinen »Bildern« bedeckt. Du mußt Dir mit Deiner Lieben demnächst mein Zimmer ansehen - ein goldener ganz »ächter« chinesischer Tempelwächter*) wird auch demnächst hinten rechts in der Ecke stehen. Auf Wiedersehen!

Stärkste Bärengrüße für Franz und Martha
Dein alter
Paulus.

*) 2 Meter hoch!!

Randbeschriftung:
Vergesst uns nicht, wenn Ihr Ansichtskarten schreibt!!!!

262 An Franz Servaes

⟨An⟩ den großen Anti-Anti-Anti-Erotiker
Franz Franz Servaes
Wien XIII. / 5
Linzer Strasse 464.

Scheerbart-Heering, Charlottenburg Kaiser Friedrich Str 29

Kleine kolorierte Federzeichnung am oberen Kartenrand

Poststempel: 4.5.03

Ih Du liebes Franzi!
Mir machst Du doch nichts weiß. Wohl ist die Haut der schönen Karraborrier gebräunt von der braunsten Erotik. Aber der Kern - die Seele - ist bei Deinen Karraborriern »anti-erotisch« durchaus. Daran wirst Du trotz Allem nichts ändern. Die K. thun blos »äußerlich« so erotisch, um mich ein bischen zu ärgern - was Ihnen aber garnicht gelingt - da sie mir einfach mächtig gefallen. Das nimmst Du mir doch nicht übel - wie? Alle Deine Erosheroen werden feste für ihre ausschweifende Erotik bestraft - nur die solide (s o l i d e !) Erotik Fukuruschus u. der drei Handwerker wird belohnt. Hieraus erkennt man wieder....... Hurrah! Hurrah!
Lauter lachende kugelrunde Bärengrüße dem Lenzhause der Familie Franzi Servaes

Je suis
Euer P. C. W.

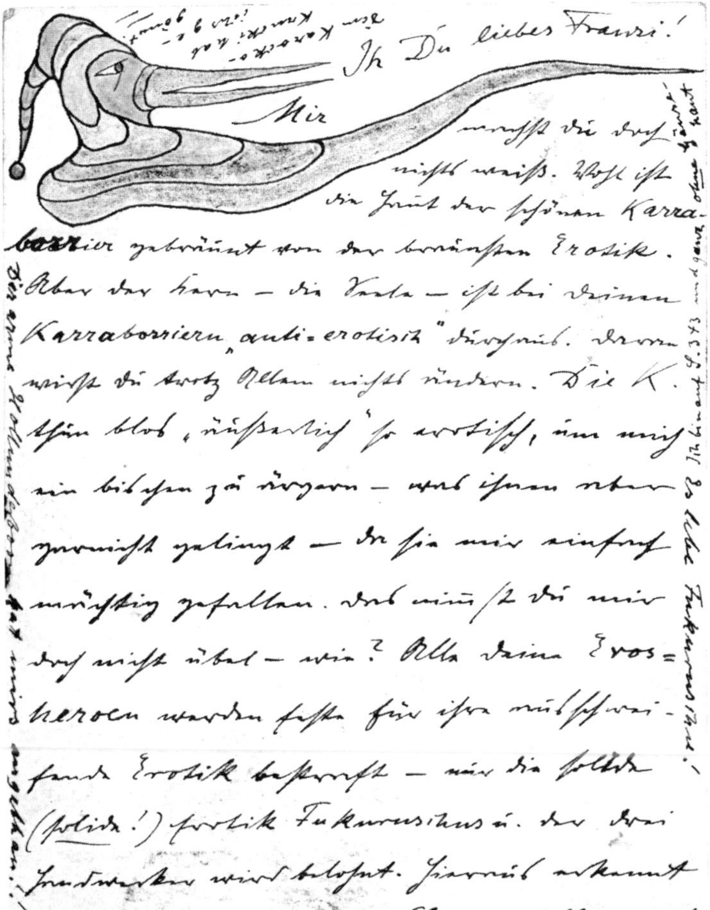

Oh Du liebes Franzi!

Mir machst du doch nicht weiß. Wohl ist die Haut der schönen Karrabossier gebräunt von der bräunsten Erotik. Aber der Kern – die Seele – ist bei deinen Karrabossiern „anti-erotisch" durchaus. Daran machst du trotz Allem nichts ändern. Die K. thun bloß „äußerlich" so erotisch, um mich ein bißchen zu ärgern – was ihnen aber gewiß gelingt – da sie mir einfach mächtig gefallen. Das nimmst du mir doch nicht übel – wie? Alle deine Eros=heroen werden sicher für ihre ausschweifende Erotik bestraft – nur die solide (solide!) Erotik Fukarusikus u. der drei Handwerker wird belohnt. Hieraus erkennt man wieder ...... Hurrah! Hurrah!

Donnerlachende kugelrunde Bärengrüße aus dem Lenzhause der Familie Franzi Servaes

Je suis Euer P. S. W.

Es lebe Fukarusikus!

Der arme Hollunderbor hat mirs angethan!!

Nr. 262

Randbeschriftung:
Es lebe Fukuruschu!
Der arme Hollunderboom hat mirs angethan!!
Dem Karocko-Krucki hab ichs gegönnt.
Ich bin auf S. 343 und ganz o h n e Gänsehaut
Bitte - bitte - Beatens Bildnis zu senden! Ja?

263 An Franz und Martha Servaes

Poststempel: 7.5.03

Hoho! Heiligste Sonnengrüße! Es lebe Aschûra! So vergnügt waren wir schon lange nicht! Beatens Bildnis ist ein Sonnenstrahl - auch in meinem Leben. In Wahrheit: ich muß immer hell lachen - wenn ich diese junge Wienerin sehe. Evviva! Laut lachend wie ein gekitzelter Meergreis - Eure A. u. P.

Randbeschriftung:
Mächtigsten Dank für Beate!

264 An Richard Dehmel

Charlottenburg, Kaiser
Friedrich-Str. 29. am
Donnerstag den 7. Mai
1903

Lieber Richard! Entschuldige, daß erst heute - aber ich habe ohn' Unterlaß gezeichnet. Hoffentlich ist so Alles gut. Ich füge noch ein Dutzend Extrazeichnungen hinzu - wenn Du von denen was lieber für die Titelvignetten willst - so zeichne ich gerne die Konturen. Sonst aber ist mir eine der drei Fertiggestellten recht. Ich überlasse Dir die Wahl durchaus.

Mit Bärengrüßen von
Tempel zu Tempel bin
ich
Dein
Paulus

p. s. darf ich Dich sehr bitten, mir so bald wie möglich zu schreiben, ob ich das Honorar noch in diesem Monat erhalten kann????

Kuvertbeschriftung, Vorderseite:
An Richard Dehmel den Besitzer der drei Jawas
Rückseite:
Es lebe der dicke Frühling!

265 An Franz Servaes

Charlottenburg, Dienstag 26. Mai 1903.

Liebes Franzi! Einfach Herzklopfen! Das hatte ich mir nicht träumen lassen! Himmel! Hagel! Ich dachte, Du würdest mir a u c h was malen! Ich bin schon so daran gewöhnt, daß man mich mißversteht! Aber nein - na - zunächst meinen wildesten heiligsten Dank! Solche Freude habe ich lange nicht erlebt. Aber D u schmeichelst mir so sehr - - daß ich - - mir vor Freude in den eigenen Magen beißen möchte - - durch die Luftröhre durch. Entschuldige das athemraubende Bild - aber Du hast mich beinahe übermüthig gemacht. Ich habe c 1000 Zeichnungen (zumeist mit Bleistift) seit 1. Juni 1902 angefertigt - manchen Tag 40-50 Stück hinter einander. Manches ist auch danach. Ich muß mir noch sehr viel Mühe geben - - Ich entdeckte mein Talent in Minden, als ich aus purer Noth für »Immer muthig« ein paar Dutzend Vignetten zeichnete (Bruns hätte nie was dafür ausgegeben!) Und jetzt zeichne ich - fast mit Passion - ornamentale Jenseitskarikaturen etc etc - und meine dichterische Phantasie wird dadurch mächtig befruchtet. Die Uebermondmänner müssen kommen. Leider bin ich als Zeichner immer noch Anfänger - mir kommt alles so - ich weiß nicht wie. Vor meinen Zeichnungen habe ich immer das Gefühl, als wärs ganz was Geheimnisvolles, was mir die Hand führt. Ein mystischer Zauber.... Ich werde nun zeichnen - so gut ich kann und das Beste vom Alten dazu nehmen - und mir erlauben, Dir zu senden - in 2-3 Wochen - in 2-3 Serien - 50-60! Oh - Du machst mich schrecklich glücklich - daß ich schier närrisch werde vor Freude. Entschuldige! Auf Dattys K r i t i k freue ich mich mächtig. Mit Kahane werde ich, wenn er wieder hier ist, auch vom »neuen Tag« reden. Rübezahl 9 1/2 Wochen dort!
Wir grüßen Euch viel hundert tausend Mal - a templo ad templum. Euer alter aufthauender Paulus (nebst Bär-Bär)

Randbeschriftung:
Kommt I h r in diesem Sommer nach Berlin?
Immer muthig!

Kolorierte Federzeichnung, nicht verwendeter Umschlag für ein Bühnenwerk von Franz Servaes

266 An Richard Dehmel

Herrn Herrn Herrn Richard
Richard Dehmel
Blankenese bei Hamburg
Parkstrasse 40
(Dehmelshöh)

Abs. Scheerbart-Heering, Charlottenburg Kaiser Friedrich Str 29 Garten linker Eingang I. Stock links

Liebster Richard! Hurrah! Herrlich! Grandiositätsidee! Wir freuen uns einfach martialisch. Aber diesmal nicht allein kommen! Hörst Du? Domus Dehmeli in pleno. Entschuldige das absolut lächerliche Latinum – aber ich freue mich so sehr, daß sich mein ganzes coeur einfach umkrempelt!

Totalement
die Eurigen
A. C. L. u. P. C. W.

Also: zwischen 7 und 8 oder früher am Freitag! Alles – Alles wird besorget werden.

Randbeschriftung:
Dienstag 26. Mai 1903

267 An Richard Dehmel

Herrn Dr Richard Dehmel
Bad Elster (Sachsen)

Donnerstag, 11. Juni 1903.

Liebster Richard! Zu meinem schmerzlichsten Entsetzen muß ich erkennen, daß das glatte Papier einfach unbrauchbar ist – weder die blaue noch die gelbe Farbe sitzt. Leider hatte ich bei Deinem Hiersein nur mit der rothen probirt. Kannst Du mir da Abzüge auf Büttenpapier*) von der Druckerei senden lassen? Entschuldige, daß ich erst jetzt schreibe – aber ich hoffte immer noch, daß es gehen würde.

Tausend Grüße von Templum zu Templum
Dein alter Paulus.

*) möglichst »gekörntes« »Zeichenpapier«.

268 An Franz Servaes

Poststempel: 19. 6. 03

Oh! Oh! Franzissime! Ich zeichne so viel und so eifrig, daß mir das Schreiben so grausam schwer fällt. Verzeih! Habe Dank für Deinen lieben Brief. Er hat mich recht erquickt. Du bekommst in der nächsten Woche die erste Serie (25 Kunstblätter) 12 1/2 sind schon fertig und die anderen nur noch koloristisch auszuführen. Na – warte nur noch 8 Tage! Ich glaube, Du wirst Dich freuen über die Jenseitskarikaturen – es sind übrigens nicht alle ornamental – einzelne sehnen sich nach Pinsel u Oel. Oh! Oh! Oh! Aber – warte nur ein bischen – es wird wohl was werden. Hoi! Wie mir Dein Interesse wohlthut! Kahane nicht gesprochen – er schrieb, daß der Rübezahl erst für die Saison 04/05 für sie infrage käme. Ich erwarte Näheres stündlich – – – Kneif Deiner Beate in die linke Wange, streichle Rola die blonden Locken u. halte der »Grillenfängerin« vor, daß sie sehr bald an mich schreiben müßte.

Ich bin Dein ollus Paulus! Hurrah!

Vom Bären zu Deiner Frau 999999 Trillionen
!!! Sonnengrüsse!!!!

Randbeschriftung:
Dank auch für Venedig und für die Ergänzungsgedanken

269 An Franz Servaes

vermutlich Juni 1903

Liebes Franzi! Anbei zunächst 13 Blätter; die fehlenden 12 sollen in der nächsten Woche kommen. Es geht Alles nicht so schnell, wie ich dachte. Ich habe noch eine Reihe größerer Stücke mit turbulenten Geistermassen zwischen Schneesternen vor. Dann Stücke mit Kometen etc. etc. Das Meiste auf tiefschwarzem undurchdringlichem Welthintergrunde. Ach, es ist außerordentlich viel. Ich habe schon Größeres an den Wänden – aber das genügt mir noch nicht.
Jetzt bin ich aber schrecklich gespannt auf Deine Meinung. Wirds was mit meinem neuen Talente werden? Du kannst mit dem als eingeschriebene Drucksache Ankommenden machen, was Du willst – evtl. losschlagen à

tout prix - Alles - Alles! Um den ganzen Ausstellungszauber machen zu können, werde ich wohl noch ein bischen mehr Zeit brauchen. Aber - aber - schreibe - schreibe!

Unzählige brausende Bärengrüße Deinem ganzen Hause!
Dein hoffentlich Dir jetzt ganz neuer
Paulus

Randbeschriftung:
Für eine Deiner Bibliothekswände mach ich Dir später ganz was Besonderes!!!

270 An Franz Servaes

Liebes Franzi! Dein Schweigen hat mich total gebrochen. Kannst Du mir noch 50 M oder weniger so umgehend wie möglich leihen? Ich brauch es zur Miethe. Ich schrieb an das Kl. Theater und bat um einen Vorschuß von 100 M. Kahane schrieb mir einen Rohrpostbrief - sehr liebenswürdig - und versprach die Angelegenheit umgehend zu ordnen. Aber sie fuhren nach Wien. Ich glaube, das ist der Anfang vom Ende, den ich übrigens in 2 Bildern gezeichnet habe, Dir aber nicht mehr senden kann, da es an Porto fehlt. Sei nicht böse. Und - schreibe mir wenigstens keinen groben Brief.

Viele Grüße Deinem Hause!
Dein
alter
einfach abgetakelter
Sonntag 28. Juni 1903 Paulus

Randbeschriftung:
Verzeih die Kürze!

271 An Franz Servaes

Montag 29. 6. 03

O Franzissime! Zunächst meinen heiligsten Dank für Deinen erfreulichen Brief! Einerseits bin ich sehr glücklich und sehr dankbar, daß Du die Sache der Secession gegenüber übernimmst, andrerseits bin ich sehr unglücklich und erscheine sehr undankbar, daß ich Dich nochmals um Geld bitte. Indessen - es handelt sich um die Miethe! Du weißt, daß das eine schwerwiegende Angelegenheit ist. Wenn die nicht Mittwoch gelöst wird, geht Alles in die

Brüche. Wenn Du also noch ein Mal was senden kannst – so laß es 50 M sein – oder nur sehr wenig weniger. Ich zeichne für Schafstein u Co ein Märchenbuch (80 M für eine Buntscheck-Zeichnung habe ich schon bekommen) u. dann für alle illustrirten Zeitschriften – sodaß Alles schon gehen wird. Bis November wird ganz bestimmt die genügende Masse Ausstellungsmaterial da sein. Du schreibst, ich hätte demnach Zeit »in Ruhe« noch mehr anzufertigen. »In Ruhe!« Ich sage Dir, ich fahre bald aus der Haut – sende blos morgen Dienstag ab – das was Ruhe schafft. Wenn du erst Mittwoch kannst – dann – dann – vielleicht – telegrap⟨h⟩isch. Schimpf nicht! Es wird ganz bestimmt nicht noch ein Mal nöthig sein; ich konnte wahrhaftig nicht annehmen, daß mich das Theater im Stich lassen würde.

Weltgrüße der Familie Servaes!
Dein
alter
Paulus nebst
ACL. Bär (der aber, wie er sagen läßt, mir keine Unruhe bereitet)

Randbeschriftung:
Uebrigens: schreiben thu ich vorläufig blos noch für die Kinder.

272 An Franz Servaes

2. VII. 1903.

Liebes Franzi! Was Du für mich gethan hast, ist einfach so großartig und so mächtig in seiner Wirkung auf mich, daß ich einfach noch nicht die Ruhe finden kann, Dir meinen Dank, so wie sichs gehört, in Worten auszudrücken – aber vielleicht gelingt mir was Entsprechendes in den nächsten Zeichnungen. Daß Du Herrn Maler Engelhardt, den Du von mir sehr grüßen mußt, für die 100 Gulden auch Zeichnungen geben möchtest, das ist auch sehr lieb von Dir – ich danke Dir auch in dieser Angelegenheit – und verspreche zu senden, so schnell ich kann. Du erdrückst mich aber, indem Du schreibst, daß Du gelegentlich auch direkt was verkaufen möchtest. Du bist ein Erdrücker! Was nun Herr Miethke für die ersten 13 zahlte, erscheint mir einfach nobel und genügt mir vollkommen. Schrecklich gerne stelle ich bis zum Herbst eine Ausstellung für ihn zusammen. Und mit der Sezession nach 1/2 oder 1 Jahre! Alles erscheint mir so vortrefflich – und ich werde versuchen, das Vertrauen zu rechtfertigen. Ich habe die Absicht, für das »gesammte« Kunstgewerbe mich zu rühren. Und das von Th. Th. Heine leuchtet mir schon ein*). Ich habe schon viel im Entwurf fertig. Aber dem Buchhandel und den Plakatanstalten scheinen mir die illustrirten Zeitschriften vorzugehen.

Meine Zeichnerei erscheint mir eine etwas nachtwandlerische Kunst - ich gehe immer ruhig weiter und wundre mich, daß ich so gehen kann. Allerdings: ich habe mich ja jahrelang sehr intensiv mit Kunstgewerbe u. Architektur beschäftigt u. über »Alles« geschrieben - und so liegen mir neue Teppichmuster, Möbel, Stickereien (die der Bär mit der Maschine nach meinen Zeichnungen herstellen will) Stockgriffe, Juwelierarbeiten und alles Andre, was sonst noch zum Kunstgewerbe gehört - die Architektur bildet den Schlußstein - und Du kannst Dir denken, daß meine Hausbaugedanken durch meine Zeichnungen heftig alterirt worden sind. Dehmel wollte mich schon überreden, gleich ein ganzes Zimmer auzustellen. Das geht mir aber zu hitzig!
Andrerseits fabelt mir meine Phantasie die pompösesten Sternweltgemälde vor - ach ja! Wenn das Können nur ein bischen weiter entwickelt wäre. Und andrerseits schafft mir grade das Sichherumdrücken um das Nichtherauszubringende - neue - rasend viel neue Ornamentalica, die vom eigentlichen Maler garnicht erreichbar! Hoh! Hoh! Hipp! Hipp! Welt! Wachs! Es lebe auch die Skulptur! Immer muthig! Auf! Hell! Sonnengrüße u. Bärengrüße Dir u. der Deinen u. den Deinen

von Deinem alten Paulus

Randbeschriftung:
*) aber grausam vorsichtig will ich sein, denn ich weiß ja nicht, wie viel mir gelingt.
Wenn ich blos nicht noch anfange - zu componiren.
Ich möchte Dir noch so viel sagen - aber - wer kann bei dieser permanenten Zeichnerei immerzu die richtigen Worte u Sätze finden?
Wenn ich etwas Wichtiges vergessen habe, so sei nicht böse
Ich schicke in nächster Woche
Ich schreibe demnächst mehr!

273 An Franz Servaes

Sonnabend 11. Juli 1903

Liebes Franzi! Anbei 12 neue Sachen. Mit Allem, was Du thust, erkläre ich mich heute schon einverstanden. Ich bin leider schrecklich nervös durch die permanente Zeichnerei geworden. Aber trotzdem sollen vorläufig jeden Sonnabend weitere Zeichnungen an Dich gesandt werden. Verzeih die Kürze - aber - ich muß mich so beeilen.

7 Trillionen Bärengrüsse der Familie Servaes!
Dein
alter
Paulus.

274 An Franz Servaes

Charlottenburg Sonnabd. 18. Juli 03 Abds. 6.

O Franzissime! Nun sende ich Dir den Schluß der II. Serie. Ich wünschte, es wäre das Ende vom Anfang! Aber in gewisser Beziehung solls das auch sein. Ich werde von nun ab »vorläufig« nur schwarze u. weiße Kreide auf Tonpapier verwerthen – mit Fortlassung der Federkonturen (à la Holländer u. Ganymed) Die farbigen Experimente scheinen mir noch nicht berechtigt zu sein. Da ich nun aber in der Farbe Verzicht leiste, so wird meine Phantasie im Formate sich schadlos halten – soweit es die Größe des Papiers gestattet. Von jedem Format möchte ich jedenfalls eine Anzahl – damit die Ausstellung etwas Einheitliches Abgeschlosseneres erhält.*) Die Serie I u. II könnten ja als Curiosa mitlaufen.
Ich danke Dir mächtig für Deine Karte – schreib bald wieder eine. Vivat omni Kosmico! Entschuldige meine lateinischen Brocken – hoffentlich ist Jupiter »tonans« grammatikalisch richtig. In 8 Tagen mehr! Ich glaube und hoffe, daß es jetzt anfangen wird.....

Trillionen Bärengrüße der Familie Servaes
Ewig
Dein
altes
P. C. W.

*) selbstverständlich »hauptsächlich«: kleinere Formate!

Randbeschriftung:
Dehmel meinte, die Attacke würde er nicht unter 100 M verkaufen – indessen – ich bin nicht so – –
Ich versuche, mich nicht zu überarbeiten – aber existentia vult!!!
Grüss mir auch die prächtige Linzer Strasse

275 An Richard Dehmel

⟨M⟩archese Riccardo Dehmel
Ambassadeur dans la
Parkstrasse 40
Blankenese b. Hamburg
Germany!

Abs. Cherbart Charlottenburg Kaiser Friedrich Str 29

Fotopostkarte mit Aufdruck: Paris. – Les Halles Centrales. *Von Scheerbart gezeichneter Pfeil zu einem Schornstein und Anmerkung:* Schornstein! gleich kommt der dicke Rauch!

Mittwoch 22. Juli 1903.

Randbeschriftung:
Lieber Richard! Sei man ganz still – das Triptychon wird im nächsten Monat in Angriff genommen – auf rothem Thon-Ton-Papier in schwarzer u. weißer Kreide. Herbst Ausstellung in Wien. Tr. soll auch zu sehen sein. Servaes läßt Dich grüßen.

In das Bild geschrieben:
Entschuldige, dass wir Euch nicht auch grüssen – aber ich habe partout keine Zeit – verzeih! – ja? Es ist Thatsache! Ich zeichne unheimlich!

276 An Franz Servaes

Charlottenburg, Mittwoch 22. Juli 1903

Franzissime! Meinen heiligsten Dank für Deinen lieben Brief. Ich habe mich schrecklich gefreut, daß Dir der Jupiter so gefallen hat. Aber – »der Blitz« ist mir eigentlich nicht »persönlich« genug. Doch Du kannst den Titel auch ändern. Mit dem Kopfe hast Du recht – ich wollte eine etwas müde Apathie hineinbringen und dadurch die Grandiosität der Halspartie erhöhen. Es gelang wohl noch nicht. Indessen – das ist ein Anfang – nich? Nun habe ich aber schon das erste Blatt in purer Schwarzweißkunst – da, hoff ich, wirst Du noch mehr sehen. Allerdings – mit den Farben magst Du vielleicht Recht haben. Nun – da hab ich mich nun hingesetzt und erst die 12 restirenden Stücke der ersten Serie vorgenommen – recht farbig.

Nr. 275

Die send ich Dir aber erst nächsten Montag – früher werden sie nicht fertig – und dann ein paar Stück von Serie III. Hoffen wir das Beste! Auch von der Verkäuflichkeit! Oh – Du ahnst wohl, was Du mir anthust.
Dehmel war Ende Mai mit Frau Isi bei uns, er ist in Blankenese. Ich freue mich sehr, daß Du zum Herbst kommen willst. Indessen – von Litteratur merkst Du hier keine Spur – nicht blos, weil ich pausire – sondern weil auch die Andern veritabler Weise einfach nicht da sind. Die Zeiten sind zu böse. Wär man erst Sylvester! Heil Deiner Jungfer Ambrosia! Fast beneide ich Dich, daß Du noch Lust zu einem Lustspiel hast! Vergiß nur nicht, daß hier in Deutschland nur die Sozialdemokratie lacht. Aber ich fürchte, daß dieses Lachen blos ein Vorspiel zu ihrem großen Trauerspiel ist. Kosmische Bärengrüsse!

Euer
Paulus Kassandrus! (Uh!)

Randbeschriftung:
Meine Zeichnerei kommt mir bald wie eine Erfüllung meiner kühnsten litterar. Wünsche u. Endziele vor!
bei Serie III ist mir so, als würde ich die Pforten des Jenseits sprengen – sprengen!
Entschuldige das Wort »Endziele« – es giebt ja kein Ende – Das ganze Jenseits wird immer grösser u. stärker – und hört nicht auf, grösser und stärker zu werden.
Nektar auf Deine Ambrosia – – – !!!!!!!!!

277 An Franz Servaes

Ch. Dienstag 28. Juli 1903

Liebes Franzi! Es ging erst heute! Das war ein starkes Stück Arbeit. Es kommen also noch 13 Stück von der ersten Serie. Ich gab noch N° 26 zu (Selbstportrait!) Könntest Du nun, wenn Du von der Serie II nichts verkauft hast, die 13 Stück der ersten Serie Herrn Miethke für 100 Gulden anbieten? Ich glaube, er könnte mit Freuden zugreifen – dann könnte ich mit Ruhe endlich Serie III zeichnen. Bitte schreibe mir sobald wie möglich eine Zeile über Serie III N° 1. – ich bin sehr gespannt, wie Du über dieses Stück denkst. Und – wenn Miethke »Ja!« sagt (evtl kannst Du auch weniger als 100 Gulden beanspruchen, obschon diese 13 mindestens 13 Mal so gut sind als die ersten 13 vor 4 Wochen!) – ja – wenn M. nu »Ja« sagt – drahtest Du mir da wieder? Ich schwöre Dir, daß ich jauchzen würde.

Und – kannst Du Donnerstag oder Freitag zu Herrn M. gehen? Und – solltest Du erst Sonnabend den Mammon bekommen – könntest Du den Mammon dann telegraphisch schicken? Vergieb mir, daß ich Dir so viel brennenden Spektakel mache – aber – sei gut!

Oberkosmische Bärengrüsse Servaessens!
Dein
oller
Paulus

278 An Franz Servaes

Briefkarte mit großer kolorierter Federzeichnung

vermutlich Sommer 1903

Liebes liebes Franzi!
Meinen wildesten Dank! Ich hatte schon Alles aufgegeben. Aber jetzt wachsen mir wieder Flügel. Ich werde jetzt ein Jubilate zeichnen. In c. 14 Tagen mehr! Zunächst zeichne ich für Ver sacrum, Jugend, Simplicissimus, Universum, Studio u. andre Zeitschriften – s e h r v i e l. Orkangrüsse! Deiner Frau und Dir (D i r!) und Deinen Kindern von

Deinem alten Paulus nebst Ursus!

Randbeschriftung:
Sei gegrüsst!
Und grüsse Herrn Miethke!
Ich sage Herrn M. heissen Dank

279 An Franz Servaes

Charlottenburg 3. August 1903

Liebes Franzi! Nun sage ich Dir zum dritten Male in diesem Jahre meinen wildesten Dank! Nu schimpf auch nicht mehr über den brennenden Spektakel, den ich Dir gemacht habe! Der Spektakel ist jetzt zu Ende – und kommt nicht wieder. Jetzt bin ich so weit, daß ich an die Zeitschriften senden kann und auch hiesige Kunsthändler selbständig interessiren kann. Daß ich so weit gekommen bin – das danke ich in erster Reihe – Dir! Niemals werde ich Dir das vergessen. Deinen Brief verstehe ich ganz und gar und halte Deine Bedenken für s e h r richtig.

Sei gegrüsst!

Liebes liebes Franzi!

Meinen wildesten Druck!

Ich hatte schon Alles aufgegeben. Aber jetzt wachsen mir wieder Flügel.

Ich werde jetzt ein Jubilate zeichnen.

In c. 14 Tagen mehr!

Zunächst zeichne ich für Ver sacrum, Jugend, Simplicissimus, Universum, Studio u. andere Zeitschriften – sehr viel.

Orkangrüsse! Deiner Frau und Dir (Dir!) und Deinen Kindern von Deinem alten Paulus nebst Ursus!

Nr. 278

Ueber die Ausstellung schreibe ich denn Herrn Miethke persönlich, ohne ihm von den 26 Sachen, die Du noch in Händen hast, was zu sagen.
Der Bär sagt, daß gegen Rachen- und Magenkatarrh (der Rheumatismus ist blos eine Begleiterscheinung) heiße Sandbeutel (Sand in einer Pfanne heiß gemacht und in ein Tuch gethan) auf Magen und Rücken gelegt und dort so heiß und so lange wie möglich gehalten und immer weiter gerückt werden....... Erfolg einfach bärenmäßig! Meine Frau kennt jede Krankheit und - heilt Alles!
An die »Jugend« schicke ich Neues - heute schon! Ich habe noch 80 M dort »abzuarbeiten« - daher wärs nicht gut, wenn Du schriebest. Besten Dank für Deinen guten Willen! Dattys Brief hat mir viel Freude bereitet - ich schreib ihr baldigst. Leuchtende Sommergrüße Dir und den Deinen! Toujours die Eurigen -

Scheerbart's

Der Bär ist mit der Katarrh-Kiste bei drei Aerzten vergeblich gewesen. Die Beutel-Kur allein half.

Randbeschriftung:
Vergiss die Bade-Ansichtskarten nicht! Bitte! Bitte!

280 An den »Simplicissimus«

Charlottenburg, Kaiser Friedrich Str 29.
6. August 1903

An die Redaction des Simplicissimus
München

Sehr geehrter Herr!
Beifolgend als eingeschriebene Drucksache erlaube ich mir vier Kreidezeichnungen mit dazugehörigem Manuskript einzusenden. Ich würde mich sehr freuen, wenn Ihnen die Sachen für den Simplicissimus geeignet scheinen könnten, und sehr dankbar sein, wenn ich so bald wie möglich eine Nachricht bekäme.

Mit vorzüglicher Hochachtung
ergebenst
Paul Scheerbart

281 An Franz Servaes

Herrn Dr Franz Servaes
Redacteur der Neuen Freien Presse
Bad Neuhaus
bei Cilli
Oesterreich!

Charlottenburg, Montag 17. August 03

Franzissime! Schönsten Dank für die Badeansichtskarte. Die Karte kam gerade an, als der Bär Geburtstag hatte – da kannst Du Dir die Freude ausmalen! Ich habe 7 Zeichnungen der Jugend u 4 dem Simplicissimus gesandt – und bin jetzt in die »Federzeichnungen« hineingekommen – die Sachen wirken schon so wie veritable Kupferstiche. Jetzt zeichne ich kosmische Himmelslandschaften mit stark bevölkerten Sternen etc. Perspektiven und Verkürzungen en masse. Komm bald! Sende »Beates« Federzeichnungen u. grüße Weib u. Kind!

Wir sind les tiens -
die Scheerbartleute [wackre!]

Randbeschriftung:
Ich suche in diesem Monat die hiesigen Kunsthändler persönlich auf.
beste »bärenmässige« Besserung!

282 Erich Mühsam und Paul Scheerbart an Herwarth Walden

Berlin 25. VIII. 03

Geehrter Herr!
Sie werden mit uns der Meinung sein, dass es so nicht weiter geht. Was zu viel ist, ist zu viel. Es geht eben nicht. Deshalb werden wir eine neue Tages-Zeitung gründen, »Das Vaterland« soll sie heissen. Wir reichen Ihnen die Hand, schlagen Sie ein und kommen Sie nächsten Sonnabend (29. August) zur Vorbesprechung, Friedrichstrasse 46, Ecke Zimmerstrasse (Schultheiss) 8 1/2 Uhr.
Frauen, besonders Frauenrechtrechtlerinnen haben keinen Zutritt.
Mit urdeutschem Herzensgruss

Erich Mühsam
Berlin W. 50.
Augsburgerstrasse 46.

Paul Scheerbart
Charlottenburg
Kaiser-Friedrichstrasse 29.

283 An Alfred Walter Heymel

Charlottenburg, Kaiser Friedrich Str 29

Lieber Herr Heymel! Wärs möglich, daß Sie im Insel-Verlage die beiliegend titulirten 5 Bände Theaterbibliothek herausgeben könnten? Ich kann die feinsten Sepiazeichnungen (mit Feder und Pinsel) dazu geben. Ein andrer Verlag als der Ihrige macht das nicht so, daß es Freude macht. Würde es gehen? Ich begnüge mich mit 100 M Honorar pro Band bei 1 M Ladenpreis für 1000 Exemplare. Vom Neuen Theater hier sind prinzipiell ein paar Stücke, die den nächsten Sylvesterabend füllen sollen, angenommen – die Auswahl soll in 8 Tagen kontraktlich fixirt werden – es ist somit für eine Anzahl Käufer zu garantiren. Rübezahl ist das Beste, füllt einen Abend allein. Mehr als 6 Bogen dürfte kein Band beanspruchen.
Es geht mir aber »momentan« so schlecht, daß ich, falls Sie die Sache möchten, Sie inständigst bitten möchte, mir 100 M Vorschuß zu senden. Ich brauchs so schrecklich nöthig, daß ich sehr dankbar wäre, wenn Sie das Erbetene so umgehend wie möglich sendeten. Ich habe so viel Qualen erduldet, daß ich vollkommen traurig geworden bin.
Mit vielen sehr traurigen, pechvollen und humorlosen Grüßen

bin ich
ganz und gar
Ihr
ergebener
Paul Scheerbart

27.8.03

284 An Erich Mühsam

Herrn Erich Mühsam
Redakteur am »Vaterland«
Berlin W.
Augsburger Str. 46.

Abs. Scheerbart Charlottenburg Kaiser Friedrich Str 29

Poststempel: 4.9.03

L.E.M! Die Wilde-Aufführung besuche ich voraussichtlich nicht. Ob ich morgen Abend im Schultheiß sein kann, ist auch noch sehr zweifelhaft. Die

»gemeinsame« Erklärung ist mir aber noch nicht »saftig« genug - ich dachte, Du würdest mir Manuskript zur Unterschrift senden. Solange diese nicht da - dürfte »Freistadt« meinen Namen nicht verwenden.

Schönste Vaterlandgrüße!
Dein
P. C. W.

285 An Herwarth Walden

Herrn Herwarth Walden
Berlin W. 15
Ludwigskirch Strasse 1.

15.9.03

Sehr verehrter Herr Walden!
Meinen schönsten Dank für Ihre liebenswürdigen Zeilen! Leider habe ich so sehr viel zu thun, daß ich bis auf Weiteres einen Abend nicht frei habe. Schade nur um den kaltgestellten Löwen. Empfehlen Sie mich Ihrer Frau Gemahlin!
Mit den großen Grüßen des Vaterlandes bin ich Ihr

ergebenster
Paul Scheerbart

286 An Franz Servaes

Herrn Dr Franz Servaes
Autor Ambrosiae
Wien XIII / 5
Linzer Strasse 464

Poststempel: 23.9.03

Franzissime! Demnächst grosse Neuigkeiten. Verzeih, dass ich so lange schwieg. Heute ist ein herrlicher Tag, der ganze Himmel blau - ich aber n i c h t. Wann kommst Du? Auf Wiedersehen!!!!

Bärengrüsse der Familie Servaes
Dein
oller
Paulus

287 An Richard Dehmel

Poststempel: 23.9.03

Riccardissime! Demnächst wirst Du was Neues hören. Entschuldige mein Schweigen! Heute ist ein herrlicher Tag – der ganze Himmel – blau – ich aber nicht.

Bärengrüsse dem Hause Dehmel
Ich bin
Dein
oller
Paulus

288 An Herwarth Walden

Poststempel: 26.9.03

Verehrter Herr Walden!
Verzeihen Sie tausend Mal – aber ich kann beim besten Willen nicht kommen. Pardon! Empfehlen Sie mich Ihrer Frau Gemahlin! Mit 10000 schmerzlichsten Grüßen Ganz Ihr ergebenster

Paul Scheerbart

289 An Franz Servaes

⟨An⟩ den Ambrosianischen
Franz Franz Servaes
Wien XIII/5 (Hüttelsdorf)
Linzer Str 464.

Abs. Geh. Kommerzienrath Scheerbart Charlottenburg Kaiser Friedrich Str

Poststempel: 30.9.03

Oh Franzi! Das 14te Buch e r s c h e i n t. Schweres Brett! »Machtspässe« heisst es – m e h r sag ich nicht. Ich danke Dir für Dein Magazin! Ich aber

soll eine b e k a n n t e G r ö s s e sein? Der Machtspassvogel! D u ! Serie III immerzu unterwegs. Maler wollen mich nicht - aber die Verleger!!*) Zeichne nur noch mit feinster Feder. Wann kommst Du?
Dein Haus lebe! Hurrah!

Dein oller Paulus.

Zusatz von Anna Scheerbart:
Bärengrüße - mächtige! - Ihrer Frau - Ihnen - und den Kindern.

B.

Randbeschriftung:
*) evtl. Hirth u. Langen!

Vergessen wir noch mal den ollen Lebensschmerz
Na prost! *Zusatz von A. S.:* O h prost!!!!!

290 An Richard Dehmel

⟨An⟩ den Begründer des Erbsen-Mysteriums
Herrn Dr Richard Dehmel
Blankenese b. Hamburg
Parkstrasse 40.

Poststempel: 11. 10. 03

Heil Dir, edelster aller Kannibalen!! Meine dicke Seele jauchzet Dir ganz energisch entgegen - obgleich mir garnicht energisch zu Mute ist.....

7777777 Bärengrüsse für Dein Haus
Dein
altes
Stück Speck.

Randbeschriftung:
ich zeichne Dir ein mystisches Bild - für den 10 October 1903.

291 An Franz Servaes

Herrn Dr Franz Servaes
Begründer der Karraborrier
Wien-Hüttelsdorf
Wien XIII/5

Poststempel: 17. 10. 03

Sämmtliche Teufel sollen Dich segnen. Oh Franzi! Was hab ich alles durchgemacht! 1700 Mal wollt ich – der selige Tollbats der Unendlichkeit – meinem dicken Leben zu Leibe⟨.⟩ In Wahrheit! Aber – der Geist, der uns führt – hat Alles gut gemacht⟨.⟩ Bd 15-19 – al Theaterbibliothek Revolutionäres meiniges – erscheint – Mensch kannst Du das ermessen? mit 22 Stücken – dazu hör ich ächte Wiener Musik – grüss Dein Weib – von mir und meinem, die ausgehalten hat. Oh!! Oh! Wilde Weltgrüsse Euch!! A. u. P.

Randbeschriftung:
Ich ess Euch Beide auf – sans gêne
Reiss Beate einen Zeh ab!
Wie ich: : : rase!

292 An Richard Dehmel

Herrn Dr Richard Dehmel
King of the World
Blankenese b. Hamburg
Parkstrasse 40.

Poststempel: 17. 10. 03

Richard! Weltmann! Unendlicher! – Ich bin glücklich – Theater Bibliothek Bd 1-5 – und Machtspässe, arab⟨.⟩ Novellen – Alles erscheint⟨.⟩ Bär betrunken – i c h nüchtern⟨.⟩ Haus Dehmel! Hurrah! Die Eurigen!!!!!!!

Zusatz von Anna Scheerbart:
Er lügt Anna u Paul

Randbeschriftung von Scheerbart:
Er lügt nur in Betreff der Betrunkenheit.
Ich zerbeisse Dich! Essen – Erotik! Ho! Ho!

293 An Richard Dehmel

⟨An⟩ jenen Worldking
Herrn Richard Dehmel
Blankenese b. Hamburg
Parkstrasse 40.

Poststempel: 19.10.03

Ganz sanfte bebende Weltgrüße! Es lebe der 26. October 1903! Wir erwarten Euch um 3 Uhr! Bis dahin braten wir Neger und Indianer, damit Alles gut aussieht. Meine edle Frau Gemahlin grüßt die Deine und Dich ebenfalls mit gewaltigen Stimmitteln, und ich rufe ganz leise flüsternd: Es lebe der 26. October 1903!

Weltgrüsse – furchtbar schwere – dem Hause Dehmel!
Dein P. C. W.

Randbeschriftung:
Ich wiege übrigens 76 2/3 Kilo und bin 1,78 m groß.

294 An Ida Dehmel

Charlottenburg 4. November 1903

Sehr verehrter Frau Isi!
Einen peinlich großen Schmerz haben Sie mir bereitet, da Sie mich zwingen, Ihrer lieben Einladung mit aller Energie einen Absagebrief entgegenzusetzen. Wie schwer mir das fällt, kann ich garnicht sagen. Aber es geht nicht anders. Vor Weihnachten soll noch der erste Band meiner Theaterbibliothek und zwar der Rübezahl erscheinen, und vorgestern war ich erst mit den Zeichnungen für die arabischen Novellen fertig. Wenn ich jetzt mit aller Kraft die Zeichnungen für Rübezahl beschleunige – 14 Tage nehmen sie doch in Anspruch – und in 14 Tagen ist der 18. November. Und überstürzen darf ich die Sache in keinem Falle – und aufschieben darf ich sie ganz und gar nicht – nicht einen Tag! Und so muß ich Ihnen, so schmerzlich mir das auch ist, abschreiben. Werden Sie mir zürnen? Bitte thun Sie's nicht – es hängt zu viel für mich vom Erscheinen des Rübezahl vor Weihnachten ab – die großen Theater müssen sämmtlich vor Weihnachten das Buch haben – da ich eine Aufführung in diesem Winter nicht für unwahrscheinlich halte. Mein Bär wollte durchaus, daß ich fahre – aber i c h k a n n n i c h t –

schon das Denken daran würde mir die Hand verstauchen. Glauben Sie mir bitte das Letztere – es ist so.
7 Trillionen »schmerzlichster« Grüße von Ihrem ergebensten

Paul Scheerbart u. seinem Bären.

295 An Franz Servaes

Charlottenburg, Kaiser Friedrich Str 29.
9. Nov. 1903

Liebes Franzi! Du hast viel zu thun – und ich komme vor übermäßiger Arbeit auch garnicht zur Besinnung. Frl. Schapire war hier – schönsten Dank – sie kommt demnächst noch mal! Aber – wie steht es jetzt mit den 26 Zeichnungen, die Du in Händen hast? Bist Du ein paar für die 100 Gulden, die ich Dir schulde, los geworden??? Und – kannst Du den Rest evtl Herrn Miethke zur Ausstellung senden? Herr M. wollte im Herbste der Ausstellung wegen schreiben – hat es aber bislang noch nicht gethan. Ist Dir vielleicht ein Herr F. Wärnesdörffer Wien I Börseplatz 6 als Kunstkäufer bekannt geworden?
Ich zeichne mit wilder Intensität und gebe 7 Bücher mit meinen Illustrationen heraus: I. Machtspässe. Arabische Novellen. II. Revolutionäre Theater-Bibliothek Bd. I-VI (22 Stücke!)
Und ich habe noch sehr viel mehr vor.
Es ist Alles sehr aufregend und angreifend – das Neue Theater bekommt soeben ein Ultimatum von mir.
Nun sage mir, liebes Franzi, ob Du litterarisch-belletristische Manuskripte da hast, die Du mit mäßigstem Honorar drucken lassen könntest. Ich würde mich sehr freuen, wenn ich Dir behülflich sein könnte. Schreibe mir – aber bitte auf Alles.

Viele viele Bärengrüße Dir und den Deinen!!!!
Ich bin Dein
oller Paulus

296 An Richard Dehmel

Telegramm

18. 11. 03

Blitzendes Glanzglück wünschet Dir Dein Paulus

297 An Herwarth Walden

Ch. 24. Nov. 1903.

Sehr verehrter Herr Walden!
Meinen schönsten Dank für Ihre Karte. Es thut mir schrecklich leid, daß ich nicht kann, da ich doch ein sehr großes Interesse daran habe, etwas von Ihren Kompositionen zu hören. Aber ich muß jede Ablenkung fliehen; ich gebe in diesem Winter c. **8** neue litterarische Publikationen heraus – sämmtlich mit eigenen Feder- und Kreidezeichnungen – und die Zeichnerei u. die Druckerei nimmt mich von Kopf bis Fuß in Anspruch, sodaß Sie nicht böse sein dürfen.

Mit hochachtungsvollen Weltgrüßen
Ganz
Ihr
Paul Scheerbart

298 An Franz Servaes

Charlottenburg Montag Abend
7 U. 10 Min. 25. November 03

Franzi! Franzih! He! He! Schläfst Du? Hör doch! Hast Du vor 14 Tagen nicht einen Brief von mir bekommen? He! Hör doch! Franzi? Schreib mir doch mindestens eine Postkarte! Sonst denk ich noch gar, daß Du grollst! Franzi, schreib! Grüß Dein Haus! Mit Bärengrüßen!

Dein
oller Paulus.

299 An Franz Servaes

Charlottenburg, Freitag 27. Nov. 1903

Franzissime. Am 1. October 1902 landete ich nach zweijähriger Abwesenheit wieder in Berlin und brachte **21** Theaterstücke mit. Der »Rübezahl«, ein abendfüllendes Schauspiel in 5 Akten, wurde vom 15. Jan. 1903 bis zum 15. März 1903 geschrieben. Dieser Rübezahl füllt den ersten Band der »Revolutionären Theater-Bibliothek« – die 21 andern Stücke kommen in Band

II-VI (oder II-V) zur Erscheinung. Die Zeichnungen für Rübezahl werden in c. 10 Tagen fertig sein. Die »Machtspässe« (3 arabische Novellen von anno 1891-94) kommen in der nächsten Woche (auch mit Federzeichnungen wie die Theaterbibliothek) im Buchhandel heraus.
Außer dem Rübezahl habe ich in Berlin (in veritablen 14 Monaten) Nichts geschrieben.
Kannst Du also wirklich von Ueberstürzung und Ueberproduktion reden?? Ich glaube, das geht nicht gut an.
Daß die »zünftigen« Maler gegen mich sind, schrieb ich Dir schon (ich habe hier blos mit Brandenburg, Markus Behmer u. Leistikow konferirt - und hatte genug) der Mißerfolg in der »Wiener« Secession hat mich daher nicht überrascht. Aber - wir haben doch Herrn Miethke - ist das nicht genug? Herr M. wollte doch eine Ausstellung von meinen Sachen arrangiren - wenn er also heute nicht mehr will - könntest Du ihm da nicht einen Ausweg vorschlagen? Könntest Du ihm nicht erklären, daß ich gerne auf die Ausstellung verzichte - - wenn er die Serie II (d.h. die 26 Sachen, die Du noch hast) für 250 Gulden ankauft? Dann hat er die sämmtlichen Erstlinge - als werthvolle Curiosa - zusammen in seinen Händen und kann sie evtl. zusammen als ein Stück gut verkaufen - und zudem ausstellen oder nicht ausstellen - ganz wie's ihm paßt. Werth haben die Sachen als Erzeugnisse eines »Dichters«. Litterarisch für meine Zeichnerei eintreten - brauchst Du im Moment noch nicht - das wäre Kraftvergeudung - das Beste kommt ja noch - und die 6 (resp 7) neuen illustrirten Bücher thun momentan schon genug.
Wie denkst Du darüber? Willst Du lieber, daß ich persönlich an Herrn M. schreibe - oder ist Dir das gleich? Die Sachen erscheinen mir so außerhalb der Malersphäre zu stehen, daß Du als Kunstkritiker kaum dadurch tangirt wirst - aber ich thue gern wie es Dir recht ist. Evtl. würde ich die Sachen Herrn F. Wärnesdörfer Wien I Börseplatz 6 anbieten.
Nochmals: kennst Du den Herrn? Wenn Du nicht darauf zurückkommst, nehme ich an, daß er Dir unbekannt ist.
Wenn Herr Engelhart einige von den Zeichnungen für die 100 Gulden haben will, ist es mir recht - sage mir dann welche - und ich ersetze dann die Stücke durch andre - sodaß Serie II für Herrn Miethke oder Wärnesdörffer wieder vollständig wird. Indessen - das Liebste ist mir, wenn Du die 100 Gulden von den 250 abziehen könntest!!!
Sei lieb, Franzi, und schreibe so bald wie möglich

Deinem
ollen
Paulus.

Randbeschriftung:
7 Trillionen Vulkangrüsse von Haus zu Haus - auch von Frl. Schapire.
Frl. Schapire war gestern Abend bei uns zum Abendbrot bis 1/2 11 U.
Morgen Sonnabend habe ich wieder eine Konferenz im Neuen Theater.
Meine Frau, Anna Charlotte Louise, macht großartiges Vorsatz- u. Deckelpapier - Was sagst Du dazu? Nu?
Und - hast Du wirklich keine litterarisch-belletristische Manuscripte für »Buchverlag«?
Ich würde mich sehr freuen, wenn ich Dir auch mal einen Gefallen thun könnte -- bei meinem Verleger.
Mein Verleger möchte gerne was Litterarisches - thatsächlich!

300 An Franz Servaes

Poststempel: 4.12.03

Franzissime! Herr Mietke will wie er eben unterm 3ten d.M schreibt, im Laufe der nächsten Woche seine Ausstellung eröffnen und auch meine Sachen ausstellen - d.h. die angekauften! Es war aber doch von weiteren Bildern die Rede - darf ich Dich daher inständigst bitten, Herrn M. die in Deinen Händen befindlichen 26 Sachen zu geben (evtl zu senden!) und mir umgehendst mitzuteilen, ob Du das gethan hast?
Bitte - schreibe: »ich sandte« oder »ich gehe hin.....« Wildeste Grüße von Haus zu Haus

Dein
Paulus.

301 An Franz Servaes

Charlottenburg, Dienstag Nachm. 8. Dec. 03.

Liebes Franzi! Herr M. hat aber anfänglich zu Dir gesagt, daß er mir durch eine »Ausstellung« entgegenkommen möchte, und ich dacht dabei stets an 50-60 Stück, wie wir das anfänglich beschlossen hatten. Und ich habe Herrn M. im August geschrieben, daß ich zur Ausstellung Weiteres arbeite und ihm das kurz vor Thoresschluß einsenden würde. Demnach steht die Erklärung vom »Nicht mehr habenwollen« im Widerspruche zu dem Dir anfänglich Gesagten und zu dem, was ich im August Herrn M. schrieb und von diesem durch Stillschweigen quasi acceptirt wurde.

Ich danke Dir nun für Deine Karte und dafür, daß Du Herrn M. sprechen willst, sehr – sehr! – und bitte Dich nur: sprich mit Herrn M. sobald Du kannst und laß ihm die Sachen, wenn er Schwierigkeiten macht, auch für 200 Gulden; ich bedaure furchtbar, daß die Sache so eilt, da Herr M. doch in dieser Woche ausstellen will – zürne also nicht und sprich, sobald Du kannst! Er hätte dann alle meine Ornamentalica zusammen und könnte sie als »Kuriosa eines Dichters« sehr preiswerth auch zusammen verkaufen, da ich so was nicht mehr mache; ich zeichne jetzt nur noch mit der Feder und werde, sobald ich kann, zur Radirnadel greifen – und Ornamentales (im gewöhnlichen Sinn!) werde ich nicht mehr machen. (Das sage Herrn M!) Ich schreibe Herrn M., daß Du kommst, und sage von der Preisreduzirung auf 200 Gulden vorläufig noch Nichts. Grüße Dein Haus von meinem! Und schimpfe nicht!! Ich werde Dir sehr sehr dankbar sein, wenn Du diese leider nicht erquickliche Geschichte bald »erledigst« – – – – – – –

Eiligst – aber heiligst
Dein
oller
Paulus.

302 An Franz Servaes

Bildpostkarte mit Löwenkopf, von Text umrahmt

Jawohl, unsre Menagerie hat sich sehr gefreut. Wir sagen unsern brüllenden Dank!
In jedem Käfig sah man heute lächelnde Gesichter – so was wie stillvergnügte Heiterkeit – was Rares bei uns!
Wir wünschen Ihrem Dom ein frohes neues Jahr! Es werde Alles immer besser – immer besser!
Und uns wünschen wir das lächelnde Gesicht for ever!
Brüllend für die ganze Menagerie

Ihr hochachtungsvoll ergebener
Plusa-Wüste.
Blauer.

26. XII 1903

303 An Erich Mühsam

⟨M⟩onsieur Erich Mühsam
Wirklicher Geheimer Theaterdirektor
46. Augsburger Str. 46
Berlin W.
Allemagne!

Abs. Monsieur Scheerbart, Charlottenburg Kaiser Friedrich Street Nummro 29

Fotopostkarte mit Aufdruck: Paris. – Théâtre du Chatelet, *von Scheerbart überzeichnet*

31. Dec. 1903

Randbeschriftung:
Lieber College! Ich danke Dir für Deine schönen Wünsche! Halte fest am Gründen! Kauf das obige Theater an – und – und – na – Prost Neujahr!

In das Bild geschrieben:
Meine Frau wünscht Dir drei Theater!!! (3)
Bald der Morgen tagt!!!!
Tagte doch auch der Morgen bei uns!
Hurrah!
Immer muthig!

304 An Richard Dehmel

Charlottenburg 21. Febr. 1904

Lieber Richard! Meinen besten Dank für Deine Karte. Mit mir stehts nun so: Erst am 9. Jan. d.J. war ich mit den Rübezahlzeichnungen fertig (50 Stück) – ich hatte 14 Tage der Augen wegen pausiren müssen. Am 14. Jan. d.J. fing ich mit meinem Volksroman »Der Kaiser von Utopia« an. Heute bin ich auf Seite 206 – in 8 Tagen soll Alles fertig sein (c 300 Seiten). Hieraus kannst Du folgern, in welchem Zustande ich mich c 3. März d.J. befinden muß. Verzeih mir daher, daß ich nicht komme; ich muß mich wirklich schonen.

Wir ziehen c 26. März d. J. nach Mariendorf b. Berlin, Grossbeerenstr. 7. III [elektrische Bahn Behrenstrasse – Mariendorf (südlich von Tempelhof)]. Hoffentlich wird da Alles wieder gut.
Von der Hamburger Ausstellung habe ich keine Ahnung – 26 Zeichnungen wurden von Seraves für 400 Kronen an Miethke, Kunstsalon Wien verkauft. Was der nun damit macht, bleibt mir leider verhüllt; sollte mich M. berühmt machen wollen – blos um seine 400 Kronen zurückzuerobern? Grüße Ansorge und schimpf nicht, daß ich Dir die Machtspässe nicht gleich geschickt habe – sie sahen doch zu unvollkommen aus. Theaterbibliothek Band I-VI wird ganz bestimmt besser.

Bärengrüße Deinem Hause!
Dein
alter
Paulus

Randbeschriftung:
p. s. Der Bär macht das denkbar grossartigste Vorsatz- u. Deckelpapier – und Dein Tritpychon kommt im Sommer von uns Beiden......

305 An Herwarth Walden

Ch. 18. März 04

Sehr verehrter Herr Walden!
Meinen schönsten Dank für Ihre Karte. Ich habe mich sehr gefreut, daß Ihnen meine Bücher so gefallen haben und stelle Ihnen gerne auch die andern leihweise zur Verfügung. Besonders freue ich mich aber, daß Sie die »Dschinnenschlacht« komponiren werden. Ich habe aber mit einem Verleger einen Kontrakt gemacht, daß ich bis zum 3. April d. J. ein »grösseres« Manuskript fertig stellen würde – u. demnach übermenschlich viel zu thun. Könnten Sie also in Betreff der »Schlachtbesprechung« zu mir kommen? Ich würde

Randbeschriftung:
Ihnen sehr dankbar sein. Mit tausend heftigen Galoppgrüßen Ihr ergebenster P. S.
Vielleicht schreiben Sie, bevor Sie kommen; ich muss noch öfters in die Bibliothek.

306 An Herwarth Walden

Mariendorf b. Berlin Grossbeerenstr 5. B. III.
Poststempel: 5. 4. 04

Verehrter Herr Walden! Jetzt stehe ich jederzeit zu Ihrer Verfügung. Bestimen Sie Stelle u. Stunde! Wir wohnen hier bereits in bester Aufmachung! – mit Aussicht – bis in die Unendlichkeit hinein. Nach Mariendorf kämen Sie am besten mit Ihrer Frau Gemahlin via Friedrich Str elektr. Bahn Behrenstr Mariendorf Ende rechts durch die Dorfstraße in d. Grossbeerenstr 5. B. III [7 Minuten Dorfweg] Aber wir kommen auch in die Stadt, wann u. wohin Sie wollen. Bestimmen Sie Stelle u. Stunde!!!!

700000000000 Schlachtgrüsse von Welt zu Welt
Ihr
Paul Scheerbart

307 An Herwarth Walden

Mariendorf 7. April 1904.

Sehr verehrter Herr Herwarth Walden!
Heiligsten Dank für Ihre Karte!
Ich freue mich so furchtbar, daß ich jetzt sofort mit meiner Frau in die Abendsonne gehen muß – obschon die Witterung rauh ist. Wir kommen Sonntag um 4 Uhr – und ich freue mich – sehr – sehr! Immerzu! Die Bücher bringen wir mit. Jetzt gehört auch Mariendorf zu Groß-Berlin! Ein knatterndes Halloh unsrer Dschinnenschlacht! Ich glaube an Ihre Güte – bombenfest!
Die schrecklichsten Wüstennachtgrüße von Capitol zu Capitol!!!!
Ihr
Paul Scheerbart

308 An Rudolf von Poellnitz

Mariendorf bei Berlin
Großbeerenstr. 5. B.
April 1904

Herrn R. von Poellnitz
Insel Verlag
Leipzig

Sehr geehrter Herr!
Das beiliegende Inserat giebt mir den Muth, noch ein Mal bei Ihnen anzufragen, ob Sie wohl geneigt sein könnten, eine von mir so genannte »Jenseits-Galerie« (Zeichnungen mit erläuterndem Titel Blatt I-XVIII) herauszugeben. Nach meinem Dafürhalten ist es das Beste von allen meinen Produktionen. Die Zeichnungen sind sehr interessant – Asteroïdenbewohner etc mit vielen neuen Organen und bisher noch nie gezeichneten Gliedmaßen. Der Text ist kurz, aber so verständlich, daß sich auch ein größeres Publikum dafür interessiren dürfte. Die Reproduktionsart denke ich mir in Autotypie (Dr Albert sicherte mir tadellose Durchführung zu.) Jedes Blatt würde sich in mäßiger Größe auf c 15 M Clichékosten stellen. Ob Mappe – ein paar Hefte oder Bücher daraus entstünden, wäre mir gleich. Ueber die Honorarfrage würden wir uns sicher leicht einigen. Um Ihnen zu zeigen, wie sich meine zeichnerischen Qualitäten weiter entwickelt haben, sende ich 51 Stücke für Buchschmuck bei, die ich zu behalten bitte.
Sie würden mich zu großem Danke verpflichten, wenn Sie mir gestatten möchten, Ihnen die Zeichnungen (Kreide u. Feder) zur Ansicht zuzusenden.

In ausgezeichneter Hochachtung
Paul Scheerbart

309 An Richard Dehmel

Mariendorf b. Berlin
Grossbeerenstr 5. B. III.
Poststempel: 12. 4. 04

Riccardo! Riccardo!
Du sollst doch nicht immer so furchtbar auf mich schimpfen!
Du sollst doch nicht!

Sei gut! Sei gut!
Lege mich Deiner Frau Gemahlin zu Füßen!
Und zwar - mit Bärengrüßen

Ich bin
ton
oller Paulus.

310 An Franz Servaes

Poststempel: 12.4.04

Franzi! Wirst mal wieder gleich gut sein! Sonst - schieß ich Dich tot - und eß Dich auf in holländischer Sauce. Ich bin jrausam!!! Meine Gemahlin grüßt Deine Gemahlin u. Dich auch - und ich auch! Hollaribaráxi!

Ton
oller
Paulus.

Randbeschriftung:
Mariendorf bei Berlin Grossbeerenstr 5 B. III links
elektr. Bahn »Behrenstr - Mariendorf« fährt blos 38 Minuten!!!!!!!
Hier ist Alles ganz köstlich!

311 An Franz Servaes

15. April 1904

Hoihohópp! Franzi, sei mir gegrüßt! Ich freue mich, Dich wiederzusehen! Komm bald! Hier Aussicht bis in den Ural. Bei guter Phantasie kann man sogar den russisch-japanischen Feldzug von meinem Balkon aus beobachten.
à propos! Kennst Du die Wiener »Kunst«? Weißt Du, wer da zu sagen hat? In der Februar-Nummer erschien da einer meiner Artikel mit 5 Zeichnungen. Ich sollte meine Honoraransprüche mitteilen und bat nur um 25 Gulden. Auf 5 Briefe und Karte sagten sie aber Garnichts mehr. Was thun? Die Originale d. 5 Zeichn. hab ich auch noch nicht zurück.

Heiligste u. eiligste Bärengrüsse von Dom zu Dom
Dein oller Paulus.

312 An Herwarth Walden

Fotopostkarte mit Aufdruck: Paris. – La Cité – Abside de l'Eglise Notre-Dame

Poststempel: 18.4.04

Randbeschriftung:
Sehr verehrter Herr Walden! Wir freuen uns sehr auf Ihren Besuch. Also **5 B III.** Das 2te Haus nach 5. 20000 Centner neuen Frühling bestellt – für Sie Beide. Grosse Grüsse von Haus zu Haus – Ihr P. S.

313 An Herwarth Walden

Sehr verehrter Herr Walden! Letzten Montag u. gestern war ich in der Stadt, morgen und übermorgen muß ich wieder dort sein – und täglich c 10 Briefe! Und dann müssen die 41 Zeichnungen bis 15 Mai fertig sein. Und dann kommen noch Geschichten u. Artikel, die zur Erhaltung der Existenz s e h r nothwendig sind! Werden Sie mir daher zürnen, wenn ich nächsten Sonntag nicht komme? Bitte, thun Sie's nicht; es fällt mir so schwer, Ihnen u. Ihrer Frau Gemahlin abzuschreiben. Wir kommen, sobald ich wieder freier bin. Herrn K. Krall hab ich geschrieben. Wir kommen in ein sehr heftiges Zeitalter hinein............... Entschuldigen Sie mich bitte bei Herrn Wolynski, so gut Sie können.
100000000000 sehr wilde heftige Revolutionsgrüße von Templum zu Templum

Ganz
Ihr
28.4.04. Paul Scheerbart

Randbeschriftung:
u. f. Schuster u. Loeffler schreibe ich schon »Die wilde Jenny« e i n K r i e g s r o m a n !

314 An Herwarth Walden

Selbstverständlich, verehrter Herr Walden, können Sie meinen Namen auch in dem Aufrufe zu dem Hille-Abend verwenden. Meinen besten Glückwunsch! Sie sind doch – so voll Energie, daß ich schon ganz erstaunt bin..........

Ganz energische Grüße von Burg zu Burg!
Ihr
Paul Scheerbart

13. Mai 1904.

315 An Salomo Friedlaender

Herrn Dr S. Friedländer
Charlottenburg 4
Schillerstrasse 78. I r.

Meinen heiligsten Dank, sehr verehrter Herr Friedländer, für Ihren Brief u. für die Manuskripte. So habe ich mich schon lange nicht gefreut!*) Ich schreibe Ihnen längeres in nächster Woche. Momentan muß ich leider so heftig zeichnen, daß ich garnicht ordentlich zur Besinnung komme.

Trillionen Pfingstgrüße – auch von meiner Frau –
Ihr
hochachtungsvoll ergebener
Paul Scheerbart

Mariendorf
21. Mai 1904.

Randbeschriftung:
*) Thatsächlich!

316 An Herwarth Walden!

Sehr verehrter Herr Walden!
Meinen allerschönsten Dank für den Bruder Liederlich. Das Theater-Opus für Sie im Umriß schon da – bin leider momentan so in Aktion, daß ich noch um Geduld bitte. Sehr dankbar würde ich Ihnen sein, wenn Sie mir meinen »Rakkóx«, falls Sie ihn gelesen haben, zusenden können. In stürmischer Eile mit vielen Grüßen von Dorf zu Stadt

Ihr ergebenster
Paul Scheerbart

2.6.04.

317 An Paul Remer

Mariendorf b. Berlin Grossbeerenstr
4. Juni 1904

Lieber Paul Remer!
Anbei als Drucksache 8 Zeichnungen in Punktirmanier – als Proben für das Buch, das Du von mir illustrirt haben möchtest. Indessen – wenns Dir jetzt nicht gelingen sollte, die Sache von m i r illustrirt zu sehen – so sags mir: ich schwöre Dir, daß ich Dir deshalb nicht böse sein werde
Ich bin momentan so vernarrt in meinen alten Großvater Swift, daß ich Dir gerne einen Swiftband liefern möchte, der 100 Mal feiner als der Cervantes werden soll. Indessen – falls es Dir nicht liegt, so sags mir nur: ich schwöre Dir, daß ich Dir auch Swiftens wegen nicht böse sein werde
Nur bitte ich Dich: schreibe mir so bald wie möglich, da ich gestehen muß, daß ich mit Zähneklappern in die verdammte nächste Woche hineinstarre.

Große Grüße
von
Dom zu Dom
Dein
Paul Scheerbart

318 An Julius Hart

Mariendorf b. Berlin, Grossbeerenstr 5B.
Sonntag 19. Juni 1904.

Lieber Julius! Bist Du mir böse, daß Du mir nicht schreiben magst? Ich möchte so gerne wissen, ob Ihr noch Neigung habt, was von mir aufzuführen. Evtl. denke ich, daß sich Martin Zickel dadurch bestimmen lassen könnte etc etc. Andrerseits bin ich sehr in Unruhe wegen der Originalmanuskripte; ich möchte nicht, daß sie verloren gehen Wenn Du blos schreibst »sie sind wohl aufgehoben« – so bin ich beruhigt. Und – wann erscheint der Artikel über Rübezahl? Ich würde Dir sehr sehr dankbar sein, wenn Du mir gleich nach seinem Erscheinen die Nummer mitteilen könntest. Ich habe mich so maßlos zu quälen – jetzt muß ich immer noch mehr dichten – ich verzweifle beinahe.......

Tausend Grüße
von
Deinem nicht mehr sehr mutigen
Paul Scheerbart

319 An Herwarth Walden

Montag 18. Juli 1904

Sehr verehrter Herr Walden!
Besten Dank für Ihre Karte! Es lebe der Grunewald! Wir kommen Mittwoch um 4!

Mit großen Waldgrüßen
Ihr
Paul Scheerbart

320 An Herwarth Walden

Mariendorf, Sonnabend 23. Juli 1904.

Sehr verehrter Herr Walden!
Anbei das Gewünschte! Bitte – schreiben Sie mir so bald wie möglich, obs Ihnen so genügt. Wenn Sie's petit drucken lassen, was mir sehr angenehm wäre, würde das Ganze den entsprechenden Raum einnehmen.
Wenn Sie uns bald besuchen würden – so wie verabredet – so würden wir uns sehr freuen.

Mit Weltgrüssen von Templum zu Templum
Ganz
Ihr
Paul Scheerbart

Auf separaten Blättern:

1) Die Fabrik lebenslustiger Kreaturen.
Kosmische Existenz-Komödie.
[aus dem Nilpferde-Roman »Immer mutig!«]

2) Die kleine Fliege. Ein Winter-Idyll
[aus dem Königs-Roman »Na prost!«]

3) Lika. Eine Künstler-Odyssee
[aus dem Nilpferderoman »Immer mutig!«]

4) Die gebratene Flunder. Tanzpoëm der tiefen Richtung
[aus dem Eisenbahn-Roman »Ich liebe Dich«]

5.) Rebellenmacht
[aus den arabischen Novellen »Machtspässe«]

6) Der astropsychologische Dithryrambus.
[aus dem Königsroman »Na prost«]

7) Platzende Kometen
[aus dem Nilpferderoman »Immer mutig!«]

8.) Die Weltschaukel. Eine Erlösungs-Burleske.
[aus dem Eisenbahnroman »Ich liebe Dich!«]

9) Das Erwachen. Ein Ereignis.
[Manuscript]

10) Hei, tanze mit mir! Eine Schwärmerei
[aus dem Königsroman »Na prost!«]

11) Stammbuchvers
[aus dem Eisenbahnroman »Ich liebe Dich!«]

12) Kikakokú! Ekoraláps!
[ebenda]

13) Die Welt von Eisen. Ein grosses Gebrumm.
[aus dem Nilpferderoman »Immer mutig«!]

Randbeschriftung:
Das Eingeklammerte evtl. petit

321 An Herwarth Walden

Mittwoch 29. Juli 04.

Verehrter Herr Walden!
Leider ist es mir unmöglich, morgen zu kommen. Ich hätte sehr gerne mitgegründet – am liebsten eine Zeitschrift für Kunst: »Die Blausäure«. Dafür überall tiefgefühltes Bedürfnis vorhanden.

Mit den schönsten Welt- und Feld-Grüßen
Ihr
P. S.

322 An Herwarth Walden

Mariendorf b. Berlin Grossbeerenstr.
Sonnabend 30. Juli 1904.

Sehr verehrter Herr Walden!
Würde es Ihnen vielleicht möglich sein, morgen Sonntag dreißig M. an mich abzusenden? à conto Vorlesung??? Es würde dann mit den zwanzig die Hälfte des Honorars gezahlt sein (fünfzig M.) Wenn Sie's könnten, wäre ich sehr glücklich und sehr dankbar - sonst kann ich nicht die Miethe bezahlen - und die Verhältnisse werden unhaltbar.

Schönsten Gruß!
Ganz
Ihr
Paul Scheerbart

Meinen besten Dank für Ihre letzte Karte, die mich sehr erfreut hat.

323 An die Bonner Zeitung

⟨An⟩ die Redaction der
Bonner Zeitung
Bonn

5. August 1904.

Sehr geehrter Herr!
Mitte Juli d. J. erlaubte ich mir, drei arabische Novellen zum Nachdruck für 10 M Honorar einzusenden. Ich habe die Novellen (Machtspässe) nicht zurückbekommen. Darf ich daher um Einsendung des Honorars bitten? oder um Nachricht?

Hochachtungsvoll und ergebenst
Paul Scheerbart

324 An Herwarth Walden

Mariendorf b. Berlin, 11. August 1904.

Sehr verehrter Herr Walden!
Anbei das Gewünschte! Ein Portrait-Cliché en face hat noch das Litterarische Echo (Egon Fleischel u. Co, Lützowstr 2) Die Photographieen sind bei

Fechner Potsdamer Str. anno 1897 gemacht u. dort noch käuflich zu haben (3 Aufnahmen) Andre hab ich nicht. Ich sende Ihnen 2 amüsante Briefe, die Sie für den V.f.K. »beliebig« verwenden können – wenn Sie wollen. Ich bitte aber um gelegentliche Rückgabe der beiden Kuriosa.

Mit den besten Hausgrüßen
Ihr
ergebenster
Paul Scheerbart

325 An Salomo Friedlaender

Dienstag 23. August 1904.

Sehr verehrter Herr Friedländer! Die Manuskripte sende ich als Drucksache. Und über die Philosophie im Allgemeinen u. Besonderen müßten wir mal reden. Ich werde mir erlauben, Ihnen demnächst zu schreiben – wo wir reden könnten. Ich weiß aber noch nicht, wann ich kann. Ich glaube, die Philosophie geht »immer« darauf aus, eine Art »Weltformel« zu finden. Könnten wir nicht nach Art der Religionskriege – veritable Philosophenkriege arrangiren? Sie könnten dann die Formalisten, ich die Antiformalisten anführen. Das Anführen würde mir einen furchtbaren Spaß machen. Jedenfalls müßte die Sache sehr lustig werden. Ich schreibe sobald wie möglich. 100000000 Weltformel- und Antiweltformel- und Weltantiformelgrüße – auch von meiner Frau – – –

von Ihrem Ihnen sehr ergebenen P. Scheerbart

326 An Herwarth Walden

Mariendorf b. Berlin 23. August 1904.

Verehrter Herr Walden!
Besten Dank für Ihre Sendung! Aber ich vermisse bei der ersten Drucksache die Uniformität. Wenn es nicht möglich wäre, Gleichheit des Lokals, der Billetpreise und der Honorare festzuhalten – so müßte ich – so leid es mir thut – unter allen Umständen zurücktreten.

10000 schönste Weltgrüße von
Ihrem
ergebensten
Paul Scheerbart

327 An Herwarth Walden

Mariendorf b. Berlin 25. August 1904.

Sehr verehrter Herr Walden!
So ist selbstverständlich Alles vollkommen klar. Aber an die Musik habe ich nicht gedacht, da Sie mir sagten, daß am Schlafabend grade sehr viel Musik sein würde.
Aber so sind auch die beiden Lokale durchaus motivirt; es ist selbstverständlich, daß Sie bei höheren Kosten auch auf eine größere Publikumszahl rechnen müssen.
Ich nahm nicht an, daß Sie etwas gegen mich hätten, da ja auch Schlaf u. Mann getroffen wurden – aber total unverständlich war mir die Sache und mußte mir auch nach der Drucksache sein.
Also: Entschuldigen Sie! Ich konnte nichts anders. Jedenfalls freue ich mich, daß so Alles erledigt ist. Bei meinem schrecklich gereizten Zustande sind solche Dinge gradezu gefährlich. Gerne würden wir morgen Abend zu Ihnen kommen – aber ich weiß nicht, ob mich »zwingende« Gründe zurückhalten werden. Falls wir also bis ein Viertel nach 6 Uhr nicht da sind, so ist es »nicht möglich« gewesen. Ich bitte, uns dann zu entschuldigen.

Zehn tausend schönste Hausgrüße von Haus zu Haus!!!!
Ihr
ergebenster
Paul Scheerbart

328 An Herwarth Walden

Sonntag 28. August 1904.

Verehrter Herr Walden!
Anbei das Adressenbuch – ein paar blau angestrichene Adressen empfehle ich Ihrem besonderen Wohlwollen. Aber diejenigen, die nicht blau unterstrichen sind und Ihnen »gänzlich unbekannt« sind – bitte auszulassen – da sie nicht in Betracht kämen.
Herr Lublinski wird Ihnen meinen National-Zeitungs-Artikel geben, den Sie weitergeben könnten, wenn Sie möchten.
Der Kaiser von Utopia wird schon gesetzt!!!

Große helle Frühlingsgrüsse von Haus zu Haus
Ganz
Ihr
Paul Scheerbart

329 An Erich Mühsam

Herrn Erich Mühsam
Schriftsteller
Zürich V
Universitätsstrasse 10
Schweiz!

Montag 10. October 1904 Abds.

Lieber Erico! Besten Dank für Deine letzte Karte! Ja! Ja! Jetzt wird schon Alles »gut« werden! Oh! - - - Indessen kannst Du mir umgehend mitteilen, ob das Centraltheater in Zürich (Dir. Jos. Vallé) für meine Stücke in Betracht kommt? Wenn ja - schreib ich Dir Näheres. Bitte - bitte - schreibe umgehend u. eingehend. Ich werde Dir sehr dankbar sein.

Allmächtige Bärengrüße
von
Deinem
P. C. W.

Randbeschriftung:
Kaiser u Band V schon fertig gedruckt
Es lebe Dein Tantenbuch!

330 An Rosa Gerlach

Mariendorf b. Berlin 11. October 1904
Grossbeerenstr 5 B III

Meine liebe liebe liebe Freundin!
Immer wieder lese ich Ihre Worte: »Unsere Neigung für einander ist Besseres als das, was sich sonst Liebe zu nennen pflegt«. Ich habe mich darüber mächtig gefreut. Hole der Kuckuck die Liebe und die Leidenschaft; nicht grade liebenswürdig bin ich zu diesen. Aber ich bin auch ganz weich und möchte Sie trösten; was sich sehr heftig äußert, geht auch sehr schnell wieder weg - die heftigsten Zahnschmerzen sind immer von kürzester Dauer. Ihre Leidenschaft für Herrn O. hat mich allerdings sehr traurig gestimmt - das nimmt kein gutes Ende - und bereitet schließlich doch nur Verdruß. Aber das kommt davon, wenn Sie Ihr Weibthum so - in Schutz nehmen. Was wäre wohl aus mir geworden, wenn ich immer mein Mannthum zum Austoben gebracht hätte! Ich habe durchaus nicht »so manches Weib« geliebt; ich werde mich schön hüten. Wenn Sie »Ich liebe Dich!« gelesen hät-

ten, würden Sie das nicht sagen. Ich gehe da sehr heftig auch gegen die Freundschaft vor, weil in ihr auch noch eine gute Portion »Sexualtrieb« steckt. Und den bring ich einfach um - an seine Stelle muß etwas Größeres Freieres Herrlicheres treten - oh - fort mit der kopflosen Leidenschaft, die das ganze Gehirn verbrennt.
Glauben Sie nun, daß ich »Alles« überwunden habe? Beinahe! 1895 »liebte« ich die Malerin Anna Costenoble - aber nur 5 Monate - und seitdem »liebte« ich überhaupt nicht mehr. Nur ein kleiner Rückfall passirte mir in den letzten 10 Tagen - aber auch er - ist plötzlich - heute Dienstag Nachmittag um 6 Uhr ganz fortgeflogen. Ja, Rosa, wir wollen stark sein - sonst kommt doch die Müdigkeit u. die Vergänglichkeit - und die feineren höheren Lebensfreuden werden ganz bestimmt durch unsre Leidenschaften zerstört. Das steht fest - wie das Amen in der Kirche! Hab ich nicht Recht? Predige ich nicht köstlich - wie ein hübscher Pfaff? Und ich wollte eigentlich ganz anders schreiben - so schmelzend weich. Das bring ich aber in eine Geschichte »Der gute Onkel« oder »Das überirdische Thier«. Spielt natürlich in der fernsten Zukunft. Eine schöne Frau beichtet einem schönen Priester ihre Leidenschaften - und er zeigt ihr die glänzenden Sterne des Himmels und spricht vom großen Weltenleben und vom Ueberirdischen - von Geistergrüßen und von allen den Dingen, die herrlicher sind als alle Sexualspässe. Und dann geht sie getröstet von dannen. Eine halbe Stunde brüllt der schöne Priester plötzlich auf wie ein wahnsinniges Raubthier. Die andern Priester kommen zusammen und wundern sich über den Schrei - Keiner glaubt, daß der »Schöne« so gebrüllt haben könnte - und so nimmt man schließlich an, daß ein »überirdisches« »Tier« gebrüllt hat. »Hat man«, fragt nachher ein Alter, »nicht genug Tiere auf der Erde? Muß es auch noch überirdische geben?«
Liebe, liebe Rosa! Sehen Sie jetzt ein, daß ich das Briefschreiben nicht gewohnt bin? Es kommt Alles ganz anders aufs Papier und ich fürchte sehr, Sie werden sich böse abwenden - da ich so rauh bin. Aber wir sind doch gute alte Freunde - nicht wahr? Oh - ich wünschte, wir wären uns noch viel viel mehr.
»Wir werden in unbegrenztem Vertrauen unseren Seelen bis auf den Grund schauen.«
Wollen Sie »Seelenliebe« lesen? S. 111 in Ich liebe Dich? Ich hab noch ein Exemplar. Ich muß es heute aufgeben, Ihnen mehr zu schreiben - ich weiß nicht, was mir die Hand führt - Alles klingt so rauh und hart in mir - und ich bins garnicht. Oder - kommt doch der bissige Grundton meines Lebens an die Oberfläche, ohne daß ichs will? Welch ein Rätsel ist der Mensch!
Aber - ist es nicht richtig, daß ich so hart schreibe? Sie verstehen mich doch, nicht wahr? Kommen sie an meine Schultern - und weinen Sie sich tüchtig aus. Ich habe letzten Freitag Abend auch geweint - wie ein hilfloses

Kind. Aber jetzt wollen wir wieder den Kopf hoch heben und wild uns zuschwören, daß wir die Passionen von Hinz und Kunz abthun wollen, weil wir Gewaltigeres wollen. Insterburg ist für Sie einfach ein Sumpf – da müssen Sie fort – sonst zerstören Sie sich alle künftigen Freuden. Hören Sie, wie rauh meine Kehle ist? Und ich bin doch Ihr treuester Freund – für alle Zeit. Und was Sie auch thun – ich werde Sie immer trösten! Nur »lieben« wollen wir uns nicht – nicht wahr? Wir wollen einander höher schätzen – als »Liebende« zu thun pflegen.

Nun die Beantwortung der Fragen:
1) Bitte schreiben Sie nochmals:
Postlagernd. Paul Scheerbart. Colonie Marienfelde b. Berlin. Postlagernd.
2) Meine Frau wurde am 11. Aug. d. J. nach der Meinung der Menschen 46 Jahre alt. Da ich aber meine liebe Frau den »Bären« (Tarub) seit ihrem 33ten Jahre kenne – so ist sie jetzt 20 Jahre alt, da sie doch in meiner Gegenwart täglich jünger wird.
Seien Sie nur froh, daß Sie mich nicht als Zwanzigjährige geheiratet haben – Sie wären dann heute 3 Jahre alt! Thatsächlich.
3) Ob meine Frau eifersüchtig ist, weiß ich nicht, da ich ihr ja nur 1895 Veranlassung gegeben habe. Sie wurde einfach ebenfalls leidenschaftlich – sie macht mir eben Alles nach.
4) Mit Sorgen hat nur meine Frau zu kämpfen, da ich mich nur über den ständigen Mangel an Geld zu ärgern pflege. Wir brauchen durchschnittlich 150-160 M monatlich – die kommen aber gemeinhin nicht ein. Der Hunger erzeugt aber einen ganz wilden Humor. Merkt man das nicht auch an diesem Briefe???????
Wenn Sie jetzt hier wären und meinen Grimm ansehen würden – was würden Sie wohl sagen? Wenn mir der Humor kommt, dann kann sich alle Welt totlachen – und wir können uns bei diesem Totlachen tothungern. Allerdings – weinen Sie nicht über meinen Hunger – das würde mich einfach umbringen.
5) Kinder haben wir »Gottseidank« nicht. Das fehlte mir auch grade! Das würde eine nette Rasse sein! Ich liebe *nur Ihre beiden Kinder!* Ist das nicht nett von mir???
6) 1900 verheiratete ich mich mit meiner Frau, mit der ich seit dem 1. November 1891 zusamen bin. Meine arme Frau hats nicht leicht gehabt – ich allerdings auch nicht. 3755 Mal wollten wir uns trennen für ewig – dann heirateten wir uns – und dann wollten wir uns noch häufiger Adieu sagen, blieben aber unentwegt zusammen – und sind jetzt wohl das glücklichste Ehepaar in ganz Deutschland. 1890 war ich am Danziger Courir. Von Herbst 1900 bis Frühling 1902 lebten wir in Breege auf Rügen – fuhren dann nach Stockholm, Kopenhagen, blieben 5 Monate in Minden in Westfalen und

sind von Herbst 1902 bis jetzt hier in Berlin.
Meiner Frau gestatte ich nicht, Geld zu verdienen – das laß ich mir einfach nicht gefallen.
Rosa! Liebe liebe liebe Gute! Darf ich jetzt Ihre Hand küssen und leise ganz leise sagen: Verzeihen Sie mir meinen garstigen Ton? Aber ich will doch nicht, daß Sie sich in mich verlieben! Und ich bin dennoch für immer und ewig Ihr
treuester Paul Scheerbart

Das Programmheft haben Sie, nicht wahr? Bitte bitte – schreiben Sie mir, ob ich Ihnen »Ich liebe Dich« zusenden darf. Ich frage an, weil ich fürchte, daß Sie sich das Buch schon kauften. Ich schicke Ihnen nach und nach alle meine Bücher – und schreibe Ihnen, was Sie sich kaufen müßten. Daß Sie soviel Sorgen haben ist ja gräßlich. Und daß Sie a u c h Geld verdienen müssen – finde ich empörend.
Darf ich nun noch einmal Ihre Hand küssen? Und darf ich noch einmal meines ganz verkehrten Tons wegen um Verzeihung bitten??? Bitte bitte – verzeihen Sie mir den Ton – ich meins ja so schrecklich gut!

Randbeschriftung:
Nennen Sie mich jetzt »lieber guter Onkel« und Du? Ich kann bei all unserm Unglück nicht umhin, eigentlich sehr fröhlich zu sein.
eigentlich ist das Sie oder Du ja ganz egal – aber einen lieben guten Onkel muß man doch »Du« nennen – nicht wahr? Und Sie werden dann lustiger.
Finden Sie nicht, daß »verliebte« Menschen immer furchtbar trauerklopsig sind???
Ich freue mich ja so maßlos über unser Wiedersehen. Werden wir denn »wirklich« »Nachbarn« werden?
Ob ich meine Frau a u c h einsperre? Jawohl! Aber ich sperre mich immer dazu.
Heute ist meine Frau seit langer Zeit zum ersten Male in die Markthalle allein gefahren – dieses Briefes wegen
Ich hoffe nun, recht wenig vergessen zu haben.
Warum soll ich Ihre Briefe vernichten?? Die einzige Freude, die ich augenblicklich habe.
»In ruhiger Sicherheit des gegenseitigen Besitzes« – das müssen wir festhalten.
Glauben Sie, daß mein »Ruhm« jetzt kommt? Bitte – bitte – machen Sie mir Muth! Ich verzage täglich 7 Mal.
Ich danke Ihnen, daß Sie zum 12. Jan. kommen. Ich weiß, wir erkennen uns gleich.

Schönsten Dank für Ihr Arbeitszimmer – bitte – bitte schicken Sie mir recht viele Photographieen – und auch Prosageschichten.
Und dann schreiben sie mir, obs Ihnen so recht ist, wie ich schreibe. Sie müssen auch ganz zwanglos schreiben – dann nähern wir uns – nicht wahr?
Der officielle Brief könnte wohl immer kommen, wenn Sie wollen, dazwischen.
Aber Montag geh ich wieder nach Marienfelde. Sie schreiben vielleicht Sonnabend Abend spätestens – ja?
Daß es Ihrem Vater so schlecht geht, stimmt mich sehr traurig – wir sahen uns noch 1893 in Danzig.
Ich freue mich sehr, Paul zu sehen. Was fehlt ihm denn? Ich empfinde Ihre Geschwister wie meine Geschwister
Ihre Schwester Camilla sah ich im Juni 1893 auf dem Dirschauer Bahnhof – wir sprachen von Ihrer Influenza
Wissen Sie auch, dass Sie in allen meinen Büchern irgendwo ganz versteckt zu finden sind? Aber Keiner merkts!!
Meine Frau ist übrigens schon so weit von mir vorbereitet, daß sie nicht erschrickt. Wir tranken Sonntag auf Ihr Wohl zusammen.
Bin ich stark genug?
Wenn Sie nur die Hälfte meiner Bücher gelesen hätten!!!
Ach – das ist so wichtig.
Jetzt müssen wir aber thatsächlich mächtig lustig werden u. den Kopf hoch tragen -
Finden Sie nicht, daß wir uns sehr ähnen? Bitte bitte schreiben Sie mir das doch!
Mitwoch 12. October 1904. Ich bin zu meiner Frau ganz offen gewesen – und Sie können Alles an meine Adresse senden. Es ist Alles so gut!!!
Schönsten guten Morgen!
Liebe liebe Gute! Jetzt bleiben wir aber fest bei einander – ja? Jetzt wollen wir uns nie wieder trennen.
Ich verspreche, Ihnen niemals etwas als unverzeihlich anzurechnen! So muß es sein unter guten Kameraden.
Ich freue mich so auf Ihren Brief! Und Sie schreiben gern – nicht wahr? bitte mit Bleistift.
Der Kaiser von Utopia ist heute fertig geworden – Alles wird – so – gut!!
Die beifolgenden Zeichnungen (51) sind für Bd I meiner Revol. Theater Bibl. (im Ganzen 101 Zeichn)
Bitte bitte bitte – recht bald einen Brief! Und ganz offen Alles – ganz so wie ich!

Für alle Zeit
Ihr
P. S.

331 An Rosa Gerlach

Mariendorf b. Berlin 15. October 1904.

Liebe Gute! Sei doch gut! Hast Du denn so verweinte Augen, daß Du nicht ordentlich lesen kannst? Anbei die Urkunde*), die Dich aufklären wird; es ist, wie ich sagte, Alles so gut geworden.
Bitte bitte - schick mir die Urkunde umgehend wieder zurück; ich kann so viel zusammenschreiben, daß die Erlösung möglich wird - die beiderseitige Erlösung! Ich kann feinste Novellen schreiben......
Und - schreibe, wann Du kommst!!
Du hast mich aber »Schaf« genannt. Dafür muß ich Revanche haben. Glaubst Du, daß ich mir so was gefallen lasse? Gestern war Dein Bruder Tai-Tai hier; er hat meine unglaubliche Frau in der vollen Glorie kennen gelernt. Jetzt hab ich Dir zu danken, daß ich erlöst werde - es wird Alles so gut!
Dein war ich - und Dein bleibe ich - wie's auch kommen mag. Du wolltest mit mir betteln gehen? Rosa, ich hab Dich ja so maßlos lieb gehabt - während Du so fern und ohne Worte warst - jetzt - kann ich nur noch sagen: komm bald - ich denke jeden Augenblick an Dich und rede immerzu zu Dir - das mußt Du doch hören - nicht wahr? Muß ich nun Alles auf dieses glatte Papier schreiben? Ja - und - machst Du Dir was daraus, meinen Namen zu tragen? Der Kaiser von China schrieb mir: Zahle 100 Millionen Taler, wenn ich mich »Scheerbart von China« nennen darf. Ich lehnte das Anerbieten ab. Dir aber lege ich als erste Brautgabe meinen ganzen Stolz zu Füßen - Rosa - meine Einzige - ich laß Dich nicht mehr los!

Für immer und ewig bin ich
Dein
Paul

Randbeschriftung:
*) sieh sie Dir genau an - Alles sehr günstig - wirklich! Schreib sie Dir ab, wenn Du willst. Ja?

Verzeih, dass ich so wenig schreibe - ich kann heute nicht mehr.

332 An Rosa Gerlach

Dienstag 18. October 1904.

Meine liebe liebe Rosa! Zunächst meinen Dank für Deinen lieben Brief - und dafür, daß Du Herrn S. bemühtest. Letzteres war nicht nötig, da alle

Briefe bestimmt direkt in meine Hände gelangen; ich wohne zwar noch mit meiner Frau zusammen – aber wir sind ganz einig – sie hat eingesehen, daß es nicht anders geht – und für halbe Verhältnise ist sie nicht – wir haben Aehnliches zu oft bei Andern unerquicklich enden gesehen.
Ich bin sehr sehr glücklich, daß Du Alles so einfach nimmst – als wäre es selbstverständlich. So muß es sein. Wir wollen einander vertrauen – unter allen Umständen.
Nun zum Wichtigsten:
Ich hatte mit Sorgen zu kämpfen – gewiß. Aber – von mir wird Alles [mit ganz wenigen Ausnahmen] gedruckt und gut honorirt. Ich kann jeden Tag eine Geschichte für 25-30 M schreiben u. unterbringen. Ich kann also im Monat 250-300 M verdienen, wenn ich 10 Geschichten schreibe. Wovon aber hängt dieses Schreiben ab? Nur von meiner Frische und Lebenslust u. guten Laune. Das hab ich aber, wenn ich an Dich denke – und somit geht Alles. Ich litt immer an einer krankhaften Melancholie, die manchmal in Wut und dann wieder in Todessehnsucht ausartete. Seitdem Du geschrieben hast – ist Alles wie weggeblasen – und ich fühle ein⟨e⟩ so rauschende Fülle neuer Sachen in mir – daß ich Dir »beinahe« ein neues Künstlerleben verdanke. Ich will durchaus nicht schlecht über das denken, was ich bisher gemacht habe – aber jetzt kommt noch mehr – so lange hatte ich gemeinhin nur das Weltglück des Einzelnen Alleinstehenden im Auge – jetzt geht all mein Denken in die Beziehungen der Lebewesen unter einander hinein; unser telepathisches Verhältnis die langen Jahre hindurch wird mir sehr bedeutsam. Ich schreibe in diesem Winter mindestens 50 Novellen (kleinste) in denen überall wunderbare Beziehungen der Menschen unter einander den Grundton bilden, auf dem dann meine köstliche Phantastik wie auf Goldgrund wirken wird. Fühlst Du, daß die Beziehungen der Menschen unter einander immer auf die Leser wirken werden? Und wenn das wirkt, dann nimmt man das Kühnere gerne mit in Kauf. Von allen Zeitungen und Zeitschriften werde ich sehr gerne gebracht – es handelt sich nur manchmal darum, das Schwere ein wenig zu erleichtern. Das gelingt mir in der eben erörterten Art. Meine Situation ist heute so, daß ich mich durchsetze – in jedem Falle. Ich habe nur die Schwermuth zu fürchten, die mich am Schreiben hindert und einfach lähmt. Liebe liebe Rosa – fühlst Du nun, was Du mir bist? Du hast mir gefehlt – immerzu. Du wirst glauben, daß ich Ueberschwengliches sage – aber das ist mir Alles so klar.
Die Frauen haben mir nichts geboten – es fehlte eben überall das geistige Band; nicht einmal Sympathie habe ich empfunden. Ich weiß nicht, ob Du mir alle Frauen gleichgiltig machtest – aber es war und ist so. Und mit den Männern ist es mir ebenso gegangen – ich habe heute zwar sehr Viele, die mich verehren – aber ich mach mir so wenig daraus. Du wirst nun ganz erstaunt sagen: »Sollte ich den einzigen Antierotiker ganz allein gefesselt

haben? Ich kenne ja nicht einmal seine Bücher.« Aber würdest Du mich nur meiner Bücher wegen verehren – so wäre mir das garnicht genug. Jetzt ahnst Du vielleicht das große Thema, das mich ganz umrührt, nicht wahr? Uns haben hundert Meilen lange feste und unsichtbare Stricke zusammengehalten. Und die reißen nicht. Wir hängen schlechterdings fest zusammen – und können garnicht mehr von einander los. Ich hatte die Absicht, im nächsten Januar an Emil zu schreiben, um ihm die Sache klipp und klar zu erklären. Nach dem, was ich von Dir und besonders von Paul hörte, fällt das natürlich fort. Aber die Stricke bleiben und werden uns zusammenbringen – und Du wirst mich mit Ihnen wieder an die Welt und ans Leben binden – nicht wahr? Und Du wirst mir auch etwas geben – nicht wahr? Du wirst schreiben und Kunstgewerbliches etc mit mir zusammenarbeiten – nicht? Oh, liebe liebe Rosa, ich freue mich ja so maßlos; Du weißt nicht, wie einsam ich mich immer fühlte.

Mein Künstlerblut ist nicht mit meinem Verstande durchgegangen. Es ist Alles Zehntausend Mal überlegt; bei Dir fühl ich mich zu Haus -- in der ewig ersehnten Heimat. Ach Rosa, was redst Du da von der Zeit, die nicht spurlos vorübergegangen ist. An mir ist sie »beinahe« spurlos vorübergegangen. Das ist aber so gleichgiltig. Was uns zusammenzieht u. zusammenhält ist ganz bestimmt mehr als das, was man sonst Liebe, Sexuales, Freundschaft etc nennt – ich glaube ja schon, daß Du meine Zwillingsschwester bist. Trotzdem bin ich einfach der festen Ueberzeugung, daß wir uns der dummen Welt wegen verehelichen müssen – nicht etwa meinetwegen – wohl aber Deinetwegen, da Dir sonst bloß Unbequemlichkeiten daraus erwachsen. Natürlich – ohne Wenns und Abers!!! Laß Dich nicht durch meinen Haremsroman verblüffen – der ist fürs Volk und nicht für Dich. Du – Rosa! Lies nur meine Bücher – und dann lies diesen Brief noch mal – dann wirst Du empfinden, wie viel Du mir bist. Aber – ich weiß, daß Du das Alles weißt. Nur mußt Du auch Alles jetzt lesen – ja – Du Liebste Beste Einzige? Ja?

Weißt Du auch, daß ich Alles meinem Bären erzählt habe? Das ist grausam – wirst Du sagen. Doch nicht! Er empfindets so klar, daß uns das geistige Band stets gefehlt hat. Und ohne das gehts nun mal nicht weiter. Ich muß einen Menschen haben, mit dem ich zusammenhänge. Und außer Dir ist Keiner da. Würde ich mit meinem Bären zusammenbleiben, so könnte er mich nur gleich begraben lassen. Das hab ich meiner lieben Frau so klar gemacht, daß Du ganz beruhigt sein kannst – sie ist durchaus nobel u. aufopferungsfähig. Ob wir keinem Unrecht getan? Ach Rosa, so ganz glatt geht das Alles nicht ab. Der Bär hat mich brav gepiesackt – volle 13 Jahre hindurch. Aber er hat sich auch für mich aufgeopfert. Und unsre Ehe war eigentlich eine große Dankbarkeitsverbeugung meinerseits. Wir wollten eigentlich immer aus einander. Ein klares Bild über unsere »Kriegszeit« wird

Dir die »Tarub« geben und dann »Der Kaiser von Utopia« – wo Du als Kaiserin Caecilie bereits verherrlicht bist – als eine Frau, die ihren Gatten versteht, ohne daß er spricht. Der Bär weint jetzt viel – aber – ich werde sie zu trösten wissen – – zu fürchten hast Du sie bestimmt nicht – – sie wird sich durch diese Leidenszeit zum großen Charakter ausbilden. Und wir werden wissen, wie wirs ihr zu danken haben – nicht wahr? Ich war kein Schaf, als ich sie heiratete – ich wollte nur dankbar sein und ein leichtsinnig (März 1898) gegebenes Wort halten. Ich glaube, manchmal ist es besser, man hält solche Worte nicht. Wir haben uns oft genug das Leben zur Hölle gemacht. Es fehlte eben immer das geistige Band – ich glaubte immer, ich wäre so geistreich, daß ich ohne das auskommen könnte. Die Schuldenlast entstand dadurch, daß der Bär (eine Beamtenwittwe) eine Pension von 22,33 M monatlich durch unsere Heirat verlor. Das muß ich ihr ersetzen. Außerdem hatte sie für c. 800 M Sachen verkauft, damit wir nach Breege ziehen konnten. Das Geld haben wir allerdings zusammen verbraucht – 98 war ich ihr vielleicht 1200 M baar schuldig. Das wäre ja Alles durch die Folgezeit reichlich ersetzt gewesen – aber sie hat jetzt nichts mehr – und da muß ich selbstverständlich für sie sorgen. Sie sagt schon, daß sie ja nicht so ist – wenn wirs mal nicht hätten.... Na, ich glaube, Du siehst, daß sie »eigentlich« wohl werth war, geheiratet zu werden – da doch aufopferungsfähige Frauen so selten sind. Die Sommers sind Bruder und Schwester meiner Frau u. gaben das Geld baar.
Nun denke ich mir die Geschichte ungefähr so: Du kommst zu Frl. von Jasky wenn möglich erst Ende des Winters oder im Februar. Dann habe ich alles Nötige (d.h. das Geld) zusammen – der Bär bezieht eine neue Wohnung – wir fahren nach Süddeutschland, nachdem wir in Berlin die beiden Scheidungsklagen eingereicht haben. Aufführung meiner Stücke wird auch ein Beträchtliches einbringen. Deine Möbel müßtest Du aber in Insterburg lassen. Das Wichtigste könntest Du allmählich an meine Adresse senden – doch das eilt nicht. Und da Du von Emil keinen Pfennig willst, ist die Klage leicht erledigt, wenn Du ihm Untreue nachweisen oder nachsagen kannst. Deine Kinder wirst Du schon wiedersehen – weine nicht! Dein Bruder Paul sprach so vernünftig – er wollte Dir monatlich 100-150 M von Woermann auszahlen lassen – das wäre aber nur nöthig, wenn Du »früher« kommst – was ich nicht für ratsam halte.
Du schreibst also Alles ganz offen an meine Adresse.
Und – soll ich vielleicht den Ernst, der mir einen sehr lieben Brief geschrieben hat, veranlassen, unter seiner Handschrift von Halle aus Dir meine Briefe zu senden? Ich thäts gern, da mich dieser Brief sehr beunruhigt. Vielleicht schreibst Du so umgehend wie möglich, ob dieser Brief sicher in Deine Hände kam – ja?

Ich bin Dein Paul

Randbeschriftung:
Wenn ich nicht immer gleich Dir antworte, darfst Du mir nicht böse sein – da ich ja jetzt rasend arbeiten muss. In den letzten 17 Tagen habe ich nicht eine Zeile geschrieben – jetzt kommt es aber !!!!!
Über Deinen Vater sprechen wir später.
Viele viele grosse Grüsse! Sei mutig!
Ich bin in der ganzen Litteratur- und Kunstwelt s e h r bekannt.
Verzeih mir den trockenen Ton – – Aber der ist blos äusserlich so. Ich bin Dein Paul
Du schreibst »Wenn ich nun n i c h t loskomme« – das ist unmöglich! Du kommst!
Mit Einahmen Deinerseits brauchen wir selbstverständlich nicht zu rechnen – ich mach schon alles.
Niemand würde Dir an meiner Seite die Achtung zu versagen wagen – glaubst Du, ich bin von Pappe???
»Rübezahl« u. ein paar kleine Stücke werden wahrscheinlich aufgeführt – verhandle schon!!!
Mit Paul habe ich »Näheres« nicht gesprochen.

333 An Rosa Gerlach

Brieffragment

22. 10. 1904

Jetzt aber noch schnell – etwas Sachliches!
Daß Du im Januar kommst, ist sehr gut. Nur will meine Frau am 12. Jan. Abds nach der Vorlesung mit mir allein zusammensein?⟨*sic!*⟩ Ist Dir das recht? Sag ja! Bitt! Bitt! Es kommt ja nicht drauf an.
Daß Du bei Frl. v. J. 6 Wochen bleiben kannst – erscheint mir s e h r angenehm, da sich doch manches etwas hinzögern könnte. Ich muß doch meiner Frau im Winter 1000 M geben – das ist keine Kleinigkeit. Ein neues Theaterunternehmen führt Rübezahl und «»Die Welt« auf. Mir klingen wieder furchtbar die Ohren. Rosel, wir denken zu viel an einander! Aber nein – so muß es bleiben. Sind wir jetzt beide zu Haus? Schönsten wildesten Pantherdank für die Photographieen – auch für die kleine. Grüße Deinen Hans, Frau B. u. Frau K. und danke Ihnen für die Gefälligkeit. Und streichle Deine hübschen Hutfedern – Federn mag ich ja so gern. Soll ich einen Cylinder immer tragen? Ich trage so gern Cylinder – aber wenn Du nicht willst – will ich auch nicht. Ueberhaupt – ich will nur das, was Du auch willst. Bin ich Dir auch so recht – oder muß ich i m m e r allzumännlich

sein? Ganz wie Du willst - Du mein Alles, mein einziges Glück! Meine meine liebe Rosa! Ich küß Dich noch einmal - aber jetzt muß Du ganz still sein - denn ich muß dichten - köstliches Zeug zusammen.
Du hast so viel Stunden zu geben? Später hast Du m i r nur Stunden zu geben? Hast Du das gehört? Du - wir sind i m m e r zusammen. Eine feste Stellung brauche ich n i c h t anzunehmen. Du - für unsre Möbel habe ich die großartigste Idee - kannst Du Stühle nach Zeichnung in Holz »schnitzen«? Wir schnitzen evtl Alles zusammen (d. h. ich helfe Dir) Unsre Lampe muß ein plastisches Kunstwerk sein - ich mach so was. Weißt Du, daß ich das Kunstgewerbe von innen und außen ganz genau kenne? Und glaubst Du, ich sei kein Architekt? Wir bauen uns das allerköstlichste Haus. Du wirst staunen. Du sollst bei mir a u c h großartig leben. Uebrigens bin ich der Meinung, daß die Phantasie immer besser als der beste Kaviar ist. Ach, mein Engel, wie glücklich bin ich, daß Du mir vertraust - und mir Alles giebst - Alles opferst. Du Du Du Schlingel sollst es nicht bereuen. Ich zerdrücke Dich, Rosa, mein Weib - leb wohl! Leb wohl! Ich muß jetzt nach Marienfelde durch die Herbstbäume gehen - es ist 5 Uhr Nachmittags. Abends wird gedichtet. Hei! Sei muthig! Verzeih, wenn ich wieder 1000 Dinge nicht beantwortet habe. Aber - wir sind doch einer Meinung überall - nicht? Ich küsse Dir alle 10 Finger einzeln und

bin
Dein
Paul

Randbeschriftung:
Aber Du schreibst doch nicht seltener - nicht wahr?
Was sind das für Schulden, von denen Du sprichst?
Grüsse Paul u. Ernst viele tausend Mal.
Paul reist ab heute über 8 Tage (29. Oct.) nicht wahr?
Ich schreibe demnächst am Ernst
Müssen immer 2 Couverts sein? Oder genügt eins

334 An Rosa Gerlach

Montag Abend 23. 10. 04.

Du, meine Einzige! Meine Rosa! Ich danke Dir so sehr - so sehr - für Deinen Ring! Ich küß ihn täglich tausend Mal. Ach - ich fühle Deine Zärtlichkeit; sie verwandelt mich ganz und gar. Mir ist manchmal so, als wenn ich aus einem Starrkrampf erlöst werde. Der Bär sieht jetzt auch völlig ein, daß wir zusammengehören - d. h. Du und ich. Einen Ring schick ich Dir nicht

Rosa Gerlach

– aber ich werde einen zeichnen; ich will sehr viele Juweliersachen machen – und dabei muß Du mir helfen. Das können köstliche Kleinodien und Talismane werden. Drei Vignetten sind schon von Schaper hier in Gold ausgeführt; wir aber wollens noch besser machen.
Liebste! Einzige! Unser Glück wird – so sein, daß wirs ertragen können – nicht wahr? Aber darum wollen wir uns nicht erschöpfen. Zürne mir nicht, wenn ich Dir nicht so häufig schreibe – wie Du. Ich will jetzt in acht Tagen wieder ein neues Buch »Münchhausen in Berlin« schreiben. Ich m u ß jetzt Erfolg haben. Morgen besucht mich der Schauspieler, der den Hausknecht im Rübezahl spielen wird. Das wird auch ein Kampf werden. Ich muß jetzt die Zähne zusammenbeißen – und fest an unsre Zukunft denken. Ich halte Dich fest! Sei mir nicht ängstlich – wir kommen zusammen u. bleiben zusammen. Rauchen thu ich schrecklich gern – und die bellenden Hunde mag ich nicht – diese Köter verbellen mir täglich in Marienfelde die ganze Herbstlandschaft, die ich so gerne mit Dir zusammen sehen würde. Rosa, sei still! Es wird Alles gut. Emil wird sich trösten; Dein Fortgehen könnte ihm sogar sehr heilsam sein – er wird nicht krank – mein Bär auch nicht. Letzten Donnerstag kam die Rübezahlnachricht mit Deinem Brief – und heute gings wieder so mit dem Hausknecht. Verzeih, daß ich immer auf solchem Papier schreibe – aber dafür kannst Du auch immer mit Bleistift schreiben – ja? Ist es gut so?
Paul fährt diesen Sonnabend ab – er wird Dir schon schreiben. Ja – jedes Dritte können wir nicht halten – nicht einmal ein Kind. Ich glaube, wir haben jetzt dieselben Gedanken über Alles. Ich kann Dir nicht sagen, Rosa, wie selig ich bin – und so sicher – und so zufrieden mit Allem und so zuversichtlich. Liebe liebe Rosa, ich möchte Dich durch alle meine Himmel tragen. Jetzt muß Du aber bis Januar ganz gut sein und immer daran denken, daß ich mächtig viel zusammenschreiben muß! Ach – und ich habe doch schon so viel geschrieben. Und trotzdem wieder einen neuen Ton! Ich küsse Dir Deinen wilden Mund und streichle Dein Haar und bin ganz Dein

Paul

Sei mir gut!

Randbeschriftung:
Ich bins auch! Guter k a n n ich Dir nicht sein –
Wieder ein mächtiger Regenbogen – grade über Insterburg. Es wird Alles gut, mein Einziges! Sei still!
Du sprachst von einer Geschichte, die Du vor 10 Jahren geschrieben hättest – Ich habe nie eine Zeile von Dir gedruckt gelesen – nur drei Gedichte aus dem Jahr 1889.
Übrigens: ich tanzte nicht schneidig genug? Na warte Du – das vergeb ich Dir nie – nie – nie! Oh Du – Rosa

Von meinem Schreibtisch aus habe ich ganz freie Felder-Aussicht nach Osten und sehe über Insterburg zum zweiten Mal in den letzten 3 1/2 Wochen ein Stück Regenbogen. Jetzt wieder.
Opalgrüße sende ich Dir – so viele.

335 An Richard Dehmel

2. Nov. 1904

Hoho! Haha!
Ehrwürdiger Riccardo!
Wir habens entdeckt! Deine »geheime« Correspondenz mit meiner Ehefrau in meinen Händen! Die lustigste Ehescheidung folgt! Haha! Hoho! Die Presse ist schon benachrichtigt! Das wird fein! Das Vorsatz-Papier bekommst Du noch in diesem Monat! Ich aber bin so klug wie ich war und total Dein ehrwürdiger

Paulaccio

336 An Herwarth Walden

Mariendorf 5. November 1904

Verehrter Herr Walden!
Anbei die Drucksachen des Freiherrn! Der Kaiser kommt gleichzeitig unter Kreuzband. Es lebe die Zeitschrift*) des Vereins für Kunst!

Wilde Weltgrüsse von Dom zu Dom
Ihr
Paul Scheerbart

Randbeschriftung:
*) Ich glaube, der Freiherr könnte am ehesten auf eine grosse populäre Kunstzeitschrift eingehen

Aber Sie haben wohl die Güte erst mit mir zu conferiren, bevor Sie an den Freiherrn schreiben.
Die Geschichte erscheint mir durchaus nicht aussichtslos!!
Pardon dieser Randschreiberei!

337 An Erich Mühsam

⟨An⟩ Herrn Erich Mühsam
Zürich
Rutistrasse 30 part. rechts
Schweiz!

8. Nov. 1904

Erich! Erich! Erich! Dein Brief war köstlich und erquickte meine Seele! Wildesten Dank! Es lebe der Nachthimmel! Essay bei Remer? Der hat genug Bücher angenommen (60) – er kann nicht mehr. Landauer Theilhaber des Schnabelschen Verlags? Oh! Das freut auch. Komm bald her!! Grüße die »Neue Züricher Ztg«. Und – und – willst Du nicht mal die »Tantenmörder« meiner Stücke wegen verwundert ansehen? Hast Du schon Bd V u. VI bekommen? Die Erbtante hab ich noch nicht.
Zehn Trillionen lustiger Bärengrüsse u. ebenso viel schmerzlicher

von D. P. C. W.

Rand- und Zwischenraumbeschriftung:
Die Tantenmörder haben sich meine Bibl. von Eisselt kommen lassen. Kommst Du mal mit ihnen zusammen?? Schreib mir das doch.
Werde blos nicht so berühmt wie ich. Es ist nicht zum Aushalten.
Gut gehts mir nicht, ich bin wirklich erschöpft.
Ich bin halbtot.

338 An Rosa Gerlach

Freitag 5 U Abds
11. Nov. 1904

Du – Meine! Ja – ich will Dir nur ich furchtbarer Eile gestehen, daß ich Dir volle 14 Tage böse war. Ich glaubte – verzeih mir – Du sähest in mir nur – – – verzeih! Du darfst das Wort »Liebe etc« nicht brauchen – es ist mir furchtbar. Was Du vom Rübezahl sagtest, machte mich wild – ich glaubte, wir würden uns nie verstehen. »Halte mich auch nicht für eine sinnliche Natur« – das Wort erlöste mich. Sei jetzt vorsichtig*) – und schreibe nur von meinen Büchern. Anna hatte Dir schon vor 14 Tagen einen Brief geschrieben – er war sehr sehr gut.
Du wirst mich schon verstehen – jetzt glaube ich wieder an Dich – und küß Dir alle Deine Thränen fort und bin ganz und für immer

Dein
Paul

Randbeschriftung:
*) es ist mir unmöglich, Anna vom Lesen Deiner Briefe zurückzuhalten. Kleine Zettel kann ich ihr aber immer unterschlagen – Du Bandit.

Es lebe das Zauberschloss! Ja!
Grüße Deine Freudin 10000 Mal von mir.

Auf der Innenseite des Briefbogens kreuz und quer über die Fläche verteilt:
Sei still – es wird Alles gut!
Es ist zu viel, was ich Dir sagen möchte.
Bestell Dir meine Bücher – besonders »Ich liebe Dich«
Wenn Du nicht meine Bücher lesen thust – so vergeh ich – denn dann glaube ich nicht mehr, daß wir uns verstehen.
Du! Lies blos!
Und du darfst auch nicht so thun, als wenn mein bisheriges Schaffen Nichts wäre! Wie mich das kränkte! Ob ich neben Dir mehr schaffen werde?
Ich weiss, daß Du keinen Einfluss auf mich hast! Oder – einen ganz andern, als Du denkst – Lies auch Liwûna u die Seeschlange und schreibe mir von Allem – sonst vergeh ich vor Gram. Und kränke mich nicht mehr so furchtbar.
Mich zerstörst Du aber nicht!
!!! Du Bandit!
Ich bin Dein Räuberhauptmann
Bitte im »officiellen Teil« Deiner Briefe keine Anspielung auf diesen Brief. A. wird gefährlich, wir müssen vorsichtig sein.

339 An Rosa Gerlach

13.11. Sonntag *1904*

Du! Weißt Du nun ganz genau, daß ich »Dein« bin? Du hast ja so fein empfunden, daß sich meine sogenannte Seele vor vierzehn Tagen von der Deinigen losmachte – da mußt Du auch empfunden haben – wie sie heute wieder ganz zu Dir zurückkam. Und jetzt sind wir unzertrennbar. Welche wunderbare Zeit! Erst sechs Wochen – und was haben wir da alles erlebt! Rosa! Mein Weib! Mein Alles! Jetzt müssen wir zusammen – sonst gehen wir alle Beide daran zu Grunde. Seien wir nicht kleinlich. Daß Anna Deine Briefe z.Th. gelesen hat, bedeutet nichts; sie versteht doch nichts davon. Und die Geschichte mit dem Weibtum ist ja auch eine »Wortgeschichte«. Du sollst mir natürlich tausend Mal mehr sein als ein Weib – aber warum dieses nicht

auch? Alles wird sich so natürlich auflösen, wenn wir zusammen sind. Zwischen uns wird nie – das weiß ich ganz genau – ein böses Wort fallen. Du wirst mich verstehen, und ich werde Dich verstehen. Vergieb mir, daß ich gleich zu viel auf einmal von Dir verlangte – und daß ich den Glauben an Dich so schnell verlor. Es wird nicht wieder vorkommen. Du kannst ganz ruhig sein. Aber mir ist geisterhaft seltsam zu Mute. Heute warst Du bei mir. Ich fühle noch immer Deine Nähe. Und Du gehst nicht mehr fort, nicht wahr? Mir ist so, als wenn Du meine Hände streichelst. Freust Du Dich so, daß ich Dir endlich schreibe – was Du hören magst? Ich gehöre Dir jetzt ganz und gar. Vergieb mir, daß ich nicht so »liebe« Worte gebrauche. Du darfst nicht vergessen, daß mir die meisten Worte abgenutzt erscheinen. Wenn Du mir schreibst, so kommt mir das zuweilen so vor, als sprächest Du in einer Sprache, die ich längst vergessen habe. Was ist mir »Liebe« »Freundschaft« »Seele« »Herz« – das klingt mir alles so hohl. Sieh, ich bin Dichter – und muß das alles feiner sagen. Du aber kannst weiterreden -- so wie Du willst -- ohne jedes Zögern u. Ueberlegen. Je rückhaltloser Du zu mir sprichst -- um so froher wirds mich machen. Schreib jetzt aber nach
Colonie Marienfelde b. Berlin
postlagernd unter meinem Namen.
Ich bin viel weiser, als Du denkst. Das Harte ist nöthig »zuweilen«. Eine Größe ohne Härte ist doch nicht denkbar. Und mancher grobe rohe Ton ist auch nöthig – die Kunst kommt ohne diesen nicht aus – schon des Kontrastes wegen. Auch »Triviales« verwende ich in meinem Stil mit »bester« Absicht. Es ist sieben Uhr Abends. Morgen mehr. Wie ich Dich grüße – Du! Ich weiß jetzt so viel Schmeichelnamen für Dich. Aber ich will Dich nicht verwöhnen – Du Bandit! Seelenräuber Du!

Einen stillen Kuß von Deinem Paul

Montag 3 Uhr
Du – heute bin ich wie ein Florett – ganz aus Stahl – und doch – so biegsam und geschmeidig. Und das klingt mir so dumm – – – – –
Rosa! Jetzt ist Alles Alles gut. Oh Du! Ich weiß mich vor Seligkeit nicht zu lassen. Ich habe mich nicht in Dir getäuscht. Jetzt weiß ichs. Deine Sendung von gestern Sonntag erhielt ich unterwegs. Anna hab ich noch nichts gezeigt. So viel Seligkeit hab ich noch nicht in mir gefühlt. »Seelenliebe« in »Ich liebe Dich« wird Dir sagen, wie ich zu Deinen Kindern stehe. Die Geschichte mit Hans ist mir allerdings auch etwas geisterhaft. Aber Du weißt, daß ich zu ähnlichem Glauben sehr geneigt bin. Das Äußerliche ist ja nicht so wichtig. Wahrhaftig nicht! Wie freu ich mich, daß Du das auch sagst. Im August 1888 warf ich Deine Briefe u. meine Briefe und Deine blonden Haare ins Feuer. Grade als Hans geboren wurde. Ist das

nicht auch seltsam. Nur ein Buchzeichen und Deine Photographie vom Jahre 1886 behielt ich. Buchzeichen mit »Halte Maß« verbrannte Jan. 1892 zur Hälfte.

Randbeschriftung:
Vergiebst Du mir, dass ich Dich zu unterschätzen wagte?
Bitte – verzeih!
Heute liege ich vor Dir auf den Knieen – Ich glaube, Du bist mein Genius.
Ach – wir verstehen uns ganz und gar. Es ist Alles gut.
Du willst ja auch nicht die »gewöhnliche« Liebe.
Grüß auch Deine Freundin!

340 An Rosa Gerlach

Montag Abend 1/2 5 Uhr, *14. 11. 1904*

Das mit Deinem Hans hat mich am heutigen Vormittag sehr ergriffen. Mir kams auch in die Augen, als ich das vom Rübezahl »plastisch« las. Ich wäre ja auch so gerne Bildhauer. Vielleicht ist es Hans für mich. Sag ihm nichts davon. Drück ihm nur die Hand und denk dabei an mich. Er soll was von mir hören – das kannst ihm sagen. Aber nicht so schnell. Ich muß mich erst sammeln. Du giebst mir auch zu viel auf einmal. Obs mit den Augen stimmt – ich glaube beinah. Ich sende Dir noch ein Bild*) von mir – verwahrs; es ist Ende 1897 aufgenommen – vor 7 Jahren. Ich sehe noch gerade so aus – die Ohren sind nicht mehr so abstehend häßlich. Dank! Dank für Alles. Heute 14. November 1904 war der glücklichste Tag meines Lebens. Jetzt kommen mehr. Ach, ich glaube schon, Daß Du auch die Seeschlange warst. Lies nur nicht zu viel auf einmal. Jetzt hat Alles Alles Zeit. Meine Bücher kann der stärkste Mann nicht leicht in 2 Jahren aufnehmen. So wars immer. Also – jetzt weißt Du, wie ich Dein Verständnis hochzuschätzen habe.

*) es kommt morgen oder übermorgen.

Zusatz von Anna Scheerbart:
Liebe Rosa!
Nächstens aber schreibe ich. Nimm vorläufig meine schönsten Grüße entgegen.

Deine Anna.

Paul Scheerbart:
Das Pastellportrait von Hans sieht wie Bonaparte in der Jugend aus. Es steht auf meinem Schreibtisch. Anna ist Dir d o c h gut. Aber ich solls noch nicht sagen. Ich sags auch nicht.

Ich bin
Dein Paul.

Anna hat auch Deinen Vormittagsbrief gelesen.
Ich werde thatsächlich auch schon im December vor Studenten vorlesen - ich las heute Nachmittag drei meiner Sachen hier zu Hause vor - und war überrascht über die Kräftigkeit meiner Stimme.
Viele Grüße!

341 An Rosa Gerlach

15. 11. 04. Dienstag Abends 10 U

Daß wir so früh uns mußten trennen -
Das, sprachst Du, liegt allein an Dir.
Mein Unrecht würd ich gern bekennen,
Doch find ich keine Schuld in mir.

*

Es mag wohl sein, daß meiner Rede
Gar oft der rechte Sinn gefehlt;
Ich lag ja mit mir selbst in Fehde
Und war vielmehr als du gequält.

*

Nicht weiß ich mehr, was ich gesprochen
Und was in Fieberglut ich schrieb;
Ich weiß nur, daß ich nichts verbrochen
Und daß ich Deiner würdig blieb

* * *

Die Blümlein alle, von Dir gesandt,
Sind längst verdorrt in meiner Hand

*

Die Liebesblüten von Dir gepflückt -
Sie liegen achtlos im Staube.....

*

Die ersten Knospen im jungen Jahr
Reich ich Dir zögernd und bittend dar

*

Ach laß die Trauer! Ach laß den Groll!
Ist ja von Reue mein Herz so voll

* * *

So fahr denn wohl! Ich laß Dich wandern
Und bleibe ohne Groll zurück
Ich segne still vor tausend Andern
Mein immerhin noch großes Glück

*

Dein müdes Haupt ans Herz zu legen
Daß seiner Sorgen es vergaß -
3) Das war mein Glück, mir bleibt sein Segen,
Wie kurze Zeit ichs auch besaß.

*

Du sprachst, ich sollte Dich nicht fragen
Wohin Dein Weg Dich weiterführt
1) Ich hätte keinen Grund zu klagen
Da mein Geschick ich selbst erkürt

*

Ich klag auch nicht. Bei Gott, ich tauschte
Mit keinem Wesen in der Welt -
2) Seit mich das höchste Glück berauschte
Das je die Menschenbrust geschwellt.

⟨*⟩

Doch Du - durch fremde Menschenmassen
Gehst unverstanden Du allein
Dein Haupt wird keiner liebend fassen,
Du wirst verkannt und elend sein.

*

Ging Dein Vertrauen zu mir in Scherben,
Doch halt ich, was mein Herz verspricht
Dir treu im Leben und im Sterben
Verläßt Dich meine Liebe nicht

* * *

Diese 3 Geschichten, liebe Rosa, fand ich im Mai 1889 in Oscars Schreibmappe - von Oscar geschrieben - ich kann sie auswendig - und ich kann sehr wenig auswendig - selbst von meinem eigenen. Erinnerst Du Dich? Mir klingt es so oft im Ohr - und dann weiß ich, daß Du an mich denkst u. schreibst. Und dann muß ich immer so lustig und listig lächeln. Ich hab eben wieder im Gespensterbuch gelesen. Ich lieg im Bett! Verzeih! Ich schreibe beim Schein einer Küchenlampe, die auf einen weißen Holzstuhl neben meinem eisernen Bett steht. Der Bär schläft an der anderen Wand. Und ich muß Dir doch von diesem Bären erzählen. Stell Dir eine fest gebaute Russin vor - so ist er, obgleich er aus der Altmark stammt. Er ist sehr energisch, und schimpft immer sehr. »Dein Leichtsinn!« das hör ich alle Tage⟨.⟩ Und oft wird er so grob und roh, daß ich auch laut spreche - daß die Wände zittern. Und dann geht er gewöhnlich handgreiflich auf mich los - aber dann greif ich seine Hände - und ich bin stärker. Wär ichs nicht, würde mirs schlecht ergehen. Und nach der sehr lebhaften Spektakelscene - bitt ich immer ab - obgleich ich wirklich nie weiß, warum eigentlich der Lärm in Scene gesetzt wurde. Das hört sich sehr gemütlich an, ist es aber nicht. Der Grund ist wohl darin zu sehen, daß ich diesen Bären eigentlich niemals neben mir bemerke - und darum will er sich bemerkbar machen. Ich denke längst nicht mehr über diesen Bären nach; die ganze Litteratur kennt sein lebhaftes Temperament - durch dessen Überwindung mir der große Humor kam. Ich glaube, der Bär ist meine Stiefmutter; die vermochte es auch, täglich meine Wuth zu entfachen. Zu anderen Menschen bin ich immer von vollendeter Höflichkeit. Fürchte nichts! Ich bin wirklich von großer Sanftmuth - und nehme stets zarteste Rücksicht auf Alles und Jeden. Wäre der Bär nicht die beste Frau für Deinen Emil? sie würde ihn in 3 Monaten klein kriegen. Mich aber kriegt sie nicht klein; ich bin wol zu lustig. Da sie jetzt einsieht, daß sie mich verliert, so wird sie natürlich s e h r gut zu mir, weint viel und ist ganz erträglich, behauptet allerdings, daß wir stets wie die Kinder zusammen gelebt hätten und ganz glücklich waren zusammen. Ja - was behauptet sie nicht alles! Sie mißversteht alles - und das hat mir oft heillosen Spaß gemacht. Ueberhaupt: nichts geht mir über Naivetät u. Drolligkeit. Aber das Simple kann denn doch zuviel werden. In Breege auf Rügen fragte sie mal: »Du gehen die Räder des Dampfschiffes auf dem Meeresboden?« Gipfel! Nicht? Wenn sie nur richtig Deutsch sprechen könnte! Wenigstens hat sie mir die Frauen fortgescheucht; ich glaube daher nicht daran, daß sie

Dir gut sein könnte. Glaubst Du also, daß sie mich beeinflussen könnte. Nein – daß ich Dir böse war, daran hatten ganz allein Deine Rübezahlbemerkungen Schuld. Bist Du nun informiert? Außerdem ist sie eine sehr gute treuherzige anhängliche Natur. Ihr Profil ist wirklich hervorragend. Ich bin ihr der Mann, der ihr gefällt. Sie ist zweifellos aufopferungsfähig – aber dazwischen kommen ihr auch wieder Rachegedanken – und ich muß immer gute Miene zum bösen Spiel machen. Das ist keine kleine Arbeit. Sie ist aber auch sehr materiell und dann sagt sie jetzt bekämst Du die Lorbeeren und sie hätte sich gequält mit mir. Und dann versprech ich ihr monatlich eine Kiste mit Delikatessen und Geflügel – und Wein versprech ich ihr auch – Cigarren auch – sie fürchtet nur, daß sie wird Schürzen nähen müssen, das red ich ihr aber aus. Bekäme sie nur einen andern Mann. Ich gebe mir die größte Mühe – sie ist doch immer eine frische Nummer – und dabei sehr gutmütig – kocht vorzüglich und wirtschaftet großartig – besonders dann, wenn wenig Geld da ist. Aber sie kann den stärksten Mann mit ihrer »Energie« und »Wuth« kaputt machen. Ich wäre längst über alle Berge, wenn ich das Geld für zwei Wirtschaften gehabt hätte. Das kommt aber in diesem Winter – da die Theaterstücke aufgeführt werden etc etc.
Ich denke an Dein Bild von 1891 – das hab ich sehr sehr gern. Ich bin Dir doch so gut – so sehr gut! Meine liebe Rosa – gut Nacht!

Randbeschriftung:
Der Bär ist übrigens als Frau das, was man »höchst anständig« nennt.
Der Bär ist, glaub ich, hauptsächlich seiner Schwestern wegen ärgerlich – die werden sagen: Siehst Du, Anna, das haben wir immer gesagt, ein Dichter ist doch nichts Reelles – Dein erster Mann war ein Beamter – Postassistent – das war was Andres
Ich glaubte, ich sei Dir dies alles schuldig.
Bär sagt, er wird sich sehr langweilen ohne mich. Ich glaubs, denn ich bin ein famoser Kamerad
Was ich Dir vom Bären schrieb, ist noch sehr lückenvoll – aber – vielleicht fragst Du.
Eigentlich langweilt mich die Bärengeschichte von oben bis unten – wir reden wol alles Weitere mündlich darüber – sonst frag nur – ich geb Dir ehrlichste Antwort auf Alles.
Fragebogen beantworte ich Dir ganz gewissenhaft – Deinen letzten hab ich wol beantwortet, nicht wahr?
Du! Sei lustig!
Verzeih mir die schlechte Schrift! Verzeih! Verzeih!

342 An Herwarth Walden

Mariendorf, Dienstag 15. Nov. 1904.

Sehr verehrter Herr Walden!
Schönsten Dank für die Karte. Anbei drei Texte. Ich denke mir »Trost« am Anfange – »Nacht« vor dem zweiten Teil, und »Ki« da, wo es im Programmheft steht. Aber wenn Sie anders denken, ist es mir auch recht. Vielleicht haben Sie die Güte, mir sobald wie möglich zu schreiben, ob Ihnen die Sache liegt oder ob Sie Andres wollen.

Zehn Tausend Mondgrüße von Ball zu Ball
Ganz
Ihr
Paul Scheerbart

343 An Rosa Gerlach

Mittwoch Nachmittag 16. Nov. 04 h. 5.

Du! Meine Einzige! Ich ersticke hier beinahe. Jetzt ist endlich die liebe Anna in die Markthalle gefahren, um Gans und Seemuscheln zu kaufen. A. wurde höhnisch, sie stört mich von früh bis spät – denkt immer, daß ich an Dich schreibe. Das ist unerträglich. Jetzt muß ich gleich nach Marienfelde. Was ich Dir gestern über die »liebe« Anna schrieb – das war alles sehr milde. Hoffentlich beruhigt es Dich – für alle Zeiten. Ich wünschte, ich könnte fort. Ich bilde mir immer ein, ich könnte Alles – auch eine Ehe mit lachendem Munde lösen – aber ich sehe doch ein, daß ich noch zu wenig Humor in mir habe. Nun wollen wir aber von unsern sich sehr ähnlichen Ehequalen nicht mehr reden.
Verzeih, wenn in dem Gestrigen Dir Einiges unleserlich erscheinen sollte – es erschien mir eigentlich so unbedeutend.
Hinter meinem dunkelgrünen Tintenfasse steht der Hans und sieht mich an – mit seinen großen wundervollen Augen. Ich sende Dir, damit Ihr lachen könnt, auch eines meiner Selbstporträts

Donnerstag Nachm. 4 Uhr. Gestern kam d. l. A. natürlich sehr bald wieder zurück, da ja Bußtag war. Wir leben, wie Du siehst, fast im Traume. Übrigens: ich glaube auch nicht recht, daß mein Vater mein eigentlicher Vater; es war bekannt, daß meine Mutter für ihren Beichtvater sehr begeistert war – und von diesem Pfaffen hab ich mehr – als von meiner ganzen Familie. Materiell stamm ich aber nicht von ihm ab. Die Geschichte von der Jungfrau Maria gehört übrigens auch hierher. Doch davon werden wir mündlich noch sehr viel reden. Der »gewöhnliche« Mensch lacht über sowas; ich, der ich ans Lachen sehr gewöhnt bin, lach über so was garnicht. Meine Autobiographie im Programmheft sagt ja auch schon genug. Und so kann auch Anna sehr gut plötzlich zur »wirklichen« Stiefmutter werden (siehe Zettel von Mittwoch Abend 9 U.) Jeder ist für uns das, was wir aus ihm für uns machen. Doch davon später mündlich mehr. Ich glaube ganz fest daran, daß uns die allerfeinsten Fäden verbinden - und daß wir uns ganz restlos verstehen werden. d.h. nicht blos mit dem Verstande. Ueberstürze Dich nicht beim Lesen der Bücher - eine Gemütsehe ist ja die unsre. Brauch ich Dir noch mehr zu sagen? Ich weiß, daß Du ganz allein unter allen Menschen mir das bist, was eigentlich ganz zu mir gehört. So gehöre ich zu Dir. Und somit werden wir alle Hindernisse in nachtwandlerischer Sicherheit überspringen - bist Du zufrieden, Rosa? Ich fürchtete Freitag vor 14 Tagen, daß Dein lieber Gatte Dich durch »gewöhnlichste« Sinnlichkeit zerstört haben könnte - legte auch Dein Weibtum anders aus. Darüber auch später mehr. Das ist nicht mit 6 Worten abgetan. Ich weiss aber, dass ich mich hierin täuschte. Verzeih! Vergieb! Schreibe nur ganz so, wie es Dir liegt - wir kommen auch so zusammen - brauchst keine Angst zu haben. Dein Bild vom Jahre 91 ist mir so bekannt u. vertraut. Sei froh und lustig und schreibe bald wieder an meine Mariendorfer Adresse - und glaub nicht, daß ich blos Geist - ein bischen Mensch bin ich auch - - und - ich glaube nicht, daß Dir meine äußere Form fremd sein wird. Das beifolgende Selbstportrait ist 17 Trillionen Jahre vor meiner Geburt aufgenommen - da bestand ich aus Millionen großer Sonnen - und grüßte Dich schon mit sauer-süßem Gesicht. Wenn wir uns so lange treu blieben - nicht wahr? - dann muß es auch länger gehen. Ich bin ewig

Dein Paul

Rand- und Zwischenraumbeschriftung:
war mächtig traurig, daß ich heute in Marienfelde keinen Brief von Dir bekam. Ich gehe morgen wieder hin.
Bär ist sehr böse, daß ich 6 Wochen nichts gearbeitet habe - dabei sind doch über 400 M eingekommen (300 M allerdings von der Schillerstiftung - das ist aber eine Ehrengabe)
Wenn Du an meine Mariendorfer Adresse schreibst - so vergiß nicht die kleinen Zettel - und schreib im Officiellen nicht von Marienfelde.
Du! Ich küss Dir Deine lieben Augen und bitte Dich: Trau mir! Du bist mir viel mehr als Du denkst. Bist jetzt zufrieden mit mir - Du - Du - überglücklicher Bandit?
Sei nur recht fest und halt noch ein bischen aus

Und grüss auch Deine Freundin M. B.
Zeig aber der Meta ja nicht den Eisenbahnroman - vor den antierotischen »Frauen« hab ich einen heillosen Respekt.

344 An Rosa Gerlach

Mittwoch Abend 9 U, *16. 11. 1904*

Du! Eben hab ich meinen Bären immerzu geküßt und hab ihn gebeten: Sei meine Mutter, ich kann nicht mehr anders. Und er hat mich gestreichelt und hat mich getröstet - und hat mir versprochen, u n s Mutter zu sein. Oh - Du - die Frauen kennst Du doch besser. Ich kniee vor Dir und weine wie ein Kind

ich bin
Dein Paul

Randbeschriftung:
verzeih meine ungeschickte Art.

Rückseitenbeschriftung:
Grüße den Hans!
[Ich schreibe ein Märchen von Hans u. Hanne - dabei dachte ich immer an d e n Hans!]

345 An Richard Dehmel

Abs. Scheerbart, der Heering, in Mariendorf bei Berlin.

Poststempel: 17. 11. 04

18 Trillionen Weltgrüsse dem 18ten November des Jahres ein Tausend neun hundert und vier von
A. und P.
mit ächten Drucksachen, die auch als Originale verwertet werden können - und zwar:
Jenseits von Einigkeit und Zwietracht.

»Ein Luft-Bonaparte«, Kohlezeichnung

346 An Richard Dehmel

Horridôh! Hôh! Hôh!
Ich begrüße den Buntscheck mit wildem Gebrülle

und
bin
Dein
alter
25.11.04. Paulus.

347 An Herwarth Walden

29. Nov. 1904.

Sehr verehrter Herr Walden!
Der »kosmische Trost« will mir nicht mehr gefallen; es steckt doch eine kleine Sentimentalität darin, die mir einfach unausstehlich wird. Wenn Sie nicht Andres schreiben, so nehme ich an, daß Sie die Geschichte noch nicht in Angriff genommen haben. In nächster Woche sprechen wir mal vor – ich schreibe aber vorher. Oder: möchten Sie nächsten Sonntag hier Schnee sehen? Wir würden uns sehr freuen. Leider können wir morgen wieder nicht – zwingender Umstände halber

Mit vielen Schneegrüßen von Feld zu Feld
Ganz Ihr
ergebenster
Paul Scheerbart

348 An Rosa Gerlach

Montag 5. December 1904

Liebe Rosa!
Ein Brief mit Deinem Couvert ist letzten Freitag an Dich gesandt. Schreibe mir doch umgehend, ob Du ihn bekommen hast; er ist Freitag abgesandt.
Ich danke Dir für Deinen Brief – laß uns erst ruhiger werden – dann wird alles gut werden

Nach wie vor
Dein
Paul

Randbeschriftung:
Immer mutig!

349 An Rosa Gerlach

Dienstag 13. Dec. 1904.

Liebe Rosa! Du geruhst, mir auch fernerhin zu »trotzen«. Die Geschichte vom Gut –

8 gewellte senkrechte Striche

da kam aber endlich heute Vormittag um 11 Uhr Dein lilafarbiger Brief – und meine ganze Seele dampfte vor Vergnügen. Jetzt fängst Du an, lustig zu werden – dem Himmel sei es gedankt. Dein Briefsteller für Nichtliebende, das Wörterbuch der Blasirtheit etc. das war schon recht erquickend. Du denkst, ich laufe immer zu meinen Büchern u. sehe nach, ob ich das oder dies thun darf? Du Teufel, nein so komisch bin ich garnicht. Vergiß nur nicht, daß »Ich l. D.« vor 8 Jahren geschrieben wurde – und daß ich danach 1897 noch einen Haremsroman schrieb – dann aber nicht mehr eine Zeile, die nach gewöhnlicher Erotik schmeckt. Nun male Dir aus, wie die meisten Deiner Briefe auf mich gewirkt haben müssen! Du – die Richtung, die in meinen Ansichten steckt, kann ich garnicht ändern. Hab ich Dir nicht vom ersten Briefe (3. Oct. 1904) ab immerzu gesagt, Du müßtest meine Bücher lesen? Du würdest, in den späteren besonders, so viel Trost finden. Ich freue mich, daß Du mit »I. l. D.« »fast ganz« einverstanden bist. Das ist aber erst ein Anfang. Die totale Ablehnung des Menschlichen folgt (im Mondroman erster Erfolg). Weit ist der Weg – der Weg ist weit.
Du – Dir wehe thun – das hab ich nie gewollt – wahrhaftig nicht! Verzeih mir, wenn es unbewußt geschah. Aber Du hast mir sehr weh getan – Du bist böse. Mußt nicht so böse sein. Sieh – ich bins wirklich nicht. Wenn Du mehr von mir lesen würdest, so würde Dirs so selbstverständlich sein, daß wir – uns gegenseitig umbringen würden, falls wir zusammen leben sollten! Du bist nämlich, was ich anfänglich nicht glaubte, auch eine sehr produktive Natur. Und zwei Produktive habens noch nie zusammen ausgehalten. Indianergeschichten sind nicht so schlimm; das »Elend« ist böser. Schreibe ein lustiges kleines Prosastück (nicht Verse!); Du mußt nur jedes poetische Wort wie »frohgemut« »abhold« etc vermeiden und ganz einfach schreiben. Lies vielleicht auch vordem »Aus dem Leben eines Taugenichts« von Eichendorff (Reclam 20 Pf) u. Salambo von Flaubert (Reclam 20 Pf) Lies überhaupt nicht blos P. S. – sonst merkt man Dir gleich meinen Stil an. Entsagen u. entbehren lernen – – muß der, der etwas schaffen will. A. kann übrigens so gut kochen, daß sie das Kochbuch sehr selten gebraucht – wir lesen öfters zusammen darin. Des »Lebens goldener Baum« wächst überall – besonders dort, wo man täglich was überwinden muß. Und – sei

überzeugt: Kunstwerke schaffen, ist doch das größte Glück - und das mußt Du auch haben - das wünsch ich Dir so sehr - so sehr! Aergerst Du mich auch nicht mehr?

Es
grüßt
Dich
Dein
Paul

Randbeschriftung:
Es ist nicht wahr, daß ich das Häßliche in Deinen Worten suche! Nichts ist häßlich.
Ich habe Respekt vor Deiner Bösartigkeit!!!
Ich schreibe »Die Weltkutsche«. Eine Weltreise - in der Hans u. Hanne Unglaubliches entdecken - 2/3 des Honorars hab ich schon - und muss vor Weihnachten fertig sein.
Die Antierotik ist selbstverständlich nur für die »Höheren«
Wirst Du auch nicht mehr so rachsüchtig sein? Deine vorletzten Briefe waren sehr sehr bösartig!!!!

350 An Herwarth Walden

Freitag 6. Jan 1904, *richtig: 1905*

Sehr verehrter Herr Walden!
Leider nächsten Sonntag total unmöglich. Besten Dank für Ihre Karte. Näheres demnächst!

100000 Feldgrüße von Land zu Land -
in Sturm und Regen
Ihr
Paul Scheerbart

351 An Rosa Gerlach

Montag, Nachm. 2 Uhr.
16. Jan. 1905

Liebe Rosa! Grüßen muß ich Dich doch - aber - ich sage Dir - - - ich muß meinen Münchhausen gleich schreiben - und da bin ich 180 Jahre alt - und Du 18. Das wird sehr lustig werden. Du willst den Humor des alten Herrn intim machen. Münchhausen ist aber so furchtbar trocken - hat ganz trockne braune Haut - und sie gehen schließlich doch »zusammen« in die Welt hinein. Röschen, das wird furchtbar fein. - - Anna ist fort. Ich bin ganz allein - dicht am Ofen im Schlafgemach - und

Dein
Paul

Es scheint mir durchaus nötig, daß ich Manuskripte schreibe - und nicht Briefe. Ich fürchte nämlich, daß - es sehr viele Momente in mir jetzt giebt, für die ich nicht so schnell die Worte finde.

Oh - das sagen, was Keiner sagen kann!

Das giebt Rauschwelten. Aber die sind nicht blos zum Lachen da. Überhaupt! Wenn Du mich zu sehr versöhnen thust - dann - dann - dann ach ja - dann lach ich ebenso wie Du.

Ich fühle übrigens, daß - hm - es herrlich wäre, wenn wir das feinste Schweigen verstehen würden. Du - da sind so viele Gedanken im Schweigen - die gehen so rasch dahin, daß sie garnicht von Worten gefaßt werden können. Darüber müssen wir viel reden.

Jetzt schweige ich so - und denke das Unglaubliche - und möchte es Dir an die Ohren binden. Verzeih!

Du mußt mich aber nicht so heftig auslachen - vergiß nicht, wie berühmt ich bin! Du - mein Mond!

ich - ich - na - Du weißt ja Alles von

Deinem
Paul

Rand- und Zwischenraumbeschriftung:

Oh - wärst Du hier!

Meine Augenbrauen zucken so. sei nicht böse deswegen. Aber ich möcht Dir Alles nachmachen.

Was Anna thut, weiss ich nicht - sie ist sehr ruhig - und ich glaube... na - nächsten Mittwoch 3/4 10 oder 10 das Nähere und Weitere.

Liebe Rosa! Wenn Du an Deine Kinder denkst - so mußt Du schnell was drüber schreiben wollen - die Kunst ist dazu da, unsre Schmerzen zu Seligkeiten zu machen. Die Kunst muß uns aber auch unser Leben festhalten - also unser Glück.

Eben bekam ich wieder eine Karte, daß mich Jemand Mittwoch oder Donnerstag besuchen will. Ich werde zum vollkommenen Abschreiber.

Morgensonne!

Morgensonne!

352 An Herwarth Walden

Mariendorf b. Berlin 17. Jan. 1905.

Sehr verehrter Herr Walden!
Wir hatten im Sommer abgemacht, daß jeder Vorleser ein »Minimum« von 100 M für den Abend bekommen sollte. Ich war damit zufrieden, um die »Sache« zu fördern.
Da nun aus Ihrem letzten Briefe hervorgeht, daß Sie für die Auszahlung des vereinbarten Honorars nicht die Garantie übernehmen wollen oder können, so muß ich leider zurücktreten.

Mit vielen Grüßen
Ihr
ergebenster
Paul Scheerbart

353 An Rosa Gerlach

Mittwoch um 3/4 3 Uhr Nachmittags, *18. 1. 1905*

Du, liebes Rosel! Ich habe jetzt
den ganzen Kopf so voll Dollheiten,
daß ichs gar nicht ertragen kann.
Wie lange willst Du denn nun
in der Ferne bleiben?

Ich weiß nicht, was ich Dir
sagen soll –
Mein altes dummes Herz ist
über und über voll

Verzeih! Vergieb!

Zuck nicht immerzu mit
Deinen feinen Augenbrauen
Das sieht so entzückend aus.

Du, Rosel, ich bin zuweilen
schrecklich traurig, daß Du
nicht hier bist.
Schreibe mir doch gleich
gleich wann Du kommst

und grüße Deine Schwester
und Deinen Vater
u. schreibe mir, obs mit
Herrn Walter besser wird.
Ich bin recht in Sorge.

Anna hat schon eine Korrespondenz, die sie mir
nicht zeigt! Die soll ich
nicht sehen!
Ach ja – und dann will
sie wieder die Scheidungsklage nicht einreichen.
Du liebste beste Rosa,
unsre Gespräche solltest Du
hören. A. nennt mich oft
»infam« – und ich gebe mir
doch solche Mühe, Alles gut zu
machen – Aber ich kann mir
oft das höhere Lachen nicht
verkneifen.

Sonnabend lese ich im
Architektenhaus Wilhelmstrasse – 2 Billets für
für Dich u. Frl. von Jaski
sind in meinen Händen.
Wär sehr traurig, könntest
Du nicht. Aber laß Dich meinetwegen nicht bestimmen;
Familie geht vor. Wär nur
erst Alles in Halle gut.
»Der vornehme Räuberhauptmann« wird Sonnabend von
einem Schauspieler gelesen, sodaß
ich nur eine Stunde zu lesen
habe – bin sehr froh.
Gut wird der Abend bestimmt

(Rand- und Zwischenraumbeschriftung:)
Viele »lustige« Grüße auch von Anna
Hast Du Zeit, an mich mal zu denken??? Schreib mir doch.

Nein – schreib nicht – ich weiß.
Ich küsse Dir Deine Augenbrauen

und bin
Dein
Paul

ich bin eigentlich heute ausgelassen.
Sei mutig! Es wird Alles prächtig. Ich – – bin stark wie ein alter Goliath. Siehst?
Der Generalstreik wird uns nichts schaden – schließlich schreib ich einen Streikroman.
Du, Roselchen, nie habe ich Dir in einem meiner Briefe gesagt, daß ich nichts von Dir wissen wollte!!
willst Du mich strafen durch Nichtschreiben? O – Du!
Strafe mich, liebe Rosa, aber sei gnädig – sei gnädig!!!
Wir müssen bald unsre Briefe mal uns erklären und zusammenstellen.
Wenn ich nur erst fortziehen könnte! 14 Tage halt ichs kaum noch aus. Wir reden noch drüber.
Ich hoffe, daß mich A. ziehen läßt – auch wenn ich ihr nicht alle pekuniären Wünsche erfülle.
Dies ist alles in wilder Hast geschrieben.
Münchhausen und Clarissa⟨.⟩ Ein Berliner Roman ist gestern angefangen.
Heute Abend werden noch ein paar nötige Besorgungen gemacht.
Münchhausen ist bis c 3. Febr. d.J. fertig. wird c 200 Quartseiten.
in der Tarub steht: O glaube mir, es ist nicht leicht, das ganze Leben »leicht« zu nehmen.

354 An Richard Dehmel

Gedruckter Briefkopf:
Heim der Jugend
Gross-Lichterfelde 1

Mittwoch 25. Januar 1905

Lieber Richard!
Das »Heim der Jugend« möchte nicht blos sehr gerne von Dir einen Beitrag haben – sondern auch von Lilienkron eben so gerne etwas »Nochnichtgedrucktes«. Könntest Du nicht so lieb sein, das Erstere zu thun und das Zweite zu veranlassen? Du thätest mir einen sehr großen Gefallen und ich würde Dir sehr dankbar sein. Vielleicht ist Dir schon bekannt, daß ich – – – momentan einer anderen Frau zu huldigen geruhe – demnach – – – na, ich

glaube, daß das in dieser Revolutionszeit nicht auffallen dürfte. Ich hoffe, daß es mir gelingen wird, meine erste Ehe möglichst schmerzlos zu lösen (eine »kühne« Hoffnung).
Bedaure mich aber anitzo, daß ich mich momentan mehr für meine zweite Frau interessire als für meine sonst so bekannte Revolutionsbegeisterung. Meine zweite Frau ist übrigens meine erste Frau (im eigentlichen Sinne) – da ich diese zweite seit 22 Jahren kenne. Ach ja! Indessen – ich stöhne nicht – ich bin total aus dem Häuschen
Lege mich Deiner Frau Gemahlin zu Füßen und sei mit seltsamem Lachen gegrüßt

von
Deinem
sehr jugendlichen
Paulus

355 An Herwarth Walden

Mariendorf 28. Jan. 1905.

Sehr verehrter Herr Walden!
Sie würden mich zu großem Danke verpflichten, wenn Sie heute meiner Frau die restirenden 26 M geben könnten; von den 40 sind 1+2+5+6 gezahlt. Ich habe täglich das Geld erwartet, da Sie mir vor 8 Tagen versprachen, daß Sie's mir im Anfange dieser Woche schicken wollten.
Ich werde Ihnen sehr dankbar sein, wenn Sie heute die Sache regeln könnten.

Mit vielen Grüßen
von Haus zu Haus
Ihr
sehr
ergebener
Paul Scheerbart

356 An Richard Dehmel

Montag 30. Jan. 1905.

Bester Riccardo! Meinen schönsten Dank für Deinen lieben Brief u. für die Manuskripte, die ich soeben an Cronbach gesandt habe. Die wollen aber eigentlich »Originale«. Gerne käme ich mit meiner Signora auch ins

Ansorge-Conzert. Da ich aber in c 4 Wochen 1000 M zusammenschreiben muß und – das Leben in meiner Häuslichkeit die Ueberhölle ist – so kann ich nicht. Bitte die Götter, daß sie mir bald weiterhelfen – u auch forthelfen. Ach ja!

Ich bin
Dein
Paulus – trotz alledem.

Daß ich ein »abtrünniger« Antierotiker bin, kann ich nicht unterschreiben – da ich darüber erst im nächsten Sommer nachdenken muß. Dann mehr!
Wir wollen jetzt Alles umarbeiten – Alles!
Entschuldige, daß ich momentan so gedankenlos bin. Ich sollte mich auch verhaften lassen. Ach ja!
Dann wär ich erlöst.

357 An Rosa Gerlach

Berlin W. Potsdamer Str
3. Febr 1905

Meine liebe liebe gute Rosa! Dein Brief hat mich recht erquickt*). Schönen Dank! Ich antworte Dir auf Alles im »Tagebuch«. Ich freue mich, daß Du mich »hart« willst. Ich fürchte nur, daß ich Dir zu hart sein könnte. Sei nur ganz ruhig, ich werde schon für alles sorgen. Du aber mußt mir versprechen – – ganz fest, daß Du nicht mehr Angst vor unsrer Zukunft hast.
Es wird sich alles viel leichter entwickeln, als Du denkst. Du unterschätzest doch meine Stellung. Ich war etwas mitgenommen durch das Jahr 1904 in dem ich **9** Bücher herausgegeben habe. Was das bedeutet, kannst du garnicht ermessen. Sei ganz ruhig – wir fahren spätestens Mitte März nach Halle und von dort mit den Sachen Deines Vaters in den Harz (wahrscheinlich nach Blankenburg). Das nötige Geld ist in 4-6 Wochen da – vertraue mir! Dein Manuskript bei Cronbach – morgen hör ich das Nähere – und erzähle Dir dann Alles, wenn wir uns wiedersehen (Schultheiss Nollendorfplatz bei Bouillon) Wilde ganz starke Grüße – von

Deinem
Paul

Soeben höre ich in einer hiesigen Buchhandlung, daß Herr von Poellnitz (Leiter des Insel-Verlags) im Sterben liegt. Heymel soll sich jetzt wieder

sehr für den Verlag interessiren – und daher sind unsre Aussichten plötzlich viel besser als bisher, da Heymel immer noch 4 Millionen besitzt, mir gewogen ist – u. von mir **12** Bücher anno 1905 bekommen könnte.
Herr von Poellnitz war der, der mir im Insel-Verlage am meisten widerstrebte!!
Außerdem will mir der kl. Paul Hildebrandt, der Sonnabend vor 8 Tagen behauptete, daß ich Alles hätte allein lesen sollen, – größere Artikelaufträge besorgen – die wol ein minimum von 1000 M bringen könnten! Also – immer mutig!

Randbeschriftung:
*) weil Du ganz so bist wie ichs möchte!!!

Ich schreibe Restaurant Regenspurg u. trinke auf Dein Wohl ein Glas Spaten (nicht mehr!)
Pardon, daß so wenig, aber ich muß doch »hart« sein! Oh – Du!!
Ich küsse Dir Deine Augenbrauen

358 An Erich Mühsam

Herrn Erich Mühsam, Schriftsteller
p. Krankenhaus Bethanien Zimmer 104.
Berlin S.O. 26
Mariannenplatz

Poststempel: 4.2.05

Bester Eriko! Es freut mich mächtig, daß Du 6 Pfund zugenommen hast. Ich habe 36 Pfund ab genommen. Was Du mit der Bemerkung »Es lebe die Antierotik!« sagen willst, ist mir einfach »unverständlich«. Bist zu gegen den Dynamitschaden versichert? Schreib bald!
Gute Besserung

Ich bin
Dein alter
P.S.

Randbeschriftung:
Alle Felder sind voll Schnee – oh weh!

359 An Rosa Gerlach

Vermutlich Februar 1905

Liebe Gute! Ganz helle leuchtende Morgengrüße! Heute ist Mittwoch. Und ich erhielt soeben eine Kritik von Bierbaum in der Wiener »Zeit« - in der B einfach wörtlich sagt »S, der nichts zu wissen und zu wollen scheint als bunte Narrheit, und der doch nicht e i n e unsinnige Zeile geschrieben hat.‹« Und das will etwas heißen, wenn man im Laufe von 15 Jahren 22 Bücher herausgegeben hat, die allein gegen 200 Geschichten und etwa 30 »Theaterstücke« enthalten.
Es wird sich schon Alles gut entwickeln in diesem Winter - ich bin die schwerste Nummer von ganz Europa. Freust Du Dich auch, daß ich so schwer bin? Und - wirst Du auch wieder singen? Und wirst Du auch wieder lachen und fröhlich sein? Du, B. sagt auch - i c h wäre der Einzige - der sich stets gleich geblieben sei - ist das nicht ein Perpetuus? Nu sei recht lustig und verlach alle Gefahr und alle Noth. Damit Du aber nicht glaubst, ich sei grausam gegen meinen Bären, muß ich Dir erklären, daß er seit vielen Jahren w u ß t e, daß es eine Frau für mich gab und giebt - die nur die Hand zu erheben braucht..... Und dann noch eins: im Januar hätte i c h s getan, wenn Du nicht gekommen wärst. Es kam Alles im richtigen Augenblick - und ich - küsse Dir Deine Stirn und Deine Augen und grüße Dich - wie ein wilder Panther!

Ewig
Dein
Paul

Randbeschriftung:
Paul darf mich außer Dir und Deinen Brüdern kein Mensch nennen.

360 An Alfred Walter Heymel

Mariendorf b. Berlin, Grossbeerenstr. 5.B.
Montag, 13. Februar 1905

Lieber Herr Heymel! Wärs Ihnen vielleicht möglich, in allernächster Zeit ein kl. Buch von meiner Hand im Inselverlage zu bringen? Ich schreibe grade »Münchhausen und Clarissa« - ein Buch, in dem der alte Münchhausen (180 Jahre jetzt alt) mit einer Achtzehnjährigen durchgeht und sich verheiratet. Mir ist schrecklich plümerant zu Mute, da ich jetzt meinem Bären durchgehen will, und meine zweite Frau..............................

Doch entschuldigen Sie gütigst, daß ich Sie mit furchtbaren Konflikten familiärer Natur behelligen wollte. Nur das eine ist eine ganz vollendet Thatsache: mir kann nur ein Honorar von Ihrer Hand »helfen«. Könnten Sie noch ein Mal so gütig sein? Oder - sind Sie mir böse?
Für eine Zeile Nachricht würde ich schrecklich dankbar sein. Wenn Sie mir auf einer Karte schreiben würden, daß Ihnen Einsendung des Münchhausen-Manuscripts willkommen ist - dann wäre ich selig - selig!

Mit unendlich vielen großen Grüßen
Ganz
Ihr
Paul Scheerbart

361 An Alfred Walter Heymel

Mariendorf b. Berlin 16. Febr. 1905.

Sehr verehrter Herr Heymel!
Für Ihren freundlichen Brief sage ich Ihnen meinen allerbesten Dank. Ich werde mich mit Herrn Poeschel in Verbindung setzen. Daß Sie die Annahme meines Romans befürworten wollen - hat mich sehr glücklich gemacht - und ich werde Ihnen dafür immer sehr sehr dankbar sein. Jetzt schreibe ich mit unglaublich großem Mute und mit großer Heiterkeit; Ende dieses Monats wird die Münchhausen-Geschichte fertig sein.

Mit vielen vielen großen Grüßen
Ganz
Ihr
ergebener und dankbarer
Paul Scheerbart

362 An Franz Servaes

Mariendorf, Donnerstag 16. Febr. 1905

Liebes Franzi! Meinen heiligsten Dank für Deine Karte und für Deine lieben Zeilen in d. N.Fr.Pr. So was hat jetzt eine mächtige Bedeutung für mich, daß ich mich Anfang März d.J. von meinem Bären trenne und mit meiner Jugendfreundin Frau Rosa Gerlach nach München ziehe, allwo wir uns ein Heim gründen wollen. Meine liebe Rosa ist die Blonde im Paradies und die Frau meiner Seelenliebe (cf. Ich liebe Dich!) Im 6ten Bande meiner Theater Bibliothek ist sie in meinem Mirakel zu finden. Seit dem 2ten October 1904 stehen wir im intensivsten Briefwechsel. Seit dem 8. Januar d.J. sind wir nach achtzehnjähriger Trennung wieder Aug in Auge zusammen – und – na – der Bär – hat sich in nobelster Weise bereit erklärt, die Scheidungsklage einzureichen. R. verließ ihren Gatten (Chokoladefabrikant in Insterburg) und ihre beiden Kinder (2 Söhne im Alter von 15 u. 17 Jahren) Der Bär bekommt im März 400 M und dann jeden Monat 100 M. Rosa malt und zeichnet viel für Kunstgewerbe – und ich fange endlich an, mal ein bischen mehr zu schreiben als bisher*). Jetzt lacht mir wieder die Sonne des Glücks – und ich kann dichten, daß meinen Lesern ganz apart zu Mute werden muß. Ich lache wie tausend Teufel und bin selig – selig. Ja – was sagst Du nun dazu? Wird Dir schwach? Franzi, bleib mir treu – und tu für meinen Ruhm, was Du kannst. Immer mutig! Ich geh drauf los, daß Alles knackt. Ich halte meine Entwicklung für tadellos. Drei Menschen lachen in Mariendorf oft fürchterlich. Es lebe die Antierotik! Ich grüße Dich und die Deinen mit voller Lunge und

bin
Dein
Paulus

Randbeschriftung:
*) da ich jetzt natürlich noch mal so viel einnehmen muß als bisher! Ja – ja! So ist es!

Der Bär grüßt auch und schickt Dir demnächst »Vorsatzpapier«
Bär macht einfach phänomenales Vorsatzpapier und hat im Januar d.J. 85 M damit vereinnahmt.
Warum bist Du »armer Kerl« – und warum hast Du Mitleid mit Dir? Das schreibe gleich.

363 An Rosa Gerlach

Mariendorf Donnerstag 16.2.05.

Meine liebe gute Rosa! Anbei in Eile zwei Nachrichten. Lies den Brief von Heymel ganz genau; wenn ein vierfacher Millionär, der der Hauptbesitzer des Insel-Verlags ist, in diesem Verlage die Annahme meines Romans befürworten will – so heißt das einfach: wir sind gerettet. Ich fahre im März, wenn wir in Halle sind, nach Leipzig zu Herrn Poeschel – und suche unterzubringen – so viel ich kann! Nu sei nur mutig! Das Swift-Honorar von Remer ist also im Sommer dieses Jahres zu erwarten. Wir werdens dann auch gebrauchen können. Ich schreibe in der nächsten Woche Münchhausen.

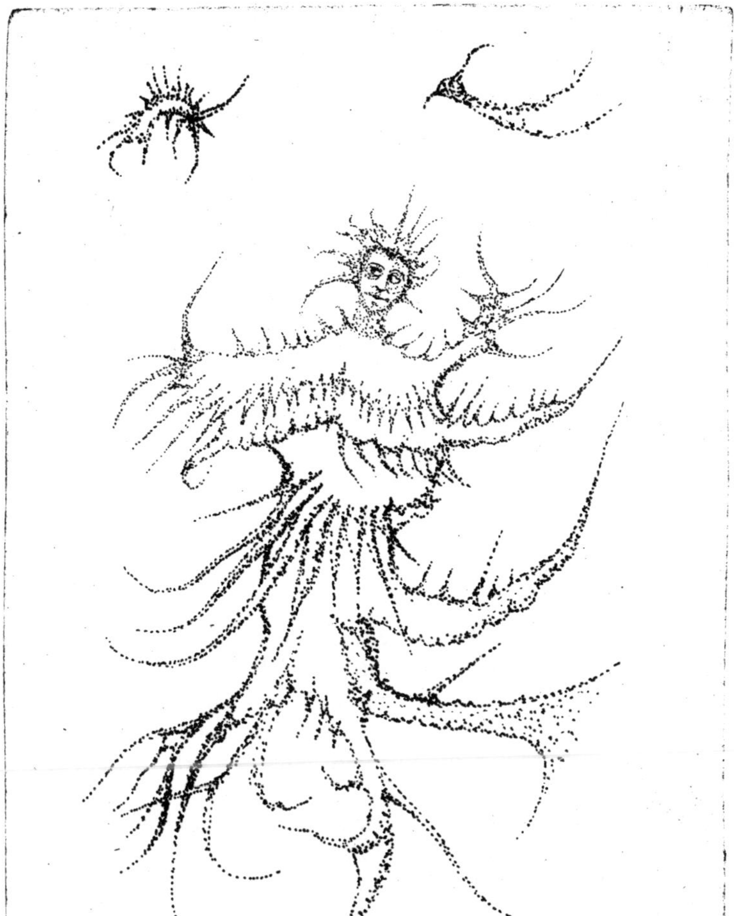

Federzeichnung, auf einer Briefkarte reproduziert

Gieb mir Sonntag Brief u. Karte wieder und auch »Aufgang zur Sonne«. Und dann zeige ich Dir Sonntag alle meine Zeichnungen für Postkarten u. Einladungskarten – und dann machst Du was aus dem, was Dir gefällt – nicht wahr? Das Inserat nutzen wir aus. Wie freue ich mich, daß Du aus meinen Zeichnungen was verwerthen willst. Ich küsse Dir höflich die Hand – ich weiß, daß Du mir ein Opfer bringst. Rosa, Rosa, w i e ich das fühle! Oh!
Jetzt weiß ich auch, warum Du von der Kaffeekanne sprachst – du bist lieb.
Morgen schreibe ich an Herrn Poeschel. An Heymel u. Servaes habe ich schon geschrieben; die beiden werden uns viel »helfen«. Ich küsse Dich –

und bin
Ewig
Dein
Paul

Randbeschriftung:
Lege mich Deinen Damen zu Füßen mit höflichsten Grüßen –
Heute schreibe ich an die Ränder nur mit unsichtbarer Tinte!

364 An Rosa Gerlach

Vermutlich März 1905

Mein liebes liebes kleines Engelchen! Entschuldige, daß ich so komisch schreibe – aber ich bin so selig. Verzeih mir, daß ich Dir bislang auf so dünnem Papier schrieb. Jetzt hab ich eine so große Hochachtung vor Dir, daß mir garkein Papier für Dich dick genug ist. Später finde ich bestimmt n o c h dickeres als dieses. Nimm heute mit dem vorhandenen vorlieb; es kann ja nicht alles gleich »ganz« vollkommen sein.
Ich habe auch die Niobe gelesen und bin ganz entzückt. Allerdings – nicht von allen ›Worten‹. Aber ich sehe so viel in Dir, daß ichs einfach für sündhaft halten würde – wenn Du nicht schreiben würdest für die andern Menschen. Bist zufrieden, daß ich Dir das sage? Sieh, ich glaube, daß aus Dir viel wird. Aber – ich muß Dir erst die ›Formsachen‹ sagen. Dazu müssen wir zusammen. Rosel, wie freu ich mich. Und ich küsse Deine liebe liebe Seele hundert Tausend Mal. Du bist ein g u t e r Mensch – und das muß man sein, wenn man was Besondres sein will. W i e wir uns verstehen werden! Ich freue mich gradezu kindisch darauf, Dir alle Stilfinessen zu erklären, ohne Deinen »glatten« Ton zu stören. Es liegt mir überhaupt furchtbar viel daran, in Dir so viel wie möglich zu erhalten, damit ich immer noch das Andre in Dir sehen kann. »Warum bist Du nicht hier?« Ich muß hier energisch abbre-

chen. Hab nur recht dicken Mut! Ich vertraue jetzt auch Deiner Schreiberei! Die Glückliche hat mich auch glücklich gemacht. Darüber aber mündlich, wenn wir zusammen sind. Die Hutschuhe ‹?› sind großartig. Ich küsse Dir in Ehrfurcht Deine beiden lieben Hände und bin ganz und gar – in jedem Atom -

Dein
Paulemann.

Rasend, liebes Röslein, freue ich mich, daß ich gleich gestern wieder einen Artikel in Dialogform geschrieben habe [macht 30 M bei der Welt am Montag]. Mit dieser Spezialität kann ich bombige Gelder verdienen. Heute wird die wilde Jenny mächtig weiter gebracht. Und Du brauchst nicht mehr zu sorgen. Rosa, mein liebes gutes Weib, mach mir doch nicht den Schmerz mit Deinen Zukunftssorgen. Alles geht bestimmt ganz gut; ich kann jeden Tag einen Artikel schreiben – und das wird oft noch mehr als 30 M bringen. Wir habens also nicht nötig, zu verzagen. Der Mitternachtsbesuch (am 10 Januar 05 geschrieben) hat mir bislang schon 65 M eingebracht. Es demütigt mich so sehr, daß Du mir keine größeren Einnahmen zutraust. Sei wieder vertrauend zu mir. Jetzt geht ja Alles, da ich Dich doch habe – wären wir nur erst zusammen! Du fehlst mir so! Wenn Du meine Artikel auf Schreibfehler hin etc. nachsehen würdest – mir wäre eine große Last abgenommen. Und Du hättest Freude davon. Und die Correspondenz mit der Provinzpresse mußt Du auch besorgen! Du lieber Himmel, damit allein [d.h. mit dem Nachdruck] sind mindestens 100 M monatlich zu erobern. Damit wär der Bär schon »beruhigt«. Er ist heute bei Paula Dehmel, die ihm »handgreiflich« helfen will. Ich bin einfach gerührt; Du hast Recht mit den »edlen« Frauen. Du fehlst mir immerzu, Rosel! Jetzt trau ich meiner Kraft und unserm großen Führer! Der läßt uns nicht vergehen.
Leb wohl für heute und sende mir bald ein paar Zeilen; jetzt bringen mich Deine Briefe nicht aus dem Text – im Gegenteil – ich schreibe dann noch mal so gut! Das vergiß nicht!

Randbeschriftung:
Ich bin Dein Paul
Und Du bist mein liebes Weibchen! Ja? Oh – Du!
Eine Menge Frühling ist in der Luft.
Wir müssen ganz still sein – noch eine kleine Weile! Einen stillen Kuss!
Ich sehne mich so nach Dir! Rosa! Du!!
Was machen die Postkarten?????

365 An Herwarth Walden

Mariendorf 12. März 1905.

Sehr verehrter Herr Walden!
Bei Cronbach bekam ich auf Ihre beiden Wechsel durch Vermittlung des Herrn Ewers 20 M Vorschuß. Da Sie nun den 23 M Wechsel bezahlten, bekam ich noch 2 M. Von dem 40 M-Wechsel habe ich aber noch keinen Pfennig – und ich habe hier in Mariendorf noch nicht die Miethe gezahlt. Darf ich Sie daher bitten, die 40 M an Cronbach umgehend zu zahlen? Ich kann jetzt nicht mehr warten – nicht mehr einen Tag. Erhalte ich das Geld nicht – so zwingen Sie mich zum Äußersten. Ich habe lange genug gewartet.

Hochachtungsvoll grüßend
Ihr
ergebenster
Paul Scheerbart

366 An Rosa Gerlach

Mariendorf Montag 13.3.05.
Nachm. 6 Uhr.

Mein liebes Pantherchen! Sonnige Frühlingsgrüße sende ich Dir, denn die Sonne ist immer noch nicht untergegangen*). Ich bin in stürmischer Eile, denn meine Jenny muß morgen fertig sein; Mittwoch Vormittag will ich sie abliefern. Und dann will ich in den folgenden 8 Tagen – also bis zum 22. d.M. die »Blutspäße« für Cronbach fertig haben [noch 3 Geschichten] Ich sagte »man« versteht nicht meine Ironie – ich meinte damit das große Publicum. Aber – es wird schon Alles gehen. Ernst u. ruhig bin ich allerdings momentan ganz und gar nicht. – ich flattre beinahe – das macht aber das fieberhafte Arbeiten**). Entschuldige daher, daß ich nur das Nötigste schreibe. Ich bin eigentlich ausgelassen u. toll – ärgre mich nur, daß Dir nicht gut ist. Aber – das wird schon besser werden. Schreib doch morgen ein paar Zeilen »Näheres« darüber, damit ich mich nicht beunruhige. Ich würde mich sehr freuen, wenn die Sachen aus Insterburg bis 27 d.M. c. ankämen – denn dann zieht die Anna nach Wilmersdorf, Pfalzburger Str 52 Gartenhaus III. [sie zahlt nur 432 M – so viel hat sie von 498 abgehandelt] Anna läßt Dich vielmals grüßen, sagte neulich von Dir so nebenbei »sie ist ja eine gute Natur; ich hab sie wirklich gern«. Wenn das doch Dein Emil auch sagen möchte***). Na – jedenfalls wird doch in jedem Falle Alles gut werden.

Sei nur lustig; verzage nicht! Schreibe mir gleich, sobald Du etwas aus I. hörst. Und sage mir doch, ob in unsrer Wohnung die Betten von Frau Dr. B. sind – und wie viel Kisten. Ich möchte Ende der Woche hingehen und Miethe bezahlen und reinmachen lassen u. ein paar »Notwendigkeiten« hinsenden. Vor dem 27. d.M. werde ich wohl kaum hinziehen. Zieh ich hin, so bring ich im Schlafzimmer einen Store an und richte mich mit Balkonmöbeln ein. Ich habe der Anna gesagt, daß wir 500 zahlen und dicht bei Charlottenburg wohnen. A. jetzt schrecklich vernünftig****). Grüße vielmals die Deinen – auch die Kleinen – und sei mutig! Ich küsse Dir Augen Stirn und Mund viele Billionen Mal und bin

Dein sehr verständiger
Paulemann.

Randbeschriftung:
*) Jetzt ist sie grade untergegangen (1/2 7)
**) aber – je mehr ich schreibe – umso wohler wird mir! Thatsächlich!
***) von mir!
****) hält hoffentlich vor

Du kommst, sobald die Sachen angekommen sind – nicht wahr? Mach Dir nur keine Sorgen – das ist ganz unnütz – ich sorge schon für alles.
Sendet E. d. Sachen nicht – dann kommst Du früher – nicht wahr???
Ich rechne 100 M für den Spediteur – die hätten wir dann für Anschaffungen – mit 100 M läßt sich das Wichtigste kaufen.
A. hofft auch, in Jahresfrist wieder verheiratet zu sein
Grüsse die Deinen.

367 An Herwarth Walden

Werther Herr Walden!
Sie haben wohl die Güte, mir mitzuteilen, ob Sie die Restangelegenheit bei Cronbach bis Mittwoch d. 5. April d.J. erledigen können. Länger kann ich nicht warten. Ich wohne jetzt:
Wilmersdorf, Pfalzburger Str 52 Gh. III

Hochachtungsvoll
und ergebenst
Paul Scheerbart
Mariendorf, 30. März 1905.

Randbeschriftung:
Wann bekommt meine Frau ihr Tarub-Exemplar?

368 An Franz und Martha Servaes

Sonnabend den 8. April 1905

Na? Warum lacht Ihr wieder? Meine 2te Frau ist mir durchgebrannt; und ich bin der glückliche verlassene Ehemann, der garnicht verlassen ist. Was sagt Ihr nu?
Anna Scheerbart:
Nun ja! Das hab ich mir ja immer gedacht. Der Bär lacht am längsten.......
Paul Scheerbart:
Rosa's Gatte bezahlt die Wohnung in Halensee! Oh! Oh!
Anna Scheerbart:
Das kann nur m e i n e m Paulemann passiren.
Paul Scheerbart:
Der Bär ist stärker als der Panther! Ich aber bin der Allerstärkste! Na – was sagt Ihr nu?
Anna Scheerbart:
Seine Stärke ist gut... *Paul Scheerbart:* Annas Stärke ist noch besser!

Randbeschriftung:
W e l t grüsse! von A. u. P.

369 An Herwarth Walden

Wilmersdorf Pfalzburger Str 52 Gh. III.
Montag 17. April 1905.

Geehrter Herr Walden!
Die restirenden 30 M sind noch nicht in meinen Händen. Und ich muß gestehen, daß ich dieses als beispiellose Brüskirung auffassen muß. Sie erklären mir in Ihrem letzten Schreiben, daß Sie das Geld durch Stundengeben aufbringen müssen. Aber die 10 Abende sind sehr gut besucht gewesen, und es ist nicht anzunehmen, daß die Einnahmen nicht einmal die Kosten deckten. Da Sie selbst den ganzen Verein für Kunst repräsentirten, lassen sich ja die Einnahmen heute gar nicht mehr kontrolliren. Sie wissen, wie nötig ich das Geld gebrauche. Und Sie wissen, daß Andre sich das Geld im Voraus schicken ließen. Ich verstehe nicht, wie Sie meiner Liebenswürdigkeit gegenüber derartig herausfordernd handeln können.
Falls ich jetzt nicht den Restbetrag umgehend erhalte (durch Cronbach), so sehe ich mich gezwungen, den Rechtsweg zu betreten.

Hochachtungsvoll
ergebenst
Paul Scheerbart

Scheerbart und Freunde im »Café des Westens«,
v. l. n. r.: Anna Scheerbart, Samuel Lubkinski,
Salomo Friedlaender, P. S., Else Lasker-Schüler,
Herwarth Walden

370 An Carl Ernst Poeschel

Wilmersdorf b. Berlin, Pfalzburger Str. 52.
Montag, 17. April 1905.

Herrn Poeschel
Insel-Verlag Leipzig

Sehr geehrter Herr!
Im Februar d. J. schrieb ich an Herrn Heymel, daß ich sehr erfreut sein würde, wenn der Insel-Verlag meinen neuen Roman »Münchhausen und Clarissa« bringen möchte. Und Herr Heymel schrieb mir am 14. Febr. d. J., daß Sie einstweilen die Geschäftsführung übernommen hätten, ich möchte mich mit Ihnen in Verbindung setzen; Herr Heymel wollte die Annahme des Romans befürworten.
Dürfte ich nun ganz ergebenst anfragen, ob Ihnen die Einsendung meines Romans genehm ist und ob eine Drucklegung im Sommer wahrscheinlich sein könnte? Das Buch wird im nächsten Monate fertig sein. Der Inhalt des Romans ist ungefähr der folgende: der alte Münchhausen (180 Jahre alt) taucht plötzlich in Berlin auf und erzählt von einer fabelhaften Weltausstellung in Melbourne, die in technischer und in künstlerischer Hinsicht das denkbar Vollkommenste aufweist. Der uralte Baron wird nebenbei von einer Achtzehnjährigen geliebt, was zu vielen komischen Scenen und Auseinandersetzungen führt.
Ich würde mich sehr freuen, wenn Sie der Sache näher treten möchten – und für eine Nachricht sehr dankbar sein. Ich hätte schon früher geschrieben, war aber durch Krankheit verhindert.
Meine vier im Insel-Verlage edirten Bücher sind in den letzten Katalogen durch ein Versehen, wie mir noch Herr von Poellnitz im Januar d. J. schrieb, nicht angeführt worden. Darf ich anfragen, ob sie auch in den nächsten Katalogen nicht wieder vergessen sind?

In ausgezeichneter Hochachtung
ganz ergebenst
Paul Scheerbart

371 An Carl Ernst Poeschel

Wilmersdorf b. Berlin, Pfalzburger Str 52.
4. Mai 1905

An die Direktion des
Insel-Verlags
Leipzig

Sehr geehrter Herr!
Meinen verbindlichsten Dank für Ihr Schreiben vom 4. d. M. Der Roman »Münchhausen u. Clarissa« wird in diesem Monat – spätestens Anfang des nächsten – in Ihren Händen sein.

In ausgezeichneter Hochachtung
Paul Scheerbart

372 An Carl Ernst Poeschel

Wilmersdorf b. Berlin, Pfalzburger Str 52.
20. Juni 1905.

Herrn Poeschel
Insel-Verlag
Leipzig

Sehr geehrter Herr!
Verzeihen Sie gütigst, daß mein Manuskript »Münchhausen und Clarissa« noch nicht in Ihren Händen ist. Ich wurde aber in der letzten Zeit durch Krankheit und andere sehr mißliebige Verhältnisse dermaßen behindert, daß es mir leider nicht gelang, das Manuskript fertig zu stellen; es soll jetzt aber ganz bestimmt im Laufe des Monats Juli abgeschlossen und dann sofort an Ihre Adresse abgesandt werden; ich verspreche mir einen großen Erfolg von diesem »Münchhausen-Buche«.

In ausgezeichneter Hochachtung
Ihr
ganz ergebener
Paul Scheerbart

373 An Ernst Hardt

Gedruckter Briefkopf: Heim der Jugend *etc.*

21. Juni 1905.

Sehr geehrter Herr Hardt!
Hätten Sie nicht was für die »höhere Jugend«?
Ich würde Ihnen sehr dankbar sein, wenn Sie dem Herausgeber etwas treffliche Prosa geben könnten – damit die Zeitschrift etwas »Höheres« werden kann.
Es soll hier mehr entstehen, darum interessire ich mich sehr für dieses H. d. J. ebenfalls – und ich möchte natürlich das Reinlitterarische.
Für eine kurze Nachricht – auch an meine Adresse – wäre ich Ihnen sehr dankbar. Alles Geschäftliche etc machen Sie wohl mit Herrn Ad. Cronbach ab.
Finden Sie es nicht empörend, daß wir heute nicht mal mehr eine einzige reinlitterarische Zeitschrift haben? Die neue Rundschau ist denn doch zu sehr im Verlagsinteresse redigirt.
Ihre Seebadgeschichte hat mich übrigens s e h r entzückt.

Viele hochachtungsvolle Grüße
von
Ihrem
ergebensten
Paul Scheerbart

Wilmersdorf b. Berlin Pfalzburger Str. 52. Gartenh. III.

374 An Max Halbe

Gedruckter Briefkopf: Heim der Jugend *etc.*

21. Juni 1905

Lieber Max Halbe! Soeben höre ich, daß Du am 16.Mai d. J. geschrieben hast, Du seist mit einer größeren Arbeit beschäftigt. Indessen – jetzt bist Du doch damit am Ende – nicht wahr?
Kannst Du also nicht so lieb sein und Herrn Ad. Cronbach Gr. Lichterfelde 1. einen kleinen Beitrag liefern? Mir liegt so viel daran, daß das Niveau d. Zeitschr. immer höher wird; es entwickelt sich hier nämlich noch mehr!!!

Demnach - sei so gut u. sende was - wenns auch erst in 4-6 Wochen ist. Aber - sende!
Schrecklich gerne würde ich heute mit Dir zusammen Münchner Bier trinken - aber das geht doch nicht! Ach ja - es geht so vieles nicht.

Viele viele Grüße
von
Deinem
ganz uralten
Paul Scheerbart
Wilmersdorf b. Berlin
Pfalzburger Str. N° 52

u. schreibe mir eine Postkarte, daß Du was senden wirst!!!!!

375 An Richard Dehmel

Gedrucker Briefkopf: Heim der Jugend *etc.*

21. Juni 1905.

Lieber Richard! Herrn A. Cronbach liegt schrecklich viel daran, einen Original-Beitrag von Dir zu bringen - und mir liegt auch sehr viel daran. Könntest Du nicht so lieb sein und ihm so bald wie möglich etwas Ungedrucktes einsenden? Ich würde Dir sehr sehr dankbar sein. Bitte bitte - so bald wie möglich! Hier soll noch mehr entstehen - ich informire Dich, wenns »wichtig« wird, rechtzeitig.
Der Antierotik bin ich natürlich »garnicht« untreu geworden - ich scheine verdammt zu sein, nur immer Komisches erleben zu müssen. Und trotzdem schreib ich so viele Tragödien - das ist auch komisch - nicht wahr?
Indessen - -
Na - immerhin.........
Freilich! Freilich!
Aber ich bleibe bei dem, was ich gesagt habe zu aller Zeit: wir müssen so schreiben, daß mehr Explosionsstoffe in der Luft herumfliegen! Wirklich!
Das ist so nötig! Wir brauchen Granatenglück!
Daher mein Sensationsroman in der Europa.
Die Jenny ist übrigens ganz das, was meine Jugendfreundin nicht ist. Das ist doch auch komisch - nicht?

17 dröhnende Weltgrüsse von Dom zu Dom!!!!
Dein
Paulus

376 An Richard Dehmel

Wilmersdorf b. Berlin, Pfalzburger Str 52
Sonnabend 1. Juli 1905

Lieber Richard! Zwei sehr unangenehme Dinge sind mir passirt: Erstens ist der Herr Michalski, der meinen sogenannten Sensationsroman »Die wilde Jenny« in seiner Wochenschrift »Europa« druckte, wegen Wechselfälschungen allergrößten Stils - unten durch.*) Meine Jenny ist da nur zur Hälfte erschienen u. das Honorar ist in Wechseln gezahlt, die niemals eingelöst werden werden. Ich bekam über 200 M u. sollte noch mehr bekommen. Baar sind noch nicht mal 30 M gezahlt. Zweitens hat mir dieser A. Cronbach vor 14 Tagen mehrere Geschichten »in Auftrag« gegeben - verzeih diese Wendung; ich weiß nicht, ob sie richtiges Deutsch ist - und gestern brachte ich ihm das Manuskript f. 150 M - und er lehnte es einfach ab, mir 75 M Vorschuß darauf zu geben. Darauf ging der Bär zur Frau Paula und bekam 40 M - kannst Du dem noch etwas hinzufügen? Ich habe Heymel einen Berliner Roman versprochen »Münchhausen u. Clarissa« - den möchte ich in c 20 Tagen fertig stellen - es wird ein Hauptbuch. Und nun dreht es sich darum, den Monat durchzuhalten. Frau Paula gab dem Bären schon vor 2 1/2 Wochen 60 M. Ich würde Dir sehr dankbar sein, wenn Du mir etwas leihen könntest. Ich habe in dem letzten Vierteljahr mit 15 Verlagsgeschäften vergeblich angebandelt. Heymel aber erwartet schon den Münchhausen. Es ist das Leben - sehr schwer zu ertragen.

Heiligste eiligste Bärengrüße von Haus zu Haus!
Dein
Paulus

Randbeschriftung:
*) er wollte sich heute totschießen - zu hoffen ist nichts mehr.
Im Tageblatt stand letzten Montag oder Dienstag Notiz über Michalski.
Ich soll 23. Febr. 1906 in Cöln (Joh. Fastenrath Neumarkt 3) vorlesen, was ich will - für 200 M. in Düsseldorf soll ich vielleicht auch - weißt Du mehr Orte in jener Gegend, die mich hören möchten??
Hast Du von Cronbach die 20 M bekommen? Ich konnte danach nicht mehr fragen, da ich wüthend weglief. -

377 An Richard Dehmel

Wilmersdorf b. Berlin
Montag 3. Juli 1905

Lieber lieber Richard! Meinen wildesten Dank! Du glaubst nicht - wie das thut! Jetzt bekomme ich wieder Muth. Und es wird hoffentlich bald alles - alles - wieder gut. Wir freuen uns mächtig, Euch im September wiederzusehen. Momentan sieht ja hier alles einfach trostlos aus - aber bis dahin wird ja wohl Manches besser sein.
Es lebe Münchhausen und die Zukunft!

70 000000 Trillionen Welt- und Bärengrüße
Deinem Hause und Dir
von
Deinem
alten
Paulus

378 An den Insel-Verlag

Wilmersdorf b. Berlin, Pfalzburger Str 52.
30. August 1905.

Herrn Dr. Kippenberg u. Herrn Poeschel
Insel-Verlag, Leipzig

Sehr geehrte Herren!
Hiermit übergebe ich Ihnen meinen sogenannten Berliner Roman »Münchhausen u. Clarissa« und bitte Sie inständigst, denselben anzunehmen und so bald wie möglich drucken zu lassen. Es ist da ein Künstler-Eldorada⟨*sic!*⟩ mit einer ganz neuen Kunst geschildert; es erscheint mir dieses Buch wichtiger als alle meine anderen Bücher. Dieses Buch ist das vier und zwanzigste, und ich hoffe, daß es auch einen größeren Erfolg in den gebildeten Leserkreisen findet. Ich denke mir den Ladenpreis nicht unter vier Mark. Das Honorar würde demnach für 1000 Exemplare, wenn 15% vom Ladenpreis gerechnet werden, sechs hundert Mark betragen. Der Insel-Verlag gab mir früher 20% vom Ladenpreise - und ebenfalls sechs hundert Mark für jedes Buch [mit Ausnahme des Kometentanzes, bei dem auf entsprechenden Absatz naturgemäß nicht gerechnet werden konnte]
Falls Sie die Zeichnungen anders als angegeben arrangiren wollen, so habe ich nichts dagegen, möchte Sie vielmehr sehr darum bitten, ganz nach

Ihrem Geschmacksempfinden zu verfahren, da Sie in der Buchausstattung mehr Erfahrung haben als ich. Gerne zeichne ich Ihnen auch was Andres. Da ich mich nun sechs Monate mit dieser großen Arbeit gequält habe, würden Sie mich zu allergrößtem Danke verpflichten, wenn Sie mich so bald wie möglich von der Annahme benachrichtigen und mir dann auch gleich das Honorar zusenden könnten, da ich durch die Arbeit in die größte Bedrängnis geraten bin.

In ausgezeichneter Hochachtung
Ganz
Ihr
ergebenster
Paul Scheerbart

379 An den Insel-Verlag

Wilmersdorf b. Berlin, Pfalzburger Str. 52.
10. Sept. 1905

Herrn Dr Kippenberg u. Herrn Poeschel
Insel-Verlag

Sehr geehrte Herren!
Wenn ich Sie richtig verstehe, sind Sie von dem buchhändlerischen Erfolge meines Münchhausen-Romans nicht überzeugt. Und ich gestehe, daß ich davon auch nicht überzeugt bin. Aber von dem beifolgenden Kriegs- u. Sensations-Roman bin ich in buchhändlerischer Beziehung felsenfest überzeugt. Ich bitte aber die Sache nicht als einfache Sensationshascherei zu betrachten. Es ist eine Tragödie, die mir als solche s e h r hoch steht. Die Hälfte ist in der eingegangenen »Europa« gedruckt. Es macht sich das Ganze äußerlich sehr rauh; es sind aber Parthieen in dem Roman, die ich zum Besten rechne, was ich geschrieben habe. Ich bitte nochmals, nicht nach dem Äußeren zu urteilen.
Auch bitte ich, die Unsauberkeit des Manuskripts zu entschuldigen; es war in der Druckerei schon bis zum Schluß abgesetzt; der Schluß ist aber nirgendwo erschienen.
Ich denke mir einen Ladenpreis von 2 M und dem entsprechend ein Honorar von 300 M pro Tausend. Wenn Sie Auflagen von 2000 Stück drucken wollen, würde für eine solche Auflage ein Honorar von 500 M genügen.
In der Ausstattung komme ich gerne allen Ihren Wünschen entgegen.

In ausgezeichneter Hochachtung
ganz ergebenst
Paul Scheerbart

380 An Paul Remer

Wilmersdorf b. Berlin, Pfalzburger Str. 52.
13. Sept. 1905.

Lieber Paul Remer! Mit tiefem Schmerze bemerke ich, daß Du über den Erfolg der »Dichtung« Dich nicht genügend freust. Und meine Seele sagt daher zu meinem lieben Swift beinahe »Na adieu!«
Ist dieses »beinahe« gerechtfertigt?
Mir macht das sogenannte »Schicksal« so peinliche Existenzkombinationen, daß mir täglich schwüler wird. Obs auf Erhöhung oder auf Erniedrigung meines Humors abgesehen ist, weiß ich nicht; kürzlich war ich schon nahe daran, an »böse« Götter zu glauben - an »verruchte«. Aber ich bin natürlich wieder davon abgekommen, da ich doch die Götter nicht für so dumm halten kann, daß sie die Meinung haben könnten, eine Haß- und Wutkrampf-Existenz wäre für sie grade bequem genug, während doch schon für uns solche Existenz u n bequem genug ist.
Entschuldige diese drollige Einleitung. Aber meine Gattin, Frau Anna Scheerbart, sandte Dir im Februar d. J. für 15 M Vorsatzpapier - kannst Du uns dafür die fünfzehn M senden? Wir werden Dir sehr dankbar sein; in der Ludwigskirchstrasse zwei Häuser hinter der Uhlandstrasse giebt es eine keramische Kunstanstalt (großer Laden mit gr. Schaufenstern) in denen das Vorsatzpapier meiner Frau Pendants in Porzellankacheln gefunden hat. Ich glaube, die Kacheln würden Dich lebhaft interessiren - auch als Wandbelag - zur Teilung der Wände, wenn diese evtl mit Naturweltsternwolkenmuster auf Papiertapete bedeckt sind.
Indessen - Heil!
Es lebe das Weltall!
Und der Fortschritt!

Mit vielen musterhaften Grüßen von Capitol zu Capitol
Dein
alter
Paul Scheerbart

381 An Josef Ettlinger

Herrn Dr Josef Ettlinger
Redaction »Litterarisches Echo«
Verlag von Fleischel u. Co
Berlin W.
Lützowstrasse 2.

Wilmersdorf b. Berlin, Pfalzburger Str. 52
21. September 1905

Herrn Dr J. Ettlinger
Berlin

Hochgeehrter Herr!
Bruno Wille teilte mir im vorigen Winter mit, daß in der Neuen Freien Volksbühne eine Aufführung meines Schauspiels »Rübezahl« geplant sei. Nun habe ich nichts weiter davon gehört. Dürfte ich Sie da sehr sehr bitten, mir mitzuteilen, ob eine Aufführung in diesem Winter möglich oder wahrscheinlich ist?
Falls Sie den »Rübezahl« nicht da haben sollten, kann ich Ihnen umgehend noch ein Exemplar zusenden.
Für eine baldige Nachricht würden Sie mich zu großem Danke verpflichten; von den anderen Theatern ist vorläufig eine Aufführung nicht zu erhoffen.

In ausgezeichneter Hochachtung
Ihr
ergebenster
Paul Scheerbart

382 An Herwarth Walden

Gedruckter Briefkopf: Heim der Jugend *etc.*

26. Sept. 1905.
Wilmersdorf, Pfalzburger 52.

Verehrter Herr Walden!
Soeben höre ich, daß Sie den »Verein f. Kunst« in bester Form weiterführen. Darf ich Sie da sehr bitten, noch in dieser Woche die restirenden 30 M an Herrn Cronbach zu senden u. mich zu benachrichtigen?

Falls Sie dieses nicht können, bin ich genötigt, die Sache dem Rechtsanwalt zu übergeben.

Hochachtungsvoll grüßend
Ihr
Paul Scheerbart

383 An Richard Dehmel

Wilmersdorf b. Berlin Pfalzburger Str 52.
Donnerstag 12. Oct. 1905.

Lieber Richard! Es ist so gut wie sicher, daß ich Anfang November von der Schiller-Stiftung 300 M bekomme. Könntest Du mir bis dahin etwas noch leihen? Du bekommst dieses von der Weimar-Sendung sofort wieder. Münchhausen-Roman bei Fischer schon 3 Wochen, Jenny eine Woche bei Gose u. Tetzlaff – und zwei Bände »Blutspässe« über 3 Monate im Wiener Verlag. An einer Stelle werde ich doch wohl Erfolg haben – und darum glaube ich, daß ....
Mir ist wirklich schauderhaft schlecht zu Mute – – – –

Viele Herbstgrüße
und Bärengrüße
von Haus zu Haus
Dein
alter
Paulus

384 An Alfred Walter Heymel

Wilmersdorf b. Berlin, Pfalzburger Str. 52.
27. October 1905.

Sehr verehrter Herr Heymel! Furchtbar traurig bin ich. Am 10. Sept. d.J. schrieb mir Herr Poeschel, daß er mir wohl gerne persönlich gefällig sein möchte, gleichzeitig müsse er mir aber sagen, daß ihm mein Münchhausen-Roman nicht in den Verlag hineinpasse. Dieses Letztere vermag ich natürlich nicht einzusehen, da die Geschichte doch mindestens als »Seltenheit« sehr wohl in den Verlag paßt; der Insel-Verlag bringt ja so viele Seltenheiten. Nun weiß ich nicht, ob Sie meinetwegen an Herrn Poeschel geschrieben haben; es scheint mir unmöglich, daß Sie's vergessen haben könnten. Und deshalb wage ichs, noch einmal Ihnen zu schreiben. Ich glaube, daß Herr P. nur als Geschäftsmann denkt und das Risiko nicht übernehmen möchte, wenn Sie nicht für Deckung eines durch dieses Buch entstehenden Defizits Garantie leisten. Darf ich es wagen, Sie zu bitten, die Garantie zu übernehmen? Ich weiß, daß es sehr viel ist, was ich von Ihnen erbitte. Für die vier Bücher, die Sie von mir im Insel-Verlag herausgaben, haben Sie im Ganzen mit den Honoraren c 7-8000 M für mich geopfert. Ich weiß, daß das »geopfert« ist. Diese Summe entspricht ungefähr der, die mir mein Vater als Erbe hinterließ, als er in meinem 10ten Jahre starb. Wenn ich es nun wage, Sie noch einmal zu bitten, etwas Wesentliches für mich zu tun, so zittert mir dabei die Hand, mit der ichs schreiben soll; ich möchte nicht gern aufdringlich erscheinen. Und ich muß es doch, wenn ich meine Existenz nicht aufgeben will. Ich habe alles getan, um Ihnen nicht noch einmal beschwerlich zu fallen; ich habe den Roman erst an Piper u. Co nach München geschickt; die erklärten, daß sie sich nicht moralisch verpflichtet fühlten, die Unkosten zu tragen. In München war das Manuskript bis Ende September, dann blieb es bis jetzt bei S. Fischer, der einfach erklärte: »Wir vermögen dieser Phantasie nicht mit unsrer Phantasie und dieser Logik nicht anders als unwillig zu folgen.« Andere Verleger kommen kaum für dieses sehr amüsant geschriebene Buch in Betracht, da alle Verlage unter keinen Umständen Geld ausgeben wollen; die meisten haben auch das Geld garnicht. Wenn Sie's also im Insel-Verlag nicht durchsetzen könnten, so müßte ich's liegen lassen – und das wäre einfach tötlich für mich, da alles Weitere, was ich produziren will, auf diesem Buche basiert. Ich möchte es – verzeihen Sie, daß ich so plump bin und jetzt schon damit komme – sehr gerne Ihnen »in heiligster Dankbarkeit« zueignen. Damit ichs auch nach außen hin zeigen kann, wieviel ich Ihnen zu verdanken habe. Ich schrieb Herrn P., daß ich mir das Buch als 4 M Buch denke und dementsprechend gerne 600 M Honorar (15% vom Ladenpreise) haben möchte. Ich möchte jetzt lieber für 3 M Ladenpreis sein – es geht dann doch »besser«. Und dem entsprechend würden 450 M Honorar für 1000 Exemplare genügen. Wenn wir dazu c. 550 M Herstellungskosten rechnen, so würde das ganze 1000 M kosten – 500 verkaufte Exemplar würden die Unkosten decken. Sehr verehrter Herr Heymel, könnten Sie noch ein Mal so viel für mich riskiren? Ich würde Ihnen sehr sehr dankbar sein – immerzu. Aber wenn Sie's nicht wollen oder nicht können, werde ich Ihnen auch dankbar bleiben für das, was sie früher für mich taten. Aber Sie bedenken wohl, daß meine Lage s e h r traurig sein muß, wenn ich Ihnen so schreibe. An keinem Monatsersten weiß ich, wo ich die Miete hernehmen soll – und das Nötigste zum Leben fehlt s e h r oft. Und ich bin erschöpft durch das große Manuskript u. kann momentan nicht, wie ich möchte. Wenn Sie das Manuskript haben wollen, so schreiben Sie mir bitte eine

Zeile – es kommt dann sofort. Und wenn Sie's möglich machen können........ so schreiben Sie mir bitte auch. Ich werde Ihnen so sehr dankbar sein.

Viele große schmerzliche Grüße
von
Ihrem
ergebensten
Paul Scheerbart

385 An Herwarth Walden

Wilmersdorf, Pfalzburger 52.
Freitag 17.11.1905.

Sehr verehrter Herr Walden!
Das Glanz papier scheint mir doch sehr gefährlich. Die einfachen Wände sind ja immer nur »Hintergrund« für den Darsteller; sie dürften daher nicht zu heftig wirken – sonst bleiben sie ja nicht hinten. Das Experiment mit glänzenden Hintergründen (evtl aus Glas) mach ich vielleicht später. Für die »blaue« Bühne scheint mir das preußische Blau in stumpfer Form schon scharf genug. [es empfiehlt sich vielleicht, die Farbe mit großem Pinsel auf weißes Papier raufzupinseln] Die Taschentücher denke ich mir weiß am besten und nicht über 60 cm im Geviert – Maximum 62 3/4 cm!!
Mit vielen ganz blauen Grüßen u. wehenden Taschentüchern

Ihr
ergebenster
Paul Scheerbart

Randbeschriftung:
Das Blau der Gardinen müsste wohl nicht preussisch sein

386 An Herwarth Walden

Herrn Herwarth Walden
Berlin W. 15
Ludwigskirchstr. 12

Wilmersdorf Pfalzburger Str 52
27. Nov. 1905

Sehr verehrter Herr Walden!
Auf den Voranzeigen steht »Kneetschke – eine Groteske«. Könnte auf den endgiltigen Theaterzetteln »eine Kammerdienertragödie« *) stehen? Ich wäre

Ihnen sehr dankbar, wenn Sie das besorgen könnten - sonst denkt man noch, daß die Geschichte eine »Verhöhnung« der Groteske sein soll.
Mit stürmischen November-Grüssen von Castell zu Castell

Ihr
ergebenster
Paul Scheerbart

Randbeschriftung:
*) und »in fünf Aufzügen«.

Groteske geht »in keinem Falle« - es ist doch eine Verhöhnung der Tragödie.....

387 An Carl Ernst Poeschel

Wilmersdorf b. Berlin, Pfalzburger Str 52.
29. Dec. 1905

Sehr geehrter Herr!
Herr Roda Roda, Berlin W 30 Nollendorfstr. 18 will einen längeren Artikel über meine Bücher schreiben. Dürfte ich Sie daher sehr sehr bitten, dem Herrn meine vier im I. V. erschienenen Bücher als Rezensionsexemplare zu senden? Falls Sie mir nicht Anderes schreiben, nehme ich an, daß Sie meine Bitte erfüllten, und sage meinen besten Dank.

In ausgezeichneter Hochachtung
ergebenst
Paul Scheerbart

388 An Richard Dehmel

Wilmersdorf 8. Januar 1906

Lieber Richard! Das war sehr lieb von Dir! Ich danke Dir - sehr! Mit dem Omen hat das zweifellos seine Richtigkeit, denn Du hast wohl schon gehört, daß sich in den Händen von Philipp Spandow ein Scheerbart-Fonds*) angesammelt hat, aus dem mir wöchentlich 20 M und außerdem monatlich 35 M für Miete zufließen. Natürlich bin ich auf der einen Seite ganz geknickt und auf der anderen Seite übermütig für siebzehn.

Das sieht beinah so aus, als wenn ich nicht mehr japsen könnte – das ist aber nur zum Theile wahr. Gestehen muß ich, daß wir seit c 8 Wochen an einer nervenzerstörenden Influenza litten......
Na – ich weiß jetzt nur, daß mein nicht zähmender Widerspruchsgeist in einfach grotesker Weise aufflammt und daß ich mich jetzt grade nicht zur Ruhe setzen werde........
Das kannst Du Dir natürlich denken.
Ich hoffe, daß ich jetzt endlich das werde zu Stande bringen, was ich immer wollte.
Das »Blaubuch« (Dr Ilgenstein Berlin W. Eisenacher Str 108 II) setzt übrigens die »Europa« fort. Mein Theater soll im nächsten Winter fortgesetzt werden; Kneetschke war am 1. Dec. v. J. recht wirkungsvoll trotz skandalöser Regie.
Der Bär ist voll beneidenswerter Heiterkeit und grüßt Deine Frau Gemahlin und Dich viel tausend Mal, und ich tue das Gleiche und bin in Regen und Sonnenschein

Ganz
Dein
alter
Paulus.

Randbeschriftung:
*) ob das Wort Fonds richtig geschrieben ist, weiß ich nicht.
Spandow will mir heute die ersten 20 senden.

389 An Erich Mühsam

⟨An⟩ den Fürsten von Mühsamowitsch
gen. Erich Mühsam
Charlottenburg
Grolmanstrasse 22.

Donnerstag 15. Febr. 1906

Lieber Eriko! Altes großes Durchlaucht! Meinen schönsten Dank für Deine Karte. Grüße Herrn Pordes-Milo und sage, daß ich ihm Anfang März, wenn ich vom Rhein zurück bin, schreiben werde; ich freue mich sehr über die 23 Seiten. Diese 23! Dolle Zahl – nich? Von Münchhausen hörst Du bald. Ich schreibe Dir Rheinkarten.

Dein altes P. C. W.

Rand- und Zwischenraumbeschriftung:
am 23.2.06 lese ich in Cöln am Rhein
Bärengrüsse!!!!

390 An Erich Mühsam

⟨An⟩ den edlen Grafen Mühsamowitsch
gen. Erich Mühsam
Wien VI
Engelgasse 4. VI.

Montag 19. März 1906

Lieber Graf! Die Rheinkarten sind am Rhein – ich habe sie da nicht beschrieben – weil ich mich am Rhein halbtot geärgert habe. Wie kann ein Mensch, der sich am Rhein halbtot ärgert, Rheinkarten schreiben? Wie? Grüße Karl Kraus! Ich schreibe einen 500 Quartseiten langen Pallas-Roman »Lesabendio, der traurige König« und bin mit 16 Bärengrüssen

Dein lustiges
P. C. W. J. J. P. D.

391 An Alfred Kubin

Wilmersdorf b. Berlin, Pfalzburger 52.
7. April 1906

Sehr geehrter Herr Kubin!
Ihr Brief hat mir eine sehr sehr große Freude bereitet. Meinen heiligsten Dank! Selbstverständlich wäre es mir sehr angenehm, wenn Sie mir das Paket mit den Zeichnungen zusenden würden; ich schicks Ihnen nach 24 Stunden wieder zurück. Und für die 15 Reproduktionen werde ich Ihnen auch sehr dankbar sein; dafür sende ich Ihnen auch ein Ex. meines neuen Romans »Münchhausen u. Clarissa«, der nach Pfingsten bei Oesterheld u. Co Berlin W. Lietzmannstr 60. [Verlag der Schaubühne] erscheint – allwo auch die Jenseits-Galerie herauskommt.
Ich freue mich sehr, daß Sie meine Bücher lesen. Wie ich mich darüber freue! Ich weiß längst, daß wir Nachbarn sind. Und ich weiß auch, daß ich »inhaltlich« sehr wenig Nachbarn habe. Ich schreibe jetzt meinen Asteroïden-Roman »Lesabéndio, der traurige König. Ein Pallas-Roman«⟨.⟩ Und ich glaube, daß da mal wirklich ein neues Reich aufgetan wird – noch ein größeres vielleicht als im Mondroman.

Mir fällt das Briefschreiben so schrecklich schwer – ich würde mich s e h r freuen, mal mit Ihnen zusammensein zu können. Kommen Sie nicht mal nach Berlin?
Verzeihen Sie meine Flüchtigkeit im Briefeschreiben – aber dieser Lesabéndio – – –

Zehn Billionen lustiger und großer Grüße!!
Ganz
Ihr
Paul Scheerbart

392 An Karl Kraus

Wilmersdorf b. Berlin, Pfalzburger Str 52.
10. Mai 1906.

Lieber Karl Kraus!
Anbei ein Flausenmanuskript, das mir seines Inhaltes wegen für die »Fackel« sehr geeignet erscheint. Könnten Sie mir dafür 20 M senden? Ich würde Ihnen sehr s e h r -- s e h r dankbar sein.

Mit vielen Maigrüßen
Ganz
Ihr
ergebenster
Paul Scheerbart

Durch Rücksendung des Manuskripts nach Abdruck werden Sie mich sehr verpflichten.

Randbeschriftung:
Die Gesch. ist noch in keiner Zeitung u. Zeitschrift gedruckt.
Nur in »Immer mutig« ist dieses Scherzo abgedruckt – aber das bedeutete ja nichts

393 An Alfred Kubin

Wilmersdorf 16. Mai 1906.

Lieber Herr Kubin! Meinen schönsten Dank für Ihren freundlichen teilnehmenden Brief. Mit meiner Frau gehts seit gestern besser – und zwar so, daß Alles bald ganz gut sein wird. Wir haben zudem schrecklich viel Aufregung.

Aber es wird schon Alles gut werden. Sehr sehr traurig macht mich, daß es Ihrer Frau so schlecht geht. Schreiben Sie mir bitte, sobald es besser wird. Die Operationen sind ja so selten heute von bösen Folgen.
Ja - wir leiden mehr als die Andern. Mir kommt unser ganzes Leben immer noch wie eine Erziehungsanstalt vor - besonders sollen wir wol zu ganz festen harten »Größen« erzogen werden. Und es fällt uns so schwer, immer fest und hart und »groß« zu sein - nicht wahr?
Also - immer mutig!
Und - auf baldiges Zusammensein!!
Mein Lesabendio liegt mir auch noch wie ein Alb auf der Brust. Die Geschichte ist keine Kleinigkeit - die Bewohner des Pallas werden ganz kolossale Künstler, die ihren Stern hauptsächlich auch landschaftlich umbauen......
Indessen - bald mehr!

Viele viele Maigrüße von Haus zu Haus!!!!!!
Ganz
Ihr
Paul Scheerbart

394 An Karl Kraus

Wilmersdorf b. Berlin, Pfalzburger Str. 52.
23. Mai 1906.

Sehr verehrter Herr Kraus!
Anbei 4 ganz originale Manuskripte, die noch nirgendwo gedruckt sind. Sie würden mich unsäglich glücklich machen, wenn Sie mir für alle vier [es sind sehr sorgfältig durchgearbeitete Sachen] achtzig Mark zusenden könnten. Da ich das Geld s e h r nötig habe, so stelle ich den Preis so billig wie möglich, obgleich es Verse sind.

Viele große Grüße
von
Ihrem
ergebensten
Paul Scheerbart

Randbeschriftung:
Auch einen Gruss an Erich Mühsam!

395 An den Insel-Verlag

Wilmersdorf b. Berlin, Pfalzburger Str. 52.
28. Mai 1906.

Sehr geehrte Herren!
Meinen besten Dank für die Zusendung meiner Bücher an Herrn Roda-Roda. Da jetzt mein Münchhausen-Roman erscheint, möchte ich gerne meine »Inselbücher« – die vier! – hier für Recensenten zum »Verleihen« haben und bitte Sie daher um Zusendung von je 2 Exemplaren jedes Buches an meine Adresse. Es wird sich das bald bezahlt machen.
Gleichzeitig bitte ich Sie an den Herausgeber der »Funken« Dr Hans Fischer die 4 Bücher noch extra zu senden. Dr Fischer schreibt bestimmt über Münchhausen und möchte dabei die andere⟨*n*⟩ Bücher eingehend berücksichtigen.
Für Erfüllung meiner beiden Bitten werde ich Ihnen sehr dankbar sein.

In ausgezeichneter Hochachtung
Ganz
Ihr
ergebenster
Paul Scheerbart

Dr Hans Fischer wohnt Halensee b. Berlin Bornstedter Str 10.
er bekäme aber wol die Exemplare durch Herrn Friedrich Rothbarth Leipzig (Funken-Verlag)

396 An Rudolf Presber

Wilmersdorf b. Berlin Pfalzburger 52
30. Mai 1906

Herrn Rudolf Presber
Arena

Sehr geehrter Herr!
Anbei ein Manuskript, das noch nicht gedruckt ist. Ich würde mich sehr freuen....
Für ein Honorar von 60 M würde ich sehr dankbar sein – auch für eine baldige Nachricht

In ausgezeichneter Hochachtung
Ihr
sehr ergebener
Paul Scheerbart

In c 8 Tagen erhalten Sie meinen neuen »Berliner Roman« Münchhausen u. Clarissa in d. Buchausgabe.

397 An Rudolf Presber

Herrn Dr Rudolf Presber
Herausgeber der Arena
Berlin S.W. 68.
Charlottenstrasse 9.

Wilmersdorf, Pfalzburger 52
4. Juni 1906

Herrn Dr Rudolf Presber
Berlin

Sehr geehrter Herr!
Meinen besten Dank für Ihr Schreiben vom 31. v.M. Gerne würde ich einen Prosa-Beitrag, der sich für die Illustration eignet, einsenden. Aber leider bin ich momentan mit einem umfangreichen »Asteroïden-Roman« so beschäftigt, daß ich nicht abkommen kann. Außerdem soll auch noch in diesem Jahre vor Weihnachten ein Mappen-Werk »Jenseits-Galerie« erscheinen. Und es wäre mir um dieser willen auch sehr erwünscht, wenn ich die Illustration meiner Geschichte selber übernehmen dürfte. Es könnte das im Spätherbst geschehen. Ich denke mir die Sache so: ich gebe Ihnen zunächst die Geschichte (die natürlich unter keinen Umständen auf dem Stern Erde spielen wird) – und Sie entscheiden sich dann, ob Sie die Geschichte bringen wollen. Wenn Sie das wollen, so reiche ich eine Probezeichnung ein – und Sie entscheiden sich dann, ob Sie auch meine Illustrationen bringen wollen. Vielleicht teilen Sie mir gelegentlich mit, ob Ihnen die Sache prinzipiell so recht ist, damit ich mich für October November d.J. freihalte. Etwas Gleichgiltiges oder Minderwertiges möchte ich Ihrer Zeitschrift nicht geben, da Sie ja jetzt an erster Stelle steht.
In den nächsten Tagen erhalten Sie meinen Münchhausen-Roman; ich würde Ihnen sehr dankbar sein, wenn Sie demselben von kunstästhetischer Seite aus eine längere Besprechung widmen könnten; ich habe da endlich mal einen besonderen Standpunkt formulirt. Ein Rezensent, der mich »ganz scharf« angreift, würde mir sehr angenehm sein – ich denke an Meier-Gräfe, Rosenhagen, Alfred Kerr, »Max Liebermann« u.s.w. Entschuldigen Sie gütigst, daß ich gleich so weit gehende Wünsche äußere – aber ich habs so sehr nötig, da ich wirklich nicht behaupten kann, daß ich von der Schwere meiner Erfolge erdrückt werde. Ich würde Ihnen zum allergrößten

Danke verpflichtet sein, wenn Sie mir in der angedeuteten Weise etwas »helfen« möchten. Vielleicht empfiehlt es sich auch, eine kl. Enquête bei den Künstlern etc zu veranstalten. Sie könnten in diesem Falle auch mehr Rezensionsexemplare erhalten. Das klingt alles sehr anspruchsvoll – aber der »Roman« ist auch danach. Zürnen Sie bitte nicht dem Anspruchsvollen zu sehr.

Ich empfehle mich hochachtungsvoll
als
Ihr
stets ergebener
Paul Scheerbart

398 An Rudolf Presber

Wilmersdorf b. Berlin, Pfalzburger Str. 52
27. Juni 1906.

Sehr geehrter Herr!
Anbei eine kl. Geschichte zur Illustration. Illustriren kann so was nach meinem Dafürhalten nur der Max Fröhlich, der Charlottenburg, Nehringstr 27. wohnt. Das Ganze ist ein Scherz, bei dem der Leser anfänglich nicht wissen wird, was er dazu sagen soll. Wenn er aber »ein wenig« nachdenkt, wird er merken, daß die alte Geschichte vom »Para bellum, si vis pacem« verulkt werden soll.
Wenn Sie mir 75 Mark dafür senden könnten, würde ich Ihnen sehr dankbar sein; wenn's noch in dieser Woche sein könnte, würden Sie mich zum allergrößten Danke verpflichten, da ich mich in der allertraurigsten Verlegenheit befinde.
Sollten Sie mich zu sprechen wünschen – vielleicht weil Sie ein paar »deutlichere« Worte wünschen – so komme ich auch gern in die Redaction – wann Sie bestimmen.

In ausgezeichneter Hochachtung
ganz ergebenst
Paul Scheerbart

399 An Alfred Kubin

Wilmersdorf b. Berlin, Pfalzburger 52
Mittwoch 4. Juli 1906

Lieber Herr Kubin!
Schönsten Dank für Ihre beiden Briefe.
Ihre Einladung für nächstes Jahr hat uns sehr erfreut. Wenns sich irgendwie

machen läßt, kommen wir gerne. Jedenfalls bleiben wir in unsrer hiesigen Wohnung nur bis Ende März 07. Wo wir uns dann niederlassen werden, weiß ich noch nicht; das hängt wol auch in erster Linie von unsern pekuniären Verhältnissen ab. Andrerseits denke ich seit Jahren darüber nach, wo es sich wohl am besten lebt - und ich komme zu keinem Resultat; Dorf und Villenviertel ist mir nicht sympathisch, Großstadt u. Kleinstadt auch nicht - wol aber Landhaus in Waldpark am Waldsee. Indessen - das Haus müßte ganz nach meinen Wünschen gebaut werden. Und - da fehlt mir nur das Geld; sonst ist alles da. Wir bewohnen hier nur zwei Zimmer-Wohnung. Aber - wir könnten Sie trotzdem, wenn Sie nicht zu große Ansprüche machen, sehr wohl - auch mit Ihrer Frau Gemahlin - beherbergen. Meine Frau sagt: es geht. Und sie muß es wissen. Demnach: wir würden uns im Oktober mächtig freuen, wenn Sie auch bei uns wohnen möchten. Momentan bin ich in erregter erbitterter Arbeitsl a u n e. D. h. ich habe Lesabéndio für einige Wochen noch zurücklegen müssen. Und das macht mich sehr grimmig. Ich muß des Pekuniären wegen eine Portion kl. Geschichten schreiben - und daneben noch die Jenseits-Galerie u m zeichnen. Die ist jetzt wol das Wichtigste. Sie sagen: eine Tiefseespinne wird immer bedeutender sein als ein Wesen in einem andern Stern, das wir uns zusammenkonstruiren. Wie mich das gekränkt hat! Wenn das neue Wesen unbedeutender ist als das Wesen, das wir auf Erden »sehen« können - dann ist der Künstler noch nicht einem schaffenden Gotte gleich. U n d d a s s o l l e r s e i n! Die Spiegelungskunst ist nichts.

Mit vielen ganz wilden Grüßen von Burg zu Burg
Ihr
Paul Scheerbart

Randbeschriftung:
Oh - wie viel ich Ihnen noch sagen werde!
ich glaube: in meinem Münch steht noch mehr als Sie augenblicklich sehen!
Seien Sie mir nicht böse, daß ich das sage!!

400 An Alfred Kubin

Donnerstag 12. Juli 1906.

Lieber Herr Kubin! So habe ich mich schon lange nicht gefreut..... heiligsten Dank für Ihren lieben Brief..... das wirkte so wie ein Balsam..... denn ich war Ihnen doch mächtig böse.
Mit Allem, was Sie sagen, bin ich sehr einverstanden. Und ich freue mich ganz besonders, daß Sie die Geschichte mit der Tiefseespinne nur als mo-

mentane Schwäche bezeichnen. Ich werde Ihnen sehr bald den Beweis bringen, daß die Kompositionskunst sehr wohl auch zeichnerisch und auch plastisch möglich ist. Ich freue mich sehr auf Ihren Besuch im Oktober.
Schönsten Dank für Ihre Photographie und für Schloss Zwickledt.
Der nächste October und der nächste Mai sollen schon köstlich werden – doch momentan darf ich noch nicht daran denken, da ich bis dahin noch sehr viel zum Ende führen muß. Und – ich habe so garkein Talent zum Briefschreiben. Und dabei hat mir Ihr Brief so schrecklich wohl getan; Sie können mirs glauben: ich brauche jetzt auch manchmal eine kleine Aufheiterung – sonst gehts nicht mehr. Die vollkommene Apathie, die jetzt überall in künstl. Dingen herrscht, ist geradezu tötlich. Da freute michs sehr, als ich fühlte, daß Sie mich d o c h begriffen hatten. Ach – es liegt mir nichts an den Komplimenten – aber man kann doch eine neue Kunst nicht ganz allein aus dem Boden stampfen.
Mit Lesabéndio wirds hoffentlich d o c h gehen.
Kennen Sie Swifts Gulliver (Reclam)? Und Zschokke (Reclam oder Meyer) von letzterem las ich öfters »Die Abenteuer in der Neujahrsnacht« und »Der Feldweibel« – außerdem lese ich öfters im Gespensterbuch von Apel u. Laun (auch Reclam). Kennen Sie auch 1001 Nacht (in der Reclam-Ausgabe? Das ist die beste)? Sonst habe ich auch gelegentlich Schwab u. Musäus gelesen, wenn ich lesen mußte; die wirken sehr gut.
Zu allem, was Sie in Ihrem Briefe sagen, kann ich nur immer »Ja« sagen. Nur eins: wir dürfen das Wort »unendlich« nicht so oft brauchen – wir dürfen ja nie vergessen, daß wir vom »Unendlichen« doch niemals was begreifen werden.

Mit vielen Trillionen lustiger Grüße [von Schloß zu Schloß!]
Ganz
Ihr
Paul Scheerbart

Randbeschriftung:
Haben Sie auch von den Asteroïden gelesen, deren Bahn über die Jupiter-Bahn u. über die Marsbahn hinausgeht? Und wissen Sie, daß die Jupiter-Monde ehemalige Asteroïden sind? Diese neue Mondnaturentdeckung ist »wissenschaftlich« anerkannt.
Mit der Umformung des menschl. Kopfes muß man natürlich sehr behutsam umgehen. Aber denken Sie nur mal an Umformung der Pflanzenformen.
Wir leben in einer sehr großartigen Welt – und wenn wir sie zu viel bewundern – ist es nicht richtig. Und das ist mir voll lustiger Grandiosität.
Ich bin auch ein s e h r großer Naturfreund – das sagt ja schon die Clarissa am Donnerstag – aber ich sehe auch in dieser Daseinsbewunderung eine kl. Schwäche.

Das Schreiben ist so schwer – entschuldigen Sie gütigst diese Randglossen. Kennen Sie übrigens Du Prel? [2 Bändchen bei Reclam]?? Er sagt viel vom Organischen andrer Sterne.
Nach dem Asteroïden Roman schreib ich einen langen Saturnring-Roman u. dann einen »ächten« Kometen-Roman.
Auf Ihre farbigen Compositionen bin ich s e h r gespannt.
Meine Frau ist auch s e h r praktisch.
Verzeihen Sie nochmals die Randbeschreiberei.
Viele viele grosse Grüsse!!
Pardon, daß dieser Brief so formlos u. »aphoristisch«.
Ueber Oktober u Mai schreiben u. sprechen wir noch – nicht wahr?

401 An Karl Kraus

Wilmersdorf b. Berlin, Pfalzburger Str. 52
19. Juli 1906

Sehr geehrter Herr Kraus! Wenn Sie mir für die beiliegende Geschichte noch in diesem Monat 30 M senden könnten, würden Sie mich zu größtem Danke verpflichten.

Mit hochachtungsvoller Begrüßung
Ihr
ergebenster
Paul Scheerbart

402 An Erich Mühsam

Herrn Herrn E r i c h M ü h s a m
Ascona pr. Locarno
(Canton Tessin) Schweiz

Wilmersdorf b. Berlin, Pfalzburger Str. 52.
23. Juli 1906.

Eriko! Blaubuchianer! Temperenzler! Naturwald! Chiantiast! Kritiker und Recensent! Willst Du Staatsrat im Haupt-Bureau der Vereinigten Staaten von Europa werden? Ich kann Dir eine Dienstwohnung evtl. aufm Montblanc verschaffen. Hier streikt alles! Die Duma ist aufgelöst, ich auch – Bär desgleichen. Spandow streikt auch - schickt nichts mehr - die Kapitalisten schicken i h m auch nichts mehr. Siehste - da hast Du - das Wahre! Das sind die Pyramiden aus festem Stein. Denk an Europa! Jetzt wirds bös! Ach ja!

17 Bärengrüsse!
Ganz umgekrempelt
Dein
altes
PCW.

403 An Alfred Kubin

Wilmersdorf b. Berlin, Pfalzburger 52.
Mittwoch 8. Aug. 1906.

Lieber Herr Kubin! Schönsten Dank für Ihren freundlichen Brief. Die Spargelbeete und der Karpfenteich haben mich sehr interessirt - denn - ich bin grade dabei, eine »Ausstellung für Landhausarchitektur und Gartenkunst« zu gründen. Im Mai 1907 soll die Geschichte in Schlachtensee b. Berlin eröffnet werden. Ich glaube, daß was draus wird. Es ist allerdings ein sehr großer Plan. Doch ich habe sehr energische geschäftl. Mitarbeiter, u. das Terrain ist schon da (35 Morgen groß). Hoffen wir das Beste!
Ich bin jetzt ganz im Pallas-Roman - es wird eine sehr anstrengende Lektüre. Wenn ich nur erst mit dem Verleger, der verreist ist (Schall - Verein der Bücherfreunde) endgiltig abgeschlossen hätte. Vorigen Donnerstag sandte ich Ihnen eine Bleistiftkarte aus Halensee - haben Sie die erhalten?
Ich freue mich sehr auf das, was Sie machen - und daß Sie schon 4 Mal - ich erröte beinah.
Aber ich muß jetzt einfach unheimlich arbeiten; vom Lesabendio sind erst 3 Capitel fertig - und es müssen 25 werden - auch für die Jenseits Galerie ist noch einiges zu machen - und Alles soll bis Anfang Oktober fertig sein. Ueber das Altern etc schreibe ich bestimmt viel im L. - dessen letzte 5 Kapitel sollen ein Leben nach dem Tode sein - der L. geht in einem kl. Mond auf etc etc. Jedenfalls bin ich aber schrecklich froh u. ganz sicher, daß ich in der richtigen Bahn bin. Das Leben auf dem Pallas ist so intensiv u. vielseitig geschildert, daß mich schon die ersten 3 Kapitel sehr glücklich machen. Man muß sich die kolossalste Mühe geben, Freude zu empfinden - besonders über das, was man selber gemacht hat - dann altert man wol nie. Man wird ja wol solcher Freuden wegen von den »geistreichen« Pessimisten für ein bischen dumm gehalten. Aber - was schadet das? Ich gebe mir immer große Mühe, auch im Dummen Grandiositätswerte zu entdecken - und es gelingt mir auch.........

Aber ich habe so viel zu tun.
Les. muß im 4ten Cap aufwachen und die Ateliers von Labu u. Peka u. Sofanti besuchen – die Ateliers sind Höhlen und Grotten von 4-6 Meilen Höhe und c 2 Meilen Breite.
Es lebe das Grandiose!

Tausend lustige Grüße von
Ihrem
Paul Scheerbart

404 An Alfred Kubin

Wilmersdorf b. Berlin Pfalzburger 52
23. August 1906.

Lieber Herr Kubin! Ihre beiden Briefe haben mich sehr s e h r gefreut. Meinen schönsten Dank! Jeder Ihrer Briefe wird mich immer sehr erfreuen. Wie gerne möchte ich Ihnen auf alles antworten, aber das geht garnicht; neben dem Wichtigsten (Lesabendio, Zeichnungen etc) schicke ich täglich »durchschnittlich« zehn Postsachen ab – oft sinds noch viel mehr. Ich freue mich so sehr, daß Sie so in Schaffensstimmung sind; mir gehts ebenso. Mir gelingt jetzt auch reinzeichnerisch so viel, daß ich ganz bestimmt für die Jenseits-Galerie ganz neue Blätter liefere. Und dabei gehts mit L. ganz nach Wunsch energisch weiter. Aber das alles greift mich mächtig an; 100 geschriebene Quartseiten sind fertig – die folgenden 400 Seiten werden in den nächsten 8 Wochen fertig sein. Was Sie da von der kompakten Grundlage der Erde sagen – das gefällt mir sehr: grade solche kompakte »andre« Grundlage will ich ja für den Pallas schaffen. Da kommt auch viel über Schlaf, Traum u. Vorleben; die jungen Pallasianer werden in Bleiadern*) entdeckt, wo sie in großen Nüssen verschlossen sind – diese werden nachher mit schweren Beilen geknackt, und dann kommt der junge Pallasianer wie eine Rakete raus. Was er dann von seinem Vorleben erzählt, das behandle ich jetzt grade; er erzählt zunächst von seltsamsten Träumen.
Ich bin sehr neugierig auf Ihre neuen Arbeiten. Wenn Sie kommen, reden wir zunächst nur über Ihre Ausstellung. Stehen Sie noch mit Cassirer so, daß er eine Ausst. arrangiren könnte? Ich stelle im Winter wahrscheinlich noch nicht aus; ich bin noch nicht so weit.
Das vom Akademischen hat mir auch sehr gefallen – ganz bestimmt ist das, was wir »können«, noch nicht das Wichtigste; das Wichtigste ist das, was immer noch dahinter kommt. In unserem Sonnensystem ist alles nie mit dem Erreichten zufrieden etc etc. Das darf uns aber nicht zappelig machen.
Meine Frau freut sich auch immer so sehr, daß Sie mir so frohe Briefe schrei-

ben. V i e l e v i e l e G r ü ß e v o n H a u s z u H a u s ! ! Übrigens: Sie sagen, Keiner kommt jetzt mit Ihnen mit - vielleicht ist das auch eine Täuschung; ich glaube, daß jetzt sehr Vielen eine riesige Aufwärtsbewegung möglich gemacht wird. Das ist wol der Einfluß der Sonnenhautbewegung - daher auch so viel Revolution etc.

Was stand in der Münchner Neusten vom Gewitter? Aufm Pallas giebts keine Gewitter - aber viele Bitze; da giebts kein Wasser, keine Wolken u. kein brennendes Feuer - aber sehr viel elektrische u. magnetische Geschichten.

Das vom »erschöpften« Münchhausen gefiel mir auch sehr.

Ich bin auch momentan so erschöpft.

6-7 Trillionen lustiger Grüße!!!!!!!

Ganz

Ihr

Paul Scheerbart

Randbeschriftung:

*) nicht »irdisches« Blei

Pardon, dass so wenig!!!

Sie sagen, alle physischen Formen prägen eine gewisse Charaktermischung aus - das werde ich sehr interessant im L. illustriren.

Das Infamste ist, daß ich noch nicht den L. bei Schall untergebracht habe - er läßt mich schon 8 Tage warten - wenn er fest annimmt - erhalten Sie lustige Karte.

Ihr Aehnlichmachen leuchtet mir sehr ein - das ist eine ganz besondre u. sehr gute Methode.

Schreiben Sie mir doch recht viel von Ihren Arbeiten. Ich tus dann auch

Sie müssen deshalb mehr schreiben - das kann man, wenn man nur zeichnet.

405 An Eberhard Buchner

Herrn Eberhard Buchner

Feuilleton-Redaction des »Hannoverschen Courir«

Hannover

Wilmersdorf b. Berlin, Pfalzburger 52.

23. August 1906.

Sehr geehrter Herr!

Das ist ja eine Kritik des Wesentlichen; so sollten eigentlich alle Kritiken sein. Ihre Worte haben mich s e h r erfreut. Meinen heiligsten Dank! Ob

diese Spaß und Ernst-Mischung nicht eine Folge meines radikalen Skeptizismus ist? Den hab ich in »Immer mutig« so umständlich verarbeitet; ich löse da überall die Realität von Allem los – und wenn man das konsequent in die Praxis überträgt [was garnicht so leicht ist!], so wird man das Lachen vom Ernste bald nicht mehr trennen können – und andrerseits auch nicht den Ernst vom Lachen; wenn wir unsre Erscheinungswelt nur als solche auffassen, werden wir doch nie vergessen dürfen, wie viel andre Erscheinungswelten hinter der unsrigen verborgen sind [ich sage in »Immer mutig« unendlich viele] – und das wirkt immer wieder grandios – und das Grandiose macht immer wieder ernst, wenn man auch noch so heftig gelacht hat. Falls Sie »Immer mutig« nicht haben sollten, würde ichs Ihnen gern bei Bruns bestellen.
Mir fällt noch eins auf: Sie stoßen sich auch ein klein wenig an der »Blödigkeit« meiner Scherze – diese entsteht aber, wenn man sich sehr geärgert hat und schließlich mühselig den Aerger und die »Wuth« überwand; man könnte somit [es kommt mir wenigstens so vor] meine Mischung von Ernst u. Scherz auch als Resultat chronischer Wutüberwindungen auffassen.
Aber – ich danke Ihnen für Ihre freundlichen Worte – sie haben mich s e h r erfreut.

Mit hochachtungsvoller Begrüßung
Ihr
ergebenster
Paul Scheerbart

Ich schreibe jetzt an einem Asteroïden-Roman, in dem ich hoffe, endlich ein gutes Stück von dem geben zu können, was ich »eigentlich« immer schon wollte. Da kommt aber doch zum Schluß etwas »Rein-Trans⟨s⟩cendentales«. [das sogenannte »Geistige«]

406 An Alfred Kubin

Wilmersdorf b. Berlin, Pfalzburger Str 52.
6. Sept. 1906.

Lieber Herr Kubin! Ihr Brief hat mich wieder s e h r gefreut. Meinen schönsten Dank. Mir ist eigentlich A l l e s ganz geläufig, was Sie schreiben! Daß Ihre Gemälde »unbeschreiblich« sind – das halte ich für sehr fein. Allerdings – ich muß gestehen, daß ich dem Reinkonstruktiven mehr Raum gönne*) – das liegt aber wol daran, daß ich eigentlich nur »Zeichner« sein will, während Sie mehr »Maler« sind – daher die Farbe, von der ich nur noch sehr wenig habe; ich glaube, ich werde niemals wieder Farben verwenden – wol

aber möchte ich rasend gern Bildhauer werden. Vielleicht hängt damit zusammen, daß ich gradezu eine Sucht nach Deutlichkeit habe; wenn mich etwas in Ihrem Briefe störte, so wars nur Ihr gelegentliches Befürworten der Undeutlichkeit. Ich verstehe wol, daß Sie eigentlich nur den verwirrenden und bestrickenden Reiz dessen meinen, was wir nicht ganz auflösen können und was wir wol als Tiefe bezeichnen. Aber ich sehe doch, daß Sie da gern mehr im Unklaren lassen möchten als ich – und das erkläre ich mir durch Ihre »malerischen« Anlagen. Hab ich da Recht?
Ueber die Musik müßten wir reden; im Pallas entsteht eine Naturmusik – so ähnlich wie die Kratermusik im Mondroman.
Was Sie von dem »Führer« sagen – speziell beim künstlerischen Schaffen – das unterschreibe ich mit Heftigkeit. Der ganze Lesabendio gipfelt eigentlich in einem »Ergebenheitäußern« dem großen Führer gegenüber – der sich schließlich in einem Kopfsystem des Sterns materialisirt. [Zwanzig Meilen über dem Pallas wird das Kopfsystem entdeckt.]
Die Traurigkeit, von der Sie sprechen, spielt auf dem Pallas eine große Rolle und wird dort überwunden, indem man sich innerlich ganz an den Größeren anschmiegt. Daß die Planeten die Sonne umkreisen ist nur eine Folge des »Ergebenheitäußerns«. Aber den Größeren sollen wir nicht in der eigenen Sphäre suchen. Diese Geschichte von dem Größeren (dem Führer) ist eine Parallelerscheinung zu all den orientalischen Mystikgeschichten**) – ich glaube nur, daß ich die Sache »gebildeter« formulirt habe. Zweifellos erscheint mir als höchstes Glück der Zusammenklang mit dem größeren Geist, der uns führt – was dieser eigentlich ist – ob Sonne, Erde, Volksgeist, Astralleib etc – das halte ich für nebensächlich. [wichtig aber erscheint mir z. B., daß kein Mensch im anderen Menschen den Größeren sieht – das liefe schließlich auf kleinliche Erotik hinaus]

Aber jetzt – Trillionen Bärengrüße von Haus zu Haus
Ich bin
ganz
Ihr
Paul Scheerbart

Randbeschriftung:
*) sehr wichtig wol, daß unsre »Begabung« keineswegs eine ähnliche ist!!!
**) cf. auch Liwûna u. Kaidôh

Mit dem Verlage wird hoffentlich alles gut – Schall hat 3 Wochen nichts zurückgeschickt – ich habe jetzt 163 Seiten geschrieben – und hoffe in c 4-5 Wochen fertig zu sein [503 Seiten im Ganzen]
Ich freue mich »mächtig« auf Ihr Hiersein!!!!
Daß wir auf der Erdhaut immerzu den Tod vor Augen haben ist wol auch

nur dazu da - die Ehrfurcht vor dem Größeren, Gewaltigen zu befestigen in uns - um uns so zum höchsten Ziel - dem Zusammenklang mit dem Grösseren - hinzuzwingen
Meine Frau fragt an, ob Sie eine Kaninchenzucht angelegt haben - die Tiere sollen wie Lämmer schmecken.
Daß Sie Pilze suchen können, füllt mich fast mit Neid - ich kann die eßbaren noch nicht erkennen - und ich verehre die eßbaren so sehr....

407 An Alfred Kubin

Wilmersdorf b. Berlin, Pfalzburger 52.
19. Sept. 06.

Lieber Herr Kubin! Vielen vielen Dank für Ihre beiden letzten Briefe; die haben mich recht erquickt. Aber - ich antworte Ihnen auf alles später. Ich bin heute halbtot - ich habe zu viele reingeschäftl. Briefe heute geschrieben.
Schall bringt den Lesab. nicht; da wird er dann wol bei Oesterheld u. Co erscheinen; das ist allerdings »pekuniär« sehr schmerzlich.
Nur Eins: ich will ja doch seit Urzeiten aufs Land ziehen - ich dachte schon lange an Ober-Bayern oder Chiem-See*) - Sie müssen uns viel raten dabei ..... ja?

7 Trillionen lustigster Grüsse von Haus zu Haus
Immer
Ihr
Paul Scheerbart

Randbeschriftung:
⟨*)⟩ also: Frühling 1907

Ich freue mich sehr sehr auf Ihr Kommen. Jenseits-Gal. macht auch gute Fortschritte.
von Lesab. sind 203 Seiten fertig. Die Selbstanzeige von Ihrem Herrn Schwager habe ich gelesen
Eine Drucksache anbei
Pardon, dass so in Eile.
Bei nächster Pause schreibe ich Ihnen mehr.

408 An Anton Kippenberg

Wilmersdorf b. Berlin, Pfalzburger 52.
19. Sept. 1906.

Herrn Dr A. Kippenberg
»Insel-Verlag«
Leipzig.

Sehr geehrter Herr Doctor!

Besten Dank für die Mitteilung!

Und - verzeihen Sie, daß ich bei dieser Gelegenheit etwas fragen möchte - - haben Sie nicht schon öfters daran gedacht, wieder eine »reinlitterarische Zeitschrift« herauszugeben? Fischers Rundschau genügt »tatsächlich« nicht mehr - das ist nur ein Unternehmen, das dem Verlage von S. Fischer dient.

Eine »reinlitterarische« Zeitschrift »fehlt« in Deutschland - oh - Sie glauben nicht, *wie* ich dieses Fehlen empfinde. Wir haben wirklich *keine* - *keine* - reine Litteraturzeitschrift mehr; alle wollen immer den größeren Teil mit Politik u. Publikumssachen füllen.

Die Litteraturzeitschrift würde gehen.

Und - sie könnte ruhig alle Uebersetzungen ausschließen. Wir haben in Deutschland »übergenug«.

Ich denke nicht daran, die Sache »für mich selbst« gründen zu wollen - ich habe wirklich das allgemeine Interesse im Auge. Ich habe auch nicht die Absicht, die Sache zu leiten - es genügt mir, wenn recht viel »Reinlitterarisches« von mir gedruckt würde.

Wären Sie allerdings der Meinung, daß ich als »Mitleiter« gute vermittelnde Dienste leisten könnte, so wäre ich »selbstredend« sofort zu Allem bereit.

Aber - wie gesagt - es dreht sich zunächst nur darum, daß ein Litteraturverlag die Sache beginnt - wie ist ganz gleichgiltig; wichtig wäre nur, wenn die Uebersetzungen ganz in die letzte Reihe kämen.

Sehr dankbar würde ich Ihnen sein, wenn Sie mir hierzu etwas sagen könnten. *Sehr* dankbar würde ich Ihnen sein, wenn Sie mir schreiben möchten, daß ich Ihnen noch mehr darüber schreiben möchte....

In ausgezeichneter Hochachtung
Ganz
Ihr
ergebenster
Paul Scheerbart

409 An Erich Mühsam

Herrn Erich Mühsam
Askona bei Locarno
ferma in poste
Schweiz

Sonntag, 23. Sept. 06.

Eriko! Eriko! Was hast Du für feine Kritik geschrieben! Ich schüttle Dir beide Hände - und schreibe Dir einen langen Brief, wenn Du mir Deine genaue Adresse schreibst - - da ich nicht weiß, ob diese Karte ankommt. Ich bekam Deine Kritik erst letzten Donnerstag von Ilgenstein.
Zwei Unendlichkeiten ganz mit Bärengrüssen angefüllt sendet

Dir
Dein altertümlicher
Paul Scheerbart

410 An Alfred Kubin

Wilmersdorf v. Berlin, Pfalzburger 52.
Sonntag 23. Sept. 06.

Lieber Herr Kubin! Heute habe ich mir mit Gewalt ein wenig Ruhe »aufgezwungen« und dann Ihren Brief aus Zwickledt wieder mehrfach gelesen. Ja - das ist mir alles so sympathisch. Ihre »Traumlinie« ist sicherlich für Sie das Bedeutendste u. d. Maßgebende; sie bildet wol den roten Faden in ihrer Natur. Es ist sehr wichtig, daß man solchen roten Faden in seiner Natur entdeckt; bei mir ist das Wichtigste »das Kalt-Konstruirende«. Dieses nachher zu beseelen, ist natürlich selbstverständliche Schlußarbeit. Auch der L. wird zum Schluß derartig metaphysisch nebulos kühn ins Unglaubliche, Jenseitige, Niegeahnte, Nievorstellbarzumachende hinüberspringen und hinübergreifen, daß Sie sicherlich da auch etwas »Traumlinie« entdecken werden. Es ist somit bei uns eine andere Methode nur; ich glaube, daß die Verschiedenartigkeit der Methode nur durch die Verschiedenartigkeit der Anlage bedingt ist. Es wäre ja schrecklich, wenn jeder dieselbe Methode haben würde.
Daher war mir auch alles, was Sie vom Malerischen sagten, sehr interessant. Ich empfinde mich momentan garnicht als Maler - nur als Zeichner. Ich zeichne momentan nur mit der Feder [momentan nur Punktmanier - chinesische Tusche u. glattes weißes Papier - Format 13 x 18 cm] Zwei neue Sachen für die Jenseits-Galerie sind fertig. Ich glaube, es wird werden.

Ich lasse nun wieder [leider! leider!] den L. ein wenig liegen – und zeichne nur d. J. G. Es sollen 11 Blätter im angegebenen Format u. ein Titelblatt werden. Jenseits vom Neptun auf dem dort neuentdeckten »anderen« Asteroïdenring – da giebts Sterne, die nur aus einer Luft-Masse bestehen, in der die neuen Wesen so herumschweben wie im Traum.
Wenn man auch von verschiedenen Punkten ausgeht, trifft man sich doch immer wieder. So gehts wohl auch all den Trabanten der Sonne, denen es zweifellos sehr viel Spaß machen muß, wenn sie sich gelegentlich immer wieder treffen – und wenn dann immer wieder die Constellationen andre sind.
Ueber den »Tiger« haben Sie wol im »Mitternachtsbesuch⟨«⟩ gelesen – worauf es mir eigentlich ankommt. Ueber »Krieg als Spiel« müßten wir viel sprechen. Ueberhaupt wäre dieses bald nötig. Ich hoffe in c 14 Tagen mit der Jenseits-Galerie fertig zu sein – und schreibe dann den L. bis Weihnachten zu Ende. Es geht nicht anders, da ich des »gewöhnlichen« Lebens willen ein Dutzend andre kl. Arbeiten [schriftstellerische] vollbringen muß. Aber – Lappalien schreib ich nicht; selbst dieses Nebensächliche erscheint mir recht wichtig [z. B. will ich über Religiöses auch artikelmäßig schreiben] Vielleicht ist es ganz gut, daß ich wieder mit dem L. unterbrechen muß; rauß komm ich doch nicht mehr – der L. »steht«. Das Kopfsystem wird übrigens ein »gefesselter Komet« – natürlich ein ganz besondrer.
Jetzt muß ich aber Ihren zweiten Brief aus München noch mal lesen.
Daß Ihnen in München die Stadt nicht gefällt – oh, das ist ja eine besondere Lebensaufgabe für mich, immer wieder auf die Bedeutung der Decentralisation hinzuweisen (cf. Zukunft letztes Heft »Landhaus u. Waarenhaus« von mir) deshalb auch die Landhaus-Ausstellung, die ich aber aufgebe, da es mir zu zeitraubend u. anstrengend erscheint, das Kapital dazu zusammenzutreiben. Ich schreibe lieber nur darüber. Wir wohnten übrigens von Sept. 1900 bis April 1902 in Breege auf Rügen [Fischerdorf]
Sicher verbindet uns die »philosoph. Linie«⟨.⟩ Kennen Sie Lange »Geschichten des Materialismus«?? Das war mein Hauptbuch, als ich 19 Jahre alt war. Da hab ich auch die Erkenntnistheorie fest gefaßt u. nie wieder losgelassen. Die Inder sind bestimmt überschätzt – aber auch Kant, da der die »Nebulartheorie« aufstellen konnte, die doch nur von Lucrez-Demokrit stammt.
Daß ich schrieb »Kein Mensch soll im Andern den Grösseren sehen« – das erscheint mir sehr wichtig, da man den Grösseren, den »Führer«, immer in andren Sphären suchen muß. Mir – – darüber reden wir sicher noch sehr Vieles; es steckt da auch eine Wurzel meiner Antierotik drinn.
Und über die **13 ersten Sätze** sprechen wir auch; darüber kann man garnicht so schreiben.
Oh – überhaupt – das Schreiben fällt mir sehr schwer; Zeichnen ist für

mich Erholung. So sieht man immer im Anderen das Bessere – während wir immer noch nicht wissen, was eigentlich das Gute für uns ist. Pardon, daß das so »geistreich« klingt.

70 Trillionen Weltgrüße von Welthaus zu Welthaus
Ganz u. immer
Ihr
Paul Scheerbart

Randbeschriftung:
Meine Frau ist fest entschlossen, hier alle entbehrl. Sachen (auch die Möbel) zu verkaufen und unten das Wichtigste neu zu kaufen
Wir denken, dass nördlich von den Alpen Haus, Land u. Nahrung relativ billig sind – darüber reden wir – ja?
Ich kam vor genau 4 Jahren [Octob 1902] nur nach Berlin, um die Aufführung von Theaterstücken zu veranlassen.
Das Theater interessirt mich aber nicht mehr
»Fechner« hab ich erst kennen gelernt, als mir die Sterne als wirkl. lebende Wesen schon ganz geläufig waren.
Mit Gumppenberg Wolfskehl habe ich früher viel verkehrt – Grüßen Sie doch, wenn Sie zusammenkommen.
Gefällt es Ihnen, dass wir Lenz 1907 ganz u. gar in den Süden [d. h. nördl. von den Alpen] wollen?
»Pekuniär« bin ich garnicht an Berlin gebunden. Ich habe sogar sicherlich mehr von dort aus.
Vor der Übersiedlung muß allerdings hier noch s e h r viel erledigt werden – – Aber mich hält hier n i c h t s u. ich sehne mich nach den Bergen. Ich glaube, da halt ichs aus.
Les. geht zuletzt im »gefesselten Kometen« auf – und empfindet »als solcher« das Sonnensystem u. andre Kometen u. andre Sonnensysteme etc.
Daß Sie »den Führer« so schätzen – hat mich mächtig gefreut – oh – sehr – sehr. Das ist doch die Hauptsache!!
503 Seiten sind c 250 Druckseiten
Wann könnten Sie und wann möchten Sie kommen?????
Hasen sind natürlich besser – aber auch viel teurer.
Die Kaninchen, meint meine Frau, lassen sich so bearbeiten, daß ihr Fleisch n i c h t süßlich schmeckt

411 An Erich Mühsam

⟨An⟩ den Herrn
Herrn Erich Mühsam
Wien VI.
Engelgasse 4. IV.

Wilmersdorf b. Berlin, Pfalzburger 52
2. Oct. 06.

Eriko! Eriko! Deine Ansichtskarte hat mich auch »furchtbar« erfreut. Zunächst trinken wir auf Dein Wohl - deux fleurs(?) - na prost! Der »Brief« kommt bald. Ich bin nur ein bischen »erschöpft«. Der Bär hat ein dreieckiges Drama »Das interessante Leben« geschrieben. Ich mache die »Jenseits-Gal« ganz neu; 11 Blatt sollens werden - 3 1/2 fertig - Sachen, die jenseits von der Neptunbahn Realität haben. Glaubst Du, daß ich noch Realität habe? mir kommts manchmal nicht so vor. Na - darüber brauchen wir uns auch nicht zu wundern. »Immer munter!« ist jetzt mein Wahlspruch. Und dabei - schlaf ich so viel. Ergebensten Gruß an Karl Kraus. Bald kommt mein Brief. Lesabendio hat schon 200 geschriebene Seiten - 500 sollens werden. Kubin kommt in diesem Monat nach Berlin - wann Du?

Ueber-Neptuns-Grüsse - auch vom Bären
Dein *unleserlich*
PCW.

Randbeschriftung:
Na prost!

412 An Alfred Kubin

Wilmersdorf b. Berlin, Pfalzburger 52
6. October 1906.

Lieber lieber Herr Kubin! Ihr Brief hat mich ganz traurig gemacht. Das ist aber garnicht richtig, daß Sie so den Pessimismen Gewalt über sich lassen. Es liegt in ihnen keine Süßigkeit. Was Ihnen nach Süßigkeit schmeckt, ist nichts als das alte Ergebenheitsgefühl. Dieser alte Schopenhauer! Wie hab ich mich über diesen gedankenlosen nach Satanismus lüsternen Pseudo-Philosophen schon geärgert. Es kommt ja immer wieder vor, daß man den Quarkereien des Lebens gegenüber mal verzagt - aber das darf doch nicht lange dauern. Schließlich steckt in jeder unsrer miserablen Stimmungen eine Portion Strafe. Man ist immer nur dann schlecht gelaunt, wenn man nicht so ganz in der Bahn geblieben ist – in der man bleiben wollte. Man muß, wie Sie ganz richtig bemerken, immer den Traum fühlen, alias das Bewußtsein haben, daß man in der köstlichsten aller Welten lebt. Denken Sie doch nur immer daran, daß wir alle in einem unendlichen Raume leben, d.h. in einer absolut nicht faßbaren Sache. Und mit der »Zeit« ist es grade so. Die verschiedenen Mißhelligkeiten, die wir durchzumachen haben, sind doch eben notwendig. Wie sollen wir denn selbständige frei wie Götter schaffende Wesen werden, wenn wir nicht mal »leiden« wollen. Sind die Schöpferwonnen nicht so groß, daß sie das bischen Leiden aufwiegen? Sie sagen, der Tod ist etwas sicherer als die schönsten der Spekulationen? Oh – dafür müßten Sie.... Na – Sie dürfen jetzt nicht mehr traurig sein. Das fehlte noch! Es ist doch nur – pardon, daß ich das wiederhole – ein Zeichen mangelnder Geistesgewandtheit, wenn wir uns von den Trübsinnsphantasieen »fesseln« lassen. Das fehlte noch! Sie müssen wieder lustig sein sein.

Ich schreibe eben eine Venus-Novellette – die fängt so an: »Wenn man«, sagte der weise Knax, »sich nicht zu helfen weiß, so kann man nicht behaupten, daß man sehr schlau ist.«

Meine Frau ist ganz furchtbar böse, wenn ich mal traurig bin – das läßt sie sich nicht gefallen. Weh mir! Und sie sagt, daß Sie eigentlich tatsächlich bei uns wohnen könnten. Es geht! Sie weiß es ganz genau*). Indessen – auf den Bahnhof kommt sie doch mit, denn ich lasse sie niemals allein – das geht schon nicht anders. Wenn Sie jetzt nicht einen lustigen Brief schreiben – so sind wir böse – böse – sehr!

70 Trillionen Weltgrüße von Haus zu Haus
von ihrem immer mutigen
Paul Scheerbart

Randbeschriftung:
*) Sie schreiben wol darüber! Ja?

Wir freuen uns auf Ihr Hiersein!

alle pessimistischen Ideen werden mit den Jahren umgebracht – man muß sich aber tüchtige Mühe geben, sie umzubringen – sonst ist mans nicht wert, daß man lebt.

Hoffentlich sehen wir uns bald – bitte schreiben sie bald – bald.

Ich freue mich, daß Sie wieder zeichnen – Sie sollten auch schreiben – das sollten Sie tatsächlich.

Wie schrecklich ich das finde, daß Ihre pess. Ideen immer trostlosere u. trockenere Form bekommen – oh – u. das trotz meines Nilpferderomans? Ich fange an, ganz erbittert zu werden. Nein – nein – Sie dürfen sich nicht so gehen lassen.

Sind Sie auch nicht von der Influenza besessen? Die stört immer d. Verdauung u. die Lustigkeit.
Daß ich für den Les. keinen Verleger (bisher noch nicht) gefunden habe, erbittert mich auch, bringt mich aber nicht um - ich bin nicht so dumm.
Es ist einfach »schwächlich«, wenn man die Welt nicht mit Köstlichkeiten anfüllen kann.
Das Häßliche Garstige Eklige ist ja nur dazu da, daß wir uns darüber vor Lachen ausschütten - mit großem Humor.
Sie glauben ja garnicht wie viel Mühe ER sich nebenbei auch giebt, uns zum Lachen zu bringen. Wie komisch ist schon unsre Geburt!!!!!!! Und der Tod ist doch auch sehr drollig für den, der das Reale im Leben nicht sieht - - -
Wir haben wirklich vielmehr Quälerei als Sie - tatsächlich!!!
Es lebe der 18. October 1906!!

413 An Alfred Kubin

Wilmersdorf b. Berlin, Pfalzburger 52.
9. Oct. 1906.

Lieber Herr Kubin! Ihr Brief hat mich sehr sehr erfreut. Wir freuen uns sehr auf Ihr Kommen. Falls Sie in der Stadt viel zu tun haben, schlagen wir Ihnen vor, im Hotel Bellevue Linkstrasse [am Potsd. Bahnhof] zu wohnen - von dort sind Sie auch mit 3 Linien in c 25 Min. hier - und sonst vom Potsd. Platz aus leicht nach allen Richtungen. [Dehmel, Servaes, Franz Evers wohnen da immer - schon von 2 M Zimmer - und kein Restaurant dabei]. Besten Dank auch für Ihre Bemühungen inbetreff unsres Landaufenthaltes u. auch für die techn. Ratschläge - aber ich muß bei meiner alten Technik bleiben, da ich sonst bis Ende dieses Monats*) kaum fertig werde - ich zeichne in heftigster Erregung - es strengt sehr an - aber es wird wol was - 3 Blätter fertig - 10-12 sollens werden [13 x 18 cm]

Viele viele lustige Grüsse von Haus zu Haus
von
Ihrem
Paul Scheerbart

Randbeschriftung:
*) damit es noch vor Weihnachten erscheint

414 An Richard Dehmel

Wilmersdorf b. Berlin, Pfalzburger 52.
10. Oct. 1906.

Donnerwetter noch mal! Großartig! Fein! Das hat mich mächtig gefreut! Heiligsten Dank für das Exemplar; es wird in Leder mit Bärenvorsatz gebunden werden. Lieber Richard, ich gratulire Dir zu dieser Geschenkausgabe. Oh - so was erquickt! Jawohl - freilich - das Abschliessende... Ich freue mich auch schon auf die Zeit, in der ich mal so abschließend mich freuen kann. Oder - es ist wol mehr Abrundung - -
17 Trillionen alte abgerundete Welt- und Bärengrüße*) von Deinem

alten
Paulus

Randbeschriftung:
*) [von Haus zu Haus]
Pardon der Kürze - aber ich zeichne immerzu. Die Jenseits-Galerie (ganz neue Sachen) soll noch vor Weihnachten erscheinen.

415 An Richard Dehmel

St. Richard Dehmel
Blankenese bei Hamburg
Parkstrasse vierzig

Poststempel: 13. 10. 06

Ei! Ei! Askete auf dem stillen Berge! So furchtbar lustig schon am frühen Morgen? Befürchtest Du nicht, dass Dir die wüsten Phantasieen die Verdauung stören könnten? Du sprichst so ganz sans gêne von »ungeborenen« Kometen? Wie kann man nur so was sagen? Soll der Europaner itzo das Sprichwort gebären: »Morgenstunde hat das Ungeborene im Munde«? Oh - wie schauderhaft! Nein, Askete auf dem stillen Berge - Kometen sind Gliedmassen*) von Riesen, die hinter der Neptunsbahn auch unsre Sonne umkreisen

Ich aber bin Dein
oller Sphärenportier P. C. W.

Randbeschriftung:
*) ablösliche

416 An Alfred Kubin

Wilmersdorf Pfalzburger 52 (ist es nicht rührend, daß ich jedes Mal diese Adresse schreibe?)

Mittwoch Nachm 3/4 4 Uhr
17. Oct. 1906.

Lieber Herr Kubin! Hurrah! Also: wir sind Sonnabd 8. U. 42 Anh. Bhf. Das Hotel heißt natürlich »Sanssouci«. Bis Sonnabend wird hier in meiner Wohnung (voraussichtlich ist alles fertig) mein »Kosmisches Central-Museum m.b.H.« eröffnet. Dann reden wir über das Zeichnen und Malen vor den Objekten.
Maurice von Stern erwähnte vor einigen Tagen (Deutsche Ztg Bln) Ihre Zeichnungen bei Münchh. Besprechung.
Mit der Zeitung wäre das sehr schön - aber - aber -
Sexualität u. Feinstes dicht neben einander? Na! Na! Doch wol nur zufällig
Pardon, daß ich abbreche - aber draußen Sonnenschein - den muß ich noch aufessen - gestern erste größere Kreidezeichnung gemacht - Januar 1907 hier bestimmt Ausstellung.
Lesabendio kommt auch bei Oesterheld u. Co - es wird alles schon gut werden.
»Jetzt wirds immer besser!«
Das sag ich aber ganz im Ernst.
Es lebe die Sonne!

17 Trillionen Welt- u Bärengrüsse
von
Haus
zu
Haus
Ihr
Paul Scheerbart

417 An Alfred Kubin

Wilmersdorf, Kosmisches Museum m.b.H.
18.X.06.

Also: 6 U 42.
Wir können dann gleich im kosmischen Museum Abendbrot essen – im Hintergrunde lächeln schon die Assistenten – und unser Pförtner steht ganz still und schweigt.

Museumsgrüsse!
Ihr P.S.

418 An Anton Kippenberg

Wilmersdorf b. Berlin, Pfalzburger Str 52.
24. October 1906.

Sehr geehrter Herr!
Meinen besten Dank für Ihren freundlichen Brief in Betreff der litterarischen Zeitschrift; ich empfehle (verzeihen Sie, daß ich das so ohne Weiteres sage) als Titel den Namen »Pax« – denn der Friede tut uns wol sehr gut, da eine Prophezeiung besagt, daß die politischen Kriegs- und Revolutionsjahre [die ganz allein am Niedergange unsrer litterarischen Verhältnisse die Schuld tragen] bis 1929 weitertoben werden.
Ich würde mich natürlich sehr freuen, wenn aus der Zeitschrift was würde – wenn wir nur die Ausländer etwas draußen lassen könnten; wir besitzen doch nicht so viel Kapital und Energie, um die Ausländer noch mitzuschleppen. Deswegen hat mich »eigentlich« die Zusendung des »dänischen« Buches nicht sehr gefreut – aber ich danke Ihnen trotzdem dafür und werde die beiden Bände so bald wie möglich lesen.
Leider bemerkte ich in dem kleinen Kataloge, der den beiden Bänden beilag, daß w i e d e r vom Verlage meine 4 Bücher total »vergessen« wurden. Darf ich Sie sehr bitten, das demnächst nachzuholen? Bei Herrn von Poellnitz geschah schon einmal dasselbe, sodaß ich beinahe geneigt bin, in dieser »Vergeßlichkeit« eine Absicht zu sehen.
Herr Eberhard Buchner, Feuilleton-Redacteur des »Hannoverschen Couriers« will Längeres über meine sämmtlichen Bücher schreiben und bittet mich um diese; darf ich Sie da sehr bitten, dem Herrn auch meine v i e r Inselbücher zu senden? Ich würde Ihnen sehr dankbar sein und bitte Sie, mir

gütigst zu verzeihen, daß ich alles, was ich auf dem Herzen hatte, so ohne Weiteres gesagt habe - aber ich leide so sehr unter dem Nichtdasein der Zeitschrift »Pax« - die natürlich auch ganz anders heißen kann.

In ausgezeichneter Hochachtung
Ganz
Ihr
ergebener
Paul Scheerbart

419 An Herwarth Walden

Wilmersdorf, Pfalzburger 52.
28. Dec. 1906.

Sehr geehrter Herr Walden!
Leider ist mir so vollkommen melancholisch zu Mute, daß ich Sonntag beim ⟨*besten*⟩ Willen nicht werde kommen können. Sie haben daher wol die Güte, die Billets nicht zu senden. Und Sie sind mir nicht böse, nicht wahr? Besten Dank für Ihre freundliche Absicht.

Mit vielen December-Grüssen
Ihr
ergebenster
Paul Scheerbart

420 An Richard Dehmel

Wilmersdorf, Pfalzburger 52.
24. Jan. 07.

Lieber Richard!
Meinen schönsten Dank für den zweiten Band.!!
Es lebe Europa! - -
Meine Jenseits-Galerie bekommst Du demnächst..

Eisbärengrüsse von Tempel zu Tempel
Dein
PCW.

421 An Herwarth Walden

Wilmersdorf Pfalzburger 52
7. Febr. 07.

Lieber Herwarth Walden! Schönsten Dank für die Einladung. Aber es geht nicht; die Aufführung nimmt mich ganz u. gar in Anspruch. Die »Nacht«-Aufführung allerdings »verboten« - wahrscheinlich infolge der Tageblatt-Verse von gestern Abend. Heute war erste Probe. Alles ging s e h r gut.

Mit 70 Trillionen Weltgrüssen von Haus zu Haus
Dein
Paul Scheerbart

422 An Herwarth Walden

Wilm. Pfalzburger 52
21. Febr 07.

Lieber Herwarth Walden!
Ich bin leider körperlich so kaputt, daß ich beim besten Willen nicht kommen kann. 1000 Grüße Deiner Gattin - und - ich lasse s e h r s e h r um Verzeihung bitten. Aber ich k a n n nicht - kann nicht.

Mit den besten Grüßen von Haus zu Haus
Dein
Paul Scheerbart

423 An Herwarth Walden

14. März 07.

L. H. W. Schönsten Dank! Aber - mitten im zerstörenden Packen der Sachen. Wir ziehen morgen Freitag früh um 6 Uhr nach Zehlendorf Anna Str 5. Und - so gehts nicht!

10000 Frühlingsgrüße von Palais zu Palais
Dein
PCW.

424 An Eberhard Buchner

Zehlendorf-Wannseebahn, Anna Str. 5 pt.
21. März 1907.

Sehr verehrter Herr Buchner!
Sie werden mir sehr böse sein, daß ich Ihnen das im November v. J. versprochene Original-Manuskript noch immer nicht gesandt habe. Aber ich hatte zu viel Anderes vor; erst kam die Jenseits-Galerie, die ja jetzt glücklich b. Oesterh. u. Co. herausgekommen ist – und dann kam die Figaro-Theatergeschichte. Und jetzt bin ich vor 5 Tagen umgezogen.
Darf ich Sie nun noch ein Mal fragen, welche von meinen Büchern Ihnen fehlen? Mit der Kritik eilt es nicht – das Bessere geht doch nicht von heute bis morgen. Meine Frau und ich würden sich s e h r freuen, Sie in unsrer neuen Wohnung, die wirklich sehr angenehm ist, demnächst mal begrüßen zu können.
Aber – Sie sind mir doch nicht böse meines langen Schweigens wegen, nicht wahr? Ich wollte immer was Originales senden u. konnte nicht. Ich sende anbei eine Geschichte zum Nachdruck; sie entstand im Sommer v. J. und scheint mir recht zeitgemäß, gefällt auch sehr – ich würde mich über Abdruck u. Honorarsendung sehr freuen.

Mit vielen Grüßen – auch von meiner Frau
Ganz
Ihr
ergebener
Paul Scheerbart

425 An Franz Servaes

Zehlendorf-Wannseebahn, Anna Str 5.
4. April 1907.

Hoho! Haha! Hihi! Jetzt wohnen wir in Zehlendorf und erholen uns allmählich............
Wann besuchst Du uns?
Es ist hier köstlich – ganz Italien u. ganz Afrika – Garnichts gegen – Zehlendorf-Wannseebahn!!!
Die Anna Strasse aber ist die köstlichste Straße unsres ganzen Milchstraßensystems. Hast Du schon meine Jenseits-Galerie???

7000000 Weltgrüsse von Haus zu Haus
Dein
oller Paulus.

426 An Franz Servaes

⟨An⟩ den Grossherrn
Herrn Herrn Franz Servaes
Wien XIII/5
Linzer Str. 464

Zehlendorf-Wannseebahn, Anna Str. 5. **8. IV. 07**

Auf dem oberen Teil der Postkarte aufgeklebter Ausschnitt aus dem Straßenplan von Zehlendorf

Da siehst Du nun, o Franzi, daß Du ganz richtig vermutet hast! Die Paul Scheerbartstraße ist wirklich nicht weitab. Der Gemeindevorstand von Z. hat mich flehentlich*) gebeten, doch die Erlaubnis zu geben, daß die beiden Straßen Anna-Scheerbart-Straße und Paul Scheerbart-Straße genannt werden. Ich aber gestattete nur Anna-Str u. Paul Str, habe allerdings gestern gutmütig, wie ich immer bin, eingewilligt, daß in der Kaiser-Strasse ein Reiterstandbild von mir (d. h. mich zu Pferde darstellend) errichtet wird. Enthüllung im Sommer d. J.

Heil! Hurrah!
Dein oller Paulus.

Randbeschriftung:
*) man küßte mir sogar den rechten großen Zeh - doch sprich darüber nicht.

Ei! Ei! Den Figaro kennst Du auch?
Auf Reise nach Süd-Pol berühren wir Wien Valeriestr
Jens. Gal. bestellt
Bärengrüsse dem Hause F. S!!!

427 An Eberhard Buchner

Zehlendorf-Wannseebahn, Anna Str 5
11. April 1907

Sehr verehrter Herr Buchner!
Schönsten Dank für Ihren freundlichen Brief. Ich freue mich sehr, daß Sie mir nicht böse sind. Selbstverständlich lasse ich Ihnen mit Freuden den guten König. Ich schreibe Ihnen in den nächsten Tagen einen Originalartikel.

Zehlendorf-Wannseebahn, Anna Str 5. 8.IV.07

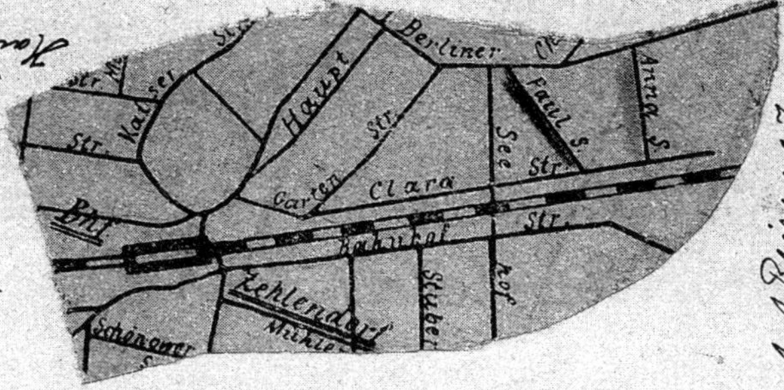

Dr

Siehst Du nun, o Franzi, dass Du ganz richtig vermutet hast! Die Paul Scheerbart-Strasse ist wirklich nicht weiter. Der Gemeindevorstand von Z. hat mich flehentlich gebeten doch die Erlaubnis zu geben, dass die beiden Strassen Anna-Scheerbart=Strasse und Paul Scheerbart=Strasse genannt werden. Ich aber gestattete nur Anna-Str u. Paul Str, habe allerdings gestern gutmütig, wie ich immer bin, eingewilligt, dass in der Kaiser-Strasse ein Reiterstandbild von mir (d. h. mich zu Pferde darstellend) errichtet wird. Enthüllung im Sommer d. J.

Heil! Hurrah! Dein oller Paulus.

Auf Reise nach Süd-Pol berühren wir Wien. Valeriest Jano. Gat. bestellt.

Nr. 426

Da Sie aber meine »neue Oberwelt« im October vorigen Jahres verloren haben, sende ich sie Ihnen noch mal [sie steht in keinem meiner Bücher und ist nur in Oesterreich gedruckt]. Dem füge ich »Krietze u. Kratze« hinzu (aus »Ich liebe Dich) - die sind nur im »Wiener Deutschen Tagblatt« abgedruckt, in der Presse an keiner andern Stelle.
Außer den angeführten Büchern müssen Sie noch »Münchhausen u. Clarissa« haben. Sie bekommen nun noch:
1) Tod der Barmekiden
2) Ich liebe Dich!
3) Na prost!
4) Cervantes
5) Jenseits-Galerie.
Ich sende oder lasse senden - so bald wie möglich und freue mich sehr auf Ihren Essay - und danke Ihnen für Ihr Interesse.
Im Figaro-Theater wurden aufgeführt:
»Das dumme Luder« (tadellose Aufführung)
»Der Schornsteinfeger«
»Der Regierungswechsel«
»Das Gift« u. »Herr Kneetschke«
Ich lege Ihnen eine Kritik, die ich doppelt habe, bei - die Theater-Bibliothek soll in anderem Verlage zum zweiten Male erscheinen. Ich habe soeben für diese zweite Auflage 15 kleine ästhetische Erörterungen geschrieben, die auf die kleineren Bände verteilt werden sollen.
Wir freuen uns sehr auf Ihren Besuch; Zehlendorf ist großartig. Das Originalmanuskript kommt spätestens Anfang nächster Woche.

Mit vielen Grüßen - auch von meiner Frau -
Ihr
sehr ergebener
Paul Scheerbart

428 An Eberhard Buchner

Zehlendorf-Wannseebahn, Anna Str 5.
14. April 1907

Sehr geehrter Herr Buchner!
Anbei das Neuste und Originellste. Heute geschrieben! Ich hoffe, daß es Ihnen gefallen wird. Sie haben wol die Güte, die Geschichte so bald wie

möglich zu bringen und so gut wie möglich zu honoriren. Die »Wagengeister« – diese Anspielung auf die verrückt machende Fahrerei unsrer Zeit ist wol verständlich genug.

Mit vielen vielen Grüßen
in Eile
Ihr
ergebenster
Paul Scheerbart

429 An Erich Mühsam

Zehlendorf-Wannseebahn Anna Str. 5. pt. links.
Freitag den 19. April 1907.

Oh, Du Eriko! Also: in der Amalienstraße wohnst Du? Das ist doll! Na – ich wohne, um meinen Bären zu ehren, in der Anna-Str. – die 30 Sekunden von der Paul-Str. entfernt ist. Merkst Du was? Ach ja, das macht der Ruhm! Aber ich lehnte es ab, auch meinen Vatersnamen dicht neben den Rinnsteinen leuchten zu lassen; die Vornamen »konnte« ich leider nicht als Straßennamen verbieten – unsre Gesetze sind eben ein bischen schwach.
Caro sagte, Du kämst bald her! Nun – komm' nur recht bald. Dann kannst Du Dir meine Lorbeern ansehen. Nettes Kraut! S e h r nettes Kraut!*) Aber wenn Du denkst, daß ich die Montblanc-Spitze unter meinem rechten großen Zeh fühle – so bist Du wieder auf Irrwegen.
Irre weniger! Sonst sag ich garnichts mehr.
Jenny? Asteroïden-Roman?
Langsam! Nicht das Tempo z u sehr beschleunigen; die Europäer haben z u viel Hühneraugen.
Du tust mir aber einen Gefallen, wenn Du an Oesterheld u. Co W. 15. Lietzenburger 60 umgehend eine Karte schreibst mit der Bitte um ein Ex »Jenseits-Galerie« f. d. Recension; sage, daß Du Juni 1906 über Münchhausen im Blaubuch schriebst (ich gabs ihnen) – und daß ich Dich gebeten, ihnen zu schreiben; sie knausern so furchtbar mit den Exemplaren. Uebrigens: ich schreib eine komische Oper »Madam Pfau«. Und der Bär schreibt ein komisches O p u s : »Der vergnügte Erich«.

Au! Au! Hurrauh! Mit 87 donnernden Bärengrüssen
Dein
PCW.

Randbeschriftung:
*) Figaro? Oh! Oh!

430 An Erich Mühsam

Herrn Erich Mühsam
München
Türkenstrasse 81. II

Zehlendorf-Wannseebahn, Anna Str 5.
13. Mai 1907.

Lieber Erico! Das war eine sehr schöne Karte. Und wir haben uns mächtig gefreut. Und uns tut die Freude sehr nötig, da es mit der Entwicklung Europas immer noch nicht ordentlich vorwärts gehen will. Dieses »Europa«! Nach der letzten Kulturschlacht wird hoffentlich alles besser. Grüße Meyrink tüchtig; schreibt er schon wieder? Und auch Herrn Schnabel grüße, obschon ich ihn nicht kenne – u. auch Ilgenstein grüße, wenn er wieder kommt. Es lebe das Blaubuch u. Deine Kritik!

Blau-grüne Frühlingsbärengrüße!
Ganz ächte »Bärengrüsse« – nicht Beerengrüsse
Dein
PCW.

431 An Franz Servaes

Zehlendorf-Wannseebahn, Anna Str 5.
1. Juni 1907.

Oh! Franzi! Mir wird wieder ein bischen besser. Uebrigens: Du hast ja schon mal N° 54 in der Valeriestrasse gewohnt. Warum hast Du das nicht gleich gesagt. Wir gehen heute zu Fuß nach Onkel Toms Hütte. Ihr müßt bald herkommen – auch um der kl. Dampfer willen, die von der Machnower Schleuse abfahren. Kennst Du A. Messthaler in Monte Carlo? Der will 4 meiner Stücke aufführen. Ich schreibe etwas Abendfüllendes – von kosmischer Niederträchtigkeit ganz erfülltes. Metzner im Riesengebirge – kommt bald, wie seine Frau schreibt. Ganz unglaublich groteske Junigrüsse von Landhaus zu Landhaus

Dein edles
PCW.

432 An Richard Dehmel

Zehlendorf-Wannseebahn, Anna Str 5.
1. Juni 1907.

Oh Riccardo! Mir wird allmählich ein bischen besser. Schönen Dank für Band III. Ich wohne jetzt schon 2 1/2 Monate hier. Der Aufenthalt tut hier gut.
Der »zweite Mond« kommt langsam näher. Ich freue mich, daß Du das mißverstehen wirst. Aufklärung im Herbst. »Du ahnst es nicht!« Hoffentlich hast Du »Jenseits-Galerie«; ich kann nicht dafür, daß der Verlag immer nur Recensionsexemplare versendet; entschuldige! Wir gehen heute zu Onkel Toms Hütte.

70000000000 Trillionen Bärengrüsse von
Haus zu Haus
Dein altes
PCW.

Randbeschriftung:
Wann kommt die Mannheim-Tragikomödie und wann kommst Du?

433 An Erich Mühsam

Zehlendorf-Wannseebahn, Anna Str 5
Freitag 28. Juni 07 Abds 8

Eriko! Eben erhielt ich Eure köstliche Karte – und siehe: da hatte ich auch schon den letzten Satz vom III^{ten} Akte des II^{ten} Mondes niedergeschrieben: »Eine köstliche Nacht!«
Das sagt die Clarissa! Dir und Hardekopf 87 Trillionen Bärengrüsse*) aus der Annastrasse

Dein oller
Paul Scheerbart

Randbeschriftung:
*) bitte teilt sie Euch – teilt! teilt!

434 An Franz Servaes

Herrn Dr Franz Servaes
Villa Gubatta
Neuhaus a. d. Donau
Ober-Oesterreich!

12. VIII. 07.
Zehlendorf-Wannseebahn Anna Str 5.

L. Fr! Schönsten Dank für die Auskunft, für die Ansicht u. für Eure Grüße, die wir lebhaft erwidern. Statt »Nachteule« sollte es »Fledermaus« heißen – Henry hat sich mit einigen Secessionisten verbunden und hat jetzt viel Geld. Sein »Nachtlicht« ist in andre Hände übergegangen. Mein Plan hat sich nun wesentlich geändert. Ich glaube nicht, daß es Zweck hat, wenn sich die Dichter als Schauspieler zeigen. Ich werde für Cabarets Verschiedenes schreiben, das nur von weiblichen u. männl. Berufsschauspielern vorgeführt werden kann. Ich glaube doch, daß vom Cabaret aus eine Theaterreform sich entwickeln könnte. Wenn das viele Dichten nur nicht so anstrengend wäre! Aber – das Wetter ist jetzt famos. Es lebe Europa!

77777 Bärengrüsse von Dom zu Dom
Dein alter Paulus.

435 An Herwarth Walden

Zehlendorf-Wannseebahn, Anna Str 5
12. Aug. 1907.

Lieber Herwarth Walden!
Schönsten Dank für Deine freundlichen Zeilen. Aber es geht nicht. Ich habe im Winter zu viel vor. Und ich halte es jetzt auch nicht mehr für richtig, mich öfter, als unbedingt nötig ist, zu zeigen.

Viele Sommer- und Wintergrüße
Dein
Paul Scheerbart

Randbeschriftung:
Ich muss auch Theateraufführungen wegen wahrscheinlich nach Wien München und Nürnberg
Ich kann mich also nicht binden.

436 An Otto Eisenschitz

Zehlendorf-Wannseebahn (b. Berlin) Anna Str 5.
5. Sept. 1907.

Sehr geehrter Herr!
Unveröffentlichte Sachen könnte ich Ihnen evtl. noch vor dem 15. Sept. d.J. zur Verfügung stellen.
Aber die Sache liegt so:
I. Ich habe noch 2 andre Herren anzufragen, ob ihnen Aufführung bei Ihnen nicht störend erscheint.
II. Die Sachen müssen erst abgeschrieben werden, da sie gleichzeitig hier und an andrer Stelle gebraucht werden.
III. Ich müßte wissen, wann Sie mich bringen können. Je früher es sein könnte, um so angenehmer wäre mirs.
IV. Ich müßte wissen, ob Sie eine gute Schauspielerin haben, die Soloscenen mit ganz einfacher Inscenirung vorführen könnte.
V. Und ich müßte wissen, ob Ihnen diese Soloscenen angenehm sind - jede nimmt höchstens 8-10 Minuten in Anspruch - ich habe vier da - möcht aber nicht gerne blos eine aufgeführt sehen.
Pardon der Kürze! Baldigste Nachricht wird mich sehr erfreuen

Mit vorzüglicher Hochachtung
ergebenst
Paul Scheerbart

437 An Otto Eisenschitz

Herrn Otto Eisenschitz
Wien VII/2
Zitterhofergasse 8.

Zehlendorf Wannseebahn, Anna Str 5.
3.X.07.

Sehr geehrter Herr! Besten Dank für Ihre freundliche Karte. Entschuldigen Sie, daß ich jetzt antworte - aber die Verhandlungen mit der anderen Seite haben sich so in die Länge gezogen u. ich habe noch sehr viel Andres fürs Theater geschrieben. Ich weiß noch nicht, ob ich alle Ihre Bedingungen erfüllen kann - und ob ich überhaupt ganz frei handeln kann; jedenfalls schreibe ich Ihnen Definitives in den nächsten Tagen.

In ausgezeichneter Hochachtung
Ihr ergebener
Paul Scheerbart

438 An den Insel-Verlag

Zehlendorf-Wannseebahn, Anna Str 5.
11. November 1907

Sehr geehrte Herren!
Die Uebersetzung des Rakkóx ins Böhmische habe ich gestattet. Und für die Ueberlassung von Clichés (leihweise natürlich) würde ich Ihnen sehr dankbar sein; ich glaube sogar, daß ich dem Uebersetzer den Rat gab, Ihnen der Clichés wegen zu schreiben.

In vorzüglicher Hochachtung
Paul Scheerbart

Zehlendorf-Wannseebahn, Anna Str 5.

439 An Anton Kippenberg

Zehlendorf-Wannseebahn Anna Str 5.
14. November 07.

Sehr geehrter Herr!
Ihre letzten Zeilen sind mir ganz unverständlich. Ich habe mit dem Insel-Verlag leider niemals Kontrakt machen können. Der Verlag hat demnach bislang garkeine weiteren Rechte – nicht einmal das der zweiten Auflage. Vom Uebersetzungsrecht ist nie gesprochen worden. Darf ich ganz ergebenst um Aufklärung bitten?

Mit vorzüglicher Hochachtung
Paul Scheerbart

440 An Franz Servaes

Zehlendorf-Wannseebahn, Anna Str 5.
23. December 1907.

Liebes Franzi!
Anbei ein ächtes Monstrum zu Weihnachten.
Dieses Monstrum gehört voll und ganz der neuen monstrumistischen Richtung an, der Du hoffentlich auch bald angehörst.

Mein liebes Monstrum, das ich s e h r hoch schätze, ist »natürlich« eine Sternschnuppe und lebt als solche »natürlich« in der höheren Erdat⟨h⟩mosphäre*).
Dieser At⟨h⟩mosphärenonkel hat Ballonfüße und »geht« mit diesen durch die Lüfte.
Alle Kameradinnen dieser Luftsternschnuppe amüsiren sich natürlich sehr über diese Luftgängerei.
»Du willst Dich wol«, hat man meinem lieben Monstrum oft gesagt, »über das Erdrindenkriechen der Erdrindenbewohner lustig machen.«
Wenn das Monstrum dies hört, lächelt es immer – mit seinem ganzen Rüssel.
Ein frohes und neues Jahr der Familie Franz Servaes!!!!!!!

Mit ächten Bärengrüßen von Haus zu Haus
Dein alter
Paul Scheerbart

Randbeschriftung:
*) g e s t e r n hab ichs gezeichnet.

441 An Franz Servaes

Zehlendorf 1. Januar 1908.

Franzissime!
Unsern heiligsten Dank für die Photographieen. Besonders hat sich diese »Frau Anna« gefreut – sie hat (wie Du ganz richtig ahntest) für alles Menschliche sehr viel übrig. Aber – so ganz »unmenschlich« bin ich doch noch nicht geworden (ich kann wol sagen »leider«) – äußerlich sehe ich immer noch ganz so aus – wie ein »einfacher« Mensch. Eine Rüsselbildung hat sich in meinem Gesicht noch nicht bemerkbar gemacht. Das ist mir auch ganz angenehm. Allerdings – denk Dir die »Einnahmen«, die mir aus solcher »Bildung« erwachsen würden (ich erinnere nur an Castan) Uebrigens: ich habe »beinahe« das Perpetuum mobile entdeckt. Doch das nur nebenbei. Ich freue mich sehr, daß Du jetzt ins Volk dringst u. danke Dir deshalb s e h r für den Segantini. Ach – ich bin nur mit dem »Indianerlied« ins Volk gedrungen. Die Puppenspiele (5 neue Stücke, die am 7 u. 14 Dec 1907 aufgeführt wurden) drangen noch nicht ins Volk – auch die 10 andern »neuen« Stücke, die ich im letzten Sommer schrieb, sind immer noch nicht populär. Wenn wir doch 1908 populär würden! Das wünsche ich Euch und Uns

auch! Ob »Frau Anna« zuerst von uns »populär« werden wird? Sie schreibt einen langen Roman u. ein Drama in 4 Akten – die ganze Litteratur kommt hinein – wir müssen uns sehr vor Fr. A. in Acht nehmen.
Na – hoffen wir das Beste!
Aber die Cabaretts haß ich – sie verkorksen uns die ganze Kunst. So was grenzt an Prostitution.
Kneif den Daumen, daß es mir bald besser geht! Die Zeit ist so ernst wie ein alter Mehlsack. – – –
Mit großen Bärengrüßen von Haus zu Haus bin ich Dein altes

PCW.

442 An Erich Mühsam

Monsieur le poète
Erich Mühsam
Paris (Montmartre)
79. Rue des Martyrs
Frankreich!

Zehlendorf den 1ten Januar 1908.

Oh Erico! Hab Dank für alle Deine »Wünsche«. Wenn sich dieses oder jenes erfüllte, wärs sehr herrlich. Die P. S. Stiftung hat so gut wie – »ausgelitten«. Mit den Theatern ist nicht viel zu machen. Im März ist Aufführung in Nürnberg (4 Einakter) Aber – ich hoffe nicht mehr.... Von Deiner Jenseits-Galerie-Besprechung »hörte« ich – gesehen hab ich sie nicht. Du bist lieb. Schade, daß Du meine »Puppenspiele« am 7. und 14. Dec. nicht gesehen – sie brachten auch nichts*). Nu bin ich neugierig auf 1908. Ich wünsche Dir 17 Milliarden Francs. Gleich ist der Mittagsbratfisch fertig......

18 Milliarden Bärengrüsse sendet
Dir
Dein armes
PCW.

Randbeschriftung:
*) aber – berühmt bin ich.

443 An Eberhard Buchner

Zehlendorf-Wannseebahn, Anna Str 5.
9. Febr. 1908.

Sehr verehrter Herr Buchner!
Sehr freuen würde ich mich, wenn Sie das beiliegende »Ereignis« (Original) bringen möchten. Es wurde am 7. Dec. 1907 zum ersten Male im oberen Saale der Secession am Kurfürstendamm aufgeführt. Aber es hat nichts eingebracht. Ich bin recht traurig darüber.

Mit vielen stürmischen Lenzgrüßen von Haus zu Haus
Ihr
sehr ergebener
Paul Scheerbart

444 An Herwarth Walden

Zehlendorf-Wannseebahn, Anna Str 5 pt.l.
13. Febr. 1908

Lieber Herwarth Walden! Das Belegexemplar erhielt ich; besten Dank! Das Honorar hab ich aber noch nicht....
Indessen – warum hast Du mich garnicht gefragt? Ich weiß wol, daß Oesterh u Co ein freies Verfügungsrecht haben – aber – man fragt doch! Oder – wolltest Du mich nur ein wenig reizen? Wäre das so – so wärs Dir gelungen.
Und darum schreibe ich Dir Folgendes:
Ich möchte Mitte März meinen »zweiten Mond« aufgeführt sehen. Mit Werckmeisters und Kupfer verhandelte ich schon Mitte December*) v.J. Die Drei sind bereit u. sprachen vom Verein f. Kunst. Möchtest Du demnach die Sache übernehmen? Die Geschichte ist abendfüllend u. momentan mein Stärkstes. Das Publikum, das die Ausgaben der Première deckt, hast Du. Die Darstellenden kriegen wir ohne baares Geld. Evtl. giebt Reinhardt den Kammerspielsaal zu einer Matinée – oder Schmieden – das Theater kriegen wir billig – Centraltheater käme auch in Betracht – die Ausstattung verlangt nur blaues und rotes Papier für einfache Wände – und 10 Stühle (weiße) mit 2 Meter hoher spitzer Rücklehne. C'est tout.
Was sagst Du nu?
Eine Maschinenabschrift steht zu Deiner Verfügung – Sensationserfolg garantirt!
Mit Oesterh. u Co verhandelst Du wol persönlich über das Geschäftliche.

Das Beste wäre, wenn im Centraltheater 20 Vorstellungen gegeben werden könnten - oder 30 - bis Mitte April. Das wäre dann für uns Beide ein »Geschäft«.
Und Du wärest gleich der erste Theaterdirektor von Europa u Asien.
Wann u wo reden wir drüber? Grüße Blümner! Anbei der Theaterzettel!
Für die Meta werden wir wol die richtige Dame finden.
Alles ist sehr einfach. Hausproben genügen.

Nu sende ich Dir 17 Weltgrüsse von Haus zu Haus
und bin
Dein
Paul Scherbart

Randbeschriftung:
*) wir sprachen damals nur über meine 7 neuen Einakter!!

In Nürnberg u. Mannheim führt man mich auch auf
die Personen sind alle sehr alt. Alexander 2300 Jahre alt. Ramses noch mal so alt. Robespierre u. Münchhausen sind ganz jung - c 200 Jahre alt
Die Damen sind noch nicht mal 50 Jahre alt

Auf separatem Blatt:
Der zweite Mond
Schauspiel in fünf Aufzügen von Paul Scheerbart

Personen:
Meta Mata, Stubenmädchen im Hotel zur blauen Hoffnung
Alexander der Grosse, König von Macedonien
Ramses IV. König von Aegypten
Robespierre, Präsident von Frankreich.
Charlotte Meyer.
Knödelmann, Besitzer des Hotels zur blauen Hoffnung
Baron Münchhausen
Clarissa, Gräfin vom Rabenstein.
Domestiken.

Die Handlung spielt im Jahre 1937 p. Chr. in Berlin.

Randglosse: Der Einfluß des 1ten Mondes auf die Erde ist nicht zu leugnen. Einen 2ten Mond kann die Erde aber bekommen; das bewies der Asteroïd Eros, der 1898 der Erde so nahe kam, daß er als Mond hätte eingefangen werden können. Und die Erde wird einen 2ten Mond bekommen, und sein Einfluß wird ein ganz kolossaler sein. Dieses Schauspiel beruht durchaus auf wissenschaftl. Erwägungen.

445 An Herwarth Walden

Herrn Herwarth Walden
Berlin W. 50.
Spichernstrasse 19.

Zehlendorf-Wannseebahn, Anna Str 5.
22. Febr. 1908.

Lieber Herwarth Walden! Besten Dank für Deine Karte. Anbei als Drucksache sende ich den 2ten Mond. Das Tempo in den einzelnen Scenen wäre sehr oft immer wieder anders zu geben - zumeist rasch - aber dann auch wieder zögernd. Die Bühnenwirkung beruht hauptsächlich auf der grotesken Haltung der 4 uralten Herren. Die Damen müßten sehr gebildet wirken..... Die Ballgeschichte ist sehr schön - aber wie soll i c h dabei sein? Mir fehlt dazu »Alles« - nicht nur das Nötigste.
Und - im B. T. lese ⟨*ich*⟩ soeben, daß Ball am 17. März stattfindet - stimmt das?
Indessen - es lebe Europa und der zweite Mond!

Mit großen Frühlingsgrüßen
Dein
Paul Scheerbart

446 An Herwarth Walden

Zehlendorf-Wannseebahn, Anna Str 5.
10. März 1908.

Lieber Herwarth Walden!
Es ginge auch ein Einakter-Abend mit 3 Herren u. 2 Damen. Ich denke mir die folgenden Stücke:
Die Puppe u. die Dauerwurst
Der Direktor.
F a x
Die Königin von Saba
Julius Caesar von Afrika.
Wenn Du die Sachen haben willst, kannst Du sie umgehend bekommen.
Viel Glück zum Ball am 17ten!

Heil! Heil! Heil!
Dein
Paul Scheerbart

Randbeschriftung:
Grüße von Haus zu Haus!
Gruß auch an Schickele
Dekoration kostet garnichts

447 AN HERWARTH WALDEN

Zehlendorf-Wannseebahn, Anna 5
12 März 08

Lieber Herwarth Walden!
Ich schrieb soeben an Blümner u Cl. Waldoff.
Für Magazin glaube ich einen Verleger gefunden zu haben – er kommt aber erst in 4 Wochen her
Wir müssen mit Blümner Theater gründen, Mond aufführen und mit Mond N° II Architekt suchen, der bestimmt das Baugeld besorgt.
Ich bat Bl. zu Donnerstag auch her.

Ganz stille Grüsse von Haus zu Haus
Dein
P. C. W.

Randbeschriftung:
Wie steht es mit dem Central Theater im April????

448 AN HERWARTH WALDEN

Zehlendorf-Wannseebahn, Anna Str 5
18. März 1908

Lieber Herwarth Walden! Bitte teile mir doch mit, ob Ihr morgen Nachm um 4 Uhr zum Caffee kommt – auch ob Blümner mitkommt. Ich erwarte bestimmt morgen früh eine Karte, wenn Ihr nicht kommt.

Hallelujah!*)
Dein
Paul Scheerbart

*) pardon, dass ich so musikalisch bin – aber morgen fängt der Frühling an.

449 An Herwarth Walden

Zehlendorf-W a n n s e e b a h n, Anna Str 5 tiefpt. lks.
am Donnerstag, dem 19. März 08

Lieber Herwarth Walden! Wir erwarten Euch also Sonntag 22. d. M. um 4 Uhr zum Kaffee. Es ist sehr gut, daß Du am Sonntag mehr Zeit hast, denn es ist sehr viel zu besprechen. Schade, daß der liebe Julius nicht erschien, aber ich freue mich sehr daß der Ball stattfand; man nahm vielfach an, daß er »garnicht« stattfinden würde. Ihr fahrt am besten bis Steglitz Rathaus mit der Elektrischen und dann mit der Wannseebahn. Die Reise währt eine Stunde. Heute ist seltsamerweise noch nicht Frühling – aber Sonntag ganz bestimmt.

Sehr viele große Grüße von Dom zu Dom
Dein
feierlicher
Paul Carl Wilhelm.

450 An Rudolf Alexander Schröder

Zehlendorf-Wannseebahn, Anna Str 5.
4. April 1908.

Sehr geehrter Herr Schröder!
Soeben höre ich, daß Sie im Inselverlage eine neue Zeitschrift herausgeben wollen. Wäre Ihnen Zusendung von interessanten k l e i n e n Original-Manuskripten angenehm?
Ich würde Ihnen sehr dankbar für eine baldige Nachricht sein und Ihnen sehr gern höchst »astrale« Sachen senden – ich glaube, ich fange jetzt endlich an, das zu schreiben, was ich immer wollte. Ich habe auch neue Einakter, die merkwürdiger Weise »noch auf der Erde spielen«.

Mit hochachtungsvollen Grüßen
Ganz
Ihr
ergebener
Paul Scheerbart

451 Anna Scheerbart an Eberhard Buchner

Zehlendorf-Wannseebahn Annastr 5. d. 15.5.08.

Sehr geehrter Herr!
Anbei einige Sachen zur Auswahl. Ich würde mich sehr freuen, wenn Sie etwas davon bringen möchten. Für baldige Nachricht werde ich sehr dankbar sein.

In ausgezeichneter Hochachtung
Frau Anna Scheerbart

Zusatz von Paul Scheerbart:
Viele Grüße auch von Ihrem ergebenen
Paul Scheerbart, der
soeben das Perpetuum mobile »erfunden« hat (w i r k l i c h)

452 An Eberhard Buchner

15. Mai 08.

Sehr verehrter Herr Buchner!
Sie glauben garnicht, welche kolossale Erfindung mir gelungen ist – Sie werden bald mehr davon hören – ich meldete heute im Patentamt ein »durch Gewichte bewegtes Zahnrad« an. D.h. die Automobile, Lokomotiven, Fabrikschornsteine etc sind demnächst überflüssig – Alles durch Druckkraft möglich.

Viele Grüße von uns Beiden
Ganz
Ihr
P.S.

453 An Richard Dehmel

Zehlendorf-Wannseebahn, Anna Str 5
15. Mai 1908 Nachm. 4 Uhr 3 Min 6 Sek

Oh! Hurrah! Endlich! In diesem Augenblick, o Riccardo, hat das Patentamt in der Luisenstrasse mein Rad erhalten »Durch Gewichte bewegtes Z a h n-rad« – es ist vorläufig nur in der Zeichnung da – aber es g e h t – davon kannst Du überzeugt sein. Jetzt kommt das neue Zeitalter. Was jetzt alles möglich ist – das ist nicht mehr zu beschreiben. Alle Gebirge werden »architektonisch⟨«⟩ verwandelt – und die Flüsse werden in Canäle geleitet. Das Rad sieht natürlich ganz anders aus als vor 4 Monaten – ich seh a u c h anders aus.

Perpetuirliche Zahnradgrüsse von Burg zu Burg
Dein alter P. C. W.

Randbeschriftung:
Wir fahren im Juni nach Locarno – ich will Berge in der Schweiz »versetzen«
Sehen wir uns bald noch mal?
Vielen Dank für die beiden Bände

454 An Rudolf Alexander Schröder

Zehlendorf-Wannseebahn, Anna Str 5.
20. Mai 1908

Sehr verehrter Herr Schröder!
Schönsten Dank für Ihren freundlichen Brief und für das »Elysium« – das mich s e h r interessirt hat. Das ist auch ein Weg in andere Welten, und derartige Wege sind mir eigentlich, wie Sie ja wol denken können, das Allerwichtigste. Ich schreibe jetzt eine Ceres-Novellette, in der die »Lebewesen« aus einem magnetischen Lichtcentrum herauskommen, ohne zu erfahren, woher sie kommen – und sie gehen in dieses Licht auch schließlich wieder zurück. Das ist genau so geheimnisvoll wie unser irdisches Leben und Sterben. Ueberhaupt – mir kommt alles immer geheimnisvoller vor. Am geheimnisvollsten erscheint mir momentan das, was die Menschen die »Schwerkraft« nennen. Ich habe ein »durch Gewichte bewegtes Zahnrad« erfunden und dem Patentamt eingereicht. Ich mußte plötzlich »erfinden« – ich bin 5 Monate dabei. Und ich glaube, daß es mir gelungen ist, die Schwerkraft für Wagen- und Fabrikbetrieb nutzbar zu machen. Die Geschichte ist so unheimlich großartig, daß ich immer noch zweifle, ob ich mich nicht täusche. Automobile, Fabrikschornsteine und Lokomotiven gäbs dann bald nicht mehr. Das sieht wie ein Witz aus – ist mir aber durchaus ernst. Andrerseits nehme ichs selber garnicht so wichtig; mir sind alle meine astralen Geschichten viel wichtiger. Und da kommt mir auch alles so, daß ich – immer fester davon überzeugt werde, daß unsäglich großartige Geister, die auch in andern Sphären wirken, unser Leben führen. Es steckt doch wol viel mehr

hinter unserm Leben, als wir ahnen; man darf nur nicht das Körperliche u. Materielle so ernst nehmen – es ist doch garnicht so »wirklich«.
Ich werde mich sehr freuen, wenn ich gelegentlich wieder ein paar Zeilen von Ihnen erhalte – hoffentlich wirds was mit dem Zahnrad.

Mit vielen großen Weltgrüßen
Ganz
Ihr
ergebener
Paul Scheerbart

455 An Richard Dehmel

Zehlendorf-Wannseebahn, Anna 5
1. Juni 1908.

Lieber Richard! Heute soeben zweite »verbesserte Anmeldung« des Patents eingereicht. 20 M kostet die Anmeldung – in dieser Woche muß sie gezahlt werden – und ich weiß nicht g a n z genau – ob ich d a s zusammenkriege. Würdest Du so lieb sein? Die Sache liegt so:

Schematische Zeichnung

Die beiden schraffirten Gewichte verhindern den Reibungswiderstand des Rades **a**
Das ist die Erlösung!!!!!!!!!
Mir ist die Sache s i c h e r - neue Kulturepoche damit s i c h e r.
Hurrah!

7000 Trillionen Grüsse von Haus zu Haus Dein w i l d e r
Paulus

456 An Richard Dehmel

Zehlendorf 6. Juni 1908.

Lieber Richard!
Anbei das Endgiltige. Letzten Mittwoch ging noch die dritte Eingabe ans Patentamt ab – da erst war die Sache s t a b i l. Das war eine Aufregung. Pardon der letzten Karte. 20 M an Patentamt abgesandt. Aber – wir haben jetzt

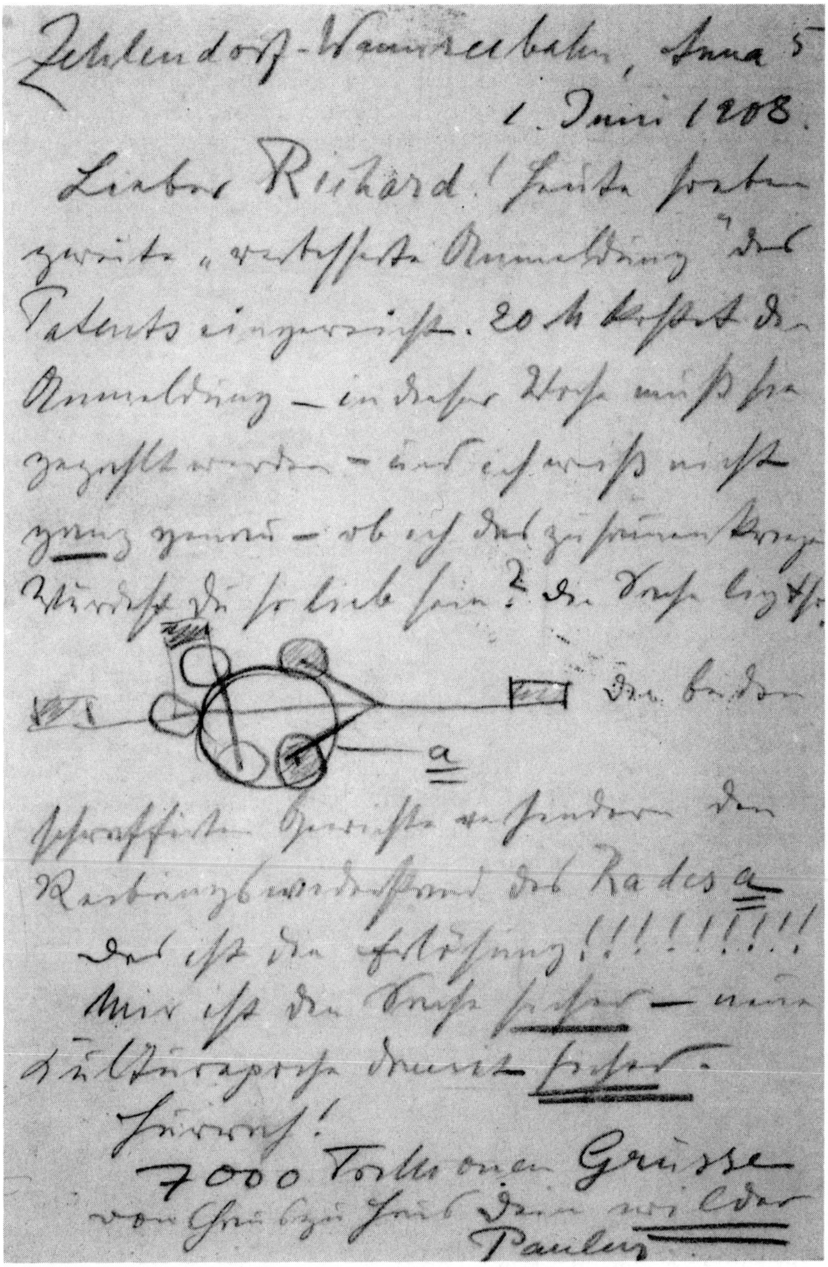
Zehlendorf-Wannseebahn, Anna 5
1. Juni 1908.
Lieber Richard! Heute haben
zweite „verbesserte Anmeldung" des
Patents eingereicht. 20 M kostet die
Anmeldung – in dieser Woche muß sie
gezahlt werden – und ich weiß nicht
ganz genau – ob ich das
Würdest du so lieb sein? Die Sache liegt so:
Die beiden
a
schraffierten Gewichte verhindern den
des Rades a
das ist die Erlösung!!!!!!!!
Mir ist die Sache sicher – eine
Kulturepoche damit sicher.
Hurrah!
7000 Trillionen Grüsse
Dein wilder
Paulus

Nr. 455

nur noch 30 Reichspfennige zusammen - - u. die Semmel für Mai sind zu bezahlen - sonst Alles Alles im Lot. Mein ganzes Leben wird jetzt endlich auch stabil. Du sagtest mir im October 05 - Du könntest mir im schlimmsten Fall 20 M senden - wenn Du es also jetzt tätest, wären wir froh. In jeder Minute kann die Entscheidung da sein. Ich zweifle nicht an der Sache.

Welt- u. Radgrüsse von Dom zu Dom
Dein Paulus.

457 An Richard Dehmel

Herrn Dr Richard Dehmel
z. Z. Zürich
Alfred Enge Platz 15.
Schweiz!

Abs. Scheerbart Zehlendorf-Wannseebahn Anna Str 5 in Germania

Zehlendorf, den 8. Juni 1908.

Ho! Hei! Ha! Schönsten mächtigsten Dank! Wie meine Seele jetzt leuchtet! Acht Tage hat sie kein ägyptisches Bier getrunken! Kannst Du Dir das vorstellen?
Und dabei hab ich jetzt täglich volle dicke drei Millionen zu verzehren - Reichsmark! - nich blos Francs! Oh - wenn ich mir nur nicht allzu komisch als Milliardär vorkomme! Jährlich eine Milliarde ist mir sicher. Kannst Du Dir das vorstellen? Ich - leider nicht. Aber mein Brief wird Dir bewiesen haben, daß das Rad geht - u. läuft.

Trillionen Radgrüße!!!!!!!!
Dein Krösus Paulus. -

458 An Erich Mühsam

Herrn Erich Mühsam
Wilmersdorf b. Berlin
Uhlandstrasse 61.

Zehlendorf-Wannseebahn, Anna 5.
9. Juni 1908.

O Erico! Du hast wohl schon gehört, daß ich jetzt das Perpetuum mobile tatsächlich erfunden habe. Darum habe ich naturgemäß keine Zeit, in die

Stadt zu kommen. Möchtest Du morgen Mittag gegen 1 Uhr bei uns Mittag essen? Wir würden uns sehr freuen.
Perpe kann ich Dir leider nicht senden, da noch keins hergestellt - aber - warte nur - balde.

Perpetuirlich
Dein
PCW.

459 An Eberhard Buchner

Zehlendorf-Wannseebahn, Anna Str 5.
28. Juli 1908.

Sehr geehrter Herr Buchner!
Meinen allerschönsten Dank für Ihren lieben Brief u. für die Aufnahme des neuen Abgrunds. Wir sind mit Allem ganz einverstanden. Auch meine Frau sieht ein, daß Ihnen Abdruck zu schwer fallen dürfte. Ich freue mich sehr, daß Sie Abgrund bringen und bitte Sie sehr - so bald es Ihnen möglich - und wenn möglich auch mit mehreren Belegen. Frankfurter Zeitung bringt auch eine astrale Geschichte. Im Winter soll ein Band astraler Geschichten erscheinen. Ich freue mich sehr auf Ihren Artikel - glaube aber, daß Sie erst noch das Astrale (auch den Asteroïden-Roman Lesabendio, der bei Oesterheld erscheinen soll u. den ich noch im Sommer 1908 fertig machen werde) im Ganzen überblicken müßten - weshalb ich auch garnicht unzufrieden bin, daß sie die Geschichte später machen wollen.
Mein Perpetuum geht nach meiner Überzeugung ganz bestimmt. Aber ich will die Geschichte hinzögern, da ich erst all das Astrale vollenden möchte. Das erscheint mir viel wichtiger als all die irdischen Millionen.
Ich freue mich sehr, daß Sie nach Berlin kommen - aber wenn Sie kommen, wird ganz bestimmt schon Vieles durch mein »Zahnrad«, das sich durch Gewichte immerzu bewegt [Druckkraft wird in Bewegung umgesetzt], umgekrempelt sein. Dieses Rad ist doch wichtiger als die Dampfkraft.
Eine Ansichtskarte aus Rom wird mich riesig erfreuen. Glückliche Reise - und auf Wiedersehen!

Mit vielen lustigen radschlagenden Sterngrüßen
von Haus zu Haus
Ihr
hochachtungsvoll
ergebener
Paul Scheerbart

460 An Erich Mühsam

Herrn Erich Mühsam
Ascona pr. Locarno
Canton Tessin
Schweiz!

Zehlendorf – Wannseebahn Anna Str 5
10. VIII. 08.

Eriko! Heute kommt der Laurentius-Schwarm; ich habe entdeckt, daß das vom Kometen »losgelöste« Kometenbewohner sind. Oh – wären wir auch mal von der »Terra« losgelöst! Das Rad wird »morgen« gehen – deswegen schreibe ich Dir heute. Europa ist noch ganz ruhig – das ist aber die Ruhe vor dem Sturm. Ein Mäcen gab heute 50 M 60 für neue »dicke« Räder

70 Septillionen Bären*)grüsse
Dein
Paul Scheerbart

Randbeschriftung:
*) morgen hat er Geburtstag!

461 An Richard Dehmel

Zehlendorf Wannseebahn, Anna Str 5.
15. August 1908

Oh Riccardo! Du hast meine alte Seele heute Morgen sehr – erquickt. Schönsten Dank!*) Aber Du hast auch gleich den Stachel mitgesandt; den ganzen Tag hab ich darüber nachgedacht, was das »Schwarwälder Uhrprincip« sein könnte. Schreibe mir das doch so rasch wie möglich – ich bitte Dich flehentlich darum. Das »Princip von der Erhaltung der Kraft« hab ich endgiltig umgestülpt. Nun kommt also Dein Uhrprincip – hast Du auch meine Zeichnungen ganz begriffen? Oder – machst Du nur Spaß? Es wäre ja zum Radschlagen, wenn das Perpetuum schon vor 500 Jahren entdeckt wäre. Es soll übrigens 2 schon geben – aber die sind praktisch nicht verwertbar. Ich habe seit dem 2ten Juni bis letzten Sonntag – 8 astrale Novelletten geschrieben – das Beste nach meinem Dafürhalten – außerdem eine große Glasblumennovelle – und vier Artikel über astrale Verhältnisse. Oh – das war eine köstliche Zeit. Nur der Bär hatte niemals Wirtschaftsgeld u. konnte niemals einsehen, daß grade das schlechte Leben meinem »Schaffen«

sehr bekömmlich ist. Entschuldige das schauderhafte Eigenschaftswort. Unser Hauswirt (mein Hauptgläubiger) war der erste Gläubige – er glaubte an das Rad**). Modell ohne Zähne mit schwersten grußeisernen Rädern steht da und geht noch nicht – aber balde – balde – es wird schon gehen. Sonnabend gehe ich zum Feinmechaniker – jetzt wird Himmel und Hölle in Bewegung gesetzt. Hoh! Hoh! Jetzt bin ich auf das Uhrprincip gespannt. Ich setzte jetzt äußerlich oben links nur e i n großes Rad, nicht zwei.
Na – so klar die Sache ist – es muß jedenfalls »Klemmung« vermieden werden – u. so müssen immer wieder neue Modelle mit anderen Gewichtsverhältnissen hergestellt werden. Oh!

Trillionen Radgrüsse von Welt zu Welt
Dein
oller
Paulus

Randbeschriftung:
*) es läßt sich garnicht sagen – wie herrlich das von Dir ist!!!! Na prost!!!!
**) das tat er gestern, morgen will er mir wieder helfen beim Modellbauen – gestern half er schon – nett, nich?

462 An Herwarth Walden

Zehlendorf-Wannseebahn, Anna Str 5.
Freitag 21. Aug. 08.

Lieber Herwarth Walden!
Schönsten Dank für Deinen Brief. »Eigentlich« möchte ich nicht denn ich bin sehr nervös geworden. Aber andrerseits bin ich in pekuniärer Hinsicht »momentan« so sehr beklagenswert, daß ich Dir folgenden Vorschlag mache:
Wir lassen den Reingewinn fallen und sagen 60 M – und Du sendest mir so bald wie nur möglich – spätestens kommenden Montag 30 M à conto – dann verpflichte ich mich, am 15. October d. J.
»Astrale Novelletten« und
»Neue Theaterstücke«
[Nur noch nicht Gedrucktes!!!!] zu lesen.
Ich setze dabei voraus, daß ich wieder bei Cassirer lesen soll – nicht in einem größeren Saal.
Mein Perpetuum funktionirt – im Laufe der nächsten Woche hoffe ich so weit zu sein, daß ichs funkionirend vorführen kann. Du wirst darüber von Friedländer gehört habe⟨*n*⟩.

Das ist sehr anstrengend – solche Modelle herzustellen – und ich bin dabei pekuniär in die prekärste Situation geraten – darum entschuldige, daß ich nur lesen will, wenn ich 30 M à conto kriegen kann bis Montag 24. Aug 08. Ich kann nicht anders.

Heil! Und viele Grüße!
Dein
Paul Scheerbart

Randbeschriftung:
Schreib mir bitte u m g e h e n d, wenn ich auch n i c h t gleich schrieb!!!

463 An Franz Servaes

Herrn Dr Franz Servaes
Wien
Valeriestrasse

Zehlendorf-Wannseebahn, Anna 5
5 Sept. 08

Oh! Franzi! Perpetuum wird in Steglitz hergestellt – in einigen Tagen alles perfekt. Ich gründe zunächst »Die vereinigten Staaten von Europa« Zweimalige Tageszeitung f. Litteratur Techn. Kunst u Wissensch.« Willst Du Kunst für 12000 M jährlich übernehmen? – Du kannst wohnen, wo Du willst. Die Sache ist t i e f e r n s t -- b e i a l l e n G ö t t e r n! Schreibe umgehend! Nebenbei springt bestimmt noch s e h r v i e l für Dich heraus.

Heil!
Dein
oller Paulus.

464 An Richard Dehmel

Zehlendorf Wannseebahn Anna 5
5. Sept. 08

Oh Riccardo! Thomas! Ober-Thomas! Ober-Schlosser bin ich leider nicht – war aber eben hier in Steglitz bei Mechaniker, der 15 Jahre in Patentbureaux gewesen – der übernahm Herstellung des Ganzen sofort. – – –

Von Welt zu Welt
Dein PCW.

465 An Herwarth Walden

Zehlendorf-Wannseebahn, Anna Str 5.
9. Sept. 08.

Lieber Herwarth Walden!
Anbei das Programm für den 15. October d. J. Ich nehme an, daß Du das druckst, wenn Du nicht Andres schreibst.

Heil! Heil!
Dein
Paul Scheerbart

nach III eine kl. Pause?
es ist auch nicht nötig.

466 An Herwarth Walden

Zehlendorf-Wannseebahn, Anna 5
18. Sept. 1908

Lieber H. W. Schönsten Dank für Brief. Aber – muß es durchaus Autobiographisches sein? Ich denke, daß ein paar Dutzend Worte über »Astrale Kunst« besser wären. Wie denkst Du? Handschriftabdruck nicht gut möglich – da ich immer Tattrich habe – des Perpetuum wegen.

Heil! Heil! Heil!
Dein
Paul Scheerbart

467 An Herwarth Walden

Zehlendorf 7. Oct. 1908.

Lieber Herwarth Walden!
Schönsten Dank für Brief. Natürlich mit Nichtabdruck sehr zufrieden. Freue mich sehr über Blümners Kritik – erhalte ich Beleg? Ich werde Dir sehr dankbar sein und wünsche Dir sehr sehr viel Glück zur Morgen-Redaction!!!!!!!

Drei Mal Heil!
Dein
PCW.

Randbeschriftung:
Falls ich Billets haben möchte, schreib ich noch sonst nur e i n s f. meine Frau.

468 An Herwarth Walden

Zehlendorf-Wannseebahn Anna Str 5.
9. Oct. 1908.

L. H. W. Könntest Du mir im Ganzen **4** Billets zusenden resp. an der Kasse reserviren? Im letzteren Falle schreibe bitte eine Zeile. Mit der Presse weiß ich garnichts mehr anzufangen, da ich keine Zeitung lese......
Aber – warum hast Du Oesterh. u. Co nicht das Cliché von der Jenseits-Galerie wiedergegeben? Warum? Bitte – schreibe!

Heil! Heil!
Dein
PCW.

469 An Ernst Rowohlt

Zehlendorf-Wannseebahn, Anna Str 5
9. October 1908

Lieber Herr Rowohlt!
Das ist eine schöne Geschichte! Ich habe an den Kontraktparagraphen*) tatsächlich damals garnicht gedacht. Ich glaube nicht, daß Oesterheld u. Co die Verse bringen wird – und bitte Sie daher sehr, die Zusendung baldigst veranlassen zu wollen. Sollte der Verlag Oesterh. u Co Ihnen die 100 M zurücksenden, so werden wir schon das Weitere veranlassen.
Aber ich glaube im Moment noch nicht daran. Ich muß Sie tausend Mal um Verzeihung bitten – ich hoffe aber, daß Alles noch gut werden wird – da täglich oder stündlich mein Perpetuum funkionirend da sein kann – Buch hierüber will Oesterh Co für 15000 M acceptiren (Honorar f. 50000 Auflage) Dieses würde die Katerpoesie natürlich zurückdrängen.
Uebrigens: könnten Sie nicht Ihren Herrn Vater fragen, welchen Einfluß die totale Entwertung der Kohlen u. der Automobile nebst Pferdewagen etc auf die Bankwelt haben würde? Ich glaube, daß alle Banken der Erde zahlungsunfähig werden könnten. Täusche ich mich? Eine Antwort wäre mir sehr sehr wichtig!!

Im Kontrakt fehlt, daß 20% »vom Ladenpreise« gemeint sind – und daß ich das Honorar in Höhe der neuen Auflage und Entschließung Ihrerseits zu bekommen hätte.
Vielleicht sind Sie so freundlich, dieses mir, wenn wir mit Oesterh. im Klaren sind, zu bestätigen.
Nochmals: Verzeihen Sie gütigst! Aber ich war an jenem Vormittag nicht auf Ihren Besuch vorbereitet und, wie Sie sich erinnern, in heftigster Weise mit meinem Modell beschäftigt – – –

Mit vielen Grüßen
Ihr
Paul Scheerbart

Randbeschriftung:
*) Ich muss Oesterh Co alles zuerst »anbieten« – sie wollten gestern Ihnen schreiben.

470 An Ernst Rowohlt

Zehlendorf-Wannseebahn, Anna Str 5
20 Oct. 08.

Lieber Herr Rowohlt!
Ihren Brief vom 9ten d. M. hielt ich durch meinen Brief vom selbigen Tage für beantwortet. Mir tut die Sache sehr leid – aber ich kann doch nicht den Kontrakt unterzeichnen, da Oesterhelds doch auf ihrem Schein bestehen. Falls diese durchaus die Verse bringen wollen, steht Ihnen die wilde Jenny unter denselben Bedingungen zur Verfügung. Die Zeichnung brauchen Sie Oest. nicht zu senden, aber ich bitte sehr um Sendung des Manuskripts an Oest.
Die Jenny (ein Kriegsroman!) ist mir allerdings viel wertvoller, und Sie kommen dabei besser weg als mit den Versen. Darum bitte ich aber, die 20 M für Satzentschädigung fallen zu lassen.

Mit besten Grüßen
Ihr
Paul Scheerbart

Meyer hat das a u c h vergessen, daß ich an Oesterh. gebunden bin. 100 M für die Jenny wäre s e h r billig. Aber ich weiß ja noch garnicht, ob Oest. die Verse wollen. Ich bat Sie auch um Zusatzerklärung für den Kontrakt (z w e i Punkte) – – –

471 An Herwarth Walden

Zehlendorf-Wannseebahn, Anna Str. 5.
21. October 1908.

Lieber Herwarth Walden!
Anbei 8 Manuscripte! Auf die »wissenschaftliche« Richtigkeit der Sternschnuppengeschichte kannst Du Dich verlassen.
An diesem Artikel läge mir zuerst sehr viel, da Gegenwart über »Die Anziehungskraft als Hypothese« bringt (auch Artikel von mir) Nun weiß ich nicht, wie sich zu diesem der alte Artikel »Unsre astronomischen Kenntnisse und die Moderne .....« verhält. Kann ich Beides abgesetzt erhalten? Dann ließe sich durch eine Kleinigkeit eine Harmonie zwischen beiden Sachen herstellen.
Von den kleineren Manuskripten möchte ich auch bald hören – wie kann die der »Morgen« bezahlen? Ich hätte noch mehr evtl.
Für baldige Nachricht werde ich Dir sehr dankbar sein. Anbei auch die Quittung.
Mein Perpe wird jetzt endlich hergestellt – der Mechaniker »zweifelte« schließlich – aber ich glaube, daß er jetzt nicht mehr zweifelt.

Viele Weltgrüsse!
Dein
Paul Scheerbart

Und eine Empfehlung an Herrn Frowein!

472 An Ernst Rowohlt

Zehlendorf-Wannseebahn, Anna Str 5
29. October 1908

Lieber Herr Rowohlt!
Anbei der unterzeichnete Contrakt mit den beiden Zusätzen. Oesterheld u Co treten von ihren Forderungen zurück. Um die Unruhe, die ich Ihnen bereitet habe, einigermaßen wieder gut zu machen, sende ich Ihnen anbei als Drucksache noch 9 Verssachen für den Schluß, damit dieser etwas effektvoller und stärker wird. Sie können demnach auf jede Seite so viel bringen, wie Sie wollen, damit der Umfang des Ganzen nicht größer wird.
Nun bitte ich sehr um Zusendung der Zeichnung, wenn Sie es wirklich für notwendig halten, daß ich den Titel selber zeichne. Sonst würde mir auch

Nicht verwendeter Umschlagentwurf für die »Katerpoesie«

leichte oder dicke Type von Drugulin genügen. Dr. ist nur etwas teurer mit Titel-Satzproben. Jedenfalls überlasse ich Ihnen ganz das Arrangement.
Hinter dem Titelblatt wäre mir folgende Notiz angenehm:
Geschrieben im vorigen Jahrhundert.
Alle Rechte - besonders das der Uebersetzung in fremde Sprachen und einheimische Mundarten - vorbehalten.
Das Bibliographische - entsprechend der letzten Seite des Münchhausen-Romans - vergessen Sie wol nicht.
Und nun sende ich Ihnen die schönsten Grüße - in der Hoffnung, daß Sie das Aergerliche bei der Sache von diesem Moment ab total vergessen haben.

Ganz
Ihr
Paul Scheerbart

473 An Franz Servaes

Zehlendorf-Wannseebahn, Anna Str 5.
2. November 1908.

Liebes Franzi! Endlich! Deine Karte hat mich mächtig gefreut. Also abgemacht: 20000 M jährlich (zwanzig Tausend Mark) u. dafür den ganzen Kunstteil außer Musik. Paul Remern bot ich 12 M u. er wollte ebenfalls 20 M. Na - wie gerne ich das gebe, glaubst Du garnicht. Ich denke nur daran, wie ich die Millionen »vernünftig« ausgeben kann; es ist das garnicht so leicht. Die Sache hätte übrigens vor acht Tagen schief gehen können; das erste sehr teure Modell ging nicht. Aber nach 6 Tagen - gestern Abend - hatte ich den erlösenden Einfall. Immerhin können sich die Experimente mit dem nunmehr herzustellenden Modell noch 4-8 Wochen hinziehen - nicht, weil die Sache so sehr schwierig ist - sondern weil ich den Mechaniker baar bezahlen muß - er macht mir sonst als Erfindungsteilhaber Ansprüche, die ich nicht befriedigen will. Ich werde schon etwas knauserig - da ich doch weiß, wie schwer es Litteratur und Kunst hat - denen m u ß geholfen werden. Die Situation, in der ich jetzt lebe, ist natürlich s e h r komisch - auf der einen Seite der nach meiner Ueberzeugung sicher bevorstehende Ueberreichtum [denke nur, was alle Staatsbahnen der Erde zahlen, wenn sie keine Kosten mehr brauchen!!] - andrerseits Unterstützung mit kleinen Summen auf allen Seiten - deshalb würde ich Dir auch sehr dankbar sein, wenn Du mir zwanzig Gulden so umgehend wie möglich senden könntest.

Kannst Du nicht, so ändert das an unserem Verhältnis nichts, und Du brauchst nicht zu schreiben. Wilde tolle Radgrüße Deiner Gattin und Dir von

Deinem
ollen Paulus

Zusatz von Anna Scheerbart:
Und ganz ächte Bärengrüße!!

474 An Ernst Rowohlt

Zehlendorf-Wannseebahn, Anna 5
11. Nov. 1908.

Lieber Herr Rowohlt!
Schönsten Dank für Ihren freundlichen Brief. Ich freue mich sehr, daß jetzt der Aerger total beseitigt ist. Daß Sie so energisch mein Manuskript festhielten, war für dieses und für mich in jedem Falle etwas Angenehmes - und so habe ich nichts zu verzeihen.
Anbei gleich die sorgsam destillirte Rezensentenliste.
Wenn mir etwas für die Propaganda einfällt, schreibe ich eine Karte.
Unter dem bibliographischen Anhang lassen Sie wol noch drucken:
Demnächst erscheint:
Lesabéndio, ein Asteroïden-Roman.
Das Perpetuum mobile.
Ich nehme an, daß Sie auch dieses bringen, wenn Sie nicht Anderes schreiben, und sage Ihnen auch hierfür meinen Dank.
Mit dem Perpe ist es noch nicht so weit - - jedenfalls erscheint das Buch darüber, das alles aufklären wird. Aber das Buch wird erst im Januar oder Februar 1909 geschrieben.
Von der Zeichnung zum Titelblatt sprachen Sie nicht, und so nehme ich an, daß Sie die Lettern von Drugulin nehmen.

Mit vielen Grüßen - auch von meiner Frau -
bin ich
Ihr
Paul Scheerbart

Ihren Nerven wünsche ich beste Besserung.

475 An Herwarth Walden

Zehlendorf-Wannseebahn, Anna Str 5.
30. Nov. 1908.

Lieber Herwarth Walden!
Schönsten Dank für Deinen Brief, in dem Du mir versprachst, mich in jeder zweiten Nummer zu bringen. Letzten Donnerstag erhielt ich aber keine Belegexemplare. Gings nicht? Jedenfalls wär ich für die Honorirung des Letzten sehr dankbar. Könntest Du morgen senden? Ich brauchs leider sehr sehr.
Viele Weltgrüsse!
Dein
Paul Scheerbart

476 An Salomo Friedlaender

Zehlendorf-Wannseebahn 2. Dec. 1908.

Lieber Friedländer!
Aus der Wochenschrift wird nichts, da die Tageszeitung jetzt ganz scharf ins Auge gefaßt wird. Dieses »größere« Unternehmen kann natürlich nicht heute u. morgen arrangirt werden, und so muß ich Dir »leider« Dein köstliches Skurrilicum retourniren.
Bald erfährst Du mehr!
Mit ganzen Europa-Grüssen - auch von meiner Gattin -
Dein
Paul Scheerbart

Grüsse auch für Josef Melnik u. Frl. Dr Ichak, die sich vor 8 Tagen anmeldete u. nicht kam.

477 An Ernst Rowohlt

Monsieur Ernst Rowohlt
124 Rue de Rennes
Paris
Zehlendorf-Wannseebahn Anna Str 5 (Allemagne) 9. Dec. 08

Lieber Herr Rowohlt! Meinen allerbesten Dank - besonders für das Bibliographische - ich hab doch 4 tatsächlich fertige Kleinigkeiten hinzugesetzt.

Ich nehme an, daß es Ihnen nicht z u viel ist. Die Verleger möchte ich lassen, da einzelne Bände momentan o h n e Verleger sind. Ich halte diese umfangreiche Bibliographie für s e h r lustig - aber auch für s e h r wirksam. Eine Einleitung halte ich immer für eine gewisse Entschuldigung - und die dürfte hier wol nicht gut sein. Darum bitte ich sehr, davon gütigst absehen zu wollen. Gahn und fahn (statt fangen) möchte ich wie im Manuscript, um etwas »Gähnendes« in die Morgentöne hineinzubringen. Die Schrift ist einfach entzückend. Wird das Titelblatt nicht z u sehr verkleinert werden müssen? Ich schicks in nächster Woche. Ich weiß nicht, ob es richtig ist, einzelnen Kritikern u. Blättern Correkturen zu senden. Sie tun wol ganz so, wie Sie es für gut befinden. Ich freue mich, daß Ihnen die Verse so lustig erscheinen. Ich erwarte den Rest in nächster Woche. Auch Correktur u. Manuscript des Bibliographischen.

Mit vielen lustigen Weltgrüssen
Ihr
Paul Scheerbart

Bekomme ich noch Revisionsbogen? Es wäre wol nötig.
Drugulin macht das sonst immer.

478 An Herwarth Walden

Zehlendorf-Wannseebahn, Anna Str 5.
[n i c h t Gross-Berlin]
4 Jan 1909

Lieber Herwarth Walden!
Gestern hörte ich von der Ueberführung des Morgens in die N.R. Ich beklage die Geschichte lebhaft. Wie stehts nun mit meinen Manuskripten? Sind die von der N.R. »mitgekauft«? Wenn nicht, so sende mir alles zurück.

Viele traurige Grüsse
Dein
Paul Scheerbart

Lustige Grüße aber auch - und von Haus zu Haus.

479 An Erich Mühsam

Herrn Erich Mühsam
München
Augustenstr. 23.I.

Zehlendorf-Wannseebahn, Anna Str 5.
Sonntag Abend am 10. Januar 1909

Oh Eriko! Deine Karte hat mich sehr erquickt. Heiligsten Dank! Ich wünsche Dir auch ein möglichst gutes Jahr - ich wurde am 8. Jan. d.J. nach den amtlichen Notizen, die ja nicht völlig maßgebend sind, **46** Jahre alt. Entre nous: Wir wissen ja alle nicht, w i e alt wir e i g e n t l i c h sind. Ich glaube, wir sind älter als unser ganzes Sonnensystem*). »Katerpoesie« bekommst Du demnächst aus Paris. Das Perpe g e h t jetzt nach meiner Meinung. Ich habe die »endgiltige« Lösung d o c h gefunden u. vorgestern dem Patentamt geschickt. Schaff Dir also bald Banknotentasche etc an; Du wirst sie brauchen.
Ich aber werde Asket erster Güte.
Die Sahara wird in ein Kunstgebirge verwandelt, und ich bin mit gr. Bärengrüssen
Dein PCW.

Randbeschriftung:
*) Doch das nur nebenbei!!!
Ja - das Kunstgebirge!!!
Die Sahara-Architektur ist sehr gross - sehr gross.

480 An Franz Servaes

Zehlendorf-Wannseebahn, Anna Str 5.
20. Jan. 1909

Liebes Franzi! Oesterh. u. Co Bln W. 15 wollen ein kl. Buch über mich u. meine Opusse herausgeben. Ich habe D i c h als Verfasser vorgeschlagen. Bist Du einverstanden? Natürlich wollen sie Honorar zahlen. Willst Du Dich mit ihnen in Verbindung setzen? Wenn Du die Sache machen willst, so schreib Ihnen g l e i c h ! - Und mir a u c h eine Zeile.
Demnächst bekommst Du die »Katerpoesie« aus Paris. Ich glaube, daß d a s Buch gehen wird. Eigentlich gefällt mirs garnicht, daß das gehen wird. Meine Radgeschichte geht jedenfalls a u c h. Es wird also Alles bald anders.
- Warte nur - balde....
Mit Bärengrüssen Dir u. den Deinen
Dein oller
Paulus

481 An Franz Servaes

Zehlendorf-Wannseebahn, Anna Str 5.
24. Januar 1909

Liebes Franzi! Schönsten Dank für Deine Karte. Ich freue mich sehr, daß Du prinzipiell einverstanden bist. 3 neue Bücher lagern bei Oesterheld Co, denen ich Deine Karte sende; sie werden Dir schreiben. Außerdem sind noch 3 neue Bände meiner Theaterbibliothek entstanden [ich habe jetzt 46 Theaterstücke geschrieben.] Und dann muß auch mein Kriegsroman »die wilde Jenny« bald erscheinen. Deckelbild f. Katerpoesie von mir.
Seit 18. Nov. 08 lagert »Flora Mohr« in der Neuen freien Presse. Soll ich mal anfragen – oder soll ich weiter warten? Es ist eine Glasblumennovelle – 60 Seiten in meiner Schrift. Na – prost Neujahr! Von Haus zu Haus!

Dein oller
Paulus

482 An Herwarth Walden

Zehlendorf-Wannseebahn, Anna 5.
29/30 Jan. 1909

Lieber Herwarth Walden! Meine feierlichste Gratulation zur neuen Gründung nochmals! Donnerwetter! Daß Alles so klappte! Na – Du hast es erreicht! Den Respekt der Besten hast Du! – Nu anbei – 2 Diplomatica! Zu jeder Formänderung in Betreff der Sache bin ich gern bereit. Schreibe, wann Du mich sprechen willst – und wo. Sonntag sind wir, wenn Caros nicht abschreiben, Nachmittags bei diesen. Lublinski ist großartig.

Heil! Heil! von Haus zu Haus
Dein
Paul Scheerbart

Randbeschriftung:
Pardon dem Flüchtigen – aber der Abend Grog....
Falls Du im Interesse der »Sache« anders denkst, bin ich durchaus einverstanden.
Für Fußnoten wär ich sehr!
Der Conkurrenzkampf ist ja unvermeidlich

483 An Ernst Rowohlt

Poststempel: 1.2.09

Lieber Herr Rowohlt! Anbei die Correkturen u. Revisionen. Für das Titelarrangement schlage ich das Beifolgende vor – damit die Bibliophilen was Apartes haben. Das Technisch-Correkte (blau angestrichen) muß Drugulin unbedingt t a d e l l o s machen; sonst kaufen von 100 Bibliophilen 99 das Buch nicht. Das ist zweifellos. Dann scheint mir doch im bibliographischen Teil der Name oben besser.
Ich werde Ihnen sehr dankbar sein, wenn sie mir mitteilen möchten, ob Sie in diesen kleinen Fragen meiner Meinung sind.
Wollen Sie nicht das Titelblatt für Sortimentsprospekte verwerten? Ich glaube, daß das s e h r wirksam sein könnte.

Mit vielen Grüssen
Ihr ergebener
Paul Scheerbart

484 An Herwarth Walden

Herrn Herwarth Walden
Red. »Der neue Weg«
Berlin-Halensee
Katharinenstr. 5.

Zehlendorf-Wannseebahn, Anna 5
18. Febr. 1909

Lieber Herwarth Walden! Du wolltest mir die letzten beiden Bühnenartikel zusenden, damit ich sie zu e i n e m Artikel mache. Ich glaube, das wird leicht gehen, wenn vom ersten die letzten 3 Seiten wegfallen u. vom zweiten der lange Titel.
N° 3 erhielt ich nicht. Wie kams, daß ich nicht hineinkam? Ich wittre Ungewitter. Bitte schreib einen Ton. Wir packen unsre Sachen u. ziehen Anfang März nach Berlin-Steglitz, Thorwaldsenstr. 20 [b. Bhf. Friedenau]. Das Perpeh-Buch ist noch nicht fertig, und so kann ich nicht am 25 Nchms kommen, bitte Deine Frau Gemahlin in meinem Namen sehr sehr sehr viel Mal um Entschuldigung.

Mit Bravour!
Dein
Paul Scheerbart

485 An Herwarth Walden

Zehlendorf-Wannseebahn, Anna Str 5.
Sonntag den 21. Febr. 1909.

Lieber Herwarth Walden!
Da muß sofort eine ganz energische Broschüre von den Beteiligten herausgegeben werden. Das »kunstfeindliche Element« im Theaterleben muß in brutaler Weise bloßgestellt u. lächerlich gemacht werden. Das werden wir wol noch können, nicht wahr? Drum lade zu Dienstag die von Blümner fixirten »Beteiligten« zu einer Besprechung ein – dann kann Mittwoch oder Donnerstag die Broschüre druckfertig sein.
Alles Nähere u. Weitere mündlich.
Schreib mir, wann ich kommen soll; ich denke, daß Nachmittag um 4 Uhr die beste Zeit ist.
Wenn Du Dienstag verhindert bist, dann Mittwoch – da die Sache eilt.
Die Broschüre kann 1 M kosten – sie ist sogar noch ein Geschäft.
Ich schreibe gleich noch an Blümner u. Einiges auch über meinen Plan; Ihr kommt wol zusammen.
Was Du acceptirt hast, muß die G. d. B. »bezahlen«. Du bist wol so lieb und kalkulirst, wie viel Honorar meine von Dir acceptirten Manuskripte gebracht haben würden – in runder Summe. Ich mache dann meine Ansprüche geltend. Als Redacteur bist Du so zu nehmen wie der Prokurist eines großen Geschäfts; dieses hat für Alles aufzukommen. Der Prozeß ist sehr einfach.
Nun – ärgere Dich nicht. Die Sache kann noch ganz hübsch werden. Der Hieb galt der sogenannten »modernen« Litteratur, u. die läßt nichts ungerochen. Mir tun die frechen Leutchen beinahe schon leid.

Weltgrüsse!
Dein
Paul Scheerbart

Randbeschriftung:
Ich ahne, dass Wedekind u Bahr hinter den Culissen standen – und Rickelt zwischen diesen beiden.

486 An Ernst Rowohlt

Zehlendorf-Wannseebahn 24. II. 09

Lieber Herr Rowohlt!
Das schmerzt mich tief, daß da wieder eine Differenz entstanden ist. Aber ich bitte Sie sehr, die Sache ja nicht tragisch zu nehmen. Ohne Bedenken

hab ich der Jugend 5 Sachen aus der Katerpoesie zum Abdruck gegeben; da wir doch über den Abdruck in Zeitungen u. Zeitschriften nichts vereinbart haben, so steht mir dieses doch zu. Aber ich möchte da durchaus im Einverständnis mit Ihnen handeln. Und deshalb erkläre ich Ihnen, daß ich gerne bereit bin, Ihnen entgegenzukommen. Indessen - Sie vergessen, daß Ihr Wunsch, in jedem Falle den Verlag genannt zu sehen - Ihnen fürchterliche Folgen eintragen würde - Jede Zeitschrift u. jede Zeitung würde sofort mit unverschämten Inseratanträgen an Sie herantreten - und - niederträchtig werden, wenn Sie den Inseratwünschen nicht entsprechen.
So liegt die Sache; man darf eben ja nicht zu viel verlangen von den Redactionen - am besten garnichts. Ich habe der Jugend Ihre Adresse mit Absicht nicht genannt. Ich weiß garnicht, wie die Jugend einen Auszug bringen konnte. Aber - seien wir um Himmels willen zufrieden mit dieser Reclame - mit dem »Verlag« hätten die Herren bestimmt nichts gebracht, wenn Sie nicht ein teures Inserat bezahlt hätten. Aber ich komme Ihren Wünschen, wenn Sie die jetzt noch festhalten, gerne entgegen - sehe aber nur Nachteile für Sie und für mich. In jedem Falle wollen wir im Einverständnis handeln.
Nun sage ich Ihnen meinen schönsten Dank für alles, was Sie für die Propaganda getan haben. Es ist sehr viel, 200 Ex. zu versenden - vielleicht senden Sie auch an Herwarth Walden (Redaction »Der Neue Weg«) Berlin-Halensee, Katharinenstr. 5. Ich dachte an einen ganz billigen einseitigen Prospekt, der nach meiner Meinung nicht mehr kosten dürfte als ein halbseitiges Inserat im Buchhändlerbörsenblatt. Doch es geht natürlich auch ohne Prospekt. Ich bin davon fest überzeugt, daß dieses Buch sehr gut gehen wird.*) Sie schreiben: Abdruck einzelner Stücke bei Besprechungen natürlich willkommen. Ich nehme an, daß Sie Abdruck in den Besprechungen meinen; zu jedem Extra-Abdruck müßte ich von Fall zu Fall meine Zustimmung erteilen. Ich bin nicht sehr für Gratis-Abdruck - wir haben bestimmt alle Beide nichts davon; eine derartige Fußnotenreklame mit Angabe des Verlags ist nach meiner Ueberzeugung für den Buchverkauf völlig wertlos. Doch wollen wir auch in dieser Angelegenheit im Einverständnis handeln. Dort, wo Sie Gratis-Abdruck gestatten wollen, gestatte ich es auch - doch bitte ich, mich vorher zu benachrichtigen. Schönsten Dank, daß Sie alle meine Druckwünsche berücksichtigten.
Der Probedruck des Titels folgt anbei zurück. Ich finde, daß er so sehr gut wirkt. Das etwas Kräftigere ist wol noch zu erreichen.
Die Schaubühne hat jetzt: Erich Reiss Berlin-Westend, Kaiserdamm - ich habe somit keinen Einfluß auf dieses Blatt. Ich halte auch in diesem Falle nichts davon, daß Herrn Reiss (4 facher Millionär) Gratisabdruck und Verlagsangabe gestattet wird. - Aber - wie gesagt - wenn Sie wollen, bin ich bereit - allerdings tu ichs in diesem Falle keineswegs gern. Eine Kritik u.

Abdruck einiger Sachen in dieser Kritik [wozu jede Redaktion gesetzlich berechtigt] ist das einzig gute nach meiner Ueberzeugung. Zu anderm Abdruck ist von Fall zu Fall meine Erlaubnis nötig, da sonst die Redaction ein hohes Strafhonorar zu zahlen hat. Ihre Abdruckerlaubnis allein genügt nicht. Sie schreiben wol, ob Sie die rechtlichen Seite der Sache jetzt klar einsehen. Wir haben über den Abdruck in Journalen kontraktlich nichts vereinbart, und somit hat da der Autor nur allein die Urheberrechte. A. R. Meyer u. Ihre Bremer Rundschau können selbstverständlich abdrucken, so viel sie wollen.
Hoffentlich ist jetzt alles klar - und die Möglichkeit einer Differenz unmöglich geworden - da ich ja bereit bin, Ihnen auch in dieser Frage von Fall zu Fall entgegenzukommen. Vielleicht senden Sie mir auch einen Abzug von dem, was Sie den 200 Frei-Exemplaren beilegen wollen. [Ich hoffe, daß Sie hier nicht im Allgemeinen Gratis-Abdruck gestattet haben.]
Für Ihr »Archiv« sende ich gerne die Abdrucke in Zeitschriften (fast alle 1898 u 1899) - aber ich muß sie erst raussuchen - u. wir sind beim Umzuge - es geht erst in der neuen Wohnung - wir ziehen c. 10. März nach Berlin-Steglitz Thorwaldsenstr. 20. Nun nochmals vielen Dank für Ihre tatkräftige Propaganda - sie wird Erfolg haben.

Viele herzliche Grüsse - auch von meiner Frau -
Ihr
Paul Scheerbart

Randbeschriftung:
*) das haben schon sehr viele gesagt.

Uns gehts so ziemlich.

487 An Ernst Rowohlt

Zehlendorf-Wannseebahn 27. Febr. 1909

Lieber Herr Rowohlt! Soeben erhalte ich N° 8 der »Jugend« und sehe, daß da allerdings ein faux pas vorliegt. Aber ich bin tatsächlich unschuldig daran. Die Sache liegt so: die Redaction schrieb mir, daß ich seit 1900 noch einen Vorschuß von 80 M zu tilgen hätte. Und da sandte ich zur Auswahl einige noch nicht gedruckte Sachen der Katerpoesie u. teilte mit, daß ein Buch unter diesem Namen demnächst erscheinen würde. Man wählte die 5 gedruckten, tilgte damit meinen Vorschuß und 80 M und setzte ohne mein

Vorwissen »Katerpoesie« als Obertitel – dieses Letztere hätte ich bestimmt nicht gestattet, wenn ich gefragt wäre. Ich würde mich freuen, wenn jetzt alle Differenzen fort wären – sind sie?

Mit vielen Grüssen
Ihr
Paul Scheerbart

488 An Ernst Rowohlt

Zehlendorf. 5. III. 09

Lieber Herr Rowohlt!
Schönsten Dank für die Briefe u. Manuskripte – letztere folgen anbei zurück. Ich bin der Meinung, daß sie so ganz gut sind. Diese geschäftl. Sachen muß man wol so lassen, wie sie in der ersten Fassung gegeben sind. Mir erscheinen 44% nicht praktisch – da sich das nicht gut berechnen läßt. 40 ist zweifellos den 33 1/3 gegenüber zu wenig – da würde ich schon 50% sagen statt 44.
Oder – wollen Sie nicht 25% u. 33 1/3% bei Baar⟨?⟩bestellung sagen? Ich weiß nicht, ob das gut ist – jedenfalls möchte ich um Himmels willen keinen Rat erteilen, denn nachher habe ich die Verantwortung. Sie tun bestimmt in Geschäftsdingen am besten, wenn Sie überall Ihrem Instinkt folgen. Auch Fehler haben oft ihr Gutes. Das ist mir sonnenklar. Ich bin sogar der Meinung, daß im Geschäftsleben grade durch Fehler oder Ungeschicklichkeiten die größten Erfolge entstehen.
Ich freue mich sehr, daß jetzt alles zur gegenseitigen Zufriedenheit erledigt ist. Und ich freue mich auf das Buch. Leider habe ich momentan einen so großen Kater, daß ich beinahe Abstinenzler werden möchte. Gestern habe ich mein Buch »Das Perpetuum mobile« beendigt – u. das wird viel Staub aufwirbeln – auch wenn es nur im Buchhandel »geht«.
Das Buch hat mich beinahe umgebracht.
Kommen Sie zum 1. Mai d.J. nach Berlin?

Viele grosse Katergrüsse – auch von meiner Frau –
Ihr ergebener
Paul Scheerbart

489 An Richard Dehmel

Berlin-Friedenau, Thorwaldsen Str 20 lks II
19. März 1909.

Lieber Riccardo! Hiermit sende ich Dir die neue Adresse. Schönsten Dank für Band VIII, den ich jetzt lesen werde – der Umzugsplackerei wegen gings nicht früher. »Katerpoesie« bekommst Du aus Paris; der Poststreik wird die Sendung leider verzögern. Aber das schadet ja nichts. Mein Buch über das Perpetuum wurde am 4. d. M. fertig – oh – das ist schön.
Na prost! Immer mutig!

Ganz waschächte Frühlingsgrüsse von Barke zu Barke
Dein
Paul Carl Wilhelm.

490 An Erich Mühsam

Herrn Erich Mühsam
p. Café des Westens
Berlin W
am Kurfürstendamm

Berlin-Friedenau, Thorwaldsen Str 20 links II
[von Bhf. Friedenau-Wannseebahnhof via Cramer Str]
Mittwoch 7. IV. 09

Eriko! Wir wohnen wie oben angegeben – lebst Du noch?
Immer mutig! Wenn der Krieg auch noch nicht ausbricht – Hoffnung bleibt.
Bärengrüsse Dein oller Antimilitarist P. Scheerbart

491 An Richard Dehmel

Monsignore Riccardo Dehmel
Blankenese b. Hamburg
Parkstrasse 40.

Oh Riccardo! Schönsten Dank für Deine Karte, die ich soeben erst verstanden habe, indem ich erfuhr, daß die K. P. herauskam – ich hab sie noch nicht.

Aber – Zum Bäcker müssen wir in jedem Falle – hoffentlich kann ich in c 8 Tagen für ein paar Stunden zu Dir kommen. Auf Wiedersehen!

Heil! Heil! Heil!
Dein
alter
Saulus-Paulus

Randbeschriftung:
Der Bär giebt mir Urlaub.
Deine Karte ist einfach enzückend.
Bärengrüße von Haus zu Haus!
Pardon der Eile! -
Na prost!
21.IV.09

492 An Herwarth Walden

Berlin-Friedenau, Thorwaldsen Str 20
linker Seiteneingang II Treppen.
Donnerstag Nachm. 22. April 1909

Lieber Herwarth Walden!
Da Du Zimmermannstr 20 schriebst und Steglitz – erhielt ich Deinen Brief erst heute um 1/2 4.
»Postalisch« gehör ich zu Friedenau, aber Steuern zahl ich an Steglitz. Entschuldige, daß ich mit meinen Steuern renommire [ich zahlte so lange 2 M 40 jährlich!!]
Na prost!
Schönsten Dank für Deinen Brief. Ich habe meine Katerpoesie noch nicht gesehen. Sie soll aber in alle deutschen Mundarten u. auch ins Serbische übersetzt werden. Der Sultan von Constantinopel fragt soeben, ob er »Murx den Europäer« zur Nationalhymne machen darf – und er fragt, wen ich als Componisten vorschlage – ich habe Dich vorgeschlagen – bist Du einverstanden?
Komm sobald Du kannst. Bis 5 Uhr bin ich zu Hause. Komm aber wo möglich früher. Und verachte das Theater nicht. Ich gratulire Dir. Ich hörte schon vor 3 Wochen davon, glaubte aber noch nicht. Schreib bitte, wann Du kommst. D.h. melde Dich blos an – das genügt. Aber komm bis Sonntag – da ⟨*ich*⟩ nächste Woche wahrscheinlich verreise. Vom Wannseebahn-

hof Friedenau aus gehts 10 Minuten durch Cranachstr – am Ende hinter Peter Vischer Str um die Ecke auf der anderen Straßenseite.
Heil! Heil! Heil!
Wenn Ihr Beide kommt, freuen wir uns noch mehr.

Welt- u. Hausgrüsse!
Dein
Paul Scheerbart

Entschuldige den langen Brief

493 An Richard Dehmel

Berlin-Friedenau, Thorwaldsen 20.
26. April 1909

Lieber Richard! Heiligsten Dank! Ja – ich komme diesen Donnerstag, fahre Vormittags ab. Gehe gleich, Kursbuch studiren. Grade vor 7 Jahren sah ich Blankenese zum ersten Mal.
Hipp! Hopp! Halloh!

70 Quintillionen Bärengrüsse
Dir und Deinem Hause!
Altid
Din
oller Paulus –

Soeben 36 Stunden hindurch Kursbuch studirt – fahre also Mittags 1 U. 20 vom Lehrter ab u. bin 4 U. 52 Hamburg – gleich danach in Blankenese

494 An W. Drugulin

Berlin-Friedenau, Thorwaldsen Str 20
26. April 1909.

Herrn W. Drugulin
Leipzig

Sehr geehrter Herr!
Leider ist mir Herrn Rowohlts Adresse unbekannt, und so muß ich mir erlauben, mich nochmals an die Ihrige zu wenden: Ich habe noch nicht meine 10 Autorenexemplare der »Katerpoesie« erhalten. Ich vermute wol richtig,

wenn ich das Weglassen meiner Zeichnung für die Ursache des Nichtsendens halte.
Nun bin ich aber furchtbar froh, daß die Zeichnung wegfiel – verkleinert erschien sie mir sofort unmöglich; ich wollte das nicht sagen. Sie würden mich zu großem Danke verpflichten, wenn Sie das Herrn Rowohlt mitteilen möchten, damit ich die Bücher so bald wie möglich erhalten kann. Mittwoch Abend verreise ich. Vielleicht geht es, daß ich die Bücher Mittwoch früh habe. Ich würde mich sehr freuen.

In ausgezeichneter Hochachtung
Paul Scheerbart

495 An Herwarth Walden

Friedenau, Thorwaldsen 20
26. April 09. Montag

Lieber Herwarth Walden!
Anbei der versprochene Artikel. Ich glaube, daß er genügen wird.
Gestern wars ganz nett.
In dieser Woche noch fahr ich zum Nordpol – ich werde »vielleicht« Kaiser von Grönland werden. Aber – sprich noch nicht darüber.

Heil! Hipp! Halloh!
Dein
PCW.

Randbeschriftung:
Grüsse von Haus zu Haus an Schickeles.
Bitte – bitte doch Schickele in meinem Namen, mir meine Manuskripte zurückzusenden.

496 An Richard Dehmel

Diesem Richard Dehmel
Blankenese b. Hamburg
Parkstrasse 22.

Mittwoch 28. IV. 09

Hei! Das wird fein!
Soeben höre ich, daß wieder 2 neue Bücher von mir in München erscheinen sollen – 3 weitere erscheinen wahrscheinlich in Berlin. Etwas viel!

Und das Perpeh geht!
Das wird ein köstlicher Frühlingsanfang. Ein neuer Regenschirm*) wird mich begleiten.

Dein
alter
Saulus.

Randbeschriftung:
*) er soll mich beschirmen - - -

497 AN ERICH MÜHSAM

28. IV. 09
Mittwoch 1/2 2 Mittags
Halensee

Lieber Eriko Mühsam!
War soeben Grolman 47 – dort sagte Postbote, daß da weder Krüger noch Mühsam – war auf 48 bei Frau Krüger – dann im Café des Westens, wo Du um 11 mit Caro weggingst.
Schönsten Dank für Deine hocherfreuliche Karte. Leider bin ich für heute Abend festgelegt (Friedländer Melnik Ruest Einstein) kommen zu uns. Ich kann nicht mehr abschreiben, da der Abend seit 14 Tagen vorbereitet ist. Morgen in der Frühe fahr ich zu Richard Dehmel Blankenese Parkstr. 22. Bitte bitte schreib mir dahin – hauptsächlich auch die Adresse des Dr Douglas – und dann, ob Cronbach die beiden Manuskripte sandte – und wann die Bücher erscheinen sollen.*)
Frankfurter hat Flora Mohr angenommen.
Nochmals heiligsten Dank!
Und mächtige Weltgrüße!

Altid**)
din**)
PCW.

Randbeschriftung:
*) u. auch vom Honorar – ja?
**) das ist schwedisch.

s. Innenseiten

498 An Ernst Rowohlt

Herrn Ernst Rowohlt
Leipzig
Promenaden Str. 43. II.

Berlin-Friedenau, Thorwaldsen Str 20.
linker Seiteneingang II.
Poststempel 28. 4. 09

Lieber Herr Rowohlt! Schönsten Dank für die Bücher. Sie sehen famos aus. Und ich freue mich, daß die Zeichnung wegfiel. Aber – Sie sorgen wol dafür, daß sie mir zurückgegeben wird. Das Buch macht zweifellos Aufsehen, ich habe täglich erfreuliche Karten bekommen. Ich fahre morgen zu Richard Dehmel nach Blankenese Parkstr. 22⟨.⟩ Ich weiß noch nicht, wann ich wiederkomme.

Mit Lenzgrüssen
Ihr Paul Scheerbart

Randbeschriftung:
250 Exemplare sind »sehr« viel – das wirkt!!!!!

499 An Erich Mühsam

Blankenese 30. April 1909

Liebes Eriko! Schönsten Dank für Deinen Brief u. für alle Deine Taten. Oh – das war großartig von Dir. Schönsten Dank auch für die 50 M. Ich bedaure s e h r, daß ich Dich nicht mehr sprechen konnte. Natürlich bin ich mit Allem einverstanden – nur nicht mit der Zusammenziehung der Bücher in e i n e n Band. Das geht in keinem Falle. Sterbe lieber. Daß Alles erst im October erscheint oder etwas später – das ist mir sehr angenehm. Ich weiß nur noch nicht, ob Cronbach die beiden Manuskripe sandte. Ich nehme aber an, wenn Du nichts weiter schreibst.
Ich schreibe gleich an Dr. Douglas.
Wenn Du den Herrn wieder in München siehst, so sieh doch zu, daß er die Contrakte für die b e i d e n Bücher sendet – entsprechend meinem Briefe an Dich. Ich werde Dir »furchtbar« dankbar sein.

Nu - wollen wir wieder ein bißchen lachen - wir haben ja jetzt Zeit dazu. Hier ist es einfach herrlich.
Richard Dehmel läßt Dich auch schön grüßen. Wir trinken u reden.

Heil!
Hipp!
For ever*)
Dein
alter
Paul Scheerbart

*) das ist englisch.

Randbeschriftung:
Grüße die Männer des Cafés.

500 An Erich Mühsam

Herrn Erich Mühsam
München
Kaulbachstr. 40. II.

Berlin-Friedenau, Thorwaldsen Str. 20.
Donnerstag 6. Mai 1909.

Liebes Eriko! Bin wieder hier. Aber die 50 M sind von der Deutschen Bank noch nicht da. Bär war Sonnabend auf der Bank und erhielt die Nachricht, daß in 3-4 Tagen die Sache erledigt würde. Ich hoffe also auf morgen evtl übermorgen.
Sehr dankbar würde ich Dir sein, wenn Du mir mitteilen möchtest, ob die kontraktliche Fixirung noch vor Pfingsten stattfinden kann. Herr von Kaminski erschien in der »Schaubühne« am 29. April.
Bitte Bitte - schreibe bald eine Zeile.
An den 2 Büchern müßte jedenfalls festgehalten werden - die Sachen passen ja nicht zu einander - ein Band unmöglich.

Mit vielen Bärengrüßen
Dein
P. C. W.

501 An Herwarth Walden

Friedenau, Thorwaldsten Str. 20 (nicht 27)
17. Mai 1909.

Lieber Herwarth Walden! Natürlich ganz einverstanden mit Streichung des Officiersatzes. Immer mutig - aber dabei kann man »ganz vernünftige geschäftliche Bedenken« sehr wol berücksichtigen. Sage das gelegentlich dem Herrn Verleger.
Ich nehme aber an, daß die fehlenden Sätze zugedruckt werden - sonst ist der Satz »Das gehört da einfach nicht hin« sinnlos. Wenn Du nicht Anderes schreibst, nehme ich an, daß das regulirt ist.
Du siehst mich balde - balde - habe momentan unheimlich zu arbeiten.

Es lebe die urbs*)!
Heil! Heil! Hipp! Hipp!
Dein P. C. W.

Randbeschriftung:
*) ich denke, dass das lateinisch ist.

502 An Herwarth Walden

Berlin-Friedenau, Thorwaldsen Str 20.
21. Mai 1909.

Lieber Herwarth Walden!
Wenn Du Deine Herren Verleger veranlassen könntest, mir das Honorar für »Schattenspiele« noch in dieser Woche anweisen zu lassen, würdest Du mich zu sehr großem Danke verpflichten.
Wir kommen demnächst nach Halensee

Lichte Lenzgrüsse
von Dom zu Dom
Dein Domherr
Paul Carl Wilhelm

503 An Erich Mühsam

Berlin-Friedenau, Thorwaldsen Str 20.
2. Juni 1909

Mein liebes Eriko!
Die Sache ist einfach. Wenn Herr Dr Douglas vor 4 Wochen Dir gegenüber tatsächlich die beiden Manuskripte annahm, so kann er nicht zurück. Schreibe mir daher umgehend, ob Du beeidigen kannst, daß er mündlich Dir gegenüber beide Bücher annahm. Kannst Du das nicht beeidigen, dann muß ich Dich natürlich blos um die Rückgabe der Manuskripte bitten. Du hast in jedem Falle getan, was Du konntest, u. ich danke Dir für Deinen guten Willen. Langen kommt nicht in Betracht – der Verlag wird nicht mehr lange bestehen – das weiß ich ganz genau. Der Simpl. geht schon in diesem Jahre ein. Bonsels wollte nicht einen Pfennig Honorar für wilde Jenny im Voraus zahlen – das ist der ganze »Krach«. Verleger ohne Geld soll man mit Vorsicht behandeln. Vorlesen möchte ich nicht mehr. Dabei kommt nichts raus. Nur immer mutig! Schönsten Dank, daß Du so für mich sorgen wolltest. Aber es wird schon alles gehen – wenn man nur nicht plötzlich einen Widerwillen gegen das ganze Weiterleben bekommt. Cassirer will Jenny u die 12 astralen Novelletten auch nicht bringen.
Hier wird aber im nächsten Winter »Manches« doch durchgesetzt werden. Nur immer mutig! Bekamst Du »Katerpoesie«?
Nu schreibe bald – ich denke, daß ich schließlich doch wenigstens ein Reingeld von Herrn Dr Douglas erhalte – evtl noch 250 M. Ob Du richtig tatest, Dein Man. zurückzuziehen, vermag ich von hier aus nicht zu beurteilen. Na – nur immer mutig! Und – richtig ist es jedenfalls, wenn man sich »Garnichts« gefallen läßt – denn dabei kommt nichts raus.

Bärengrüsse!
Junigrüsse!
Katergrüsse!
Ueberweltgrüsse!
Dein
olles
PCW.

Randbeschriftung:
Ich erhielt bislang von Herrn Dr Douglas nicht eine einzige Zeile
ich hab ihm 3 Briefe geschrieben

504 An Herwarth Walden

Herrn Herwarth Walden
Redaction »Das Theater«
Berlin-Halensee
Katharinen Str 5.

Berlin-Friedenau, Thorwaldsen 20.
6. Juni 1909

Lieber Herwarth Walden!
Das »Theater« sieht tatsächlich sehr imposant aus – u. innerlich ist das geleistet, was heute geleistet werden k a n n. Schickele s e h r gut. Ich bekam aber gestern nur 18 M. Hon. – während es bei Zeilensatz von 25 Pf – 21 M 75 Pf beträgt. Bitte sende mir Aufklärung!

Welt-Theater-Grüsse!!
Dein
PCW.

505 An Alfred Kubin

Berlin-Friedenau, Thorwaldsen Str 20
Sonnabend 12. Juni 1909

Lieber Alfred Kubin! Schönsten Dank für Deinen lieben Brief und für Dein Buch. Ich erhielt Beides am letzten Donnerstag. Buch gleich verschlungen – ich gratulire Dir! Näheres darüber später – es bildet, wie mir erscheint, eine brillante Ergänzung zu dem, was Du zeichnerisch giebst – jedenfalls wirkt Beides zusammen wie ein Ganzes. Ich muß erst genauer lesen u. sehen, bevor ich Dir »alles« sage – auch das, was dagegen geht.
Niemals hab ich Dir etwas übel genommen. Ich fands eigentlich ganz natürlich, daß Du schwiegst – wollte mir selber Vorwürfe machen – hielt die aber nicht für berechtigt. Ich schrieb 8 neue Bücher*) in den 2 Jahren (siehe Katerpoesie letzte Seite) Nur der Lesabéndio ist noch nicht eine Zeile weiter gekommen. Der kommt aber noch. – – – Den »Tod« verehrst Du wie eine Gottheit. Ich schreibe momentan »Tempelgeschichten« – darum interessirt mich das – »mors« wird für Dich persönlich. Das ist ebenso »religiös« wie alles Andre.
Vor 2 Jahren schrieb ich »Der zweite Mond« Schauspiel in 5 Aufzügen (abendfüllend) Da kommt Alexander der Grosse vor – der hat was von Dir

u. Deinem »Pessimismus«. Soll ich Dir den »leihweise« in Maschinenabschrift senden? Dann bitte schreibe. Heute kann ich nicht mehr – ich bin so müde.......

Viele Grüße Deiner Frau und Dir von der meinen und
Deinem alten
Paul Scheerbart

Randbeschriftung:
*) ich habe nur noch nicht Verleger gefunden.......

Mein Perpetuum mobile ist das »Unglaublichste«
Über P. m. demnächst Näheres – ich glaube, daß ichs habe....
Das Buch darüber ist furchtbar lustig.

506 An Herwarth Walden

Berlin-Friedenau, Thorwaldsen 20.
23. Juni 1909

Lieber Herwarth Walden!
Alles gut so. Schönsten Dank! Wenn Du noch was Besonderes willst, so schreibe bitte. Ich habe so viel zu tun, daß ich vorläufig nicht nach Halensee kommen kann – aber Ende Juli hoff ich – – – – – –

Viele Grüsse!
Ich werde leider tagtäglich 24 Stunden älter*) – und bin
Dein
Paul Scheerbart

Randbeschriftung:
*) wie lange wird man das noch aushalten?

507 An Ernst Rowohlt

Berlin-Friedenau, Thorwaldsen Str 20.
30. Juni 1909

Sehr geehrter Herr Rowohlt!
Meine schöne Zeichnung habe ich immer noch nicht zurückbekommen. Darf ich Sie sehr bitten, die Rücksendung demnächst zu veranlassen? Ich schrieb schon deswegen an Hrn. Drugulin. Eine Nachricht über Absatz u.

Kritiken würde mich sehr freuen. Gegenwart und Berliner Tagebl. bringen bestimmt Längeres.

Mit vielen grossen Weltgrüßen
Ihr
Paul Scheerbart

508 An Herwarth Walden

Berlin-Friedenau, Thorwaldsen Str 20.
6. Juli 1909.

Lieber Herwarth Walden!
Wann kann ich Dich sprechen? Bitte – sags mir doch! Die Stadt! Urbs! La ville! Hoho!
Ceterum: »Die Luft« wäre heute doch wol noch besser – nich? Oder – bist Du andrer Meinung?
Ich hab Dir noch Verschiedenes zu erzählen – darum schreibe bald. Ich komme – wann Du willst – nur nicht um 4 Uhr Morgens.

Mit Morgenluftgrüssen von Haus zu Haus
Dein
PCW.

Rand- und Zwischenraumbeschriftung:
Ich hab doch immer so gerne von der Luft leben wollen.
Übrigens: »Die Morgenluft« wäre auch ein köstlicher Titel
Aber »Die Luft« ist kürzer und besser
»Morgenluft und Abendluft« wär auch recht lieblich.
also: so muß es sein: »Morgenluft und Abendluft«. Zeitschrift für Luftgeschichten.«
natürlich ist jede Geschichte eine veritable Luftgeschichte, da ja jede in der Luft spielt
Pardon den vielen Postscriptis.

509 An Herwarth Walden

Berlin-Friedenau, Thorwaldsen Str 20
23. Juli 09

Lieber Herwarth Walden!
Mit großem Schmerz hab ich gelesen, daß Ihr Conkurrenz in Gr. Lichterfelde bekommen habt. Hat sich der Verlag nicht den Titel »Das Theater« patentiren lassen? Das wäre bedauerlich, denn die Conkurrenz mit demselben

bedeutet zweifellos einen schweren Verlust. Deswegen bin ich mehr für excentrische Titel – da ist Conkurrenz unmöglich. Sonst empfehle ich dem Verlag vom 1. Sept. ab »Das europäische Theater« zu sagen.
Bringst Du die »Zwischenspiele«??

Heil! Heil! Es lebe Europa!
Dein
Paul Scheerbart

Randbeschriftung:
Bitte bitte nimm ja nicht die Conkurrenzgeschichte auf die leichte Schulter

510 An Karl Kraus

Berlin-Friedenau, Thorwaldsen Str 20
10. August 1909

Sehr geehrter Herr Kraus!
Anbei eine Glosse, die wol wirken wird. Ich habe die Absicht, eine Luft-Revue herauszugeben. Mit dem Militarismus ist es jetzt tatsächlich am Ende. 12 M Honorar würden mich sehr erfreuen.

Hochachtungsvoll grüßend
Ihr
ergebener
Paul Scheerbart

Krupps Luftballonkanonen haben einen ganz minimalen Wert, da Ballons s e h r schwer zu treffen sind

511 An Ernst Rowohlt

Berlin-Friedenau, Thorwaldsen Str. 20 linker
Seiteneingang II Treppen 13. Aug. 1909.

Lieber Herr Rowohlt! Schönsten Dank für die Ansichtskarte. Den »Tag« erhielt ich grade gestern und schrieb sofort eine Entgegnung »Pro domo«. Herr K. hat doch unglaubliche Grobheiten ausgesprochen. Und ich habe ihm nachgewiesen, daß er s e h r wenig von mir gelesen. Ich w e i ß, daß er e i n Buch von mir las. Druckt die Entgegnung der Tag nicht, so bringe ich sie sicherlich an der »Gegenwart« unter. Es wird mich sehr freuen, Sie hier Anfang September oder October begrüßen zu können.

Sie merken sich wol, daß ich »linker Seiteneingang« wohne. Vom Bahnhof »Friedenau« gehts durch die Cranach Str. hierher. - mit 66 und 80 gehts auch.
Ich schreibe momentan unheimlich viel - besonders über die Luftschiffahrt - die Lenkbaren werden nach meiner Meinung zunächst die Reiterei - und dann Festungen, Landheer u. Flotten umbringen. Und darüber schreibe ich Tag u. Nacht. Und dabei behauptet Herr Kienzl, ich hätte keine Harmonie im Leibe.*) Ich habe mich gestern schrecklich über diese »freundliche« Kritik geärgert. Aber die Entgegnung ist dafür auch »vollständig«.
Ich werde jetzt sehr viel gedruckt - sogar von Correspondenzen. Und ich hoffe sogar, daß es mir gelingt, eine »Wochenschrift für Luftschiffahrt u. verwandte Gebiete« zu begründen (mit einem Luftschiffer) »Morgenluft u. Abendluft« soll sie heißen.

Mit vielen lustigen Luftgrüßen - auch von meiner Frau - bin ich Ihr
Paul Scheerbart

Sie haben wol die Güte, nicht meine Zeichnung zu vergessen - ich hab sie noch nicht.

Randbeschriftung:
*) Pardon meiner »Logik«

512 An Herwarth Walden

Berlin-Friedenau, Thorwaldsen Str 20.
30. Aug. 09

Lieber Herwarth Walden!
Falls mir Deine Herren Verleger das Honorar f. Zwischenspiele schon morgen Dienstag zusenden könnten, würde ich Dir mächtig dankbar sein. Nichts ist doch so schauerlich als der Erste. »Morgenluft u. Abendluft« sind schon ganz fertig. Hoffentlich bekomme ich morgen Verleger.

Heil! Heil! Heil!
Dein
PCW.

513 An Herwarth Walden

Berlin-Friedenau, Thorwaldsen Str 20
31. August 1909

Lieber Herwarth Walden!
Der Verleger, den ich heute für »Morgenluft u. Abendluft« haben wollte, erklärte mir, daß er zu alt sei für neue Unternehmungen - aber er sah den ganzen Kitt als notwendig ein - wenn auch nicht als Wochenschrift - doch als Halbmonatsschrift. Die Geschichte ist jetzt nämlich »geschäftlich« fundirt - Hauptsache ist plötzlich nur der Luftmilitarismus.
Ein solches Blatt geht in jedem Falle - erste Bauchbinde: »Auflösung der europäischen Landheere, Seeflotten und Festungen«.
Das ist das Thema, das immer wiederkehrt⟨.⟩ Morgenluft »Luftmilitarismus« - Abendluft der andre, der abgetan wird. Ein Luftschiffer u. Oberleutnant schreibt das sogenannte »Wissenschaftliche« - - es lassen sich nämlich Torpedos auf Gleitflieger (unbemannte) legen, und diese lassen sich durch drahtlose Telegraphie dirigiren (wie die Torpedos im Wasser) Dagegen kann eine Seeflotte nicht aufkommen u. s. w. u. s. w. - die Zeppelins sind mit 100 Torpedos auszurüsten. Altes Militär fliegt in den Orkus. - Jetzt fehlt ein G e s c h ä f t s m a n n*) u. ein Drucker - die ersten Nummern gehen so, daß alles in Ordnung ist. Nicht zu bezweifeln!
Denkst Du noch an die Stadt? Willst Du nicht lieber mit mir die Lüfte machen? Wäre die Druckerei der Bibliophilen evtl. (mit Deiner Zustimmung) bereit? Bitte schreibe mir eine Zeile, wann ich Dich sprechen kann⟨.⟩ Die Sache eilt leider sehr - Geldleute e v t l leicht zu haben. Aber - alles eilt! Pardon den Sturmtönen.

Mit diesen u. Halloh
Dein
PCW.

Randbeschriftung:
*) Pardon! Ich denke sehr lebhaft an Dein Büro!

Bitte schreibe mir evtl. wann wir oder wann ich zur Druckerei gehen können oder gehen kann.

514 An Herwarth Walden

Berlin-Friedenau, Thorwaldsen Str 20.
2. Sept. 1909

Lieber Herwarth Walden!
Schönsten Dank für Deinen lieben Brief. Die Nummer des »Theaters« ist ja einfach großartig. Besten Dank auch für Erledigung der Honorarangelegenheit. Momentan hab ichs noch nicht. Das schadet aber nichts.
Leider bin ich auch mächtig überarbeitet. Ich bin sehr einverstanden, zu den Bibliographen allein zu gehen. Dank für Adresse u. Zustimmung.
Ich bin eigentlich sehr nervös. Mit Montag wäre ich ganz einverstanden. Aber ich schreibe bis dahin doch Broschüre vorher und muß mit der zu Oesterheld u Co – da die Vorkaufsrecht haben.
Da wirds aber gar zu anstrengend sein, wenn wir uns Montag schon sehen. Ich komme später – ja? und ich schreibe vorher.
Wenn Du mir wieder Correktur sendest, so laß bitte unter allen Umständen das Manuskript mitgehen, denn dieses ist mir sehr wichtig – die Erörterungen können auseinandergeschnitten werden.

Schönste Weltgrüße!
Entschuldige die Flüchtigkeit!
Aber – alles eilt so!
Heil! Heil! Heil!
Dein
PCW.

Randbeschriftung:
Bitte schreib mir doch, wann Erörterungen u. Cleopatra kommen. Ich möchte gern dem Kleinen Theater »näher« treten

515 An Herwarth Walden

Berlin-Friedenau, Thorwaldsen Str 20.
14. Sept. 1909.

Lieber Herwarth Walden!
Schönsten Dank für die Karte. Anbei einen kl. Riesenspaß. Das Gespenster-Theater bringe aber bitte so bald wie möglich – damit es kommt, während

die »Flugschrift« wirkt. Sie w i r d wirken – aber ich weiß noch nicht – wie. Ich glaube doch, daß wir in 4 Wochen eine allgemeine Raserei erleben könnten.

Na prost! Immer mutig!
Mit Riesengrüßen
Dein
Paul Scheerbart

516 An Herwarth Walden

Berlin-Friedenau, Thorwaldsen Str. 20
17. Sept. 1909.

Lieber Herwarth Walden!
Schönsten Dank für die Karte und anbei eine Idee: könnte das »Theater« nicht, wenn meine Flugschrift den Militarismus zum Springen gebracht hat, eine »Beruhigungsnummer« für die Militaristen bringen, in der nur Militärstücke besprochen u. militaristische Kostüme zur freundl. Erinnerung an die gute alte Pulver- und Blei-Zeit gebracht werden? Das ist dann a u c h sensationell. Denk doch darüber nach. Die Mi tun mir so schrecklich leid. Paß auf, wie sie Ende September »springen« werden!

Mit den Klängen des Donauwalzers bin ich Dein
Paul Scheerbart

517 An Ernst Rowohlt

Berlin-Friedenau, Thorwaldsen Str. 20.
18. Sept. 1909

Lieber Herr Rowohlt! Schönsten Dank für die Karte. Katerpoesie kommt in den bibliographischen Anhang als Letztes. Ich werde mich freuen, wenn ich Sie im October hier begrüssen kann. Hoffentlich »wirkt« die Flugschrift. Kritiken las ich im Tag, Hamburger Fremdenblatt, B. Z. am Mittag, Zukunft. Für Zusendung der übrigen würde ich Ihnen sehr dankbar sein.*) Gegenwart bringt contra Tag »Prodomo« von mir. Felix Lorenz will im Berliner Tageblatt Kritik von Ernst Schur bringen. Die Zeichnung erhielt ich nicht mit gleicher Post.

Mit besten Grüßen
Ihr
sehr ergebener
Paul Scheerbart

Randbeschriftung:
*) ich sende nach 3 Tagen alles retour.

518 An Richard Dehmel

Berlin-Friedenau, Thorwaldsen 20
Rheineck Donnerstag 23. Sept 1909 1/2 2 N.

Lieber Richard! Es ist erreicht! Kataïf, mit Mandeln gefüllt und Bananen, schwimmen in einer Flut von Nussöl; ich frohlockte, als ich die Hand daran legte – wie einst Abbas frohlockte – ob des nahen Erfolgs!!! Also der alte arabische Dichter. Indessen – auf der Bauchbinde der Luftmilitarismus-Broschüre, die in der nächsten Woche bestimmt bei Oesterheld Co erscheinen wird, wird prangen:
Die demnächst bevorstehende Auflösung der Landheere, Festungen u. Seeflotten.
Hallelujah! Bärengrüsse Deinem Hause

Mit wildem Halloh
Dein
alter Paulus

Randbeschriftung:
vor einer Stunde Vertrag erledigt. 825 Bestellungen liegen schon vor.
Es lebe Deine Bismarck-Vision!
Na prost! Hipp!

Federzeichnung auf der Adressenseite der Postkarte

519 An Franz Servaes

Berlin-Friedenau, Thorwaldsen Str 20.
24. Sept. 1909

Liebes Franzi! Schönsten Dank für den lieben Brief. Habe mich mächtig gefreut, daß Du so für mich sorgst.
In nächster Woche erscheint bei Oesterheld Co Flugschrift von mir: »Die Entwicklung des Luftmilitarismus und die Auflösung der europäischen Landheere, Festungen und Seeflotten«
Kurzer Ueberblick des Sachlichen (durchaus ernst) steht in der heutigen Gegenwart N° 39. Bitte lies das! Es ist wol meine »wichtigste« Geschichte. Auf der Bauchbinde der Flugschrift (Ladenpreis 1 M) steht:
»Die demnächst bevorstehende Auflösung der Landheere Festungen und Seeflotten«
Na - wenn ich damit nicht Erfolg habe - dann - verzage ich. Schönen Dank, daß Du so sorgenvoll meiner gedenkst. Hoffentlich wirds jetzt bald alles anders. Wüßtest Du vielleicht einen Ungarn, der übersetzen könnte? Und - kannst Du in der N. Fr. etwas veranlassen - was wirkt?
Ich bin in stärkster Aufregung - diese Geschichte kommt mir viel großartiger als das Perpetuum vor. Ich habe rasend in diesem Sommer gearbeitet - 66 Manuscripte geschrieben! Luftgeschichten führten schließlich zur Flugschrift. Kannst Du mir vielleicht auch raten, was in Wien mit dieser Sache zu machen wäre? Ich wäre Dir für jeden Fingerzeig dankbar - die Militärschriftsteller müßten vor allen Dingen reagiren - für oder wider ist ganz gleich.

Lachende Bärengrüße von Gondel zu Gondel! Dein alter
Paulus

Randbeschriftung:
Gestern mit Verlag abgeschlossen. Freute mich ganz gewaltig.
Halt! Dein Bruder ist doch Major! Kannst Du ihm nicht schreiben? Bitte sende mir seine Adresse.
Bär ist 2x gedruckt - in »Die Frau u. ihre Zeit« - riesige Freude!!!!!!

520 An Herwarth Walden

Berlin-Friedenau, Thorwaldsen Str 20.
27. Sept. 1909.

Lieber Herwarth Walden!
Anbei eine Kleinigkeit für die Kainz-Nummer, in der ja wol die Erwähnung Ludwig des Zweiten das Ganze der Nummer genügend anpaßt.

Flugschrift wird gedruckt. Du bekommst Recensionsexemplar - könntest Du 3 Zeilen darüber bringen, wäre ich Dir sehr dankbar - evtl. mit der Begründung, daß »unser Mitarbeiter auch mal das große Welttheater, auf dem die Kriegsheere eine so große Rolle spielen, behandelt«
Oder so ähnlich!
Nur wenn Du das ohne Umstände kannst, bitte ich Dich darum - sonst ist es auch ohnedem gut.

Halloh!
Dein
PCW.

521 An Herwarth Walden

Friedenau, Thorwaldsen 20
1. October 1909

Lieber Herwarth Walden!
Anbei das Gewünschte! Willst Du nicht das Oratorium komponiren?
Ich schreibe Dir gern einen Text!
»Der Militaristen-Krach« erscheint mir als famoses zeitgemäßes Thema - da können denn Kanonendonner, Motorschrauben u Dynamitexplosionen musikalisch »verwertet« werden....

Heil! Hipp! Hopp!
Dein
PCW.

522 An Bertha von Suttner

Berlin-Friedenau, Thorwaldsen Str 20
27. October 1909

Hochgeehrte gnädige Frau!
»Rüstung und Ueberrüstung« hat mir eine sehr große Freude bereitet. Sie haben die Luftschiffahrt von oben wirkend in Ihrer ganzen Gefahr erkannt - auch die Wertlosigkeit der Festungen - und das Furchtbare der drahtlosen Telegraphie. Dieses alles habe ich nur öfters in meiner Broschüre »wiederholt« und von verschiedenen Seiten beleuchtet. In der »Wiederholung« sehe ich nur immer wieder die ganze Bedeutung der Politik. Und darum möchte ich grade die Zeitschrift. Wenn man immer wieder das Wichtigste wiederholt, muß es doch schließlich mal wirken. Es ist ja nicht sehr geistreich,

aber es ist doch so notwendig. Etwas wirksamer sagen – heißt doch nur: es immer wieder in verschiedenen Formen wiederholen. Ich glaube, gnädige Frau, Sie hätten »meine« Broschüre auch schreiben können, wenn Sie nicht so in der Bewegung der Friedensfreunde gelebt hätten. Mir ist das Meiste von dem, was Sie über die Bewegung schreiben, neu gewesen. Ich habe seit vielen Jahren immer nur eine kleine Zahl von Ideen gehabt – die aber hatte ich fest. Die Einseitigkeit macht doch wol das Meiste. Das Wichtigste ist mir aber, daß Sie grade glauben, wir könnten »mit der Hilfe des Militärs« zum Ziele gelangen. Auch die europäische Schutztruppe betonen Sie. Somit glaube ich, daß die Pacifisten plötzlich »scheinbar« Dynamit-Militaristen werden müßten. So käme die Bewegung weiter vorwärts. Ich bin nur so unglücklich, daß man überall gegen eine entsetzliche Apathie kämpfen muß

Mit den besten Empfehlungen
Ihr
hochachtungsvoll ergebener
Paul Scheerbart

523 An Salomo Friedlaender

An den Obergrenzwachtmeister
Herrn Dr. S. S. Friedländer
Berlin-Halensee
Johann-Georg Str 7.

Berlin-Friedenau, Thorwaldsen Str 20
1. Nov. 1909.

Verehrter Meister! Die Grenze im Grenzenlosen ist zweifellos sehr wichtig. Der Grenzbote ist wichtiger als der Post- und Steuerbote. Die Grenzbotschaft hört ich wol. Ich aber habe verschlossene Thüren? Doch nur Nachts von 10 Uhr Abds bis 7 Uhr Morgens. Wann also sehen wir Dich? Schreib bald!

Grenzenlose Grenzgrüße – auch von meiner Frau – sendet Dir
Dein alter
Paul Scheerbart

Randbeschriftung:
d.h. Du mußt spätestens um 7 Uhr Abds hier sein.
Evviva dem Scheiterhäufchen! Die Inquisition.

Berlin-Friedenau, Thorwaldsen Str 20.
12. November 1909.

Liebes Franzi! Schönsten Dank für Deine »liebliche« Ansichtskarte. Aber – Du bist ein bischen schwerfällig. Meine Existenz hängt doch jetzt von der Luftbroschüre ab. Die muß gehen. Kannst Du denn nicht in der Neuen Freien Presse ein paar Zeilen darüber bringen? Gleich wie – wenns nur neugierig macht.
Ich schreibe fast in jeder »Gegenwart« Weiteres über den »Luftmilitarismus«
Die Lufttorpedos sind nicht mehr Utopie. Krupp hat schon ein Patent unter der Bezeichnung »Lufttorpedo« vom schwedschen ⟨*sic!*⟩ Oberst Unge für alle Länder (außer Schweden) angekauft. Das kannst Du in der N. Fr. Pr. sagen. Außerdem sind in Nürnberg unbemannte Motorboote drahtlos dirigirt. Unbemannte »Aëroplan-Torpedos« lassen sich also auch dirigiren.*)
Die Umwälzung des Militarismus ist also noch in diesem Winter zu erwarten. Die Entwicklung geht eben schneller als Dein Gedankengarn.
Und – warum giebst Du mir nicht die Adresse Deines Bruders? Ich gäbe so viel dafür, die Ansicht eines höheren deutschen Officiers zu erfahren. Die erfahr ich doch nicht so leicht. Hartlebens Bruder ist ja nicht mehr aktiv (er ist bei Krupp u. weiß von seiner Firma viel weniger als ich)
Demnach – bitte schreibe mir die Adresse. Ich habe noch Exemplare hier.

Eiligste Dynamitgrüsse!
Dein
oller
Paulus

Randbeschriftung:
*) erklärte mir feierlichst ein hiesiger Patent⟨*an*⟩walt in der Leipziger Strasse wohnhaft.
Kommt »Geschwindigkeit ist keine Hexerei« bald?
Kennst Du nicht in Wien Interessenten? Bertha von Suttner schrieb mir schon begeistert.

525 An Erich Mühsam

Herrn Erich Mühsam
Charlottenburg
Grolmanstr. 48. II.

Berlin-Friedenau, Thorwaldsen Str 20.
14. Nov. 1909

Liebes Eriko! Beneidet habe ich Dich. Aber – na wir wollen nicht davon reden – der Reclamewert der Zelle erscheint mir ungeheuerlich.
Indessen – noch keine Kritik erschien über Flugschrift. Kannst Du mir vielleicht mitteilen, wann die Deine im Blaubuch kommt? Ich wäre Dir sehr dankbar, denn ich bin sehr ungeduldig.

Hastigen Dynamit- u. Bärengruss!
Dein oller
Paul Scheerbart

526 An Franz Servaes

Berlin-Friedenau Thorwaldsen Str 20.
15. Nov. 1909.

Liebes Franzi! Schönsten Dank für Deinen Brief u. für die beiden Adressen. Der Oberleutnant, mit dem Du gesprochen hast, scheint mir ein durchaus klarer Kopf zu sein. »Noch nicht spruchreif!« – das ist kurz und klar. Es ist Tatsache, daß ich etwas stürmisch vorgehe. Ich gebe eine Broschüre heraus, ohne genauere Kenntnis in den wichtigsten Fragen zu haben. So bin ich aber immer. Ich verlasse mich eben auf meinen guten Instinkt (oder auf den großen Genius, wenn Du so sagen willst) und prüfe nachher das Ganze, wenn ich schon gehandelt habe. Und – ich habe immer Glück. Die korrekt durchgebildete Zukunftswaffe (s. S. 7 der Flugschr.) ist nicht mehr ein Traum. In Nürnberg ist es der Firma Wirth, Beck u. Knauss gelungen, ein unbemanntes Motorboot drahtlos zu dirigiren. [Technische Rundsch d. Berliner Tagebl. N° 44 vom 3. Nov 09] Mein Patentanwalt erklärte mir feierlichst, daß danach auch ein unbemannter Gleitflieger zu dirigiren wäre – die Techn. Rundschau erklärte er für Fachblatt ersten Ranges.
Außerdem hat Krupp ein Patent des schwedischen Oberst Unge unter der Bezeichnung »Lufttorpedo« für alle Staaten außer Schweden aufgekauft. Ich kenne das Patent noch nicht, werds aber in dieser Woche auf dem Patentamt ganz genau kennen lernen, da militärisches Geheimnis nicht vorliegt. Ja – sind das nicht zwei Tatsachen, die meiner Fl. ein sehr starkes Rückgrat ge-

ben? Könntest Du nicht so lieb sein und das dem Herrn Oberleutnant mitteilen? Du brauchst garnicht zu der Sache Stellung zu nehmen. Ich will mich nur mit Militärs darüber unterhalten. Wenn Du mir die Adresse des Herrn Oberl. mitteilen könntest, wäre ich Dir sehr dankbar. Mit Hartlebens Bruder in Essen steh ich in heftigster Correspondenz. Ich habe nie behauptet, daß ein Staat sein Heer abschaffen soll. Ich verlange nur »Militaristen-Congreß«. Warum soll ich denn die Sache nicht ernst nehmen? Die Um rüstung wird in höchstens 3 Jahren überall »eingeleitet« werden – darauf kannst Du Dich verlassen. Du unterschätzest mein Agitatoren-Talent. Zunächst sind parlamentarische Kämpfe zu insceniren.
Demnach: bitte gieb mir die Adresse des Herrn Oberleutnants – oder teile ihm mit, was ich Dir soeben schrieb. Jetzt ist die Sache spruchreif. Als ich die Flugschr. schrieb, war sie tatsächlich noch nicht spruchreif (wenigstens für mich nicht)
Ein Aëroplan-Torpedo läßt sich auch vom Feinde nicht ablenken, da die elektrischen Wellen ja nur auf den Lenkapparat wirken, der dem Feinde verborgen gehalten werden kann.
Das ist alles sehr realistisch – so garnicht phantastisch. Ich brauche aber kritische Erörterungen in der Presse – 12 Artikel habe ich schon in der Gegenwart geschrieben über dieses, u. in ⟨der⟩ jeder Woche kommt mehr.

Dynamitgrüsse!
Dein oller
Paulus

Randbeschriftung:
Bedaure sehr, daß die N. Fr. Pr. für Geschwindigkeit kein Verständnis hat.

527 An Martin Beradt

Herrn Dr Martin Beradt
Berlin W. 62
Schillstr. 4.

Berlin-Friedenau, Thorwaldsen Str 20
27. Nov. 1909

Sehr geehrter Herr Beradt! Schönsten Dank für den freundlichen Brief. Ich komme. Aber nicht platonisch wollen wir vorgehen. Die korrupte Tagespresse ist der größte Feind der freien Autoren – wirtschaftlich und geistig. Darum bitte ich Sie sehr, folgendem Vorschlage beizustimmen: Die Versammlung beschließt »Die Tageszeitung« zu gründen – »Halbmonatsschrift für Kritik der Tagespresse«.

Das zieht – auch wenn das Blättchen vorläufig noch garnicht »erscheint.« Was sagen Sie dazu? Für ein paar Zeilen wäre ich dankbar. Gehts, daß ich Dienstag Morgen Ihre Ansicht habe?

Dynamitgrüsse von Ihrem ergebenen
Paul Scheerbart

528 An Richard Dehmel

Poststempel: 29. 11. 09

Lieber Richard! Gumppenberg giebt im März Zeitschrift heraus. Er möchte Dich sehen. Wenn Du da bist, schreib ihm doch an »Berliner Hof Hamburg«. Wir grüßen Dich mächtig vom »Leipziger Hof« aus – sind aber in Berlin
Es lebe das Dynamit!

Zusatz von Gumppenberg:
Herzliche Grüsse von Ihrem H. v. G., der Sie bald zu sprechen hofft!
Zusatz von Anna Scheerbart:
Bär grüßt auch!!

529 An Herwarth Walden

Berlin-Friedenau, Thorwaldsen Str 20.
17. Dec. 1909.

Lieber Herwarth Walden!
Momentan schreibe ich meinen Asteroïden-Roman. Wenn der fertig ist, sehen wir uns. Anbei eine Pantomime. Ich freue mich, daß mir das gelang. Pantomimen sind furchtbar schwierig – da eigentlich alles wie »Taubstummen-Spiel« so lächerlich wirken kann. Hier wirkt aber das Lächerliche. Würde mich freuen, wenn Druck im »Theater« ginge. Zeichnung könnte noch verkleinert werden. Ein »Componist« könnte unbändig viel Geld damit verdienen. Die Sache kann ja in allen Staaten des Erdballs aufgeführt werden. Wie denkst Du über die Composition? Eine groteske komisch-pathetische müßte sehr energisch wirken. Der Componist hat vollkommen freien Spielraum. Das war mir die Hauptsache.

Mit vielen schon ganz alten aber ächten Dynamitgrüssen
bin ich
Dein
Paul Scheerbart

530 An Herwarth Walden

Berlin-Friedenau, Thorwaldsen 20
26. Dec 1909

Lieber Herwarth Walden!
Hoiho! Das wär fein, wenn Du im Sommer den Kitt genial komponirtest.
Aber – ich glaubs noch nicht!!
Na – auf Wiedersehen!

Mit ganz simplen Sprengstoffgrüssen
Dein
PCW.

531 An Herwarth Walden

Berlin-Friedenau, Thorwaldsen Str 20
28. Januar 1910.

Lieber Herwarth Walden! Blümnern schrieb ich drei Seiten. Ich mache dieses Mal nicht mit, da Dich der Protest nur schädigen u. uns nichts nützen kann.
Besten Dank für Nissen-Artikel.
Ich bin schon seit vielen Monaten nicht in der Stadt gewesen u. bin ihr nicht zugetan. In Deiner Angelegenheit ist guter Rat teuer. Dieses Mal rate ich Dir zum Vergleich, da es unwahrscheinlich ist, daß die Verleger nach 3 Monaten noch Geld haben.
Aber – das Protest-Pathos ist hier gänzlich wertlos. Was sagst Du zu meinem Culissenartikel? Schick ihn mir doch bitte bald zurück.
Wäre der Verlag der Vater der Ball-Idee – dann würde ich Dir raten, die Sache auszunutzen. Darüber müßten wir aber sprechen. Leider kann ich nicht zu Dir kommen, da mein Asteroïden-Roman keine Ablenkung gestattet

Mit vielen großen Grüßen
Dein
alter
Paul Scheerbart

Durch Zurückziehen der Manuskripte wird man diese Verleger doch nicht kränken – im Gegenteil. Darum ist das Zurückziehen ein ganz schwerer Fehler.
Was Du annahmst, müssen die Verleger doch bezahlen.

532 An Ernst Rowohlt

Berlin-Friedenau, Thorwaldsen Str 20.
Sonnabend 19. Febr. 1910

Lieber Herr Rowohlt!
Schönsten Dank für Ihren freundlichen Brief. Freue mich sehr, Sie wiederzusehen. Morgen Sonntag und Montag bin ich von 1/2 11 Vormittags ab den ganzen Tag zu Hause. Wir essen zwischen 1 und 3 Uhr. Dienstag werde ich vielleicht erst von 4 Uhr hier sein.
Mit den besten Grüßen – auch von meiner Frau – auf baldiges Wiedersehen –
Ihr
Paul Scheerbart

Sie können mit 60 u. 88 fahren – bis zur Endstation – dann durch die Canovastr. in 5 Minuten.
ich wohne »linker Seiteneingang« II Treppen links.

533 An Eberhard Buchner

Herrn Eberhard Buchner
Eichwalde b. Berlin
Waldstr. 43.

Berlin-Friedenau, Thorwaldsen Str 20.
26. Februar 1910

Lieber Herr Buchner!
Ihr Artikel hat mir eine sehr große Freude bereitet. Meinen schönsten Dank! Erquickend wars für mich besonders, daß Sie in den ersten 2 Seiten gleich den Kern meines ganzen Strebens bloßlegen wollen. Wie ich das alles unterschreibe! Und das hat noch Keiner so erkannt wie Sie. Da wird Ihnen mein Lesabéndio sehr viel Freude machen. Letzten Mittwoch brachte ich ihn schon zu Oesterheld.
Eigentlich ist mein Evangelium wol ein Bescheidenheitsevangelium. Und das entstand schon tatsächlich, als ich c. 13 Jahre alt war – damals wollte ich Missionar werden – nur religiöse Schriften, die meine Mutter hinterlassen, gaben die Anregung. Ich fand die Sachen unter altem Gerümpel auf dem Boden. Den ganzen Pietismus von Zinzendorf u. A. machte ich dann bis zum 19ten Jahre durch. Als ich als Siebzehnjähriger »Die Bekenntnisse einer schönen Seele« bei Goethe las, war mir das alles so geläufig, als hätte ichs Menschenalter hindurch immer wieder erlebt.

Das Sichunterordnen dem gewaltigen Kosmos gegenüber – das blieb also immer Leitmotiv – auch später, als ich den Materialismus erlebte und dann sehr rasch schon als Neunzehnjähriger die ganze grandiose Erkenntnistheorie kapirte. Lesabéndio ist auch nur ein hohes Lied auf das Sichunterordnen dem Größeren gegenüber⟨.⟩ L. will den ganzen Asteroïden-Ring der Sonne unterordnen – und immer wieder einen Stern dem andern u. s. w. – das Thema ist so in unser Sonnensystem hineingesetzt, daß ich glauben möchte: jetzt können wir etwas vom Astralen begreifen. Die Geschichte hat mich beinah kaputt gemacht – ich lebte mich so ins Sterben hinein – das ich auch nur für ein Sichunterordnen hielt, daß ich immer glaubte – jetzt würde ich gleich tot sein. Ein ekstatisches Opus – das letzte Fünftel spielt auch nach dem Tode. Es ist sehr kühn. Aber ich bereu's nicht.
Wenn ich Sie richtig verstand, sind Sie auf S. 3 der Meinung, daß man das Kosmische nicht zu deutlich ins Papier bringen dürfte – sowol dichterisch nicht wie auch zeichnerisch. Aber – das Zeichnerische galt mir immer nur dazu, meine Phantasie zu beflügeln – die erlahmt, wenn man sich nicht zeichnerisch gelegentlich anregt. Die Zeichnungen, die ich machte, haben somit nicht einen selbständigen künstlerischen Wert. Den beanspruchen sie nicht. Und Sie haben ganz recht, wenn Sie sagen, daß ich garnicht zeichnen kann – ich begann damit erst im Sommer 1902.
Dann müßten wir noch über das Konstruktive reden. Grade im Theater spielt es nach meiner Meinung die allergrößte Rolle. Das Konstruktive hat man doch wol unterschätzt.
Den Rübezahl stellte ich nur aus theatertechnischen Gründen in den Hintergrund. Da mir das Konstruktive so wichtig erscheint, wurde mir alles Theaterrevolutionäre zunächst eine technische Angelegenheit – alles aus den Darstellungsmitteln einer Kunst herzuleiten, schien mir die Hauptsache.
Neugierig bin ich, was Sie für »unerlaubte Naivitäten« halten – schrecklich neugierig – das ist ein Spezialurteil. Das habe ich noch nie gehört.
Großartig haben Sie »Geheimnisse« interpretirt. Ich unterschreibe alles mit Wonne. Aber – ich habe beim Niederschreiben (es war das Allerletzte der 22 – im Sommer 1904) das nicht gedacht, was Sie dachten. Ich bin ja Glasfanatiker u. wollte das Glasfarbenspiel – allen Wundergärten gegenüberstellen – eigentlich Hausarchitektur (eckige) gegen Gartenarchitektur. Das schadet aber nichts. Sie haben der Geschichte eine blendende Nüance gegeben, die mich einfach entzückt. Das ist aber Ihr Werk.
Nu – freu ich mich mächtig auf Eichwalde – besonders auf die Schneeglöckchen, die ich »beinahe« noch höher schätze als die Orchideen in Dahlem. Haben Sie die gesehen? Als ich sie gestern vor 8 Tagen sah, kam mir mein

Lesabéndio gegenüber der einen Orchidee etwas schwächlich vor. Tatsächlich.

Nun viele lustige Frühlingsgrüße von Haus zu Haus!
Und ich bin
Ganz
Ihr
Paul Scheerbart

Ich warte nur noch die Erledigung der Verlagsangelegenheit ab – dann schreib ich – u. dann kommen wir nach Eichwalde.

534 An Herwarth Walden

Berlin-Friedenau, Thorwaldsen Str 20.
2. März 1910

Lieber Herwarth Walden!
Das ist ja alles sehr lustig. Ich habe nichts dagegen, wenn Kurtz die deutsche Intelligenz bekämpft. Aber – ist die denn »existirend«? Ich bezweifle das. Zunächst müssen »wir« aber doch das Programmatische in »zweiter« Linie behandeln.
In erster Linie kommt das Geschäftliche! Da ist zunächst die Redaction – Du sprichst von »Wir« – ohne im Pluralis majestatis zu reden – da weiß man also nicht recht, ob die Mitarbeiter redaktionell mittätig sein sollen oder nicht.
Sodann – wer ist »Verlag« – Homeyer – oder »die Mitarbeiter« – oder wer? Es muß ganz besonders die Verlags- und damit die Honorarfrage »klargelegt« werden. Es ist auch nachzuweisen, daß »Capital« da ist.
Demnach: bitte – schreibe mir klar und deutlich, wie Redaction u. Verlag formulirt sind – erst dann kann ich der Frage, ob ich prinzipiell zur Mitarbeiterschaft bereit bin sachlich näher treten.

Mit vielen Frühlingsgrüßen
Dein
alter
Paul Scheerbart

535 An Ernst Rowohlt

Berlin-Friedenau, Thorwaldsen Str 20.
Sonntag 6. März 1910.

Lieber Herr Rowohlt! »Pro domo« sandte ich soeben ans »Blaubuch«. In der Gegenwart kommt »Zack, Sidi u. der grosse Kopf« in übernächster Nummer. »Steuermann Malwu« im Hamburger Fremdenblatt demnächst, ist schon honorirt. Somit wären die 12 sämmtlich untergebracht. Das »Perpeh« geht nach meiner Ueberzeugung unter allen Umständen – ich brauche nur 3 Zahnräder – dafür hab ich noch nicht das Geld. Sobald ichs habe laß ichs sofort machen. Es muß gehen.

Helle Frühlingsgrüße!
– auch von meiner Frau –
und ich bin Ihr ergebenster
Paul Scheerbart

536 An Ernst Rowohlt

Berlin-Friedenau, Thorwaldsen 20.
23. März 1910.

Lieber Herr Rowohlt! Meinen schönsten Dank für Ihren freundlichen Brief! Ich freue mich sehr, daß das Perpeh-Buch gefallen hat. Garnicht hab ich geschimpft. Ich hab in den letzten 3 Wochen ohne Unterbrechung an dem Perpeh gearbeitet – wol c 200 Compositionen in Erwägung gezogen – u. schließlich fast alle Axen in Schienen gelegt – u. nun glaube ich, daß die Sache mit 6 Rädern u. drei Schienenpaaren gehen wird – als »Transportabler Zug-Last-Motor«...
Darum ist es mir ganz recht, daß Sie sich erst nach Ostern an die Lektüre begeben. Ich sehe jetzt zu, daß ich einen Mechaniker bekomme, reiche die Geschichte nach den Feiertagen dem Patent-Amt ein u... dann wird sich ja alles entscheiden. Ich habe schon so oft gesagt »Ich habs« – daß ich dieses Mal garnichts sagen will. Aber jedenfalls wird der Schlußteil des Buches (c 10-12 Seiten) das Beste werden u. auch alle Techniker mächtig interessiren – selbst wenns nicht ginge – was ich allerdings für ausgeschlosse halte.....
Sehr liebenswürdig, daß sie meiner in Bremen gedenken möchten – Werde Ihnen sehr dankbar für eine Kiste sein – bitte: leicht, lang und billig...

Mit vielen Ostergrüßen – auch von meiner Frau – bin ich
ganz
der Ihrige
Paul Scheerbart

Wenn das Modell geht - dann gehen alle meine Bücher – wahrscheinlich ganz unheimlich....

Randbeschriftung:
Anbei »Prodomo«⟨.⟩ Kienzl gekränkt; er hätte doch höhnisch sein können.

537 An Ernst Rowohlt

Berlin-Friedenau, Thorwaldsenstr 20.
18. April 1910.

Lieber Herr Rowohlt! Schönsten Dank für Ihren lieben Brief. Ich verstehe die Situation des Buchhandels durchaus. Hoffentlich hab ich demnächst Geld. Das Perpeh wird hergestellt. Ich glaube, daß es geht. Dann gründe ich selber Verlag. Ihre Cigarren waren ganz vortrefflich - wenn auch schwer. Vergessen Sie mich nicht. Ich tus auch nicht

Mit lustigen Lenzgrüssen
bin ich
Ihr
ergebenster
Paul Scheerbart

538 An Bertha von Suttner

Berlin-Friedenau, Thorwaldsen Str 20,
20. April 1910.

Hochgeehrte gnädige Frau!
Meinen schönsten Dank für Ihre freundliche Karte und für Ihr Interesse. Die Flugschrift hat leider auch keinen größeren Eindruck gemacht. Aber ich gab die Hoffnung nicht auf und habe c 30 weitere kl. Geschichten geschrieben, die das Thema immer wieder von einer neuen Seite beleuchten. Jetzt versuche ich, einige Aviatiker für das Aeroplan-Torpedo praktisch zu interessiren. Vielleicht gelingt es mir, einen von ihnen zu einem Experiment zu verleiten. Unbemannte Motorboote haben sich in Nürnberg bereits drahtlos lenken lassen. Das soll, wie die Inhaber des Patent⟨ent⟩es »Wellenfernschalter f. Fahrzeuge« mir schrieben, auch mit Aeroplantorpedos möglich sein. Wenn etwas gelingt, möchte ich eine energische Zeitschrift »Das Aeroplantorpedo« herausgeben. Ich gebe die Hoffnung trotz allem nicht auf und bitte Sie sehr, gnädige Frau, mir Ihr Interesse bewahren zu wollen. Ich schreibe für die Frauen-Zukunft München-Grünwald über den Luftmilitarismus.
Dazwischen habe ich noch einen großen Asteroïden-Roman »Der gefesselte Komet« vollendet. Da kennt man Körperverletzungen nicht - auch beim heftigsten Aneinanderprallen der Gegensätze nicht.

Mit hochachtungsvollen Grüßen
Ihr
ergebenster
Paul Scheerbart

539 An Ernst Rowohlt

Friedenau, Thorwaldsenstr. 20.
30. Apr. 1910.

Lieber Herr Rowohlt!
Herrlich! Telegramm haben Sie wohl erhalten. Und - ich glaube, daß in 8-14 Tagen die Geschichte tatsächlich funktionirt. Modell wird hergestellt. Die Sache muß noch vor dem Erscheinen des Kometenschweifs funktioniren. Allerdings - ein paar Schlußseiten u. ein paar Zeichnungen kommen noch. Montag sende ich das Manuskript
Heiligsten Dank!

Ganz Ihr
Paul Scheerbart

Randbeschriftung:
also 15% vom Ladenpreis, nicht mehr?

540 An Ernst Rowohlt

Berlin-Friedenau, Thorwaldsen Str 20.
2. Mai 1910.

Lieber Herr Rowohlt! Schönsten Dank für Brief u. Karte. Gerne dedicire ich Ihnen das Manuskript mitsamt den 26 Zeichnungen. Aber ich bitte nur, das Manuskript mit der Correktur zuzusenden; sie erhalten dann, nach Erledigung das Manuskript zurück.
Den Schluß habe ich gestern und heute verfaßt, sodaß jetzt Alles ganz vollständig ist. Ich lege auch Entwurf zum Buchhandelsprospekt bei, überlasse Ihnen aber, damit ganz nach Belieben zu verfahren.
Die Zeichnungen vertragen ganz gehörige Verkleinerung. Ich denke sie mir in 3-4 zusammenklappbaren Streifen am Schluß oder an verschiedenen Stellen.
Morgen wird die Geschichte dem Patentamt eingereicht. Der Mechaniker macht schon das Modell. Da er in der Thorwaldsen Str wohnt, werde ich für Beschleunigung Sorge tragen.
Ich kann mir nicht denken, daß die Geschichte nicht funktioniren könnte. Ich bin aber tatsächlich etwas erschöpft.

Das war eine Anstrengung.
Na - hoffen wir!
Ich telegraphire, wenn alles klappt.
Für Vertragsendung werde ich sehr dankbar sein.

Perpetuirlichste Grüsse
von
Ihrem
Paul Scheerbart

Und viele Grüße an Alfred Richard.
Den Namen des Glückwunschsenders konnte ich leider nicht lesen.

541 AN ERNST ROWOHLT

Berlin-Friedenau, Thorwaldsen Str 20.
3. Mai 1910

Lieber Herr Rowohlt!
Soeben erhielt ich die 200 M ich bestätige den Empfang und sage nochmals meinen herzlichsten Dank.

Mit 10000 Grüssen
bin ich
Ihr
Paul Scheerbart

Gestern »Transportabler Zug-Last-Motor« beim Patentamt angemeldet

542 AN HERWARTH WALDEN

Berlin-Friedenau, Thorwaldsen 20
15. Mai 1910

Lieber Herwarth Walden! Anbei ein schönes Manuskript. Natürlich hab ich das schon öfters gesagt. Aber - man liest es doch so, als wärs neu - diese Form ist auch neu. Zeppelin muß die Geschichte in 5 Exemplaren bekommen. Und - bitte Correktur. Auch das Kriegsministerium müßte ein paar Exemplare bekommen. Na prost! Verse von Peter sind authentisch. Leider ist mir so schlecht, daß ich keinen Menschen sehen kann. Pardon!

Mit Dynamitgrüssen bin ich
Dein alter
Paul Scheerbart

543 An Herwarth Walden

Berlin-Friedenau, Thorwaldsen 20
19. Mai 1910.
8 U. Morgens

Lieber Herwarth Walden!
Schönen Dank für die Karte. Wenn Du Sonntag so um 4 zum Kaffee kommen kannst, werde ich mich sehr freuen. Ich erwarte Dich, wenn Du nicht Andres schreibst. Viel Ozon ist in der Luft. Dieser Morgen ist doch sehr merkwürdig.

Morgengrüße!
Ich bin
Dein
Paul Scheerbart

544 An Ernst Rowohlt

Berlin-Friedenau, Thorwaldsen Str 20.
1. Juni 1910.

Lieber Herr Rowohlt! Schönsten Dank für den Vertrag, den ich gleich unterschrieben zurücksende. Alles einfach herrlich.*) Ich freue mich sehr auf die Clichés und danke Ihnen sehr sehr, daß Sie eine wirkungsvolle Propaganda für das Buch machen wollen.
Der Fahrradfabrikant hatte zu viel Anderes vor und erklärte schließlich nach 3 Wochen, daß er vorläufig noch nicht anfangen könne. Da hab ich denn die Sache gestern vor 8 Tagen einem Mechaniker übergeben – für 100 M. Nun warte ich nervös auf Nachricht. Ich glaube ja, daß die Sache geht – aber es wird sich ja wol bald alles zeigen; logisch ist es – und das ist doch die Hauptsache.
Das Warten peinigt mich sehr – aber sonst geht alles gut – Ihnen hoffentlich auch. Freue mich sehr, mal wieder mit Ihnen zusammenzusein.

Viele Radgrüße – auch von meiner Frau
Ich bin
Ihr
ergebenster
Paul Scheerbart

Sie erhalten natürlich sofort Nachricht, wenn das Modell Resultate zeigt - da ja dann eine größere Auflage möglich. Dann müßten wir über die Propaganda noch Näheres sprechen -
Na - vielleicht....

Randbeschriftung:
*) besonders die 3000 Exemplare das muss aufs Titelblatt »1-3. Tausend«

545 AN ERNST ROWOHLT

Berlin-Friedenau, Thorwaldsen 20.
17. Juni 1910.

Lieber Herr Rowohlt!
Schönsten Dank für Brief u. Correktur. Letztere anbei. Und ich habe noch 3 Schlußseiten zugefügt; denen entsprechend können Sie in den Anzeigen erklären, daß e i n e Lösung des Problems jetzt endgiltig vorliegt. Diese eine ist »tatsächlich« das Mühlenrad - das Hinaufheben des Wassers wird da durch die Sonne perpetuirlich besorgt. Das Mühlenrad brauchen Sie in den Anzeigen nicht erwähnen - dann wirds ein Hauptspaß. Wenn ich bei den Anzeigen behilflich sein soll mit gutem Rat, bin ichs gern - nötig erscheints mir aber nicht in jedem Fall.
Umschlag, Titel, Vignetten überlasse ich ganz Ihrem Geschmack - den zu entwickeln, haben Sie mehr Gelegenheit als ich - Bei Drugulin leicht möglich.
Im Bibliographischen lassen Sie wol nur den »gefesselten Kometen« fort - nicht wahr? Abzug der Bibl. bekomm ich wol - auch - mit den Katernotizen?
Ich wäre dankbar.
Ich sage Perpe**h** - um den Ton auf die zweite Silbe zu legen - das t gehört zur dritten Silbe. Ich will auch dem Auto ein Aehnliches geben - u. liebe die Worte mit vollem Vokal am Schluß so sehr. Darum das h - das t zu hart.
Das Originalmanuskr. sende ich, wenn ich 99-101 mit den Revisionsbogen bekommen habe.
Die »Revision« erwarte ich nun mit Sehnsucht.
Bitte senden Sie an Harden nur die Revisionsbogen - er hat schon die Selbtanzeige und schrieb mir schon letzten Montag, daß er die Sache gern bringen wird. Ich bat - spätestens Anfang Juli.
R e c e n s e n t e n l i s t e k o m m t i n n ä c h s t e r W o c h e.

Dann auch Näheres über die alten Originalmanuscripte, die schon gedruckt sind – erhielt gestern vollständiges Kometentanz-Manuscript von Richard Strauss, das der tatsächlich 10 Jahre dabehalten hat. Ich hatte es schon vergessen.
Vom Mechaniker erhielt ich heute eine Karte, daß jetzt die Sache in Arbeit und das Modell bestimmt Anfang nächster Woche fertig ist.
Na – schön ist die Hoffnung.
Die Anthologie hatte ich gleich nach Ihrem Hiersein in der Idee fertig. Und zwar: so einfach darfs nicht gemacht werden. »Das Beste« solls sein. Aber – ich möchte einen Rahmen dazu. Ich bin ja schon im Rahmenmachen geübt – er soll prickelnd leicht und sehr lustig werden.
Ich möchte dabei von allen Büchern etwas erzählen – so bekommen die Geschichten einen Zusammenhang. Ich lasse mich »so ungefähr« verhaften, werde auf eine einsame Havelinsel gebracht u komme dort in ein Perlenschloss, das einem Legationsrat gehört. Und dem muß ich nun alles Staatsgefährliche erzählen – und der erklärt alles für formlos – oder so ähnlich.
Dieser Rahmen soll ganz neuartig wirken.
Ich möchte die Sache so betiteln:

Der Legationsrat Fedor von Hahn
Eine »wahre« Geschichte von Paul Scheerbart
mit vielen Stücken aus allen seinen Büchern.

Das Schloss des Legationsrats wird entzückend – ich denke, daß das Ganze 400 geschriebene Seiten fassen könnte – das ließe sich auf 200 gedruckte bringen. Wärs nicht zu viel? – sonst würd ich mich einschränken. Aber ich dächte: evtl ließe sich auch Ladenpreis 2 M 50 möglich machen.
Sie können überzeugt sein, daß der Rahmen so federnd leicht u. elegant – wie nur möglich wird – u. mit ausgelassenstem Uebermut soll die Sache schwungvoll u packend sein – u. sehr leicht – ganz verständlich – und dann das Beste in c 50 Stücken dazwischen.
Wärs Ihnen so recht?
Für baldige Nachricht wäre ich dankbar.
Im Juli kann die Sache fertig werden.
Mir gehts so ziemlich – das Correkturlesen hat mich heute mächtig angestrengt. Aber ich hoffe, daß die Geschichte auch zu meinem Bestem gehört.
Hoffentlich gehts Ihnen auch gut.

Mit vielen Grüßen – auch von meiner Frau –
bin ich
Ihr ergebenster
Paul Scheerbart

546 An Ernst Rowohlt

Berlin-Friedenau, Thorwaldsen Str 20.
7. Juli 1910.

Lieber Herr Rowohlt! Es ist mir schrecklich angenehm, daß sich die Drucklegung noch etwas verzögert. Morgen bringt mir der Mechaniker das Modell. Es wird noch eine Veränderung nötig sein. Und ich glaube: die wird die Lösung des Ganzen bringen. Demnach würden Sie mir einen großen Gefallen tun, wenn Sie c. 10 Tage hindurch nichts beschleunigen möchten.

Mit perpetuirlichen Grüssen
Ganz
Ihr
Paul Scheerbart

Recensentenliste hab ich schon aufgestellt.

547 An Ernst Rowohlt

Berlin-Friedenau, Thorwaldsen Str 20
13. Juli 1910.

Lieber Herr Rowohlt! Aus beiligendem Schlußsatz ersehen Sie, daß das Problem endgiltig gelöst ist. Der Patentanwalt erklärte mir, daß er *nichts* dagegen sagen könnte. *Jetzt* genügt *ein* Rad. Es ist sehr sehr verblüffend. Der Mechaniker will (ein einfacher Fahrradreparateur) will Freitag Abend mit dem *sehr* einfachen Modell fertig sein. Dann – oder Sonnabend Weiteres.
Ich überlasse Ihnen nun, ob Sie gleich nach Erledigung der Revision drucken wollen – oder später.

Mit perpetuirlichen Grüßen
Ganz Ihr
Paul Scheerbart

548 An Ernst Rowohlt

Berlin-Friedenau, Thorwaldsen Str 20.
13. Aug. 1910.

Lieber Herr Rowohlt!
Die Zeichnung ist einfach grandios. Ich bin entzückt. Die wird sehr wirksam sein. Anbei als Drucksache die Revision u. Correktur. Ich lasse heute

noch vom Schlosser die letzte Kleinigkeit für das Modell machen. Ich glaube, daß heute noch das Ziel auch praktisch erreicht wird!!!

Mit den besten Grüssen
bin ich Ihr
ergebener
Paul Scheerbart

Randbeschriftung:
Manuscript des Perpetuum sende ich in nächster Woche.

549 An Ernst Rowohlt

Stempel:
Paul Scheerbart
Gr. Lichterfelde W.
Marschner-Str. 15[I.]

6. Sept. 1910.

Lieber Herr Rowohlt! Sie haben wol die Güte, meine neue Adresse zu notiren. Morgen Mittwoch ziehen wir um. Dann sende ich auch die Manuskripte.
Zukunft haben Sie erhalten, nicht wahr? Wann wird das Buch fertig sein? Ich wäre Ihnen für eine baldige Nachricht sehr dankbar. Ueber die Modellgeschichte sprechen wir wol am besten mündlich. Resultatlos ist die Geschichte tatsächlich nicht. Aber – es ist natürlich noch ein Aber dabei.
Ueber die Manuskripte von Kometentanz Ich liebe Dich! Immer mutig! Gr. Revolution etc schreibe ich von der neuen Wohnung aus.
Der Umzug macht so viel Plackerei, daß wir ganz kaputt sind.

Mit perpetuirlichen Grüßen – auch von meiner Frau –
bin ich
Ihr
ergebenster
Paul Scheerbart

550 An Ernst Rowohlt

Adressenstempel: Paul Scheerbart *etc.*

10. September 1910.

Lieber Herr Rowohlt!
Meinen schönsten Dank für Ihren freundlichen Brief. Ich freue mich sehr, daß die »Zukunft« wirkte. Ich werde Besprechungen veranlassen, wo ich kann.
Mächtig freue ich mich auch auf die Ausstattung. Na - vielleicht wirds ein Schlager.
Ich sende anbei das Manuskript und außerdem das vom Kometentanz als Probe.
Ich habe endlich alle alten Kisten durchsucht und bis jetzt Folgendes gefunden:
1) Tod der Barmekiden (vollständig)
2) Rakkóx u. wilde Jagd (vollst.)
3) Die grosse Revolution (vollst)
4) Der Kaiser von Utopia (vollst)
5) Ich liebe Dich! (fehlen ein paar kl Geschichten)
6) Immer mutig 2 Bände (fehlen auch ein paar kl. Gesch.)

Nun weiß ich aber nicht, was ich dafür haben möchte. Wollen Sie oder Ihr Herr Compagnon, dem ich mich bestens zu empfehlen bitte, nicht über die Preisfrage selber nachdenken? Vielleicht geben Sie mir einen Anhalt, u. dann sende ich die Manuskripte. Sie können die 6 auch bekommen, ohne daß der Preis vorher bestimmt ist.

Mit vielen Grüßen - auch von meiner Frau - bin ich
Ihr
ergebenster
Paul Scheerbart

Freue mich sehr auf Ihren Besuch. Hier ist es einfach prächtig - weite Wiesen u. viele Bäume. Pardon! Sie haben mir noch nicht meinen Contrakt gesandt!

551 An Franz Servaes

Herrn Dr Franz Servaes
Weidlingau bei Wien
Laudonstrasse 26.

Elysium 10. September 1910

Oh Franzi! Hier ist es fein. Nur Wiesen, Wälder - und auch ein Wasserfall.
Stadt ganz weit ab - kaum zu ahnen.
Perpeh kommt gleich.
Europa kann sich freuen.
Jetzt erfinde ich einen Bacillus, der in acht Tagen die ganze Menschheit ausrotten kann. Also: sei sehr freundlich, wenn Du leben bleiben willst.
Grosse Grüsse Den Deinen u Dir von uns Beiden

Dein oller Paulus I.

552 An Richard Dehmel

Im Eldorado der Perpetuirlichen
am 10. September anno 1910 C.

Lieber Richard! Nu wohn ich wieder hier. 223 Meter von meinem Balkon entfernt rauscht ein veritabler Wasserfall. Berlin u. Wohnstätten kaum sichtbar. Dafür Blick in den ganzen europäischen Osten. Ural deutlich zu sehen. Viele Wölfe, Kosacken u. 17 Japaner die uns alle beobachten. Ich kann nich nach Bl. kommen, schreibe aber eine große Geschichte, die da spielt. Natürlich kein Spiel.
Horriborribúmbawo! Hoho!
Hier ist es herrlich. Ihr müßt mal herkommen.

Uralische Doppelgrüße etc. - - -
Dein oller Paulus.

553 An Ernst Rowohlt

Adressenstempel: Paul Scheerbart *etc.*

19. Sept. 1910.

Lieber Herr Rowohlt! Bin ganz berauscht. Das Buch sieht einfach entzückend aus. Meinen heiligsten Dank. Tagebl. u. B. Z. gelesen. Famoser Anfang. Und mit der Modellgeschichte bin ich so weit, daß die Welt bald überrascht sein wird. Denn – es bewegt sich doch!!! Noch glaubt Keiner*).

Mit perpetuirlichsten Grüßen
Ihr
ergebenster
Paul Scheerbart

Pardon der »eiligen« Karte!

Randbeschriftung:
*) Das wird aber bald anders werden

554 An Richard Dehmel

Herrn Weltbackmeister
Richard Dehmel
Blankenese b. Hamburg
Parkstrasse

Adressenstempel! Paul Scheerbart *etc.*

Oh! Oberweltenbäckermeister! Ich fall aber nicht drauf rein. Du willst blos ulken. Du solltest auch unlogisch sein? Glaub ich einfach nich. Fluss Perpeh, Rad Perpeh – Menschenblut ditto – Mensch ebenso ditto ⟨–⟩ Erde, Sterne, Meteore ebenso ditto.
Oh – ich weiß das allens. Und die »befriedigende« Lösung lebt schon.
Es lebe das Bäckerleben!

Und ich bin
Dein
oller
Ober-Bäcker!

Rand- und Zwischenraumbeschriftung:
Wo Du hinsiehst – ein Perpeh! Nee! Nee! Nee – so was!
300 Glückwunschtelegramme kamen schon.
Es lebe der Maulwurf; werde gleich seinen Symbolgehalt ergründen
Ich ergründe Allens – Na prost!
Mein Buch erhielt ich erst soeben
19. Sept. 1910.

555 An Josef Ettlinger

22. Sept 1910

Sehr geehrter Herr Doctor!
Sehr freuen würde michs, wenn Sie das Beiliegende acceptiren möchten. Sargon II. regierte von 722-705 vor Christus. Die Stele, von der in der Geschichte erzählt wird, befindet sich in der babylonisch-assyrischen Sammlung des Neuen Museums in Berlin*).

In vorzüglicher Hochachtung
Ihr
sehr ergebener
Paul Scheerbart

Randbeschriftung:
*) das könnte evtl in einer Fußnote gesagt werden.

556 An Ernst Rowohlt

Herrn Ernst Rowohlt
Verlag
Leipzig
Königstrasse 10.

23. Sept. 1910.

Lieber Herr Rowohlt! Schönsten Dank für das Leipziger Tageblatt. Das ist ja herrlich. Na – jedenfalls gefällt das Buch. Der Bruder von Otto Erich Hartleben schreibt mir, daß es in Essen nicht ausliegt – auch nicht auf den Bahnhöfen. Aber – das kommt wol noch. »Die deutsche Kolonial- und Gewerbe-Bank« fragte an, ob ich mich der Patentverwertung wegen an sie wenden würde. Herrlich nich! Ich schrieb, daß es sich jetzt um einen »Zuglast-Rotationsmotor« handelt.
Ich glaube, daß der jetzt funkioniren wird. Aber das glaubt mir kein Mensch.

Mit den lustigsten Radgrüssen – auch v. m. Frau –
bin ich
Ihr ergebenster
Paul Scheerbart.

Randbeschriftung:
Die Ausstellung des Buches imponirt überall mächtig

557 An Ernst Rowohlt

Gr. Lichterfelde 6. October 1910.

Lieber Herr Rowohlt! Soeben schreibt mir Franz Pfemfert (Red. Der Demokrat) Berlin-Wilmersdorf Nassauische Str. 17, daß er kein Exemplar f.d. Recension bekommen hat. Mein Gott, warum haben Sie den grade ausgelassen? Ich hab ihm anderthalb Dutzend Nachdrucke u. einen Originalartikel im letzten halben Jahr gratis gegeben – nur weil ich im Demokrat Kritik haben wollte. Ich schick ihm jetzt mein letztes Autorenexemplar.
Aber ich fürchte, daß Sie bei der Versendung der Ex. noch andre Adressen, die ganz bestimmt Kritiken bringen, ausgelassen haben. Ich höre von verschiedenen Leuten wie Buchner, Walther Nissen (Blaubuch) keine Silbe. Beim letzteren steht es genau so wie bei Pfemfert.
Darf ich Sie nun sehr bitten, mir mitzuteilen, wen Sie ausgelassen haben? Dr. H.W. Zahn bekam auch nicht – auch Dr. S. Friedländer nicht.
Bitte bitte schreiben Sie mir die Liste der Ausgelassenen, damit ich weiß ob wichtige Adressen ausgelassen sind.

Mit vielen Grüßen – auch von meiner Frau –
bin ich
Ihr
Paul Scheerbart

Der letzte Rotationsmotor, den ich komponirt habe, muß nach meiner Meinung endlich funktioniren. Jetzt hab ich aber nicht mehr das Geld, um die Sache herstellen zu lassen. Jedenfalls kenne ich jetzt schon ein paar hundert Kompositionen, die nicht gehen. Meine letzte aber wird wol gehen. Ich glaube immer wieder ans Gelingen. Die Geschichte wird jetzt sehr interessant.

558 An Ernst Rowohlt

Gr. Lichterfelde W. Marschner 15.
Poststempel 8.10.10

Lieber Herr Rowohlt!
Hurrah!
Heiligsten Dank für die vierte Auflage!

Ich freue mich so.
Hoffentlich demnächst Modell-Telegramme.
Ich glaube – es giebt gleich mehrere Perpehs

Perpetuirlichst
Ihr
Paul Scheerbart

559 An Ernst Rowohlt

Gr. Lichterfelde W. Marschner Str 15. I
9. Oct. 1910.

Sehr geehrter lieber Herr Rowohlt!
Schrecklich leid tut es mir, daß ich mich so ungeschickt ausgedrückt habe. »Vorwürfe« wollte ich Ihnen wahrhaftig nicht machen. Ich w u ß t e, daß ich eigentlich zu viel Adressen aufgegeben hatte, und ich nahm Ihnen nicht im mindesten übel, daß Sie einige fortließen. Ich wollte nur wissen, w e l c h e Sie fortließen. Remer schreibt ganz bestimmt. Die 5 Exemplare genügen für diejenigen, auf die zu rechnen. Die meisten der Ausgelassenen können ganz ruhig fortbleiben.
Nun zunächst meinen schönsten Dank für Ihren Brief, für die 5 Perpehs und für die 5 Katerpoesieen. Ich weiß, was Sie für das Perpeh getan haben – das hätte kein Andrer getan – und ich werde Ihnen stets dafür sehr sehr dankbar sein – das können Sie glauben.
Die Listen gebe ich Ihnen zurück, wenn Sie hier sind. Ich denke noch über die einzelnen Adressen nach und werde tun, was ich kann.
Heiligsten Dank für die guten Absichten, die Sie mit der »Auswahl« haben.
Nun freue ich mich mächtig auf Ihren Besuch oder auf ein Zusammenkommen an andrem Ort.
Die Verbindung ist hier sehr gut. Sie können mit V. W. D. F. 59. bis Händelplatz Endstation fahren. Von dort links die Chausseestr – 2te Querstr Haydnstr links dann in dieser erste Querstr rechts Marschner – in der Mitte.
Auch gehts von Vorortbahnhof Steglitz mit der Elektrischen, die nach Lichterfelde Ost fährt – bis Richard Wagner Str, in der erste Querstraße ist Marschner.
Nochmals meinen schönsten Dank für alle Ihre Freundlichkeit – besonders für die ... ⟨*unleserlich*⟩!!

Mit den besten Grüßen – auch von meiner Frau – bin ich
Ihr sehr ergebener
Paul Scheerbart

Ich habe übrigens die feste Ueberzeugung, daß ich mit dem Modell ans Ziel komme. Es ergeben sich aber, wenn eins geht, ganz bestimmt mehrere Fassungen, die nicht als ein Patent angemeldet werden können. Zunächst habe ich nur »Rotationsmotore« im Auge – die ergäben ein Abschlußbuch erster Güte.

560 An Ernst Rowohlt

Gr. Licherfelde W. Marschner Str. 15. I
14. October 1910.

Lieber Herr Rowohlt!
Schönsten Dank für Ihren freundlichen Brief. Bedaure sehr, daß Sie momentan noch nicht kommen können – aber demnächst – nicht wahr? Die Geschichte mit den Auflagen habe ich geahnt; ich bin niemals allzu optimistisch.
Besten Dank, daß Sie noch einige Freiexemplare versenden wollen.
Zahn*) will in einem süddeutschen Blatt über das Buch schreiben. Ich habe an
Remer, Baum, Pfemfert, Wiener-Braunsberg Max F. Sebaldt persönlich gesandt.
Ich empfehle nun noch die folgenden, deren Adressen Sie wol noch da haben:
1 Dr. Rudolf Blümner [p. Deutsches Theater]
2 M. G. Conrad
3 Dr. Bruno Wille
diese haben schon mehrfach über mich geschrieben.
Von den folgenden fünf sind Kritiken wol zu erwarten:
4) Georg Fuchs N. W. 87 Tile Wardenberg Str. 28. [schreibt für die Vossische]
5) Dr. S. Friedländer Halensee Johann Georg Str 7 [Sturm etc]
6) Otto Corbach [mir persönlich bekannt – schreibt an 1000 Stellen] Charlottenburg Waitzstr 3
7) Philipp Recknagel Steglitz Ahornstr 23 [Volkserzieher]
8) Dr. Anselm Ruest N. W. Wullenweber Str 12 [evtl Gegenwart oder Zukunft oder sonstwo – ich werde ihn persönlich aufmuntern]
Pastor hat in der Tägl Rdschau geschrieben, Schur will fürs Berl. Tagebl schreiben, sagt aber, daß dort noch Kritik über Katerpoesie lagert.
Am 12. d. M. also vorgestern gelang mir endlich eine Rotationsmotorenfassung, die tatsächlich das erste Ziel ist. Ich glaube fest daran, daß die Sache

jetzt gehen wird. Ich setze alles daran, die Sache ausführen zu lassen – muß mich aber noch etwas gedulden, da die Sache**) doch immer »Arbeitslohn« beim Schlosser kostet.
Doch nun: auf baldiges Wiedersehen!
Ich telegraphire natürlich, wenns geht.

Mit den besten Grüßen von uns Beiden bin ich inzwischen
Ihr sehr ergebener
Paul Scheerbart

Randbeschriftung:
*) hat Buch gekauft
**) Pardon den vielen Sachen!!

Anbei die Listen mit bestem Dank retour.

561 An Herwarth Walden

Gr. Lichterfelde W. Marschner Str 15 I.
14. Jan. 1911.

Lieber H. W. Noch nachträglich schönen Dank für Deinen Perpeh-Brief. Leider beschäftigt mich das Modell (al. die Modelle) so heftig, daß ich nur noch zu einigen Dutzend Novelletten u. Glossen komme –
indessen: in dieser Woche erhielt ich die üblichen 5 Belegexemplare vom »Kaiser« nicht. Laß bitte nachsenden; ich bekam nur eins.
Für Gegenwart sandte ich eben Correktur ab: »Des Kaisers Fluch« – da kommt Schickele, Napoléon, Lannasch u. Montholon vor. Sagst Du das dem René? Ich werde Dir dankbar sein. Schreibe gleich assyrische Geisterglosse mit Aeroplan u. Friedländers großem Buch über Nietzsche.

Heil! Hipp! Halloh! Dein
PCW.

562 An Erich Mühsam

Herrn Erich Mühsam
Herausgeber des »Kain«
München
Akademiestrasse 9.

Gr. Lichterfelde W. Marschner Str 15 I
4. April 1911.

Oh Eriko! Kain ist fein. Gratulire! Hat mir alles viel Spaß gemacht. Ich glaube, daß das gehen könnte. Aber - Du wirst Dich eklig anstrengen müssen. Na prost! Und Heil! Viel Heil! Deine Scheerbartiana in der D. Montags Ztg haben mir sehr viel Freude gemacht. Ich schüttle Dir das Pfötchen. Ich schrieb nicht früher, weil ich glaubte, daß Du längst wieder eine andere Adresse hättest. Hier viel Aerger - sehr viel. Aber - immer mutig! Sterne heute Abend sehr klar - das tröstet. Viel Glück u. ein paar Milliarden

Perpeh- u Bärengrüsse von Deinem
alten
PCW.

563 An Franz Servaes

Gr. Lichterfelde W. Marschner Str. 15. I.
5. April 1911

Liebes Franzi! Das ist ja fein, daß wir uns so mal Briefe schreiben. Man hört doch was. Das von Dagny hat mich am meisten interessirt. Also: Schauspielerin!*) Ja - das ist sehr wichtig. Wenn die Stimme den Sorma-Ton bekommt - und - und - wenn die pantomimische Sicherheit der d'Ell Era [ich weiß garnicht mehr, ob sie sich so schreibt] dazu kommt. Hm! Das wäre was! Gratulire. Kursus im Pantomimischen bei sehr vernünftiger älterer Ballerina sehr wichtig. Auch Ernesto Rossi könnte ihr das Wichtigste verraten - der lebt aber nicht mehr. Immerhin - hier muß man gespannt sein. Sorge nur für Beherrschung des ganzen Körpers. Das erscheint mir immer das Wichtigste zu sein - u. dann die übrige Intelligenz. Eine Schauspielerin muß fürchterlich gebildet »aussehen«. Aufs Aussehen kommts an und dabei das Kindliche. Oh! Das Zeichnerische ist darum sehr erfreulich. Nun - meine schönsten Glückwünsche!**)
Reinhardt aber u Kahane haben mich entdeckt? Wo? Doch nicht etwa darum, weil sie Frl. Gwynne in den Kammerspielen meine feinsten Pantomimen verunstalten ließen? Schreib doch, was Du weißt. Ich wohnte meiner Matinée garnicht bei.

Und Hermann Bahr hält Vorträge über mich? Ih – nee – das ist mir ja gänzlich neu. Auch darüber bitte gelegentlich eine Zeile.
Anbei ein Köstlichstes! Es ist rührend zart – u. zeigt den fabelhaften Reichtum babylonischer Tempel. Ich hab ein Dutzend »Kulturnovelletten aus Assyrien, Palmyra und Babylon« geschrieben – das Beiliegende das Zweitbeste – das Allerbeste hab ich noch in der Schublade (Istar, der Morgen- u. Abendstern)
Demnach – Annahme wird mich erfreuen. Ablehnung wird mich nicht ärgern. Bis auf 3 Stücke (von denen dieses das eine) sind die 12 untergebracht.
Hipp! Hopp! Halloh!

Mit Lenzgrüssen allen Deinen u Dir von uns Beiden
Dein
oller
Paulus

Randbeschriftung:
*) nur Shakespeare etwas vorsichtig geben – er ist viel zu leicht – u auch viel zu alt für uns.
**) Bär möcht Dagny auch mal wiedersehen – grüßt vielmals extra – auch die Mama

564 An Filip Kester

Gr. Lichterfelde W. Marschner Str. 15 I
20. Mai 1911

Sehr geehrter Herr!
Schönen Dank für Ihren freundlichen Brief. Selbstverständlich bin ich einverstanden. Wenn es Ihnen recht ist, würde ich Sie Mittwoch 24. d. M. Nachmittag von 4 Uhr ab erwarten. Sie fahren bis Händelplatz, von dort die Chaussee Str hinauf – links Haydnstr – in dieser Marschner.
Wenn Sie nicht schreiben, erwarte ich Sie

Hochachtungsvoll
Paul Scheerbart

Paul Scheerbart (1911)
Fotografie von Filip Kester

565 An Filip Kester

Herrn Filip Kester
Berlin-Friedenau
Wilhelmstrasse 14.

Gr. Lichterfelde W. Marschner Str 15
12. Juni 1911.

Sehr geehrter Herr!
Schönsten Dank für die freundliche Zusendung der Photographieen. Die 3 sehen ja sehr gut aus, aber auch das en face gefällt mir sehr. Selbstverständlich hat alles keine Eile, und ich warte gerne.

Mit den besten Empfehlungen – auch von meiner Frau –
Ihr
sehr
ergebener
Paul Scheerbart

Randbeschriftung:
Auf dem Divan sehe ich wie eine grimmige Dogge aus.

566 An Herwarth Walden

Gr. Lichterfelde W. Marschner Str 15I
12. Juni 1911.

Lieber Herwarth Walden!
Wenn Du Beiliegendes an die Große Glocke hängen möchtest, würde michs freuen. Aber sieh, daß keine Druckfehler stehen bleiben und schicke den beiden oder den 3 Beteiligten je 1 Ex. mit der markirten Stelle.
Deine Pantomime mit Wauer interessirt mich sehr. Schade, daß ich nicht kommen kann. Aber die Stadtluft wirkt furchtbar auf mich. Ich habe nicht nur das Heufieber; ich habe auch Stadt-Fieber – Ich fürchte, daß noch das Theater-Fieber hinzukommt. Dann wirds aber eklig.

Na prost!
Immer mutig!
Dein
alter
Paul Scheerbart

Paul Scheerbart (1911)
Fotografie von Filip Kester

567 An Ernst Rowohlt

Gr. Lichterfelde W. Marschner Str. 15I
27. Juni 1911

Lieber Herr Rowohlt!
Mit dem letzten Modell wird ganz bestimmt das Resultat kommen. Fraglich bleibt nur die praktische Verwendbarkeit. Darf ich Sie da sehr bitten, mir meinen Contrakt zu senden? Ich werde Ihnen sehr dankbar sein.

Mit vielen Perpehgrüssen
Ihr sehr ergebener
Paul Scheerbart

568 An Peter Scher

9. Juli 1911

Lieber Peter Scher!
Das Geheimnisvolle ist natürlich die Überfülle von elektrischem Licht, die ganz allein die Glas-Architektur rechtfertigt. Und sie ist nur durch das Perpeh möglich. Das Modell ist schon fertig. Ich soll morgen früh zum Mechaniker – ich bin mächtig neugierig. Ich glaube, daß es geht. Hab' ihm schon zwei leichter herzustellende Fassungen gegeben. Das wird nun eine sehr aufgeregte Zeit werden. Sie schreiben wohl immer vierundzwanzig Stunden vorher, wann Sie kommen – damit ich mich nicht binde. Ich schreibe, wenn Resultat tatsächlich vorliegend ist, Postkarte.

Perpetuierlichst
Paul Scheerbart

569 An Herwarth Walden

Gr. Lichterfelde W. Marschner Str 15
2. August 1911.

Lieber Herwarth Walden!
Gegen den Abdruck dieser Oberlehrerepistel bin ich s e h r. Der Mann ist z u dumm. Und es hat garkeinen Zweck, sich mit solchen Leuten herumzuschlagen. Vielleicht klärst Du ihn, ohne seine undiskutirbaren Auslassungen abzudrucken, einfach in einer Trustglosse darüber auf, daß die Leserwelt nicht sehr erfreut über eine Literaturgeschichte sein dürfte, in der Einer

Paul Scheerbart (1911)
Fotografie von Filip Kester

schreibt über die Literatur der letzten drei Jahrzehnte, obschon er die Leute garnicht kennt – 27 Bücher will er von P. S. haben – gebunden – kostet c 130 M. Er merkt bis heute noch nicht, daß seine Geschichte einfach eine Frechheit ist – meine 27 Bücher will er wol in 8 Tagen verschlingen – und gleichzeitig noch ein paar andere bekannte Autoren. Vor solchen Literaturgeschichten muß man sich in Acht nehmen – – – so ähnlich, nicht wahr? Sein Letztes würde ich aber nicht abdrucken. Du bist wol so lieb und tust es nicht.

Mit perpetuirlichsten Grüßen
Dein
alter
Paul Scheerbart

570 An Herwarth Walden

Gr. Lichterfelde W. Marschner 15. I
20. Oct. 1911.

Lieber Herwarth Walden!
Soeben war Frau Mimi Kornfeld hier eines Vortragsabends wegen
Ich gab ihr mit:
»Die Schlachtpomade«
»Istar, der Morgen- und Abendstern⟨«⟩
»Die Gesellschaft des Herrn von Kaminski«
»Die Königin von Saba«
[Letztere 3 Sachen kannst Du nachdrucken⟨]⟩
Kaminski kam in der Schaubühne⟨.⟩ Das kollidirt wol, ist aber mein Bestes⟨.⟩ Auch davon leider kein weiteres Exemplar
Nun empfehle ich Dir die Dame*) für einen Vortagsabend (evtl P. S. Abend) – evtl mit Blümner, den ich sehr zu grüßen bitte.
Eine Kidimuti ersten Ranges scheint mir Frau Kornfeld zu sein. Sei lieb – sie ist bereit, an diesem Abend kostenlos mitzuwirken.
Besprecht bitte alles Weitere mit Blümner etc – oder wie Du willst.
Heil! Hipp! Halloh!
Und viele Grüße auch Deiner Gattin, von der wir immer gerne lesen – von uns Beiden
Perpeh geht demnächst!
Nur nicht den Mut verlieren!!!

Altid [das ist schwedisch]
Din old PCW.

Randbeschriftung:
*) sie kommt wahrscheinlich Montag, wohnt: Wilmersdorf Prinz Regenten Str 115/116

Istar erschien im Hamb. Fremdenbl. – Ich habe kein Exemplar mehr. Königin in Masken

571 An Richard Dehmel

Lieber Richard! Hierdurch die erfreuliche Mitteilung, daß das Perpeh endlich erfunden ist. Kann leider nichts Näheres mitteilen, da ich in der Sache nicht mehr allein stehe. Aber so viel ist sicher: zehn Milliarden hab ich demnächst. Ich bin darum ein andrer Mensch geworden, trinke nichts mehr und beschränke meine Mahlzeiten ganz energisch. Folge mir hierin nach, damit in der Heiligen-Tafel meiner nächsten Religion auch ein Platz für Dich reservirt bleibe. Heil dem achtzehnten November!

Michaelische Grüsse von Haus zu Haus!
Deine fromme Maus.
Jetzt ist der Brief aus.

Gr. Lichterfelde W. Marschner 151
17. November 1911.

572 An Richard Dehmel

An Signore Riccardo Dehmel
Blankenese b. Hamburg
Parkstrasse 22

Montag 27. Nov. 1911
nach 30 Seemuscheln.

Heil! Hipp! Hopp! Ich habs. Du fragst: Na was denn? Komische Frage! Ich habe die gesammte Komposition meines 4 bändigen Luftschifferromans*) »Ueberirdische Reisen«. Vor dem Glasglanz werden allen Europäern die Augen übergehen. Dein Michalski aber ist sehr lustig. Schönen Dank!
Famos, daß Du endlich mal lustig wirst.
Ich wars auch so lange nicht**).

Din PCW.

Michel redet so viel von den Gläsern und garnicht vom Glas Das ärgert mich eigentlich. Wie viel Glaspaläste willst Du haben? Schreibe bald!

Randbeschriftung:
*) spielt anno 2222 p. Chr!!!
Ende Januar fertig – 333 Geschichten dabei – die sind schon da! Ha! Ha! Ha!
**) aber heute bin ichs wieder

Und grosse Bärengrüsse Deinem Hause

573 An Herwarth Walden

Gr. Lichterfelde W. Marschner Str. 15 I
17. Febr. 1912

Lieber Herwarth Walden!
Anbei Einiges. Das »Morgenidyll« für N° 100. Ich fange jetzt meinen Luftschifferroman »Ueberirdische Reisen« an. 10 Bände werdens mit 333 Geschichten. Diese schon fertig.

333 lustige Grüsse
von
Deinem
alten
Paul Scheerbart

574 An Peter Scher

Brieffragment

22. Februar 1912

Hätten Sie Lust, mit mir zusammen einen kleinen Aprilscherz zu arrangieren? Ich denke mir ein Blatt im üblichen Zeitungsformat. Titel: Die Millionäre Berlins. Erste deutsche Quartalszeitung für die höher Gebildeten. Quartalszeitung kann da ruhig stehen – wir könnten, wenn das erste Blatt gut geht, in jedem Quartal erscheinen. Wir leitartikeln so, als wenn alle Millionäre Berlins hinter uns ständen, dichten diesen die freundlichsten Pläne an – große Verlagsunternehmen, Kolossal-Architektur, Luftflotten- und Sternwartenbau etc. – kurz: die Herren sind plötzlich nur noch für die allerhöchsten Kulturinteressen zu haben und geben für diese ungeheuerliche Summen. Wie denken Sie darüber? Wir freuen uns mächtig auf Ihr baldiges Wiederkommen. Es wird jetzt täglich schöner im Botanischen Garten. Das sind die herrlichsten Glaspaläste.

575 An Peter Scher

Brieffragment

28. Februar 1912

Momentan schreibe ich den Rahmen für meine Luftschiffer-Roman »Überirdische Reisen«. Meteorgeister werden entdeckt. Und die wollen was von der Anfangszeit der lenkbaren Luftschiffahrt lesen. Es spielt anno 2222 post Chr. Den Meteorgeistern werden 333 meiner Geschichten in die Atmosphäre hinausgesandt, darum wird der Roman leider mindestens zehn Bände stark. Der ganze Luftmilitarismus kommt auch hinein. Die Staaten werden in Gesellschaften m.b.H. aufgelöst. Es wird ein bißchen anarchistisch – aber deutlich kriegslos.

576 An Hanns Heinz Ewers

Herrn Dr Hanns Heinz Ewers
Charlottenburg
Goethestrasse 85.

Gr. Lichterfelde W. Marschner 15I
3. April 1912

Lieber Hanns Heinz Ewers!
Gestern war ich bei Herrn Manasse, erhielt 100 M baar – und 200 M bekomme ich noch im Laufe des Sommers. So bin ich in der Lage, den Luftschifferroman zu schreiben.
Der Rechtsanwalt schrieb mir auch, daß Du gestern gesagt hast, daß das Manuskript v o r dem 6. XII. 1906 verloren gegangen ist.
Also: vielen Dank für Dein energisches Zureden bei Herrn M.

Viele Ostergrüße!
Dein alter
Paul Scheerbart

Lavierte Federzeichnung (1912)

577 An Herrn Fritz Droop

Herrn Fritz Droop
Danzig Petershagen
a. d. Radaune 10.

Gr. Lichterfelde W. 4 Marschner 15 I
15. April 1912

Sehr geehrter Herr Droop!
Anbei, was ich erübrigen konnte. Mehr kann ich leider nicht senden, da ich mich von meinen »allerletzten« Exemplaren nicht trennen kann - auch nicht leihweise. Von den Verlegern sind ältere Bücher nicht zu bekommen. Ich schreibe, daß Ihnen »Astrale Novelletten« gesandt werden. Die sind aber noch nicht erschienen.

In vorzüglicher Hochachtung
Ihr ergebener
Paul Scheerbart

578 An Herwarth Walden

Gr. Lichterfelde W. 4. Marschner Str 15 I
28. April 1912

Lieber Herwarth Walden!
Schönen Dank für Deinen freundlichen Brief. Aber die Auswahl liegt mir nicht; es könnte danach Jemand meinen, daß das Uebrige weniger gut sei. Diese Meinung kann ich nicht ertragen; ich habe schon öfters derartige Angebote bekommen - und alle abgelehnt - auch weil ich glaube, daß diejenigen, die sich eine Anthologie kaufen als Käufer voller Bücher nicht mehr in Betracht kommen. Ich bin überhaupt gegen alle Anthologieen. In einem Rahmenbuche sind die kl. Geschichten immer in einen Zusammenhang gebracht - an einander gekettet - das fällt bei einer landläufigen Anthologie ganz fort - deswegen ist sie nicht gut. Du bekommst demnächst »Astrale Novelletten« als Buch. Die hängen auch alle miteinander zusammen. Demnach - bitte entschuldige mich bei Herrn Gellert. Ich weiß übrigens auch, daß solche Auswahl brillant als Buch gehen würde - selbst für 3 M Ladenpr. Indessen - ich gebe die Anthologie auch nicht für ein sehr hohes Honorar.
Deine Ausstellung kann ich leider nicht besuchen, da ich die »Stadt« beim besten Willen nicht vertragen kann. Du ahnst garnicht, wie viele Dinge mir auf dieser Erde schrecklich sind. Ich habe die Absicht, mir auf einer Wald-

insel (oder Südseeinsel) ein paar Glaspaläste zu bauen, in die ich mich ganz und gar zurückziehen werde. Man kann sich garnicht weit genug zurückziehen. Sei mir nicht böse drum!

Mit vielen Lenzgrüßen bin ich
Dein alter
Paul Scheerbart

579 An Richard Dehmel

Fotopostkarte vom S-Bahnhof Botanischer Garten. Von Scheerbart gezeichneter Pfeil zum Nebenhaus und Anmerkung: unser Stammlokal

Poststempel: 30. 4. 12

Bo-Grüsse! Lieber R! Situatio bischen besser! Beine beiderseits ditto. »Astrale Novelletten« kommen in drei Wochen. Durst gut! Na prost!
Din oller Paulus

Zusatz von Anna Scheerbart:
Ihnen Beiden – von uns Beiden – Maigrüße – dicke! Rolle verschleudert – für 300 Mrk. Bald mehr! Ihr Bär.

580 An Richard Dehmel

An den alten Geisterkönig
Herrn Richard Dehmel
Blankenese b. Hamburg
Westerstrasse 5

Gr. Lichterfelde W. 4 Marschner 15 I
Poststempel: 23. 6. 12

Lieber Markese-Richard!
Da sind wir aber neugierig. Das mit dem Aufsdachsteigen müssen wir ganz bestimmt demnächst ausprobiren. Es geht im August oder September dieses Jahres⟨.⟩ Dann erst bin ich mit meinem unbändigen Roman fertig. C 1500 Fußnoten kommen hinein und über 300 merkwürdige Geschichten. Das

Nr. 579

Generalregister aller dieser Dollheiten füllt einen halben Band. Ich schreibe Dir, wenns soweit ist. Und – dann Wiedersehen und Onkel Glubsch umhalsen. Grüsse ihn inzwischen. Grüsse auch Deine Gattin von der meinen (Markese-Bär)
Und von uns Beiden Dir die allerschönsten Irokesen-Grüsse.

Ick bin
Din
oller
Paulus

Randbeschriftung:
Grüsse von Home to Home!

581 An Richard Dehmel

Fotopostkarte mit Ansicht des Hauses Marschnerstraße 15. Anna und Paul Scheerbart auf einem Balkon in der 1. Etage. Von Scheerbart gezeichneter Pfeil zu dem daneben liegenden Fenster, über dem sich ein Relief mit einer gebückten Figur befindet, und Anmerkung: Schreibtischfenster; darüber: Safur mit dem Kopf die Wand einrennend

Poststempel: 26. 6. 12

Oh Riccardo! Deine Karte war sehr lieb. Ka-Sio steht schon als abschreckendes Beispiel auf m. Schreibtisch. Eben an Köster Gohlis geschrieben. Demnach: Immer mutig! Der Poetaster hat mir riesigen Spaß gemacht! 3 Bde Luftschifferroman fertig (12 werdens mindestens) Na – Na prost! Bärengrüße von Home to Home Din old

Paulus

Randbeschriftung:
Ich danke Dir. Ich danke Dir.

582 An Alfred Kubin

Gr. Lichterfelde W. 4. Marschner Str. 15 I
13. Juli 1912

Lieber Alfred Kubin!
Soeben schreibt mir Herr Georg Hecht, daß G. Müller meinen »Lesabéndio« angenommen hat – und daß Du Dich bereit erklärst, die Geschichte zu

Nr. 581

illustriren. Total u. rückhaltlos einverstanden. Heiligsten Dank! Das hab ich nie zu denken gewagt. Dadurch kommt aber das Buch in ein größeres Publikum. Herrlich! Mach alles ganz, wie Du willst. Ich bin von Deinen zeichnerischen Qualitäten überzeugt – u. riesig gespannt auf jedes Blatt.
Herr Hecht schreibt mir, daß Du selbst bei der Annahme mitgewirkt hast aus eigener Initiative. Das war sehr lieb von Dir. Ich werds nicht vergessen. H. Hecht bat mich um Deine Adresse. Ich sollte Dir schreiben, daß er ein paar Leute hat, die Dich zu ehren wissen. Auch möchte er Dich um etwas für die Krit. Tribüne bitten; er wird Dir schreiben. Auch ein zeichnerisches Original, das für ihn aufkaufbar ist, sucht er. Er wohnt München-Pasing, Langwieder Str 7.
Und nun bitte ich Dich, mir zu schreiben, wie Du das mit dem Honorar vereinbart hast. Bekommst Du von G.M. ein Einmaliges – oder willst Du mit mir teilen? Mir ist beides recht. Aber schreibe mir möglichst baldigst, damit ich mich G.M. gegenüber danach richten kann. Die 3 Bände müßten minimum 9 M Ladenpreis kosten.

Nun unzählige Grüße – auch von meiner Frau -
Dein
alter
Paul Scheerbart

Ich schreibe momentan an einem 11 bändigen Luftschiffer-Roman, bin in Bd VIII. Na prost!

583 An Richard Dehmel

Gr Lichterfelde W. Marschner 15
1. August 1912

Lieber Richard! Kann nicht umhin, Dir mitzuteilen, daß mein L.R. (11 Bde) gestern fertig wurde. Nun schreibe mir doch gelegentlich, wann Ihr in diesem oder dem nächsten Monat da seid. Hoffentlich saniren sich meine pek. Verhältnisse in Bälde. Und dann – das Weitere! Ich sitze allein bei Papa Hoffmann u. trinke gleich das 6te u. 7te Glas Kindl auf Euer Wohl

Altid
Din
olles
Paulemann

Auf der Rückseite der Postkarte:
Schweres Brett!
Ich bin verteufelt selig!
Na prost!

Gr. Lichterfelde W. Marschner Str 15I
9. August 1912

Liebster Alfred Kubin! Meinen heiligsten Dank für Deinen lieben Brief. So hab ich mich schon lange nicht gefreut. Und ich freue mich immer noch. Zunächst: meinen schönsten Dank, daß Du mit G. Müller zum Abschluß gelangtest. Ja – ich habe auch das Möglichste getan. Jetzt vertraue ich ganz Deiner Begleitmusik. Herrlich, daß der Preis auf 6 M festgesetzt ist. Da sind ja Käufer zu erwarten. Nun wird hoffentlich alles Weitere ganz glatt ablaufen. Wie froh bin ich, daß die Sache jetzt endlich fest abgemacht ist.
Ich freue mich eigentlich so, daß ich garkeinen vernünftigen Brief schreiben kann. Ich glaube, das Wichtigste ist, daß man sich ganz umkonstruiren kann – sodaß man dann Dinge tut, denen man im normalen Zustand garnicht gewachsen ist.
Jan. 1906 fing ich an mit L. Im Juli d. J. war ich noch lange nicht bis zur Hälfte – da mußte ich aufhören, da ich kein Geld mehr hatte. Erst im Herbst 1909 konnte ich weiterarbeiten. Jeder Kapitelschluß endete dann immer mit einem großen feierlichen Fest*). Und erst im Februar 1910 war alles fertig.
Im October 1906 waren wir in Wilmersdorf zusammen. Es wäre herrlich, wenn wir uns auch in diesem Winter mal hier sehen könnten. 15 Min. vom Botan. Garten wohne ich – da immer die herrlichsten Orchideen – am Bahnhof Botan. Garten ein sehr großes – immer ziemlich leeres Lokal, allwo sehr gutes Bier u. A. Da trink ich jetzt öfters auf Dein Wohl.
Das mit der Intimität hat mich mächtig gefreut. Ob mein Stil wirklich klar einfach ist, weiß ich noch nicht. Erstrebt hab' ichs bestimmt. Hauptsache schien mir, daß da auf dem Pallas große Kämpfe ohne Blutvergießen sind.
Jedes Wort in Deinem Brief hat mich mächtig gefreut. Nochmals: meinen heiligsten Dank.
Jetzt aber mochte ich keine weiteren Bemerkungen machen, damit ich Dich bei Deinen 14 ganzseitigen Bildern nicht störe. Nicht im mindesten will ich eingreifen. Ich vertraue Dir und freue mich auf das, was Du machst, ganz gewaltig.
Nun viele viele Grüße von uns Beiden – auch Deiner Gattin.
Und auf baldiges Wiedersehen!

Ganz
Dein
alter
Paul Scheerbart

Randbeschriftung:
*) zu Hause mit m. Frau.

am meisten freut mich Deine neue Weltfreudigkeit! Ich gratulire! Jetzt wird alles gut werden.
Über die Berliner Unarten sprechen wir mündlich – auch über L. R. etc etc etc.

585 An Richard Dehmel

Poststempel: 21. 8. 12

Oh Riccardo! Gratulire Dir zur glücklichen Heimkehr. Vergiß doch ja nicht: Die Mont blancs, die wackeln alle; Wasser hat keine Balken. Wir kommen Sonnabend Abend (24. Aug. 1912) um dieselbe Zeit wie damals im April 1909⟨.⟩ Inzwischen grüßen wir das Haus Dehmel mit Halloh etc.

Din
oller
Paulus

Federzeichnung auf der Adressenseite der Postkarte

586 An Richard Dehmel

Gr. Lichterfelde W. Marschner Str 15I
22. Aug. 1912

Lieber Richard! Soeben haben wir wieder einen so furchtbaren Aerger in Verlagssachen gehabt, daß wir nun doch nicht Sonnabend kommen können. Mir steht eine lange Correspondenz außerdem bevor, die ich leider nicht von Blankenese aus führen kann. Du darfst uns nicht böse sein. Aber ich habe das nicht vorausgesehen. Der Bär war schon mit dem Packen fertig und freute sich so.
Wir senden Euch die besten Grüße.

Und ich bin Dein
alter
Paulus

Zusatz von Anna Scheerbart auf der nächsten Seite:
Lieber Herr Dehmel! Ja! so ist es. Kaum ist eine Aufregung vorüber, so ist die Andre schon wieder da. Ich habe mich wirklich wie ein kleines Kind auf die Reise nach Blankenese gefreut. Aber durch den Brief den wir heute früh

Postkarte
Hamb. Staats- u. Univ.-Bibl.
S 442
Herrn Richard Dehmel
Blankenese b. Hamburg
Wester Strasse 5.

Nr. 585

erhielten, ist meine Stimmung umgewandelt. Wie es scheint – sollen wir keine Freuden mehr im Leben haben. Ueberall Betrug. Und ich kann kaum schreiben.

Mit besten Grüßen an Sie Beide
Ihre
Anna Scheerbart

587 An Richard Dehmel

Gr. Lichterfelde W. Marschner Str 15
27. Aug. 1912

Lieber Richard! Schönen Dank für Deine liebe Karte. Aber momentan hat sich die Sache noch nicht geklärt. Dr. Lilien Verlag hat die »Astralen« an G. Müller verkauft u. 3000 M (mit 2 andern Sachen) dafür bekommen. Nun dachte ich, daß sie mir das Honorar senden würden; ich habe aber noch keinen Pfennig. Dies das Tatsächliche, das ich aber nach dem Ankauf durch Müller nicht erwarten konnte. Laß aber blos Onkel Glubsch aus dem Spiele. Hoffentlich klärt sich noch alles. Wenns irgendwie zu machen ist, kommen wir schon im September. Aber – jetzt kommen noch andre Komplikationen hinzu. Und das Geschäftliche ist mir gräßlich und verdirbt mir die Stimmung. Hoffentlich bald Erfreuliches.

Mit Bärengrüßen Euch Beiden bin ich
Dein
alter
Paulus

588 An Alfred Kubin

Berlin-Gr. Lichterfelde W. Marschner Str 15I
6. Sept. 1912

Lieber Alfred Kubin! Schönen Dank für Brief u. Zeichnungen. Verzeih, daß dieser Brief sehr kurz werden wird. Aber – ich habe furchtbare Schmerzen im rechten Knie. Wahrscheinlich Neuralgie. Darum konnte ich mich garnicht freuen über Deine Zeichnungen; die Schmerzen sind wirklich allzu heftig.
Ich habe die Reihenfolge verändert. Und ich glaube, daß 11 Blätter doch genügen, denn die mit Schrift gefallen mir nicht; die dürfen bestimmt nicht in das Buch. Eine Titelblattzeichnung will ich unter keinen Umständen.

Auch N° 12 ist für mich vollständig unmöglich. Hier lehne ich das Menschlich-sexualistische ab, und der Heiligenschein ist mir zu billig. Bei N° 1 muß ich bemerken, daß mein Buch nicht nur eine Verehrung des Eiffelturms ausdrücken soll – außerdem gab ich mir doch die größte Mühe, die Erinnerung an das Menschliche zu unterdrücken. Warum also die Verdickung der Figur in der Mitte?
Bei 14 muß ich sagen, daß ich das Schlafen der Pallasianer nie »menschlich« dargestellt habe; eine Haut spannt sich über den Körper – in dieser Haut schläft der P. ganz für sich allein – fern von der ganzen Welt; diese Haut steigt mit den Rauchblasen morgens zum Himmel auf. Derartiges darf doch nicht vermenschlicht werden. Sei mir nicht böse – aber 1 u 14 sind für mich unmöglich – der Schrift wegen – wie des Inhaltlichen wegen.
Mit den 11 andern Bildern bin ich einverstanden, obschon die Raucher noch ohne Pfeifen rauchen. Das Rauchkraut wächst doch auf ihrem Arm. Aber – das ist wohl nicht mehr zu verbessern, darum laß es nur so; das Bild wirkt so friedlich. Ich habe so viele Jahre hindurch n i e mehr Bilder Anderer angesehen, daß ich mich nicht so leicht in der Malerei zurechtfinde. Hinzu kommt, daß ich das Ornament höher stelle als alles.
Willst Du nun Müllers wegen drei neue Bilder machen, so sei lieb und vermeide die Vermenschlichung. Schreibe mir bitte, ob Du's tust oder nicht – und ob Du mir auch die drei neuen senden willst. Ich schreibe an Müller, daß ich mit 11 Bildern einverstanden bin u. frage ihn, ob er durchaus 14 haben will. Sei bedankt für Deine Mühe und vergieb mir, daß ich so unfreundliche schreibe – aber die Schmerzen im Knie machen mich einfach rasend.

Mit vielen Grüßen – auch von meiner Frau –
bin ich wie immer Dein alter alter
Paul Scheerbart

589 An Alfred Kubin

Gr. Lichterfelde W. Marschner Str 15 I
12. Sept. 1912

Lieber lieber Alfred Kubin! Meinen heiligsten Dank für die jetzt grandiose Collektion. Jetzt bin ich mit Allem ganz und gar einverstanden und ganz selig. Ahnte schon, daß Alles gut enden würde. So ist Anhang u. Satyrspiel nicht nötig. Ich glaube aber, die Geschichte hat uns Beide eklig erschöpft. War das eine Aufregung. Mit dem Knie gehts besser. Ich gehe schon aus. Hoffentlich bleibt nichts zurück. Auf die Leipziger Ausstellung muß natürlich die Collektion.

Ueber das Ornament unterhalten wir uns mündlich, nicht wahr? Darüber mußt Du erst »Das grosse Licht« von mir lesen. Ich kanns Dir hoffentlich noch als Buch in diesem Monat senden.
An Müller schreibe ich gleich, daß ich jetzt Alles herrlich finde.
Viele viele lustige Grüße von uns Beiden Euch Beiden! Und nun bin ich total

Dein
neugeborener
Paul Scheerbart

590 An Alfred Kubin

Herrn Alfred Kubin
Schloß Zwickledt
Wernstein a.d. Inn
Ober-Oesterreich

Berlin-Lichterfelde 4. Marschner Str 15
18. Sept. 1912

Lieber Alfred Kubin! G. Müller schweigt ganz einfach. Ich nehme an, daß Du ihm Manuskript u. Zeichnungen gesandt hast. Ich habe diese in e. Karte u. in einem Briefe für außerordentlich bedeutend erklärt, mit Verstreuen im Text einverstanden. Er aber schweigt.
Bitte – kannst Du mir das erklären? Wenn M. jetzt nicht »in dieser Woche« noch abschließt u. das Honorar zahlt, muß ich in eingeschriebenem Brief das Manuskript zurückverlagen. Meine Frau ist einfach außer sich. Ich kann sie nicht mehr beruhigen.

Viele Grüsse von Haus zu Haus
Dein
alter
Paul Scheerbart

591 An Alfred Kubin

Berlin-Lichterfelde 4. Marschner Str 15.I
Mittwoch 25. Sept. 1912. Abds 6 h.

Lieber Alfred Kubin! Schönen Dank für Deine freundliche Karte. Honorar von Herrn G.M. schon erhalten. Über die §§ des Contraktes wird aber noch verhandelt. Ich bin recht nervös in der letzten Zeit geworden – besonders durch die Drei Lilien. Indessen – das wollen wir rasch vergessen. Ich freue mich, daß Du Dich auf das große Licht freust. Ich sende soeben den 5ten Correkturbogen zur Druckerei. Nur der Schluß ist bedeutsam für das Ornament. Ich bin immer wieder von den Orchideen des Botan. Gartens hier entzückt. Die solltest Du sehen. Leider heute wieder so schlechtes Wetter. Aber nu wird bald alles wieder gut.

Lustige Herbstgrüße von Haus zu Haus!
Dein alter Paul Scheerbart

In 14 Tagen wirst Du wol schon das Licht haben. Es erscheint in Leipzig. Nach dem Licht das Weitere u. Nähere etc.

Randbeschriftung:
Roman, schreibt Herr G.M. schon im Druck. Aber bekomme ich Correktur? Nervös denke ich, dass er evtl. keine schickt.

592 An Alfred Kubin

Berlin-Lichterfelde 4. Marschner Str 15 I
5. Oct. 1912

Lieber Alfred Kubin! Schönsten Dank für Deine freundliche Karte. Correktur heute schon 2te Rate nach Rudolstadt (Mänicke u. Jahn) abgesandt. Großes Licht wird schon gedruckt. Correktur letzten Dienstag beendet. Du hast Recht: ich sollte mich nicht ärgern, werds auch nicht mehr wiedertun. Freu mich sehr auf Dein Herkommen. Fünf elektrische Bahnen fahren zum Händelplatz Steglitz – ich schreib Dir Näheres, wenns soweit ist. Der Botanische Garten nur bis 4 Uhr im Winter auf – also: wir müßten schon sehr zeitig hin*). Ich glaube: wirklich wohl wird mir erst sein, wenn ich in einem kl. Glaspalast wohne. Darüber mehr im gr. Licht. Es kommt bald an. Es ist 1/2 5 Uhr Nachmittag, u. es regnet mal nicht. Ich gehe mit Bärchen ins Restaurant »Am botantischen Garten« und wir trinken dort auf Euer Wohl. Auf bald. Wiedersehen!

Octobergrüsse von H. zu H. Dein Paul Scheerbart

Randbeschriftung:
*) Sonnabend zu Sonntag sehr voll.

mit dem Bein gehts wieder ganz gut.

593 An Richard Dehmel

Poststempel: 13.10.12

Oh Riccardo! Jetzt hat sich der Himmel ein bischen aufgeklärt. Erst jetzt. Du bekommst in ein paar Tagen »Das grosse Licht« direkt vom Verlag. Leider ist jetzt Fahrt nach Blankenese nicht mehr möglich. Aber – Du kommst ja nach Berlin. Wir würden uns sehr freuen, wenn Ihr da mal zu uns kämet. Nur ist Zusammenkunft in der Backsteinstadt nicht möglich. Das »Backsteinelend der Backsteinhäusler« geht mir an die Nieren. Ich bin an die Glaspaläste des Bo gewöhnt. Vom Wannseebahnhof Steglitz führt kl. Straßenbahn nach Lichterfelde O. – da bis Richard Wagner Str. In der Marschner. Wir senden Euch unsre ergebensten Bärengrüsse und trinken bei Papa Hoffmann am Bahnhof »Botanischer Garten« auf Euer Wohl!

Randbeschriftung:
Und ich bin Dein alter Paulus.

594 An Salomo Friedlaender

Berlin-Lichterfelde 4. Marschner Str 15I
16. October 1912

So! So! Lieber S. Friedländer! Also: auch Du hast Dich reinlegen lassen? Ei! Ei! Woher weißt Du denn, daß ich 50 Jahre alt werde? Das sieht ja so aus, als wenn Du etwas von m. Entstehung wüßtest! Na – von mir sicherlich nicht. Oder – hier wird die Sache humoristisch – mußtest Du Dich auf Kürschners Litteratur-Kalender verlassen? Oder – vielleicht auf die Angaben staatlicher und kirchlicher Behörden? Ich sehe, wie Du Dich abwendest; die Röte steigt Dir in die Stirn. Na – weine man nicht! Ich nehme Dir nichts übel. Täglich kommen Leute, die was von fünfzig fabeln. Aber ich hör nicht hin; 5 u. 7 sind die heiligen Zahlen. Daß Du nun noch was Biographisches möchtest, finde ich naiv. Wenn schon der Anfang ein Problem, so muß das Folgende doch auch Problem sein. Wer befaßt sich aber mit Problemen, an deren Auflösung nicht einmal der Freidenker glaubt? Wer? Ich frage: Wer?
Indessen: umgehen wir alles Uebrige. Dr Sally Rabinowitz Verlag Leipzig, Weststraße 74. gibt in den nächsten Tagen »Das grosse Licht« heraus; ein Buch von mir. Schreib ihm eines Recensionsexemplares wegen. Schreib auch bitte an den Herrn Georg Müller, München Elisabethstr 26. meiner »astralen Novelletten« wegen. Ueber die beiden Bücher rede, was Du willst. Aber

die andern Bücher laß vorläufig aus. Ein ander Mal! Ich mag momentan nichts von den andern hören. Deshalb leih ich Dir auch nichts. Darauf kannst Du Dich fest verlassen!
Na prost!
Mit vielen Grüßen von uns Beiden Deiner verehrten Gattin und Dir bin ich

Dein
alter
Paul Scheerbart

595 AN HERWARTH WALDEN

Herrn Herwarth Walden
Berlin W. 9
Potsdamer Str 18.

Berlin-Lichterfelde Marschner Str 15. I
17. Oct. 1912

Lieber Herwarth Walden!
Deine Belegnummern haben mich sehr in Erstaunen gesetzt. Die Oberwelt habe ich Dir niemals zum Nachdruck übergeben. Es ist somit ein unrechtmäßiger Nachdruck; für einen solchen lasse ich mir regelmäßig dreißig Mark senden. Habe demnach die Güte, mir ebenfalls diese Summe umgehend zuzusenden.

Besten Gruß!
Dein
Paul Scheerbart

596 AN HERWARTH WALDEN

Berlin-Lichterfelde 4 Marschner 15
18. Oct. 1912

Lieber Herwarth Walden!
Du schriebst mir, daß alles Material aufgebraucht sei. Und trotzdem drucktest Du die Oberwelt. Bitte teile mir nur mit, wann Du die Sache bekommen hast u in welcher Form. Ich führe genau Buch über die Nachdrucke!

Besten Gruß!
Dein
Paul Scheerbart

597 An Peter Scher

Brieffragment

4. November 1912

Oh wär ich auch im Böhmerwald! Aber ich muß hier »Glaspaläste« schreiben. Das ist keine Kleinigkeit. Es soll der Traum der Araber verwirklicht werden - die Alhambra ins Glasarchitektonische gesetzt werden - oh oh - jetzt fängt die große Architektur erst an. Wir aber gehen heute zunächst zu Papa Hoffmann und trinken auf Euer Wohl »Kindl« und grüßen Euch vieltausendmal, daß der Böhmische Wald rauscht.

598 An Salomo Friedlaender

Berlin-Lichterfelde 4. Marschner Str 151
5. Nov. 1912

Verehrter lieber S. Friedländer!
Heute ist der Tag der Schlacht bei Rossbach! Ja das ist schon lange her. Aber deswegen schreibe ich Dir nicht - sondern Deines lieben Briefes wegen schreibe ich. Anbei das Gewünschte. Sende mir den Zettel unterschrieben mit Datum zu. So gehts wol am schnellsten.
Großen Dank für Deine freundlichen Lichtworte; sie haben meine ganze Seele schön hell gemacht. Ich war so lange so verärgert. Jetzt kommt noch das Rossbachwetter hinzu. Hu!
Eugen Mondt, München-Pasing, Rembrandt Str. 21.I hat ein Buch P.S. geschrieben. Schreib diesem Herrn eines Recensionsexemplars wegen - oder an den Verlag Gustav Engel Leipzig.
Ja - Herrmann Bahr - er wirkt so wie ein ächter Deus - und ist doch bloß Lokalpatriot. In diesem Verhältnis von Deus zu Lokalpatriot liegt wol das Amüsante. Den Postbogen lege in Eisen.
Oder - schick ihn zum Exkaiser von China. Entschuldige nur, daß ich so zerstreut bin; ich weiß garnicht, ob Majestät was mit Postboten anfangen kann.

Aber ich bin mit vielen Grüßen von Dom zu Dom
Total
Dein alter
Paul Scheerbart

599 An Richard Dehmel

Herrn K. K. Brandmeister
Richard Dehmel
Blankenese b. Hamburg
Westerstrasse 5.

Berlin-Lichterfelde 4 Marschner 15
6. November 1912

Lieber Richard! Schönen Dank für Deine antiplanetarische Karte, die ich gestern dem Kaiser von China zeigte. Exmajestät wackelten mit dem Haupte, daß der Zopf in pendularische Bewegung geriet – und sagten schmunzelnd: »Ich mach ihn gleich zu meinem Brandmeister. Aber – wenn er die Ozeane und die Gebirge nicht bald in Brand steckt, werde ich ungemütlich. Dieser Planetenfeind macht mir Spaß.« Das sagten S. M. wörtlich. S. M. sehr scharfsinnig. Deswegen rate ich Dir, die Formulirung der Antwort reichlich zu überlegen. Sonst – ich kanns nicht hindern – könntest Du Deinen neuen Titel verlieren. Mit Gebrülle

Dein
altes
Paulemann

600 An Salomo Friedlaender

Berlin-Lichterfelde 4. Marschner Str 15 I
Samstag 9. November 1912

Lieber S. Friedländer!
Schönen Dank für Deinen lieben Brief.
Mit Entzücken habe ich die boshafte Stelle gelesen »der den Menschen wie eine schlechte Angewohnheit – wie ein ausgewaschenes Kleid – ausziehen u. ablegen kann.«
Ob das wohl stimmt?
Ich habe in den letzten 2 Monaten eine ganze Serie geschäftlicher Angelegenheiten abtun müssen. Dabei habe ich mich soviel geärgert, daß ich nicht ein einziges Manuskript zu Stande brachte.
Dieses Letztere hat mich melancholisch gemacht.
Und darum muß ich jetzt alles ablehnen, sonst macht man mich toll. Du glaubst garnicht, was man alles von mir verlangt. Ueberallhin werde ich eingeladen – selbst zu Bällen, literarischen Thees, böhmischen Wäldern etc.

Nun kannst Du mir nicht nachweisen, daß ich irgend einer Einladung Folge leistete. Aber – ich muß auch konsequenter Weise darauf verzichten, Jemanden bei mir zu sehen. Das regt mich momentan viel zu sehr auf. Indessen – aufgeschoben ist nicht aufgehoben. Es ist nicht unmöglich, daß ich noch mal persönlich wieder auftauche. Dann werden auch wir uns vielleicht wiedersehen. Sprich nur bitte nicht davon. Entschuldige, daß dieser Brief so bitterernst wurde. Vielleicht wirds bald mit mir besser. Ich schreibe jetzt Geschichten, die unter dem Titel »Glaspaläste« erscheinen sollen. Wenn von diesen Geschichten einige Dutzend fertig sind, dann ist mir besser. Ich weiß es ganz genau. Allerdings: was dann kommt, weiß ich nicht ganz genau.
Sei gut, dann ist die Welt so schön...

700000 große Grüße Deiner Gattin u. Dir von uns Beiden!
Und ich bin Dein alter
Paul Scheerbart

Für Zusendung der »Astralen« an meine Adresse werde ich Dir sehr dankbar sein. (Aber bitte ohne Widmung!)

601 An Herwarth Walden

Berlin-Lichterfelde 4 Marschner 15
19. Dec 1912

Lieber Herwarth Walden!
Schönen Dank für die freundliche Einladung zum 29. d. M. Aber – Kommen unmöglich, da ich einen Roman mit 1000 Glaspalästen schreibe. Da darf ich mich nicht ablenken lassen. Es geht also beim besten Willen nicht.

Mit vielen Grüßen von Haus zu Haus bin ich
Dein alter
Paul Scheerbart

602 An Franz Servaes

Berlin-Lichterfelde 4 Marschner Str 15 I
5. Jan. 1913.

Liebes Franzi! Schönen Dank für die Vogelábschiesskarte. Aber – auf der Rückseite steht wieder »Kritisches« das ist gefährlich. Sieh doch zu, daß Du das so viel wie möglich in Dir unterdrückest. Was kommt denn aus einer

Debatte über Schein u. Sein heraus? Doch höchstens in diesem Falle nur – daß Du blos groß »scheinen« willst. Ei! Ei! Wie kann man nur so unvorsichtig sein. Na – prosit Neujahr!

Schönste Grüße von Dom zu Dom
Din oller
Paulus

Wieviel Glaspaläste willst Du bei mir bestellen? Bitte, schreib doch! Morgen im Zeitgeist »Architekten-Congress.«

603 An Franz Servaes

Berlin-Lichterfelde 4 Marschner 15
10. Jan. 1913.

O Franzi! Schönen Dank für das Telegramm am 8. d. M. Mehrere Tage Arbeit! Ich sehe mit Grimm u Gram auf das Schock Briefsachen u. Telegramme. Ich komme mir so komisch vor.
Es lebe der Jubelgreis!
Na Prost!
Von Dom zu Dom!

Dein ganz kaputter
Paul Scheerbart

604 An Richard Dehmel

10 Jan 1913.

Oh Riccardo!
Das war eine große Freude.
Heiligsten Dank!
Die Kiste kam mitten im dicksten Trubel; die Telegraphenboten kamen*)
Scharenweise u. s. w.
Da war der Französische eine Erquickung. Ich trank ihn mit dem Bär allein – da Gäste nicht da waren.
Jawohl!
Der Fidibus freute uns sehr.
Und der Weihrauchstengel war eine Delikatesse – oh!
Jawohl!
Sei bedankt!
Besonders für den Fidibus!

Der Stärkste wurde gestern geöffnet. Der Korn macht das Leben lebenswert.
Wir tranken auf Euer Wohl!
Heute wieder!
Na prost!
Immer mutig!
Wenn ich mich blos nicht so viel über die Verleger zu ärgern hätte! Jetzt ist es wieder Müller-München.

Grosse Bärengrüsse
von
Haus zu Haus!!
Und ich bin
Dein
alter
Paulus

*) kleines s

605 An Salomo Friedlaender

Herrn Dr S. Friedländer
Berlin-Halensee
Auguste Victoria Str 4.

Berlin-Lichterfelde 4 Marschner 15
14. Jan 1913.

Lieber S. Friedländer!
Schönen Dank für das Telegramm. Aber – nu hat man mich ganz kaputt gemacht; ich schlafe immerzu. Ich bin der Meinung, daß das perpetuirliche Danksagen Anfang voriger Woche meinen jetzigen Zustand hervorgerufen hat. Der Arzt sagt: das kann man heute noch nicht mit Sicherheit behaupten. Nu – denn nich.

Drollige Grüße von Haus zu Haus
Dein Jubelgreis
Paul Scheerbart

606 An Rudolf Alexander Schröder

Berlin-Lichterfelde 4. Marschner Str 15 I
15. Febr 1913

Sehr geehrter Herr Schröder!
Entschuldigen Sie gütigst, daß ich Sie mit einer langweiligen Sache »störe«. Ich kann aber nicht dafür. Wegen eines verloren gegangenen Manuskriptes führe ich Schadenersatzklage (Verlag Siegfr. Cronbach hier) Und die Richter wollen immer mehr Dokumente. Und so gab ich auch »Inselhonorare« an. Erinnern Sie sich vielleicht an 1901/2? Ich war damals in Breege auf Rügen, und Sie führten, als Liwûna in der Zeitschrift gedruckt wurde, die Redaction. Da bekam ich vom Verlage 400 M Resthonorar; 500 M hatte Herr von Heymel schon nach Niederschönhausen gesandt. Für die 400 M fehlt mir der Beleg. Ich habe auch Sie als Zeugen genannt, natürlich in erster Linie Herrn von Heymel, dem ich auch geschrieben habe. Ich habe einfach »Bremen« adressirt und weiß nicht, obs ankommt. Die Richter werden Ihnen in der Sache schreiben. Es handelt sich nur um diese 400 M Resthonorar*). Wenn Sie sich erinnern, wäre ich Ihnen für eine Zeile dankbar.

Hochachtungsvoll grüßend bin ich
Ihr
sehr
ergebener
Paul Scheerbart

Ich entdecke soeben, dass ich die 400 M am 28. Januar 1901 in Breege auf Rügen erhielt.

Randbeschriftung:
*) ich kanns beschwören, dass ich's bekam

607 An Erich Mühsam

Fotopostkarte mit Scheerbart-Porträt von Filip Kester

Liebes Eriko! Heiligsten Dank für den prächtigen Artikel in der Friedenswarte! Die Flugschrift aber war keine Satire! Mein Wort darauf.
Na prost! Immer mutig!

Unzählige Bären- u Frühlingsgrüsse!
Din old
PCW.

16. II. 13.

608 An Alfred Kubin

Fotopostkarte mit Scheerbart-Porträt von Filip Kester

7. III 13.

Lieber Alfred Kubin!
Soeben Prospekt f. Lesa an Herrn Müller gesandt. Wenn Du was von den Zeichnungen noch hineinhaben willst, so schreibe an G. M.; ich schrieb ihm auch deshalb. Schönen Dank f. Dein Exlibris

Frühlingsgrüße dicke von Haus zu Haus
Dein alter
Paul Scheerbart

609 An Hanns Heinz Ewers

Berlin-Lichterfelde 4. Marschner Str 15.
18. März 1913.

Lieber H. H! Schönen Dank für die 75 M. Ich schreibe grade an einem »Architekten-Roman«, der mich wol noch längere Zeit in Anspruch nehmen wird. Aber die Vorwort-Sache war am Sonnabend gleich so verlockend, daß ich den Roman mal liegen ließ und gleich das Gewünschte schrieb. Herr Bongs schreibt, daß ihm das Manuskript in jeder Beziehung zusagt.

Viele Frühlingsgrüße - auch von m. Frau -
Dein altes
PCW.

Randbeschriftung:
Ich schrieb auch nach Immermannstr 22.

610 An Richard Dehmel

Fotopostkarte mit Scheerbart-Porträt von Filip Kester

Poststempel: 14. 6. 13

Dein Buch herrlich und fast zum Auswendiglernen herrlich von oben bis unten. Ja - wenn die Ufer fliehen.... dann kommt das Infinitesimale. Sei bedankt. Und wir grüssen Euch. Und ich bin Dein oller Paulus u. Kaptain

611 An Gottfried Heinersdorff

Berlin-Lichterfelde 4 Marschner Str 15I
11. Juli 1913.

Herrn Gottfried Heinersdorf
Berlin W.

Sehr geehrter Herr!
Vielleicht wissen Sie, daß ich schon seit 20 Jahren sehr sehr viel über die sogenannte Glasarchitektur schreibe; ich möchte doppelte Wände mit farbigem Glas – also die Wände der Architektur umwandeln. In den letzten 3 Jahren ist s e h r viel von mir darüber geschrieben – aber zumeist in Novellettenform. Und ich bemerke leider, daß das die Sache nicht fördert. Kennen Sie nicht Architekten oder Baulustige, die mal Derartiges bauen möchten – zur Einführung? Am liebsten möchte ich gleich eine »Gesellschaft für Glasarchitektur« gründen; die könnte sich ja zunächst um die Propaganda kümmern und die Ausführung der Zukunft überlassen. Ich hätte so viel darüber – auch reinsachlich – zu sagen.
Ich würde mich sehr freuen, wenn Sie sich für die Sache interessiren könnten; auch für einen guten Rat wäre ich sehr dankbar. Es ist so schwierig, für eine Sache zu leben u. zu streben, die einfach noch nicht da ist. Die Glasbauten im Botanischen Garten haben noch nicht ein Mal doppelte Wände – auch nicht Drahtglas, das an exponirten Stellen doch so wichtig ist.
Ich glaube, ich habe Sie im Jahre 1895 mit Ihrem Herrn Vater zusammen in Schöneberg kennen gelernt. Wenn dem so ist, so bin ich mit den besten Empfehlungen

Ihr
hochachtungsvoll
ergebener
Paul Scheerbart

612 An Richard Dehmel

Riccardo D e h m e l
Blankenese b. Hamburg
Westerstrasse 5.

Kolorierte Fotopostkarte vom großen Palmenhaus im Botanischen Garten, Berlin-Dahlem

15. Juli 1913

Oh Riccardo! Umstehenden Palazzo hab ich n i c h t erfunden – wol aber

Berlin-Dahlem
Grosses Palmenhaus im Neuen Botanischen Garten

Nr. 612

ein »Einarmiges Signalalphabet für farbige Scheinwerfer u. Zeigerflügel auf Farbenreif«. Hoho! Die Sache wird jetzt eklig. Auch eine »Gesellschaft f. Glasarchitektur« wird gleich gegründet werden. Willst Du Ehrenmitglied sein? Bärengrüsse von Home to Home Din

old Kaptain Paulus

Randbeschriftung:
Na prost!
Blume!

613 An Gottfried Heinersdorff

Berlin-Lichterfelde 4 Marschner Str 15 I
25. Juli 1913.

Sehr geehrter Herr Heinersdorff!
Meinen schönsten Dank für Ihr liebenswürdiges Schreiben vom 24. d.M. Sehr gern bin ich bereit, mit Ihnen zu dem Glasarchitekten zu gehen. Paßt es Ihnen Montag, Dienstag oder Mittwoch nächster Woche so um 4 Uhr Nachmittag? Ich bin riesig gespannt auf das Glashaus. Ich schreibe darüber ganz bestimmt. Ich wollte schon eine Broschüre herausgeben, die von den Glashäusern der Weltausstellung zu San Francisco berichten sollte. Aber ich habe eingesehen, daß Scherze die Sache nicht fördern. Ueber die Cölner Ausstellung ließe sich aber im Ernste schreiben.
Alles Weitere etc. mündlich. Momentan beschäftige ich mich mit dem Eisenbeton. Es sind im Uebrigen nicht 15 Jahre – sondern schon 19 Jahre her, daß wir uns durch Ihren Herrn Vater kennen lernten. Ich habe inzwischen **31** Bücher herausgegeben, sodaß ich keineswegs empfindlich bin, wenn man nur wenig davon weiß.
Ich würde mich sehr freuen, wenn Sie mir auf einer Karte mitteilen möchten, wann es Ihnen an den 3 Tagen paßt. Empfehlen Sie mich dem Glasarchitekten.

Hochachtungsvoll grüßend
bin ich
Ihr
sehr ergebener
Paul Scheerbart

614 An Bruno Taut

Berlin-Lichterfelde 4, Marschnerstraße 15
24. Dezember 1913

Lieber *Bruno Taut*!
Schönsten Dank für das China-Büchlein und für Deinen lieben Brief. Müller hat die Glasarchitektur zurückgesandt. Und da muß ich mich nun erst erholen, kann somit am Sonnabend noch nicht zum Glashaus kommen. Vielleicht Sonnabend über acht Tage! Glashaare habe ich hier (sog. Feenhaar). Und die sind warm! Auch wieder ein Problem. Nun – frohe Weihnacht und glückliches Neujahr. Und lustige Glasgrüße von Haus zu Haus. Und ich bin

Dein alter
Paul Scheerbart

Bruckner wurde übrigens schon vor zehn Jahren gegen Wagner ausgespielt – es kann auch schon länger her sein. Ich freue mich sehr, daß Du Dich von diesem wahrhaft antiquierten Parteigezänk loslösen möchtest. Darum also keine Feindschaft nicht. Es lebe Siegfried und Tristan!

615 An Richard Dehmel

Berlin-Lichterfelde 4. Marschner 15 I
9. Januar 1914

Lieber Richard! Das war eine große Erquickung! Meinen heiligsten Dank! Der Bär hat tatsächlich hinter meinem Rücken gehandelt. Und ich bin ihm nicht böse deswegen – und Dir wahrhaftig auch nicht. Seit den anderthalb Jahren bei Verlag Georg Müller hab ich unsäglich viel Aerger erlebt – und ich kam aus den Aufregungen garnicht raus.
Das Schlimmste ist, daß ich auch heute noch nicht weiß, ob der Verlag eigentlich »tatsächlich« Geld hat. Jede Geldoperation kam bislang einer gefährlichen »chirurgischen« gleich. Heute schreibt er wieder, daß ich mich noch ein paar Tage gedulden möchte. »Es besteht aber sehr viel Hoffnung«, schreibt Müller, »daß ich mich zur Uebernahme dieses Buches (»der alte Orient«) entschließe.« Also – hoffen wir!
Ein Buch »Glasarchitektur«, von dem ich annahm, daß ers bestimmt bringen würde, lehnte er nach 8 Wochen Lagerung ab, indem er behauptete, da fände der Leser nicht Literatur, sonder⟨*n*⟩ »praktische Bauvorschläge«! Oh ja!

Daher meine schwierige Lage momentan.
Alles Nähere mündlich. Wir freuen uns sehr, Euch wiederzusehen. Wenn Ihr uns in unsrer Wohnung aufsuchen würdet, wärs uns sehr erfreulich. Ihr fahrt bis Steglitz mit Wannseebahn. Dann Elektrische (bis Lichterfelde Ost) bis Richard Wagner Str⟨.⟩ In der Marschner. Oder elektrisch bis Händelplatz – und dann Chaussee Str rauf bis Haydn Str – in der auch Marschner. In der Stadt sind wir seit Oct. 1910 (bei Huth mit Dir) nicht gewesen. Wir finden uns deshalb in der Stadt nicht mehr ordentlich zurecht.
Indessen – Es lebe die »Glasarchitektur«
Darüber mündlich mehr!
Mit vielen Bärengrüßen von Haus zu Haus. Und ich bin

Dein oller dankbarer
Paulus

616 An Eberhard Buchner

Berlin-Lichterfelde 4 Marschner Str. 15 I
31. Jan. 1914

Lieber Eberhard Buchner!
Schönen Dank für Deinen freundlichen Brief. Es freut mich riesig, daß Du mich für einen praktischen Amerikaner hältst. Ich halte das Praktische durchaus mit dem intensivsten Idealismus vereinbar. Wenn die Glassache durchgesetzt werden soll, ist sehr viel Geld nötig u. zu erobern, und die interessirten Kreise haben auch mir etwas Geld zu geben, sonst halten sie mich auch noch für schön dumm. Und ich will ja nur, daß sie eine größere Anzahl meiner Bücher von der »Glasarchitektur« ankaufen. Die Idee soll eben propagirt werden.
Eigentlich heuchle ich nur Geldbegierde, damit die Idee durchgesetzt wird.
Eigentlich ein verschleierter Idealismus.
Die Phantasie u. Vorstellungskraft und die Kombinationsgabe sind viel mehr wert als alle Reichtümer der Erde. Das ist sicherlich nicht zu bestreiten.
Doch das alles nur nebenbei. Ich fahre bis an den Nordpol, wenn die »Glasarchitektur« dadurch gefördert wird. Deshalb kommen wir auch umgehend nach Birkenwerder. Schreibe bitte, an welchem der nächsten Tage wir kom-

men dürfen. Und wann wir am Stettiner Bahnhof sein müssen. Wir kommen dann sofort, ohne nochmals zu schreiben. Also die Bahnzüge!!
Auf baldigstes Wiedersehen!!

Mit unzähligen Frühlingsgrüßen von Haus zu Haus
Dein
alter
Paul Scheerbart

617 An Bruno Taut

Berlin-Lichterfelde 4, Marschnerstraße 15
8. Februar 1914

Lieber *Bruno Taut*!
Soeben lese ich B.s Artikel in der Hartungsschen und verstehe jetzt erst die Widmung. Die ist allerdings großartig und rührt mich. Ich danke Dir. Ich werde versuchen, Dir das zu vergelten. Ich glaubte anfänglich, die Widmung sollte am Modell angebracht werden. Das wäre ja auch sehr nett. Aber am großen Hause ist die Sache »großartig«. Ich finde gar keine Worte dafür. Ich gratuliere Dir, daß die Sache zustande kommt.
Nun hoffe ich, daß auch meine »Glasarchitektur« einen Verleger finden wird. Wenn das erst ist, dann müssen wir wieder mal zusammen sein.
Na hoffen wir!

Millionen Sonntagsgrüße von Haus zu Haus, und ich bin
Dein alter dankbarer
Paul Scheerbart

Deine Geschichte von der Notwendigkeit habe ich mit großem Vergnügen gelesen; m. E. müßte Terrain am Schwielowsee angekauft werden. Ich fahre demnächst hin.
In Glafey »Die Rohmaterialien der Textilindustrie« (Quelle & Meyer, Leipzig 1,25 M.) ist auch vom Glas die Rede; Glashaaren wird durch Collodium und Kautschuk Geschmeidigkeit verliehen. Weißt Du was davon?

618 An Bruno Taut

Berlin-Lichterfelde 4, Marschnerstraße 15
10. Februar 1914

Lieber *Bruno Taut*!
Am Sonntag schrieb ich auf: ca. 28 Worte in jedem Spruch. Das war aber wohl ein Irrtum meinerseits. Du meintest wohl »Buchstaben«. Da sind aber

28 ein wenig wenig. Immerhin – ich hab's versucht. Aber es gelang nicht ganz. Ein paar längere sind doch dabei. Aber – vielleicht gehen die mit kleineren Lettern. Andrerseits ließe sich doch wohl auch bei 2 m 50 cm mit größerem Spatium arrangieren – oder verschiedene Größen der Lettern verwenden. Diese müßten eigentlich von Künstlerhand gezeichnet werden, nicht wahr?

Reihenfolge ist beliebig.

Solche Spruchdichterei ist gar keine Kleinigkeit. Manches klingt leicht banal.

Ich wollte dem Ganzen den Charakter des Improvisierten – Ungezwungenen geben. Es würde mich sehr freuen, wenn Dir die Sache so gefiele. Es muß gefallen für längere Zeit. Deshalb schreibe nicht gleich. Sieh Dir bitte jeden Vers länger an. Aber sage, was Du schließlich zu sagen hast. Ich habe Abschrift mit den Nummern hier, so daß Du diese nur zu nennen brauchst.

Frühlingsgrüße von Haus zu Haus.
Und ich bin Dein alter
Paul Scheerbart

Ich glaube, daß sich mehr Gedankliches und Sachliches nicht gut in dem kleinen Rahmen unterbringen läßt.

Sprüche für das Glashaus

1. Glück ohne Glas –
Wie dumm ist das!
2. Backstein vergeht,
Glasfarbe besteht.
3. Das bunte Glas
Zerstört den Haß.
4. Farbenglück nur
In der Glaskultur.
5. Ohne einen Glaspalast
Ist das Leben eine Last.
6. Im Glashaus brennt es nimmermehr;
Man braucht da keine Feuerwehr.
7. Das Ungeziefer ist nicht fein;
Ins Glashaus kommt es niemals rein.
8. Brennbare Materialia
Sind wirkliche Skandalia.
9. Größer als der Diamant
Ist die doppelte Glashauswand.
10. Das Licht will durch das ganze All
Und ist lebendig im Kristall.

11. Das Prisma ist doch groß;
Drum ist das Glas famos.
12. Wer die Farbe flieht,
Nichts vom Weltall sieht.
13. Das Glas bringt alles Helle,
Verbau es auf der Stelle.
14. Das Glas bringt uns die neue Zeit;
Backsteinkultur tut uns nur leid.

619 An Bruno Taut

Berlin-Lichterfelde 4, Marschnerstraße 15
12. Februar 1914

Lieber *Bruno Taut*!
Du hast nicht daran geglaubt, daß mir auch mal schlecht zumute sein könnte. Vielen Dank für die Orchideen. Mir wird allmählich etwas besser. Aber – Dein Manuskript kann ich heute noch nicht lesen. Ich hoffe – demnächst.

Viele »schöne« Grüße von Haus zu Haus.
Und ich bin Dein
alter
Paul Scheerbart

620 An Bruno Taut

Berlin-Lichterfelde 4, Marschnerstraße 15
13. Februar 1914

Lieber *Bruno Taut*!
Schönen Dank für Deine freundlichen Zeilen. Aber aus dem Ringspruch kann ich doch nichts machen. Es geht nicht. Es wird alles gezwungen, und das darf doch nicht werden. 10, 12, 9, 1 scheint mir eine sehr gute Auswahl. Ich würde mich sehr freuen, wenn Du bei dieser bliebest. Wenn die Lettern nur recht deutlich sind. Ich verhandle jetzt mit d r e i Verlegern. Ich hoffe, daß in vierzehn Tagen bis drei Wochen die Glasarchitektur unter »Dach und Fach« gebracht ist. »Dach und Fach« ist gut, nicht wahr?

Doppelte Glashausgrüße!
Dein alter
Paul Scheerbart

621 An Bruno Taut

Berlin-Lichterfelde 4, Marschnerstraße 15
13. Februar 1914

Lieber *Bruno Taut*!
In dieser Woche entwickelt sich so viel, und ich bekomme so viele Aufträge, daß ich unter der Korrespondenz »beinahe« zusammenbreche. So soll ich auch über Dein Glashaus für »Technische Monatshefte, Stuttgart« schreiben; ich habe mich bereit erklärt, über das Modell zu schreiben. Wann ist es da? Ich schrieb auch von Illustrationen (Photographien), eventuell Klischees. Kannst Du das leihweise hergeben?
Für baldigste Nachricht wäre ich Dir dankbar. Auch für eine Zeile über die Sprüche.

Mit großen Frühlingsgrüßen von Haus zu Haus bin ich
Dein alter
Paul Scheerbart

Halt! In den T. M. steht was von Glas, das nicht splittert. Hast Du davon gehört? Übrigens: ich soll auch über die Glasarchitektur im allgemeinen für die T. M. schreiben.

622 An Bruno Taut

Berlin-Lichterfelde 4, Marschnerstraße 15
17. Februar 1914

Lieber *Bruno Taut*!
Zunächst Gratulation! Es lebe der Cladow-Preis. Die Gegend habe ich auch sehr gern. Darum muß sie ganz umgebaut werden. Man kann gar nicht genug umbauen.
Hiernach Kondolation! Diese verdammten Kölner*) – ich hab' sie auch im Magen. Deine Wut ist mir sehr begreiflich. Du hättest die Sache versichern müssen. Ja – man kann wahrhaftig in diesem Erdleben gar nicht vorsichtig genug sein.
Entschuldige meine lächerliche Weisheit. Aber es ist 10 Uhr morgens, und ich bin »beinahe« sehr gut gelaunt. Weiß es allerdings nicht genau.
Freue mich sehr, mal mit Dir zu W. zu gehen. Aber ich möchte den Artikel doch gleich schreiben, weshalb ich Dir für Zusendung der photographischen Aufnahmen sehr dankbar wäre.

Für den Herrn vom Eisenbeton habe ich gestern den ganzen Tag hindurch gedichtet. Schließlich kam dieses:

»Preise nicht mehr den Luftballon,
Preise doch mal den Eisenbeton!«

Wenn es Dir und dem Herrn vom Eisenbeton gefällt, werde ich mich sehr freuen. Ich weiß übrigens, daß Beton nicht nasal ausgesprochen wird. Aber das Nasale ist doch schon im Volksgebrauch. Die Verse haben mir sehr viel Mühe gemacht. Ich verzweifelte bereits. Auch wenn der »Glaspalast« hineinkommt, werde ich mich sehr freuen.
Nun vergiß nicht die Photographien.
Und – es lebe der Mäcen am Rhein!

Ich bin ganz Dein
Paul Scheerbart

*) Sind Lokalpatrioten! Köln müßte in Neu-Berlin umgetauft werden.

623 An Richard Dehmel

Berlin-Lichterfelde 4. Marschner Str 15. I.
19. Febr. 1914.

Lieber Ricardo! Schönen Dank für Deine freundlichen Zeilen. »Einverstanden« bin ich natürlich n i c h t mit dem Rundschreiben; ich bin eben garnicht gefragt worden. Die Beiden, die unterzeichnet haben, kennen mich ganz genau. Ich kann jetzt aber nichts dagegen machen, weil ich A gesagt habe; ich erlaubte eben meiner Frau, zu tun, was sie wollte. Und sie setzte sich mit stud. phil Franz Graetzer Jena in Verbindung, der kam mit Dr Adolf Grabowsky zusammen, dieser zog Ewers hinzu. Und so muß ich B sagen, alias »zu der Behauptung, daß ich mich nicht durchsetzen k a n n«, einfach schweigen. Das »Durchsetzen« ist ja nicht näher definirt, man kann sehr verschiedenartige Dinge darunter verstehen – also k a n n ich ja wol auch schweigen.
Nun hat meine Frau extra gebeten, daß man Dich unbehelligt lassen solle – und daß Du uns 100 Mark bereits gegeben hast. Man hat Dir d o c h geschrieben. Wir glauben, daß man nur Deinen Namen will; vielleicht schreibst Du, daß Du schon persönlich mit uns zusammenwarst u. Alles persönlich abgemacht hättest – evtl. auch, daß sie Deinen Namen mitauf-

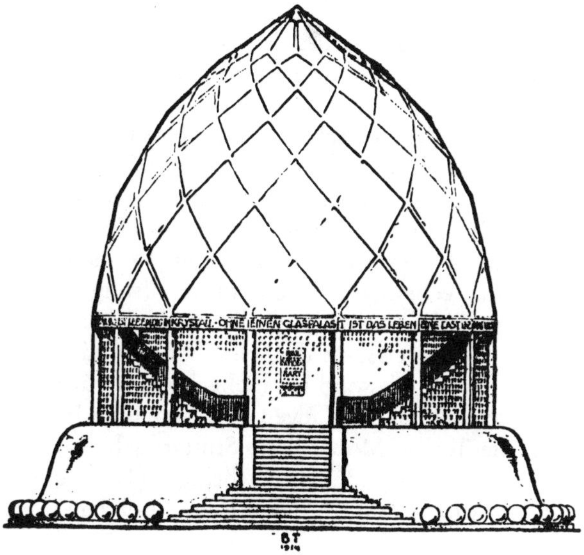

DER GOTISCHE DOM IST DAS
PRÄLUDIUM DER GLASARCHITEKTUR

f. l. S. Friedländer
mit vielen Doppelgrüssen
Ihr alter Paul Scheerbart

Entwurf für das Hashaus auf der
Werkbundausstellung in Köln (1914),
Zeichnung von Bruno Taut

führen könnten. Mir allerdings liegt auch daran nichts. Handle ganz, wie Du willst. »Vertrauenswürdig« ist m. E. die Rundfrage durchaus. Grabowsky ist ein sehr reicher Mann u. auch mein Dutzfreund. Wir waren noch neulich im Sommer 1910 in Friedenau zusammen.
Nun aber persönlichst und unter Discretion! Hol der Deiwel die Kleingläubigkeit! Ich habe nie (oder selten) an meinen Missionen gezweifelt. Trotz all meiner veritablen Demut nicht! In den letzten Monaten sind über 30 Kritiken erschienen – alle bis auf 1-2 voll Bewunderung. Da dürfte man doch nicht sagen, daß nicht der leiseste Schimmer der Hoffnung besteht. Na – mir ist die Sache »herzlich« unsympathisch. Das Scriptum ist offenbar Dienstag Nachm. verfaßt. Um 1/2 6 war mir herrlich zu Mute; ich hatte eben eine famose Geschichte geschrieben und wollte bei Papa Hoffmann Dämmerschoppen trinken – da wird mir urplötzlich übel – und nach einem Topp Bier scheußliches Erbrechen. Ich dachte an Vergiftung, Krabben u. Hecht gegessen. Dem Bären haben sie nicht geschadet. Also: des Rätsels Lösung ist jetzt da: mir ging telepathisch das Schreiben zu und wirkte – die ganze Nacht noch durch. Psychisch ward ich nicht davon berührt. Gestern Mittwoch schon wieder so, daß ich eine lange Geschichte über Bruno Tauts Glaspalast in Köln für die Techn. Monatshefte Stuttart schreiben konnte, diese werden wol auch meine »Glasarchitektur« bringen (111 Capitel) Taut hat mir seinen Palast »gewidmet« und ich hab ihn mit Sprüchen umrandet: darunter:
Glück ohne Glas – wie dumm ist das.
Grösser als der Diamant ist die doppelte Glashauswand
Ohne einen Glaspalast ist das Leben eine Last. etc etc.
Gesetzt ist bis auf den letzten Bogen⟨ist⟩:
»Das graue Tuch und zehn Prozent Weiss. Ein Damenroman«
Es folgen 5 (fünf) Bände »Meteorgeister« (3300 Seiten in m. Schrift. Lesa. hat nur 500 Seiten)
sodann »Der alte Orient«⟨.»⟩« Kulturnovelletten aus Assyrien, Palmyra und Babylon« (Müller zahlte für dieses schon 450 M für 1000 Exempl.)
für die 5 Bde sind 1500 M abgemacht – 300 M in jedem halben Jahre [1te Rate gezahlt]
Dazu kommt die »Glasarchitektur«. Komisch doch, daß Hilfe immer kommt, wenn ich ganz hoffnungsvoll dastehe. Aber das Spende-Scriptum mußte wol so gefaßt sein, sonst wäre ja kein Erfolg »wahrscheinlich«.

Randbeschriftung:
Entschuldige die Länge. Aber ich wollte Dir nichts verschweigen. Darum!
Wie stets Dein oller

Paulus

Es ist 1/2 4 Nachm. Wir trinken um 5 bei Papa Hoffmann auf Euer Wohl!
Hipp! Hipp!
Ich glaube, man könnte mir bereits gratuliren.
Jedenfalls momentan alles gutt - serr gutt
Na prost! Na prost! Pardon dem großen Ernst!

624 An Bruno Taut

Berlin-Lichterfelde 4, Marschnerstraße 15
20. Febraur 1914

Lieber *Bruno Taut*!
Schönen Dank für Deine Karte. Alleinige*) Betonung von »Eisenbeton« scheint mir auch besser. Wie gefiele Dir:

Was wäre die Konstruktion
Ohne den Eisenbeton?«

Es würde mich freuen, wenn es so ginge, doch ich verhehle mir nicht, daß m. E. wirklich Gutes kaum herauskommen kann. Darum wollte ich eben den Luftballon hineinbringen, der gar keine Beziehungen hat.

Große Grüße
Dein
Glaspapa

*) Pardon! das kommt von allein.

625 An Herwarth Walden

Herrn Herwarth Walden
Berlin W. 9
Potsdamer Str 134 a

Berlin-Lichterfelde 4 Marschner 15.
25. Febr. 1914

Lieber Herwarth Walden!
Schönen Dank für Deine freundliche Aufforderung. Aber ich kann leider nicht kommen; ich halts eben einfach nicht aus. Ich habe jetzt auch so sehr

viele Aufregungen, daß ich mich vor allen gesellschaftlichen Arrangements in Acht nehmen muß.

17 Millionen*) Frühlingsgrüße!
Und ich bin Dein alter
Paul Scheerbart

*) entschuldige, daß ich so knausere, aber man wird eben alt – u. geizig.

626 An Richard Dehmel

Berlin-Lichterfelde 4 Marschner Str 15
7. März 1914.

Heiligsten Dank, lieber Richard, daß Du mir in dieser Angelegenheit ein wenig beigestanden hast. Es ist noch nicht 9 Uhr. Ein Protestbrief an Ewers geht gleichzeitig zur Post. Ich atme auf.
Herrlicher Sonnenschein draußen.
Rote Tulpe blüht vor meinem Fenster. Und es wird wol alles wieder ganz gut werden.

Mit Frühlingsgrüßen
Dein
alter
Paul Scheerbart

627 An Bruno Taut

Berlin-Lichterfelde 4, Marschnerstraße 15
11. März 1914

Lieber *Bruno Taut*!
Schönen Dank für Deine freundlichen Zeilen. Wir kommen also, wenn nicht Zwingendes dazwischen tritt (meine Gesundheit ist etwas wacklig), morgen, Donnerstag, so um 1/2 6 Uhr, in Dein Büro.
Dann alles mündlich. »Glasarchitektur« schon fast untergebracht.

Mit vielen Grüßen von uns beiden bin ich Dein alter
Paul Scheerbart

Die Technischen Monatshefte in Stuttgart bringen den T.-Artikel und möchten auch
»Glasarchitektur«.
Müllers »Damenroman« kommt in zirka 3 bis 4 Wochen raus.

628 An Herwarth Walden

Berlin-Lichterfelde 4 Marschner Str 15 I
13. März 1914.

Lieber Herwarth Walden!
Wir haben gestern ein kleines Packet in blauem Bande (100 Briefbogen) vergessen. Für Zusendung würden wir Dir sehr dankbar sein.
Mit vielen Frühlingsgrüßen von Glashaus zu Glashaus
Dein
alter
Paul Scheerbart

Denkst Du noch an jene alte Zeit, in der auch wir in Backsteinhäusern hausten?

629 An Fred M. Balte

Herrn Fred M. Balte u. Frau
Berlin-Friedenau
Kaiser-Allee 82.

Berlin-Lichterfelde 4, Marschner Str 15.
12. April 1914

Hurrah! Da gratuliren wir! Wir lassen ein Frühlingskonzert in Friedenau arrangiren. Und wir wünschen dem Ehepaare unsäglich viel Glück. Morgen fahren wir nach Zehlendorf. Aber – wenn Ihr schreibt, sind wir immer da.
Glasgrüße von Haus zu Haus!
Der alte
Paul Scheerbart

630 An Herwarth Walden

Berlin-Lichterfelde 4 Marschner 15.
21. April 1914

Lieber Herwarth Walden! Bruno Taut teilte mir am Ostermontage mit, daß Du meine 15 Sprüche für das Glashaus bringen möchtest. Ich halte deren Abdruck aber momentan nicht für praktisch. Mündlich darüber mehr.

Aber – – ich würde es gern sehen, wenn Du meine »Glasarchitektur« als Buch herausgeben möchtest. Sie ist so lang wie der »halbe« Kaiser von Utopia, hat 111 Capitel – und ist das Programm der neuen Glasarchitektur. Du hast ja schon das Tautmodell ausgestellt.
Demnach schreibst Du wol, ob Du das Manuskript haben möchtest. Auf Wunsch bring ichs Dir persönlich.
Voraussetzung ist nur, daß die ersten Exemplare Mitte Mai fertig sind. Ich habe außerdem einen Propaganda-Plan – der kommt in zweiter Linie.
Abrechnung quartaliter. Das Buch*) ist Bruno Taut gewidmet.
Die Sache eilt natürlich. Darum möchte ich Dich sehr bitten, mich umgehend zu benachrichtigen. Die Verbindung mit dem Sortiment hast Du ja.
Alles Weitere und Nähere mündlich.

Viele Frühlingsdoppelgrüsse
Und ich bin
Dein alter
Paul Scheerbart

Randbeschriftung:
*) Ladenpreis 2 M.

631 An Herwarth Walden

Berlin-Lichterfelde 4 Marschner Str 15 I
7. Mai 1914

Lieber Herwarth Walden!
Anbei der Entwurf des Firmenbriefes. Schreib mir, ob Du einverstanden bist – oder mit Randglossen – wo Du anders möchtest.
Taut wüßte sicher auch noch Adressen. Er wollte mit Dir zu Stilke gehen.
Kann jetzt die Zusendung der ersten Correkturen an meine Adresse erfolgen?
Deine Anzeige im Sturm hat mich sehr erfreut.
Wir haben schreckliche Influenza und haben tagelang zumeist zu Bett gelegen.
Mir ist noch g a r n i c h t besser. Husten Fieber plagen mich immer wieder.
In dieser Woche bin ich noch nicht fortgegangen. Es ist sehr unangenehm.
Hoffentlich wirds bald wärmer.

Viele Grüße von Haus zu Haus,
Und ich bin Dein
alter
Paul Scheerbart

Vielleicht schreibst Du, bis wann die Vorsatz- und Deckelpapiere meiner Frau eingesandt werden sollen.

632 An Herwarth Walden

Berlin-Lichterfelde 4. Marschner Str 15
10. Mai 1914

Lieber Herwarth Walden!
Schönen Dank für die Correkturen. Aber ohne Manuskript kann ich sie nicht erledigen. Bitte sende mir dieses so schnell wie möglich. Das Inhaltsverzeichnis muß jedenfalls an den Anfang. Revision wird ganz bestimmt von Allem nötig sein. Evtl auch Superrevision. Bedenke die Matern!
Es freut mich, daß Dir der Brief gefällt. Vor Absendung sende mir einen Durchschlag mit Manuscript.

Viele Grüsse von Haus zu Haus
Und ich bin Dein alter
Paul Scheerbart

Ich habe die Fahnenabzüge schon zwei Mal durchgelesen. Selten wol hat mir eine Correktur so viel Vergnügen bereitet.
Schönen Dank für die »Gutebesserungswünsche«

633 An Herwarth Walden

Berlin-Lichterfelde 4 Marschner Str 15
13. Mai 1914

Lieber Herwarth Walden! Könntest Du nicht doch alles entsprechend meiner heutigen Morgencorrektur arrangiren? Das Titelblatt »mit Namen vor« ist mir sehr unsympathisch. Im Äußern möchte ich garnicht appart ⟨*sic!*⟩ wirken. Und das Fortlassen des »von« w i r k t appart, stößt vor den Kopf. Ich bin seit 11 Tagen nicht aus dem Hause gewesen, bin aber zum Correkturlesen ganz außerstande. Ich gehe fort und weiß nicht, wie ich wieder komme. Mir ist s e h r schlecht. Glücklicherweise eilts mit der »Glasarchitektur« ganz und gar nicht. Große Grüße! Dein

Paul Scheerbart

634 An Herwarth Walden

13. Mai 1914

Lieber Herwarth Walden!
Mit der Correktur bin ich noch nicht fertig. Auf die »Superrevision« möchte ich nicht verzichten. Also: lassen wir das Erscheinen am 15. Mai!
Soeben Karte abgesandt.
So eilig ist ja die Geschichte nicht.
Mit dem Titel bin ich noch garnicht im Klaren.
Ob ich Dir heute noch Correktur senden kann, weiß ich nicht, denn ich fühle mich sehr schwach. Die erste Correktur ist von mir sehr schlecht gelesen worden. So schnell kann eben kein Mensch Correktur lesen.
Nichts für ungut.

Viele Grüße!
Dein
Paul Scheerbart

635 An Herwarth Walden

Berlin-Lichterfelde 4 Marschner 15
25. Mai 1914

Lieber Herwarth Walden!
Schönsten Dank für die 15 Exemplare. Ich nehme an, daß das Papier nur bei ein paar Ex. ausgegangen ist. Sonst ist alles ganz herrlich. Du hast doch die Matern nicht vergessen, nicht wahr?

Viele Frühlingsgrüße von Haus zu Haus!
Und ich bin Dein alter
Paul Scheerbart

Einen gebundenen Lesabéndio bekommst Du demnächst!

636 An Herwarth Walden

Berlin-Lichterfelde 4. Marschner 15.
4. Juni 1914

Lieber Herwarth Walden!
Morgen Freitag so um 5 Uhr oder etwas früher bringen wir die Vorsatzpapiere - auch Deinen Lesabéndio.
Mit ganz entzweigefrorenen Doppelgrüßen bin ich
Dein
alter
Paul Scheerbart

637 Anna Scheerbart an Nell Walden

Frau Nell Walden
Berlin W 9
Potsdamerstr 134. a.

d. 14. 8. 14

Liebe Nell!
Wir werden uns sehr freuen, Euch und Behnes am Sonntag wieder zu sehen. Kommt nur schön früh. Mit vielen Grüßen Euch Beiden von uns Beiden
Deine
Anna Scheerbart

638 An Herwarth Walden

Berlin-Lichterfelde 4. Marschner 15
29. Aug. 1914.

Lieber Herwarth Walden! Nach meinem Empfinden heißt es momentan: abwarten und nichts unternehmen. In ein paar Tagen kann alles »wieder« ein andres Gesicht zeigen. Deswegen bin ich n i c h t für den Abdruck des Strippenbombensports, der nebenbei »veraltet« ist. Ich möchte in den nächsten Wochen überhaupt nicht gedruckt werden.
Mit vielen Grüßen von Haus zu Haus
Dein
Paul Scheerbart

639 An Herwarth Walden

Berlin-Lichterfelde 4. Marschner Str 15
17. Oct. 1914

Lieber Herwarth Walden!
Schönen Dank für die beiden Bücher. Aber – bis auf Weiteres bin ich der Meinung, daß man »momentan« überhaupt nichts schreiben sollte. Die große Erregung, die allerseits besteht, ist allein schon Hinderungsgrund genug. Nach Berlin komme ich leider nicht. Habe »momentan« kleine Verstauchung im linken Fuß. Indessen – immer mutig! Viele große Grüße von Haus zu Haus! Und ich bin

Dein alter
Paul Scheerbart

640 An Herwarth Walden

Berlin-Lichterfelde 4 Marschner 15
5. Nov. 1914

Lieber Herwarth Walden!
Mit der Sendung von 20 Exemplaren der »Glasarchitektur« an die Bibliothek der Kriegslazarette bin ich durchaus einverstanden. Immer mutig!
Und ich bin mit vielen Grüßen von Haus zu Haus
Dein
alter Paul Scheerbart

Heute ist wieder mal der Jahrestag der Schlacht bei Rossbach.

641 An Friedrich Markus Huebner

Berlin-Lichterfelde 4. Marschner Str 15 I
6. Nov. 1914

Sehr geehrter Herr Huebner!
Schönen Dank für Ihre freundlichen Zeilen und für das »Zeit-Echo«.
Wenn Sie herkommen möchten, tun Sie gut, mit der Wannseebahn bis Steglitz zu fahren – und von dort mit der Elektrischen durch Chausseestr bis zur Richard Wagner Str – in dieser die Marschner.

Ich bin immer bis 5 Uhr Nachmittags hier⟨.⟩ Sie haben wol die Güte, sich vorher anzumelden und nicht Vor mittags zu kommen.

In vorzüglicher Hochachtung
Ihr
sehr
ergebener
Paul Scheerbart

642 An Herwarth Walden

Berlin-Lichterfelde 4. Marschner 15.
11. Nov. 1914.

Lieber Herwarth Walden!
Besten Dank für die Einladung. Aber ich kann leider nicht kommen, da ich tatsächlich zu nervös bin.
Mit den 10 Exemplaren für die Volksbibliotheken bin ich auch einverstanden.

Mit vielen Novembergrüssen von Haus zu Haus bin ich
Dein
alter
Paul Scheerbart

Sende doch bitte ein Rezensionsexemplar von der II. Auflage an Dr Friedrich Markus Huebner Red »Zeit-Echo« Franz Josef Str. 11. München.

643 An Friedrich Markus Huebner

Berlin-Lichterfelde 4 Marschner 15.
Sonntag 15. Nov. 1914

Sehr geehrter Herr Huebner!
Anbei das Versprochene! Es hat sehr viel Mühe in 9 Tagen gekostet. Es wird mich sehr freuen, wenns Ihnen akzeptabel erscheint. Mich selbst wollte ich ein wenig in den Hintergrund bringen.
Mit vielen Sonntagsgrüßen – auch von meiner Frau – bin ich Ihr

sehr ergebener
Paul Scheerbart

644 An Herwarth Walden

Berlin-Lichterfelde 4 Marschner 15.
19. Nov. 1914

Lieber H. W!
Kannst Du so lieb sein und Herrn Hermann Häfker Berlin SW. 11. Wilhelm Str 3. ein Rezensionsexemplar von »Glasarchitektur« senden? Besten Dank im Voraus.

Viele Schneegrüße von
Haus zu Haus
Dein
Paul Scheerbart

645 An Friedrich Markus Huebner

Berlin-Lichterfelde 4. Marschner Str 15 I
2. April 1915

Sehr geehrter Herr Huebner!
Soeben erhielt ich Nr 11. des Zeitechos. Ich habe im vorigen Monat einen kl. Artikel von 10 Quartseiten geschrieben: »Das Schicksal der Seemächte«. Es wird England, Nordamerika und Japan der Untergang prophezeit. Wollen Sie die Geschichte zur Ansicht haben? Ich halte den Artikel für sehr gut; die Bedeutung der Unterseeboote wird recht klar gemacht. Vielleicht schreiben Sie mir eine Postkarte. Viele Grüße – auch von meiner Frau – und ich bin

Ihr
sehr ergebener
Paul Scheerbart

Wir bedauerten sehr, daß Sie uns nicht noch besuchten; meine Frau erzählte mir, daß sie Sie auf der Bahn traf.

646 An Herwarth Walden

Berlin-Lichterfelde 4 Marschner Str 15I
29. Juni 1915

Lieber Herwarth Walden!
Kann ich über »Glasarchitektur« demnächst eine Abrechnung bekommen. Ich werde Dir sehr dankbar sein. Mir gehts körperlich garnicht gut. Na prost! Auf baldiges Wiedersehen, wenns besser geht!

Mit vielen Grüßen von Haus zu Haus
Dein
alter
Paul Scheerbart

647 An Herwarth Walden

Berlin-Lichterfelde 4 Marschner 15.
11. Aug. 1915

Lieber Herwarth Walden!
Schönsten Dank für die bunte Karte. Viele Grüße an den August Stramm. Schade, daß ich momentan so schlechte Füße habe. Komme grade bis Papa Hoffmann. Vielleicht da? Grüße beide Stramms! Und viele Grüße von Haus zu Haus!!!!

Dein
alter
Paul Scheerbart

Zusatz von Anna Scheerbart:
Viele Grüße an Frau Nell Walden. Und auch an A. Stramm. v. Anna Scheerbart

648 An Franz Servaes

Berlin-Lichterfelde 4. Marschner 15I
17 Aug. 1915

Liebes Franzi! Wir kamen vom Papa Hoffmann (Bhf Botanischer Garten) um 3/4 8 Uhr an und bedauerten sehr lebhaft, Dich nicht mehr getroffen zu haben. Wir haben letzthin öfters an Euch gedacht. Ja – wie nun? Wir kennen Berlin garnicht mehr. Waren Anfang 1914 mal da – und alles vergessen. Du fährst doch zu uns so bequem bis zum Händelpatz oder Bhf Steglitz und dann Elektrische bis Rich. Wagner Str. Komm doch noch mal – aber vor 4 Uhr. Nachdem alles so zweifelhaft, da ich täglich bei Papa Hoffmann Bier trinken muß. Also: auf baldiges Wiedersehen! Schönen guten Tag! Na prost! Ich trinke auf Dein Wohl. Wir grüßen Dich beide, und ich bin Dein oller

Paul Scheerbart

649 Anna Scheerbart an Ida Dehmel

Berlin-Lichterfelde W
d. 15. 10. 15.
Marschnerstr. 15.

Liebe Frau Isi!
Mein Mann ist heute um 1 Uhr nach kurzem Unwohlsein plötzlich verschieden. Es würde mir nun eine sehr große Freude sein, wenn der älteste Freund meines Mannes ihm das letzte Geleit geben würde – zumal jetzt viele im Felde unabkömmlich sind. Falls Sie die weite Reise nicht scheuen – dürfte ich Sie möglicherweise Beide erwarten? Die Beerdigung findet am Dienstag den 19 Okt 4 Uhr auf dem Parkfriedhof in Lichterfelde West statt. Viele schöne Grüße Ihre

Anna Scheerbart

650 Anna Scheerbart an Richard Dehmel

Ltnt R. Dehmel
61 Landwehr Brigade
XV Reserve
Regiment Nr. 8
Vogesen

d. 27. 10. 15.
Marschnerstr. 15. I

Lieber Herr Dehmel!
Erst heute komme ich dazu, – Ihnen für Ihre liebe Karte zu danken. Sie hat meinem Herzen wohlgetan. Gerne glaube ich, daß Sie gekommen wären zu der Beerdigung. Aber – der Krieg... Franz Servaes hat gesprochen und eine Sängerin sang in der Halle. Er ist gewesen. Es war sehr feierlich und es waren

auch ganz Teil anwesend. Und viele Blumen und Kränze schmückten seinen Sarg. Ein großer Busch Orchideen v. Architekt Taut wurde ihm in die Gruft gegeben. Krank lag er kaum einen Tag. Donnerstag Nachmittag 4 Uhr plötzlich unwohl. Gleich Besinnungslos. Am Freitag Mittag 12 1/4 Uhr war er tot. Schmerzen hat er nicht gefühlt. Er reichte mir die Hand zum Abschied und schlug die Augen nieder. Das war das Ende meines lieben Mannes. Ich freu mich sehr, wenn Sie zurück und sein stilles Grab besuchen möchten.

Ihre Anna Scheerbart

Anmerkungen

1 Brief (Stadt- und Landesbibliothek Dortmund)
(J. H. 27.4.89)
Sehr geehrter Herr: Julius Hart (1859 Münster – 1930 Berlin), Lyriker, Dramatiker, Kritiker. Hart, dessen dichterisches Werk nicht präsent geblieben ist, tat sich als Förderer und Kritiker der neuen Literatur seiner Zeit und als Lebensreformer hervor. Gemeinsam mit seinem Bruder Heinrich stritt er in der Schriftenreihe »Kritische Waffengänge« für den Erfolg des Naturalismus. Er war Gründungsmitglied der »Neuen Freien Volksbühne«, eines der Häupter der Friedrichshagener Dichterkolonie und Mitinitiator der freireligiösen »Neuen Gemeinschaft«. Hart und Scheerbart standen, vor allem in den 90er Jahren, in freundschaftlicher Verbindung. Hart schätzte Scheerbarts Werk und rezensierte mehrere seiner Bücher.
der kritischen Jahrbücher: Von der Zeitschrift »Kritisches Jahrbuch. Beiträge zur Charakteristik der zeitgenössischen Literatur sowie zur Verständigung über den modernen Realismus« erschien nur ein Jahrgang (1889/90) mit zwei Heften. Scheerbarts »Paradies« sollte laut Ankündigung im 3. Heft rezensiert werden. Hart widmete jedoch Scheerbarts zweitem Buch (»Ja... was... möchten wir nicht Alles!«) 1892 in der »Freien Bühne« eine lobende Vorabkritik.
»Dichter und Künstler«: Eine Veröffentlichung Scheerbarts mit diesem Titel konnte nicht nachgewiesen werden.
mein Paradies: Der Roman »Das Paradies. Die Heimat der Kunst« erschien 1889.
Tägl. Rundsch: »Tägliche Rundschau. Unparteiische Zeitung für nationale Politik«. Hart war für das Blatt in den 90er Jahren als Kritiker tätig.

2 Visitenkarte (Staats- und Universitätsbibliothek Hamburg)
(R. D. undatiert)
seinen königlichen Bruder Richard: Richard Dehmel (1863 Wendisch-Hermsdorf – 1920 Blankenese b. Hamburg), Dr. phil., Lyriker, Dramatiker. Dehmel galt zu Lebzeiten als einer der größten Dichter seiner Generation. Sein bald verblaßter Ruhm gründete sich vor allem auf die freimütige Thematisierung der körperlichen Liebe, aber auch auf eine der Umgangssprache angenäherte poetische Diktion. Zwischen Dehmel und Scheerbart bestand eine herzliche Freundschaft, die bis zu Scheerbarts Tod dauerte. Während Dehmel Scheerbart für einen bedeutenden Dichter hielt, stand dieser dem Werk des Freundes reserviert gegenüber. Die Glorifizierung der Sexualität war ihm als erklärtem »Antierotiker« zuwider. Dehmel scheint ihm die stets humorvoll verklausulierte Kritik nicht übelgenommen zu haben. Er setzte sich nachdrücklich für Scheerbarts Bücher ein und half ihm wiederholt aus finanzieller Bedrängnis. Scheerbart, der 1888 oder 1889 nach Berlin kam, lernte Dehmel spätestens 1891 kennen, da sein Name in diesem Jahr in einem Brief Dehmels auftaucht. (»... ich war fast bis letzte Minute im Wartesaal mit Scheerbart geblieben...«, 27.10.1891 an Paula Dehmel. In: Ausgewählte Briefe, Berlin 1922, Bd. 1, S. 72.)

3 Brief (Staats- und Universitätsbibliothek Hamburg)
(R. D. 28.10.92)
Der Verlag deutscher Phantasten: wurde 1892 von Scheerbart gegründet, um, wie es im Werbeprospekt heißt, »die Produktion einer neuen phantastischen Richtung (...) in einer Hand zu vereinen«. Als Vertreter dieser Richtung werden u. a. genannt: Cäsar Flaischlen, Hanns von Gumppenberg, Heinrich und Julius Hart, Otto Erich Hartleben, Peter Hille, Oskar Panizza, Wilhelm Walloth, Frank Wedekind und, natürlich, der Verleger. Der Prospekt kündigt ferner Übersetzungen von Werken der Autoren Albert Giraud, Jules Laforgue, Stéphane Mallarmé, Paul Verlaine u. a. an. Als erste Titel werden »Das Paradies. Die Heimat der Kunst« und der »Supplementband« »Die Hölle. Die Heimat der Machtsucht« angeführt, außerdem »Ja... was... möchten wir nicht Alles! Ein Wunderfabelbuch« als 1. von 7 Heften. Tatsächlich erschienen 1893 insgesamt 3 Publikationen: Scheerbarts »Paradies« (in 2. Auflage) und sein »Wunderfabelbuch« sowie der Gedichtzyklus »Pierrot Lunaire« von Albert Giraud in der brillanten Übersetzung von Otto Erich Hartleben, die 1912 von Schönberg vertont wurde. Danach stellte der Verlag die Produktion ein.
Heilmann: Hans H. (1859 Beerberg, Kreis Lauban – 1930 Berlin), Literaturkritiker, Redakteur

(»Königsberger Allgemeine Zeitung«, »Licht und Schatten«), Bonvivant und Freund Hartlebens, gehörte in dieser Zeit zu Scheerbarts Freundeskreis.
Walloths Karte: Wilhelm W. (1856 Darmstadt - 1932 München), Verfasser historischer Romane, Gegner des Naturalismus, plante 1890, gemeinsam mit Hermann Menkes und Ludwig Jacobowski eine »antinaturalistische Anthologie«.
Lilienkron: Der Dichter Detlev von Liliencron, s. Anmerkung zu Nr. 61.
Friedrich: Vermutlich ist der Verleger Wilhelm Friedrich in Leipzig gemeint, der Werke von Liliencron und Walloth herausbrachte. Zu dieser Zeit erschien in seinem Verlag auch die Zeitschrift »Die Gesellschaft«, die beide Autoren zu ihren Mitarbeitern zählte.
Przybyczewski: Stanisław Przybyszewski (1868 Lojewo, Provinz Posen - 1927 Jaronty), polnisch und deutsch schreibender Schriftsteller, Anarchist, Strindberg- und Nietzsche Jünger, hineißender Chopininterpret, eine der Zentralfiguren der Berliner Boheme der 90er Jahre. Scheerbart und Przybyszewski kannten sich als Freunde Dehmels und von der Stammtischrunde des »Schwarzen Ferkels«, die Carl Ludwig Schleich in »Besonnte Vergangenheit« (1922) beschrieben hat. Scheerbart hatte, wie aus seinen Briefen hervorgeht, offenbar wenig Verständnis für die Anschauungen des »Naturalisten der nackten Seele« (Soergel), während dieser, zumindest im Rückblick, Scheerbarts Person und Philosophie Sympathie entgegenbrachte. In seinem 1930 erschienenen Memoirenband »Moi współcześni« (Erinnerungen an das literarische Berlin, München 1965) skizzierte er eines der lebendigsten Scheerbart-Porträts:

»Einer nur war unter ihnen, der spottete, spöttelte und ewig lachte, und weil er ständig einen leeren Magen hatte, reichten ein paar Gläschen, und er kam tagelang aus dem Rausch nicht heraus: Paul Scheerbart. (...) Wie verwundert war Scheerbart über den unerhörten Erfolg von Hauptmanns Drama ›Die Weber‹!

›Aber diese Geschichten lesen sie doch täglich im Lokal-Anzeiger, und niemand wundert sich, hier aber ist plötzlich ein Lärm und Getöse, als ginge die Welt unter.‹ (...) Statt also Arbeitergeschichten zu schreiben, schrieb er über die Kometen, die 1848 erschienen, über Himmelskörper, die sich in schweren Delirien aus ihren Bahnen rissen, und wenn er nach dem dritten Gläschen unter den Tisch fiel, schlug er mit der Faust auf den Fußboden, weinte und stöhnte: ›Weltgeist, wo bist du?!‹« (S. 115f.)
P.: steht vermutlich für Willy Pastor, s. Anmerkung zu Nr. 16.

4 Brief (Universitätsbibliothek Krakau)
(O.J.B. 1.11.92)
Otto Julius Bierbaum: (1865 Grünberg, Schlesien - 1910 Kötzschenbroda), Lyriker, Dramatiker, Prosaist, Kritiker. Bierbaum, ein literarisches Leichtgewicht mit gewandter Feder, spielte eine wichtige Rolle als Förderer neuer Tendenzen in Kunst und Literatur. Als Herausgeber des »Modernen Musenalmanach« (1891-1894) ließ er junge Autoren zu Wort kommen, in den von ihm mitbegründeten Zeitschriften »Pan« und »Die Insel« gab er auch Graphikern und Buchkünstlern ein Forum. Schließlich war er ein Anreger und Aktivist der »Brettl«-Bewegung. Für Scheerbart setzte sich Bierbaum vielfach in seinen verschiedenen Funktionen ein. Bereits 1897 widmete er ihm einen längeren Essay (»Der weise Clown«) in der Wiener Wochenschrift »Die Zeit«. Scheerbart revanchierte sich mit einer Rezension von Bierbaums Gedichtband »Nemt, Frouwe, disen Kranz«. In den 90er Jahren bestand zwischen Scheerbart und Bierbaum ein reger gesellschaftlicher Kontakt, über den Bierbaums Schlüsselroman aus der Berliner Boheme, »Stilpe« (1897), Auskunft gibt. Scheerbart figuriert in ihm, in Anspielung auf seine »der Bär« genannte Lebensgefährtin, als »Bärenführer«:

»Der ›Bärenführer‹ war der ›Erste der Eigentlichen‹, ein wunderlicher Mensch, der mitten in Berlin mit dem Gleichmut eines orientalischen Weisen lebte und, arm wie ein persischer Bettelmönch, sich mit einer köstlichen Grazie des Geistes aushalten ließ. Sein Reich war nicht von dieser Welt, aber wer sein Reich kannte, diese weiten kosmischen Räume voll unerhörter Phantasien und diese bunten Fabelstädte mit den intimsten Winkeln genießender Ruhe nach rasenden Räuschen, der wußte, daß seine Welt beträchtlich schöner war als unsere. Ein Fakir mit Humor.« (Neuausgabe München 1963, S. 158.)
Nietzsche: Friedrich N. (1844 Röcken b. Lützen - 1900 Weimar), Philosoph.

»Laß die Erde!«: Bierbaum veröffentlichte das Gedicht, das zuerst in »Ja... was... möchten wir nicht Alles!« erschien, unter dem Titel »Die andre Welt. Ein Phantastenpsalm«, mit leicht abgeändertem Wortlaut, im »Modernen Musenalmanach« von 1893.

5 Postkarte (Staats- und Universitätsbibliothek Hamburg)
(R.D. 4.4.93)
Rudolf Neunzig: (1863 Berlin - ?), Gymnasiallehrer und Publizist, Fachmann für Tierschutz. Von *Karl Neunzig* konnten keine biographischen Daten ermittelt werden.

6 Postkarte (Staats- und Universitätsbibliothek Hamburg)
(R.D. 16.7.93)
Flaischlen: der Schriftsteller Cäsar Flaischlen, s. Anmerkung zu Nr. 99.
einen Band Prosa: Flaischlen edierte 1894 eine Anthologie mit dem Titel »Neuland«. Scheerbart lieferte 6 kurze Texte, s. Bibliographie. Dehmel ist nicht in ihr vertreten.
Stimmungsbild: Vermutlich ist die Erzählung »Das Gesicht« gemeint, die am 11.2.92 in der »Täglichen Rundschau« erschien.

7 Postkarte (Stadtbibliothek München)
(H.v.G. 7.2.94)
Hanns von Gumppenberg: (1866 Landshut - 1928 München), Dramatiker, Prosaist, Lyriker, Kritiker. Gumppenbergs Geschichts- und Ideendramen sind zu Recht vergessen, sein autobiographisch fundierter Roman über das spiritistische Milieu der 90er Jahre (»Der fünfte Prophet«, 1895) fesselt nur noch als Zeitdokument. Gumppenbergs eigentliche literarische Leistung liegt in den virtuosen und äußerst erfolgreichen Literaturparodien (»Das Teutsche Dichterroß«, 1901) und den nicht minder bravourösen Theatertravestien (»Überdramen«, 1902), die er für das Münchner Kabarett »Die elf Scharfrichter« verfaßte. Mit Scheerbart stand Gumppenberg während seiner Berliner Jahre (1892-1897) in freundschaftlichem Kontakt. Er berichtet darüber in seinen »Lebenserinnerungen«.

»Der absonderliche Phantast Paul Scheerbart, der damals seinen Erstling ›Das Paradies‹ veröffentlicht hatte, war trotz seiner traurigen Lebensverhältnisse ein extremer Alkoholiker, wie der wohlbegüterte Hartleben, wenn er auch seinem Trieb gewöhnlich nur als Gast anderer frönen konnte. Wir vertrugen uns sehr gut; obschon ich mit der krankhaften Überreiztheit seines Wesens nichts gemein hatte und mein eigener Grotesk-Humor von ganz anderer Farbe war, fanden wir uns doch im übermütigen Spiel einer Einbildungskraft, die sich jenseits aller Vorurteile, auch der zeitgenössisch-literarischen, mit Götterwonne tummelte. (...)

Als ich einmal den Abend mit Scheerbart in dessen armseliger Wohnung verbrachte, kam ich auf den Einfall, eine Anzahl kleiner Skizzen in seinem Stil zu improvisieren, ich schrieb und schrieb gleich ein ganzes Dutzend auf lose Quartblätter, wie es mir gerade in den Bleistift kam. Scheerbart aber, frei von eitler Verletzung, hatte seine helle Freude daran, ja er steuerte selbst zu jeder Skizze den Titel und Untertitel bei. Die Mehrzahl dieser Parodien habe ich dann später, samt jener Scheerbart'schen Ueberschrift in das ›Teutsche Dichterross‹ mit aufgenommen.« (Gumppenberg, S. 215.)
Dein Sieg: Kurz zuvor war Gumppenbergs Schauspiel »Die Minnekönigin« erfolgreich über die Bühne des Königlichen Schauspielhauses gegangen, Julius Hart hatte ihm am 6.2. in der »Täglichen Rundschau« eine lobende Kritik gewidmet.
Pataky belächeln wollend: Gumppenberg verdiente sich zu dieser Zeit seinen Lebensunterhalt als Texter im Büro der Patentanwälte H. und W. Pataky. Scheerbart spielte anscheinend mit dem Gedanken, seinen Posten zu übernehmen.

8 Postkarte (Staats- und Universitätsbibliothek Hamburg)
(R.D. 24.5.94)
Habe Zeile für Zeile: Wie Przybyszewski in seinen »Erinnerungen« berichtet, ließen nicht wenige von Dehmels schreibenden Freunden ihre Texte von diesem durchsehen und korrigieren. Franz Servaes verlieh Dehmel deshalb den Titel »Corrector Germaniae«.

Friedrich Lange: (1852 Goslar – 1917 Detmold), Schriftsteller, Journalist, Verfasser nationalistischer Schriften, fungierte bis 1895 als Herausgeber der »Täglichen Rundschau«.
eine Variante: Gemeint ist das Märchen »Die Prinzessin Rona«, das am 20. und 21.5. in der »Täglichen Rundschau« erschien.

9 Postkarte (Stadtbibliothek München)
(H. v. G. 14. 9. 94)
»Die Kunst und der Spiritismus«: Der Aufsatz erschien am 3. 11. 1894 in der Zeitschrift »Amsler und Ruthardt's Wochenberichte«. Scheerbart arbeitete für das Kunstblatt ein halbes Jahr als ehrenamtlicher Redakteur, um, wie er später an Max Bruns schrieb, »von allen meinen damaligen Bekannten Artikel u Verse etc unterzubringen«, s. Nr. 180. Während seiner Mitarbeit in der Redaktion erschienen in der Zeitschrift u. a. Beiträge von Heinrich und Julius Hart, Wilhelm Bölsche, Peter Hille, Willy Pastor, Cäsar Flaischlen, Otto Julius Bierbaum, Franz Servaes, Hanns von Gumppenberg und ihm selbst. Scheerbart veröffentlichte seine poetischen und theoretischen Beiträge unter eigenem Namen, seine kunstkritischen Texte zum Teil unter dem Pseudonym Kuno Küfer, s. Bibliographie.
Paul Hildebrandt: (1862 Berlin – ?), Schriftsteller, Kritiker, Buch- und Kunsthändler, Herausgeber der »Salon-Rundschau«, Redakteur bei »Amsler und Ruthardt's Wochenberichten«. 1904 veröffentlichte er eine Anthologie mit dem Titel »Das Spielzeug im Leben des Kindes«, in der auch Scheerbart vertreten ist.

10 Postkarte (Stadtbibliothek München)
(H. v. G. 19. 9. 94)
die Sache: s. vorhergehenden Brief an Gumppenberg.

11 Postkarte (Stadtbibliothek München)
(H. v. G. 24. 9. 94)
Herm. Hendrich: Hermann H. (1856 Heringen, Harz – 1931 Schreiberhau, Schlesien), Maler, von der nordischen Mythologie und dem Spiritismus inspirierter Symbolist. Hendrich schuf ein Gemälde mit dem Titel »Todesmahnen«, das mit Gumppenbergs Artikel in den »Wochenberichten« veröffentlicht wurde, s. Anmerkung zu Nr. 9.
Dein Autogramm: Die längeren Artikel wurden zum Teil mit Foto, Namenszug und Zierleiste aufgemacht.

12 Postkarte (Stadtbibliothek München)
(H. v. G. 28. 10. 94)

13 Brief (Staats- und Universitätsbibliothek Hamburg)
(R. D. 18. 11. 94)
Amsler & Ruthardt's Wochenberichte: s. Anmerkung zu Nr. 9.
Hedwig Lachmann: (1865 Stolp, Pommern – 1918 Krumbach, Schwaben), Lyrikerin, Übersetzerin. Lachmann, die damals eng mit Dehmel befreundet war und später den Schriftsteller Gustav Landauer heiratete, machte sich vor allem als Übersetzerin einen Namen. Ihre deutschen Versionen von Gedichten E. A. Poe's und der »Salomé« von Ocar Wilde gelten heute noch als vorbildlich.
beifolgenden Ring: eine Zierleiste des Illustrators Nils Wiwel, einen Drachen darstellend, der sich in den Schwanz beißt. Wahrscheinlich hat Dehmel Scheerbarts Angebot ausgeschlagen, denn es erschien kein Beitrag von ihm in den »Wochenberichten«.
Huronen-Club: Der indianische Stammesname taucht auch in dem 1897 in »Ich liebe Dich!« veröffentlichten Gedicht »Putz'! Putz'! Ein Kronenlied« auf:
»Putz mir meine Krone,
Denn ich will spazierengehn!
Sei mein Leibhurone!
Aller Welt zum Hohne

Gehn wir auf den kleinen Zehn.
Putz mir meine Krone!
Putz sie mir recht blank!
Kriegst auch eine Feder
Und ein Ei zum Dank -«

neue Bühne: Möglicherweise ging Scheerbart schon damals mit der Idee der »Einfachen Bühne« schwanger, die er 1898 in einem offenen Brief publik machte.

14 Postkarte (Staats- und Universitätsbibliothek Hamburg)
(R.D. 23.2.95)
Die Gebratene Flunder: Der Text erschien zuerst 1896 in der Zeitschrift »Simplicissimus«.

15 Postkarte (Staats- und Universitätsbibliothek Hamburg)
(R.D. 4.3.95)
Umsturzvorlage: ein im Dezember 1894 im Reichstag eingebrachter Gesetzentwurf zur Strafverschärfung bei politischen Delikten. Der Reichstag lehnte das Gesetz 1895 ab, nachdem das Zentrum versucht hatte, auch Anschläge gegen Religion, Kirche und öffentliche Sitten einzubeziehen.

16 Brief (Nachlaß Franz Servaes, Wien)
(F.S. 4.6.95)
Franz Servaes: (1862 Köln - 1947 Wien), Dr. phil., Kunst- und Literaturkritiker, Schriftsteller, war eine der publizistischen Stützen der progressiven Kunst und Literatur der 90er Jahre. Er warb in der »Freien Bühne« und anderen Zeitschriften für die literarischen Neutöner und die malende Avantgarde. Gemeinsam mit Meier-Graefe, Przybyszewski und Pastor trat er 1894 in einer Broschüre für das skandalumwitterte Werk von Edvard Munch ein. Mit Scheerbart kam Servaes wohl Mitte der 90er Jahre in Kontakt, aus dem sich eine sehr enge Freundschaft entwickelte. Servaes setzte sich vielfach und engagiert für Scheerbarts Werk ein. Er rezensierte seine Bücher in der »Wiener Rundschau« (1897) und der »Zeit« (1898) und widmete ihm eine längere Studie in seinem Essayband »Präludien« (1899). 1899 trat Servaes als Kunstkritiker in die Redaktion der »Neuen Freien Presse« ein und übersiedelte nach Wien. Die Beziehung intensivierte sich noch einmal im Jahr 1903, als Scheerbart versuchte, sich als Zeichner durchzusetzen. Servaes unterstützte den Freund nach Kräften, konnte ihm aber nicht zu nennenswertem Erfolg verhelfen. In den folgenden Jahren beschränkte sich die Freundschaft auf wenige Briefkontakte.
opp em: auf ihn! (niederdeutsch).
Anna Costenoble: (1866 Danzig - 1930 Berlin), Malerin aus dem Umkreis der Berliner Secession, Verfasserin der satirischen Streitschrift »Penthesileia. Ein Frauenbrevier für männerfeindliche Stunden« (1907). Costenoble kam Ende der 80er Jahre nach Berlin. Sie verkehrte mit den Friedrichshagenern und im Freundeskreis von Richard Dehmel, später gehörte sie dem Künstlerklub »Die Kommenden« an. Als ihr Hauptwerk betrachtete sie den Gemäldezyklus »Die Tragödie des Weibes«, von dem sie auch eine graphische Version schuf. In ihrem »Frauenbrevier«, das sie mit Illustrationen im Stil von Beardsley ergänzte, erweist sie sich als satirisches Talent; es gelingt ihr allerdings nicht, dem Geschlechterkampf neue Seiten abzugewinnen. Mit ihrem Landsmann Scheerbart unterhielt Costenoble 1895 eine mehrmonatige Liebesbeziehung, die dieser in einem Brief an Rosa Gerlach vom 11.10.1904 erwähnt. 1896 veröffentlichte Scheerbart in der Zeitschrift »Die Gegenwart« eine ambivalente Würdigung der »Tragödie des Weibes«.
Über Costenobles Leben und Werk weiß man nur wenig. Die einzige bislang bekannte Schilderung ihrer Person findet sich in den unveröffentlichten Lebenserinnerungen von Franz Servaes. (Der auf Wien bezogene Teil der Memoiren erschien 1948 unter dem Titel »Grüße an Wien« im Paul Zsolnay Verlag, Wien, Berlin, Leipzig.) Da die entsprechende Passage nicht nur Anna Costenoble, sondern auch Scheerbart und seine Freunde beleuchtet, sei sie hier ungekürzt wiedergegeben:

»In den Kreisen der ›Pan‹-Bohème war unter anderem eine Malerin aufgetaucht, die nicht mehr ganz jung, auch nicht besonders schön war, aber durch ihre Begabung und die Apartheit ihres Wesens hervorstach und diese illusionsbedürftige, nach dem Außerordentlichen lechzende Gesellschaft gewissermaßen ›einwickelte‹ und für sich einzuspannen verstand – also eine ›Mysteriöse‹! Dies war A n n a C o s t e n o b l e, wohl ursprünglich eine Entdeckung von Przybyszewski, der sie mächtig auf den Schild erhob und als ›das genialste Malweib‹ der ganzen Epoche proklamierte. Sie hatte einen Zyklus ›Vom Weibe‹ gemalt, der in symbolistischen Compositionen die tiefsten Gründe des Geschlechtlichen geheimnisvoll durchleuchtete, dabei umnebelt von allen Weihrauchdünsten der ›ewig-unverstandenen‹ Menschenseele. Malerisch war da einiges, was, bei aller kühnen Selbständigkeit, dennoch an französische Vorbilder, doch auch an unseren norwegischen Freund Edvard Munch erinnern konnte.

Auf einmal wurde Anna Costenoble von der neutönerischen Berliner Bohèmewelt allseitig angeschwärmt. Auch Scheerbart war dabei und brachte ihr verliebte Huldigungen dar. Er feierte sie als seine geheime Weisheitspriesterin ›Loscha‹ (s. »Loscha. Eine Resignationsphantasie« in »Na prost!«, M. R.) und dieser Name blieb an ihr haften. Sie nahm ihn ihrerseits huldvoll entgegen und wußte sich demgemäß in Feierlichkeit zu gebärden. Doch in all ihrer Würde verstand sie sich sehr gut darauf, ihre Verehrer wider einander auszuspielen und gegenseitig zu verhetzen. Auf einmal gab es überall Krach. Zuerst brachte sie Przybyszewski und mich auseinander, derart, dass wir stolz aneinander vorübergingen und uns überhaupt nicht mehr zu kennen schienen. Sodann versetzte sie Willy Pastor wider uns Alle in Harnisch, sodass er wütend losschlug, sich von der ganzen ›Sippschaft‹ lossagte und reuig ins Philistertum zurückkehrte. Wenig fehlte, dass ihr selbst dies gelang, Scheerbart und mich auseinanderzusprengen. Schon standen wir, wie die gereizten Hähne, mit gesträubten Kampffedern widereinander. Da siegte im letzten Moment Scheerbarts (und wohl auch mein eigener) guter Humor und lachend blickten wir uns in die Augen und schüttelten einander die Hände. ›Loscha‹ aber verschwand allmählich aus unserem Gesichtskreise, und der ›Bär‹ (Scheerbarts Lebensgefährtin Anna Scherler, M. R.) konnte triumphieren. Übrigens hat die Costenoble, außer ihren Phantasieschöpfungen, auch sehr beachtenswerte Bildnisse gemalt, vor allen ›Stachu‹ und ›Ducha‹ (Przybyszewski und seine Frau Dagny Juel, M. R.), ungemein charakteristisch erfasst. Und ich darf auch mein eigenes Porträt hier anführen. Mit aufgeknüpftem Wollhemde, vor einem orangeroten Hintergrunde lagernd, träume ich gleichsam den Traum der ewigen Bohème, so dass noch heute mir dieses Bild als höchst bezeichnendes Produkt jener so bewegten und ›verrückten‹ Tage gilt.« (S. 193 f.)

Willy Pastor: (1867 Burtscheid – 1933 Berlin), Schriftsteller, Kritiker. Pastor, ein Mitglied des Dehmelschen Freundeskreises, »ein wunderbarer Musikant auf dem Clavizymbel« (Dehmel), schrieb über Kunst, Musik und Literatur. Er schrieb auch über weltanschauliche Themen, wobei sich sein Interesse zunächst dem Anarchismus, dann dem Monismus und schließlich völkischen Ideen zuwandte.

17 Postkarte (Staats- und Universitätsbibliothek Hamburg)
(R. D. 24. 6. 95)
Villa Bitû: wahrscheinlich Anna Costenobles Wohnung.
anno 33: post Scheerbartum natum.
Dein Buch: 1895 erschien von Dehmel »Lebensblätter«, ein Band mit Gedichten und Erzählungen.

18 Postkarte (Staats- und Universitätsbibliothek Hamburg)
(R. D. 18. 10. 95)
Schriftsteller und Rentier: Eine Erbschaft seiner Frau ermöglichte es Dehmel, den Brotberuf des Versicherungsangestellten aufzugeben und sich ganz der Schriftstellerei zu widmen.

19 Brief (Staatsbibliothek PK Berlin)
(F. B. 3. 12. 95)
Sehr geehrter Herr: Franz Brümmer (1836 Wusterhausen – München 1923), Konrektor und Lexi-

kograph, gab bei Reclam das »Lexikon der deutschen Dichter und Prosaisten des 19. Jhs.« heraus. Scheerbarts Text erschien zuerst in der 4. Auflage (1896) in gekürzter und leicht veränderter Form. So machte Brümmer aus dem Begründer eigenmächtig einen »Mitbegründer des ›Verlags deutscher Phantasten‹« und fügte, zum Gaudium von Scheerbarts Freunden, hinzu: »in welchem er lange Zeit als Bureauchef tätig war«.
»Die Städte der Zukunft«: Das schon im Prospekt des Phantastenverlags angekündigte Werk ist nicht erschienen und blieb auch nicht als Manuskript erhalten.
Sein Vater: Carl Eduard Scheerbart (1816 Danzig - 1873 ebd.), Zimmermeister. Er heiratete 1843 Catharina Hering aus Altona und 2 Jahre nach ihrem Tod, 1869, Emilie Möller.
Seine Mutter: Catharina Friederica Scheerbart, geb. Hering (1818 Altona b. Hanburg - 1867 Danzig), Tochter des Schuhmachers Peter David H. Aus ihrer Ehe mit Carl Eduard gingen elf Kinder hervor, von denen nur das älteste und das jüngste, Mathilde und Paul, die Kinderzeit überlebten. Catherina Scheerbart war Spiritistin. Religiöse Schriften aus ihrem Besitz weckten bei Paul das Interesse für den Spiritismus und eine lebenslange Neigung zur Metaphysik.
Verein für freies Schriftthum: Der 1894 von Hugo Storm gegründete Verlag wurde 1897 in »Verein für Deutsches Schriftthum« umbenannt. Er warb in »Kürschners Literaturkalender« mit der Offerte: »Will begabten Schriftstellern die Möglichkeit bieten, unabhängig und unbeeinflußt in künstlerischen Dingen ihren eigenen Weg zu suchen.« Darunter ist wohl zu verstehen, daß der Verlag Manuskripte unlektoriert, vermutlich auch unter Kostenbeteiligung der Autoren, publizierte. Von Scheerbart erschien in diesem Verlag nur der Roman »Tarub«; »Ich liebe Dich!« kam bei Schuster und Loeffler heraus.

20 Postkarte (Staats- und Universitätsbibliothek Hamburg)
(R.D. 24.2.96)
der Bär: Scheerbarts Lebensgefährtin Anna Scherler, s. Anmerkung zu Nr. 70.

21 Postkarte (Nachlaß Franz Servaes, Wien)
(F.S. 27.3.96)
meinen pantheistischen Allerweltsroman: »Ich liebe Dich!«

22 Postkarte (Nachlaß Franz Servaes, Wien)
(F.S. 1.7.96)
Löffler: der Mitinhaber des Verlages Schuster und Loeffler, in dem »Ich liebe Dich!« erschien.
Storm: S. Anmerkung zu Nr. 19.
Dein Drama: »Stickluft«. Es erschien 1896 bei Schuster und Loeffler.
St.: bedeutet möglicherweise Stanisław (Przybyszewski).

23 Brief (Nachlaß Franz Servaes, Wien)
(F.S. 5.8.96)
W.: Es könnte der in einem späteren Brief erwähnte Dr. Richard Wrede gemeint sein, s. Anmerkung zu Nr. 42.

24 Postkarte (Staats- und Universitätsbibliothek Hamburg)
(R.D. 6.8.96)
im Wupperthal die Pietisten besuchst: Das Wuppertal zählte im 19. Jahrhundert zu den Domänen des Pietismus. Dehmels Besuch in Elberfeld galt jedoch nicht der Brüdergemeine, sondern dem dort ansässigen Schriftsteller Wilhelm Schäfer.

25 Postkarte (Nachlaß Franz Servaes, Wien).
(F.S. 4.9.96)
Dein Drama: »Stickluft«, s. Anmerkung zu Nr. 22.

26 Postkarte (Nachlaß Franz Servaes, Wien)
(F.S. 17.9.96)

unser Club: Scheerbart spricht hier von einer, vermutlich nur in seiner Phantasie existent gewesenen, Verbindung gekrönter Dichterhäupter. Zu ihr gehörten offenbar Servaes und Dehmel, die in Briefen und Karten aus dieser Zeit mehrfach entsprechend tituliert werden. Weitere Mitglieder sind nicht bekannt. In dem Roman »Na prost!«, der den Untertitel »Phantastischer Königsroman« trägt, hat Scheerbart die königliche Brüderschaft literarisch verarbeitet. Möglicherweise war der Königsclub mit dem »Huronenclub« identisch, s. Anmerkung zu Nr. 13.
Laura, die Gewaltige: Laura Marholm, eigentlich Mohr (1854 Riga - 1905 München), Schriftstellerin, Kritikerin, Mitarbeiterin der »Freien Bühne« und anderer progressiver Blätter. Marholm gehörte mit ihrem Ehemann, dem schwedischen Schriftsteller Ola Hansson, zur skandinavischen Sektion der Berliner Boheme der 90er Jahre. Przybyszewski schildert sie in seinen Memoiren als kluge und souveräne Frau. Sie äußerte sich in der »Freien Bühne« in mehreren Artikeln zur »Frauenfrage«, in der sie einen konservativen (von ihr als progressiv empfundenen) Standpunkt einnahm. Unter Berufung auf Strindberg bezeichnete sie die Emanzipation als »Entartung der Weibsnatur«.
meine Artikel aus dem Berl. Tageblatt: Welche Artikel hier gemeint sind, konnte nicht geklärt werden. Zwischen Januar und Oktober 1896 erschienen keine Beiträge von Scheerbart im »B. T.«.
P. D. E.: Paul Der Erste.

27 Postkarte (Nachlaß Franz Servaes, Wien)
(F. S. 4. 10. 96)
den Artikel: Franz Servaes, der als Kunstkritiker für die Zeitschrift »Die Gegenwart« arbeitete, hatte Paul Scheerbart offenbar als Mitarbeiter für sein Ressort vorgeschlagen. Scheerbart lieferte bis zum Jahresende drei Beiträge, verlor dann aber offenbar die Lust an dieser Tätigkeit, siehe Nr. 39. Sein erster Bericht mit dem Titel »Aus den Berliner Salons« erschien am 17. 10. 1896.

28 Brief (Nachlaß Franz Servaes, Wien)
(F. S. Oktober 1896)
1897: Die nachträgliche Datierung durch Franz Servaes ist vermutlich nicht korrekt. Nach dem Inhalt zu urteilen, wurde der Brief im Oktober 1896 geschrieben.
Dr. Zolling: Theophil Z. (1849 Scafati b. Neapel - 1901 Berlin), Herausgeber der Zeitschrift »Die Gegenwart«, für die Scheerbart zu dieser Zeit als Kunstkritiker tätig war.
Wiener Rundschau: Servaes veröffentlichte in diesem Blatt 1897 ein Scheerbart-Porträt. 1898 erschienen dort, unter dem Titel »Eigentümliche Poesie«, drei Prosastücke und ein Gedicht Scheerbarts.
Pastor hat mich P's wegen: Was Scheerbart P. (vermutlich Przybyszewski) antat und warum er Pastor und Evers Genugtuung geben sollte, konnte nicht geklärt werden. Möglicherweise hing der wohl nicht ganz ernst zu nehmende Konflikt mit der Person Anna Costenobles zusammen, s. Anmerkung zu Nr. 16.
Evers: Franz E. (1871 Winsen a. D. Luhe - 1947 Niemberg bei Halle), Lyriker, Redakteur bei der theosophischen Zeitschrift »Die Sphinx«, Begründer und Mitinhaber des Verlags »Kreisende Ringe«. Der Verfasser hochtrabender Verse war dank einer vermögenden Verwandtschaft eines der wenigen zahlungskräftigen und -willigen Mitglieder der Berliner Boheme. Evers' Freigebigkeit beschränkte sich nicht nur aufs Freihalten, er sorgte auch als Verleger für das Wohl seiner Freunde und publizierte Werke, die nach Przybyszewskis Aussage kein Anderer drucken wollte, z. B. Johannes Schlafs Prosadichtung »Frühling« und Scheerbarts Roman »Der Tod der Barmekiden«. Der mit Evers befreundete Maler Fidus arbeitete für den Verlag »Kreisende Ringe« als Illustrator.

29 Brief (Nachlaß Franz Servaes, Wien)
(F. S. 13. 10. 96)
Stickluft: Titel eines, vermutlich gerade erschienenen, Dramas von Servaes.
Die Korrektur: von Scheerbarts Kunstkritik in der »Gegenwart«, s. Anmerkung zu Nr. 27.

P. u. E.: Pastor und Evers, s. den vorhergehenden Brief an Servaes.
der Bär: Scheerbarts Lebensgefährtin Anna Scherler.
Die Antierotik ist das Höhere: ein Kernsatz in Scheerbarts Weltanschauung. Er steht auch im Zentrum des Romans »Ich liebe Dich!«.
7 Manuscripte anbei: wahrscheinlich literarische Arbeiten, die Scheerbart Servaes zur Lektüre oder Weiterleitung überließ.

30 Postkarte (Nachlaß Franz Servaes, Wien)
(F.S. 18.10.96)
Artikel über A. C.: Scheerbarts Text über die Bilder der vormals eng mit ihm befreundeten Malerin Anna Costenoble erschien am 7.11.1896 in der »Gegenwart«. Scheerbart befaßt sich mit dem Gemäldezyklus »Die Tragödie des Weibes«, den er zwiespältig beurteilt. Er lobt den »malerischen Reiz« und die »kompositorische Harmonie«, er tadelt das Thema und die verschwommene, sentimentale Umsetzung.
O. Bie: Oscar B. (1864 Breslau - 1938 Berlin), Schriftsteller, Kritiker, Chefredakteur der »Neuen Deutschen Rundschau«, in der auch Texte von Scheerbart erschienen.
Flaischlen: S. Anmerkung zu Nr. 99.
Rops: Felicien R. (1833 Namur - 1898 Corbeil-Essones), Maler, Graphiker, Meister der erotischen Kunst, Lieblingsmaler Przybyszewskis.
Stachu: Stanisław Przybyszewski.

31 Postkarte (Staats- und Universitätsbibliothek Hamburg)
(R.D. 25.10.96)
Das Titelbild ist grandios: Es stammt von dem Maler Hans Baluschek und wurde nach genauen Angaben Dehmels geschaffen.
Mein Richterspruch: vermutlich über Dehmels Gedichtband »Weib und Welt«, der 1896 erschien.

32 Postkarte (Staats- und Universitätsbibliothek Hamburg)
(R.D. 26.10.96)
recht ruppig heute an Sie geschrieben: S. vorhergehende Karte an Dehmel.

33 Postkarte (Nachlaß Franz Servaes, Wien)
(F.S. 9.11.96)
das Blitzweib ... die Mutter meiner Hellblauen: Mit dem »Blitzweib« ist wohl Anna Costenoble gemeint, mit den »Hellblauen« die fünf gleichfarbigen Löwen, die im »Tod der Barmekiden« als Sprachrohre des Autors fungieren. Scheerbart wettert in diesem Roman, wenn auch auf humorvolle Weise, gegen Frauenemanzipation und freie Liebe.

34 Brief (Nachlaß Franz Servaes, Wien)
(F.S. 17.11.96)
Dein Artikel: Wahrscheinlich ist die Broschüre «Goethe am Ausgang des Jahrhunderts« gemeint, die 1897 erschien.

35 Brief (Nachlaß Franz Servaes, Wien)
(F.S. 7.12.96)
Dattychen: Servaes' Tochter Dagny (1894 Berlin - 1962 Wien). Sie wurde Schauspielerin, war am Wiener Josefstädter, Volks- und Burgtheater engagiert und wirkte in zahlreichen Reinhardt-Inszenierungen mit.

36 Postkarte (Staats- und Universitätsbibliothek Hamburg)
(R.D. 11.12.96)
meinem Artikel über Anna Costenoble: S. Anmerkung zu Nr. 30.
Seelenstachu: Stanisław Przybyszewski.

37 Postkarte (Nachlaß Franz Servaes, Wien)
(F.S. 15.1.97)
Was? Faul, alt und gebrechlich...: Die drei ersten Zeilen des Briefes sind ein Zitat aus »Tarub«; statt »Fürsten« steht im Roman allerdings »Würsten«.
opp em!: auf ihn! (niederdeutsch).
des Eisenbahnromans: »Ich liebe Dich!«

38 Postkarte (Staats- und Universitätsbibliothek Hamburg)
(R.D. 22.1.97)
aechten Weltgeistlichen: Scheerbart ironisiert hier seine in »Ich liebe Dich!« ausgebreitete »Weltgeist«-Verehrung.

39 Postkarte (Nachlaß Franz Servaes, Wien)
(F.S. 27.1.97)
lächerliche Kritikerstellung: S. Anmerkung zu Nr. 27.
Grüße Bal. u. Brand: die Maler Hans Baluschek (1875 Breslau - 1935 Berlin) und Martin Brandenburg (1870 Posen - 1919 Stuttgart). Beide Künstler, die sich später der »Berliner Secession« anschlossen, verkehrten in Scheerbarts Freundeskreis. Baluschek schuf die Titelillustrationen für Scheebarts Romane »Tarub« und »Ich liebe Dich!«. Die Bemerkung: »die können sich freun« bezieht sich wahrscheinlich auf eine gemeinsame Ausstellung der beiden Maler in der Galerie Gurlitt, über die Servaes im Februar 1897 in der »Gegenwart« berichtete.

40 Postkarte (Nachlaß Franz Servaes, Wien)
(F.S. 1.2.97)
Holzens halber: Arno Holz (1863 Rastenburg - 1929 Berlin), Lyriker, Dramatiker, Prosaist, Begründer des »konsequenten Naturalismus« und einer der Väter der experimentellen Literatur. Zwischen Scheerbart und Holz bestand offenbar kein engerer Kontakt. Servaes schätzte Holz als einen bedeutenden literarischen Neuerer und widmete ihm einen längeren Essay, den er in seine Aufsatzsammlung »Präludien« aufnahm.
Eremitenaspirant: Die Anrede bezieht sich auf Servaes' 1897 erfolgte Scheidung.

41 Postkarte (Nachlaß Franz Servaes, Wien)
(F.S. 24.2.97)
Tulpen ... aus Battany's Garten: eine Anspielung auf den Roman »Tarub«, der wohl gerade erschienen war. Darauf deutet auch Scheerbarts Bitte hin, Servaes möge »Papa« (Hans) Heilmann und Bierbaum zu Rezensionen ermuntern.

42 Brief (Nachlaß Franz Servaes, Wien)
(F.S. 23.3.97)
Der Brief trägt in Servaes' Handschrift den Vermerk: »Quatschmeier!«
S. u. L.: der Verlag Schuster und Loeffler, der Werke von Servaes und Scheerbart verlegte.
Storm: Der Geschäftsführer des »Vereins für Deutsches Schriftthum«, in dem »Tarub« erschien.
Dr Wrede: Richard W. (1869 Braunschweig - 1931 ebd.), Dr. jur., Schriftsteller, Herausgeber der Zeitschrift »Die Kritik«. Przybyszewski berichtet in seinen Erinnerungen, von Wrede kurzzeitig als Chefredakteur einer geplanten parapsychologischen Zeitschrift engagiert worden zu sein. Das Projekt scheiterte jedoch mangels Finanzen.
Meier-Gräfe: Julius M.-Graefe (1867 Reschnitza, Banat - 1935 Vevey), Kunstschriftsteller, Vorkämpfer für die impressionistische und secessionistische Malerei, gründete mit Otto Julius Bierbaum die Kunstzeitschrift »Pan«, die von einer Kapitalgesellschaft finanziert wurde. Im Freundeskreis von Bierbaum traf Meier-Graefe auch mit Scheerbart zusammen. Bierbaum porträtierte den Kunstexperten in seinem autobiographischen Bohemeroman »Stilpe« als »Zungenschnalzer«. (S. Albert Soergel: Dichtung und Dichter der Zeit, 9. Auflage, Leipzig o.J., S. 527.)

43 Postkarte (Wiener Stadt- und Landesbibliothek)

(K.K. 30.3.97)
Herr Kraus: Karl K. (1874 Jitschin, Böhmen - 1936 Wien), Schriftsteller, Kritiker, Essayist, Herausgeber der Zeitschrift »Die Fackel«. Zwischen Kraus und Scheerbart gab es offenbar nur wenige briefliche Kontakte, in denen es fast ausschließlich um die Publikation von Scheerbart-Texten in der »Fackel« ging. Immerhin belegen die Briefe, daß Kraus frühzeitig auf Scheerbart aufmerksam wurde und ihn, da er zwei seiner Gedichte in der »Fackel« veröffentlichte, wohl auch in Maßen schätzte.
Ihr Artikel über Bahr: Scheerbart meint vermutlich die satirische Streitschrift »Die demolierte Literatur«, die von November 1896 bis Januar 1897 in 4 Teilen in der »Wiener Rundschau« erschien. Hermann B. (1863 Linz - 1934 München), Dramatiker, Prosaist, Kritiker. Neben seinem erfolgreichen Bühnenschaffen erwarb sich Bahr bleibende Verdienste als Förderer der progressiven Kunst und Literatur seiner Zeit. Bahr war u.a. Mitherausgeber der Wiener Wochenschrift »Die Zeit«, in der Beiträge von und über Scheerbart erschienen. Scheerbarts Beifall für Kraus' Bahr-Attacke und die boshafte Bemerkung gegenüber Friedlaender: »... er wirkt so wie ein ächter Deus - und ist doch bloß Lokalpatriot« (5.11.1912), belegen, daß er Bahr kritisch beurteilte.

44 Postkarte (Nachlaß Franz Servaes, Wien)
(F.S. 1.4.97)
Naglos: persönliche Daten konnten nicht ermittelt werden.
Deinen Goethe: S. Anmerkung zu Nr. 34.
Louvier: Ferdinand August Louvier, Autor des Buches »Goethes Faust und die Resultate einer rationellen Methode der Forschung«. Scheerbart rezensierte das Werk unter dem Titel »Sphinx locuta est« 1889 im »Kritischen Jahrbuch«.
ein Manuskript: Welcher Text hier gemeint ist, konnte nicht geklärt werden.

45 Postkarte (Nachlaß Franz Servaes, Wien)
(F.S. 5.4.97)
Hetären: Anspielung auf Anna Costenoble, mit der auch Servaes eine Liaison hatte, s. Anmerkung zu Nr. 16.

46 Postkarte (Staats- und Universitätsbibliothek Hamburg)
(R.D. 14.7.97)
meine Mordsgeschichte: »Der Tod der Barmekiden«.

47 Brief (Nachlaß Franz Servaes, Wien)
(F.S. 30.8.97)
Mein Manuskript: vermutlich der Roman »Na prost!«, der 1898 bei Schuster und Loeffler erschien.
den Haremsroman: »Der Tod der Barmekiden«.

48 Brief (Nachlaß Franz Servaes, Wien)
(F.S. 3.9.97)
S. u. L. ... Evers ... Haremsroman: S. vorhergehenden Brief an Servaes.
Das Kaiser-Wilhelm-Denkmal: Servaes veröffentlichte am 11.9. in der »Gegenwart« eine Eloge auf »Das neue Kaiserdenkmal« am Deutschen Eck in Koblenz.

49 Postkarte (Nachlaß Franz Servaes, Wien)
(F.S. 4.10.97)
Meine Löwen: »Der Tod der Barmekiden«.

50 Brief (Nachlaß Franz Servaes, Wien)
(F.S. 17.10.97)
Nowaja Semlja: Reiseziel des Dichters Scheerbart in »Ich liebe Dich!«.

meinen Schloßroman »Weltglanz«: Der Roman ist nicht erschienen und auch nicht als Manuskript erhalten geblieben.
die blauen Löwen: »Der Tod der Barmekiden«.

51 Postkarte (Staats- und Universitätsbibliothek Hamburg)
(R.D. 1.12.97)

Phantastenbuch: »Na prost! Phantastischer Königsroman«.
Merians Brief: Hans M. (1857 Basel - 1902 Leipzig), redigierte von 1894-1897 die von M.G. Conrad begründete Zeitschrift »Die Gesellschaft«, in der mehrere Beiträge von Scheerbart erschienen.

52 Postkarte (Nachlaß Franz Servaes, Wien)
(F.S. 23.12.97)
in den Pankgrafen: Ausflugslokal in Niederschönhausen
Tovote: Heinz T. (1864 Hannover - 1946 Berlin), Lyriker, Prosaist, Maupassant-Übersetzer, dessen erzählerische Werke nach dem Urteil Soergels zur Unterhaltungsliteratur tendieren.

53 Postkarte (Staats- und Universitätsbibliothek Hamburg)
(R.D. 6.2.98)
36. S.: nach Scheerbartscher Zeitrechnung.
astr. Dithyrambus: Der »astropsychologische Dithyrambus« erschien 1894 in »Amsler und Ruthardt's Wochenberichten«.

54 Postkarte (Nachlaß Franz Servaes, Wien)
(F.S. 22.2.98)
theurer Bogenschütze: Anspielung auf Servaes' Pseudonym Albrecht Schütze, unter dem dieser im »Magazin für Literatur« polemische Artikel veröffentlichte.
Recensionsexemplare: des Romans »Der Tod der Barmekiden«.

55 Postkarte (Nachlaß Franz Servaes, Wien)
(F.S. 23.2.98)
Dr. Schleich: Carl Ludwig Schleich (1859 Stettin - 1922 Bad Saarow), Arzt, Schriftsteller, Künstlerfreund. Durch sein Erinnerungsbuch »Besonnte Vergangenheit« (Berlin 1922) weiß man vom Künstlerstammtisch in der Weinstube »Das schwarze Ferkel« in der Neuen Wilhelmstraße. Dort verkehrten, neben skandinavischer Prominenz wie Strindberg und Munch, auch namhafte Mitglieder der Berliner Boheme.

56 Postkarte (Nachlaß Franz Servaes, Wien)
(F.S. 3.3.98)

57 Postkarte (Nachlaß Franz Servaes, Wien)
(F.S. 27.4.98)
armes Franzi: Servaes' Kummer hing wahrscheinlich mit seiner 1897 erfolgten Scheidung zusammen.

58 Brief (Staats- und Universitätsbibliothek Hamburg)
(R.D. Mai 1898)
Deine Frau Gemahlin: Paula Dehmel, geborene Oppenheimer (1862 Berlin - 1918 ebd.), Verfasserin von Gedichten und Erzählungen für Kinder, Mitautorin des Kinderbuchs »Fitzebutze«. Scheerbart und seine Frau blieben mit ihr auch nach ihrer Scheidung von Richard Dehmel in Kontakt. Scheerbart zog sie zur Mitarbeit bei der Kinderzeitschrift »Heim der Jugend« heran, Paula Dehmel half den Scheerbarts gelegentlich aus finanziellen Nöten.

59 Postkarte (Nachlaß Franz Servaes, Wien)
(F. S. 21. 5. 98)
Deinen Artikel: Der Text konnte nicht eindeutig identifiziert werden. Am 25. 6. 98 erschien in der »Zeit« ein Artikel von Servaes über Scheerbart (»Der Anti-Europäer«).

60 Postkarte (Nachlaß Franz Servaes, Wien)
(F. S. 23. 5. 98)
Weine nicht: S. Anmerkung zu Nr. 57.
S. und L.: Schuster und Loeffler.
Die Zeit: S. vorhergehende Karte an Servaes.
Wauer: William W. (1866 Oberwiesenthal - 1962 Berlin), Bildhauer, Kritiker, Theaterregisseur. Wauer, der Nachwelt als Bildhauer und »Sturm«-Autor ein Begriff, betätigte sich um die Jahrhundertwende mit wechselndem Erfolg in Berlin und Dresden als Zeitschriftenherausgeber. 1898 versuchte er, in dem von ihm gegründeten »Deutschen Kunstverlag« in Berlin gleich mehrere Blätter zu edieren, darunter die illustrierte Wochenschrift »Lachende Welt«, für die er Scheerbart als Chefredakteur verpflichtete. Wahrscheinlich stand ihm dabei der Erfolg der Humorpostillen »Jugend« und »Simplicissimus« vor Augen. Die von Wauer geplanten Zeitschriften gediehen jedoch nicht über das Projektstadium hinaus.
»Die Ewigkeit«: ist ein Scherz.
Semâfi: heißt der »Gott der Torheit« in der Erzählung »Die alten Priester und die Knaben. Eine Tempelphantasie«. Der Text erschien 1898 in »Na prost!«.
Johann Jakob Muschke: Anspielung auf den gleichnamigen Text in »Ich liebe Dich!«.

61 Brief (Staats- und Universitätsbibliothek Hamburg)
(D. v. L. 9. 6. 98)
Verehrter Herr Baron: Detlev (eigentlich Friedrich Adolf Axel) Freiherr von Liliencron (1844 Kiel - 1909 Alt-Rahlstedt bei Hamburg), Lyriker, Prosaist, galt als einer der bedeutendsten Dichter seiner Zeit und wurde von den »Modernen« fast aller Lager geschätzt. Auch Scheerbart erweist ihm in diesem Brief besonderen Respekt. Obwohl beide enge Freunde Dehmels waren, scheint zwischen ihnen kein freundschaftlicher Kontakt bestanden zu haben, worauf auch die förmliche Anrede hinweist.
»Lachende Welt: S. vorhergehende Karte an Servaes.
Genossenschaftsverlag deutscher Künstler u. Schriftsteller: Kürschners Literaturkalender verzeichnet 1898 unter der Rubrik »Verleger« die »Deutsche Schriftsteller Genossenschaft« mit dem Zusatz: »Die Verlagsabteilung übernimmt den Verlag von Werken und Zeitschriften zu den Bedingungen ihres Geschäftsplanes«.

62 Postkarte (Nachlaß Franz Servaes, Wien)
(F. S. 9. 6. 98)
lachenden Welt ... Wauer: S. Anmerkung zu Nr. 60.

63 Brief (Hessische Landesbibliothek Wiesbaden)
(L. J. 10. 6. 98)
Verehrter Herr Doctor: Ludwig Jacobowski (1868 Strelno, Provinz Posen - 1900 Berlin), Dr. phil., Lyriker, Prosaist, Kritiker. Jacobowski war als Kritiker bei verschiedenen Blättern und als Herausgeber (1898-1900) der Zeitschrift »Die Gesellschaft« ein engagierter Vermittler der modernen Literatur um 1900. Er hat Scheerbart durch Rezensionen und Veröffentlichungen seiner Texte gefördert.
»Lachende Welt«: S. vorhergehende Briefe und Karten.

64 Postkarte (Nachlaß Franz Servaes, Wien)
(F. S. 11. 6. 98)
Wauers: William W. und sein Bruder Gerhard, der für die finanziellen Belange des Verlags verantwortlich war, s. Nr. 78.

die Monatsschrift: S. vorhergehende Karten und Briefe.

65 Postkarte (Hessische Landesbibliothek Wiesbaden)
(L.J. 15.6.98)
Manuscriptsendungen: s. Nr. 63.

66 Brief (Hessische Landesbibliothek Wiesbaden)
(L.J. 18.6.98)
»stummer Kampf«: Jacobowski war von Scheerbarts Paraphrase seines Textes so angetan, daß er nach dem Scheitern der »Lachenden Welt« beide Texte und den Anfang dieses Briefes in der »Gesellschaft« abdruckte.
Die Entscheidung: ein Gedicht von Jacobowski.

67 Brief (Staats- und Universitätsbibliothek Hamburg)
(O.Er. 19.6.98)
Sehr geehrter Herr: Otto Ernst, eigentlich O.E. Schmidt (1862 Ottensen b. Hamburg - 1926 Groß-Flottbek b. Hamburg), Prosaist und Dramatiker. Otto Ernst war Mitbegründer der Freien literarischen Gesellschaft in Hamburg. Er wurde als Verfasser gemütvoller Heimatdichtungen bekannt.
Jugendspalte: eine Druckspalte der Zeitschrift »Jugend«.

68 Brief (Deutsches Literaturarchiv, Marbach)
(P.E. 1.7.98)
Sehr geehrter Herr: Paul Ernst (1866 Elbingerode - 1933 St. Georgen, Steiermark), Dramatiker, Prosaist, Übersetzer. Paul Ernst begann als Naturalist und Arno-Holz-Schüler, entwickelte sich dann aber zum Klassizisten. Er versuchte sich an der Wiederbelebung des Versdramas.

69 Brief (Nachlaß Franz Servaes, Wien)
(F.S. 6.7.98)
Anti-Europäer: Titel eines Artikels von Franz Servaes über Scheerbart, der am 25.6.98 in der Wochenschrift »Die Zeit« erschien.

70 Postkarte (Nachlaß Franz Servaes, Wien)
(F.S. 12.7.98)
Die Karte wurde von Servaes mit der Aufschrift *»Bär!«* gekennzeichnet.
das alte Lied: Anna Scherler vermutete Scherbart auf einer Zechtour.
A. Scherler: Anna Sommer, verwitwete Scherler, verheiratete Scheerbart (11.8.1858 Osterburg, Altmark - 8.7.1936 Berlin), Hausfrau. Scheerbarts Beziehung zu Anna Scherler begann 1890, als er bei der Postbeamtenwitwe als Untermieter einzog. Aus dem Mietsverhältnis entwickelte sich allmählich eine Lebensgemeinschaft, die 1900 durch Eheschließung legitimiert wurde. Anna Scheerbart wird in Erinnerungen von Freunden und Bekannten stets in ähnlicher Weise geschildert. So heißt es über sie in den »Lebenserinnerungen« Hanns von Gumppenbergs:

Scheerbart »hatte sich ein merkwürdig derbes, prosaisches weibliches Wesen beigesellt, das er seinen ›Bären‹ zu nennen pflegte; doch hatte dieser Bär offenkundige Verdienste, denn er hielt das Wenige, was es bei Scheerbart zu verwalten gab, mit aller Umsicht einer tüchtigen Hausfrau zusammen, und das ewige grosse Kind hätte sich in der feindseligen Welt ohne seine stämmige und treubesorgte, wenn auch brummige Ueberwacherin sicher nicht so lange erhalten können.« (Gumppenberg, S. 216.)

Scheerbart porträtierte seine Gefährtin in dem Roman »Tarub, Bagdads berühmte Köchin«. Ausführlich schildert er sie auch in den Briefen an seine Jugendliebe Rosa Gerlach (11.10. und 15.11.1904). Weiteren Aufschluß über Anna Scheerbart und das Verhältnis zwischen den Eheleuten gibt die nach Scheerbarts Tod veröffentlichte Sammlung »Von Zimmer zu Zimmer. Schmoll- und Liebesbriefe des Dichters an seine Frau«.

71 Brief (Hessische Landesbibliothek, Wiesbaden)
(L.J. 13.7.98)
Der Brief wurde von fremder Hand geschrieben, von Scheerbart und Wauer unterzeichnet.
Ihrem Prinzen: dem Prosatext »Der Prinz«.

72 Brief (Nachlaß Franz Servaes, Wien)
(F.S. 13.7.98)
Dein Artikel: Vermutlich ist ein Beitrag von Servaes für die »Lachende Welt« gemeint.

73 Postkarte (Stadtbibliothek München)
(O.J.B. 16.7.98)
Deine Zeitschrift: Anscheinend sollte auch Bierbaum in Wauers »Deutschem Kunstverlag« eine Zeitschrift redigieren, es wurde jedoch nichts daraus, s. Nr. 78.
Peter Behrens: (1868 Hamburg - 1940 Düsseldorf), Maler, Graphiker, Architekt, prominenter Jugendstilkünstler, später Industriedesigner. Behrens stand mit Bierbaum als Mitarbeiter des »Pan« in Verbindung. Mit Dehmel, dessen Blankeneser Haus er einrichtete, war er eng befreundet. Auch Scheerbart scheint er gut gekannt zu haben.

74 Postkarte (Hessische Landesbibliothek, Wiesbaden)
(L.J. 18.7.98)
Prinz u. Entscheidung: S. die vorhergehenden Briefe an Jacobowski.

75 Brief (Nachlaß Franz Servaes, Wien)
(F.S. 19.7.98)
Scheerbart-Heering: Scheerbarts Mutter war eine geborene Hering.
old king: S. Anmerkung zu Nr. 26.

76 Postkarte (Nachlaß Franz Servaes, Wien)
(F.S. 3.8.98)
Janhagel: niederdeutsches Dialektwort für »Pöbel«.
L. W.: »Lachende Welt«, s. vorhergehende Briefe und Karten.
Emil Schering: (1873 Hannoversch Münden - 1951 Berlin), Publizist, Herausgeber der Werke von Strindberg und Peladan. Schering sollte in Wauers »Deutschem Kunstverlag« die Zeitschrift »Quickborn« redigieren. Auch aus diesem Projekt wurde nichts.

77 Brief (Nachlaß Franz Servaes, Wien)
(F.S. 5.8.98)
Gährungen: Titel eines autobiographischen Romans von Servaes, der 1899 erschien.
Kniffo: Ein Text mit diesem Titel konnte nicht nachgewiesen werden.
Die gebundenen Löwen: »Der Tod der Barmekiden«.

78 Brief (Stadtbibliothek München)
(O.J.B. 16.8.98)
L. W.: »Die Lachende Welt«, s. vorhergehende Briefe und Karten.
Deine Gletscher: Bierbaum lebte zu dieser Zeit auf Schloß Englar im Eppan, Südtirol.
Dein Blatt: Auch Bierbaum sollte im »Deutschen Kunstverlag« eine Zeitschrift herausgeben, s. Nr. 73.
der Quickborn: S. Anmerkung zu Nr. 76.

79 Postkarte (Hessische Landesbibliothek, Wiesbaden)
(L.J. 27.8.98)
Der »Kettenhund«: Titel eines Prosatextes von Jacobowski. Er ist wohl identisch mit dem 1899 in der »Gesellschaft« veröffentlichten Text »Der Hund«.

80 Postkarte (Nachlaß Bax Bruns, Minden)
(M. Br. 31. 8. 98)
Sehr geehrter Herr: Max Bruns (1876 Minden - 1945 ebd.), Lyriker, Prosaist, Verleger. Bruns war eine der profiliertesten Verlegerpersönlichkeiten der Jahrhundertwende. In der von seinem Großvater begründeten Schaumburg-Lippischen Hof-Verlagsbuchhandlung J. C. C. Bruns brachte er die ersten deutschen Gesamtausgaben von Poe, Baudelaire und Flaubert heraus, er veröffentlichte Werke von Wilde, Whitman, Gide und Multatuli, er druckte progressive deutsche Autoren wie Schlaf, Dauthendey, Mombert, Scheerbart. Von letzterem verlegte er vier Bücher - drei Erstveröffentlichungen und einen Nachdruck von »Tarub«. Bruns, der Scheerbart zumindest in den Jahren der Zusammenarbeit sehr schätzte, bat diesen auch um die Beurteilung seiner eigenen Bücher. Dadurch nötigte er Scheerbart, sich brieflich zu literarischen Problemen zu äußern, was dieser nur ungern und selten tat. Scheerbart scheint für Bruns Achtung und Sympathie empfunden zu haben, vor allem aber setzte er große berufliche Hoffnungen auf ihn. Jedenfalls zog er nach Beendigung seines Rügen-Aufenthaltes und einem kurzen Intermezzo in Stockholm und Kopenhagen nach Minden, wo er 5 Monate lebte. Danach scheint sowohl sein beruflicher wie sein persönlicher Kontakt zu Bruns abgebrochen zu sein.
»Lachende Welt«: S. vorhergehende Briefe und Karten.
»Nero«: Der Text konnte weder als Veröffentlichung noch als Manuskript nachgewiesen werden.

81 Postkarte (Staats- und Universitätsbibliothek Hamburg)
(R. D. 2. 9. 98)
L. W.: »Lachende Welt«, s. vorhergehende Briefe und Karten.

82 Brief (Hessische Landesbibliothek, Wiesbaden)
(L. J. 8. 9. 98)
Kettenhund: S. Anmerkung zu Nr. 79.
7 Manuskripte: zur Veröffentlichung in der von Jacobowski redigierten Zeitschrift »Die Gesellschaft«.

83 Postkarte (Nachlaß Franz Servaes, Wien)
(F. S. 8. 9. 98)
des Verbrechertisches: So wurde der Stammtisch Otto Erich Hartlebens und seiner Freunde genannt. Hartleben (1864 Clausthal, Harz - 1905 Salò, Gardasee), ein erfolgreicher Bühnenautor aus dem Umkreis des Naturalismus, war eine Zentralfigur der Berliner Boheme der 90er Jahre. Sicher hat er mit Scheerbart, in dessen Phantastenverlag seine Giraud-Übersetzung erschien, zeitweise engen Kontakt gehabt und dementsprechend auch brieflich verkehrt, von ihrer Korrespondenz sind jedoch nur zwei Karten und ein Brief Hartlebens aus den Jahren 1893 und 1894 bekannt. Am 11. 12. 1894 schrieb Hartleben an Scheerbart, der soeben in »Amsler und Ruthardt's Wochenberichten« ein Loblied auf die gläserne Reichstagskuppel veröffentlicht hatte:

»Lieber Scheerbart! Ich finde, daß das Reichstagsgebäude ein wenig zu viereckig ist; sonst ist es gut. Dein Otto Erich.« (Briefe an Freunde, hg. von Franz Ferdinand Heitmüller, Berlin 1912, S. 217.)

Hartleben scheint Scheerbart gelegentlich auch finanziell geholfen zu haben. Jedenfalls schenkte er ihm, wie Przybyszewski berichtet, aus dem Nachlaß eines reichen Onkels einen Gehrock, der Scheerbart bis zu den Knöcheln reichte. In seinem Nachruf auf Hartleben, er erschien unter dem Titel »Pastellbilder der Kunst« 1905 in der Zeitschrift »Kampf«, verrät Scheerbart, daß er die Figur des Kodama in »Tarub« Hartleben nachgebildet habe. Über den Schriftsteller urteilt er, dieser sei zwar kein Neuerer gewesen, aber ein »hervorragender Formalist«.

84 Postkarte (Nachlaß Franz Servaes, Wien)
(F. S. 12. 9. 98)
»Berlins litt. Bohème«: Der Artikel erschien nicht in der »Berliner Zeitung« und konnte auch

nicht an anderem Ort nachgewiesen werden.
L. W.: Die »Lachende Welt«, s. vorhergehende Briefe und Karten.

85 Postkarte (Stadtbibliothek München)
(O. J. B. 14. 9. 98)
William ... Gerhard ... Quickborn: S. Nr. 78.

86 Postkarte (Nachlaß Franz Servaes, Wien)
(F. S. 22. 9. 98)

87 Postkarte (Nachlaß Franz Servaes, Wien)
(F. S. 17. 10. 98)
Dein Buch: Servaes' autobiographischer Roman »Gährungen«.

88 Postkarte (Nachlaß Franz Servaes, Wien)
(F. S. 18. 10. 98)
den Roman: »Gährungen« von Franz Servaes.

89 Postkarte (Nachlaß Franz Servaes, Wien)
(F. S. 21. 10. 98)
radikalster Chaotiker: Anspielung auf den Inhalt von Servaes' Roman »Gährungen«.

90 Brief (Stadtbibliothek München)
(O. J. B. 29. 10. 98)
»Lachende Welt«: S. Nr. 90.
die Notiz im Berl. Tagebl.: Am 24. 10. erschien im Feuilleton der Nachtausgabe folgender Text:
»Der Schriftsteller Herr Paul Scheerbart schreibt uns: Sehr geehrte Redaktion! Anfangs Juli d. J. theilte ich in einem Circular mit, daß ich eine neue illustrirte Wochenschrift ›Lachende Welt‹, die zum 1. Oktober d. J. erscheinen sollte, redigieren würde. Die neue Zeitschrift wollte der Deutsche Kunst-Verlag A. G., an dessen Spitze die Gebrüder Gerhard und William Wauer standen, herausgeben. Der Letztere sandte an die Zeitungen eine Drucksache, in der bekannt gegeben wurde, daß die Aktiengesellschaft ›Deutscher Kunst-Verlag‹ mit einer Million gegründet sei. Die Gesellschaft ist aber niemals eingetragen worden, da sie die Million niemals besaß, – und heute werden die Geschäfte allmälig aufgelöst. Nach ständigen Vertröstungen wurde mir dieses schließlich mitgetheilt. Ich bitte daher, das Nichterscheinen der ›Lachenden Welt‹ nicht mir vorzuwerfen. In ausgezeichneter Hochachtung Paul Scheerbart.«
Deinem Artikel in den Neuesten M. Nachrichten: Ein entsprechender Text ist weder im Oktober noch im November 1898 in dem genannten Blatt erschienen.
Thoma u. Fidus: Die beiden Maler waren offenbar als Mitarbeiter für die »Lachende Welt« angeworben worden und hatten, da sie als »Geschädigte« bezeichnet werden, anscheinend auch schon Beiträge geliefert.
Hans Thoma (1839 Bernau, Baden – 1924 Karlsruhe), Maler, Graphiker, Mitglied der »Berliner Secession«, praktizierte in seinen Landschafts- und Figurenbildern einen poetischen, volkstümlichen Realismus. Thoma war mit Dehmel befreundet und scheint auch Scheerbart persönlich gekannt zu haben, denn dieser erwähnt gegenüber Max Bruns, daß Thoma ihm ein Bild geschenkt habe, s. Nr. 128.
Fidus, eigentlich Hugo Höppener (1868 Lübeck – 1948 Woltersdorf b. Berlin), Maler, Illustrator, formal dem Jugendstil verpflichtet, inhaltlich von Okkultismus, Lebensreform und Rassenmythologie inspiriert. Fidus verkehrte in Friedrichshagen und in Kreisen der Berliner Boheme. Dort traf er mit Scheerbart zusammen, mit dem er freundschaftlich verbunden war. Die Berlinische Galerie besitzt eine handschriftliche Fassung von Scheerbarts Prosatext »Weisheit aus der Kreidezeit« mit der Widmung: »Dem weisen Fidus dargebracht mit Bärengruß von Paul Scheerbart.« Fidus seinerseits schuf die Umschlagillustration für den Roman »Der Tod der Barmekiden«.

Quickborn-Leute: Die Zeitschrift »Quickborn« sollte wie »Lachende Welt« im Deutschen-Kunst-Verlag erscheinen, s. Nr. 76.
einen Gründerroman: Seine Erfahrungen mit unseriösen Gründern verarbeitete Scheerbart in phantastisch-grotesker Einkleidung in »Rakkóx der Billionär. Ein Protzen-Roman«.

91 Brief (Nachlaß Franz Servaes, Wien)
(F. S. 29. 10. 98)
Die Wage: In der Wiener Wochenschrift erschienen im Februar 1898 drei Prosastücke aus »Ich liebe Dich!« (s. Bibliographie) mit einer Einführung von Otto Stoeßl.
Morgenpost: Scheerbart hatte der neugegründeten »Berliner Morgenpost« (wie schon vorher der »Berliner Zeitung«) einen Artikel über »Berlins litterarische Bohème« angeboten. Der Text wurde jedoch nicht veröffentlicht, s. Nr. 94.

92 Postkarte (Nachlaß Franz Servaes, Wien)
(F. S. 1. 11. 98)
bin sehr gerührt: S. vorhergehenden Brief an Servaes.
Hobelphantasie: Das Gedicht wurde 1898 in der »Gesellschaft« publiziert.

93 Brief (Nachlaß Franz Servaes, Wien)
(F. S. 21. 11. 98)
Gährungen: Titel eines Romans von Franz Servaes.
»Kritik u. Produktion«: Ein Artikel mit diesem Titel konnte weder als Veröffentlichung noch als Manuskript nachgewiesen werden.
Datty: Dagny Servaes.

94 Brief (Nachlaß Franz Servaes, Wien)
(F. S. 30. 11. 98)
»Gährungen«: S. die vorhergehenden Schreiben an Servaes.
mein Artikel über »Berlins litterarische Bohème«: S. Anmerkung zu Nr. 84.
Berliner Herrenroman: ein Scherz.

95 Postkarte (Nachlaß Franz Servaes, Wien)
(F. S. 13. 12. 98)
Das Schäfer: Gemeint ist vermutlich Wilhelm Schäfer (1868 Ottrau, Hessen – 1952 Überlingen), volkstümlicher Erzähler, Vertreter der Heimatliteratur, Herausgeber der Zeitschrift »Die Rheinlande«. Schäfer lebte von 1898 bis 1900 in Berlin. »Ich wohnte draußen in Niederschönhausen in einem Nachbardreieck mit Dehmel und Paul Scheerbart, das sich in täglichen Gängen durch den märkischen Sand und mit gelegentlichen Trinkfeiern bestätigte.« (Rechenschaft, Kempen 1948, S. 140)

96 Postkarte (Staats- und Universitätsbibliothek Hamburg)
(R. D. 28. 12. 98)

97 Postkarte (Nachlaß Franz Servaes, Wien)
(F. S. 4. 1. 99)
Die Wauer-Affäre: die mißglückte Zeitschriftengründung von William Wauer, in die Scheerbart als Redakteur verwickelt war, s. Nr. 90.

98 Postkarte (Nachlaß Franz Servaes, Wien)
(F. S. 18. 1. 99)
Größeres vom Wauer: S. vorhergehenden Brief an Servaes.
und vom Pan: In der Zeitschrift erschienen im Jahrgang 1898/1899 drei Prosatexte von Scheerbart.

99 Brief (Deutsches Literaturarchiv, Marbach)
(C.F. 19.1.99)
Caesar Flaischlen: Cäsar F. (1864 Stuttgart - 1920 Gundelfingen), Dr. phil., Lyriker, Prosaist, Dramatiker, Dialektdichter. Flaischlen verkehrte mit den Friedrichshagenern, im Hartleben-Kreis, später auch in der »Neuen Gemeinschaft« der Brüder Hart. Von 1895 bis 1900 redigierte er die Zeitschrift »Pan«, in der mehrere Beiträge von Scheerbart erschienen.

100 Brief (Nachlaß Franz Servaes, Wien)
(F.S. 21.2.99)
Glückwünsche zur Hochzeit: Servaes heiratete 1899 zum zweiten Mal die 1897 von ihm geschiedene Martha Haese.
Praeludien: Der Essayband von Franz Servaes mit Aufsätzen über einige Exponenten der modernen Kunst und Literatur um 1900 (Menzel, Böcklin, Thoma, Liebermann, Klinger, Ury, Baluschek, Anzengruber, Liliencron, Holz, Schlaf, Dehmel, Scheerbart, Hauptmann) erschien 1899 bei Schuster und Loeffler.
nach Wien: Im März 1899 trat Servaes als Kunstkritiker in die Redaktion der »Neuen Freien Presse« ein.

101 Postkarte (Nachlaß Franz Servaes, Wien)
(F.S. 7.3.99)
submaritimer Staatengründer: Scheerbart identifiziert sich hier mit der Hauptfigur seines Romans »Rakkóx der Billionär«. Der Kurzroman erschien zuerst 1900 in der Zeitschrift »Die Insel«.
Deiner Gemahlin: Martha S., geborene Haese (1870 Berlin - 1923 ebd.).

102 Brief (Nachlaß Franz Servaes, Wien)
(F.S. 9.3.99)

103 Postkarte (Staats- und Universitätsbibliothek Hamburg)
(R.D. 10.3.99)
Erster Korallenrath der submaritimen Staatengruppe: S. Anmerkung zu Nr. 101.
West-West-Club: Wahrscheinlich ist der »Künstler-West-Club« gemeint, eine Berliner Künstler-Vereinigung.
»Die siegreiche Kunst«: ist wohl ein Scherz.

104 Postkarte (Nachlaß Franz Servaes, Wien)
(F.S. 13.3.99)
Wir weinen aber nicht: wegen Servaes' Übersiedlung nach Wien.
Datty: Dagny Servaes.
streichle Roderichs Haupt: Roderich Servaes (1896 Berlin - 1979 Köln), zweitältestes Kind von Franz Servaes.
Ich habe nicht geklagt: Offenbar hatten Mitarbeiter des gescheiterten Zeitschriftenherausgebers William Wauer gerichtlich Schadenersatz gefordert. Scheerbart gehörte auch zu den Geschädigten.

105 Brief (Nachlaß Franz Servaes, Wien)
(F.S. 16.3.99)
Wauer-Affaire: S. vorhergehende Karte an Servaes.
eine Odyssee: Die Erzählung »Lika. Eine Künstler-Odyssee« erschien 1899 in der Zeitschrift »Ver sacrum«.
Diplomaten-Artikel: Es handelt sich um den Text »China und die Dampfbahn. Philantropische Betrachtungen«. Er erschien 1899 in der »Gesellschaft«.
Baron von Reisswitz: Redakteur bei der »Münchner Allgemeinen Zeitung«.
Decentralisation: In Scheerbarts architektonischen Reflexionen taucht schon in dieser Zeit

neben der Idee des Glashauses die Forderung nach einer außerstädtischen, »decentralisirten« Wohnweise auf. Ausführlich schreibt er darüber in dem Roman »Ich liebe Dich!«.

106 Postkarte (Nachlaß Franz Servaes, Wien)
(F. S. 3.4.99)
mein Artikel: »China und die Dampfbahn«, s. Anmerkung zu Nr. 105.

107 Postkarte (Nachlaß Franz Servaes, Wien)
(F. S. 10.4.99)
siebzehn wilde Stiere: Zitat aus dem Prosagedicht »Astropsychologischer Dithyrambus«, das zuerst 1894 in »Amsler und Ruthardt's Wochenberichten« erschien.
Peter-Hille-Pfad: Peter Hille (1854 Erwitzen, Westfalen - 1904 Groß-Lichterfelde b. Berlin), Lyriker, Prosaist, Dramatiker. Der Anarchist, Naturschwärmer und Vagant war einer der wenigen echten Bohemiens in der sogenannten Berliner Boheme der 90er Jahre. Als Freund der Brüder Hart logierte er zeitweise in Friedrichshagen, später fand er in der »Neuen Gemeinschaft« am Schlachtensee einen Unterschlupf. Hille beherrschte als Dichter vor allem die kleine Form, das kurze Gedicht, die Prosaskizze, die er bei Papiermangel auf seine Manschetten notiert haben soll. Nach Aussage von Przybyszewski waren Scheerbart und Hille »unzertrennliche Freunde«, was wohl vor allem für die 90er Jahre gilt.

108 Postkarte (Nachlaß Franz Servaes, Wien)
(F. S. 4.5.99)
»Praeludien«: Essayband von Servaes, der auch ein Scheerbart-Porträt enthält, s. Anmerkung zu Nr. 100.
S. u. L.: der Verlag Schuster und Loeffler.
Mein Artikel: »China und die Dampfbahn«, s. Nr. 105.
den Grafen Hübner: Josef Alexander Graf von H. (1811 Wien - 1892 ebd.), Staatsmann und Diplomat aus der Metternich-Schule.
Dr. Zweybrück: Franz Z. war Literaturredakteur bei der Zeitschrift »Ver sacrum«. Er publizierte »Lika. Eine Künstler-Odyssee« noch im gleichen Jahr.
Burraburiasch: Die Bedeutung des Wortes konnte nicht aufgeklärt werden.

109 Brief (Nachlaß Franz Servaes, Wien)
(F. S. 11.5.99)
Praeludien ... Lika: S. vorhergehende Karte an Servaes.
freiheitsdurstigen Harun: Der arabische Herrscher Harun-al-Raschid spielt im »Tod der Barmekiden« eine Rolle.
Ich knack Dir den Kopp auf: So verfahren die blauen Löwen im »Tod der Barmekiden« mit einem Kritiker.

110 Postkarte (Nachlaß Franz Servaes, Wien)
(F. S. 16.5.99)
den Artikel: »China und die Dampfbahn«, s. Anmerkung zu Nr. 105.

111 Postkarte (Nachlaß Franz Servaes, Wien)
(F. S. 1.6.99)
General und Obermaschinist: Anspielung auf Scheerbarts Artikel »China und die Dampfbahn«, s. vorhergehende Schreiben an Servaes.
Knut Lemcke von Bullerstein: Hauptfigur aus dem Prosatext »Das Märchen vom blauen Hund. Eine ganz unergründliche Geschichte«, der 1899 in der »Jugend« erschien.
meine liebe Lika: Dagny Servaes, s. Nr. 109.

112 Brief (Nachlaß Franz Servaes, Wien)
(F. S. 17.6.99)

Schultze VII: Figur aus »Rakkóx der Billionär«.
Kempinski: Weinlokal in der Leipziger Straße.
den edlen Dreyfuss: Der französische Hauptmann Dreyfus wurde 1894 wegen angeblichen Landesverrats lebenslänglich auf die Teufelsinsel vor Französisch-Guayana verbannt. 1899 wurde er zu 10 Jahren Gefängnis begnadigt. Dreyfus' Verurteilung erfolgte aufgrund antisemitischer Ressentiments. Seine Begnadigung und der spätere Freispruch wurden von einer Kampagne der Linken erwirkt, an der sich, im Gefolge Zola's, auch deutsche Schriftsteller beteiligten.

113 Brief (Stadtbibliothek München)
(O. J. B. 21.6.99)
Rakkox: Bierbaum hat den Kurzroman schließlich doch akzeptiert und ihn im Februar 1900 in der Zeitschrift »Die Insel« veröffentlicht.
außer dem Räuber: »Der galante Räuber oder Die angenehme Manier. Ein Garten-Scherzo«. Der Text erschien im Oktober 1899 in der »Insel«.

114 Postkarte (Stadtbibliothek München)
(O. J. B. 11.7.99)
Rakkox: S. vorhergehenden Brief an Bierbaum.

115 Brief (Deutsches Literaturarchiv, Marbach)
(A. W. H. 16.7.99)
Herr Heymel: Alfred Walter H. (1878 Dresden - 1914 Berlin), Lyriker, Prosaist, Dramatiker, Mitbegründer der bibliophilen Zeitschrift »Die Insel« und des Insel-Verlags. Der begüterte Schöngeist und Lebemann Heymel, den Bierbaum in seinem Roman »Prinz Kuckuck« porträtierte, erwarb sich hauptsächlich als Förderer der Buchkunst Meriten. Auch um Scheerbarts Werk machte er sich sehr verdient. Im Insel-Verlag erschienen vier Scheerbart-Bücher, mehr als in jedem anderen Verlag. Den Roman »Die große Revolution« ließ Heymel, als der Verlagsleiter von Poellnitz ihn ablehnte, sogar auf eigene Kosten drucken. Scheerbart, der offenbar Sympathie für Heymel empfand, vor allem aber beruflich auf ihn baute, erörterte mit diesem auch künstlerische Probleme. Seine Urteile über Heymels Bücher enthalten allerdings einen Beigeschmack von Opportunismus.
Herrn Heyschröbier: Persönliche Daten konnten nicht ermittelt werden.

116 Brief (Deutsches Literaturarchiv, Marbach)
(A. W. H. 30.7.99)
das Buch: vermutlich der Gedichtband »In der Frühe«, der 1898 erschien.
»Lichtwunder«: Der Prosatext erschien zuerst 1902 in »Immer mutig!«. Er gehörte wohl zu den Texten, die Scheerbart an Bierbaum zur Veröffentlichung in der »Insel« schickte.
Im »Galanten«: »Der galante Räuber oder Die angenehme Manier«, s. Anmerkung zu Nr. 113.
Ihrem Herrn Vetter: Rudolf Alexander Schröder, s. Anmerkung zu Nr. 164.

117 Postkarte (Nachlaß Max Bruns, Minden)
(M. Br. 20.10.99)
Die Widmung: Bruns bat Scheerbart, ihm einen Band lyrische Prosa mit dem Titel »Zwei-Einheit. Ein Andachtbuch für Menschen« widmen zu dürfen. Das Werk wurde in einem der vielen Pornographieprozesse der damaligen Zeit für unzüchtig erklärt und seine Verbreitung verboten. Der Autor und sein Vater, der Verleger Gustav Bruns, wurden zu einer Geldstrafe verurteilt. Von dem Brief, in dem Max Bruns seinen Widmungswunsch vorträgt, blieb ein Entwurf erhalten. Er lautet:
»Paul Scheerbart,
dem Meister des Prosastils -
nein:
Paul Scheerbart,
dem Anti-Erotiker!

Lieber, verehrter Künstler-Mitmensch Paul Scheerbart!
Es ist wohl eigentlich ein Widerspruch, daß ich dieses ›erotische‹ Andachtbuch für Menschen dem ›antierotischen‹ Weltgeist-Molekül ›Paul Scheerbart‹ widme. Aber der Widerspruch ist nur ein scheinbarer. Es würde mich ja vielleicht freuen, wenn's anders wäre: Sie lieben die Antithese, ›Nichts ist köstlicher als die Gegensätze‹, – aber es ist nicht meine Schuld, daß dieser ›scheinbare‹ Widerspruch kein wirklicher ist: Es hat wohl der Weltgeist selber verschuldet, der auch Sie – ›erotisch‹ schuf!

Wissen Sie noch, wie ich vor einigen Wochen Ihnen gegenüber alle die Leute als Blinde – oder drückte ich mich stärker aus? – bezeichnete, die über Sie geschrieben haben als über einen, dessen Bücher l a c h e n, die über Ihr antierotisches ›Ich liebe Dich!‹ geschrieben haben und nicht dabei ausgegangen sind von dem einzigen Gedichte ›Weit! Weit!‹ – wissen Sie's noch? I c h werde es nie vergessen: wie es Sie bewegt hat, als ich in Ihnen den ›erotischen‹ Menschen berührte.

Darum widme ich Ihnen dies Buch.

Vielleicht auch, weil ich Ihr einziges Distanzgefühl so herzlich liebe, widme ich's Ihnen: dem Künstler, dem Sonne und Erde nur zwei Atome sind, dieses Buch, dem zwei Atome schon eine ganze Welt sind: und abermals ist dieser Widerspruch nur ein scheinbarer -: Wen der Glanzrausch des Weltgeistes geblendet hat, kann der noch ein anderes Bestreben haben, als das: nur gleich in Ihm aufzugehen?! Aber ja, er kann's! er m u ß es! Soll ich das ›Erotische‹ überwinden und bekämpfen, das Er doch schuf, da er uns zwiefältig machte: Mann und Weib? Will Er sich nicht verhundertfältigen und vertausendfältigen – und soll nicht auch ich ihm dazu helfen? Ist denn nicht stete Entfaltung neuer Erscheinungen seine größte Lust, sein einziger Wandlungstrieb?

Will Er die Ruhe und ewige Rast? Er hat es keinem von uns geoffenbart, daß Er's so will; aber auch wenn Er's will -: d a s M e n s c h l i c h e soll k e i n e Rast haben, d a s n o c h n i c h t, denn der Trieb des Menschen ist es, daß er sich fortpflanze, daß er seine Art emporzüchte zur Vollendung; und erst dem vollendeten Wesen k a n n Ruhe werden: erst der Geist kann sich auflösen im Allgeiste! Aber wir s i n d noch nicht Geist, sind's auch nicht, wenn wir unsere edle Unrast zu unterdrücken streben und den Willen zur Emporzüchtung, d e r d o c h d i e S c h a m ü b e r d i e N i e d r i g k e i t I H M g e g e n ü b e r b e d e u t e t --: Es kommt noch einmal die Stunde, wo man uns an unsere eigenen ›erotischen‹ Gedichte gemahnt und wir weich werden – – und uns nun doppelt schämen, daß wir uns unserer ›Erotik‹ haben schämen – wollen – –!

Denn gerade da hatte uns unser Distanzgefühl verlassen und wir glaubten, schon jetzt nur gleich in Ihm aufgehen zu können. Nun aber weist er unsere Vermessenheit zurecht, erinnert uns an ferne Liebesstunden und läßt uns grausam deutlich fühlen, daß sie noch nicht h i n t e r uns sind: Wir bringen die mühseligen Berge der Entwicklungen eben noch nicht damit hinter uns, daß wir ihnen einfach den Rücken kehren.

Aber dennoch ist nichts Schmerzliches für uns darin, wenn er uns plötzlich wieder der Erde gemahnt und unsere Blicke verkürzt und die Zeiger unserer Uhren irdische Gänge kriechen läßt: denn auch hier sind wir ja sein und täglich läßt er uns höher rücken und schenkt uns das Köstlichste: die ahnende Hoffnung, und lehrt uns die höchste und tröstlichste Menschenweisheit, daß Ahnen schöner ist, als aller Besitz.

Und er lächelt seiner ungeduldigen Kinder – denn sie sind ihm die liebsten – und er küßt sie... und schenkt ihnen die Kunst.

Minden, am 7. Oktober 99. Max Bruns.«

Die gedruckte Widmung in »Zwei-Einheit« von Max Bruns lautet übrigens: »Paul Scheerbart mit herzlichen Grüßen zugeeignet!«

die Liwûna: »Liwûna und Kaidôh. Ein Seelenroman« erschien im Januar 1901 in der Zeitschrift »Die Insel«.

118 Brief (Nachlaß Max Bruns, Minden)
(M. Br. 21. 10. 99 – I)
L. u. K.: »Liwûna und Kaidôh«.

»Das Ciseliren ist so schwer: Zu den Fehlurteilen über Scherbarts Werk gehört die oft geäußerte Behauptung, er sei ein achtloser Stilist gewesen, der seine Texte, so wie sie ihm in den Kopf kamen, aufs Papier gebracht und nicht mehr überarbeitet habe (- so nachzulesen bei Julius Bab, Wilhelm Schäfer, Peter Scher u. a.). Die obige, sich in anderen Briefen wiederholende Bemerkung widerlegt diese Behauptung. Sie zeigt, daß Scheerbart stilistische Fragen so ernst nahm wie jeder ernst zu nehmende Schriftsteller.
Ihre Widmung: S. Anmerkung zu Nr. 117.

119 Briefentwurf (Nachlaß Max Bruns, Minden)
(M. Br. 21. 10. 99 - II)
des Eisenbahnromans: »Ich liebe Dich!«
den erotischen Haremsroman: »Der Tod der Barmekiden«.
im Paradiese: »Das Paradies. Die Heimat der Kunst«.
Wagners: Richard W. (1813 Leipzig - 1883 Venedig), Komponist.

120 Brief (Nachlaß Max Bruns, Minden)
(M. Br. 25. 10. 99)
L. u. K.: »Liwûna und Kaidôh«.
Meine Nilpferdchen: Hauptfiguren in dem Roman »Immer mutig!«.

121 Postkarte (Staats- und Universitätsbibliothek Hamburg)
(R. D. 2. 11. 99)

122 Postkarte (Nachlaß Franz Servaes, Wien)
(F. S. 6. 11. 99)
Wilhelmsruh: Nachbarort von Niederschönhausen.
Finanzminister bei König Kraus: Tatsächlich entstand zwischen Kraus und Servaes, wie Otto Wichtl berichtet, bald ein gespanntes Verhältnis.

»Servaes' Wirken in Wien wurde von Anfang an von Karl Kraus beachtet und mit bissigen Glossen bedacht, welche wohl in erster Linie dem Repräsentanten der ›Neuen Freien Presse‹ galten. Kleinere Entgleistungen werden (in der »Fackel«, M. R.) mit Schadenfreude vermerkt oder breitgetreten, gelegentlich unverdiente Verdächtigungen ausgesprochen. Seine rasche ›Einwienerung‹ zum ›Serwas Franzl‹ wird glossiert ...« (Leben und Werk von Franz Servaes. In: »Wiener Geschichtsblätter, 1984, H. 1, S. 15.)

123 Brief (Staats- und Universitätsbibliothek Hamburg)
(R. D. 25. 11. 99)

124 Postkarte (Nachlaß Max Bruns, Minden)
(M. Br. 14. 12. 99)
des »Seelenromans«: »Liwûna und Kaidôh«.

125 Brief (Nachlaß Max Bruns, Minden)
(M. Br. 3. 1. 00)
die Nilpferdchen: »Immer mutig!«.
Zwei-Einheit: Buch von Max Bruns, s. Anmerkung zu Nr. 117.

126 Brief (Stadtbibliothek München)
(O. J. B. 15. 1. 00)
L. u. K.: »Liwûna und Kaidôh«.
im Pankgrafen: an der Panke gelegenes Ausflugslokal in Niederschönhausen.
Valottons Zeichnungen: Felix Vallotton (1865 Lausanne - 1925 Paris), Maler, Schriftsteller, stilbildender Graphiker des Jugenstils und Illustrator der »Insel«, schuf für die »Insel«-Veröffentlichung des »Rakkóx« vier Illustrationen.

Dr.: die Offizin Drugulin in Leipzig, in der die »Insel« gedruckt wurde.

127 Brief (Nachlaß Franz Servaes, Wien)
(F. S. 4.2.00)
Frau Auerbach: Ida A., geborene Coblenz, verheiratete Dehmel (1870 Bingen - 1942 Hamburg), Hausfrau, unterhielt in dieser Zeit ein Liebesverhältnis mit Richard Dehmel, das 1901 durch Eheschließung legitimiert wurde. Servaes schildert Ida Auerbach in seinen Memoiren als prätentiösen Menschen. Sie scheint auch auf ihr wohlgesonnene Bekannte einen hoheitsvollen Eindruck gemacht zu haben. So schreibt der Lyriker Ernst Schur in einem, vermutlich aus den späten 90er Jahren stammenden, Brief an Ida Auerbach:
»Als ich Sie (mit Richard Dehmel, M. R.) nach dem Bahnhof fahren sah, wiegte sich ein Gedanke in meinem Kopf: Ein König und eine Königin fuhren durch das Land...« (Ida Dehmel. Ausstellungskatalog der Staats- und Universitätsbibliothek Hamburg, zusammengestellt von Elisabeth Höpker-Herberg, Hamburg 1970.)

128 Briefentwurf (Nachlaß Max Bruns, Minden)
(M. Br. 5.2.00 - I)
Ihrer Zwei-Einheit: s. Anmerkung zu Nr. 117.
meines Eisenbahnromans: »Ich liebe Dich!«.
Swift der Antierotiker: Der irische Schriftsteller Jonathan Swift (1667 Dublin - 1745 ebd.) gehörte zu Scheerbarts Lieblingsautoren. Anspielungen auf Swift finden sich in den Romanen »Tarub«, »Die wilde Jagd«, »Die Seeschlange« und »Immer mutig!«, sein Name wird in mehreren Texten und Briefen erwähnt.
Haremsroman: »Der Tod der Barmekiden«.
Die Totenmesse des Prz.: Der Roman »Totenmesse« von Stanisław Przybyszewski erschien 1893.

129 Brief (Nachlaß Max Bruns, Minden)
(M. Br. 5.2.00 - II)
Ihre Zwei-Einheit: Prosaband von Max Bruns, s. Anmerkung zu Nr. 117.

130 Brief (Deutsches Literaturarchiv, Marbach)
(A. W. H. 8.3.00)
trotz Galiani: Abbé Ferdinando Galiani (1728 Chieti - 1787 Neapel), berühmter Epistolograph. Eine Auswahl seiner Briefe erschien 1899 im ersten Heft der »Insel«.
die Widmung: Scheerbart widmete Heymel sein Buch »Die große Revolution. Ein Mondroman«, das 1902 im Insel-Verlag erschien. Der Widmungstext lautet: »Dem lachenden Fanatiker Alfred Walter Heymel«. Vermutlich hatte Scheerbart Heymel die beabsichtigte Zueignung in einem früheren Brief angekündigt.
L. u. K.: »Liwûna und Kaidôh«.
meinen antierotischen Roman: »Ich liebe Dich!«.
die Saharet gelesen: Clarisse Campbell-Rosé (1880-1940), Tänzerin, die unter dem Künstlernamen Saharet auftrat. Die Ausdruckstänzerin kam vom akrobatischen Tanz, den sie mit großer Meisterschaft und einer persönlichen Note ausführte. (Ernst Günther: Geschichte des Varietés, Berlin DDR, 1978.) Was Scheerbart über oder von Saharet gelesen hatte, konnte nicht ermittelt werden.
Ihr Tidlidei: Refrain des Gedichts »Varieté« aus der Sammlung »In der Frühe«.
Franz Blei und Roger de Campagnolle: Die beiden »Insel«-Autoren waren natürlich nicht mit Heymel identisch. Blei (1871 Wien - 1942 Westbury, N. Y.), machte sich als Essayist, Übersetzer und Zeitschriftenherausgeber (»Opale«, »Hyperion«) einen Namen, Campagnolle (1873-1957), ein in München ansässiger Arzt und Gelegenheitsschriftsteller, veröffentlichte in der »Insel« einige Prosaskizzen.

131 Postkarte (Nachlaß Max Bruns, Minden)
(M. Br. 8.3.00)

132 Brief (Nachlaß Max Bruns, Minden)
(M. Br. 15.3.00)
das Indianerlied: erschien im selben Heft der Insel wie der Kurzroman »Rakkóx«. Es lautet:
»Murx den Europäer!
Murx ihn!
Murx ihn! Murx ihn!
Murx ihn ab!«
Mondroman: »Die große Revolution«.
mein Paradies: »Das Paradies. Die Heimat der Kunst«.

133 Postkarte (Deutsches Literaturarchiv, Marbach)
(C.F. 25.3.00)
Pan nicht mehr erscheinen soll: Die Zeitschrift stellte im September 1900 ihr Erscheinen ein.

134 Postkarte (Nachlaß Franz Servaes, Wien)
(F.S. 25.3.00)

135 Postkarte (Nachlaß Franz Servaes, Wien)
(F.S. 27.3.00)

136 Postkarte (Nachlaß Franz Servaes, Wien)
(F.S. 28.3.00)

137 Brief (Deutsches Literaturarchiv, Marbach)
(A.W.H. 1.5.00)
Ihre »Unrast«: Heymels Erzählung »Ritter Ungestüm«, die 1900 im Insel-Verlag erschien.
Die Fischer: Der Gedichtband »Die Fischer und andere Gedichte« erschien ebenfalls 1900 im Insel-Verlag. Er enthält die von Scheerbart angesprochenen Gedichte »Parforce« und »Serpentinen-Muse«.
Schröders »Unmut«: Rudolf Alexander Schröder, ein Vetter Alfred Walter Heymels, war Mitherausgeber der Insel, s. Anmerkung zu Nr. 164.
Bei Hofmannsthal: Hugo von H. (1874 Wien - 1929 Rodaun), Dr. phil., Dramatiker, Lyriker, Prosaist. Hofmannsthal veröffentlichte mehrere Beiträge in der »Insel«. Vermutlich bezieht sich Scheerbart auf einen dieser Beiträge.
»Pan im Busch«: »Ein Tanzspiel« von Otto Julius Bierbaum, erschien 1900 im Insel-Verlag.
astrale Pantomime: »Kometentanz«. Der Text erschien im März 1902 der »Insel«, 1903 als selbständige Publikation im Insel-Verlag.
Mein Mondroman: »Die große Revolution«.
von mir geplanten Orientreise: Die Bemerkung darf man wohl als Scherz auffassen.

138 Brief (Deutsches Literaturarchiv, Marbach)
(A.W.H. 9.5.00)
der Mondroman: »Die große Revolution«.

139 Brief (Stadtbibliothek München)
(O.J.B. 9.5.00)
den beiden Buchhonoraren: S. vorhergehenden Brief an Heymel.
Mondroman: »Die große Revolution«.
Richard Strauss: (1864 München - 1949 Garmisch), Komponist. Strauss vertonte in seinem Liedschaffen bevorzugt Texte zeitgenössischer Autoren, unter denen sich auch Vertreter der Berliner Literaturavantgarde wie Dehmel, Heinrich Hart, Karl Henckell, John Henry Mackay befanden. Mit Scheerbart traf Strauss, der damals Generalmusikdirektor in Berlin war, 1899 im Hause Dehmels zusammen, dort mag auch der Plan zur Zusammenarbeit entstanden sein. Am 22.4.1900 schrieb Strauß an Gustav Mahler:

»Ich bin daran, ein ein- oder zweiaktiges burleskes Ballett zu schreiben: Kometentanz, eine astrale Pantomime - natürlich etwas vom landläufigen Gehüpfe total abweichendes - von Paul Scheerbart. Wollen Sie das Ballett für die Wiener Oper annehmen, die allererste Aufführung haben u. eine schöne Ausstattung daran wenden?« Mahler antwortete prompt: »Ihr Ballett ist im Voraus angenommen.« (Gustav Mahler - Richard Strauß: Briefwechsel (1888-1911), hg. von Herta Blaukopf, München 1980, S. 52ff.)
Das Projekt wurde nicht realisiert. Strauss gab gegenüber Bierbaum als Grund an, daß er den »Kometentanz« zwar für eine lustige Lektüre, nicht aber für bühnentauglich halte. (Willi Schuh: Richard Strauss, Zürich 1976, S. 446.)
Deinen »Pan im Busch«: S. Nr. 137.

140 Brief (Nachlaß Max Bruns, Minden)
(M. Br. 11.5.00)
der Nilpferderoman: »Immer mutig!«.
»Die Seeschlange«: erschien 1901 im Verlag J. C. C. Bruns.

141 Brief (Staats- und Universitätsbibliothek Hamburg)
(R. D. 21.5.00)
Lex Heinze: ein am 25.6.00 beschlossenes Gesetz, das die Veröffentlichung und Verbreitung unzüchtiger Bilder und Schriften unter Strafe stellte.
empörten Brief: S. Nr. 123.

142 Brief (Nachlaß Max Bruns, Minden)
(M. Br. 23.5.00)
meine Tarub: »Tarub, Bagdads berühmte Köchin. Arabischer Kulturroman«.

143 Postkarte (Hessische Landesbibliothek, Wiesbaden)
(L. J. 23.5.00)
die 5 kleinen Sachen: S. Bibliographie.

144 Brief (Hessische Landesbibliothek, Wiesbaden)
(L. J. 24.5.00)
weiteren Manuskripten: Die drei angeführten Titel erschienen nicht in der »Gesellschaft«, was sich möglicherweise durch Jacobowskis Tod im Dezember desselben Jahres erklärt.
in Ihrem Club: Im Frühjahr 1900 gründete Jacobowski den Künstlerklub »Die Kommenden«. Man traf sich im »Nollendorf-Casino« am Nollendorfplatz zu wöchentlichen Vortragsabenden, die von Schriftstellern, Musikern und anderen Kulturschaffenden bestritten wurden. In den Gästebüchern des Klubs finden sich bekannte Namen wie Magnus Hirschfeld, Käthe Kollwitz, Else Lasker-Schüler, Erich Mühsam, Hans Pfitzner, Herwarth Walden. (S. Janos Frecot: Literatur zwischen Betrieb und Einsamkeit. In: Berlin um 1900. Ausstellungskatalog der Berlinischen Galerie, Berlin 1984, S. 337.)

145 Brief (Hessische Landesbibliothek, Wiesbaden)
(L. J. 20.6.00)

146 Postkarte (Nachlaß Franz Servaes, Wien)
(F. S. 26.7.00)
»Manierenbüchlein...«: Servaes hatte offenbar, bei einem Berlinaufenthalt im März des selben Jahres, einen Besuch bei Scheerbart in Niederschönhausen aus Zeitmangel abgelehnt, worauf Scheerbart ihm eine beleidigende Karte schickte, s. Nr. 136.
Frz. Buchholz: Französisch B., ein Nachbarort von Niederschönhausen.
in Paris: Servaes war von der »Neuen Freien Presse« als Berichterstatter zur Weltausstellung in die französische Hauptstadt geschickt worden.

147 Brief (Deutsches Literaturarchiv, Marbach)
(A. W. H. 9. 8. 00)
die Anderen: Wegen des geringen Umfangs des Romans »Rakkóx der Billionär« plante der Insel-Verlag, das Volumen der Buchpublikation durch Beigabe einiger kurzer Prosastücke zu vergrößern, und kündigte das Projekt in der Verlagswerbung als »Rakkóx und andere Geschichten« an, s. Nr. 139. Scheerbart entschloß sich jedoch, dem »Rakkóx« einen zweiten Kurzroman, »Die wilde Jagd«, an die Seite zu stellen. Um der Voranzeige zu entsprechen, wählte er den skurrilen Untertitel »Ein Entwicklungsroman in acht anderen Geschichten«.
Der Mondroman »Die Sieger«: erhielt endgültig den Titel »Die große Revolution«.
Swifts schwebende Insel: die Insel Laputa im 3. Kapitel des Romans »Gullivers Reisen«.
»Theater«: heißt eine der »anderen Geschichten« in »Die wilde Jagd«.

148 Brief (Nachlaß Max Bruns, Minden)
(M. Br. 15. 8. 00)
über die Tarub: S. Nr. 142.
Manuskript der Seeschlange: S. Nr. 140.
einen Mondroman: »Die große Revolution«.
eine astrale Pantomime: »Kometentanz«.

149 Brief (Nachlaß Max Bruns, Minden)
(M. Br. 20. 8. 00)
Abu-Maschar: Figur aus »Tarub, Bagdads berühmte Köchin«.

150 Brief (Deutsches Literaturarchiv, Marbach)
(A. W. H. 3. 9. 00)
»Tod des Narzissu: »Der Tod des Narcissus«. Dramatisches Gedicht in einem Aufzug« erschien 1901 im Insel-Verlag. Der Buchdeckel zeigt Tulpenornamente auf Goldgrund.

151 Gedruckte Briefkarte (Staats- und Universitätsbibliothek Hamburg)
(R. D. 13. 9. 00)

152 Postkarte (Staats- und Universitätsbibliothek Hamburg)
(R. D. 1. 10. 00)

153 Postkarte (Nachlaß Franz Servaes, Wien)
(F. S. 3. 10. 00)
Paris muß noch ignoriret werden: Servaes reiste im Herbst 1900 noch einmal zur Weltausstellung nach Paris, diesmal im Auftrag des österreichischen Ausstellungskomitees.

154 Brief (Nachlaß Max Bruns, Minden)
(M. Br. 11. 11. 00)
Ihre Verklärungen: »Verklärungen. Von den letzten Schönheiten der Liebe«. Die Sammlung von Gedichten und Prosatexten erschien 1900 im Verlag Eugen Diederichs.
Maeterlincksche Wesenlosigkeit: Der belgische Schriftsteller Maurice Maeterlinck (1862 Gent - 1949 Orlamonde b. Nizza) war eine der literarischen Leitfiguren der Jahrhundertwende. Mit seinen symbolistischen Dramen beeinflußte er auch in Deutschland die antinaturalistische Dichtung.
Sie müssen viel mehr »Expressionist« werden: Leo Ikelaar weist in seiner Ausgabe von Scheerbarts Briefen an Max Bruns (Paul Scheerbart: Briefwechsel mit Max Bruns 1898-1903 und andere Dokumente, Frankfurt 1990, S. 21) darauf hin, daß dies vermutlich der früheste Beleg für den Gebrauch des Wortes »Expressionist« in Deutschland sei. Ikelaar vermutet, daß Scheerbart den Begriff aus Frankreich übernommen habe, wo das Wort »Expressionismus« spätestens seit 1901 im Zusammenhang mit der bildenden Kunst kursierte. Tatsächlich bestanden um die Jahrhundertwende verschiedene Kontakte zwischen der Berliner und Pariser Literaturszene. So ver-

kehrte, wie Przybyszewski mitteilt, in Dehmels Freundeskreis der Elsässer Henri Albert, »der uns Verlaine (...) Rimbaud und Laforgue aus Paris mitgebracht hatte« (Przybyszewski, S. 136). Albert berichtete vice versa im »Mercure de France« über die junge deutsche Literatur, u. a. auch über Scheerbart. Dies tat auch der in Briefen an Max Bruns erwähnte Auguste Achaume. Er publizierte im Februar 1902 in der Zeitschrift »Les Semailles« ein Scheerbart-Porträt und scheint den Dichter persönlich gekannt zu haben. Als Mittler französischer Kultur fungierte ferner der mit Scheerbart befreundete Kunstkritiker Julius Meier-Graefe, ein hervorragender Kenner der Impressionisten und Bewunderer Van Goghs. Es könnte schließlich auch sein, daß Franz Servaes, der sich 1900 zweimal beruflich in Paris aufhielt und ein waches Auge für die neue Kunst hatte, Scheerbart diesen Begriff brieflich übermittelte.
Die vermutete Tatsache, daß Scheerbart als erster im deutschen Sprachraum das Wort »Expressionist« benutzte, besagt jedoch wenig. Der Briefstelle ist zu entnehmen, daß er den Terminus im Sinne von »Phantast« und »Kosmiker« verwendete, ihm also eine sehr persönliche Bedeutung beilegte, die mit seinem gängigen Sinn wenig gemein hat.
die rasselnden Kochtöpfe des Orients: Der Sinn und die Herkunft dieses Zitats konnten nicht aufgeklärt werden.

155 Postkarte (Nachlaß Franz Servaes, Wien)
(F.S. 20.11.00)

156 Postkarte (Staats- und Universitätsbibliothek Hamburg)
(R.D. 7.12.00)
das erste Exemplar: Von »Rakkóx der Billionär« und »Die wilde Jagd«. Das Buch erschien, wie auf der Titelseite vermerkt, »Weihnachten MDCCCC«.
Deine neomexikanische »Richtung«: Die Bemerkung bezieht sich auf das gerade im Insel-Verlag erschienene Kinderbuch »Fitzebutze«, das Dehmel gemeinsam mit seiner ersten Frau Paula verfaßte. Der Name »Fitzebutze« wurde von »Vitzliputzli« abgeleitet, dem verballhornten Aztekengott und sprichwörtlichen Kinderschreck.

157 Postkarte (Nachlaß Max Bruns, Minden)
(M. Br. 18.12.00)
mit den bekannten D-G: Doppelgrüßen.

158 Postkarte (Staats- und Universitätsbibliothek Hamburg)
(R.D. 18.12.00)
cf Jagd pag 112: Die entsprechende Stelle in der »Wilden Jagd« lautet:
»Eine zinnoberrote Eidechse von imposanter Gestalt springt aus einem meilenlangen Fenster, versperrt den Weg und sagt eifrig: ›Vergeßt nicht, daß alle Sterne zusammengenommen und alles Denkbare zusammengenommen, so sehr wir's auch vergrößern mögen, der Unendlichkeit gegenüber immer wieder bloß einen mathematischen Punkt bilden - der alles hat - nur keine Ausdehnung.‹«

159 Brief (Staats- und Universitätsbibliothek Hamburg)
(R.D. 22.12.00)
das Vergöttern: Anspielung auf den »Entwicklungsroman« »Die wilde Jagd«, in dem »Wurmgeister« zu »Göttern« werden wollen.
Frau Isi: Ida Auerbach.
A. Mombert: Alfred M. (1872 Karlsruhe - 1942 Winterthur), Dr. jur., Lyriker, Dramatiker. Mombert verfaßte kosmisch-visionäre Versdichtungen. Er praktizierte zu dieser Zeit als Rechtsanwalt in Heidelberg. Mombert war mit Dehmel eng befreundet, mit Scheerbart, einem anderen Kosmiker, scheint er keinen Kontakt gehabt zu haben.

160 Postkarte (Staats- und Universitätsbibliothek Hamburg)
(R.D. 2.1.01)

Heilige Dreieinigkeit: Dehmel, Ida Auerbach und Alfred Mombert, s. vorhergehenden Brief an Dehmel.

161 Brief (Nachlaß Franz Servaes, Wien)
(F. S. Januar 1901)
Jossots Wildenten: Gemeint ist eine der von dem Graphiker Henri Jossot entworfenen Zierleisten in der »Wilden Jagd«. Auch alle weiteren Bemerkungen des ersten Absatzes beziehen sich auf den gerade erschienenen »Entwicklungsroman«.
an den Grafen Bülow denken solltet: Bernhard Graf von B. (1849 Klein Flottbek b. Hamburg - 1929 Rom) war von 1900 bis 1909 deutscher Reichskanzler.
Datty und Rola: Dagny und Roderich

162 Postkarte (Staats- und Universitätsbibliothek Hamburg)
(R. D. 25. 1. 01)

163 Brief (Nachlaß Max Bruns, Minden)
(M. Br. 8. 2. 01)

164 Brief (Deutsches Literaturarchiv, Marbach)
(R. A. S. 8. 2. 01)
Herr Schröder: Rudolf Alexander S. (1878 Bremen - 1962 Bad Wiessee), Lyriker, Prosaist, Übersetzer. Schröder, ein Vetter Alfred Heymels, begründete mit diesem die Zeitschrift »Die Insel« und den Insel-Verlag. Als Dichter entwickelte er sich vom Neuromantiker und Symbolisten zum Klassizisten, auch in der Buchkunst, für die er Bedeutendes leistete, strebte er die klassische Form an. Scheerbarts Briefe an Schröder besitzen vorwiegend geschäftlichen Charakter, der durch gelegentliche ästhetische Exkurse bemäntelt wird.
was Sie mir schreiben werden: Scheerbart erwartete wohl eine Reaktion auf die Veröffentlichung von »Liwûna und Kaidôh« im Januarheft der »Insel«.

165 Postkarte (Staats- und Universitätsbibliothek Hamburg)
(R. D. 25. 2. 01)
Onkel Satanas: Die Titulierung bezieht sich auf die Pantomime »Lucifer«, die Dehmel 1900 veröffentlichte. Sie ist »dem Zukunftstanztrold und Jenseitsglanzbold Paul Scheerbart« gewidmet.

166 Brief (Staats- und Universitätsbibliothek Hamburg)
(R. D. 26. 2. 01)
P. C. W. J. J. P. D.: Paul Carl Wilhelm Johann Jacob Peter David, s. Nr. 208. Die ersten 3 Namen sind Scheerbarts Taufnamen, Johann Jakob hieß ein 1853 geborener, im selben Jahr gestorbener Bruder, Peter David hieß der Großvater Hering aus Altona, der schon vor der Hochzeit von Scheerbarts Eltern starb.
Professor Dr. Wilhelm Schultze: scheint eine Fiktion zu sein.

167 Postkarte (Stadt- und Landesbibliothek Dortmund)
(J. H. 2. 3. 01)
»Juliusruhe«: Nachbarort von Breege auf Rügen.

168 Postkarte (Staats- und Universitätsbibliothek Hamburg)
(R. D. 3. 3. 01)
»Lebensweise«: Gemeint ist wahrscheinlich die szenische Dichtung »Eine Lebensmesse«, die Dehmel gemeinsam mit Peter Behrens konzipierte. Sie sollte 1900 in der Darmstädter Künstlerkolonie auf der Mathildenhöhe im Rahmen einer Ausstellung aufgeführt werden. Das Projekt wurde jedoch nicht realisiert. Behrens nahm Dehmels Text in seine Publikation »Feste des Lebens und der Kunst« auf, die 1900 erschien.

Heering-Eggers-Steinhard: Heering war der Mädchenname von Paul Scheerbarts Mutter, Steinhard vermutlich der seiner väterlichen Großmutter. Das Sterberegister der Pfarrei St. Marien in Danzig verzeichnet eine Florentine Scherbarth, geborene Steinhardt (1787-1859), die bei ihrem Tod 2 erwachsene Söhne hinterließ. Hierbei dürfte es sich um Scheerbarts Vater Carl Eduard und um den Kaufmann Friedrich Wilhelm Scheerbart handeln, der bei zwei Kindern Carl Eduards die Patenschaft übernahm. Der Name Eggers stammt demnach wahrscheinlich auch aus Paul Scheerbarts Ahnengalerie.

169 Postkarte (Staats- und Universitätsbibliothek Hamburg)
(R.D. 10.3.01)
E. Pierson: Der Verlag druckte neben dem eigenen Programm auch Bücher von Selbstverlegern.

170 Brief (Nachlaß Max Bruns, Minden)
(M.Br. 12.3.01)
Heitmann: Karl Friedrich H. (1875 Hamburg – ?), Schriftsteller, veröffentlichte 1898 den Roman »Madonna der Sünde«.

171 Postkarte (Staats- und Universitätsbibliothek Hamburg)
(R.D. 26.3.01)

172 Postkarte (Staats- und Universitätsbibliothek Hamburg)
(R.D. 28.4.01)
Dux: Führer (lateinisch).

173 Brief (Deutsches Literaturarchiv, Marbach)
(R.A.S. 4.5.01)
»Empedokles«: Schröders Buch mit dem Untertitel »Ein Gedicht« erschien 1900 im Insel-Verlag.
Ihren Herrn Vetter: Alfred Walter Heymel.

174 Paketabschnitt (Staats- und Universitätsbibliothek Hamburg)
(R.D. 9.5.01)

175 Brief (Nachlaß Max Bruns, Minden)
(M.Br. 17.5.01)
diesen Schweinejungen: »Fritz, der Schweinejunge. Eine lehrreiche Geschichte« erschien 1901 in der »Jugend«.
Mondroman: »Die große Revolution«.
Tarub-Vertrages: »Tarub, Bagdads berühmte Köchin« erschien 1902 in 2. Auflage im Verlag J.C.C. Bruns.

176 Postkarte (Staats- und Universitätsbibliothek Hamburg)
(R.D. 18.5.01)
Lieber Lux: Heinz Lux hieß Ida Auerbachs 1895 geborener Sohn, der nach der Trennung des Ehepaares Auerbach bei der Mutter blieb und bei ihr und Dehmel aufwuchs. Ob Scheerbart sich hier an Dehmels Stiefsohn wendet oder ob er, scherzeshalber, Dehmel mit dessen Namen anredet, läßt sich aus dem Kontext nicht entscheiden.
P.C. W.J.J.P. David: S. Anmerkung zu Nr. 166.

177 Postkarte (Staats- und Universitätsbibliothek Hamburg)
(R.D. 5.6.01)
Quilliwaûke und Muschibróps: Die beiden Wörter tauchen zuerst in einem Lautgedicht mit dem Titel »Monolog des verrückten Mastodons« in »Immer mutig!« auf. In einem Brief vom 26.2.1909 an seine Frau (veröffentlichtin der Sammlung »Von Zimmer zu Zimmer«) bezeichnet Scheerbart diese als »Quilliwaûke«, in einem Brief an Dehmel vom 22.7.1902 nennt er sich

selbst so. Folglich läßt sich nicht entscheiden, ob die Unterschrift »Anna und Paul« oder »Paul und Anna« bedeutet.

178 Postkarte (Staats- und Universitätsbibliothek Hamburg)
(R.D. 10.6.01)

179 Brief (Nachlaß Franz Servaes, Wien)
(F.S. 15.6.01)

180 Brief (Nachlaß Max Bruns, Minden)
(M.Br. 28.6.01)
das beiliegende Inserat: Es hat den Wortlaut:
»Wer lachen will / der kaufe die bisher erschienenen Bände der humoristisch-satirischen Bibliothek / Die Berliner Range / von Ernst Georgy. / Zu haben in allen Buchhandlungen oder bei Richard Bong, / Kunstverlag, Berlin W. / Preis pro Band / broch. Mk 1 / gebd. Mk 1.50.«
Paul Hildebrandt: S. Anmerkung zu Nr. 9.
Scherl: die August Scherl GmbH, ein zu dieser Zeit expansiver Presse- und Buchverlag.

181 Postkarte (Staats- und Universitätsbibliothek Hamburg)
(R.D. 12.7.01)

182 Brief (Deutsches Literaturarchiv, Marbach)
(R.A.S. 19.7.01)
Empedocles: S. Nr. 173.
mein Landsmann Schopenhauer: Zu dem Philosophen Arthur S. (1788 Danzig - 1860 Frankfurt a.M.) hatte Scheerbart ein zwiespältiges Verhältnis. In seiner autobiographischen Skizze aus dem Jahr 1905 schreibt er:
»Hellenisch habe ich nie empfunden - wohl aber orientalisch - der Orient war eben den Göttern näher als den ›Menschen‹. Und mir ging's ebenso. Und deshalb war's mir höchst peinlich, daß ich am 8. Januar 1863 post Christum natum in meiner sogenannten Vaterstadt Danzig geboren wurde - als Landsmann des trübsinnigen Schopenhauer. Wenn ich mir nun auch redliche Mühe gab, nicht als Trauergurke ›berühmt‹ zu werden, so bemerkte ich doch schon in meiner sogenannten Jugend, daß der Bewohner Europas immer noch nicht das alte Griechenland mit seinen ›menschlichen‹ Formen verdaut hatte.« (Fritz Abshoff [Hg.]: Bildende Geister, Berlin 1905, Bd. 2, S. 100.)
meinem »Nirwana«: Auch in Briefen an Max Bruns (6.11. und 22.12.01) äußert Scheerbart die Absicht, ein Werk mit diesem Titel zu schreiben. Das Projekt wurde nicht verwirklicht. Man kann jedoch den 1913 veröffentlichten Roman »Lesabéndio«, der von der Auslöschung der individuellen Person und ihrer Auflösung in einem höheren Wesen handelt, als eine Gestaltung dieses Themas ansehen.
Mondroman: »Die große Revolution«.

183 Brief (Stadtbibliothek München)
(O.J.B. 12.8.01)
an andrer Stelle ... ein Buch: »Die Seeschlange«, die im selben Jahr bei J.C.C. Bruns erschien.
Seelenroman: »Liwûna und Kaidôh«.
Pantomine: »Kometentanz«.
Mondroman: »Die große Revolution«.
»Der Aufgang zur Sonne«: Unter diesem Titel erschien 1903 im Verlag J.C.C. Bruns eine Sammlung von vier »Hausmärchen«. Hier ist vermutlich das Märchen »Weltglanz« gemeint, das wohl zuerst den obigen Titel trug, denn es handelt von einem »Aufgang zur Sonne«.

184 Brief (Goethe- und Schiller-Archiv, Weimar)
(A.W.H. 26.8.01)

Seelenroman: »Liwûna und Kaidôh«.
Pantomime: »Kometentanz«.
Mondroman: »Die große Revolution«.

185 Brief (Nachlaß Max Bruns, Minden)
(M. Br. 5.9.01)

186 Brief (Goethe- und Schiller-Archiv, Weimar)
(A. W. H. 16.9.01)
Mondromans: »Die große Revolution«.
I. V.: Insel-Verlag.
Seelenroman: »Liwûna und Kaidôh«.
Bärenwidmung: Das Buch erschien ohne Widmungsvermerk.
Herrn von Poellnitz: S. Nr. 187.
Revolution in der Insel: Im Herbst 1901 kam es zum Bruch zwischen Bierbaum auf der einen und Schröder und Heymel auf der anderen Seite, sowie zur Gründung einer Insel-Verlags G. m. b. H.

187 Brief (Goethe- und Schiller-Archiv, Weimar)
(R. v. P. 23.9.01)
Sehr geehrter Herr: Rudolf von Poellnitz (1865 Thedinghausen b. Bremen – 1905 Leipzig), Buchhändler, wechselte 1900 vom Eugen Diederichs Verlag zum Insel-Verlag über, wo er zunächst den Druck überwachte. Nach Gründung der Insel-Verlags G. m. b. H. wurde er deren Geschäftsführer.
S. R.: »Liwûna und Kaidôh. Ein Seelenroman«.
M. R.: »Die große Revolution. Ein Mondroman«.
I. V.: Insel-Verlag.
Zeitungsnotiz: Sie betraf wahrscheinlich die geschäftlichen Veränderungen im Insel-Verlag, von denen Scheerbart negative Auswirkungen für sich befürchtete. Das erwähnte Telegramm blieb nicht erhalten.

188 Brief (Goethe- und Schiller-Archiv, Weimar)
(R. v. P. 2.10.01)
600 M für den Seelenroman: S. vorhergehenden Brief an von Poellnitz.

189 Postkarte (Staats- und Universitätsbibliothek Hamburg)
(R. D. 2.10.01)
»Lebende Lieder«: Bierbaum fungierte für kurze Zeit im Berliner Trianon-Theater als Kabarett-Direktor. Nach einer Vorstellung (am 28.12.01) wurde er entlassen.
Ob B die Zeitschrift »Insel« auch noch leitet: Bierbaum blieb bis zur letzten Nummer im September 1902 im Herausgeberkollegium. Den letzten Jahrgang redigierte er allein.

190 Brief (Deutsches Literaturarchiv, Marbach)
(R. A. S. 2.10.01)
Zeitschrift Insel: S. Anmerkung zu Nr. 189.

191 Brief (Nachlaß Max Bruns, Minden)
(M. Br. 23.10.01)
meinen Schloßroman »Weltglanz«: Scheerbart hat keinen Roman, wohl aber ein Märchen mit diesem Titel veröffentlicht. Es erschien 1903 in der Sammlung »Der Aufgang zur Sonne«.
meinen Nilpferdchen: »Immer mutig! Ein phantastischer Nilpferderoman«.
die »Und-Krönung«: Gemeint ist die Häufung von mit »und« beginnenden Sätzen, ein von Scheerbart geschätztes Stilmittel, dessen Bedeutung er in diesem Brief recht plausibel, wenn auch etwas banal erklärt. Tatsächlich gibt diese rhetorische Figur den Texten etwas Kontempla-

tives, bisweilen auch Ekstatisches, sie macht die Grenzen des sprachlichen Ausdrucks erfahrbar. Bruns' Kritik entzündete sich an den letzten Seiten der »Seeschlange«, auf denen fast jeder Satz mit »und« beginnt. Wenn Scheerbart sich in diesem Brief auch uneinsichtig zeigt, so gab er Bruns' Kritik doch nach und opferte in der endgültigen Fassung einige »unds«, s. Nr. 192.
Ihre »Himmelfahrt«: Die Gedichtsammlung erschien 1901 im Verlag J. C. C. Bruns.

192 Postkarte (Nachlaß Max Bruns, Minden)
(M. Br. 25. 10. 01)
Sie haben doch Recht gehabt: s. vorhergehenden Brief an Bruns.

193 Brief (Goethe- und Schiller-Archiv, Weimar)
(R. v. P. 4. 11. 01)
des ersten Korrekturbogens: der Buchausgabe von »Liwûna und Kaidôh«.

194 Brief (Nachlaß Max Bruns, Minden)
(M. Br. 6. 11. 01)
Himmelfahrt: Gedichtsammlung von Max Bruns.
ein für mich werthvolleres Buch: Scheerbarts Lob wirkt reichlich übertrieben. Sicher wurde er von der kosmosophischen Tendenz der Brunsschen Verse angezogen, es ist aber schwer vorstellbar, daß ihm die pathetischen, in der Form konventionellen Gedichte so gut gefielen, wie er hier vorgibt.

195 Postkarte (Staats- und Universitätsbibliothek Hamburg)
(R. D. 7. 11. 01)
Es lebe die Ehe: Am 22. 10. 01 heirateten Richard Dehmel und Ida Auerbach in London.
meiner ... »Einfachen Bühne« ... Conkurrenz machen: »1898 rief Scheerbart in einem offenen Brief, den die »Gesellschaft« abdruckte, zur Gründung einer »Einfachen Bühne« auf. Seine Initiative hing zweifellos mit der bereits in den 90er Jahren in seinem Freundeskreis erörterten Idee des Kabarett-Theaters zusammen, die 1901 von Wolzogen in seinem »Überbrettl« erstmals in Deutschland realisiert wurde. Wie Scheerbarts Äußerung beweist, faßte er sein Theaterkonzept jedoch als etwas vom Kabarett Verschiedenes auf, was sich auch in den für die »Einfache Bühne« geschriebenen Theaterstücken dokumentiert. Gleichwohl hat er jahrelang versucht, mit Kabaretts in Kontakt zu kommen und sie zur Aufführung seiner Stücke zu bewegen.

196 Brief (Goethe- und Schiller-Archiv, Weimar)
(R. v. P. 16. 11. 01)
die gewünschten Reklame-Zeilen: Sie lauten:
»Dieser Seelenroman führt den Leser in ein kosmisches Jenseits, das in den denkbar größten Dimensionen ein grandioses Bild neuer Sternwelten darbietet. Der Formen- und Farbenreichthum dieser neuen Sternwelten ist so groß und vielseitig, daß der Zusammenhang mit irdischen Realitäten kaum noch durchschimmert. Die astrale Phantastik wird auch einem größeren Publikum anregenden Unterhaltungsstoff gewähren. Andrerseits ist dieser Seelenroman ein Kunstwerk, in dem auch die philosophische und religiöse Poesie zur vollen Entfaltung gelangt.«
die Absätze: Die Gliederung in nur wenige Zeilen umfassende Absätze ist ein typisches Merkmal Scheerbartscher Prosa.

197 Postkarte (Staats- und Universitätsbibliothek Hamburg)
(R. D. 17. 11. 01)
Seefahrerfamilie: Richard und Ida Dehmel ließen sich in dem ehemaligen Fischerdorf Blankenese bei Hamburg nieder.

198 Brief (Nachlaß Max Bruns, Minden)
(M. Br. 18. 11. 01)

den Baudelaire: Zwischen 1901 und 1905 erschien im Verlag J. C. C. Bruns eine fünfbändige Ausgabe der Werke von Charles Baudelaire (1821 Paris – 1867 ebd.) in Übersetzungen von Margarete und Max Bruns. Scheerbart bezieht sich hier auf Band 2, der »Die künstlichen Paradiese« enthält.
Himmelfahrt: Gedichtband von Max Bruns.
S. XIII B. Ihrer Vorrede: Bruns leitet seine Baudelaire-Übersetzung mit einem weitschweifigen Vorwort ein. Auf S. XIII unternimmt er einen Exkurs in die »Biologie des menschlichen Geisteslebens«, wobei er den Evolutionsgedanken betont und den amerikanischen Philosophen Ralph Waldo Emerson zitiert:

»Keine Darstellung des Weltalls kann irgend eine Spur von Richtigkeit haben, die nicht eine emporstrebende Entwicklung zugibt.«

Karl du Prel's Doppelnatur des Menschen: Carl du Prel (1839 Landshut – 1899 München), Philosoph, Schriftsteller, Verfasser populärwissenschaftlicher Schriften über den Spiritismus. Wie viele seiner Freunde (Dehmel, Evers, Gumppenberg) und Zeitgenossen sympathisierte Scheerbart mit dem Spiritismus. Sein Interesse galt jedoch nicht den damals modischen Praktiken der Geisterbeschwörung, sondern philosophischen Aussagen, aus denen sich eine antimaterialistische Weltanschauung destillieren ließ. Der Okkultismus als Sammelbecken veralteter oder nicht anerkannter Welterklärungsversuche erwies sich als ergiebiges Reservoir, aus dem alle Ersatzreligionen der Jahrhundertwende schöpften. Scheerbart war Du Prels Schriften zumindest aus der Lektüre der »Sphinx« bekannt, denn er erwähnte diese Zeitschrift in der »Glasarchitektur«. In der »Sphinx« erschien auch zuerst unter dem Titel »Einführung in die Geheimwissenschaften« jenes Werk, in dem die These von der »Doppelnatur des Menschen« entfaltet wird. (1892 erschien das Werk in Buchform unter dem Titel »Das Rätsel des Menschen«.) In einem Schlußresümee schreibt Du Prel:

»Der Mensch lebt gleichzeitig im Jenseits als transzendentales Subjekt und im Diesseits als irdischer Mensch. Die beiden Daseinsweisen sind verschieden in bezug auf Erkenntnisformen und Wirkungsweise. Jenseits und Diesseits sind räumlich nicht getrennt, sondern nur durch die Empfindungsschwelle, dergemäß das sinnliche Bewußtsein nur das irdische Dasein umfaßt. Das Jenseits ist das anders angeschaute Diesseits.« (Das Rätsel des Menschen, Wiesbaden 1950, S. 158.)

Okkultistisches und spiritistisches Gedankengut findet sich in Scheerbarts Werk an zahlreichen Stellen. Am deutlichsten tritt es in »Liwûna und Kaidôh« zutage, es zeigt sich aber auch noch im Spätwerk »Lesabéndio«, hier in der Ausprägung des Fechnerschen Panpsychismus. Die von Scheerbart häufig benutzten Begriffe »astral« und »Jenseits« verraten ebenfalls seine Nähe zum Spiritismus. Allerdings hat er die Anschauungen des Spiritismus nicht als reine Lehre behandelt, sondern einem ästhetischen Transformationsprozeß unterworfen und ihnen eine neue, künstlerische Gültigkeit gegeben. (Lesenswertes zu diesem Thema findet sich bei Hubertus von Gemmingen: Paul Scheerbarts astrale Literatur, Frankfurt a. M. 1976.)
die Nilpferdchen: Der Roman »Immer mutig!«.

199 Brief (Goethe- und Schiller-Archiv, Weimar)
(R. v. P. 21. 11. 01)
Korrektur: der Buchausgabe von »Liwûna und Kaidôh«.
meinem Telegramm: Die am selben Tag abgesandte Depesche enthält den Text:

»verse so gedruckt unmoeglich bitte flehentlich schraege fett oder spatium = scheerbart.«

200 Brief (Goethe- und Schiller-Archiv, Weimar)
(R. v. P. 25. 11. 01)
Petit mit Spatium: S. vorhergehenden Brief an von Poellnitz.

201 Brief (Staats- und Universitätsbibliothek Hamburg)
(R. D. 30. 11. 01)
Dein »Sammelbuch«: Dehmel plante eine Kinderanthologie, die 1904 unter dem Titel »Der

Buntscheck« erschien. Mitarbeiter waren u. a. Gustav Falke, Peter Hille, Alfred Mombert, Robert Walser, Jakob Wassermann. Scheerbart steuerte zwei Prosatexte bei.

202 Postkarte (Goethe- und Schiller-Archiv, Weimar)
(R. v. P. 12. 12. 01)
beiden ersten Exemplare: der Buchausgabe von »Liwûna und Kaidôh«.
Ausstattung: von Heinrich Vogeler

203 Brief (Nachlaß Max Bruns, Minden)
(M. Br. 12. 12. 01)
Was Sie über Wagner sagen: Über Richard Wagner äußerte sich Scheerbart nur beiläufig, meistens respektvoll, wie z. B. in dem Brief an Bruno Taut vom 24. 12. 1913. Er ließ aber auch kritische Bemerkungen über den Bayreuther Meister fallen. In dem Artikel »Kaulbach und Richard Wagner«, der 1910 in der »Gegenwart« erschien, heißt es über den Komponisten und den seinerzeit hochgeschätzten Historienbildmaler:

»Man sieht in beiden die theatralische Pose, die als peinliche Phrase bei Kaulbach empfunden wird und bei Wagner nur deshalb noch nicht so abstoßend sich bemerkbar macht, weil hier der musikalische Reichtum die Führung hat.«

Erwähnung im Baudelaire-Vorwort: S. Anmerkung zu Nr. 198. Die entsprechende Stelle lautet:

»Baudelaire ist der eminente Künstlergeist, dem es, wie heute unserm unbegriffenen Paul Scheerbart, fest verbürgt ist: Im ganzen All das Höchste ist die Kunst; das größte Kunstwerk aber ist das Paradies: das ewige Reich des all-umfassenden, träumend schaffenden Geistes!«

L. u. K.: »Liwûna und Kaidôh«.

204 Brief (Nachlaß Max Bruns, Minden)
(M. Br. 22. 12. 01)
Die Nilpferdchen: »Immer mutig!«.
»Nirwâna«: S. Anmerkung zu Nr. 182.
Gautama: Beiname des indischen Religionsstifters Buddha.
«Die Harts ... mit ihrer »Neuen Gemeinschaft«: Die freireligiöse »Neue Gemeinschaft« wurde 1900 von den Bürdern Hart gegründet. In einer Gruppe von Künstlern und Intellektuellen wollte man, abseits der Großstadt, neue Lebensformen erproben. »Sie dachten an ein Kloster ohne Möncherei, an einen Orden, der (...) das ganze Leben zu einem Kunstwerk gestalten sollte.« (Soergel, S. 600.) Das Unternehmen erschöpfte sich jedoch im Ankauf einer Villa am Schlachtensee und einigen kulturellen Veranstaltungen. Über die Ideologie der »Neuen Gemeinschaft« urteilte auch Richard Dehmel sehr kritisch. Am 28. 3. 1901 schrieb er an seine Frau Paula:

»Die ›Liebe und Freiheit‹ aussäenden Harts kann ich idealiter nicht ganz ernst nehmen. Ihren praktischen Bestrebungen wünsche ich von Herzen allen Erfolg. Aber ihre ›Neumenschheitslehre‹, die mit Phrasensauce aufgeschwemmten Brosamen vom Tische Budha's, Jesu etc. – davon wird mir einfach übel.« (Dehmel, Bd. 1, S. 370.)

ein Buch mit meinen »stillen« Stunden: Das Projekt wurde nicht realisiert.

205 Postkarte (Staats- und Universitätsbibliothek Hamburg)
(R. D. 3. 1. 02)
Fitzebutze: S. Anmerkung zu Nr. 156.

206 Brief (Goethe- und Schiller-Archiv, Weimar)
(R. v. P. 8. 1. 02)
Mondroman: »Die große Revolution«.
»Seelenroman«: »Liwûna und Kaidôh«.
Herrn Bierbaum ein Angebot gesandt: Der auf einem separaten Blatt notierte Text lautet:

»Auszug aus dem Briefe an Herrn Bierbaum vom 6. Jan. d. J.:
›bitte Dich daher, der Insel gegenüber folgenden Vorschlag zu befürworten:

1.) Die Zeitschrift ›Insel‹ druckt Mondroman, Kometentanz, Aufgang zur Sonne und die sieben kleinen Geschichten (über 600 Quartseiten Manuskript) für 600 M.
2.) Die Insel acceptirt den Mondroman als Buch und zahlt 600 M für die erste Auflage (1500 Exempl à 2 M oder 1000 E. à 3 M etc) und bringt dieselbe bis zum 1. Jan. 1903.
3.) Die Insel acceptirt den Kometentanz formaliter als Buch, indem sie mindestens 200 Abzüge des Zeitschriftenabdrucks mit verkürzten Seiten à la ›Pan im Busch‹ als erste Auflage herausgiebt - und bringt dieselbe bis 1. Jan. 1903.
4.) Die Insel zahlt jetzt im Januar des Jahres 1902 die 1200 M (zwölfhundert Mark) Honorar in einer Summe (600+600=1200).«

207 Brief (Nachlaß Max Bruns, Minden)
(M. Br. 12. 1. 02)
die Sahne abschöpfen lassen: Scheerbart und Bruns planten anscheinend, gemeinsam eine Zeitschrift herauszugeben, s. auch Nr. 180. Das Projekt wurde nicht realisiert.
Mondromans: »Die große Revolution«.
den Nilpferdchen: den Protagonisten des Romans »Immer mutig!«
Seeroman: »Die Seeschlange«.

208 Brief (Nachlaß Max Bruns, Minden)
(M. Br. 13. 1. 02)
Mondroman: »Die große Revolution«.

209 Postkarte (Nachlaß Max Bruns, Minden)
(M. Br. 23. 1. 02)
C. 11. U. V.: Cirka 11 Uhr Vormittags.
mein Oberpriester Lapapi: eines der Nilpferde in »Immer mutig!«.

210 Brief (Goethe- und Schiller-Archiv, Weimar)
(R. v. P. 25. 1. 02)
Brief vom 23. d. M.: Von Poellnitz hatte es in diesem Schreiben abgelehnt, den »Kometentanz« als Buch zu veröffentlichen, und bestritten, daß der Insel-Verlag in diesem Fall Verpflichtungen eingegangen sei. Der Brief befindet sich im Goethe- und Schiller-Archiv, Weimar.
dieses ... Schreiben ... bald beantworten möchten: Von Poellnitz akzeptierte Scheerbarts Beweisführung und schrieb ihm am 27. 1. 1902: Ich bin selbstverständlich unter diesen Umständen bereit den ›Kometentanz‹ sofort zu drucken...«. Der Brief befindet sich im Goethe- und Schiller-Archiv, Weimar.

211 Postkarte (Nachlaß Franz Servaes, Wien)
(F. S. 27. 1. 02)
Liebe Beate: Franz Servaes' jüngere Tochter (1901 Wien - 1974 Berlin) war zu diesem Zeitpunkt 7 Wochen alt.
das Segantini-Buch: »Giovanni Segantini. Leben und Werk«, Wien 1901. Der Maler Segantini (1858 Arco b. Trient - 1899 Pontresina), Neoimpressionist und Symbolist, wurde zu Lebzeiten vor allem als Landschafts- und Genremaler gerühmt. Scheerbart schätzte besonders die symbolistischen Bilder, die ihm Impulse für die eigene Arbeit vermittelten, s. Nr. 226.
B. u. P.: Bär und Paul.

212 Brief (Nachlaß Max Bruns, Minden)
(M. Br. 30. 1. 02)
Sammelbuch für Kinder: S. Anmerkung zu Nr. 201.

213 Briefentwurf (Universitätsbibliothek Krakau)
(O. J. B. 10. 2. 02)
Das Schreiben trägt in Scheerbarts Handschrift den Vermerk: »nicht gesandt«. Da Scheerbart

in diesem und dem folgenden Briefentwurf unverblümt seine Ansichten über Bierbaum und den Insel-Verlag zur Sprache bringt, wurden beide Konzepte in die Ausgabe aufgenommen.
Zeitschriftenabdruck des Kometentanz: Die Pantomime erschien im März 1902 in der »Insel«.
sieben Geschichten: S. Anmerkung zu Nr. 206.

214 Briefentwurf (Universitätsbibliothek Krakau)
(O. J. B. 11. 2. 02)
Das Schreiben trägt in Scheerbarts Handschrift den Vermerk: »nicht abgesandt«. Er bezieht sich offenbar auf denselben Bierbaum-Brief wie das Schreiben vom Vortag.
William Weigand: Wilhelm W. (1862 Gissigheim, Baden - 1949 München), Prosaist, Dramatiker, Lyriker, Essayist, Neuromantiker mit gehobenem Stil.
meinen Kometentanz gewidmet: Weder der »Insel«-Abdruck noch die Buchausgabe enthalten einen Widmungsvermerk.
Wauerkiste: Scheerbart bezieht sich auf die 1898 geplante Zeitschrift »Die Lachende Welt« (Herausgeber: William Wauer), für die er als Chefredakteur engagiert war.

215 Brief (Goethe- und Schiller-Archiv, Weimar)
(R. v. P. 11. 2. 02)
7 von Herrn Heymel acceptirten Sachen: S. Anmerkung zu Nr. 206. Die Texte erschienen nicht in der »Insel«. Die von Scheerbart erwähnten Titel (»General von Bax«, »Lichtwunder«, »Meine Tinte ist meine Tinte«) wurden 1902 im Rahmen des Romans »Immer mutig!« veröffentlicht.

216 Brief (Universitätsbibliothek Krakau)
(A. W. H. 11. 2. 02)
Mondroman: »Die große Revolution«.
unter unzähligen Pseudonymen: Der Vorwurf entbehrt jeder realen Grundlage. Scheerbart war offensichtlich der Meinung, daß der reiche und exzentrische Heymel die »Insel« als sein persönliches Sprachrohr benutze. Bereits in seinem Brief vom 8. 3. 1900 verdächtigte er den »Insel«-Herausgeber, mit Franz Blei und Roger de Campagnolle identisch zu sein, hier vermutet er ihn unter den Namen *Blei, André Gide* und *R. Michel.* Robert Michel (1876 Chaberice, Böhmen - 1957 Wien), ein folkloristischer Erzähler, veröffentlichte in der »Insel« die Prosa »Hercegowinische Hirten«. Von André Gide (1869 Paris - 1951 ebd.) erschien im selben Jahrgang der Zeitschrift die Erzählung »Der schlechtgefesselte Prometheus« und von Franz Blei eine Folge von Grotesken unter dem Titel »Prinz Hypolit«. Keiner der genannten Autoren fordert im entferntesten eine »Brutalisierung«, d. h. Mißhandlung, »vermögensloser Autoren«, aber in den Texten von Blei und Gide finden sich Anschauungen, die Scheerbart zuwider sein mußten. So vertritt Gide einen philosophischen und moralischen Nihilismus (der Bankier Zeus läßt Geld verschenken und den Empfänger ohrfeigen), während Blei gegen die Überschätzung der Kunst polemisiert.
Dilettantismus à la Ludwig II: Der bayrische König Ludwig II. (1845 Nymphenburg - 1886 Starnberger See) versetzte sich in seiner Phantasie in die Persönlichkeiten französischer Herrscher und Wagnerscher Opernhelden.

217 Brief (Universitätsbibliothek Krakau)
(R. A. S. 11. 2. 02)
den Mondroman: »Die große Revolution«.
Ihrem Herrn Vetter: Alfred Walter Heymel.

218 Brief (Nachlaß Max Bruns, Minden)
(M. Br. 11. 2. 02)
solchen Radau: Bruns hatte auf Scheerbarts Vorschlag, gemeinsam Theaterstücke für Kinder zu schreiben, negativ reagiert, s. Ikelaar, S. 110.
Sammelbuch: S. Anmerkung zu Nr. 201.
Kaulbachs »Weltgeschichte in Kindergestalten«: Wilhelm von K. (1805 Arolsen - 1874 München)

schuf den Bilderzyklus für das Treppenhaus des Neuen Museums in Berlin. Die Fresken wurden im Zweiten Weltkrieg zerstört.
meine Mondmänner: Akteure des Romans »Die große Revolution«.
Die Aegypter: Akteure des Romans »Immer mutig!«.

219 Paketabschnitt und Brief (Staats- und Universitätsbibliothek Hamburg)
(R. D. 11. 2. 02)
die Insel, auf der Sancho Pansa Statthalter war: Der Diener Don Quijotes in dem gleichnamigen Roman von Miguel de Cervantes Saavedra ist zeitweise Statthalter auf der Insel Baratária, die er trotz aller Vergünstigungen am Ende erleichtert verläßt. Vermutlich beschäftigte sich Scheerbart schon zu diesem Zeitpunkt mit seiner 1904 erschienenen Cervantes-Phantasie.
im November 1899: hatte Dehmel Scheerbart bei einer Verabredung in dessen Wohnung versetzt, s. Nr. 123.

220 Briefentwurf (Universitätsbibliothek Krakau)
(A. W. H. 16. 2. 02)
Den Mondroman: »Die große Revolution«.
Bierbaumhonorar: S. Nr. 213.
Rennreiter: Heymel besaß einen Rennstall und ritt gelegentlich auch selbst Pferderennen, wobei er sich eines Pseudonyms bediente. Scheerbart hegte, geblendet von Heymels aufwendigem Lebensstil, den Verdacht, der Geldgeber der »Insel« verbreite sich in seiner Zeitschrift unter »unzähligen Pseudonymen«, s. Anmerkung zu Nr. 216.

221 Brief (Nachlaß Max Bruns, Minden)
(M. Br. 16. 2. 02)
den Mondroman: »Die große Revolution«.
Der Nilpferderoman: »Immer mutig!«.

222 Postkarte (Staats- und Universitätsbibliothek Hamburg)
(R. D. 19. 2. 02)
Das Preisdrama: Im November 1901 wurden erstmals die Nobelpreise verliehen. Scheerbarts Dramolett reflektiert dieses Ereignis sowie die Fakten, daß er selbst nach Stockholm zu reisen beabsichtigte und Dehmel ihn (vermutlich) mit Sancho Pansa verglichen hatte, s. Anmerkung zu Nr. 219.

223 Brief (Goethe- und Schiller-Archiv, Weimar)
(A. W. H. 20. 2. 02)
mit dem Honorar: für den Roman »Die große Revolution«. Heymel hatte sich, wie von Poellnitz Scheerbart am 19. 2. 1902 mitteilte, bereit erklärt, den Roman »auf seine Spezialkosten« drucken zu lassen, und damit wohl die nötige Voraussetzung für seine Veröffentlichung im Insel-Verlag geschaffen.
Auguste Achaume: (1874 Marseille - 1955 Paris), Schriftsteller, Kritiker. Achaume veröffentlichte im Februar 1902 in der Pariser Kulturzeitschrift »Les Semailles« ein Scheerbart-Porträt.
meinen Rakkóx übersetzen: Eine französische Übersetzung von »Rakkóx der Billionär« konnte nicht nachgewiesen werden.

224 Brief (Nachlaß Max Bruns, Minden)
(M. Br. 1. 3. 02)
die Herren aus dem alten Ägypten: »Immer mutig!«.

225 Brief (Nachlaß Max Bruns, Minden)
(M. Br. 10. 3. 02)
Shakespeare, Eichendorff und Lichtenberg: Vor William Shakespeare (1564 Stratford-upon-Avon - 1616 ebd.) hatte Scheerbart wenig Respekt; in einer Theaterglosse warf er ihm »jongleurhaft

verblüffenden Wortformalismus« vor, in einer anderen schmähte er das Genie des Theaters sogar als Bierredner. – Joseph von Eichendorff (1788 Lubowitz, Oberschlesien – 1857 Neiße) gehörte zu Scheerbarts Lieblingsautoren; er empfahl seiner Jugendfreundin Rosa Gerlach die Lektüre des »Taugenichts«. – Georg Christoph Lichtenberg (1742 Oberramstadt, Hessen – 1799 Göttingen) scheint Scheerbart ebenfalls geschätzt zu haben, denn er kommentierte sein fotografisches Porträt in »Na prost!« mit dem Lichtenberg-Spruch:
»O Polizeistaat, deinem Genie
Verdankt die Welt die Graphologie
Und die köstliche Physiognomik.«
Conradi: Hermann C. (1862 Jaßnitz, Anhalt – 1890 Würzburg), Lyriker, Prosaist. Der Verfasser des wegen »Unsittlichkeit« inkriminierten Romans »Adam Mensch« (1889) war einer der radikalsten Vertreter des Naturalismus.
Benzmann: Hans B. (1869 Kolberg – 1926 Berlin), Dr. phil., Lyriker, Kritiker. Benzmann gab 1903 im Reclam-Verlag, Leipzig, die Anthologie »Die moderne deutsche Lyrik« heraus, in der Scheerbart mit dem Gedicht »Das lange Lied« aus »Liwûna und Kaidôh« vertreten ist. Seine Rezension der »Seeschlange« und anderer Bücher Scheerbarts erschien am 23. 2. 1902 in der »Rheinisch-Westfälischen Zeitung«.
E. S.: Die hinter diesem Kürzel verborgene Person konnte nicht ermittelt werden. Die »Vossische Zeitung« brachte keine Rezension der »Seeschlange«, sondern nur einen Erscheinungshinweis.
Schaukal: Richard S. (1874 Brünn – 1942 Wien), Dr. jur., Lyriker, Dramatiker, traditionalistisch orientierter Schriftsteller. Scheerbarts Angabe konnte nicht verifiziert werden; in der »Gesellschaft« erschien keine Rezension der »Seeschlange«.
Einzell: Vorname und persönliche Daten des Rezensenten konnten nicht ermittelt werden. Seine Rezension der »Seeschlange« erschien im Februar 1902 in der Zeitschrift »Die Rheinlande«.
»Les Semailles« (Achaume): S. Anmerkung zu Nr. 223.
»Verklärungen«: S. Nr. 154.
»Himmelfahrt«: S. Nr. 194.
Jasóllu: Schlußwort des Lautgedichts »Kikakokú! Ekoraláps!« aus »Ich liebe Dich!«.

226 Brief (Nachlaß Franz Servaes, Wien)
(F. S. 13. 3. 02)
Frühmesse: Das Gemälde »Zur Frühmesse« ist in Servaes' Segantini-Buch abgebildet. Vermutlich hatte Servaes Scheerbart einige der darin enthaltenen Reproduktionen geschickt, s. Anmerkung zu Nr. 211.
sieben Romane ... in sieben Bänden: S. Bibliographie. Um auf 7 Romane zu kommen, muß man die fiktive Cervantes-Monographie mitzählen, die 1904 erschien. Sie wurde, wenn Scheerbarts Angabe stimmt, noch auf Rügen fertiggestellt.
Seeroman: »Die Seeschlange«.
Segantinis Nirwâna: Das Gemälde ist auch unter dem Titel »Hölle der Wollüstigen« bekannt. Es wurde 1891 auf der Großen Kunstausstellung in Berlin gezeigt.
die Beate meine Karte ordentlich gelesen: Servaes' jüngere Tochter war gerade 4 Monate alt.
Baronin von Suttner: S. Anmerkung zu 522. Ob Scheerbart bereits in dieser Zeit mit Bertha von Suttner korrespondierte, ist ungewiß. Im Nachlaß der Friedenspropagandistin befinden sich nur zwei Scheerbart-Briefe aus den Jahren 1909 und 1910.

227 Telegrammentwurf (Universitätsbibliothek Krakau)
(A. W. H. 16. 3. 02)

228 Postkarte (Staats- und Universitätsbibliothek Hamburg)
(R. D. 19. 3. 02)
Pacific-Kladderadatsch: Erfindung von Scheerbart, Anspielung auf die populäre satirische Zeitschrift »Kladderadatsch«.

P. C. W. J. J. P. D. S. E. S.: Paul Carl Wilhelm Johann Jacob Peter David Scheerbart Eggers Steinhard, s. Anmerkung zu Nr. 162 und 168.
»Friedenspfeife«: S. Anmerkung zu Nr. 229.

229 Postkarte (Staats- und Universitätsbibliothek Hamburg)
(R. D. 29. 3. 02)
drei Kinderdramen: Von den genannten Titeln wurde nur »Herr Kammerdiener Kneetschke« veröffentlicht (1904 in der »Revolutionären Theater-Bibliothek«). Ob die beiden anderen Stücke ausgeführt wurden, ist nicht bekannt.

230 Postkarte (Staats- und Universitätsbibliothek Hamburg)
(R. D. 19. 4. 02)
Verzeih, daß ich nicht mehr schreibe: Scheerbart hatte Dehmel vermutlich nicht die versprochenen Stücke geliefert, s. vorhergehende Karte an Dehmel.

231 Brief (Nachlaß Max Bruns, Minden)
(M. Br. 20. 4. 02)

232 Postkarte (Staats- und Universitätsbibliothek Hamburg)
(R. D. 28. 4. 02)
Scheerbart Kiel: Am 21. 4. reiste Scheerbart von Rügen nach Stockholm, einige Tage später nach Kopenhagen, am 28. 4. meldete er sich bei Dehmel aus Kiel zum Besuch an. Das skandinavische Intermezzo dauerte also nur eine Woche.

233 Postkarte (Staats- und Universitätsbibliothek Hamburg)
(R. D. 1. 5. 02)
Stiftstrasse 44 b II: Nach einer kurzen Visite bei Dehmel in Blankenese reiste das Ehepaar Scheerbart nach Minden in Westfalen. Dort verbrachte es die nächsten 5 Monate. Die Scheerbarts fanden eine Wohnung in der Nachbarschaft des Verlegers Max Bruns und hatten mit ihm und seiner Ehefrau Margarete in dieser Zeit häufig Kontakt. Margarete Bruns notierte ihre Eindrücke vom Aufenthalt der Scheerbarts in Minden in einem 19seitigen Text mit dem Titel »Paul Scheerbart und sein Bär«. Sie berichtet zunächst, wie sie die Scheerbarts in Berlin kennenlernte und fährt dann fort:

»Einige Tage später in Minden fand ich meinen Gatten, als ich ihm eines Tages die Etagentür öffnete, von einem Ehepaar begleitet; der Herr, mittelgross und etwas beleibt, trug einen grauen Havelock und einen Reisefez auf dem Kopfe, eine kleine aussergewöhnlich starke Frau mit einem rundlichen Gesichte, über das sie eine Strandmütze gesetzt hatte, stand neben ihm. Nach einigen Besinnen erkannte ich Paul Scheerbart und seinen Bären in ihnen. Scheerbart kam von Breege auf Rügen, wo er die letzten Jahre gewohnt hatte, aber es hatte ihm dort dauernd nicht gefallen. Die Bewohner seien so bösartig, man habe ihm seine Gartenfrüchte vernichtet, nicht gestohlen, sondern vernichtet, aus Boshaftigkeit. ›Und dann das Meer, die furchtbare Eintönigkeit des Meeres in dieser Einsamkeit!‹ sagte er. ›Auf die Dauer ist das nicht zu ertragen; das geht auf die Nerven.‹

So hatten sie denn, trotz des Einspruches des Bären, ihren gesamten Hausrat verkauft, um die Transportkosten zu sparen, und waren nach Kopenhagen gefahren, wo Scheerbart sich längere Zeit niederzulassen beabsichtigte.« (Hier irrt Margarete Bruns; Scheerbart wollte sich in Stockholm niederlassen, das er zunächst auch ansteuerte; anschließend reiste er nach Kopenhagen, s. Nr. 234.) »Aber hier hatte es ihm noch weniger gefallen.

›Es wird dort furchtbar getrunken‹, erzählte er in seiner Art, grotesk zu übertreiben; ›nichts als Rum wird dort getrunken. Glauben Sie's nicht? Glauben Sie es ja! Geht man in einem Wirtshaus die Treppe hinan, so fällt einem – wie gesagt entschieden – ein Betrunkener auf den Kopf. – O, jetzt verstehe ich auch, daß die Frauenfrage eine so breite Basis in diesen nordischen Ländern findet! Es ist wegen der Trunkenboldigkeit der Männer.‹

Minden gefiel Scherbart, und er entschloß sich, dort zu bleiben.« (Ikelaar, S. 130f.)

234 Brief (Goethe- und Schiller-Archiv, Weimar)
(R. v. P. 12. 5. 02)

235 Postkarte (Staats- und Universitätsbibliothek Hamburg)
(R. D. 26. 6. 02)
Der alte Petrus oder im Himmel spukt es auch: Das Stück erschien nicht in Dehmels »Buntscheck«, sondern in der »Revolutionären Theater-Bibliothek«.
A. C. L.: Anna Charlotte Louise, s. Nr. 161

236 Postkarte (Goethe- und Schiller-Archiv, Weimar)
(R. v. P. 12. 7. 02)
Revision der letzten zehn Bogen: des Romans »Die große Revolution«.

237 Brief (Staats- und Universitätsbibliothek Hamburg)
(R. D. 17. 7. 02)
der alte Petrus: S. Nr. 235.

238 Postkarte (Staats- und Universitätsbibliothek Hamburg)
(R. D. 20. 7. 02)
Die Umänderung: Dehmel bat Scheerbart in einem Brief vom 18. 7. 1902, das Theaterstück »Der alte Petrus...« (s. vorhergehendes Schreiben an Dehmel) auf 200 Zeilen zu kürzen und einige nicht kindgemäße und zu saloppe Wendungen zu ändern. Falls Scheerbart nicht dazu bereit sei, müsse er auf den Beitrag verzichten. Eine Abschrift des Briefes befindet sich im Dehmel-Archiv der Staats- und Universitätsbibliothek Hamburg.

239 Postkarte (Staats- und Universitätsbibliothek Hamburg)
(R. D. 22. 7. 02)
Du bist grob: S. Anmerkung zu Nr. 238.
Quilliwauke: S. Anmerkung zu Nr. 177.

240 Postkarte (Staats- und Universitätsbibliothek Hamburg)
(R. D. 11. 8. 02)

241 Brief (Goethe- und Schiller-Archiv, Weimar)
(R. v. P. 14. 8. 02)
die 20 Exemplare: des Buches »Die große Revolution«.
die beifolgenden 10 Adressen: Auf einem Extrablatt führt Scheerbart folgende Namen samt Anschrift auf: Wilhelm Bölsche, Leo Berg, Karl Bleibtreu, M. G. Conrad, Willy Pastor, Wilhelm Schäfer, Dr. Karl Hans Strobl, Dr. Franz Servaes, Paul Wiegler, Bruno Wille. Die meisten der genannten Personen tauchen auch in anderen Briefen auf und werden an entsprechender Stelle vorgestellt, s. Register. Einzig in diesem Zusammenhang werden erwähnt:
Wilhelm Bölsche: (1861 Köln - 1939 Schreiberhau, Schlesien), Prosaist, Essayist, Verfasser populärwissenschaftlicher Schriften, Einwohner der Friedrichshagener Dichterkolonie, Redakteur bei der »Freien Bühne«, Mitbegründer der »Freien Volksbühne«, eine der Zentralgestalten der naturalistischen Bewegung.
Leo Berg: (1862 Zempelburg, Ostpreußen - 1908 Berlin), Schriftsteller, Kritiker, Vorkämpfer des Naturalismus, Mitbegründer des literarischen Vereins »Durch« und der Zeitschrift »Freie Bühne«.
Karl Bleibtreu: Carl B. (1859 Berlin - 1928 Locarno), Schriftsteller, Kritiker, wie Berg ein Pionier des Naturalismus, Verfasser der Programmschrift »Die Revolution in der Literatur«.
Paul Wiegler: (1878 Frankfurt - 1949 Berlin), Schriftsteller, Kritiker, Übersetzer. Wiegler veröffentlichte 1902 in der Zeitschrift »Das literarische Echo« im Rahmen der Artikelserie »Verlästerte Dichter« ein wohlwollendes Scheerbart-Porträt.

242 Brief (Goethe- und Schiller-Archiv, Weimar)
(R. v. P. 17. 8. 02)
Versendung der Recensionsexemplare: des Romans »Die große Revolution«.
für Richard Strauss geschrieben: S. Anmerkung zu Nr. 139.
»Zeitschrift« Insel »eingeht«: Im August 1902 erschien die letzte Nummer.

243 Postkarte (Staats- und Universitätsbibliothek Hamburg)
(R. D. 18. 8. 02)
cf. Mondroman: Die Zurechtweisung Dehmels bezieht sich auf dessen humorvolle briefliche Kommentierung des Romans »Die große Revolution« am 18. 6. 1902. Eine Abschrift des Briefes befindet sich im Dehmel-Archiv in der Staats- und Universitätsbibliothek Hamburg.
P. C. W. J. J. P. D.: S. Anmerkung zu Nr. 166.

244 Brief (Goethe- und Schiller-Archiv, Weimar)
(R. v. P. 24. 8. 02)
die kleinen Zeichnungen: der von Scheerbart entworfene Buchschmuck für den »Kometentanz«.

245 Brief (Goethe- und Schiller-Archiv, Weimar)
(R. v. P. 13. 9. 02)
das Gewünschte: Der auf zwei separaten Blättern notierte Werbetext lautet:
»Die große Revolution. Ein Mondroman von Paul Scheerbart.
Die Mondleute betrachten durch große Kraterteleskope einerseits die Erde und andrerseits die große Welt. Den Weltfreunden genügen nun die alten Teleskope nicht mehr; sie wollen ein solches von Monddurchmesserlänge haben. Um dieses durchzusetzen, muß aber Jahrhunderte hindurch von allen Mondleuten gearbeitet werden. Und nur eine große Revolution kann die Mondbevölkerung zu der großen Arbeit bereitwillig machen. Wie diese Revolution zum Ausbruche gelangt – das ist das Hauptthema des Romans. Jedoch dieses wird zu einer großen Revolution auf der Erde in Beziehung gebracht. Und wie sich diese beiden Revolutionen gegenseitig fördern und auch behindern – das ist das Interessanteste an diesem Mondroman.

Das Leben der Mondleute ist als ein ›vollkommenes‹ Leben geschildert – in dem die Anschauungsfreude den Mittelpunkt bildet. Der Verfasser hat es versucht, mit der Schilderung dieses ›vollkommenen‹ Lebens sämmtliche Utopieen des Menschengeschlechtes zu überbieten.

Außerdem wendet sich das Ganze sehr lebhaft an die Astronomen, Naturforscher und Himmelsfreunde; die Phänomene der Sternenwelt werden nicht blos in neue Beleuchtung gerückt – sondern auch nach allen Richtungen vermehrt, sodaß dieser ›sogenannte‹ Roman schließlich ein großes astrales Weltgemälde vor dem Leser entrollt.

Das scharfe Eintreten für eine imposante kosmische Weltanschauung giebt dem Werke einen prickelnden Reiz. Das Buch ist ›spannend‹ geschrieben.«

246 Brief (Goethe- und Schiller-Archiv, Weimar)
(R. v. P. 24. 9. 02)
die Zeichnungen: der von Scheerbart entworfene Buchschmuck für den »Kometentanz«.

247 Postkarte (Staats- und Universitätsbibliothek Hamburg)
(R. D. 10. 10. 02)

248 Brief (Goethe- und Schiller-Archiv, Weimar)
(R. v. P. 17. 10. 02)
die Korrektur: der Buchausgabe vom »Kometentanz«.
»Machtspäße. Arabische Novellen«: Das Buch erschien 1904 im Verlag Eduard Eisselt, Lichterfelde b. Berlin. Die Novelle »Weltmacht« ist identisch mit dem Text »Der Tod Emins«, der 1894 in der Anthologie »Neuland« veröffentlicht wurde.

249 Brief (Goethe- und Schiller-Archiv, Weimar)
(R. v. P. 21. 10. 02)
die Druckpapierproben: für den »Kometentanz«.

250 Brief (Stadtbibliothek München)
(A. L. 11. 11. 02)
Albert Langen: (1869 Köln - 1909 München), Verleger, gründete 1893 einen Buchverlag, 1896 die Zeitschrift »Simplicissimus«, in der mehrere Beiträge von Scheerbart erschienen.
»Machtspäße«: S. Nr. 248.

251 Postkarte (Staats- und Universitätsbibliothek Hamburg)
(R. D. 17. 11. 02)
Wir gratuliren: zu Dehmels Geburtstag am 18. November.
Süllberg: Erhebung am Elbufer, auf der Blankenese gebaut ist.

252 Brief (Staats- und Universitätsbibliothek Hamburg)
(R. D. 9. 1. 03)
Den Grimm: Scheerbart war verärgert, weil Dehmel sein Theaterstück »Der alte Petrus« nicht in seine Kinderanthologie aufnehmen wollte, s. Nr. 275.
die Freude: vermutlich über ein Geschenk zu seinem 40. Geburtstag am 8. Januar.
Auswahl: Scheerbart schickte Dehmel am 14. 1. 03 drei neue Beiträge für den »Buntscheck«.

253 Brief (Staats- und Universitätsbibliothek Hamburg)
(R. D. 17. 1. 03)
Krabsikrobsi: eine Figur aus dem Text »Die angeführte Hexe. Ein Mordsspaß«, der in Dehmels Kinderanthologie »Der Buntscheck« erschien.
dieser Zickel: Martin Z. (1876 Breslau - ?), Dr. phil., Regisseur, Theaterleiter, gehörte zum Freundeskreis von Max Reinhardt. Ab 1902 leitete er mit Erich Paetel die von Ernst von Wolzogen gegründete Kabarettbühne »Buntes Theater« (»Überbrettl«), die 1904 wegen finanzieller Schwierigkeiten schließen mußte.
Schall und Rauch: Das gleichnamige Kabarett wurde 1901 von Max Reinhardt gegründet. 1902 bekam es in einem von Peter Behrens gestalteten Saal in der Straße Unter den Linden eine feste Bühne und wurde in »Kleines Theater« umbenannt.
»Rübezahl«: Das Theaterstück erschien 1904 als erster Band der »Revolutionären Theater-Bibliothek«.
der alte Gummischuh: spielt eine Rolle in dem Text »Die angeführte Hexe«.
komische Briefpapier: Das »Wasserzeichen« ist keines, sondern wurde von Scheerbart mit spitzem Stift in das Papier eingedrückt. Man erkennt eine Wüstenlandschaft und das Wort »Medina«.

254 Postkarte (Goethe- und Schiller-Archiv, Weimar)
(R. v. P. 30. 1. 03)
acht Tage verreist war: Über das Reiseziel hat Scheerbart sich auch an anderer Stelle nicht geäußert. Es wäre möglich, daß er in dieser Zeit in Paris war. Sein Besuch könnte Auguste Achaume gegolten haben, der in der Zeitschrift »Les Semailles« einen längeren Artikel über Scheerbart veröffentlicht hatte und offenbar den Roman »Rakkóx der Billionär« ins Französische übersetzen wollte, s. die Briefe vom 1. und 10. 3. 1902 an Max Bruns. Für die Paris-Reise spricht eine Reihe von Ansichtskarten mit Pariser Motiven, die Scheerbart 1903 und 1904, allerdings von Berlin aus, an mehrere Freunde schickte. Da er einen Parisaufenthalt aber niemals erwähnt hat, bleibt es fraglich, ob er tatsächlich dort war.

255 Postkarte (Staats- und Universitätsbibliothek Hamburg)
(R. D. 30. 1. 03)
»Ih was!«: Scheerbarts Bemerkungen beziehen sich auf von Dehmel kritisierte Textstellen in

»Die angeführte Hexe«.
der kleinste der Zwerge: Zitat aus dem Prosatext »Die Rutschbahn«, die wie »Die angeführte Hexe« im »Buntscheck« erschien, s. die vorhergehenden Briefe an Dehmel.

256 Postkarte (Staats- und Universitätsbibliothek Hamburg)
(R.D. 1.2.03)
mit jeder Orthographie: S. die vorhergehende Karte an Dehmel.
Mixmex: heißt die »angeführte Hexe« in Scheerbarts gleichnamigem »Buntscheck«-Beitrag. Er wurde schließlich doch nicht vom Autor, sondern von Ernst Kreidolf illustriert. Dehmel antwortete Scheerbart auf diesen Brief am 3.2.03:

»Attentätlichsten Dank! Aber der Untertitel ist nicht verbrecherisch genug. Überhaupt ›Märchen‹ – damit lockt man doch höchstens einen alten Knast hinterm Ofen vor, aber keine jungen Häkchen, die sich bei Zeiten krümmen sollen. Ich schlage vor: ›Ein Mordsspaß‹ – dann also kommt mir's scheerbärtiger vor. Schrei mal rasch: Ja! Im übrigen, alter Kometentänzer, nehme ich meine planetarische Luciferkrone vor Dir ab. Dein R.« (Dehmel, Bd. 2, S. 14.)

257 Postkarte (Staats- und Universitätsbibliothek Hamburg)
(R.D. 4.2.03)
Mordsspaß: S. vorhergehende Postkarte an Dehmel.

258 Brief (Nachlaß Franz Servaes, Wien)
(F.S. 5.4.03)
eine Erlösung: Servaes hatte Scheerbart offenbar ein Jahr lang nicht geschrieben und wohl auch keines seiner in dieser Zeit erschienenen Bücher rezensiert.
mit Bruns ganz und der Insel halb: Die Zusammenarbeit mit beiden Verlagen endete 1903.
»Karrogborrier«: »Die Karraborrier. Fünf abenteuerliche Geschichten aus einem fernen Inselreich«, Leipzig 1903.

259 Postkarte (Staats- und Universitätsbibliothek Hamburg)
(R.D. 7.4.03)
im Kleinen oder im Neuen Theater: Beide Bühnen wurden zu dieser Zeit von Max Reinhardt geleitet. Scheerbarts Hoffnung, in einem der beiden Theater aufgeführt zu werden, erfüllte sich nicht, s. auch Anmerkung zu Nr. 253.

260 Postkarte (Staats- und Universitätsbibliothek Hamburg)
(R.D. 23.4.03)
Alles kommt: Texte und Illustrationen für den »Buntscheck«.
»Zwei Menschen«: Der »Roman in Romanzen« erschien 1903.

261 Brief (Nachlaß Franz Servaes, Wien)
(F.S. 28.4.03)
bis Seite 110: der phantastischen Erzählungen »Die Karraborrier«.
Deine lieben Zeilen in der Vorrede: An seine Frau gewandt, der das Buch gewidmet ist, schreibt Servaes:

»Und gerne erinnerten wir uns auch, wenn wir hinterher alles weislich und ruhig bedachten, des fernen Freundes, mit dem uns dereinst in Berlin manche künstlerische Gemeinschaft verband. Unser lieber grosser närrischer Paul Scheerbart, mit seiner kalten, kosmischen, kindlichen Seele! Er wird sehr unzufrieden sein, der grimme Anti-Erotiker, wenn er das grundverliebte, grundverderbte Treiben beobachtet, das auf dieser allzuirdischen Insel Karraborrien sich entfaltet, mehr dem Welttrieb als dem Weltgeiste gehorchend. Und dann wird er sagen, dass ich mich von ihm abgewandt habe, dass ausser ein paar Glitzersteinchen, ausser etwas Namensspuk und erlogenem Asiatentum, eigentlich nichts aus seiner steilen Höhe auf mich Erdenwurm herabgerieselt sei. Er wird sich trösten müssen, unser Paulus. Schließlich mussten ja doch meine Quellen ihres eigenen Weges fliessen.« (S. VIIf.)

262 Postkarte (Nachlaß Franz Servaes, Wien)
(F.S. 4.5.03)
Karraborrier: S. die beiden vorhergehenden Briefe an Servaes.
Fukuruschu ... Hollunderboom ... Karocko-Krucki: Einwohner von Karraborrien.
Beatens Bildnis: Die Rede ist von Servaes' jüngerer Tochter.

263 Postkarte (Nachlaß Franz Servaes, Wien)
(F.S. 7.5.03)
Aschûra: Scheerbart meint vermutlich »Oschûra«, die »Göttin der übersinnlichen Liebe« in den »Karraborriern«.
Beatens Bildnis: S. vorhergehende Karte an Servaes.

264 Postkarte (Staats- und Universitätsbibliothek Hamburg)
(R.D. 7.5.03)
den Besitzer der drei Jawas: Der Sinn dieser Titulierung konnte nicht aufgeklärt werden.
ohn' Unterlaß gezeichnet: Scheerbarts Illustrationen für seine »Buntscheck«-Beiträge wurden zwar von Dehmel akzeptiert und, wie Scheerbart diesem am 9.5. mitteilt, auch honoriert, am Ende wurden sie aus unbekannten Gründen aber doch nicht verwendet.

265 Brief (Nachlaß Franz Servaes, Wien)
(F.S. 26.5.03)
Dattys Kritik: Gemeint ist Servaes' ältere Tochter Dagny.
Kahane: Arthur K. (1872 Wien - 1932 Berlin), war Dramaturg an den Reinhardt-Bühnen. Scheerbart hegte die Hoffnung, daß sein »Rübezahl« am Kleinen oder Neuen Theater aufgeführt würde, s. Anmerkung zu Nr. 259.
vom »neuen Tag« reden: »Der neue Tag«. Drama in 3 Akten von Franz Servaes. Es wurde 1904 in Dresden aufgeführt,

266 Postkarte (Staats- und Universitätsbibliothek Hamburg)
(R.D. 26.5.03)

267 Postkarte (Staats- und Universitätsbibliothek Hamburg)
(R.D. 11.6.03)
weder die blaue noch die gelbe Farbe sitzt: Scheerbart spricht von seinen Illustrationen für Dehmels »Buntscheck«, die jedoch nicht verwendet wurden, s. Anmerkung zu Nr. 264.

268 Postkarte (Nachlaß Franz Servaes, Wien)
(F.S. 19.6.03)
Du bekommst in der nächsten Woche: Servaes hatte Scheerbart offenbar angeboten, seine Zeichnungen an Wiener Galerien und private Käufer weiterzuleiten. Bis August desselben Jahres schickte Scheerbart ihm in regelmäßigen Abständen neue »Serien« seiner graphischen Produktion.
Rübezahl: abendfüllendes Theaterstück von Scheerbart. Es wurde nicht von den Reinhardt-Bühnen aufgeführt.
Rola ... »Grillenfängerin«: Roderich und Beate Servaes.

269 Brief (Nachlaß Franz Servaes, Wien)
(F.S. Juni 03)
zunächst 13 Blätter: S. vorhergehende Karte an Servaes.

270 Brief (Nachlaß Franz Servaes, Wien)
(F.S. 28.6.03)

271 Brief (Nachlaß Franz Servaes, Wien)
(F. S. 29. 6. 03)
der Secession gegenüber: Servaes bemühte sich offenbar, Scheerbart eine Ausstellung in der »Wiener Secession«, einer Vereinigung progressiver Künstler, zu verschaffen. Die Ausstellung kam nicht zustande.
Schafstein u Co: Im Schaffstein-Verlag, Köln, erschien Dehmels Kinderanthologie »Der Buntscheck«. Das erwähnte »Märchenbuch« ist nicht erschienen und blieb auch nicht als Manuskript erhalten.

272 Brief (Nachlaß Franz Servaes, Wien)
(F. S. 2. 7. 03)
Herrn Maler Engelhardt: Josef E. (1864 Wien - 1941 ebd.), Maler und Bildhauer, Mitbegründer der »Wiener Secession«. Servaes schrieb über ihn und war offenbar auch mit ihm befreundet.
Herr Miethke: Hugo Othmar M. (1834-1918), renommierter Wiener Kunsthändler, der in seiner Galerie in der Dorotheergasse traditionalistische und progressive Kunst ausstellte. Er erwarb von Scheerbart eine Reihe von Zeichnungen, s. die nachfolgenden Briefe an Servaes.
für das »gesammte« Kunstgewerbe: Viele Jugendstilkünstler, unter ihnen der Scheerbart gut bekannte Peter Behrens, beschränkten sich nicht auf Malerei und Graphik, sondern arbeiteten auch für verschiedene Gebiete angewandter Kunst. Aufgrund seiner alten Vorliebe für das Kunstgewerbe und angesichts lukrativer Verdienstmöglichkeiten mußte Scheerbart eine Graphiker- und Designertätigkeit als äußerst verlockend erscheinen.
Th. Th. Heine: Thomas Theodor H. (1867 Leipzig - 1948 Stockholm), Maler, Graphiker, Mitbegründer und tonangebender Mitarbeiter des »Simplicissimus«, Mitarbeiter bei »Pan« und »Insel«. Neben Zeichnungen und Illustrationen schuf Th. Th. Heine auch Buchschmuck und Plakate.

273 Brief (Nachlaß Franz Servaes, Wien)
(F. S. 11. 7. 03)
12 neue Sachen: S. Anmerkung zu Nr. 268.

274 Brief (Nachlaß Franz Servaes, Wien)
(F. S. 18. 7. 03)
II. Serie: Zeichnungen.
Holländer ... Ganymed .. Jupiter »tonans« ... Attacke: Von den namentlich bezeichneten Blättern konnte bislang keines aufgefunden werden.
Die im Original erhalten gebliebenen und die veröffentlichten Zeichnungen Scheerbarts wurden von mir 1981 unter dem Titel »Jenseitsgalerie« im Verlag Klaus G. Renner, München, herausgegeben. Inzwischen habe ich 4 weitere Zeichnungen in Bleistift-, Feder- und Kohletechnik entdeckt, die heute im Besitz der Berlinischen Galerie sind, sowie eine größere Farbkreidezeichnung, die sich in Privatbesitz befindet.

275 Postkarte (Staats- und Universitätsbibliothek Hamburg)
(R. D. 22. 7. 03)
Paris. Les Halles Centrales: S. Anmerkung zu Nr. 254.
Tr.: bedeutet vermutlich Trübner. Der Maler Wilhelm T. (1851 Heidelberg - 1917 Karlsruhe), Mitglied der »Berliner Secession«, ein bedeutender Vertreter der realistischen Landschaftsmalerei, wurde sowohl von Dehmel wie von Scheerbart geschätzt.

276 Brief (Nachlaß Franz Servaes, Wien)
(F. S. 22. 7. 03)
Jupiter ... »der Blitz«: Zeichnungen von Scheerbart. Die Kreidezeichnung »Der Blitz« blieb als Reproduktion erhalten. Sie erschien in H. Günthers Buch »Künstlerische Doppelbegabungen«, München 1938.
Jungfer Ambrosia: Lustspiel von Franz Servaes, das 1905 uraufgeführt wurde.

277 Brief (Nachlaß Franz Servaes, Wien)
(F. S. 28. 7. 03)

278 Brief (Nachlaß Franz Servaes, Wien)
(F. S. Sommer 03)
Ver sacrum ... u. andre Zeitschriften: Keines der genannten Blätter hat Zeichnungen von Scheerbart veröffentlicht.

279 Brief (Nachlaß Franz Servaes, Wien)
(F. S. 3. 8. 03)
An die »Jugend«: Die Zeitschrift veröffentlichte keine Scheerbart-Zeichnung.
Datty: Dagny Servaes.

280 Brief (Stadtbibliothek München)
(S. 6. 8. 03)
vier Kreidezeichnungen ...: Der »Simplicissimus« hat den Beitrag nicht veröffentlicht.

281 Postkarte (Nachlaß Franz Servaes, Wien)
(F. S. 17. 8. 03)

282 Brief (Staatsbibliothek PK Berlin)
(H. W. 25. 8. 03)
Hektografiertes Blatt aus dem Nachlaß von Herwarth Walden.
»Das Vaterland«: Der Plan, eine Tageszeitung herauszugeben, stellt einen der vielen Versuche Scheerbarts dar, die ständige finanzielle Misere zu beheben. Erich Mühsam berichtet in seinen »Unpolitischen Erinnerungen« über die Planung und das Scheitern des »Vaterlandes«:

»Es mußte etwas ganz Neues sein, und wir einigten uns darauf, daß die Zeitung nur Lügen enthalten sollte, und zwar, wie Scheerbart es ausdrückte, ›Lügen mit Hintergrund‹. Wir wollten Berichte aus allen Ländern, aber auch von allen Sternen bringen, und jeder Bericht sollte die politischen, sozialen, gesellschaftlichen, literarischen, künstlerischen und persönlichen Angelegenheiten der nahen Umwelt aus der Perspektive der Erfindung glossieren und brandmarken. Der Titel des Blattes machte keine Schwierigkeiten; es sollte ›Das Vaterland‹ heißen, womit jene weitere Heimat gemeint war, die keine Grenzen hat und den ganzen Kosmos umfaßt. In meinem Besitz befindet sich heute noch ein Stoß gebündelter Aufzeichnungen, auf dessen Umschlagsblatt in Paul Scheerbarts Handschrift zu lesen ist: ›Das Vaterland. – Es ist Herbst – – die Blätter fallen‹.« (Mühsam, S. 534 f. Das erwähnte Konvolut befindet sich im Nachlaß von Erich Mühsam im Maxim-Gorki-Institut, Moskau.)

Nachdem die Gründerversammlung im »Schultheiss« ergebnislos verlaufen, d. h. kein Geldgeber auf den Plan getreten war, entdeckte Mühsam in der »Vossischen Zeitung« ein Inserat, in dem jemand eine Zeitung zu kaufen suchte. Man einigte sich mit dem Inserenten Eduard Eisselt auf die Herausgabe einer Wochenschrift, doch das Projekt scheiterte, weil Eisselt zur gleichen Zeit zwei Annoncenblätter für das Militär erworben hatte und diese Klientel nicht durch ein Kulturblatt mit antimilitaristischer Tendenz verprellen wollte. Als Entschädigung bot er den Autoren an, von jedem ein Buch zu veröffentlichen. So erschien in dem literarisch unbelasteten Verlag von Eduard Eisselt in Lichterfelde bei Berlin Erich Mühsams Gedichtband »Die Wüste« und Scheerbarts Novellensammlung »Machtspäße«. Scheerbart konnte den Verleger auch noch zur Veröffentlichung der »Revolutionären Theater-Bibliothek« und des Romans »Der Kaiser von Utopia« bewegen.
Erich Mühsam: S. Anmerkung zu Nr. 284.

283 Brief (Goethe- und Schiller-Archiv, Weimar)
(A. W. H. 27. 8. 03)
5 Bände Theaterbibliothek: Der Insel-Verlag lehnte die Veröffentlichung des Werkes ab. Die Sammlung von vorwiegend kurzen Theaterstücken erschien 1904 in 6 Bändchen im Verlag von

Eduard Eisselt, Lichterfelde b. Berlin.
Vom Neuen Theater ... angenommen: Die Aufführung kam nicht zustande, s. Anmerkung zu Nr. 259 und Nr. 268.

284 Postkarte (Memmo Kohn, Hilversum)
(E.M. 4.9.03)
Erich Mühsam: (1878 Berlin – 1934 KZ Oranienburg), Lyriker, Dramatiker, Kritiker, politischer Publizist. Mühsam redigierte bzw. edierte die anarchistischen Zeitschriften »Der arme Teufel«, »Kain«, »Fanal«, er verkehrte in der »Neuen Gemeinschaft« der Brüder Hart und in der Lebensreformerkolonie auf dem »Monte Verità«, er wirkte in der Brettl-Bewegung als Autor und Akteur mit. 1919 gehörte er dem Zentralrat der bayrischen Räterepublik an. Als Dichter hat Mühsam wenig Gewichtiges hinterlassen, seine Gedichte und Dramen bleiben hinter seinem gelebten Anarchismus und seiner mutigen politischen Publizistik zurück. Mit Scheerbart verband Mühsam eine herzliche Freundschaft, die bis zu Scheerbarts Tod dauerte. Mühsam schätzte Scheerbart als humorvollen Utopisten und Pazifisten. Er förderte ihn durch Rezensionen und versuchte ihm Publikations- und Aufführungsmöglichkeiten zu verschaffen. 1929 war Mühsam einer der Initiatoren der »Paul-Scheerbart-Gesellschaft«. In seinen »Unpolitischen Erinnerungen« setzte er dem Freund mit dem Kapitel »Scheerbartiana« ein rührendes Denkmal.
Wilde-Aufführung: Von Oscar Wilde (1854 Dublin – 1900 Paris) wurde zu dieser Zeit im Kleinen Theater die »Salomé« aufgeführt.
im Schultheiß: In dem Friedrich-, Ecke Zimmerstraße gelegenen Lokal fand auch die Gründerversammlung für »Das Vaterland« statt, S. Nr. 282.
»Freistadt«: Scheerbart meint vermutlich die Münchner Wochenschrift »Freistatt«, in der Mühsam zu dieser Zeit gelegentlich publizierte. Eine Ankündigung oder Anzeige der von Mühsam und Scheerbart geplanten Zeitschrift erschien aber nicht in diesem Blatt.

285 Postkarte (Staatsbibliothek PK Berlin)
(H.W. 15.9.03)
Herr Walden: Herwarth W., eigentlich Georg Lewin (1878 Berlin – 1941 Saratow a.d. Wolga), Komponist, Dramatiker, Kritiker, Gründer und Leiter des »Vereins für Kunst«, Redakteur bei den Zeitschriften »Morgen«, »Das Theater«, »Der neue Weg«, Gründer und Leiter der Zeitschrift »Der Sturm« sowie des gleichnamigen Verlags und Kunstsalons. In Walden besaß Scheerbart einen seiner wichtigsten Förderer. Walden veranstaltete mit Scheerbart Lesungen und eine Aufführung im »Verein für Kunst«, er druckte seine Texte in sämtlichen von ihm redigierten Zeitschriften, er veröffentlichte im Sturm-Verlag die »Glasarchitektur«. Durch die breite Präsentation Scheerbartscher Texte im »Sturm« wies er dem Autor einen Platz im Spektrum expressionistischer Literatur zu und verschaffte ihm in einer neuen Künstlergeneration Resonanz. Scheerbart hatte zu Walden ein freundliches, aber distanziertes Verhältnis, das erst nach Jahren in eine Freundschaft mündete. Walden gehörte 1929 zu den Begründern der »Scheerbart-Gesellschaft«.
Ihrer Frau Gemahlin: Walden war bis 1912 mit der Dichterin Else Lasker-Schüler (1869 Elberfeld – 1945 Jerusalem) verheiratet. Scheerbart scheint mit Lasker-Schüler nur in Verbindung mit Walden verkehrt zu haben.
Grüßen des Vaterlandes: S. Nr. 282.

286 Postkarte (Nachlaß Franz Servaes, Wien)
(F.S. 23.9.03)
Autor Ambrosiae: Servaes schrieb ein Lustspiel mit dem Titel »Jungfer Ambrosia«.

287 Postkarte (Staats- und Universitätsbibliothek Hamburg)
(R.D. 23.9.03)

288 Postkarte (Staatsbibliothek PK Berlin)
(H.W. 26.9.03)

kann beim besten Willen nicht kommen: Unter Scheerbarts Schreiben an Walden befinden sich auffällig viele Absagen. Sie betrafen nicht nur private Einladungen, sondern (ab 1904) häufig auch Veranstaltungen des »Vereins für Kunst«.

289 Postkarte (Nachlaß Franz Servaes, Wien)
(F.S. 30.9.03)
den Ambrosianischen: S. Anmerkung zu Nr. 286.
»Machtspässe«: S. Anmerkung zu Nr. 248.
Dein Magazin: Welches Magazin gemeint war, konnte nicht geklärt werden.
Serie III: Scheerbart schickte Servaes ab Juni 1903 eine größere Anzahl Zeichnungen, die dieser an Galerien und private Käufer weiterleiten sollte, s. Anmerkung zu Nr. 268.
Hirth u. Langen: Georg Hirth und Albert Langen, in deren Verlagen die Zeitschriften »Jugend« und »Simplicissimus« erschienen. Scheerbarts Hoffnung erwies sich als unbegründet.

290 Postkarte (Staats- und Universitätsbibliothek Hamburg)
(R.D. 11.10.03)
Begründer des Erbsen-Mysteriums: Die Titulierung bezieht sich möglicherweise auf eine ironische Äußerung Dehmels über Scheerbarts zeichnerischen Stil.
für den 10. October 1903: Die Bedeutung des Datums konnte nicht ermittelt werden.

291 Postkarte (Nachlaß Franz Servaes, Wien)
(F.S. 17.10.03)
Begründer der Karraborrier: S. Anmerkung zu Nr. 258.
Tollbats: ursprüngliche Schreibweise des aus dem Ungarischen abgeleiteten Wortes »Tollpatsch«.
Bd 15-19: der Scheerbart-Buchpublikationen.

292 Postkarte (Staats- und Universitätsbibliothek Hamburg)
(R.D. 17.10.03)
Theater Bibliothek ... Machtspässe: S. Anmerkung zu Nr. 282.

293 Postkarte (Staats- und Universitätsbibliothek Hamburg)
(R.D. 19.10.03)

294 Brief (Staats- und Universitätsbibliothek Hamburg)
(I.D. 4.11.03)
Ihrer lieben Einladung: zu Dehmels 40. Geburtstag.

295 Brief (Nachlaß Franz Servaes, Wien)
(F.S. 9.11.03)
Frl. Schapire: Rosa S. (1874 Brody, Galizien - 1948 London), Dr. phil., Kunsthistorikerin und -kritikerin, veröffentlichte 1924 ein Buch über das graphische Werk von Schmidt-Rottluff.
F. Wärnesdörffer: Gemeint ist wahrscheinlich Fritz Wärndorfer (1868-1939). Er wirkte als Mäzen bei der Gründung der »Wiener Werkstätten« für Kunsthandwerk mit.
Neue Theater: S. Nr. 259 und Nr. 268.
ob Du litterarisch-belletristische Manuskripte da hast: Scheerbart wollte sie bei seinem derzeitigen Verleger Eduard Eisselt unterbringen.

296 Telegramm (Staats- und Universitätsbibliothek Hamburg)
(R.D. 18.11.03)
Blitzendes Glanzglück: zu Dehmels 40. Geburtstag.

297 Postkarte (Staatsbibliothek PK Berlin)
(H.W. 24.11.03)

298 Postkarte (Nachlaß Franz Servaes, Wien)
(F.S. 25.11.03)

299 Brief (Nachlaß Franz Servaes, Wien)
(F.S. 27.11.03)
Markus Behmer: Marcus B. (1879 Weimar – 1958 Berlin), Maler und Graphiker, Illustrator der »Insel« und des Insel-Verlags.
Leistikow: Walter L. (1865 Bromberg – 1908 Schlachtensee b. Berlin), Maler, Gründungsmitglied der »Berliner Secession«. Der sensible Gestalter märkischer Landschaften verkehrte wie Scheerbart in der Friedrichshagener Künstlerkolonie und im Freundeskreis von Dehmel.
Meine Frau ... macht großartiges Vorsatz- u. Deckelpapier: Scheerbart war vom diesbezüglichen Talent seiner Frau so angetan, daß er einen ihrer Entwürfe als Buchumschlag für den »Kaiser von Utopia« verwendete. Wie aus Briefen von Anna Scheerbart an Ida Dehmel und Paul Scheerbart an Paul Remer (s. Nr. 380) hervorgeht, wußten auch Freunde und Bekannte Anna Scheerbarts Kunst zu schätzen und kauften ihr gelegentlich Arbeiten ab.
Mein Verleger: Eduard Eisselt, s. Anmerkung zu Nr. 282.

300 Postkarte (Nachlaß Franz Servaes, Wien)
(F.S. 4.12.03)

301 Brief (Nachlaß Franz Servaes, Wien)
(F.S. 8.12.03)
Herr M.: der Wiener Kunsthändler Miethke, s. die vorhergehende Karte an Servaes.

302 Postkarte (Nachlaß Franz Servaes, Wien)
(F.S. 26.12.03)
Plusa-Wüste. Blauer: Der blaue Löwe Plusa kommt in dem von Servaes sehr geschätzten Roman »Der Tod der Barmekiden« vor.

303 Postkarte (Memmo Kohn, Hilversum)
(E.M. 31.12.03)

304 Brief (Staats- und Universitätsbibliothek Hamburg)
(R.D. 21.2.04)
Rübezahlzeichnungen: die Illustrationen für den 1. Band der »Revolutionären Theater-Bibliothek«.
Hamburger Ausstellung: Im Februar 1904 fand in den Kunstsälen Louis Bock & Sohn in Hamburg eine Ausstellung mit Werken von Jef Lambeaux, Sascha Schneider und Paul Scheerbart statt. Von Scheerbart wurden 26 Zeichnungen gezeigt, von denen eine, »Der Adorant« betitelt, auf dem Umschlag des Katalogs abgebildet ist. Die Information stammt von Dr. Gerda Wendermann, Hamburg.
Grüße Ansorge: Conrad A. (1862 Buchenwald, Schlesien – 1930 Berlin), Komponist, Pianist, Liszt-Schüler, hochgeschätzter Beethoven- und Brahmsinterpret. Ansorge vertonte Gedichte so unterschiedlicher »Moderner« wie George, Przybyszewski und Dehmel.

305 Postkarte (Staatsbibliothek PK Berlin)
(H.W. 18.3.04)
»Dschinnenschlacht«: Ein Text mit diesem Titel konnte nicht nachgewiesen werden. Möglicherweise ist Safurs Dschinnentraum im 23. Kapitel des Romans »Tarub« gemeint. Für diese Vermutung spricht auch, daß Scheerbart ein Jahr später von Walden das »Tarub«-Exemplar seiner Frau zurückfordert, s. Nr. 367. Die geplante Komposition wurde jedoch nicht ausgeführt.

306 Postkarte (Staatsbibliothek PK Berlin)
(H.W. 5.4.04)

Schlachtgrüße: Anspielung auf das mit Walden geplante Gemeinschaftswerk »Dschinnenschlacht«, s. Anmerkung zu Nr. 305.

307 Postkarte (Staatsbibliothek PK Berlin)
(H. W. 7.4.04)
unsrer Dschinnenschlacht: S. Anmerkung zu Nr. 305.

308 Brief (Goethe- und Schiller-Archiv, Weimar)
(R. v. P. April 1904)
Das Datum wurde aus dem Antwortschreiben des Insel-Verlags vom 16. 4. 1904 erschlossen. Der namentlich nicht gekennzeichnete Briefdurchschlag liegt im Goethe- und Schiller-Archiv in Weimar.
Das beiliegende Inserat: blieb nicht erhalten.
»Jenseits-Galerie«: Der Insel-Verlag lehnte die Veröffentlichung des Werkes ab. Eine Graphik-Serie mit dem genannten Titel erschien 1907 im Verlag Oesterheld und Co. in Berlin.
Dr Albert: Seine Identität konnte nicht aufgeklärt werden.

309 Postkarte (Staats- und Universitätsbibliothek Hamburg)
(R. D. 12. 4. 04)

310 Postkarte (Nachlaß Franz Servaes, Wien)
(F. S. 12. 4. 04)
wieder gleich gut sein: Servaes war möglicherweise verstimmt, weil Scheerbart ihn im Jahr zuvor ständig bedrängt hatte, seine Zeichnungen an den Mann zu bringen, s. Nr. 301.

311 Postkarte (Nachlaß Franz Servaes, Wien)
(F. S. 15. 4. 04)
einer meiner Artikel: »Der magnetische Spiegel«. Der Text samt Illustrationen wurde in »Jenseitsgalerie. Gesammelte Zeichnungen«, München 1981, nachgedruckt.

312 Postkarte (Staatsbibliothek PK Berlin)
(H. W. 18. 4. 04)

313 Postkarte (Staatsbibliothek PK Berlin)
(H. W. 28. 4. 04)
41 Zeichnungen: vermutlich die Illustrationen zur »Revolutionären Theater-Bibliothek«.
Dr. Krall: Die Identität dieser Person konnte nicht aufgeklärt werden.
Wolynski: Akim Wolinskij, eigentlich Flekser (1863 - ?), Literaturkritiker und Übersetzer aus St. Petersburg, Vertreter der intellektuellen Opposition, gab dort mit Mereschkowskij die Zeitschrift »Der nordische Bote« heraus. Seine Bücher über Tschechow und Dostojewskijs »Dämonen« (»Das Buch des großen Zorns«) wurden von Josef Melnik ins Deutsche übersetzt, s. Anmerkung zu Nr. 473.
»Die wilde Jenny«: »Ein Sensationsroman« erschien nicht bei Schuster und Loeffler, sondern - nur als Fragment - in der Zeitschrift »Europa«.

314 Postkarte (Staatsbibliothek PK Berlin)
(H. W. 13. 5. 04)
Hille-Abend: wahrscheinlich eine Gedenkveranstaltung für den am 7. Mai verstorbenen Peter Hille. Scheerbart teilte Erich Mühsam am 9. 5. 04 auf einer Postkarte mit:
»Hier viel Aufregung! Ich war in Schlachtensee und sah noch Peter Hille - - -«. (Die Karte ist im Besitz von Memmo Kohn, Hilversum.)

315 Brief (Hartmut Geerken, Herrsching)
(S. F. 21. 5. 04)

Herr Friedländer: Salomo Friedlaender, Pseudonym Mynona (1871 Gollantsch, Provinz Posen - 1946 Paris), Dr. phil., Philosoph, Essayist, Prosaist, Mitarbeiter des »Sturm« und der »Aktion«, Mitherausgeber der Zeitschrift »Der Einzige«. Friedlaender/Mynona verfaßte neben philosophischen Werken Romane, Novellen und Gedichte. Sein bedeutendster Beitrag zur Literaturgeschichte liegt in seinen sprachlich wie gedanklich brillanten Prosagrotesken, die in mehreren Bänden erschienen. Scheerbart lernte Mynona als den Philosophen Dr. Friedlaender kennen, der kurz zuvor über Schopenhauer promoviert hatte. Aus der Bekanntschaft entwickelte sich eine freundschaftliche Beziehung. Scheerbart und Friedlaender verband die Liebe zur Philosophie, eine ironisch-distanzierte Weltsicht und das Interesse an phantastisch-utopischen Realitätsentwürfen. Friedlaender schrieb mehrere Artikel über Scheerbart, darunter ein Porträt zu dessen 50. Geburtstag (veröffentlicht in »Die neue Kunst«), das eine subtile Deutung von Scheerbarts künstlerischer Persönlichkeit gibt.
die Manuskripte: Welche Manuskripte gemeint sind, konnte nicht ermittelt werden. Bis 1908 veröffentlichte Friedlaender ausschließlich philosophische Texte unter seinem bürgerlichen Namen.

316 Postkarte (Staatsbibliothek PK Berlin)
(H. W. 2.6.04)
Bruder Liederlich: eine Komposition von Herwarth Walden für Gesang und Klavier, nach einem Gedicht von Detlev von Liliencron.
Theater-Opus: Es handelt sich vermutlich um die in mehreren Briefen erwähnte »Dschinnenschlacht«, s. Anmerkung zu Nr. 305.

317 Brief (Deutsches Literaturarchiv, Marbach)
(P. R. 4.6.04)
Paul Remer: (1867 Waren, Mecklenburg - 1943 Berlin), Dr. phil., Schriftsteller, Kritiker, Redakteur bei der Zeitschrift »Die Woche«, Herausgeber der Reihe »Die Dichtung« im Verlag Schuster und Loeffler, in der 1904 Scheerbarts Cervantes-Monographie erschien. Remer war mit Scheerbart schon in den 90er Jahren bekannt. Scheerbart brachte eine Erzählung Remers in »Amsler und Ruthardt's Wochenberichten« unter, Remer rezensierte Scheerbart im »Litterarischen Echo«. Scheerbarts Brief vom 13.9.1905 läßt auf ein freundschaftliches Verhältnis zwischen beiden schließen.
8 Zeichnungen: Über den Verwendungszweck sind nur Vermutungen möglich. Vielleicht bestand ursprünglich die Absicht, das Cervantes-Buch von Scheerbart illustrieren zu lassen. Tatsächlich erschien es mit den bekannten Doré-Illustrationen zum »Don Quijote«.
Swiftband: Das Projekt wurde nicht verwirklicht, s. Anmerkung zu Nr. 128.

318 Brief (Stadt- und Landesbibliothek, Dortmund)
(J. H. 19.6.04)
was von mir aufzuführen: Im Domizil der »Neuen Gemeinschaft«, einer Villa am Schlachtensee, gab es auch eine Freiluftbühne, auf der u. a. Szenen von Peter Hille aufgeführt wurden (s. Frecot, S. 331).
der Artikel über Rübezahl: Eine Besprechung von Scheerbarts Schauspiel durch Julius Hart konnte nicht nachgewiesen werden.

319 Postkarte (Staatsbibliothek PK Berlin)
(H. W. 18.7.04)

320 Brief (Staatsbibliothek PK Berlin)
(H. W. 23.7.04)
das Gewünschte: das Programm für einen Scheerbart-Abend im »Verein für Kunst«. Er fand am 21.1.05 im Architektenhaus in der Wilhelmstraße statt.

321 Postkarte (Staatsbibliothek PK Berlin)
(H. W. 29.7.04)
Ich hätte sehr gerne mitgegründet: Was gegründet werden sollte oder tatsächlich gegründet wurde, konnte nicht ermittelt werden. Vielleicht handelte es sich um den kurzlebigen Verlag des »Vereins für Kunst«, in dem 1905 Else Lasker-Schülers Gedichtband »Der siebente Tag« erschien.

322 Brief (Staatsbibliothek PK Berlin)
(H. W. 30.7.04)
à conto Vorlesung: S. Anmerkung zu Nr. 320.

323 Brief (Stadtbibliothek München)
(B. Z. 5.8.04)
Machtspässe: S. Anmerkung zu Nr. 219.

324 Brief (Staatsbibliothek PK Berlin)
(H. W. 11.8.04)
Die Photographieen: S. Abbildungen
2 amüsante Briefe: Ihre Herkunft konnte nicht geklärt werden.
V. f. K.: der von Walden geleitete »Verein für Kunst«.

325 Postkarte (Hartmut Geerken, Herrsching)
(S. F. 23.8.04)
Die Manuskripte: konnten nicht identifiziert werden.

326 Brief (Staatsbibliothek PK Berlin)
(H. W. 23.8.04)
Ihre Sendung: das Veranstaltungsprogramm des »Vereins für Kunst«, s. vorhergehende Briefe an Walden.

327 Brief (Staatsbibliothek PK Berlin)
(H. W. 25.8.04)
Schlafabend: ein dem Erzähler und Dramatiker Johannes S. (1862 Querfurt - 1941 ebd.) gewidmeter Vortragsabend im »Verein für Kunst«. Schlaf entwickelte mit Arno Holz das Konzept des »konsequenten Naturalismus« und schrieb gemeinsam mit ihm die bahnbrechenden Prosasammlungen »Papa Hamlet« und »Neue Gleise«. Nach der Trennung von Holz verfaßte er lyrische Prosa und philosophische Romane. In den 90er Jahren verkehrten Schlaf und Scheerbart in gleichen Freundeskreisen. Schlaf veröffentlichte im Juni 1904 im »Magazin für Literatur« einen Artikel über Scheerbart.
Mann: Heinrich M. (1871 Lübeck - 1950 Santa Monica) oder Thomas M. (1875 Lübeck - 1855 Kilchberg b. Zürich). Welcher der beiden Schriftsteller im Winterhalbjahr 1904/05 im »Verein für Kunst« auftrat, konnte nicht geklärt werden.

328 Brief (Staatsbibliothek PK Berlin)
(H. W. 28.8.04)
Anbei das Adressenbuch: zur Versendung des Veranstaltungsprogramms des »Vereins für Kunst«, s. vorhergehende Briefe an Walden.
Herr Lublinski: Samuel L. (1868 Johannisburg, Ostpreußen - 1910 Weimar), Schriftsteller, Literaturhistoriker, Kritiker. Lublinski verfaßte die erste literatursoziologische Untersuchung der Dichtung seiner Zeit (»Die Bilanz der Moderne«, Berlin 1904), in der er sich ausführlich und in anerkennender Weise zu Scheerbarts Büchern äußert. Im selben Jahr rezensierte er auch den »Kaiser von Utopia« in der Zeitschrift »Kampf«. Ein Foto aus dem »Berliner Tageblatt« vom 21.5.1905 zeigt Lublinski mit dem Ehepaar Scheerbart, Salomo Friedlaender, Herwarth Walden und Else Lasker-Schüler an zwei Tischen im »Café des Westens«. Es ist beschriftet: »Die

›Modernen‹ an ihrem Stammtisch in einem Café des Westens«. Scheerbart ist mit einem Stern gekennzeichnet und namentlich erwähnt.
mein National-Zeitungs-Artikel: Der Text konnte nicht ermittelt werden.

329 Postkarte (Memmo Kohn, Hilversum)
(E.M. 10.10.04)
Dir. Jos. Vallé: Josef V. leitete in der Spielzeit 1903/04 das Kabarett »Die sieben Tantenmörder«. In der Spielzeit 1904/05 etablierte sich die Truppe unter dem Namen »Intimes Theater« in der späteren Tonhalle am Odeonsplatz.
Kaiser u Band V: »Der Kaiser von Utopia. Ein Volksroman« und der 5. Band der »Revolutionären Theater-Bibliothek«.
Dein Tantenbuch: »Zur Psychologie der Erbtante«, Zürich 1905.

330 Brief (Berlinische Galerie, Berlin)
(R.G. 11.10.04)
Der Brief trägt in Rosa Gerlachs Handschrift den Vermerk: »Vor dem Wiedersehen«.
Meine liebe liebe liebe Freundin: Rosa Caecilie Louise Gerlach, geborene Joetze (1866 Konitz, Ostpreußen - 1946 Hettstadt, Kreis Halle), Hausfrau, Schriftstellerin. Scheerbart lernte Rosa Joetze (s. Brief an Dehmel vom 25.1.1905) 1883 in Danzig kennen, wo ihr Vater als Königlicher Generalmusikdirektor amtierte. Nach Mitteilung ihrer Enkelin Christine Gerlach verkehrten Scheerbart und Rosa Joetze in einem Zirkel literarisch ambitionierter junger Leute. Ihre (vermutlich platonische) Liebesbeziehung wurde 1887 durch Rosa Joetzes Heirat mit dem Insterburger Süßwarenfabrikanten Emil Gerlach beendet, Scheerbarts Liebe zur ihr blieb jedoch bestehen. Anfang Oktober 1904 traten die beiden brieflich wieder in Kontakt. Wer die Korrespondenz eröffnete, läßt sich nicht mehr genau feststellen, da Rosa Gerlachs Briefe verlorengegangen sind. Aus Scheerbarts Briefen geht jedoch hervor, daß Rosa Gerlachs Ehe in einer Krise war und sie bei dem Jugendfreund Trost suchte. Der Briefwechsel entwickelte sich sehr bald zu einem leidenschaftlichen Gefühlsaustausch und weckte in beiden den Wunsch, zusammenzukommen. Im Januar 1905 reiste Rosa Gerlach nach Berlin, in der Absicht, sich von ihrem Mann scheiden zu lassen und Scheerbart zu heiraten. Die von beiden gewünschte Verbindung scheiterte jedoch am Widerstand der Ehepartner und an Scheerbarts miserabler wirtschaftlicher Lage. Ende März 1905 kehrte Rosa Gerlach nach Insterburg zurück. »Mein Mann lag im Sterben«, notierte sie an den Rand eines Scheerbart-Briefes, »über Leichen zu gehen vermochte ich nicht.«
Ihre Leidenschaft für Herrn O.: Rosa Gerlach notierte hierzu zwischen den Zeilen: »Ich hatte ihm aus Trotz etwas vorgeräubert. R.G.«
in den letzten 10 Tagen: Da Scheerbart, nach eigener Aussage, Rosa Gerlach am 3.10.1904 den ersten Brief schrieb, müßte er, wenn die obige Zeitangabe stimmt, am 1.10. ihren ersten Brief empfangen haben, s. Nr. 349.
»Der gute Onkel«: Eine Geschichte mit diesem Titel konnte nicht nachgewiesen werden.
Das Programmheft: vermutlich des »Vereins für Kunst«, in dem der Scheerbart-Abend am 21.1.1905 angekündigt wurde.
und auch Prosageschichten: Aus dieser und weiteren Briefstellen geht hervor, daß Rosa gelegentlich schriftstellerte, auch schon etwas publiziert hatte. Sie hat diese Tätigkeit in späteren Jahren intensiviert. Über Inhalt und Umfang ihrer literarischen Produktion konnte die Enkelin Christine Gerlach keine genaue Auskunft geben. In Rosa Gerlachs Nachlaß befanden sich 9 Typoskripte mit kurzen Erzählungen und einer dramatischen Szene sowie ein Roman mit dem Titel »Die böse Sieben«, der 1940 in Fortsetzungen in der Wochenschrift »Reclams Universum« erschien. Die vorliegenden Texte lassen sich als gehobene Frauenliteratur qualifizieren.
Paul: Joetze (1879 Danzig - 1918 Svakopmund, Südwestafrika), jüngster Bruder Rosa Gerlachs.
Camilla: Joetze, verheiratete Walther (1870 Danzig - ?), einzige Schwester Rosa Gerlachs.

331 Brief (Berlinische Galerie, Berlin)
(R.G. 15.10.04)

die Urkunde: Welches Dokument hier gemeint ist, konnte nicht geklärt werden.
Dein Bruder Tai-Tai: vermutlich Paul Joetze. »Tai-Tai« heißt eine Figur in der Erzählung »Die Befreiung. Eine japanische Novellette«, die im Rahmen des Romans »Immer mutig!« erschien.

332 Brief (Berlinische Galerie, Berlin)
(R. G. 18. 10. 04)
Der Brief trägt in Rosa Gerlachs Handschrift den Randvermerk: »Vor dem Wiedersehen nach 18jähriger Trennung«.
Herrn S.: Seine Identität konnte nicht aufgeklärt werden.
Emil: E. Gerlach (1862 Insterburg - Buckow b. Straußberg), Rosas Ehemann.
Paul: Joetze.
Kunstgewerbliches: Rosa Gerlach betätigte sich neben der Schriftstellerei auch im Kunsthandwerk. In ihrem Nachlaß fanden sich folgende, unbezeichnete und undatierte, Zeitungsausschnitte:
»Mit dem höchsten Preise: goldner Medaille und Ehrendiplom wurde auf der internationalen Modeausstellung im neuen Meßpalast zu Berlin Frau Rosa Gerlach - Insterburg für ausgestellte Kunstarbeiten, insbesondere für Brandmalerei ausgezeichnet.«
»Die Holzbrennarbeiten waren vorzüglich. Besondere Aufmerksamkeit erregte(n) eine ›Tochter Jephtas‹ von Frau Gerlach in Insterburg (...)«.
Ernst: Joetze (1874 Danzig - ?), zweitjüngster Bruder Rosa Gerlachs.
Die Sommers: Persönliche Daten der Geschwister Anna Scheerbarts sind nicht bekannt.
Frl. von Jasky: Berliner Freundin Rosa Gerlachs. Persönliche Daten konnten nicht ermittelt werden.
Deine Kinder: Hans Gerlach (1888 Insterburg - 1965 Berlin), s. Anmerkung zu Nr. 339, Kurt Gerlach (1889 Insterburg - ?).
Woermann: Die Identität dieser Person konnte nicht aufgeklärt werden.

333 Brieffragment (Berlinische Galerie, Berlin)
(R. G. 22. 10. 04)
nach der Vorlesung: Wer hier was vorlesen sollte, konnte nicht aufgeklärt werden.
Frl. v. J.: Fräulein von Jasky, s. vorhergehenden Brief an Rosa Gerlach.
Ein neues Theaterunternehmen: konnte nicht identifiziert werden. Von einer Berliner Aufführung des »Rübezahl« ist nichts bekannt.
»Die Welt«: Vermutlich ist das Schauspiel »Die Welt geht unter« aus der »Revolutionären Theater-Bibliothek« gemeint. Auch dieses Stück wurde nicht in Berlin aufgeführt.
Deinen Hans: Rosa Gerlachs älterer Sohn, s. Anmerkung zu Nr. 339.
Frau B. u. Frau K.: Freundinnen Rosa Gerlachs in Insterburg, die Scheerbarts Briefe in Empfang nahmen. Bei ersterer handelt es sich wohl um Meta Bierfreund, s. Anmerkung zu Nr. 343.
Paul u. Ernst: Brüder Rosa Gerlachs.

334 Brief (Berlinische Galerie, Berlin)
(R. G. 24. 10. 04)
Schaper: Hugo S. (1844 Alsleben - 1915 Berlin), Hofgoldschmied, schuf Schmuckstücke in Jugendstil-Formen, Spezialist für Emaille-Arbeiten.
»Münchhausen in Berlin«: Das Buch erschien 1906 unter dem Titel »Münchhausen und Clarissa. Ein Berliner Roman« im Verlag Oesterheld und Co.
Rübezahl: S. vorhergehenden Brief an Rosa Gerlach.
Geschichte ... Gedichte: Weder über die Texte noch über ihre Publikation konnte etwas ermittelt werden.

335 Postkarte (Staats- und Universitätsbibliothek Hamburg)
(R. D. 2. 11. 04)
Korrespondenz mit meiner Ehefrau: Vermutlich bat Dehmel Anna Scheerbart, ihm einige ihrer

Vorsatzpapiere zu schicken. Der Brief blieb nicht erhalten, wohl aber mehrere Briefe von Anna Scheerbart an Ida Dehmel, in denen sich Anna für die Abnahme von Vorsatzpapieren bedankt und um die Adressen möglicher Interessenten bittet. Die Briefe befinden sich im Dehmel-Archiv der Staats- und Universitätsbibliothek Hamburg.

336 Brief (Staatsbibliothek PK Berlin)
(H. W. 5. 11. 04)
die Drucksachen des Freiherrn: Die angesprochene Person konnte nicht identifiziert werden.
Der Kaiser: »Der Kaiser von Utopia«.
unter Kreuzband: als Drucksache.

337 Postkarte (Memmo Kohn, Hilversum)
(E. M. 8. 11. 04)
Essay bei Remer: Möglicherweise wollte Mühsam einen Essay über Scheerbart schreiben und ihn in der von Paul Remer edierten Buchreihe »Die Dichtung« publizieren, in der Schriftsteller der Vergangenheit und Gegenwart in Kurzmonographien dargestellt wurden. Scheerbart schrieb für diese Reihe sein Cervantes-Buch.
Landauer: Gustav L. (1870 Karlsruhe - 1919 München), Schriftsteller, Essayist, politischer Publizist. Landauer, zu dessen Leistungen die Wiederentdeckung der deutschen Mystik zählt, lieferte einen bedeutenden Beitrag zur Formulierung eines freiheitlichen Sozialismus. Er verkehrte in der »Neuen Gemeinschaft« und war ein Freund und Mentor Erich Mühsams. 1919 wurde er als Mitglied der bayrischen Räterepublik inhaftiert und im Gefängnis ermordet. Über die Beziehung zwischen Scheerbart und Landauer ist nichts bekannt.
Schnabelschen Verlags: Karl Schnabel war Buchhändler und Verleger in Berlin, Landauer für kurze Zeit sein Teilhaber. Er veröffentlichte in diesem Verlag 1906 eine Sammlung von ihm übersetzter Predigten Meister Eckharts.
die »Tantenmörder«: Gemeint ist das Münchner Kabarett »Die sieben Tantenmörder«, das die Nachfolge der »Elf Scharfrichter« antrat, s. Anmerkung zu Nr. 329.
Die Erbtante: S. Anmerkung zu Nr. 329.
meine Bibl.: die »Revolutionäre Theater-Bibliothek«.

338 Brief (Berlinische Galerie, Berlin)
(R. G. 11. 11. 04)
Der Brief trägt in Rosa Gerlachs Handschrift den Randvermerk: »Vor dem Wiedersehen«.
als wenn mein bisheriges Schaffen Nichts wäre: Rosa Gerlach hatte tatsächlich keine besonders hohe Meinung von Scheerbarts Dichtungen. Kurz nach seinem Tod, am 15. 11. 15, schrieb sie an Franz Servaes:
»Paul Scheerbart war ein wunderlicher Mensch u. wunderlich sind seine Werke. Das Schönste aber, das er geschrieben - das wirklich Schöne - das kennt niemand außer mir: Paul Scheerbarts Briefe an mich. In diesen Briefen spielt er sich nicht als clown des heiligen Geistes auf, da läßt er auch - mir zuliebe - ganz das Groteske beiseite, da ist er nur Mensch - ein Mensch von wunderfeiner Art.« Der Brief befindet sich im Nachlaß von Franz Servaes.

339 Brief (Berlinische Galerie, Berlin)
(R. G. 13. 11. 04)
Die Geschichte mit Hans: Rosa Gerlach hatte Scheerbart vermutlich geschrieben, daß ihr älterer, 1888 geborener Sohn Hanns ihm charakterlich gleiche, und ihm suggeriert, daß dieser so etwas wie eine Geistzeugung von ihm sei. Wie seine Briefe zeigen, hat Scheerbart diese Idee sehr bewegt, glaubte er doch, mit Rosa in der Zeit der Trennung in telepathischem Kontakt gestanden zu haben.
Hanns Gerlach verdanken wir übrigens den Erhalt von Scheerbarts Briefen an seine Mutter. In einem Schreiben an Servaes vom 15. 11. 1915 (Nachlaß Franz Servaes, Wien) berichtet Rosa Gerlach, ihr Sohn habe sie davon abgehalten, diese Briefe zu verbrennen und sie gebeten, sie ihm zu geben.

»Ich gab sie ihm. Wer hätte ein größeres Recht darauf gehabt, als er. Sah doch Paul Scheerbart in ihm den Sohn - wenn auch nicht den leiblichen (darauf hat P. S. keinen Ehrgeiz gelegt), so doch seines ›heiligen Geistes Sohn‹, den er zärtlich geliebt hat, u. auf den er so stolz gewesen ist. Mein Hanns hat ihn noch vor dem Kriege besucht; da ist P. S. ganz außer sich vor Freude gewesen.«

Hanns Gerlach studierte in Berlin Architektur und wirkte dort später als Regierungsbaudirektor. In seinem Nachlaß befand sich »Das große Licht. Ein Münchhausen-Brevier« mit der Widmung: »Herrn Hans Gerlach z. fr. E. an den 10. Nov 1912 der Verf. Gr. Lichterfelde W.«.

340 Brief (Berlinische Galerie, Berlin)
(R. G. 14. 11. 04)
Das mit Deinem Hans: S. vorhergehenden Brief an Rosa Gerlach.
Ich wäre ja auch so gerne Bildhauer: Im »Rübezahl« sagt der Gnom Rüffel, der selbst ein Bildhauer ist, zum Titelhelden:

»Es wäre doch besser, wenn Du mehr danach strebtest, Deine Ideen plastisch auszuarbeiten - als agitatorisch zu verbreiten.« (3. Auftritt, 4. Aufzug.)

Ich sende Dir noch ein Bild: Scheerbart spricht hier von der Serie, die Wilhelm Fechner von ihm aufnahm.

341 Brief (Berlinische Galerie, Berlin)
(R. G. 15. 11. 04)
in Oscars Schreibmappe: Gemeint ist Oskar Joetze (1868 Konitz - 1893 Danzig), Rosa Gerlachs ältester Bruder. Scheerbart schreibt über ihn in »Ich liebe Dich!«:

»Der dritte Freund, von dem ich erzählen will, ist mein lieber Oscar Joetze. Der hatte eine dunkle Haut und große braune Augen, die wunderbar glänzten. Er war Schriftsteller - doch er schrieb nicht viel. Er setzte mir mal in den letzten Monaten vor seinem Tode auseinander, daß er nicht daran denke, der Welt etwas zu sagen, er sei viel zu bescheiden - und wolle Nichts schreiben. Ich wollte ihn zu meinem Leibkritiker machen. Ich bin ihm jetzt noch sehr sehr gut. Schon lange vor dem Tode schien er mit dem Leben fertig zu sein - das wirkte so abgeschlossen - so reif. Er wollte Nichts. Er hatte nur einen großen Respekt vor allen Naturen, die etwas machten. Er nahm nur Alles so liebevoll auf - seine feine kritische Liebenswürdigkeit hat mich oft sehr erquickt. Solche Naturen machen den Schaffenden Muth.« (Zitiert nach der Erstausgabe, Berlin 1897, S. 189f.)

im Gespensterbuch: Das »Gespenster-Buch« von Johann August Apel und Friedrich Laun, erschienen 1810-12, ein populäres Werk der pseudoromantischen Unterhaltungsliteratur, gehörte zu Scheerbarts Lieblingslektüre, s. auch Nr. 400.
meine Stiefmutter: Emilie Scheerbart, geborene Möller. Persönliche Daten konnten nicht ermittelt werden. Emilie Möller heiratete 1869 den Witwer Carl Eduard Scheerbart. Die vierjährige Ehe blieb kinderlos. Nach dem Tod ihres Mannes lebte sie vermutlich allein mit ihrem Stiefsohn, bis dieser 1882 Danzig verließ. 1889 finanzierte sie ihm den Druck seines ersten Buches.
da die Theaterstücke aufgeführt werden: Scheerbarts Hoffnung erfüllte sich nicht.

342 Brief (Staatsbibliothek PK Berlin)
(H. W. 15. 11. 04)
drei Texte: Sie sollten vermutlich auf dem Scheerbartabend im »Verein für Kunst« vorgetragen werden, s. Anmerkung zu Nr. 320. Es handelt sich um die Gedichte »Dunkle Nacht in Europa«, »Kikakokú!« und »Kosmischer Trost«. Die ersten beiden Gedichte wurden 1897 in »Ich liebe Dich!« veröffentlicht, das letzte hatte Scheerbart soeben verfaßt. Eine Abschrift von seiner Hand, die sich unter den Briefen an Rosa Gerlach fand, trägt das Datum 13.-15. 11. 1904. Da das Gedicht Scheerbarts Beziehung zu Rosa Gerlach reflektiert, sei es hier mitgeteilt:
»Kosmischer Trost:
Der Mondball sieht den Erdball an.
Und auf der Haut der Erde spiegelt sich der Wille des Mondes.
Darum suchen wir nur Einen - immer nur Einen.

Und wir finden auch nicht mehr.
Ein wenig wenig scheint es uns oft.
Auf dem Saturn lebt sichs wohl besser; der hat ja mehr Monde - hat ja Neun.
Dort kann sich Jeder freun mit Neun.
Ei, das muss ja köstlich wirken - immer sich zu freun - gleich mit Neun.
Doch der grosse Mond der Erde zeigt eine stolze Weltgeberde und ruft uns zu:
›Ihr könnt euch ebenso freun; ein Mond kann ja so gross sein wie neun.‹
Das ist doch ein kosmischer Trost.
Ein Mond kann so gross sein wie Neun.«

343 Brief (Berlinische Galerie, Berlin)
(R.G. 16.11.04-I)
Der Brief trägt in Rosa Gerlachs Handschrift den Randvermerk: »Vor dem Wiedersehen«.
h. 5.: 5 Uhr.
Meine Autobiographie im Programmheft: Das Programmheft blieb nicht erhalten. Die erwähnte Autobiographie ist möglicherweise mit dem Text in der Anthologie »Bildende Geister« identisch, s. Anmerkung zu Nr. 182.
der Hans: S. Anmerkung zu Nr. 339.
Zettel von Mittwoch Abend 9 U.: S. den folgenden Brief an Rosa Gerlach.
Selbstporträt: Es ging vermutlich verloren.
Schillerstiftung: Die »Deutsche Schillerstiftung«, gegründet 1859, diente dem Zweck, »Schriftsteller resp. deren Angehörige in schweren Lebenslagen zu unterstützen« (Kürschners Literaturkalender).
Deine Freundin M.B.: Meta Bierfreund in Insterburg. Sie nahm für Rosa Gerlach Briefe von Scheerbart entgegen. Ihre Identität konnte anhand des Briefes von Rosa Gerlach an Franz Servaes vom 15.11.15 aufgeklärt werden, s. Anmerkung zu Nr. 338 und 339.

344 Brief (Berlinische Galerie, Berlin)
(R.G. 16.11.04-II)
Der Brief trägt in Rosa Gerlachs Handschrift den Randvermerk:
»kurz vor dem Abschluß der ganzen Tragödie. Mein Mann lag fast im Sterben. Über Leichen zu gehen vermochte ich nicht.«
Diese, offenbar nachträglich vorgenommene, zeitliche Zuordnung ist jedoch falsch. Die korrekte Datierung ergibt sich aus einem Hinweis im vorhergehenden Brief (s. Anmerkung) und aus der Erwähnung des Märchens »von Hans u. Hanne«, an dem er zu dieser Zeit arbeitete, s. Nr. 349. Der umfangreiche Text, der den Titel »Die Weltkutsche« erhielt, erschien 1905 mit Illustrationen des Autors in der von Adolf Cronbach und Hanns Heinz Ewers edierten Zeitschrift »Heim der Jugend«.

345 Postkarte (Staats- und Universitätsbibliothek Hamburg)
(R.D. 17.11.04)
18 Trillionen Weltgrüsse: zu Dehmels Geburtstag am 18. November.
Jenseits von Einigkeit und Zwietracht: Scheerbart schickte Dehmel zum selben Datum eine Zeichnung mit dem Titel »Die Zwietracht«. Sie befindet sich im Dehmel-Archiv der Staats- und Universitätsbibliothek Hamburg.

346 Postkarte (Staats- und Universitätsbibliothek Hamburg)
(R.D. 25.11.04)
Buntscheck: von Dehmel edierte Kinderanthologie, die zwei Beiträge von Scheerbart enthält.

347 Postkarte (Staatsbibliothek PK Berlin)
(H.W. 29.11.04)
Der »kosmische Trost«: S. Anmerkung zu Nr. 342. Die Äußerung zeigt, daß Scheerbart die Darstellung von Gefühlen peinlich war, selbst wenn es in so distanzierter und skurriler Form ge-

schah wie im »Kosmischen Trost«. Später hat er seine Bedenken gegen das Gedicht zurückgenommen und es in der »Fackel« veröffentlicht.

348 Brief (Berlinische Galerie, Berlin)
(R. G. 5. 12. 04)
Ein Brief... ist letzten Freitag: Ein Schreiben mit entsprechender Datierung (2. 12.) blieb nicht erhalten. Unter den Briefen an Rosa Gerlach befindet sich jedoch ein undatiertes Brieffragment, das aus dieser Zeit stammen könnte. Da es einige wichtige Angaben enthält, sei es hier mitgeteilt:

»Die Tarub ist 1895 geschrieben, aber 1886 begonnen - Frühling 1892 fortgesetzt. Die da behandelt⟨*e*⟩ Genußgeschichte findet im kranken Philander eine große Ergänzung. Liwûna ist Ende 1899 in fünf Monaten geschrieben und wohl mein wichtigstes - glänzender, aber noch viel schwerer ist Die wilde Jagd (Juli 1900 geschr.) Diese beiden Bücher sind s e h r schwer, und ich verlange wahrhaftig nicht, daß Du Dich dadurch umbringst. Lies nur Ich liebe Dich genauer - es wird durch Liwûna ergänzt, hier wird gezeigt, welche Albernheit es ist, im ›Weltgeiste‹ aufgehen zu wollen - der ist viel zu groß - und geliebt werden darf er auch nicht. Tarub ist eigentlich noch ältestes Fahrwasser - so was schreibe ich nicht mehr. In ›Immer mutig‹ ist eine vollendete Wiederlegung des Pessimismus - und eine große Ueberwindung aller Schwermut - die Welt ist tatsächlich dort so ›großartig‹ geschildert, daß ein ›V e r z w e i f e l n‹ einfach unfein und verletzend wirkt - das Verzweifeln darfst Du also nicht aufkommen lassen. Du wirst schon bald bemerken, daß ich ein Recht habe, Dir immer wieder wie ein Feldherr zuzurufen: Lies meine Bücher! Lies auch Sawîga, Lakkarúdia, Liebst Du mich nicht mehr? (In Ich l. D.) Nein - ich glaube nicht an Backfischideen - aber - na - zerkneifen wir das auch! - Mißverständnisse sind bei solchen Zuständen nicht so leicht vermeidlich. Manches ist wirklich schwer zu verstehen - mein Persönliches wohl am allermeisten - das kommt vom unaufhörlichen Denken - man nimmt
Randbeschriftung:
Alles von zu vielen Seiten - - - daher bin ich auch nicht so fest im Wollen.
Grüße Deine Freundin.
Ich weiß nicht, w a n n ich wieder schreiben kann.
Immer mutig! Und immer lustig! Du musst!!
Die Einsamkeit darfst Du nicht unterschätzen.
O h n e sie gäbs nichts Grosses - aber sie ist auch ein Schmerz - und wir müssen Schmerzen haben.«

349 Brief (Berlinische Galerie, Berlin)
(R. G. 13. 12. 04)
Der Brief trägt in Rosa Gerlachs Handschrift den Randvermerk: »Der erste Brief nach Rückziehung seines Jaworts.«
Jetzt fängst Du an, lustig zu werden: Rosa Gerlach kommentierte diese Äußerung zwischen den Zeilen mit den Worten: »wenn er geahnt hätte, was mich das gekostet hat«.
Ich l. D.: »Ich liebe Dich!«.
Haremsroman: »Der Tod der Barmekiden«.
vom ersten Briefe (3. Oct. 1904) ab: Der Brief blieb nicht erhalten.
Mondroman: »Die große Revolution«.
Salambo von Flaubert: Der Roman »Salammbô« von Gustave F. (1821 Rouen - 1880 Croisset) faszinierte Scheerbart wohl vor allem wegen seines orientalischen Hintergrunds.
»Die Weltkutsche«: S. Anmerkung zu Nr. 344.

350 Brief (Staatsbibliothek PK Berlin)
(H. W. 6. 1. 05)
nächsten Sonntag: An diesem Tag war Scheerbarts Geburtstag, zu dem er auch Rosa Gerlachs Besuch erwartete. Bei dieser Gelegenheit kam es zu einer heftigen Auseinandersetzung zwischen Rosa Gerlach und Anna Scheerbart. Dies geht aus einem Brief von Anna Scheerbart vom

10. 1. 05 hervor, in dem sie Rosa Gerlach um Versöhnung bittet. Dieser Brief befindet sich im Archiv der Berlinischen Galerie.

351 Brief (Berlinische Galerie, Berlin)
(R. G. 16. 1. 05)
Der Brief trägt in Rosa Gerlachs Handschrift den Randvermerk: »Nach dem Wiedersehen«.
meinen Münchhausen: »Münchhausen und Clarissa. Ein Berliner Roman«.
Du - mein Mond: Anspielung auf das Gedicht »Kosmischer Trost«, s. Anmerkung zu Nr. 342.

352 Brief (Staatsbibliothek PK Berlin)
(H. W. 17. 1. 05)
für den Abend: den Scheerbart-Abend im »Verein für Kunst« am 21. 1. 1905.

353 Brief (Berlinische Galerie, Berlin)
(R. G. 18. 1. 05)
Der Brief trägt in Rosa Gerlachs Handschrift den Randvermerk: »Nach dem Wiedersehen. Brief nach Halle / mein Schwager war schwer erkrankt. R. G.«
Herrn Walter: Otto Walther, Ehemann von Rosa Gerlachs Schwester Camilla.
»Der vornehme Räuberhauptmann«: »Ein Bühnenspaß in 3 Aufzügen« erschien 1904 in der »Revolutionären Theater-Bibliothek«.

354 Brief (Staats- und Universitätsbibliothek Hamburg)
(R. D. 25. 1. 05)
»Heim der Jugend«: Unter diesem Namen erschien ab Januar 1905 im Verlag Siegfried Cronbach in Lichterfelde b. Berlin eine Kinderzeitschrift. Die großzügig ausgestatteten Hefte boten Literatur verschiedener Gattungen, Graphik, Textillustrationen und, je Nummer, eine Liedpartitur. Als Herausgeber zeichneten Adolf Cronbach (wohl ein Verwandter des Verlegers) und Hanns Heinz Ewers, der Initiator des Unternehmens. Unter den Mitarbeitern befanden sich nahmhafte Autoren wie Dehmel, Holz, Mühsam, Schaukal, Schlaf, Scheerbart. Letzterer scheint auch als Redakteur tätig geworden zu sein, denn er forderte auf dem Briefpapier der Redaktion mehrere Autoren zur Mitarbeit auf. Nach 12 Nummern stellte die Zeitschrift ihr Erscheinen ein. Der Verlag brachte den gesamten Jahrgang auch in gebundener Form unter dem Titel »Heim der Jugend. Ein Jahrbuch für Eltern und ihre Kinder« heraus.

355 Brief (Staatsbibliothek PK Berlin)
(H. W. 28. 1. 05)
die restirenden 26 M: Das Resthonorar für den Scheerbart-Abend im »Verein für Kunst« am 21. 1. 05.

356 Brief (Staats- und Universitätsbibliothek Hamburg)
(R. D. 30. 1. 05)
an Cronbach: S. Anmerkung zu Nr. 354.
ins Ansorge-Concert: eine Veranstaltung des »Vereins für Kunst« am 2. 2. 05.

357 Brief (Berlinische Galerie, Berlin)
(R. G. 3. 2. 05)
im »Tagebuch«: Damit sind vermutlich informelle tägliche Aufzeichnungen gemeint, die die Korrespondenten sammelten und en bloc austauschten. Die Brieffragmente und die unvollkommen oder gar nicht datierten Briefe könnten Teile dieses »Tagebuchs« gewesen sein. Da sich diese Frage jedoch nicht mehr befriedigend klären läßt und meines Erachtens auch nur von sekundärem Interesse ist, wurde auf eine spekulative Zuweisung der Schreiben zur einen oder anderen Kategorie verzichtet.
Dein Manuskript bei Cronbach: Welcher Art das Manuskript war und ob es im »Heim der Jugend« oder als selbständige Publikation erscheinen sollte, konnte nicht geklärt werden.

358 Postkarte (Maxim-Gorki-Institut, Moskau)
(E. M. 4.2.05)

359 Brief (Berlinische Galerie, Berlin)
(R.G. Februar 05)
eine Kritik von Bierbaum: Der Artikel konnte nicht eruiert werden. 1904 erschien in der Wiener »Zeit« keine Scheerbart-Kritik von Bierbaum, im Oktober des Jahres stellte das Blatt sein Erscheinen ein.
ein Perpetuus: Randnotiz von Rosa Gerlach: »Er nannte mich Perpetua.«

360 Brief (Deutsches Literaturarchiv, Marbach)
(A. W. H. 13.2.05)

361 Brief (Deutsches Literaturarchiv, Marbach)
(A. W. H. 16.2.05)
Herrn Poeschel: Carl Ernst Poeschel wurde 1905 als Nachfolger von Rudolf von Poellnitz, zusammen mit Anton Kippenberg, Geschäftsführer des Insel-Verlags. 1906 schied er aus dem Verlag aus.
meines Romans: »Münchhausen und Clarissa«, s. vorhergehenden Brief an Heymel.

362 Brief (Nachlaß Franz Servaes, Wien)
(F. S. 16.2.05)
Deine lieben Zeilen in N. F. Pr.: Der Text konnte nicht nachgewiesen werden. Von November 1904 bis zu obigen Datum erschien in der »Neuen Freien Presse« kein Artikel von Servaes über Scheerbart.
im Paradies: In dem Roman »Das Paradies. Die Heimat der Kunst«.
Frau meiner Seelenliebe: Gemeint ist der Text »Seelenliebe. Spiritistische Romanscene«.

363 Brief (Berlinische Galerie, Berlin)
(R. G. 16.2.05)
Annahme meines Romans: S. Nr. 220.
Das Swift-Honorar: S. Nr. 317 und Anmerkung.
»Aufgang zur Sonne«: eine Märchensammlung von Scheerbart.
meine Zeichnungen für Postkarten: Scheerbart hatte offenbar den Plan, seine Zeichnungen auf Postkarten zu vermarkten. Das Vorhaben wurde vermutlich nicht verwirklicht. Im Nachlaß von Franz Servaes befindet sich eine Postkarte mit einer gedruckten Scheerbart-Zeichnung. Sie trägt jedoch keinerlei Beschriftung und wurde vermutlich als Probeexemplar hergestellt, s. Abbildung Nr. 27.
daß Du aus meinen Zeichnungen was verwerten willst: Rosa Gerlach wollte wohl nach Scheerbarts Vorlagen etwas Kunstgewerbliches produzieren, s. Anmerkung zu Nr. 332.

364 Brief (Berlinische Galerie, Berlin)
(R. G. Februar 05)
Der Brief trägt in Rosa Gerlachs Handschrift den Randvermerk: »Nach dem Wiedersehen, in der Hoffnung auf eine glückliche gemeinsame Zukunft«.
Die Niobe: Rosa Gerlach hatte offenbar Scheerbarts Rat befolgt und ihren Kummer über die Trennung von ihren Söhnen literarisch verarbeitet, mittels eines Stoffes aus der griechischen Mythologie. Der Text blieb nicht erhalten.
Welt am Montag: 1905 erschien kein Beitrag von Scheerbart in diesem Blatt, ein Umstand, der wahrscheinlich mit dem Ausscheiden seines Gönners Siegfried Jacobsohn aus der Redaktion der Zeitschrift zusammenhing. Jacobsohn gründete 1905 die Zeitschrift »Die Schaubühne«, die mehrere Texte von Scheerbart publizierte.

die wilde Jenny: S. Anmerkung zu Nr. 313.
Der Mitternachtsbesuch: Der Text erschien 1905 in der Zeitschrift »Freistatt«.
die Postkarten: S. Anmerkung zu Nr. 363.

365 Brief (Staatsbibliothek PK Berlin)
(H.W. 12.3.05)
Bei Cronbach: Aus dem Kontext geht nicht hervor, ob Siegfried (Verleger) oder Adolf (Herausgeber des »Heim der Jugend«) Cronbach gemeint sind.
Ihre beiden Wechsel: das Resthonorar für den Scheerbart-Abend im »Verein für Kunst«, s. Anmerkung zu Nr. 355.
Herrn Ewers: der Schriftsteller Hanns Heinz Ewers, s. Anmerkung zu Nr. 576.

366 Brief (Berlinische Galerie, Berlin)
(R.G. 13.3.05)
meine Jenny: »Die wilde Jenny. Ein Sensationsroman«, s. Anmerkung zu Nr. 313.
»Blutspäße«: Ein Buch mit diesem Titel ist nicht erschienen. Bekannt ist nur, daß Scheerbart das Manuskript fertigstellte und mehreren Verlagen anbot, s. Nr. 383.
Frau Dr. B.: Meta Bierfreund, s. Anmerkung zu Nr. 343.

367 Postkarte (Staatsbibliothek PK Berlin)
(H.W. 30.3.05)
Die Restangelegenheit: S. die vorhergehenden Briefe an Walden.

368 Postkarte (Nachlaß Franz Servaes, Wien)
(F.S. 8.4.05)
meine 2te Frau ist mir durchgebrannt: Rosa Gerlach war zu ihrem Ehemann zurückgekehrt.

369 Brief (Staatsbibliothek PK Berlin)
(H.W. 17.4.05)
die restirenden 30 M: S. die vorhergehenden Briefe an Walden.

370 Brief (Goethe- und Schiller-Archiv, Weimar)
(C.E.P. 17.4.05)
für eine Nachricht sehr dankbar sein: Poeschel forderte Scheerbart in seinem Antwortbrief vom 3.5.1905 auf, dem Insel-Verlag »das Manuskript zur Einsicht zu übersenden«, und entschuldigte sich, daß Scheerbarts Bücher in den letzten Katalogen nicht angezeigt worden seien. »Wir werden Sorge tragen, dass sie im nächsten (...) nicht fehlen.« Der namentlich nicht gekennzeichnete Briefdurchschlag befindet sich im Goethe- und Schiller-Archiv, Weimar.

371 Brief (Goethe- und Schiller-Archiv, Weimar)
(C.E.P. 4.5.05)

372 Brief (Goethe- und Schiller-Archiv, Weimar)
(C.E.P. 20.6.05)

373 Brief (Deutsches Literaturarchiv, Marbach)
(E.H. 21.6.05)
Herr Hardt: Ernst H. (1876 Graudenz, Westpreußen – 1947 Ichenhausen, Niederbayern), Lyriker, Prosaist, Dramatiker, ein Neuromantiker aus dem George-Kreis. Von Hardt erschien kein Beitrag im »Heim der Jugend«.
Die neue Rundschau: Zeitschrift des S. Fischer Verlags, vormals »Neue deutsche Rundschau« und »Freie Bühne«.
Ihre Seebadgeschichte: Vermutlich ist die Novelle »Traum« gemeint. Sie erschien im März 1902 in der Hamburger Wochenschrift »Der Lotse«, in der auch Scheerbart publizierte.

374 Brief (Stadtbibliothek München)
(M.H. 21.6.05)
Max Halbe: (1865 Güttland b. Danzig – 1944 Gut Neuötting, Oberbayern), Dramatiker, Prosaist. Halbe, der mit seinem Schauspiel »Jugend« einen großen Erfolg verbuchte, gehörte zur naturalistischen Dramatikergarde. Bis 1894 lebte er in Berlin, wo er mit den Friedrichshagenern und im Freundeskreis von Hartleben verkehrte. Dort dürfte er auch mit Scheerbart zusammengetroffen sein. Von Halbe erschien kein Beitrag im »Heim der Jugend«.

375 Brief (Staats- und Universitätsbibliothek Hamburg)
(R.D. 21.6.05)
mein Sensationsroman: »Die wilde Jenny«.
meine Jugendfreundin: Rosa Gerlach.
Dehmel antwortete Scheerbart (- vermutlich auf diesen Brief, sein Schreiben ist nur als undatierte Briefabschrift erhalten geblieben):
»Lieber Paulus! Bei mir hat's wirklich ausgekindert. Ich fühl's mit dem berühmten Leithammel-Instinkt, daß das Feld abgegrast ist. Gieb also Cronbach den freundlichen Rat, keine Porti an mich zu verschwenden. Grüße das Siebengestirn (d.h. den Bären, M.R.) und bete es an. Denn es stammt aus meiner Heimatgegend und behütete Dich vor polnischer Wirtschaft. Möge es Dich weiter behüten und der antierotischen Erotik zum Siege verhelfen. Auf Wiedersehen im Herbst in Berlin. Dein R.
P.S. Eben fällt mir ein, vielleicht kann Cronbach das Nachstehende brauchen. Es ist zwar kein Kindergedicht, aber immerhin ungedruckt. Bedingungen: Zwanzig Mark Honorar und Correktursendung.«
Es folgt das Gedicht »Laufbahn«. Es wurde im letzten Heft vom »Heim der Jugend« veröffentlicht.

376 Brief (Staats- und Universitätsbibliothek Hamburg)
(R.D. 1.7.05)
Herr Michalski: Heinrich Michalski war Herausgeber der Wochenschrift »Europa«, die nach wenigen Nummern einging. In einem Brief von Erich Mühsam an Heinrich Hart vom Dezember 1901 wird Michalski als Mitglied der »Neuen Gemeinschaft« genannt.
Frau Paula: Paula Dehmel.
Joh. Fastenrath: Johann F. (1839 Remscheid – 1908 Köln), Dr. jur., Lyriker, Dramatiker, war Vorsitzender der »Literarischen Gesellschaft« in Köln. Dort fand wohl auch die von Scheerbart erwähnte Lesung statt.
von Cronbach die 20 M bekommen: S. vorhergehenden Brief an Dehmel.

377 Brief (Staats- und Universitätsbibliothek Hamburg)
(R.D. 3.7.05)
wildesten Dank: S. vorhergehenden Brief an Dehmel.

378 Brief (Goethe- und Schiller-Archiv, Weimar)
(I.V. 30.8.05)
Herrn Kippenberg: Anton K. (1874 Bremen – 1950 Luzern), Dr. phil., leitete ab 1905 den Insel-Verlag. Zwischen ihm und Scheerbart kam es zu keiner Zusammenarbeit.
von der Annahme benachrichtigen: Der Insel-Verlag lehnte das Manuskript ab, mit der Begründung, der Roman passe »zu wenig in den Rahmen unserer übrigen Unternehmungen, besonders der neueren«. Der namentlich nicht gekennzeichnete Briefdurchschlag vom 9.9.1905 befindet sich im Goethe- und Schiller-Archiv, Weimar.

379 Brief (Goethe- und Schiller-Archiv, Weimar)
(I.V. 10.9.05)
Kriegs- u. Sensations-Roman: »Die wilde Jenny«. Der Roman ist niemals vollständig erschienen, das Manuskript ging vermutlich verloren. Der Insel-Verlag schickte das Manuskript mit der Be-

gründung zurück, es passe »durchaus nicht in den Rahmen« des Unternehmens. Der namentlich nicht gekennzeichnete Briefdurchschlag vom 18.9.05 befindet sich im Goethe- und Schiller-Archiv, Weimar.

380 Brief (Deutsches Literaturarchiv, Marbach)
(P.R. 13.9.05)
Erfolg der »Dichtung«: S. Nr. 317 und Anmerkung.

381 Brief (Stadt- und Universitätsbibliothek Frankfurt a.M.)
(J.E. 21.9.05)
Dr. Ettlinger: Josef E. (1869 Karlsruhe - 1912 Frankfurt a.M.), Schriftsteller, Kritiker, Herausgeber des »Litterarischen Echo«. In der von Ettlinger edierten, sehr einflußreichen Literaturrevue wurden fast alle Bücher Scheerbarts rezensiert. Von 1902 bis 1911 saß er im Vorstand der »Neuen Freien Volksbühne«, in dieser Funktion wird er hier auch von Scheerbart angesprochen. Die gewünschte Aufführung kam nicht zustande.
Bruno Wille: (1860 Magdeburg - 1928 Lindau-Aeschach), Dr. phil., Schriftsteller, Sozialist, Lebensreformer, war im Berlin der Jahrhundertwende an zahlreichen Gründungen beteiligt: der Friedrichshagener Dichterkolonie, der »Freien Bühne«, der »Neuen Freien Bühne«, des »Giordano-Bruno-Bundes«, der »Freien Hochschule«. Wille war vor allem bestrebt, eine zeitgemäße, mit naturwissenschaftlichen Erkenntnissen verträgliche, idealistische Weltanschauung zu formulieren und seinen Zeitgenossen zu vermitteln. Er bezog sich dabei auf den Monismus Haeckels und die Lehren Giordano Brunos, Spinozas und Gustav Theodor Fechners. Von letzterem ließ er sich auch in seinem bekanntesten literarischen Werk, dem Roman »Offenbarungen des Wacholderbaums« (1901), inspirieren. Es ist denkbar, daß Scheerbart durch Wille oder seinen Mitstreiter Wilhelm Bölsche auf Fechner hingewiesen wurde.

382 Brief (Staatsbibliothek PK Berlin)
(H.W. 26.9.05)
die restirenden 30 M: S. die vorhergehenden Briefe an Walden.

383 Brief (Staats- und Universitätsbibliothek Hamburg)
(R.D. 12.10.05)
Schiller-Stiftung: Scheerbart erhielt bereits im Herbst 1904 eine finanzielle Unterstützung von 300 Mark von dieser Institution.
Jenny: »Die wilde Jenny«.
»Blutspässe«: S. Anmerkung zu Nr. 366.

384 Brief (Deutsches Literaturarchiv, Marbach)
(A.W.H. 27.10.05)
Der Brief trägt in Heymels Handschrift den Randvermerk: »Bitte Scheerbart sofort antworten / Ich bin gewillt, persönlich 300 M Deficit zu garantieren / Ihr Heymel.«
»in heiligster Dankbarkeit« zueignen: »Münchhausen und Clarissa« erschien ohne die Widmung an Heymel 1906 im Verlag Oesterheld und Co.

385 Postkarte (Staatsbibliothek PK Berlin)
(H.W. 17.11.05)
Das Glanzpapier: Es geht in diesem Brief um die Bühnenausstattung von Scheerbarts Schauspiel »Herr Kammerdiener Kneetschke«, das am 1.12.1905 durch Waldens »Verein für Kunst« aufgeführt wurde.

386 Postkarte (Staatsbibliothek PK Berlin)
(H.W. 27.11.05)
Voranzeigen: S. vorhergehende Karte an Walden. Scheerbart besteht hier auf dem authentischen Untertitel des in der »Revolutionären Theater-Bibliothek« veröffentlichten Stückes.

387 Postkarte (Goethe- und Schiller-Archiv, Weimar)
(C.E.P. 29.12.05)
Herr Roda Roda: Alexander R.R., eigentlich Sandór Friedrich Rosenfeld (1872 Puszta Zdenci, Slavonien - 1945 New York), volkstümlicher Erzähler, Verfasser humoristischer Geschichten aus der Donaumonarchie. Roda-Roda lebte zu dieser Zeit in Berlin und ist dort vermutlich mit Scheerbart zusammengetroffen. Ein von ihm verfaßter Artikel über Scheerbart konnte nicht nachgewiesen werden.

388 Brief (Staats- und Universitätsbibliothek Hamburg)
(R.D. 8.1.06)
Ich danke Dir: vermutlich für ein Geburtstagsgeschenk.
Philipp Spandow: (1874 Berlin - ?), Schriftsteller, Journalist, Verfasser eines Buches über die Weltausstellung von St. Louis 1904, 1909 Direktor des »Theaters an der Spree«, ab 1910 Herausgeber von »HP«, einer »Fachzeitschrift für Automobilismus und Flugtechnik«. Über Spandows Beziehung zu Scheerbart wie über den erwähnten »Scheerbart-Fonds« konnte nichts ermittelt werden.
Dr Ilgenstein: Heinrich I. (1875 Memel - 1946 Gentillona b. Lugano), Schriftsteller, Kritiker, Publizist, Herausgeber der Zeitschrift »Das Blaubuch«. Im »Blaubuch« erschienen zahlreiche Beiträge von Scheerbart und Rezensionen seiner Bücher, darunter ein Verriß der »Katerpoesie« aus Ilgensteins Feder.
Mein Theater: Scheerbart hoffte nach der Aufführung von »Herr Kammerdiener Kneetschke« auf weitere Inszenierungen seiner Stücke, s. Anmerkung zu Nr. 385.

389 Postkarte (Maxim-Gorki-Institut, Moskau)
(E.M. 15.2.06)
Pordes-Milo: Alexander Sigmund P.-M. (1878 Lemberg - 1931 Berlin), Schriftsteller, Kritiker, Mitarbeiter der Zeitschrift »Blaubuch«. Herwarth Walden vertonte 1910 seine Pantomime »Die vier Toten der Fiametta«.
die 23 Seiten: Der Sinn dieser Bemerkung konnte nicht aufgeklärt werden.
lese ich in Cöln am Rhein: in der »Literarischen Gesellschaft«, s. Nr. 376.

390 Postkarte (Maxim-Gorki-Institut, Moskau)
(E.M. 19.3.06)
»Lesabendio, der traurige König«: Das Werk erschien 1913 unter dem Titel »Lesabéndio. Ein Asteroiden-Roman«.

391 Brief (Städtische Galerie im Lenbachhaus, München)
(A.Ku. 7.4.06)
Herr Kubin: Alfred K. (1877 Leitmeritz, Böhmen - 1959 Schloß Zwickledt b. Wernstein a. Inn), Zeichner und Schriftsteller. In Kubin, dem eindringlichen Gestalter einer »schwarzen« Phantastik, sah Scheerbart einen verwandten Geist, durch ihn fühlte er sich herausgefordert, sein Bestes zu geben. Ohne das Interesse und die Hilfe Kubins wäre Scheerbarts anspruchsvollstes Werk, der Roman »Lesabéndio«, kaum fertiggestellt und veröffentlicht worden. Erst durch seine Bereitschaft, das Buch zu illustrieren, konnte Kubin seinen Verleger Georg Müller dazu bewegen, den »Lesabéndio« herauszubringen. In seiner Antwort auf eine Rundfrage des »Berliner Tagesblatts« vom 25.12.1913, in der Künstler Schriftsteller nennen sollten, die sie beeinflußt hätten, legte Kubin ein rührendes Bekenntnis zu Scheerbart ab. Er zählt zunächst eine Reihe von Autoren auf und endet mit den Worten:
»...ach, es werden immer mehr Namen, darum schließe ich und erwähne nur noch einen, der ganz abseits steht und auf den ich einzig und allein in einer schönen Zeit schwur: Paul Scheerbart.« (Aus meiner Werkstatt. Gesammelte Prosa, hg. von Ulrich Riemerschmidt, München 1974, S. 166.)
im Mondroman: »Die große Revolution«.

392 Brief (Wiener Stadt- und Landesbibliothek)
(K.K. 10.5.06)
ein Flausenmanuskript: der Prosatext »Flausen«. Er erschien nicht in der »Fackel«.

393 Brief (Städtische Galerie im Lenbachhaus, München)
(A.Ku. 16.5.06)
Ihre Frau: Hedwig K., geborene Schmitz.

394 Brief (Wiener Stadt- und Landesbibliothek)
(K.K. 23.5.06)
4 ganz originale Manuskripte: Kraus wählte die beiden Gedichte »Hohle Symbole« und »Kosmischer Trost« aus. Sie erschienen unter dem Titel »Unverantwortliche Gedichte« 1906 in der »Fackel«.
einen Gruss an Erich Mühsam: Mühsam gastierte im März und April 1906 in dem Wiener Kabarett »Nachtlicht«. Bei dieser Gelegenheit lernte er Karl Kraus persönlich kennen, wurde in dessen Stammtischrunde und in den Kreis der »Fackel«-Autoren aufgenommen. Es ist gut möglich, daß Mühsam bei Kraus ein Wort für Scheerbart einlegte. Ende Mai befand sich Mühsam übrigens nicht mehr in Wien, sondern bereits auf dem »Monte Verità« bei Ascona.

395 Brief (Goethe- und Schiller-Archiv, Weimar)
(I.V. 28.5.06)
Dr Hans Fischer: Hans Waldemar F. (1876 Schweidnitz – 1945 Berlin), Schriftsteller, Kritiker. Fischer redigierte den dritten und letzten Jahrgang der Wochenschrift »Die Funken« (1905/1906) und veröffentlichte in ihr fünf Beiträge von Scheerbart. Eine Scheerbart-Rezension erschien jedoch nicht in dieser Zeitschrift.

396 Brief (Stadt- und Universitätsbibliothek Frankfurt a.M.)
(R.P. 30.5.06)
Rudolf Presber: (1868 Frankfurt a.M. – 1935 Potsdam), Schriftsteller, Journalist. Presber redigierte die Zeitschriften »Die lustigen Blätter« und »Die Post«, ab 1906 gab er die »Arena« heraus.
Anbei ein Manuskript: In der »Arena« erschien kein Beitrag von Scheerbart.

397 Brief (Stadt- und Universitätsbibliothek Frankfurt a.M.)
(R.P. 4.6.06)
»Asteroïden-Roman«: »Lesabéndio«.
Jenseits-Galerie: S. Nr. 308 und Anmerkung.
längere Besprechung: Scheerbarts Wunsch wurde nicht erfüllt.
Rosenhagen: Hans R. (1858 Berlin – 1943 ebd.), einer der führenden Kunstkritiker der Jahrhundertwende. Von 1892 bis 1897 redigierte er die Kunstzeitschrift »Das Atelier«, für die Scheerbart mehrere Artikel schrieb, s. Bibliographie. Die Information stammt von Philip Ursprung, Berlin.
Alfred Kerr: eigentlich Kempner (1867 Breslau – 1948 Hamburg), zwischen 1900 und 1930 einer der führenden Theaterkritiker Berlins.
»Max Liebermann«: (1847 Berlin – 1935 ebd.), Maler und Graphiker, einer der bedeutendsten deutschen Impressionisten, Mitbegründer und Präsident der »Berliner Secession«.

398 Brief (Stadt- und Universitätsbibliothek Frankfurt a.M.)
(R.P. 27.6.06)
kl. Geschichte: Aus der Kommentierung geht hervor, daß es sich um »Atlas, der Gemütliche. Ein Humantitätsmythos« handelte. Der Text erschien im Rahmen des Romans »Ich liebe Dich!«, in der »Arena« wurde er jedoch nicht veröffentlicht.
Max Fröhlich: wirkte als Zeichner und Illustrator bei der Zeitschrift »Heim der Jugend« mit.

399 Brief (Städtische Galerie im Lenbachhaus, München)
(A.Ku. 4.7.06)
in meinem Münch: »Münchhausen und Clarissa«.

400 Brief (Städtische Galerie im Lenbachhaus, München)
(A.Ku. 12.7.06)
die Geschichte mit der Tiefseespinne: S. vorhergehenden Brief an Kubin.
Schloss Zwickledt: Kubins Wohnsitz.
Zschokke: Heinrich Daniel Z. (1771 Magdeburg - 1848 Aarau), schrieb Unterhaltungsliteratur (Räuber- und Schauergeschichten) und Volkserzählungen mit erzieherischer Tendenz.
Apel u. Laun: Johann August A. (1771 Leipzig - 1816 ebd.) und Friedrich L., eigentlich Schulze (1770 Dresden - 1849 ebd.), Unterhaltungsschriftsteller mit pseudoromantischer Tendenz. Ihrem Gemeinschaftswerk, dem überaus populären, vierbändigen »Gespensterbuch« entnahm Carl Maria von Weber den Stoff zum »Freischütz«.
Schwab u. Musäus: Gustav S. (1792 Stuttgart - 1850 ebd.), Verfasser volkstümlicher Lieder, Nacherzähler klassischer und deutscher Sagen. Seine bekanntesten Werke sind die »Deutschen Volksbücher« und »Die schönsten Sagen des klassischen Altertums«. - Johann Karl August M. (1735 Jena - 1787 Weimar), wurde durch die von ihm gesammelten und nacherzählten »Volksmärchen der Deutschen« berühmt.
Clarissa: weibliche Hauptfigur in »Münchhausen und Clarissa«.

401 Brief (Wiener Stadt- und Landesbibliothek)
(K.K. 19.7.06)
beiliegende Geschichte: In der »Fackel« erschien kein Prosatext von Scheerbart.

402 Postkarte (Maxim-Gorki-Institut, Moskau)
(E.M. 23.7.06)
Blaubuchianer: Mühsam war, wie Scheerbart, Mitarbeiter der Zeitschrift »Blaubuch«.
Temperenzler ... Chiantiast: Diese Titel beziehen sich auf Mühsams Anwesenheit in der Lebensreformerkolonie auf dem »Monte Verità« bei Ascona. Mühsam beschrieb diesen Ort in einer 1905 erschienenen Broschüre mit dem Titel »Ascona«. Er äußert darin die Hoffnung, die Kolonie möge sich weder nach dem Muster der »Neuen Gemeinschaft« in Berlin-Schlachtensee noch dem einer exklusiven Künstlerkolonie à la Worpswede entwickeln:
»Sollte es meinen oft wiederholten Überredungskünsten außerdem noch gelingen, Paul Scheerbart hierherzuziehen, was hiermit auf diesem noch nicht gewöhnlichen Wege erneut versucht sein soll, dann wäre die Gefahr, Ascona zum Hort einer nicht unbedenklichen Künstlerabsonderung erwachsen zu sehen, die den Charakter der Intoleranz an der Stirn trüge, wohl ein für allemal beseitigt.« (Ascona, Berlin 1892, S. 79f.)
Scheerbart hat Mühsams Angebot anscheinend ernsthaft erwogen, s. Nr. 453.
Die Duma ist aufgelöst: Am 22.7.06 wurde die erste russische Volksvertretung wegen radikaler Haltung aufgelöst.
Spandow streikt auch: S. Nr. 388.

403 Brief (Städtische Galerie im Lenbachhaus, München)
(A.Ku. 8.8.06)
»Ausstellung für Landhausarchitektur und Gartenkunst«: Über die näheren Umstände des geplanten Unternehmens konnte nichts ermittelt werden; es wurde nicht verwirklicht, s. Anmerkung zu Nr. 410.
Pallas-Roman: »Lesabéndio«.
Schall: Alfred S. war Geschäftsführer des »Vereins für Bücherfreunde«.

404 Brief (Städtische Galerie im Lenbachhaus, München)
(A. Ku. 23. 8. 06)
L.: »Lesabéndio«.
Cassirer: der Berliner Kunsthändler Paul C. (1871 Görlitz – 1926 Berlin).
vom »erschöpften« Münchhausen: Die Bemerkung bezieht sich auf den Roman »Münchhausen und Clarissa«.

405 Brief (Universitätsbibliothek Krakau)
(E. B. 23. 8. 06)
Sehr geehrter Herr: Eberhard Buchner (1877 Hausdorf, Schlesien – 1933 Birkenwerder b. Berlin), Schriftsteller, Kritiker, Redakteur beim »Hannoverschen Courier« (1906-1909), Verfasser u. a. von »Varieté und Tingeltangel in Berlin« (1905). Buchner förderte Scheerbarts Werk durch Rezensionen seiner Bücher und die Veröffentlichung seiner Texte. Er verfaßte ein Essay über Scheerbarts dramatisches Werk, der 1909 in der »Schaubühne« erschien. Scheerbart schätzte Buchner offenbar nicht nur als Kritiker, sondern auch als Person und traf gelegentlich mit ihm zusammen.
eine Kritik des Wesentlichen: Buchners Rezension von »Münchhausen und Clarissa« erschien unter dem Titel »Ein kosmischer Dichter« am 18. 8. 06 im »Hannoverschen Courier«.
einem Asteroiden-Roman: »Lesabéndio«.

406 Brief (Städtische Galerie im Lenbachhaus, München)
(A. Ku. 6. 9. 06)
Pallas: ein Planetoid, Schauplatz des Romans »Lesabéndio«.

407 Brief (Städtische Galerie im Lenbachhaus, München)
(A. K. 19. 9. 06)
Ihrem Herrn Schwager: Oskar A. H. Schmitz (1872 Homburg v. d. Höhe – 1931 Frankfurt a. M.), Prosaist und Essayist aus dem George-Kreis.

408 Brief (Goethe- und Schiller-Archiv, Weimar)
(A. K. 19. 9. 06)
Besten Dank für die Mitteilung: Ihr Inhalt konnte nicht ermittelt werden.
Fischers Rundschau: »Die neue Rundschau«, s. Anmerkung zu Nr. 373.
wenn Sie mir hierzu etwas sagen: Kippenberg (?) antwortete am 24. 9., daß der Insel-Verlag zur Zeit keine Zeitschrift plane, im gegebenen Fall aber werde man »Ihre Unterstützung, die Sie uns so freundlich anbieten, in Anspruch nehmen«. Der namentlich nicht gekennzeichnete Briefdurchschlag befindet sich im Goethe- und Schiller-Archiv, Weimar.

409 Postkarte (Maxim-Gorki-Institut, Moskau)
(E. M. 23. 9. 06)
feine Kritik: Die Rezension von »Münchhausen und Clarissa« im »Blaubuch«.

410 Brief (Städtische Galerie im Lenbachhaus, München)
(A. Ku. 23. 9. 06)
L.: »Lesabéndio«.
Ueber den «Tiger«: In der Erzählung »Mitternachtsbesuch« (»Freistatt« 1905) äußert der Bildhauer Megasinthes die Auffassung, die Gestaltung tierischer Gliedmaßen – etwa von Tigern und Löwen – sei nicht weniger interessant als die des menschlichen Körpers. Am interessantesten sei jedoch die Erfindung nicht existierender Lebewesen. Scheerbart trug diese Ansicht schon in dem 1891 veröffentlichten Aufsatz »Die Phantastik in der Malerei« vor.
die Bedeutung der Decentralisation: Die Forderung nach der »Auflösung der Städte« und »Decentralisation der Wohnstätten« wurde von Scheerbart bereits 1897 in dem Roman »Ich liebe Dich!« aufgestellt und begründet.
die Landhaus-Ausstellung: S. Nr. 403.

»Geschichte des Materialismus«: Der Neukantianer Friedrich Albert Lange (1828 Wald b. Solingen – 1875 Marburg) verbindet in seinem 1866 erschienenen philosophischen Hauptwerk die Grundpositionen des Materialismus mit Kant Kritizismus. Ein Zitat, das Scheerbarts philosophische Ausrichtung erhellt:

»Der Materialismus hält sich mehr als irgendein System an die Wirklichkeit, d.h. an den Inbegriff der notwendigen, durch Sinneszwang gegebenen Erscheinungen. Eine Wirklichkeit aber, wie der Mensch sie sich einbildet und wie er sie ersehnt, wenn diese Einbildung erschüttert wird: ein absolut festes, von uns abhängiges und doch von uns erkanntes Dasein – eine solche Wirklichkeit gibt es nicht und kann es nicht geben, da sich der synthetische, schaffende Faktor unsrer Erkenntnis in der Tat bis in die ersten Sinneseindrücke und bis in die Elemente der Logik hinein erstreckt. Die Welt ist nicht nur Vorstellung, sondern auch unsre Vorstellung, ein Produkt der Organisation der Gattung in den allgemeinen und notwendigen Grundzügen aller Erfahrung, des Individuums in der frei mit dem Objekt schaltenden Synthese. (...)

Aber die Aufgabe, Harmonie in den Erscheinungen zu schaffen und das gegebene Mannigfaltige zur Einheit zu binden, kommt nicht nur den synthetischen Faktoren der Erfahrung zu, sondern auch denen der Spekulation. Hier jedoch läßt uns bindende Organisation der Gattung im Stich; das Individuum dichtet nach seiner eigenen Norm, und das Produkt dieser Dichtung gewinnt für die Gattung, beziehungsweise für die Nation und die Zeitgenossen, nur insofern Bedeutung, als das Individuum, welches sie erzeugt, reich und normal begabt und in seiner Denkweise typisch, durch seine Geisteskraft zum Führer berufen ist.« (Die Geschichte des Materialismus, Bd. 2, Frankfurt 1974, S. 981f.)

Kant ... die »Nebulartheorie«: Der Philosoph Immanuel Kant (1724 Königsberg – 1804 ebd.) führt in seiner »Allgemeinen Naturgeschichte und Theorie des Himmels« (1755) das Sonnensystem auf eine kosmische Wolke mit frei beweglichen Teilchen zurück. Der französische Mathematiker Laplace entwickelte auf der Basis von Kants Modell eine eigene Theorie, die als »Kant-Laplacesche Nebulartheorie« in die Geschichte einging. Scheerbart, der die Himmelskörper für beseelte und vernunftbegabte Wesen hielt, lehnte diese Theorie entschieden ab, ja er scheut sich nicht, Kants Frühwerk als »eine Marotte des großen Immanuel« zu verhöhnen. In einer polemischen Glosse mit dem Titel »Nebulartheorie«, die 1909 in der »Gegenwart« erschien, schreibt er:

»Es wäre in der Tat sehr notwendig, diese nebulose Geburtstheorie als hyperphantastisch zum alten Eisen zu werfen; (...) verlieren wird unsre Kultur gar nichts, wenn wir diese Himmeltheorie verlieren – wohl aber dürften wir etwas gewinnen: den Weg zur astralen Psychologie!!!«

Lucrez-Demokrit: Der griechische Philosoph Demokritos erklärte das Naturgeschehen aus der Bewegung der Atome, der römische Philosoph Lucretius Carus beschrieb die Entstehung der Welt in dem Lehrgedicht »De rerum natura«, wobei er sich auf die atomistische Naturtheorie des Demokrit bezieht.

die 13 ersten Sätze: Welchen Text Scheerbart hier meint, konnte nicht geklärt werden. Möglicherweise bezieht er sich auf Kubins vorhergehenden Brief.

»Fechner«: Der Physiker und Naturphilosoph Gustav Theodor Fechner (1801 Groß-Särchen, Niederlausitz – 1887 Leipzig) hat Scheerbarts »astrale« Dichtungen und seine kosmische Weltanschauung in starkem Maß beeinflußt. Fechners Panpsychismus, die Lehre, daß das Weltall in allen seinen Teilen beseelt sei, wurde von Scheerbart uneingeschränkt akzeptiert und dichterisch ausgestaltet. Besonders eng lehnte er sich an Fechners Hauptwerk »Zend-Avesta oder Über die Dinge des Himmels und des Jenseits vom Standpunkt der Naturbetrachtung (1851) an, in dem dieser seine Hypothese von der Beseelung der Himmelskörper entfaltet. Vor allem in »Lesabéndio« finden sich zahlreiche Parallelen zu diesem Werk. Als Beispiel sei nur eine Passage aus »Zend-Avesta« zitiert, die vom Prinzip der Unterordnung handelt:

»Wie unsre Leiber dem größern oder höhern individuellen Leibe der Sterne angehören, so unsre Geister dem größern oder höhern individuellen Geiste der Erde. (...) Unsre Individualität, Selbständigkeit und Freiheit, die aber nur relativ zu fassen, leiden nicht dadurch, daß wir ihm angehören, finden vielmehr Wurzel und Grund darin, indem sie nur immer das Verhältnis der

Unterordnung dazu behalten.« (Zitiert nach der 2., von Kurd Laßwitz besorgten Ausgabe, Hamburg und Leipzig 1901, S. 180.)
In »Lesabéndio« sagt der Titelheld:

»Doch jetzt habe ich erfahren, was das Wichtigste der großen Sonnenphilosophie ist: wir sollen alle die größte Selbständigkeit erstreben und erlangen und gleichzeitig dabei stets darauf bedacht sein, uns dem Größeren unterzuordnen. Diese beiden Dinge kommen in Millionen Variationen immer wieder in und auf allen größeren und kleineren Sternen vor, die unsre große Sonne umkreisen.« (Dichterische Hauptwerke, hg. von Else Harke, Stuttgart 1962, S. 707.)
Vermutlich hat sich Scheerbart erst nach dem Erscheinen der Neuausgabe von »Zend-Avesta« mit Fechners Philosophie beschäftigt. Da schon in Scheerbart-Texten aus den 90er Jahren astrale Lebewesen vorkommen (z. B. im »Astropsychologischen Dithyrambus«), ist seine Bemerkung über Fechner durchaus glaubhaft.
Wolfskehl: Karl W. (1869 Darmstadt - 1948 Bayswater-Auckland, Neuseeland), Dr. phil., Lyriker in der Nachfolge Stefan Georges, Mitarbeiter bei den »Blättern für die Kunst«.

411 Postkarte (Maxim-Gorki-Institut, Moskau)
(E. M. 2. 10. 06)
deux fleurs: zwei Gläser Bier.
Der Bär hat ein dreieckiges Drama … geschrieben: Die scherzhafte Bemerkung hat einen wahren Kern. Wie Margarete Bruns in ihren Erinnerungen an das Ehepaar Scheerbart berichtet (Ikelaar, S. 136), ließ Anna Scheerbart sie wissen, daß auch sie dichte.

»Ich konnte es mir kaum denken, denn obwohl mir ja nicht unbekannt war, daß das Dichten ansteckend ist, so hielt ich es doch nicht für möglich, daß auch diese brave hausbackene Natur davon inficiert sein sollte. Aber bald darauf bestätigte ihr Mann es lachend:
›Ach Sie glauben es ja nicht, der Bär, - denken Sie sich, der Bär schreibt; er kennt nicht die Orthographie, aber er schreibt, - es ist zum Totlachen!‹
Und ein anderes Mal in ihrer Gegenwart:
›Meine Frau dichtet - es ist alles Paul Scheerbart - alles Paul Scheerbart!‹«

Von Anna Scheerbarts literarischer Produktion konnten drei Veröffentlichungen nachgewiesen werden: In der Zeitschrift »Die Frau und ihre Zeit« erschienen 1909 zwei Prosaksizzen (s. Anmerkung zu Nr. 519), im »Berliner Tageblatt« erschien (vermutlich 1927) ein Text mit dem Titel »Schlosser« und der Verfasserangabe »Nach Paul Scheerbart / Von Anna Scheerbart«. (Der unbezeichnete Zeitungsausschnitt liegt im Adolf-Behne-Nachlaß in der Staatsbibliothek PK Berlin.) Von diesen Texten läßt sich nicht viel mehr sagen, als daß sie naive und ungelenke Scheerbart-Paraphrasen sind. Wie Margarete Bruns weiter berichtet, war Scheerbart »schwach genug«, »die Dichtungen seiner Frau zu loben, wenn er ihren Zorn fürchtete«. Er ließ sogar zu, daß sie ihre Texte an seine Auftraggeber schickte, s. Nr. 451. Ob dies nur zur Rettung des Ehefriedens geschah oder ob er ihre Produkte als Kuriosa schätzte, sei dahingestellt.
»Jenseits-Gal«: »Jenseits-Galerie«.

412 Brief (Städtische Galerie im Lenbachhaus, München)
(A. Ku. 6. 10. 06)
eine Venus-Novellette: »Die neue Oberwelt«. Sie erschien in dem Sammelband »Astrale Novelletten«.
meines Nilpferderomans: »Immer mutig!«.
den Les.: »Lesabéndio«.
wie viel Mühe ER sich nebenbei auch giebt: der Weltgeist.

413 Brief (Städtische Galerie im Lenbachhaus, München)
(A. Ku. 9. 10. 06)
vor Weihnachten erscheint: die »Jenseits-Galerie«.

414 Postkarte (Staats- und Universitätsbibliothek Hamburg)
(R. D. 10. 10. 06)

Heiligsten Dank für das Exemplar: den ersten Band der »Gesammelten Werke« von Richard Dehmel, die von 1906 bis 1909 im S. Fischer Verlag erschienen.

415 Postkarte (Staats- und Universitätsbibliothek Hamburg)
(R. D. 13. 10. 06)
So furchtbar lustig: Dehmel hatte vermutlich über Scheerbarts Astralphilosophie gewitzelt.

416 Brief (Städtische Galerie im Lenbachhaus, München)
(A. Ku. 17. 10. 06)
Maurice von Stern: (1860 Reval – 1938 Ottensheim, Oberösterreich), Schriftsteller, Journalist.
Münchh. Besprechung: Sie erschien am 13. 10. in der Beilage »Deutsche Welt« der »Deutschen Zeitung«.
hier bestimmt Ausstellung: Von einer Scheerbart-Ausstellung in Berlin ist nichts bekannt.

417 Brief (Städtische Galerie im Lenbachhaus, München)
(A. Ku. 18. 10. 06)
im Kosmischen Museum: S. vorhergehenden Brief an Kubin.

418 Brief (Goethe- und Schiller-Archiv, Weimar)
(A. K. 24. 10. 06)
Sehr geehrter Herr: Der Adressat war vermutlich Anton Kippenberg, s. Nr. 408.
»Pax«: Auf Scheerbarts Namensvorschlag antwortete Kippenberg: »... wenn die Zeitschrift einmal ins Leben treten sollte, so würden wir doch wohl zu dem Namen ›Die Insel‹ zurückkehren.« Kippenbergs Brief, ein namentlich nicht gekennzeichneter Durchschlag, befindet sich im Goethe- und Schiller-Archiv, Weimar.
eine Prophezeiung: Worauf Scheerbart sich hier bezieht, konnte nicht geklärt werden. Krieg und Revolution hingen nach seiner Meinung ursächlich mit den Vorgängen auf der Sonnenoberfläche zusammen, s. Nr. 404.
die Ausländer etwas draußen lassen: Die Bemerkung befremdet. Aus ihr spricht jedoch nicht Chauvinismus – Scheerbart war jede Art von Nationalismus und erst recht Chauvinismus verhaßt –, sondern die Sorge um seine persönliche Existenz. Sie nahm gegen Ende seines Lebens nahezu pathologische Züge an.
die Zusendung des »dänischen« Buches: Wie aus Kippenbergs Antwortbrief vom 25. 10. 1906 hervorgeht, handelte es sich um den Roman »Hans im Glück« (Lykke-Per) des dänischen Schriftstellers Henrik Pontoppidan. Der Verfasser sozialkritischer Prosa erhielt 1917 den Nobelpreis.
meine 4 Bücher total »vergessen« wurden: Kippenberg antwortete auf diesen Vorwurf, daß die ältere Verlagsproduktion nur auswahlweise in die Kataloge aufgenommen werde.

419 Postkarte (Staatsbibliothek PK Berlin)
(H. W. 28. 12. 06)
die Billets: vermutlich für eine Veranstaltung im »Verein für Kunst«.

420 Postkarte (Staats- und Universitätsbibliothek Hamburg)
(R. D. 24. 1. 07)
zweiten Band: von Dehmels »Gesammelten Werken«, s. Anmerkung zu Nr. 414.

421 Postkarte (Staatsbibliothek PK Berlin)
(H. W. 7. 2. 07)
die Aufführung: Am 15. 2. 07 wurden vom Kabarett-Theater »Figaro« im Haus der »Berliner Secession« folgende Stücke von Scheerbart aufgeführt: »Das dumme Luder«, »Der Schornsteinfeger«, »Der Regierungswechsel«, »Das Gift«, »Herr Kammerdiener Kneetschke«. Regie führte Olga Wohlbrück, Claire Waldoff gab in dieser Vorstellung ihr Berliner Debüt. Die Aufführung fand in der Presse ein vorwiegend positives Echo.
Tageblatt-Verse: Am 4. 2. 07 meldete das »Berliner Tageblatt«, die Scheerbart-Aufführung am

15.2. sei als Nachtvorstellung angekündigt worden, und mokierte sich darüber mit den Worten: »... der komisch-kosmische Kometenjäger mordet die Nacht«. Am 6.2. berichtete das Blatt von einer nächtlichen Demonstration im Zusammenhang mit der Reichstagswahl, bei der Konservative vor Schloß und Reichskanzlerpalais dem Souverän und seinem Statthalter Ovationen darbrachten. In der Abendausgabe des »Tageblatts« verarbeitete ein Anonymus die beiden voneinander unabhängigen Ereignisse zu folgendem satirischen Gedicht:

»Nachtvorstellungen.
F i g a r o
spricht schwer beklommen:
Plante eine N a c h t p r e m i e r e.
Da ist Konkurrenz gekommen
Und sie drückt mit großer Schwere.
Denn vor seinem stolzen Hause
Gibt des Landesherrn Berater
Hochbefriedigt vom Applause
Jetzt des Nachts sein Freitheater.«

422 Postkarte (Staatsbibliothek PK Berlin)
(H. W. 21.2.07)

423 Postkarte (Staatsbibliothek PK Berlin)
(H. W. 14.3.07)

424 Brief (Universitätsbibliothek Krakau)
(E. B. 21.3.07)
Figaro-Theatergeschichte: S. Anmerkung zu Nr. 421.
eine Geschichte zum Nachdruck: Um welchen Text es sich handelte, ist nicht bekannt; er wurde nicht von Buchner veröffentlicht, s. Nr. 427.

425 Postkarte (Nachlaß Franz Servaes, Wien)
(F. S. 4.4.07)

426 Brief (Nachlaß Franz Servaes, Wien)
(F. S. 8.4.07)
Den Figaro: das Figaro-Theater, s. Anmerkung zu Nr. 421.
Jens. Gal.: »Jenseits-Galerie«.

427 Brief (Universitätsbibliothek Krakau)
(E. B. 11.4.07)
den guten König: »Der gute König. Eine Klostergeschichte« erschien zuerst 1907 in der »Gegenwart«.
meine »neue Oberwelt«: S. Anmerkung zu Nr. 412.
Ihren Essay: »Paul Scheerbart als Dramatiker«. Der Text erschien 1909 in der »Schaubühne«.
Theater-Bibliothek soll... zum zweiten Male erscheinen: Aus der angekündigten Neuauflage wurde nichts. »15 kleine ästhetische Erörterungen« erschienen in den folgenden Jahren in verschiedenen Zeitschriften. In der Gesamtausgabe der Theaterstücke, »Revolutionäre Theaterbibliothek« und »Regierungsfreundliche Schauspiele«, München 1977, wurden sie erstmals, wie von Scheerbart geplant, zusammen mit den Theaterstücken publiziert.

428 Brief (Universitätsbibliothek Krakau)
(E. B. 14.4.07)
das Neuste und Originellste: »Die stille Stadt. Eine Thüringer Gespenster-Geschichte«. Der Text erschien am 17.7.1907 im »Hannoverschen Courier«.

429 Brief (Maxim-Gorki-Institut, Moskau)
(E. M. 19. 4. 07)
Caro: Hugo C., Dr. jur., Freund und Rechtbeistand Erich Mühsams.
meine Lorbeern: Die Scheerbart-Aufführung im »Figaro«-Theater, s. Nr. 421.
Jenny: »Die wilde Jenny«. Der Roman ist niemals vollständig erschienen, das Manuskript ging verloren.
Asteroïden-Roman: »Lesabéndio«.
»Der vergnügte Erich«: dürfte, wie »Madam Pfau«, eine Erfindung gewesen sein, Anna Scheerbarts Schriftstellerei war dagegen eine Tatsache, s. Anmerkung zu Nr. 411.

430 Postkarte (Maxim-Gorki-Institut, Moskau)
(E. M. 13. 5. 07)
Grüße Meyrink tüchtig: Gustav M., eigentlich Meyer (1868 Wien - 1932 Starnberg, Oberbayern), phantastischer Erzähler in der Tradition E. T. A. Hoffmanns und E. A. Poe's. Der Verfasser des »Golem« war der erfolgreichste Exponent der um die Jahrhundertwende aufkommenden »schwarzen« Phantastik. Weitere Vertreter dieser Richtung waren Hanns Heinz Ewers, Karl Hans Strobl und Alfred Kubin. Wie Kubin, Ewers und Ströbl förderte auch Meyrink Scheerbarts Produktion. Als Chefredakteur des kurzlebigen Humorblattes »Der liebe Augustin« veröffentlichte er 1904 zwei Texte von ihm. Die obige Grußformel läßt darauf schließen, daß Scheerbart und Meyrink sich persönlich kannten.
Es lebe das Blaubuch u. Deine Kritik: Im Mai 1907 erschien in der Zeitschrift Mühsams Rezension der »Jenseits-Galerie«.

431 Postkarte (Nachlaß Franz Servaes, Wien)
(F. S. 1. 6. 07)
Onkel Toms Hütte: Ausflugslokal im Grunewald.
A. Messthaler: Gemeint ist vermutlich der Regisseur und Theaterleiter Emil Meßthaler (1869 Landshut - 1927 München), den Mühsam in seinen »Unpolitischen Erinnerungen« erwähnt. Er leitete zu diesem Zeitpunkt das »Intime Theater« in Nürnberg, wo er dem Dramatiker Frank Wedekind zum Durchbruch verhalf. Offenbar gab es Kontakte zwischen Meßthaler und Scheerbart, denn dieser erwähnt in seinen Briefen mehrmals Nürnberg als möglichen Aufführungsort seiner Stücke.
Metzner: Franz M. (1870 Wscherdau b. Pilsen - 1939 Berlin), Bildhauer. Metzner leitete von 1903 bis 1906 die Kunstgewerbeschule in Wien. Ab 1906 lebte er in Zehlendorf, also in Scheerbarts Nachbarschaft. Er schuf zahlreiche Denkmäler im konservativen Stil. Servaes schrieb über ihn in der »Neuen Freien Presse«.

432 Postkarte (Staats- und Universitätsbibliothek Hamburg)
(R. D. 1. 6. 07)
Band III: von Dehmels »Gesammelten Werken«, Berlin 1906 bis 1909.
Der »zweite Mond«: ein Theaterstück von Scheerbart, das verlorenging. Scheerbart schlug Walden vor, es im »Verein für Kunst« aufführen zu lassen, und erörterte mit ihm brieflich technische Details, s. Nr. 445.
Onkel Toms Hütte: S. Anmerkung zu Nr. 431.
die Mannheim-Tragikomödie: »Tragikomödie« nennt Dehmel in der für die »Gesammelten Werke« überarbeiteten Fassung sein 1895 veröffentlichtes Drama »Der Mitmensch«. »Mannheim« bezieht sich auf das dortige Hof- und Nationaltheater, dessen Dirketor Carl Hagemann Dehmels Kinderschauspiel »Fitzebutze« inszenierte. Der »Mitmensch« ging jedoch nicht in Mannheim über die Bühne. Offenbar setzte auch Scheerbart Hoffnungen auf Hagemann, denn er erwähnt in seinen Briefen mehrfach Mannheim als möglichen Aufführungsort seiner Stücke. Hagemanns Interesse an Scheerbart wird durch einen Brief an den Insel-Verlag vom 26. 3. 1904 dokumentiert, in dem er um Rezensionsexemplare bittet und eine »Monographie« über Scheerbart in Aussicht stellt. Der Brief befindet sich im Goethe- und Schiller-Archiv in Weimar.

433 Postkarte (Maxim-Gorki-Institut, Moskau)
(E.M. 28.6.07)
des II^ten^ Mondes: ein verlorenes Theaterstück. Scheerbart skizziert es in einem Brief an Herwarth Walden, s. Nr. 445.
Hardekopf: Ferdinand H. (1876 Varel, Oldenburg – 1954 Irrenanstalt Burghölzli b. Zürich), Lyriker, Kritiker, Übersetzer. Hardekopf, ein bedeutender Vertreter des Frühexpressionismus, glänzte als Dichter und Essayist. Er publizierte in der »Schaubühne«, später in den expressionistischen Zeitschriften »Der Sturm«, »Die Aktion« und »Die weißen Blätter«. Er war u.a. mit René Schickele, Carl Einstein und Erich Mühsam befreundet, die sämtlich Scheerbarts Werk bewunderten. Hardekopf schrieb für die »Schaubühne« zwei lobende Kritiken über die Scheerbart-Aufführungen des »Figaro«-Theaters und der Puppenbühne Alfred Richard Meyers.

434 Postkarte (Nachlaß Franz Servaes, Wien)
(F.S. 12.8.07)
»Fledermaus«: ein Kabarett in Wien. Es wurde 1907 von Marc Henry, einem ehemaligen Mitglied des Münchner Kabaretts »Die elf Scharfrichter«, gegründet. Im Jahr zuvor hatte Henry in Wien bereits ein Kabarett mit dem Namen »Nachtlicht« eröffnet, an dem Erich Mühsam zeitweise engagiert war.
Secessionisten: Mitglieder der »Wiener Secession«, einer progressiven Künstlergruppierung.

435 Postkarte (Staatsbibliothek PK Berlin)
(H.W. 12.8.07)
es geht nicht: Walden wollte Scheerbart vermutlich für einen weiteren Vortragsabend im »Verein für Kunst« gewinnen.
Wien... München... Nürnberg: Von Scheerbart-Aufführungen außerhalb Berlins ist nichts bekannt.

436 Brief (Österreichische Nationalbibliothek, Wien)
(O.E. 5.9.07)
Sehr geehrter Herr: Otto Eisenschitz (1863 Wien – 1942 KZ Theresienstadt), Kritiker, Übersetzer, Feuilletonredakteur der »Frankfurter Zeitung« und des »Neuen Wiener Tageblatts«, Dramaturg am Josefstädter Theater und am Parisiana-Theater. Die von Eisenschitz angestrebte Aufführung kam offenbar nicht zustande.
2 andre Herren: Da Scheerbart auf seiner Karte an Herwarth Walden vom 12.8.1907 von Aufführungen in Wien, München und Nürnberg spricht, sind vermutlich die früher von ihm genannten Theaterleiter Emil Meßthaler vom »Intimen Theater« in Nürnberg und Josef Vallé vom »Intimen Theater« in München gemeint.
Soloscenen mit ganz einfacher Inscenirung: Es handelt sich um die 4 Monodramen »Visionen«, »Isis«, »Der Direktor« und »Die Königin von Saba«. Sie wurden zwischen 1907 und 1910 in verschiedenen Zeitschriften publiziert, s. Bibliographie.

437 Postkarte (Österreichische Nationalbibliothek, Wien)
(O.E. 3.10.07)
Verhandlungen mit der anderen Seite: S. vorhergehenden Brief an Otto Eisenschitz.

438 Postkarte (Goethe- und Schiller-Archiv, Weimar)
(I.V. 11.11.07)
Die Uebersetzung des Rakkóx: Die beiden Kurzromane »Rakkóx der Billionär« und »Die wilde Jagd« wurden von Karel Kamínek ins Tschechische übertragen. Sie erschienen, wie in der deutschen Ausgabe, in einem Band im Verlag J. Otto in Prag, s. Bibliographie.

439 Postkarte (Goethe- und Schiller-Archiv, Weimar)
(A.K. 14.11.07)
Ihre letzten Zeilen: Anton Kippenberg hatte Scheerbart in seiner Antwort auf dessen Karte vom

11.11. vorgehalten, daß für die Erteilung der Erlaubnis, den »Rakkóx« ins Tschechische zu übersetzen,

»die Einholung unserer Genehmigung erforderlich war. Es liegt uns natürlich fern, Ihnen nachträglich irgend welche Schwierigkeiten zu machen, da Sie sich gewiß vergegenwärtigt haben, dass auch wir ein Recht an dem Buche haben.«

Der namentlich nicht gekennzeichnete Briefdurchschlag befindet sich im Goethe- und Schiller-Archiv, Weimar.

440 Brief (Nachlaß Franz Servaes, Wien)
(F. S. 23.12.07)
ein ächtes Monstrum: Die Zeichnung blieb nicht erhalten.

441 Brief (Nachlaß Franz Servaes, Wien)
(F. S. 1.1.08)
Eine Rüsselbildung: Scheerbart spielt auf die Zeichnung an, die er Servaes zu Weihnachten schickte, s. Nr. 440.
Castan: Castan's Panoptikum, berühmtes Berliner Wachsfigurenkabinett in der Friedrichstraße.
Perpetuum mobile: Scheerbart verweist hier zum ersten Mal auf seine jahrelangen Versuche, ein Perpetuum mobile zu konstruieren und zu bauen. Er beschreibt sie in dem 1910 erschienenen Buch »Das Perpetuum mobile. Die Geschichte einer Erfindung«.
ins Volk dringst: Servaes' Segantini-Monographie erschien 1907 in einer verbilligten »Volksausgabe«.
»Indianerlied«: S. Anmerkung zu Nr. 132.
Die Puppenspiele: Die Vorstellungen (7. und 14.12.) fanden im Haus der »Berliner Secession« statt, die Inszenierung und Aufführung besorgte der Schriftsteller Alfred Richard Meyer, s. Anmerkung zu Nr. 470. Gespielt wurden die Stücke »Das Ereignis der Saison«, »Die Zukunftspastete«, »Der Kommandant der Festung Makatûbo«, »Das Donnerwetter«, »Jagdgesellschaft«. Die beiden ersten Stücke konnten bislang nicht als gedruckt nachgewiesen werden und existieren auch nicht im Manuskript, die drei letzten erschienen in der »Schaubühne«, s. Bibliographie.

442 Postkare (Maxim-Gorki-Institut, Moskau)
(E. M. 1.1.08)
Die P. S. Stiftung: S. Nr. 388.
Aufführung in Nürnberg: S. Anmerkung zu Nr. 431.
Jenseits-Galerie-Besprechung: S. Anmerkung zu Nr. 430.
meine »Puppenspiele«: S. Anmerkung zu Nr. 441.

443 Brief (Universitätsbibliothek Krakau)
(E. B. 9.2.08)
»Ereignis«: Das Theaterstück »Das Ereignis der Saison«. Es erschien nicht im »Hannoverschen Courier«, auch eine Veröffentlichung an anderem Ort konnte nicht ermittelt werden, so daß es weiterhin als verschollen gelten muß.

444 Brief (Staatsbibliothek PK Berlin)
(H. W. 13.2.08)
Das Belegexemplar: Vermutlich ein Heft der Zeitschrift »Morgen«, in der im Dezember 1907 die Theaterglosse »Das Automobil-Theater« erschien.
Oesterh u Co: Scheerbarts damaliger Stammverlag Oesterheld und Co.
meinen »zweiten Mond«: S. Anmerkung zu Nr. 432. Die Aufführung kam nicht zustande.
Werckmeisters und Kupfer: die Schauspieler Hans und Louise Werckmeister, ein Ehepaar, und Wilhelm Kupfer. Die Herren Werckmeister und Kupfer gehörten 1907 dem Ensemble des »Figaro«-Theaters an und traten in der Scheerbart-Inszenierung im Februar 1907 auf. Inzwischen

war das »Figaro«-Theater eingegangen und alle drei Schauspieler ohne Engagement.
Reinhardt: Max R., eigentlich Goldmann (1873 Baden b. Wien - 1943 New York), Schauspieler, Regisseur, Theaterintendant. 1908 leitete Reinhardt das »Deutsche Theater« und die »Kammerspiele«. In den »Kammerspielen« fand tatsächlich eine Scheerbart-Matinee statt, allerdings erst 1911, s. Anmerkung zu Nr. 562.
Schmieden: Dr. Alfred Schmieden leitete das »Neue Theater« am Schiffbauerdamm
Centraltheater: Die Bühne in der Alten Jacobstraße wurde 1909 geschlossen.
Grüße Blümner: Rudolf Blümner (1873 Zürich - 1945 Berlin), Dr. jur., Schauspieler, Kritiker, Dichter. Blümner, der in Meiningen und an den Reinhardt-Bühnen auftrat, kam über den »Verein für Kunst« mit Walden in Kontakt und wurde nach der Gründung des »Sturm« einer seiner engsten Mitarbeiter (Georg Brühl: Herwarth Walden und »Der Sturm«, Leipzig und Köln 1983, S. 287). Blümner galt als hervorragender Interpret expressionistischer Dichtung. Mit seiner eigenen Lautdichtung »Ango Laïna« schuf er eines der extremsten Wortkunstwerke des Expressionismus. Im »Sturm« äußerte er sich nicht nur zu Fragen der Dichtung und des Theaters, sondern auch der bildenden Kunst. Scheerbart scheint Blümners Schauspielkunst sehr geschätzt zu haben. Er wünschte seine Mitwirkung bei der Aufführung des »Zweiten Mondes«, ja er wollte sogar ein Theater mit ihm gründen. Blümner wiederum hatte eine hohe Meinung von Scheerbart. In dem Aufsatz »Paul Scheerbart und die Revolution« (»Morgen« 1908) feierte er ihn als bedeutenden Neuerer auf dem Theater.
in Nürnberg u. Mannheim führt man mich auch auf: Scheerbart-Aufführungen außerhalb Berlins konnten nicht nachgewiesen werden.

445 Postkarte (Staatsbibliothek PK Berlin)
(H. W. 22.2.08)
den 2ten Mond: S. Nr. 444.
Die Ballgeschichte: Der »Verein für Kunst« veranstaltete für seine Mitglieder jährlich einen Ball.
B. T.: »Berliner Tageblatt«.

446 Postkarte (Staatsbibliothek PK Berlin)
(H. W. 10.3.08)
Einakter-Abend: Die Aufführung der fünf genannten Stücke kam ebensowenig zustande wie die des »Zweiten Mondes«. »Die Puppe und die Dauerwurst« erschien in der »Revolutionären Theater-Bibliothek«, die übrigen Stücke in verschiedenen Zeitschriften, s. Bibliographie.
Ball am 17ten: S. vorhergehende Karte an Walden.
Gruß auch an Schickele: René Schickele (1883 Oberehnheim, Elsaß - 1940 Vence, Südfrankreich), Lyriker, Prosaist, Essayist. Schickele lebte von 1904 bis 1909 in Berlin, wo er als Redakteur für das »Neue Magazin für Literatur« und als freier Mitarbeiter für andere Blätter arbeitete. Er war eng mit Ferdinand Hardekopf, auch mit Erich Mühsam und Herwarth Walden befreundet. Scheerbart verewigte Schickele in einer humoristischen Szene mit dem Titel »Des Kaisers Fluch« (»Die Gegenwart« 1911), Schickele besang Scheerbart in dem folgenden Gedicht, das im Dezember 1912 in der »Aktion« erschien:
»Auf einer Postkarte
(Aus einem elsässischen Weinort)
Lieber Scheerbart und Antierodidakt!
Also weiltest du heut nacht in unsrer Mitten:
Diese achtzehn Rieslingflaschen, gelbgelackt,
auf der braunen Eichenplatte waren leer.
Plötzlich schien mir, dass sie ›Scheerbart!‹
›Scheerbart!‹ riefen,
›Scheerbart!‹ schrie ich, ›Paul, sie rufen dich.‹
Zwei Doktoren (die Idioten) fragten ›Wer?‹
und erschraken. Du entstiegst schon Sternentiefen,
kamst auf einem Marswalembryo geritten,
trugst im Spitzbart Siriusperlen, neigtest dich –

Rauschend klangen deine Glieder da ein Lied,
das die Künstlertruppe bläulich dämmernder Dämonen,
die im Pavillon der kosmischen Konzerte wohnen,
zu des Geistes täglichem Geburtstag spielt.
Und du sprachst: ›Lobpreist!
Aller dicken, aller schlanken Frauen Geist
ist im Wein gelöst, die Welten
spiegeln sich in ihm, und bei der zehnten Rund
küsst dich kühl der Gottheit Infusorienmund.‹
Und du riefst: ›Lobpreist!
Wie hat jeder Rausch doch meine Macht vermehrt!
Jede Flasche, die in dieser trüben Welt geleert,
ist die Hülle einer Seele, die in Sternen reist.‹
Und ich hörte, wie die Flaschen bräutlich
›Paulchen‹ riefen...
Da, mit Krach, entstieg ein Bärentier den Sternentiefen,
das frass dich auf.
Strassburg (Elsass) René Schickele«

447 Postkarte (Staatsbibliothek PK Berlin)
(H.W. 12.3.08)
Cl. Waldoff: Claire W., eigentlich Clara Wortmann (1884 Gelsenkirchen - 1957 Bad Reichenhall), Schauspielerin, Kabarettistin, debütierte mit der Scheerbart-Vorstellung des »Figaro«-Theaters in Berlin. Waldoff fand offenbar Gefallen an dem Autor, denn Ende 1907 plante sie einen Vortragsabend mit Scheerbart-Texten, der ihr jedoch von der Zensur gestrichen wurde. (S. Helga Bemmann: Wer schmeißt denn da mit Lehm?, Berlin DDR 1982, S. 23.ff.) Scheerbart scheint die Schauspielerin ebenfalls geschätzt zu haben, da er auf ihre Mitwirkung in seinen Theaterstücken Wert legte. Gewiß gefiel sie ihm auch als Typ, liebte er doch, wie Margarete Bruns berichtet, »natürliche« Frauen (Ikelaar, S. 133).
Für Magazin: Offenbar plante Walden schon zu diesem Zeitpunkt, eine Zeitschrift zu gründen. Wen Scheerbart ihm als Verleger besorgen wollte, konnte nicht ermittelt werden.
Wir müssen mit Blümner Theater gründen: Das Luftschloß materialisierte sich nicht. Scheerbarts Vorschlag entsprach aber sicher Waldens eigenen Wünschen, denn 1917 gründete dieser mit Blümner und Lothar Schreyer die »Sturm-Bühne«, auf der man mit Formen des abstrakten Theaters experimentierte.
Mond aufführen: das Schauspiel »Der zweite Mond«, s. Nr. 444.
Central Theater: S. Anmerkung zu Nr. 444.

448 Postkarte (Staatsbibliothek PK Berlin)
(H.W. 18.3.08)

449 Postkarte (Staatsbibliothek PK Berlin)
(H.W. 19.3.08)
der liebe Julius: vielleicht Julius Hart.
der Ball: S. Nr. 445 und Anmerkung.

450 Brief (Deutsches Literaturarchiv, Marbach)
(R.A.S. 4.4.08)
eine neue Zeitschrift: Schröder gab erst 1913 eine neue Zeitschrift heraus, nämlich die »Bremer Presse«.
neue Einakter: Mit einer Ausnahme (»Julius Cäsar von Afrika«) sind alle nach 1904 entstandenen und bekannten Schauspiele Scheerbarts Einakter. Sie erschienen verstreut in Zeitschriften und wurden 1977 in »Regierungsfreundliche Schauspiele. Gesammelte Arbeiten für das Theater«, Bd. 2, erstmals en bloc publiziert.

451 Brief (Universitätsbibliothek Krakau)
(E.B. 15.5.08 - I)
einige Sachen zur Auswahl: Buchner lehnte die Publikation von Anna Scheerbarts Texten ab, s. Nr. 459.
Perpetuum mobile »erfunden«: S. Nr. 441.

452 Brief (Universitätsbibliothek Krakau)
(E.B. 15.5.08 - II)
kolossale Erfindung: S. vorhergehenden Brief an Buchner.

453 Postkarte (Staats- und Universitätsbibliothek Hamburg)
(R.D. 15.5.08)
mein Rad: das »Perpetuum mobile«.
nach Locarno: Scheerbart wollte offenbar Mühsams Anregung folgen und sich in der Lebensreformerkolonie auf dem »Monte Verità« niederlassen, s. Anmerkung zu Nr. 402.
die beiden Bände: von Dehmels »Gesammelten Werken«, die ab 1906 en suite erschienen.

454 Brief (Deutsches Literaturarchiv, Marbach)
(R.A.S. 20.5.08)
»Elysium«: Gedichtband von Rudolf Alexander Schröder, erschienen 1906.
Ceres-Novellette: »Zack und Sidi und der große Kopf« erschien zuerst 1910 in der »Gegenwart«.
durch Gewichte bewegtes Zahnrad: ein Perpetuum mobile.

455 Postkarte (Staats- und Universitätsbibliothek Hamburg)
(R.D. 1.6.08)
des Patents: für das Perpetuum mobile, s. vorhergehende Schreiben.

456 Brief (Staats- und Universitätsbibliothek Hamburg)
(R.D. 6.6.08)
die Sache: das Perpetuum mobile.

457 Postkarte (Staats- und Universitätsbibliothek Hamburg)
(R.D. 8.6.08)

458 Postkarte (Maxim-Gorki-Institut, Moskau)
(E.M. 9.6.08)

459 Brief (Universitätsbibliothek Krakau)
(E.B. 28.7.08)
des neuen Abgrunds: »Der neue Abgrund. Eine Verwandlungsnovellette« erschien am 2.9.1908 im »Hannoverschen Courier«.
meine Frau sieht ein: S. Nr. 451 und Anmerkung.
Frankfurter Zeitung: Von Juli bis Dezember 1908 erschien kein Beitrag von Scheerbart in diesem Blatt.
ein Band astraler Geschichten: Die »Astralen Novelletten« erschienen erst 1912 als Buch.

460 Postkarte (Maxim-Gorki-Institut, Moskau)
(E.M. 10.8.08)
der Laurentius-Schwarm: Meteorstrom, der um den 10.8. (St. Laurentius) auftritt, die »Perseiden« genannt. Ihm folgt am 11. November ein weiterer Meteorstrom, die »Leoniden«. Die beiden Himmelserscheinungen stehen im Mittelpunkt der Erzählung »Die Perseiden und die Leoniden. Eine kulturhistorische Novellette«, die zuerst 1911 im »Hamburger Fremdenblatt« erschien.
Das Rad: das Perpetuum mobile.

461 Brief (Staats- und Universitätsbibliothek Hamburg)
(R.D. 15.8.08)
»Princip von der Erhaltung der Kraft«: Der 1. Hauptsatz der Thermodynamik besagt, daß Energie nicht von selbst entsteht und daß folglich eine Maschine, die ohne Energiezufuhr arbeitet, unmöglich ist.
große Glasblumennovelle: »Flora Mohr«. Der Text erschien 1909 in der k.u.k. Hofbuchhandlung A. Haase in Prag als selbständige Publikation, später in dem Sammelband »Das große Licht. Ein Münchhausen-Brevier«.
vier Artikel über astrale Verhältnisse: Welche Texte gemeint sind, konnte nicht geklärt werden. 1908 erschien nur ein Artikel, in dem Scheerbart seine panpsychistische Weltanschauung ausbreitet, nämlich »Die Anziehungskraft als Hypothese«, in der »Gegenwart«. 1909 erschienen in derselben Zeitschrift vier weitere Texte über »astrale Verhältnisse«. Übrigens äußerte sich Scheerbart zwischen 1909 und 1911 ziemlich regelmäßig - in zweiwöchentlichem, manchmal auch wöchentlichem Turnus - in der »Gegenwart« zu Fragen der Astronomie, Architektur, Luftschiffahrt, Politik und Ästhetik. Dies geschah in Form von kurzen Kommentaren, kleinen Erzählungen oder Dialogen, in der ihm eigenen subjektiven und humorgetränkten Weise.

462 Brief (Staatsbibliothek PK Berlin)
(H.W. 21.8.08)
bei Cassirer: Die Veranstaltungen des »Vereins für Kunst« fanden an verschiedenen Orten statt, die meisten jedoch im Kunstsalon von Paul Cassirer in der Victoriastraße in Tiergarten.

463 Postkarte (Nachlaß Franz Servaes, Wien)
(F.S. 5.9.08)
»Die vereinigten Staaten von Europa«: Die Zeitung blieb wie die Erfindung eines funktionierenden Perpetuum mobile ein Wunschtraum.

464 Postkarte (Staats- und Universitätsbibliothek Hamburg)
(R.D. 5.9.08)
Herstellung des Ganzen: eines Modells des von Scheerbart konzipierten Perpetuum mobile.

465 Brief (Staatsbibliothek PK Berlin)
(H.W. 9.9.08)
Anbei das Programm: für die Lesung am 15.10.1908 im »Verein für Kunst«. Scheerbarts Aufstellung ging verloren.

466 Postkarte (Staatsbibliothek PK Berlin)
(H.W. 18.9.08)
Autobiographisches: als Publikumsinformation für seinen Vortragsabend im »Verein für Kunst«. Scheerbart lehnte es zeitlebens ab, sich zu seiner Person zu äußern, weil er das menschliche Dasein aus »astraler« Perspektive für unbedeutend und das individuelle Bewußtsein für eine Illusion hielt. Er prägte für seine Auffassung den Vierzeiler:
»Charakter ist nur Eigensinn;
Ich bin mit mir zufrieden.
Ich geh nach allen Seiten hin;
Wir sind ja so verschieden.«
Der einzige autobiographische Text, den Scheerbart je publizierte (Abshoff, S. 100) enthält nur wenige persönliche Daten, dafür aber eine ausführliche Begründung, warum der Verfasser Autobiographisches verweigere. Der Text wurde 1919 in der Zeitschrift »Der Einzige« unter dem Titel »Eine Autobiographie« nachgedruckt.

467 Postkarte (Staatsbibliothek PK Berlin)
(H.W. 7.10.08)
Nichtabdruck: von Scheerbarts Programmtext, s. vorhergehende Briefe an Walden.
Blümners Kritik: »Pauls Scheerbart und die Revolution«, eine Analyse seiner Theaterstücke, erschien am 15.10. in der Zeitschrift »Morgen«.
viel Glück zur Morgen-Redaction: Die »Wochenschrift für deutsche Kultur« wurde 1907 von Werner Sombart, Richard Strauss, Georg Brandes, Richard Muther und Hugo von Hofmannsthal gegründet. Walden übernahm, gemeinsam mit Eberhard Frowein, im Juli 1908 die Schriftleitung des Blattes und übte sie bis Ende des Jahres aus.
Billets: für seinen Vortragsabend am 15.10.08.

468 Postkarte (Staatsbibliothek PK Berlin)
(H.W. 9.10.08)
4 Billets: S. vorhergehende Karte an Walden.

469 Brief (Yale University Library, New Haven)
(E.R. 9.10.08)
Lieber Herr Rowohlt: Ernst R. (1887 Bremen – 1960 Hamburg), Verleger. Rowohlt startete mit Scheerbarts Gedichtsammlung »Katerpoesie« (1909) seine verlegerische Karriere. Ein Jahr später brachte er das wohl bizarrste Werk des Autors, »Das Perpetuum mobile. Die Geschichte einer Erfindung«, heraus. Wie Rowohlt in seinem Rückblick auf die frühen Verlegerjahre berichtet, begeisterten ihn Scheerbarts Verse, die er angeblich alle auswendig kannte, und seine exzentrischen Ideen. (Von Paul Scheerbart bis Siegfried von Kardorff. Privatdruck, Leipzig 1930, S. 5.) Rowohlt läßt jedoch offen, warum er es bei den beiden Büchern bewenden ließ. Vermutlich hinderten ihn ökonomische Bedenken und sein im Grunde konservativer literarischer Geschmack, sich stärker für den Außenseiter Scheerbart zu engagieren.
die Verse: eine Reihe von Gedichten, die zwischen 1898 und 1900 entstanden und größtenteils schon in Zeitschriften oder Büchern Scheerbarts veröffentlicht worden waren.

470 Brief (Yale University Library, New Haven)
(E.R. 20.10.08)
kann doch nicht den Kontrakt unterzeichnen: S. vorhergehenden Brief an Rowohlt.
Die Zeichnung: Scheerbart hatte für die »Katerpoesie« selbst ein Titelbild entworfen, s. Abbildung. Eine Reproduktion des Entwurfs liegt im Adolf-Behne-Nachlaß der Staatsbibliothek PK Berlin.
Meyer: Alfred Richard M., Pseudonym Munkepunke (1882 Schwerin – 1956 Lübeck), Lyriker, Kritiker, Verleger. A.R. Meyer gründete 1912 mit Anselm Ruest und Heinrich Lautensack die »Bücherei Maiandros. Eine Zeitschrift von 60 zu 60 Tagen«, die ein Jahr lang erschien. Die Hefte waren in der Regel einem zeitgenössischen Autor gewidmet, enthielten aber auch einen redaktionellen Teil (»Das Beiblatt«) mit Kommentaren und Rezensionen. Dort erschien eine längere Besprechung des »Lesabéndio« und ein Appell an das Preiskomitee in Stockholm, Scheerbart mit dem Friedensnobelpreis auszuzeichnen. A.R. Meyer setzte sich schon 1907 für Scheerbart ein, als er fünf seiner Theaterstücke als Puppenspiele aufführte, s. Anmerkung zu Nr. 441. Vermutlich stellte er auch den Kontakt zwischen Scheerbart und Rowohlt her. Nach Scheerbarts Tod half er dessen Witwe durch die Veröffentlichung der internen Billetts des Dichters an seine Frau (»Von Zimmer zu Zimmer«, 1921). Schließlich war A.R. Meyer eines der Gründungsmitglieder der »Scheerbart-Gesellschaft« (1929).
In dem Gedicht »Interieur«, das A.R. Meyer 1911 im »Sturm« veröffentlichte, heißt es zum Schluß:
»Am nächsten Tag überraschten uns Scheerbarts,
Paul und der Bär, aus Lesabendiosphären,
und die ganze Kompagnie. Wir sangen und tranken
Doornkaat, das Feuerwasser, und eine Waldmeisterbowle,
aber das erste Glas auf die mit Recht so beliebte
Antierotik.«

471 Brief (Staatsbibliothek PK Berlin)
(H. W. 21. 10. 08)
8 Manuscripte: zur Veröffentlichung in der Zeitschrift »Morgen«, s. Bibliographie.
Sternschnuppengeschichte: Vermutlich ist der Artikel »Sternschnuppen und Kometen« gemeint. Er erschien aber nicht in »Morgen«, sondern 1909 in der »Gegenwart«.
»Unsre astronomischen Kenntnisse und die Moderne...«: Ein Artikel mit diesem Titel konnte nicht nachgewiesen werden.
Mein Perpe: das Perpetuum mobile.
Herrn Frowein: Eberhard F. (1881 Wuppertal-Elberfeld – 1964 Altaussee), Schriftsteller, Kritiker, redigierte mit Herwarth Walden von Juli bis Dezember 1908 die Zeitschrift »Morgen«.

472 Brief (Yale University Library, New Haven)
(E. R. 29. 10. 08)
der unterzeichneten Contrakt: über die Veröffentlichung der »Katerpoesie«.
um Zusendung der Zeichnung: S. Anmerkung zu Nr. 470. Scheerbart wollte wahrscheinlich den Namen des Verlags einfügen. Sein Umschlagentwurf wurde aber nicht verwendet.
Geschrieben im vorigen Jahrhundert: In der Erstausgabe steht statt dessen: »Geschrieben in den Jahren 1898 und 1899.«

473 Brief (Nachlaß Franz Servaes, Wien)
(F. S. 2. 11. 08)
20000 M jährlich: für einen Redakteursposten bei der von Scheerbart in Erwartung der Perpetuum-mobile-Millionen geplanten Tageszeitung »Die vereinigten Staaten von Europa«, s. Nr. 463.

474 Brief (Yale University Library, New Haven)
(E. R. 11. 11. 08)
mein Manuskript: der »Katerpoesie«.
die sorgsam destillirte Rezensentenliste: blieb nicht erhalten.

475 Postkarte (Staatsbibliothek PK Berlin)
(H. W. 30. 11. 08)
in jeder zweiten Nummer: der Zeitschrift »Morgen«.

476 Brief (Hartmut Geerken, Herrsching)
(S. F. 2. 12. 08)
die Tageszeitung: S. Nr. 463.
Dein köstliches Skurrilicum: vermutlich eine jener Prosagrotesken, die ab 1910 im »Sturm« und in der »Aktion« erschienen.
Josef Melnik: (1880 Białystok – ?), Schriftsteller, Übersetzer russischer Literatur, Freund Salomo Friedlaenders.
Frl. Dr Ichak: Frida Ichak veröffentlichte im Januar 1907 in den »Dokumenten des Fortschritts« einen Artikel über »Das neue Marionettentheater«, in dem Scheerbart als moderner Puppenspiel-Autor gewürdigt wird.

477 Postkarte (Yale University Library, New Haven)
(E. R. 9. 12. 08)
Morgentöne: Titel eines Gedichts in der »Katerpoesie«.
das Titelblatt ... Drugulin: S. die vorhergehenden Briefe an Rowohlt.

478 Postkarte (Staatsbibliothek PK Berlin)
(H. W. 4. 1. 09)
N. R.: »Neue Rundschau«.

479 Postkarte (Maxim-Gorki-Institut, Moskau)
(E. M. 10. 1. 09)
Die Sahara wird in ein Kunstgebirge verwandelt: mit Hilfe des von Scheerbart angeblich erfundenen Perpetuum mobile.

480 Postkarte (Nachlaß Franz Servaes, Wien)
(F. S. 20. 1. 09)
ein kl. Buch: Es sollte möglicherweise in der von Paul Remer edierten Reihe »Die Dichtung« erscheinen. Neben Klassikern der Weltliteratur stellte diese Reihe auch lebende Autoren wie Richard Dehmel und Peter Hille vor. Die Scheerbart-Monographie kam aus unbekannten Gründen nicht zustande.
Meine Radgeschichte: das Perpetuum mobile.

481 Brief (Nachlaß Franz Servaes, Wien)
(F. S. 24. 1. 09)
daß Du prinzipiell einverstanden bist: eine Scheerbart-Monographie zu schreiben, s. vorhergehende Karte an Servaes.
3 neue Bücher: »Cervantes«, »Münchhausen und Clarissa«, »Jenseits-Galerie«.
3 neue Bände meiner Theaterbibliothek: Sie sollten die seit 1904 verstreut publizierten Theaterstücke und -glossen enthalten, s. Anmerkung zu Nr. 427.
»Flora Mohr«: Ob die »Glasblumen-Novelle« in der »Neuen Freien Presse« erschien, konnte nicht überprüft werden. Sie erschien jedoch im selben Jahr als selbständige Publikation.

482 Brief (Staatsbibliothek PK Berlin)
(H. W. 29./30. 1. 09)
Meine feierlichste Gratulation: Ab 30. 1. 1909 redigierte Herwarth Walden die Wochenschrift »Der neue Weg«, ein Organ der »Genossenschaft deutscher Bühnenangehöriger«. Die Zeitschrift war nicht, wie Scheerbart vermutete, neu gegründet worden, sondern erschien, nach mehrfachem Namenswechsel, im 38. Jahrgang.
2 Diplomatica: »Der Strippenbombensport« und »Das Ende des Schornsteins«. Die Texte erschienen in Heft 1 und 2 der Zeitschrift.
Caros: Vermutlich ist Mühsams Freund und Rechtsbeistand Hugo Caro mit Anhang gemeint, s. Anmerkung zu Nr. 429.
Lublinski ist großartig: Samuel Lublinski veröffentlichte im 1. Heft des »Neuen Wegs« einen Aufsatz mit dem Titel »Die Umwertung der Nationalität«, in dem er er die Auffassung vertritt, daß »Nationalität« kein rassischer, sondern ein kultureller Begriff sei.

483 Postkarte (Yale University Library, New Haven)
(E. R. 1. 2. 09)
damit die Bibliophilen was Apartes haben: Rowohlt war damals Geschäftsführer der »Zeitschrift für Bücherfreunde«, eines Organs der »Deutschen Gesellschaft der Bibliophilen«, und brachte in seinem Verlag bibliophile Ausgaben der Weltliteratur heraus, die bei Drugulin in Leipzig gedruckt wurden.
das Titelblatt: S. Anmerkungen zu Nr. 470 und Nr. 472.

484 Postkarte (Staatsbibliothek PK Berlin)
(H. W. 18. 2. 09)
zu einem Artikel: Vermutlich ist der Text »Das Dualistische in der Bühnenkunst« gemeint, der nach Waldens Ausscheiden im »Neuen Weg« erschien.
Ich wittre Ungewitter: Nach dem Erscheinen des 3. Heftes am 13. 2. wurde Walden sein Redakteursposten beim »Neuen Weg« gekündigt.
Das Perpeh-Buch: »Das Perpetuum-mobile«. Es erschien 1910 im Rowohlt-Verlag.

485 Brief (Staatsbibliothek PK Berlin)
(H.W. 21.2.09)
eine ganz energische Broschüre: Nach Darstellung von Georg Brühl (Brühl, S. 25) wurde Waldens Vertrag gekündigt, weil seine Auffassung vom Theater den Funktionären der Bühnengenossenschaft zu progressiv und zu politisch gewesen sei. Zu Waldens Verteidigung startete eine Gruppe von Autoren (Baum, Blümner, Hardekopf, Kurtz, Schickele, Scheerbart) eine Protestaktion, im Zuge derer sie Mitarbeiter der Zeitschrift und eine Reihe weiterer namhafter Autoren um eine Stellungnahme zu Waldens publizistischer Arbeit baten. Die Beiträge erschienen in einer Broschüre mit dem Titel »Ein Protest in Sachen Herwarth Walden« im Verlag der Druckerei der Bibliophilen.
G. d. B.: Genossenschaft der Bühnenangehörigen.
Wedekind und Bahr: Ob Scheerbarts Verdacht begründet war, konnte nicht überprüft werden. Wie Margarete Bruns berichtet (Ikelaar, S. 138), hegte Scheerbart gegen den Dramatiker Frank Wedekind (1864 Hannover - 1918 München) eine starke Antipathie, weil er Frivolität in der Literatur verabscheute.
Rickelt: Gustav R. (1862 Dortmund - 1946 Wessobrunn), Schauspieler, Regisseur, ab 1914 Präsident der Bühnengenossenschaft.

486 Brief (Yale University Library, New Haven)
(E.R. 24.2.09)
Ihre Bremer Rundschau: Eine Zeitung oder Zeitschrift mit diesem Titel konnte nicht eruiert werden.

487 Postkarte (Yale University Library, New Haven)
(E.R. 27.2.09)
ein faux-pas vorliegt: S. vorhergehenden Brief an Rowohlt.

488 Brief (Yale University Library, New Haven)
(E.R. 5.3.09)
Mir erscheinen 44% nicht praktisch: Die Rede ist vom Ladenpreis und der Verdienstspanne des Buchhandels. Offenbar hatte der damals 21jährige Verleger seinen Autor in dieser Angelegenheit um Rat gefragt. Rowohlt schrieb später in seinen Erinnerungen, daß Scheerbart sich für einen glänzenden Geschäftsmann gehalten habe, tatsächlich aber das Gegenteil gewesen sei.
das Buch: die »Katerpoesie«.

489 Postkarte (Staats- und Universitätsbibliothek Hamburg)
(R.D. 19.3.09)
Band VIII: der »Gesammelten Werke« Dehmels.
»Katerpoesie« bekommst Du aus Paris: Hier dürfte sich Scheerbart geirrt haben. Zwar wohnte und arbeitete Rowohlt zu dieser Zeit in Paris, aber da das Buch in Leipzig gedruckt wurde, dürfte der Versand von dort aus erfolgt sein.

490 Postkarte (Maxim-Gorki-Institut, Moskau)
(E.M. 7.4.09)

491 Postkarte (Staats- und Universitätsbibliothek Hamburg)
(R.D. 21.4.09)
K. P.: »Katerpoesie«.
Zum Bäcker: an der Elbe gelegenes Gasthaus in Blankenese.

492 Brief (Staatsbibliothek PK Berlin)
(H.W. 22.4.09)
verachte das Theater nicht: Ab Juni 1909 redigierte Walden die neugegründete Zeitschrift »Das Theater«. Zum angegebenen Zeitpunkt war er bereits mit der Zusammenstellung des ersten

Heftes beschäftigt, s. Anmerkung zu Nr. 495.
Ihr Beide: Walden und Else Lasker-Schüler.

493 Postkarte (Staats- und Universitätsbibliothek Hamburg)
(R.D. 26.4.09)

494 Brief (Yale University Library, New Haven)
(W.D. 26.4.09)
Herrn W. Drugulin: Hier irrte Scheerbart. Aufgrund der Verlagsangabe »in Komission bei W. Drugulin« hielt er Wilhelm Drugulin (1822 Leipzig - 1879 ebd.) für den Drucker und Mitverleger der »Katerpoesie«. Der Firmengründer hatte jedoch längst das Zeitliche gesegnet. Druckerei und Verlag wurden von Emil Baensch-Drugulin geleitet. Rowohlt war mit dem Unternehmen als Geschäftsführer der im Drugulin-Verlag erscheinenden »Zeitschrift für Bücherfreunde« verbunden. Wie er in seinen Erinnerungen berichtet, erlaubte ihm Baensch-Drugulin, in Kooperation mit seiner Firma einen eigenen Verlag aufzubauen (Rowohlt, S. 6).
die Zeichnung: S. Anmerkung zu Nr. 470 und 472.

495 Brief (Staatsbibliothek PK Berlin)
(H.W. 26.4.09)
der versprochene Artikel: der Text »Schattenspiele«. Er erschien im 1. Sonderheft der Zeitschrift »Das Theater«.
bitte doch Schickele: René Schickele gehörte von Januar bis Mai 1909 der Redaktion der Zeitschrift »Nord und Süd« an, anschließend arbeitete er als Pariser Korrespondent für das Magazin. Vermutlich hatte ihm Scheerbart Manuskripte zur Publikation übergeben.

496 Postkarte (Staats- und Universitätsbibliothek Hamburg)
(R.D. 28.4.09)
2 neue Bücher ... in München ... 3 weitere ... in Berlin: Abgesehen von der Broschüre »Die Entwicklung des Luftmilitarismus ...« erschien von 1909 bis 1912 kein Buch von Scheerbart in Berlin oder München. Welche Bücher und welche Verleger er an dieser Stelle meinte, konnte nicht restlos geklärt werden. Aus einem (nicht abgedruckten) Brief an Mühsam vom 20.4.1909 ergeben sich folgende Anhaltspunkte: Zum einen erwähnt Scheerbart Kontakte mit den Berliner Verlagen Reiss und Cassirer, zum anderen nennt er einen Münchner Verleger oder Verlagslektor Dr. Douglas als Interessenten, s. Anmerkung zu Nr. 496. Zu diesem Zeitpunkt suchte Scheerbart für folgende abgeschlossene Werke einen Verlag: »Die wilde Jenny«, »Blutspäße«, »Astrale Novelletten«, »Das Perpetuum mobile«, »Flora Mohr« sowie für die verstreut publizierten Theaterstücke und -glossen.

497 Brief (Maxim-Gorki-Institut, Moskau).
(E.M. 28.4.09)
Grolman 47: Straße in Charlottenburg, zeitweise Mühsams Adresse.
Ruest: Anselm R., eigentlich Ernst Samuel (1878 Culm - 1943 Carpentras, Vaucluse), Dr. phil., Literaturhistoriker, Kritiker, Essayist, Mitbegründer der »Aktion« und der »Bücherei Maiandros«. Ruest, ein Vetter und Schwager Salomo Friedlaenders, hat sich für Scheerbart in ungewöhnlicher Weise exponiert: Im 2. Heft der »Bücherei Maiandros« (Dezember 1912) appellierte er in einem »Offenen Brief an die künftigen Verleiher des Nobelpreises in Stockholm«, Scheerbart für seine »Verdienste um den Weltfrieden« mit dem Friedensnobelpreis auszuzeichnen. 1913 rezensierte er in derselben Zeitschrift den Roman »Lesabéndio« und hob auch an diesem Werk (»pallasturmartig den Friedenspalast zu Haag überragend«) den pazifistischen Charakter hervor. 1919 gründete er mit Salomo Friedlaender die Zeitschrift »Der Einzige« - der Name verrät die individualanarchistische Tendenz -, in der auch Texte von Scheerbart erschienen.
Einstein: Carl E. (1885 Neuwied - 1940 Boeil-Bézing, Pyrénées-Atlantiques), Lyriker, Prosaist, Dramatiker, Essayist, Kunstschriftsteller. Der Verfasser des hermetischen Prosawerks »Bebuquin« und der ersten kunsttheoretischen Arbeit über die »Negerplastik« soll nach Aussage sei-

nes Freundes Nico Rost für Scheerbarts Werk »viel Sympathie« gehabt und die meisten seiner Bücher besessen haben. (»Mein Freund Carl Einstein«, Typoskript im Einstein-Nachlaß in der Akademie der Künste in Westberlin). Der Name Scheerbart taucht auch in den im Nachlaß befindlichen Notizen zum »Bebuquin II« auf. Die freundschaftliche Beziehung zwischen beiden Autoren wird ferner durch eine Federzeichnung Scheerbarts dokumentiert, die die Widmung trägt: »s. l. Karl Einstein z. fr. Erinnerung an den 28. II. 1909«. Die Zeichnung ist anscheinend verlorengegangen, eine Fotokopie des Blattes befindet sich im Einstein-Nachlaß in Westberlin.

Frankfurter: Gemeint sein könnte Emil F. (1876 Wien -?), Korrespondent des »Neuen Wiener Journals« in Berlin.
s. Innenseiten: auf der mir zur Verfügung gestellten Kopie - sie stammt von einem Film aus der Akademie der Künste in Ostberlin - fehlen die Innenseiten des Briefbogens.

498 Postkarte (Yale University Library, New Haven)
(E. R. 28. 4. 09)
die Bücher: die Belegexemplare der »Katerpoesie«.
die Zeichnung: Scheerbarts eigener Titelentwurf.
250 Exemplare: für Rezension und Werbung, s. Nr. 486.

499 Brief (Maxim-Gorki-Institut, Moskau)
(E. M. 30. 4. 09)
50 M: In diesem, einem vorhergehenden (nicht abgedruckten) und den folgenden Schreiben an Erich Mühsam geht es um eine Verlagsangelegenheit, die weder hinsichtlich der beteiligten Personen, noch der verhandelten Sache aufgeklärt werden konnte. Soviel läßt sich jedenfalls den Briefen entnehmen: Mühsam vermittelte zwischen Scheerbart und einem Münchner Verlag (Dr. Douglas), der zwei Buchmanuskripte herausbringen wollte, auf die der Verleger Siegfried Cronbach (»Heim der Jugend«) eine Option bzw. für die er bereits etwas bezahlt hatte. Die genannten 50 Mark stellten wahrscheinlich einen Vorschuß an Scheerbart dar.
die Männer des Cafés: Mühsam bevorzugte in München das Café Stefanie in Schwabing, wo auch die mit Scheerbart befreundeten Autoren Maximilian Dauthendey, Max Halbe, Gustav Meyrink und Roda Roda verkehrten.

500 Postkarte (Maxim-Gorki-Institut, Moskau)
(E. M. 6. 5. 09)
50 M ... kontraktliche Fixirung: S. Anmerkungen zu vorhergehendem Brief an Mühsam.
Herr von Kaminski: Gemeint ist das Monodram »Die Gesellschaft des Herrn von Kaminski«.

501 Postkarte (Staatsbibliothek PK Berlin)
(H. W. 17. 5. 09)
Streichung des Officiersatzes: Der Sinn dieser Bemerkung konnte nicht aufgeklärt werden. Dem wörtlichen Zitat zufolge bezieht sich Scheerbart hier auf den Text »Schattenspiele«, der in der 1. Sondernummer der Zeitschrift »Das Theater« erschien.
Es lebe die urbs: Scheerbart plante, gemeinsam mit Walden eine Zeitschrift für Städtebau herauszugeben, s. Anmerkung zu Nr. 508.

502 Postkarte (Staatsbibliothek PK Berlin)
(H. W. 21. 5. 09)
Deine Herren Verleger: »Das Theater« wurde von einer Verlagsgesellschaft m. b. H. herausgegeben. Die Gesellschafter sind namentlich nicht bekannt.
»Schattenspiele«: S. vorhergehende Karte an Walden.

503 Brief (Maxim-Gorki-Institut, Moskau)
(E. M. 2. 6. 09)
Dr. Douglas: S. Anmerkung zu Nr. 499.

Langen ... Simpl.: Der Verleger Albert Langen starb am 30.4.1909. Scheerbarts Vermutungen über das weitere Bestehen des Verlags und der Zeitschrift »Simplicissimus« erwiesen sich als falsch.
Bonsels: Waldemar B. (1881 Ahrensburg, Holstein – 1951 Ambach, Oberbayern), Schriftsteller, betätigte sich zeitweise in München als Verleger.
Cassirer: Wahrscheinlich ist der Verlag des Berliner Kunsthändlers Paul Cassirer gemeint, in dem u.a. Werke von Schickele und Mühsam erschienen. Es existierte außerdem der Verlag Bruno Cassirer, ein auf Kunst spezialisiertes Unternehmen, dessen Inhaber ein Vetter und früherer Kompagnon Paul Cassirers war.

504 Postkarte (Staatsbibliothek PK Berlin)
(H.W. 6.6.09)
Schickele sehr gut: Im ersten Sonderheft der Zeitschrift »Das Theater« erschien ein Teilabdruck von René Schickeles Komödie »Europa«.

505 Brief (Städtische Galerie im Lenbachhaus, München)
(A.Ku. 12.6.09)
Dein Buch: Der Roman »Die andere Seite« erschien 1909 im Verlag Georg Müller, München.
»Tempelgeschichten«: Vermutlich sind die Prosastücke »Entwicklungen« und »Die Abhängigen« gemeint, die 1910 in der »Gegenwart« erschienen.
»mors«: der Tod (lateinisch).

506 Postkarte (Staatsbibliothek PK Berlin)
(H.W. 23.6.09)
Alles gut so: S. Nr. 504.

507 Postkarte (Yale University Library, New Haven)
(E.R. 30.6.09)
Meine schöne Zeichnung: Scheerbarts eigener Umschlagentwurf für die »Katerpoesie«.

508 Postkarte (Staatsbibliothek PK Berlin)
(H.W. 6.7.09)
Die Stadt! Urbs! La ville! ... »Die Luft«: Scheerbart bringt hier, in animierter Stimmung, zwei durchaus ernst gemeinte Zeitschriftenprojekte zur Sprache: Das eine, das er auch in früheren Briefen an Walden mit dem Begriff »Die Stadt« umschreibt, sollte vermutlich eine Zeitschrift für Architektur und Städtebau werden. In ihr wollte er wahrscheinlich seine in der »Gegenwart« und anderen Blättern entfalteten architektonischen Ideen veröffentlichen. Die zweite geplante Zeitschrift sollte sich mit der Luftschiffahrt und ihren militärischen Aspekten beschäftigen, ein Thema, dem Scheerbart in der folgenden Zeit besondere Aufmerksamkeit schenkte, s. auch Nr. 511. Beide Projekte wurden nicht verwirklicht.

509 Postkarte (Staatsbibliothek PK Berlin)
(H.W. 23.7.09)
daß Ihr Conkurrenz ... bekommen habt: Eine weitere Zeitschrift mit gleichem Namen konnte für diesen Zeitpunkt nicht nachgewiesen werden.
»Zwischenspiele«: Der Text erschien im ersten regulären Heft (September 1909) der Zeitschrift »Das Theater«.

510 Brief (Wiener Stadt- und Landesbibliothek)
(K.K. 10.8.09)
Anbei eine Glosse: Sie galt offenbar dem Thema »Luftmilitarismus«. Kraus hat den angebotenen Text nicht in der »Fackel« veröffentlicht.
Luftrevue: S. Anmerkung zu Nr. 508.
Krupps Luftballonkanonen: Diese Flugabwehrwaffen der Firma Friedrich Krupp in Essen wur-

den schon im Deutsch-Französischen Krieg 1870/1871 eingesetzt. Im Zuge seiner Beschäftigung mit dem Luftmilitarismus trat Scheerbart auch mit einem Mitarbeiter des Unternehmens, dem Bruder seines Freundes Otto Erich Hartleben, in Kontakt, s. Nr. 524.

511 Brief (Yale University Library, New Haven)
(E.R. 13.8.09)
Herr K.: Hermann Kienzl (1865 Graz - 1928 Berlin), Journalist, Redakteur und Mitarbeiter bei mehreren Zeitungen und Zeitschriften, zeitweise Mitherausgeber der Zeitschrift »Das Blaubuch«. Kienzl hatte am 25.7. in der Zeitung »Der Tag« eine wohlwollende, aber nicht unkritische Rezension der »Katerpoesie« veröffentlicht. Scheerbart fühlte sich durch diesen Artikel verunglimpft und verfaßte eine polemische Entgegnung (»Pro domo«), aus der eine allgemeine Verbitterung über die Aufnahme seiner Werke durch die Presse spricht. Der Text erschien 8 Monate später, samt einer Entgegnung Kienzls (»Pro benevolentia«), im »Blaubuch«.
sogar von Correspondenzen: S. Anmerkungen zu Nr. 629 und Nr. 644.
»Wochenschrift für Luftschiffahrt...«: S. Anmerkung zu Nr. 508.
meine Zeichnung: Scheerbarts Titelentwurf für die »Katerpoesie«.

512 Postkarte (Staatsbibliothek PK Berlin)
(H.W. 30.8.09)
Zwischenspiele: S. Anmerkung zu Nr. 509.
»Morgenluft u. Abendluft«: S. Nr. 511.

513 Brief (Staatsbibliothek PK Berlin)
(H.W. 31.8.09)
»Morgenluft u. Abendluft«: S. vorhergehende Postkarte an Walden. In diesem Zusammenhang sei erwähnt, daß der Schriftsteller und Journalist Philipp Spandow, der 1906 einen Scheerbart-Fonds einrichtete (s. Nr. 388), ein Spezialist für Luftschiffahrt war und über dieses Thema öffentlich referierte. (Die Zeitschrift »Nord und Süd« berichtet in Heft 3, 1909 von einem Vortrag Spandows in der Lessing-Gesellschaft.) Ab 1910 gab Spandow eine Zeitschrift für »Automobilismus und Flugtechnik« heraus. Es ist anzunehmen, daß Scheerbart von Spandow Anregungen und Informationen erhielt.
Denkst Du noch an die Stadt: S. Anmerkung zu Nr. 508.

514 Brief (Staatsbibliothek PK Berlin)
(H.W. 2.9.09)
zu den Bibliographen: Vermutlich ist die Druckerei der Bibliophilen gemeint, s. vorhergehenden Brief an Walden.
Broschüre: »Die Entwicklung des Luftmilitarismus und die Auflösung der europäischen Land-Heere, Festungen und Seeflotten. Eine Flugschrift« erschien 1909 im Verlag Oesterheld und Co. Ursprünglich sollte sie, wie Scheerbart im vorhergehenden Brief an Walden mitteilt, die Zeitschrift »Morgenluft und Abendluft« einleiten.
Erörterungen: Theaterglossen, die in loser Form in der Zeitschrift »Das Theater« erschienen.
Cleopatra: Das Schauspiel »Cleopatra und das Krokodil« erschien 1910 im »Theater«.
dem kleinen Theater: Dort wurde im Oktober 1909 Dehmels Schauspiel »Der Mitmensch« aufgeführt. Dieses Faktum mag Scheerbart ermutigt haben, mit der genannten Bühne erneut Kontakt aufzunehmen.

515 Brief (Staatsbibliothek PK Berlin)
(H.W. 14.9.09)
kl. Riesenspaß: die Theaterglosse »Riesenpantomime mit Fesselballons«. Sie erschien im Oktober 1909 im »Theater«.
Gespenster-Theater: Die Glosse erschien im November 1909 im »Theater«.
die »Flugschrift«: »Die Entwicklung des Luftmilitarismus...«, s. vorhergehenden Brief an Walden.

516 Postkarte (Staatsbibliothek PK Berlin)
(H. W. 17.9.09)
meine Flugschrift: »Die Entwicklung des Luftmilitarismus...«.

517 Postkarte (Yale University Library, New Haven)
(E. R. 18.9.09)
in den bibliographischen Anhang: der Flugschrift »Die Entwicklung des Luftmilitarismus...«.
Kritiken: zur »Katerpoesie«.
»Prodomo«: S. Anmerkung zu Nr. 511.
Felix Lorenz: (1875 Berlin - 1930 ebd.), Schriftsteller, Kritiker, Redakteur am »Berliner Tageblatt« und verantwortlich für die wöchentliche Beilage »Literarische Rundschau«.
Ernst Schur: (1876 Kiel - 1922 Berlin), Lyriker aus der Arno-Holz-Nachfolge, Essayist, Kritiker.
Die Zeichnung: Scheerbarts eigener Umschlagentwurf für die »Katerpoesie«.

518 Postkarte (Staats- und Universitätsbibliothek Hamburg)
(R. D. 23.9.09)
Deine Bismarck-Vision: Gemeint ist wohl der VIII. Teil des Gedichts »Hafenfeier«. Reichskanzler Otto von Bismarck (1815 Schönhausen - 1898 Friedrichsruh) vergießt eine Träne, als er, bei der Taufe des nach ihm benannten Schiffes, im Geiste »sein Deutschland hinaus aufs Weltmeer rollen« sieht.

519 Brief (Nachlaß Franz Servaes, Wien)
(F. S. 24.9.09)
Kurzer Ueberblick ... in der heutigen Gegenwart: der Artikel »Luftmilitarismus«.
N. Fr.: die Wiener Tageszeitung »Neue Freie Presse«, bei der Servaes als Redakteur arbeitete.
Dein Bruder ... Major: Heinrich Servaes (1863 Köln - 1943 Berlin), Berufsoffizier, nahm als Oberstleutnant am Ersten Weltkrieg teil.
Bär ist 2x gedruckt: Im Septemberheft der Zeitschrift »Die Frau und ihre Zeit« erschienen von Anna Scheerbart zwei Prosaskizzen: »Der Stern in der Schürze. Ein Abend-Idyll« und »Der Wundergarten«.

520 Brief (Staatsbibliothek PK Berlin)
(H. W. 27.9.09)
Kainz-Nummer: Das 2. Sonderheft der Zeitschrift »Das Theater« - es erschien im Januar 1910 - war dem berühmtesten Schauspieler jener Zeit, Josef Kainz (1858 Wieselburg, Ungarn - 1919 Wien), gewidmet. Von Scheerbart enthält das Heft keinen Beitrag. Der erwähnte Text konnte auch nicht andernorts nachgewiesen werden.
Flugschrift: »Die Entwicklung des Luftmilitarismus...«.

521 Brief (Staatsbibliothek PK Berlin)
(H. W. 1.10.09)
das Gewünschte: vermutlich die Theaterglosse »Oratorium in Ballongondeln«. Sie erschien 1910 im »Theater«.

522 Brief (Bibliothek der Vereinten Nationen, Genf)
(B. v. S. 27.10.09)
Hochgeehrte gnädige Frau: Bertha von Suttner, geborene Gräfin Kinsky (1843 Prag - 1914 Wien), Schriftstellerin, Vorkämpferin des Pazifismus. Suttner wurde durch ihren überaus erfolgreichen Roman »Die Waffen nieder!« (1889) und die anschließenden publizistischen und propagandistischen Aktivitäten zur bekanntesten Vertreterin der Friedensbewegung. 1901 gründete sie die »Österreichische Gesellschaft der Friedensfreunde«, 1905 wurde sie mit dem Friedensnobelpreis ausgezeichnet, dessen Stiftung auf ihre Initiative zurückgeht. Ihr Briefwechsel mit Scheerbart wurde vermutlich durch die Publikation der Flugschrift veranlaßt, die Scheerbart ihr wahrscheinlich zuschickte.

»Rüstung und Überrüstung«: Titel einer Broschüre von Bertha von Suttner, die im Sommer 1909 in Berlin erschien.
darum möchte ich grade die Zeitschrift: S. Nr. 513.

523 Postkarte (Hartmut Geerken, Herrsching)
(S.F. 11.11.09)
Die Grenze im Grenzenlosen: Anspielung auf die Philosophie des Indifferentismus, die Friedlaender offenbar schon zu dieser Zeit entwickelt hatte. Da sich Friedlaenders exzentrische Theorie kaum in Kürze wiedergeben läßt, zwei Zitate:
»Das absolut lebendige Welt-Neutrum und -Zentrum ist nur persönliche Indifferenz, in welcher alle Unterschiede restlos verschwinden, um rein aus ihrem läuternden Verschmelzungsfeuer wieder auszuscheiden.«
Die »persönliche Indifferenz« wird von Friedlaender auch als das »schöpferische Erlebnis des persönlichen Nichts aller Unterscheidung« definiert.
»Der uralte Irrtum hält dieses Nichts für ein Ende! Aber es ist mit einer Mitte, einer Vermittlung zu vergleichen. (...) Von Nichts als wie von der Mitte aus läßt sich der Unterschied nach entgegengesetzten Richtungen hin in das Unendliche verfolgen. Anfang und Ende sind Mitte! Hier ist die Grenze im Grenzenlosen.« (Schöpferische Indifferenz, München [2]1926, S. 11.)

524 Brief (Nachlaß Franz Servaes, Wien)
(F.S. 12.11.09)
die Adresse Deines Bruders: S. Anmerkung zu Nr. 519.
Hartlebens Bruder: konnte nicht ermittelt werden.
Bertha von Suttner schrieb mir schon begeistert: Ihre Briefe an Scheerbart blieben nicht erhalten.

525 Postkarte (Maxim-Gorki-Institut, Moskau)
(E.M. 14.11.09)
der Reclamewert der Zelle: Am 29.10.1909 wurde Mühsam unter dem Vorwurf der »Geheimbündelei« in Untersuchungshaft genommen. Man verdächtigte ihn, wegen seiner Kontakte zu Asozialen, bei der Planung eines terroristischen Anschlags mitgewirkt zu haben. Im späteren Prozeß stellte sich seine Unschuld heraus, und er wurde freigesprochen.
keine Kritik ... über Flugschrift: Mühsam rezensierte den »Luftmilitarismus« für die pazifistische Zeitschrift »Die Friedenswarte«. Der Artikel erschien im Februar 1913.

526 Brief (Nachlaß Franz Servaes, Wien)
(F.S. 15.11.09)
die beiden Adressen: S. die beiden vorhergehenden Briefe Servaes.
eine Broschüre: »Die Entwicklung des Luftmilitarismus...«.
N. Fr. Pr.: die Wiener Tageszeitung »Neue Freie Presse«, für die Servaes arbeitete.

527 Brief (Deutsches Literaturarchiv, Marbach)
(M.B. 27.11.09)
Herr Beradt: Martin B. (1881 Magdeburg - 1949 New York), Dr. jur., Rechtsanwalt, Schriftsteller. Beradts Brief an Scheerbart hing offenbar mit der Gründung des »Schutzverbandes deutscher Schriftsteller« im November 1909 zusammen. Scheerbart wiederholte seinen Vorschlag, eine Zeitschrift »zur Kritik der Tagespresse« zu gründen, 1910 in zwei Beiträgen für die Zeitschrift »Das Blaubuch« (»Zur sozialen Lage der deutschen Schriftsteller« und »Spaß oder Ernst«).

528 Postkarte (Staats- und Universitätsbibliothek Hamburg)
(R.D. 29.11.09)
Gumppenberg giebt ... Zeitschrift heraus: Hanns von Gumppenberg, mit dem Scheerbart während dessen Berliner Zeit freundschaftlich verkehrte, übernahm 1910 die Textredaktion der illustrierten Zeitschrift »Licht und Schatten«. Von Scheerbart erschien im ersten Jahrgang der Bei-

trag »Johann der Weise. Eine Mondschein-Novelle«.

529 Brief (Staatsbibliothek PK Berlin)
(H. W. 17. 12. 09)
Asteroïden-Roman: »Lesabéndio«.
Anbei eine Pantomime: Vermutlich handelte es sich um die Pantomime »Geheimnisse« aus der »Revolutionären Theater-Bibliothek«, der Scheerbart auch einen Bühnenbildentwurf (»Zeichnung«) beigegeben hatte. Sie wurde aber nicht im »Theater« veröffentlicht.

530 Postkarte (Staatsbibliothek PK Berlin)
(H. W. 26. 12. 09)
den Kitt: die im vorhergehenden Brief an Walden offerierte Pantomime.

531 Brief (Staatsbibliothek PK Berlin)
(H. W. 28. 1. 10)
Ich mache dieses Mal nicht mit: Im Januar 1910 wurde Waldens Vertrag als Chefredakteur der Zeitschrift »Das Theater« gekündigt. Georg Brühl nennt als Grund Waldens Weigerung, Inserate redaktionell zu vertreten, und deutet an, daß Waldens kritisch-progressive Einstellung zum Theater den Herausgebern nicht paßte (Brühl, S. 25). Walden und Blümner planten offenbar, wie zuvor im Streitfall um den »Neuen Weg« (s. Nr. 484 und Anmerkung) mit einem schriftlichen Protest an die Öffentlichkeit zu treten. Der Plan wurde jedoch nicht verwirklicht.
Nissen-Artikel: Vermutlich ist Walther Nissens Beitrag zur »Blaubuch«-Rundfrage über die »soziale Lage der deutschen Schriftsteller« gemeint. Auch Scheerbart beteiligte sich an ihr. Die Antworten erschienen ab Februar 1910 in der Zeitschrift. Der Schriftsteller und Kritiker Walther Nissen (1878 Breslau - 1951 München), war zu dieser Zeit stellvertretener Chefredakteur des »Blaubuchs«.
Culissenartikel: »Das Dekorative und das Intime«. Der Text erschien 1910 im »Theater«.
Ball-Idee: Der Sachverhalt konnte nicht aufgeklärt werden.
mein Asteroïden-Roman: »Lesabéndio«.

532 Brief (Yale University Library, New Haven)
(E. R. 19. 2. 10)

533 Brief (Universitätsbibliothek Krakau)
(E. B. 26. 2. 10)
Ihr Artikel: S. Anmerkung zu Nr. 427.
Zinzendorf: Nikolaus Ludwig Graf von Z. und Pottendorf (1700 Dresden - 1760 Herrnhut), Theologe, Schriftsteller, Begründer der Herrnhuter Brüdergemeine, ein spätbarocker Pietist. Zinzendorf dichtete konventionelle, aber auch gewagt erotische Kirchenlieder, die noch zu entdecken sind. Leider hat Scheerbart sein Interesse an Zinzendorf und dem Pietismus nicht näher erläutert, aber man darf annehmen, daß es die mystische Idee der Vereinigung mit einem »Höheren« war, die er aus der pietistischen Erziehung in seine spätere Weltanschauung übernahm und literarisch kultivierte.
»Die Bekenntnisse einer schönen Seele«: ein Kapitel aus »Wilhelm Meisters Lehrjahre«, das Johann Wolfgang von Goethe dem Lebensbericht der Pietistin Susanna von Klettenberg nachbildete.
»Geheimnisse«: eine Pantomime aus der »Revolutionären Theater-Bibliothek«.
die Orchideen in Dahlem: Scheerbart spricht von den Gewächshäusern des Botanischen Gartens, in dessen näherer Umgebung er wohnte.

534 Brief (Staatsbibliothek PK Berlin)
(H. W. 2. 3. 10)
Kurtz: Rudolf K. (1884 Berlin - 1960 ebd.), Dramatiker, Kritiker, Essayist, Mitglied des Reinhardt-Kabaretts »Schall und Rauch«, Mitarbeiter der Zeitschriften »Der neue Weg«, »Das

Theater«, »Der Sturm«. Im ersten Heft des »Sturm« veröffentlichte Kurtz unter dem Titel »Programmatisches« eine Intellektuellenschelte, in der es heißt: »Blinder Intellektualismus vergewaltigt die Wirklichkeit.«
das Programmatische ... das Geschäftliche: Scheerbarts Äußerungen beziehen sich auf die von Walden gegründete Zeitschrift »Der Sturm«, deren erstes Heft am 3.3.1910 erschien.
Homeyer: Lothar H. (1883 - 1969), Maler, Graphiker. Homeyers Funktion beim »Sturm« konnte nicht ermittelt werden. Georg Brühl bezeichnet ihn zwar als zum »Sturm«-Kreis gehörig, führt ihn aber nicht in der Liste der Mitarbeiter auf (Brühl, S. 69).

535 Postkarte (Yale University Library, New Haven)
(E.R. 6.3.10)
»Prodomo«: S. Anmerkung zu Nr. 511.
»Zack, Sidi u. der grosse Kopf«, »Steuermann Malwu«: zwei der zwölf Erzählungen, die unter dem Titel »Astrale Novelletten« erschienen.
»Perpeh«: das Perpetuum mobile.

536 Brief (Yale University Library, New Haven)
(E.R. 23.3.10)
das Perpeh-Buch: »Das Perpetuum mobile. Die Geschichte einer Erfindung« erschien 1910 im Verlag von Ernst Rowohlt in Leipzig.
eine Kiste: Zigarren. Peter Scher berichtet in seinen Erinnerungen an Scheerbart:
»Wenn er seine Leibzigarre rauchen konnte (Kronregalia claro), war er schon zufrieden. Einmal schrieb er mir, es sei ein ›borstiges Malör‹ gewesen, daß er sich die Zigarre nicht kaufen konnte; aber er habe gleich eine Zigarren-Novelle verfaßt und darüber den ganzen Ärger vergessen.« (Paul Scheerbart - ein deutscher Phantast. In: Das literarische Deutschland, 2 (1951), Nr. 18, S. 12.)
»Prodomo«: S. Anmerkung zu Nr. 511.

537 Postkarte (Yale University Library, New Haven)
(E.R. 18.4.10)
Das Perpeh wird hergestellt: Die Rede ist von einem der zahlreichen Perpetuum-mobile-Modelle, die Scheerbart zwischen 1908 und 1911 anfertigen ließ.

538 Brief (Bibliothek der Vereinten Nationen, Genf)
(B.v.S. 20.4.10)
Ihre freundliche Karte: Sie blieb nicht erhalten.
Die Flugschrift: »Die Entwicklungs des Luftmilitarismus...«.
Ich schreibe auch für die Frauen-Zukunft: Der Text »Frauenfrage und Militarismus. Japanische Salon-Plauderei« erschien im Juliheft der genannten Monatsschrift. Er wurde im September desselben Jahres vom »Blaubuch« nachgedruckt.
»Der gefesselte Komet«: Das Werk erschien 1913 unter dem Titel »Lesabéndio. Ein Asteroïden-Roman«.

539 Postkarte (Yale University Library, New Haven)
(E.R. 30.4.10)
die Geschichte tatsächlich funktioninirt: das Perpetuum mobile.
vor dem Erscheinen des Kometenschweifs: 1910 befand sich der sagenumwobene Halleysche Komet turnusgemäß in Erdnähe. Scheerbart widmete seinem Erscheinen 1909 eine Glosse in der »Gegenwart«, in der er die Auffassung vertritt, »daß jedes neue Erscheinen des Halleyschen eine neue Zeit einleitet«. Während er in jener Glosse ein Zeitalter der »lenkbaren Luftschiffe« kommen sieht, erwartete er diesmal offenbar eine Ära des Perpetuum mobile.

540 Brief (Yale University Library, New Haven)
(E.R. 2.5.10)

das Manuskript: »Das Perpetuum mobile«.
die Zeichnungen: Scheerbart ergänzte seinen »Erfindungsbericht« durch 26 Modellzeichnungen. Sie wurden dem Buch auf einem separaten Faltblatt beigegeben.
Alfred Richard: Meyer, ein Freund Rowohlts und Scheerbarts.

541 Postkarte (Yale University Library, New Haven)
(E.R. 3.5.10)

542 Brief (Staatsbibliothek PK Berlin)
(H.W. 15.5.10)
ein schönes Manuskript: der Artikel »Das neue Kriegsinstrument«. Er erschien in Heft 15/1910 des »Sturms«. Scheerbart knüpft darin an eine Äußerung des Grafen Zeppelin an, die von ihm erbauten Luftschiffe bedeuteten eine Stärkung der Wehrmacht. Scheerbart vertritt dagegen die im »Luftmilitarismus« dargelegte Ansicht, daß die lenkbaren Luftschiffe eine Schwächung der Wehrmacht bewirken müßten, weil sie die konventionellen Streitkräfte überflüssig und das Kriegsführen unmöglich machen würden.
Zeppelin: Von einer Reaktion des Luftschiffkonstrukteurs Ferdinand Graf von Z. (1838 Konstanz - 1917 Berlin) ist nichts bekannt. Statt seiner antwortete der Journalist (?) Siegfried Pfannkuch in Heft 20 des »Sturm« auf Scheerbarts Artikel (»Liegt der Friede in der Luft?«) und hielt ihm die durch die Geschichte bestätigte Auffassung entgegen, daß die Entwicklung neuer, überlegener Waffen keineswegs automatisch zur Abschaffung des konventionellen Kriegsinstrumentariums führen müsse. In einer anschließenden Entgegnung beharrte Scheerbart auf seinem Standpunkt, der übrigens weder von Militaristen noch Pazifisten geteilt wurde.
Verse von Peter: Möglicherweise ist Peter Hille gemeint, der mit zahlreichen Beiträgen im »Sturm« vertreten ist.

543 Postkarte (Staatsbibliothek PK Berlin)
(H.W. 19.5.10)

544 Brief (Yale University Library, New Haven)
(E.R. 1.6.10)
für den Vertrag: über die Publikation des Buches »Das Perpetuum mobile«.
Fahrradfabrikant ... Mechaniker: Scheerbarts Modellproduzenten.

545 Brief (Yale University Library, New Haven)
(E.R. 17.6.10)
Correktur: der Druckfahnen des Buches »Das Perpetuum mobile«.
den »gefesselten Kometen«: »Lesabéndio«.
Perpeh: das Perpetuum mobile.
Harden: Maximilian H., eigentlich Witkowski (1861 Berlin - 1927 Montana, Wallis), Publizist, Herausgeber der Wochenschrift »Die Zukunft«, in der mehrere Beiträge von Scheerbart erschienen, darunter eine Selbstanzeige des »Perpetuum mobile«.
Die Anthologie: Das Projekt wurde nicht verwirklicht. Ein ähnliches Konzept legte Scheerbart dem 1911 begonnenen Roman »Meteorgeister« zugrunde. s. Anmerkung zu Nr. 572.

546 Postkarte (Yale University Library, New Haven)
(E.R. 7.7.10)
Die Drucklegung: des Buches »Das Perpetuum mobile«.

547 Brief (Yale University Library, New Haven)
(E.R. 13.7.10)
beiliegendem Schlußsatz: des Buches »Das Perpetuum mobile«. Er lautet:
»Am 12. Juli des Jahres 1910 gelang es mir, nach Einführung eines neuen Faktors das Problem tadellos zu lösen; leider muß ich darüber schweigen, da sonst die Anmeldung bei den Patent-

ämtern der verschiedenen Staaten hinfällig werden würde. Aber zu einem befriedigenden Schluß bin ich gekommen.«

548 Postkarte (Yale University Library, New Haven)
(E. R. 13. 8. 10)
Die Zeichnung: Ottomar Starkes Titelillustration für das »Perpetuum mobile«.

549 Brief (Yale University Library, New Haven)
(E. R. 6. 9. 10)
Zukunft haben Sie erhalten: Die Zeitschrift »Die Zukunft« brachte am 20. 8. in der Rubrik »Selbstanzeigen« einen Artikel über »Das Perpetuum mobile«.

550 Brief (Yale University Library, New Haven)
(E. R. 10. 9. 10)
daß die »Zukunft« wirkte: S. Anmerkung zu Nr. 549.
die Ausstattung: des Buches »Das Perpetuum mobile«.
Ihr Herr Compagnon: Kurt Wolff (1887 Bonn – 1964 Ludwigsburg), Verleger, trat 1908 in Ernst Rowohlts Verlag als Teilhaber ein. 1912 übernahm er den Verlag und führte ihn ab 1913 unter eigenem Namen weiter. So kamen auch Scheerbarts Briefe an Ernst Rowohlt in Wolffs Besitz und Nachlaß, der in der Beinecke Rare Book and Manuscript Library, einer Abteilung der Yale University Library in New Haven, Connecticut, liegt. Im Rückblick auf seine Zusammenarbeit mit Rowohlt sagte Wolff später in einem Radiovortrag:
»... seine Götter hießen damals Scheerbart und Dauthendey, und es war nicht schwierig, mich mit dieser Begeisterung für die beiden anzustecken.« (Autoren, Bücher, Abenteuer, Betrachtungen eines Verlegers, Berlin o. J., S. 19.)
meinen Contrakt: vermutlich für die geplante, aber nicht verwirklichte Anthologie mit Scheerbart-Texten, s. Nr. 545.

551 Postkarte (Nachlaß Franz Servaes, Wien)
(F. S. 10. 9. 10)
Perpeh: Das Buch »Das Perpetuum mobile«.

552 Postkarte (Staats- und Universitätsbibliothek Hamburg)
(R. D. 10. 9. 10)
eine große Geschichte: Möglicherweise ist die in Berlin angesiedelte Erzählung »Der gläserne Schrecken« gemeint. Sie erschien 1928 in den »Düsseldorfer Nachrichten«, der Erstdruck erfolgte aber vermutlich noch zu Scheerbarts Lebzeiten.

553 Brief (Yale University Library, New Haven)
(E. R. 19. 9. 10)
Das Buch: »Das Perpetuum mobile«.
Tagebl u. B. Z.: Das »Berliner Tageblatt« widmete dem Buch am 18. 10. eine humorvolle Glosse, in der »BZ am Mittag« konnte zwischen dem 1. und 19. 9. keine Rezension nachgewiesen werden.

554 Postkarte (Staats- und Universitätsbibliothek Hamburg)
(R. D. 19. 9. 10)
Du willst blos ulken: Dehmel hatte sich vermutlich über »Das Perpetuum mobile« lustig gemacht.
Es lebe das Bäckerleben: Anspielung auf das Gasthaus »Zum Bäcker« in Blankenese, das Dehmel mit Scheerbart besuchte.

555 Brief (Stadt- und Universitätsbibliothek Frankfurt a. M.)
(J. E. 22. 9. 10)

das Beiliegende: Aus der Beschreibung geht hervor, daß der Text »Marduk. Assyrische Burgnovellette« gemeint ist. Er liegt in gedruckter Form auf losen Seiten im Nachlaß von Adolf Behne in der Staatsbibliothek PK Berlin. Erscheinungsort und -datum konnten nicht ermittelt werden.

556 Postkarte (Yale University Library, New Haven)
(E.R. 23.9.10)
jedenfalls gefällt das Buch: »Das Perpetuum mobile«.

557 Brief (Yale University Library, New Haven)
(E.R. 6.10.10)
Franz Pfemfert: (1877 Lötzen, Ostpreußen - 1954 Mexico City), Kritiker, Essayist, politischer Publizist, Herausgeber der Zeitschriften »Der Demokrat« und »Die Aktion«. Pfemfert war neben Walden der einflußreichste Vermittler und Förderer expressionistischer Literatur. Wie Walden veranstaltete Pfemfert ab 1911 Dichterlesungen, die sogenannten »Aktionsabende«, deren erster (23.2.) Scheerbart gewidmet war. Pfemfert veröffentlichte im »Demokrat« mehrere Beiträge von Scheerbart. In der »Aktion« ist er nur im ersten Jahrgang vertreten, was damit zusammenhängen mag, daß Scheerbart sich im Konkurrenzkampf zwischen Walden und Pfemfert auf die Seite Waldens schlug.
kein Exemplar f. d. Recension: des »Perpetuum mobile«.
Dr. H. W. Zahn: Hermann Wolfgang Z. (1879 Bad Dürkheim - 1965 Baden-Baden), Nervenarzt und Schriftsteller, Verfasser phantastischer Erzählungen und Romane. Seinem Novellenband »Gestalten hinter mir« widmete Scheerbart 1908 im »Blaubuch« eine positive Rezension.

558 Postkarte (Yale University Library, New Haven)
(E.R. 8.10.10)
die vierte Auflage: basierte auf einem Täuschungsmanöver Rowohlts, s. Anmerkung zu Nr. 560.

559 Brief (Yale University Library, New Haven)
(E.R. 9.10.10)
5 Perpehs: Exemplare des Buches »Das Perpetuum mobile«.
»Auswahl«: S. Nr. 545.
V. W. D. F. 59.: sämtliche Straßenbahnlinien, die nach Lichterfelde-West fuhren.

560 Brief (Yale University Library, New Haven)
(E.R. 14.10.10)
Die Geschichte mit den Auflagen: Um einen Verkaufserfolg vorzutäuschen, teilte Rowohlt die Startauflage des »Perpetuum mobile« von 2500 Exemplaren in vier Teile und ließ das Werk innerhalb eines Monats in vier Auflagen erscheinen (s. Christian Jeanjour: Sozialphänomenologie der Literatur. Untersuchungen am Beispiel und aus Anlaß von Paul Scheerbarts literarischem Werk, Heidelberg 1981, S. 868). Rowohlt bediente sich noch eines weiteren Werbetricks: Er bestellte das Werk bei mehreren Zeitungskiosken der Firma Georg Stilke in Berlin und erreichte damit, daß Stilke einen größeren Posten Bücher orderte (s. Rowohlt, S. 8).
Baum: Peter B. (1869 Elberfeld - 1916 an unbekannter Front), Schriftsteller, Kritiker, Übersetzer, Mitarbeiter des »Neuen Weg« und des »Sturm«, Freund Else Lasker-Schülers und Peter Hilles.
Wiener-Braunsberg: Josef W.-B. (1866 Braunsberg, Ostpreußen - 1928 Berlin), Schriftsteller und Journalist.
Max F. Sebaldt: (1859 Trier - ?), Schriftsteller, Kritiker, Verfasser zahlreicher Bücher, darunter »Deutsche Landhausausstellung« (1910) und »Die Vibration der Erdkugel«.
Dr. M. G. Conrad: Michael Georg C. (1864 Gnodstadt, Franken - 1927 München), Prosaist, Kritiker, Begründer der Zeitschrift »Die Gesellschaft« und des Kulturvereins »Gesellschaft für modernes Leben« in München, der ähnliche Gründungen in anderen deutschen Städten nach sich zog. Conrad war eine Zentralgestalt der naturalistischen Bewegung. Er förderte aber auch pro-

gressive Literatur anderer Tendenzen, wie z. B. die Produktion Scheerbarts, die in der »Gesellschaft« mit zahlreichen Beiträgen repräsentiert ist. Dem »Tod der Barmekiden« widmete Conrad in seiner Zeitschrift eine lobende Rezension. Die Stadtbibliothek München besitzt eine Postkarte, die Scheerbart im Oktober 1913 an Conrad sandte, mit dem Text:

»Schönen Dank und viele Grüße von Ihrem alten Paul Scheerbart demnächst Architekt.«

Georg Fuchs: (1868 Beerfelden - 1949 München), Schriftsteller und Theaterleiter.

Otto Corbach: (1877 Herscheid, Westfalen - ?), Schriftsteller, Journalist, 1900-1903 Herausgeber der »Deutschen Warte« in Tsingtau, China, ab 1906 freier Schriftsteller in Berlin.

Philipp Recknagel: Persönliche Daten konnten nicht ermittelt werden.

Rotationsmotorfassung: ein weiteres Modell des Perpetuum mobile.

561 Postkarte (Staatsbibliothek PK Berlin)
(H. W. 14. 1. 11)

Perpeh-Brief: Waldens Reaktion auf das Buch »Das Perpetuum mobile«.

Belegexemplare vom »Kaiser«: Der Roman »Der Kaiser von Utopia«, der bereits 1904 als Buch erschienen war, wurde 1910/11 in Fortsetzungen im »Sturm« nachgedruckt.

»Des Kaisers Fluch«: Das Dramolett erschien 1911 in der »Gegenwart«.

Lannasch: Spitzname von Schickeles Ehefrau Anna.

Montholon: französischer Generaladjutant, der Napoleon nach St. Helena begleitete.

assyrische Geisterglosse: »Vor Sonnenaufgang am Euphrat«. Der Text erschien 1911 in der »Gegenwart«.

S. Friedländers großem Buch über Nietzsche: »Friedrich Nietzsche. Eine intellektuale Biographie«, Leipzig 1911. Scheerbart urteilt über das Buch in erwähnter Glosse: »Es ist eine wundervolle Plauderei über das Infinitesimale«.

562 Brief (Nachlaß Franz Servaes, Wien)
(F. S. 1. 4. 11)

Sorma-Ton: Agnes Sorma (1865 Breslau - 1927 Arizona), eine der renommiertesten Schauspielerinnen ihrer Zeit. Sie gehörte unter Brahm und Reinhardt zum Ensemble des »Deutschen Theaters«.

d'Ell Era: Antoinetta Dell'Era (1861 Mailand - ?), Tänzerin, trat unter anderem in der Königlichen Oper in Berlin auf.

Ernesto Rossi: (1827 Livorno - 1896 Pescara), Schauspieler, berühmter Shakespeare-Interpret, trat in den 70er Jahren an deutschen und österreichischen Bühnen auf.

Reinhardt aber u Kahane haben mich entdeckt: Am 2. 3. 1911 fand in den von Max Reinhardt geleiteten Kammerspielen eine Scheerbart-Matinee statt. Catérine Gwynne führte die Monodramen »Isis« und »Der Direktor« auf. Anselm Ruest berichtete über die offenbar wenig geglückte Aufführung in der »Gegenwart« und der »Aktion«.

»Kulturnovelletten aus Assyrien, Palmyra und Babylon«: Wie aus späteren Briefen hervorgeht, wollte Scheerbart diese Novelletten gesammelt unter dem Titel »Der alte Orient« publizieren, das Buch ist jedoch nicht erschienen. Folgende, verstreut publizierte, Texte sollten vermutlich in den Band aufgenommen werden: »Marduk« (s. Anmerkung zu Nr. 555), »Istar«, »Hoftrauer«, »Von Leuten, die den Kopf verloren«, »Der brennende Harem«, »Die Schlachtpomade«, »Tempel und Paläste«, »Audienz beim König«, s. Bibliographie.

das Beiliegende: konnte nicht ermittelt werden. Von April bis Dezember 1911 erschien kein Beitrag von Scheerbart in der »Neuen Freien Presse«.

563 Postkarte (Maxim-Gorki-Institut, Moskau)
(E. M. 4. 4. 11)

Kain ist fein: Mühsam gründete 1911 »Kain. Zeitschrift für die Menschlichkeit«. Das Blatt, in dem Mühsam ausschließlich eigene Beiträge veröffentlichte, erschien von 1911 bis 1914 und 1918 bis 1919.

Deine Scheerbartiana: Der Aufsatz wurde von Mühsam später als eigenes Kapitel in »Namen und Menschen. Unpolitische Erinnerungen« aufgenommen. Das Memoirenwerk erschien zuerst in Fortsetzungen ab Septeber 1927 in der »Vossischen Zeitung«.

564 Brief (Stadtbibliothek München)
(F.K. 20.5.11)
Sehr geehrter Herr: Filip Kester (1873 Kirchenlaibach - 1958 München), Fotograf, Bildjournalist, schuf drei fotografische Porträts von Scheerbart, s. Abbildungen Nr. 32, 33, 34. Die Vorlagen befinden sich in der Stadtbibliothek München.

565 Postkarte (Stadtbibliothek München)
(F.K. 12.6.11)
Photographieen: S. vorhergehenden Brief an Kester.

566 Brief (Staatsbibliothek PK Berlin)
(H.W. 12.6.11)
Beiliegendes: »Wir leben nicht im Zeitalter der Qualität«. Die polemische Glosse gegen den Gymnasial-Oberlehrer und Literaturhistoriker Hermann Schilling erschien am 8.7.1911 im »Sturm«, s. auch Nr. 569.
Deine Pantomime: »Die vier Toten der Fiametta«, Text von A.S. Pordes-Milo, Musik von Herwarth Walden. Die Inszenierung besorgte William Wauer. Die Premiere fand am 15.6.1911 im Kleinen Theater statt.

567 Postkarte (Yale University Library, New Haven)
(E.R. 27.6.11)
dem letzten Modell: eines Perpetuum mobile.
meinen Contrakt: Scheerbart hatte mit Rowohlt die Publikation einer Werkauswahl verabredet, um deren vertragliche Fixierung er hier bittet, s. Nr. 545. Das Projekt wurde nicht verwirklicht. Diese Karte ist das letzte (erhaltene) Schreiben von Scheerbart an Rowohlt, danach scheint der Kontakt zwischen Autor und Verleger abgebrochen zu sein.

568 Gedruckte Vorlage (»Das literarische Deutschland«, 1951)
(P.S. 9.7.11)
Peter Scher: Pseudonym Fritz Schweynert (1884 Großkamsdorf, Thüringen - 1953 Wasserburg a. Inn), Schriftsteller, Redakteur beim »Simplicissimus«, Mitarbeiter des »Sturm«. Scher verkehrte nach eigener Aussage zwischen 1910 und 1912 mit Scheerbart. In seinen Erinnerungen an den Autor berichtet er auch über dessen Lebensweise:

»Ihm war, obgleich er in einem Berliner Vorstadtbezirk als schlichter Bürger lebte, der Weltraum gerade groß genug, sich darin zu tummeln. Manchmal, wenn ich von bevorstehenden Reisen sprach, drückte er sein Erstaunen aus, daß die Menschen so ein merkwürdiges Verlangen hätten, ›physisch in der Welt herumzufahren‹. Für ihn kam das garnicht in Betracht. Er saß tagsüber in seinem Zimmer in Groß-Lichterfelde-West, umgeben von den selbstgezeichneten Bildern phantastischer Marsbewohner und den Modellen zu seinem ›Perpeh‹ (denn das Perpetuum mobile erfand er in eifriger Zusammenarbeit mit einem Feinmechaniker so nebenbei auch noch). Am Abend sah man ihn dann in der Bierstube des Papa Hoffmann sitzen, wo er wie jeder andere brave Bürger sein helles Bier trank - immer am selben Platze, mit dem Gesicht nach einer roten Ziegelwand, die endlos aus der Tasche hervorquellenden Zettelchen mit Einfällen bekritzelnd und von Zeit zu Zeit mit stummer Geste das geleerte Glas dem Kellner hinreichend.« (Scher, S. 12.)

Im Anschluß an diesen Artikel teilt Scher, meist auszugsweise, eine Reihe von Scheerbart-Briefen mit, von denen einige in die vorliegende Ausgabe aufgenommen wurden.

569 Brief (Staatsbibliothek PK Berlin)
(H.W. 2.8.11)
Oberlehrerepistel: Hermann Schillings Antwort auf Scheerbarts Polemik, s. Nr. 566. Aus dem

Brief geht hervor, was Scheerbart Schilling vorzuwerfen hatte.
Trustglosse: Mit dem Pseudonym »Trust« zeichneten verschiedene Mitarbeiter des »Sturms« polemische Kurzkommentare. Walden enthielt sich in diesem Fall der Stellungnahme und druckte Schillings Rechtfertigung (»Wir leben trotz Paul Scheerbart im Zeitalter der Qualität«) mit einer Replik von Scheerbart ab.

570 Brief (Staatsbibliothek PK Berlin)
(H. W. 20. 10. 11)
Mimi Kornfeld: Biographische Daten konnten nicht ermittelt werden.
Eine Kidimuti ersten Ranges: »Kidimuti« heißt die Heldin einer gleichnamigen Erzählung. Sie erschien zuerst im April 1911 im »Hamburger Fremdenblatt«, später unter dem Titel »Die Schlachtpomade« im »Sturm«.
»Istar, der Morgen- und Abendstern«: »Babylonische Sternwarten-Novellette«.
»Die Gesellschaft des Herrn von Kaminski«, »Die Königin von Saba«: Schauspiele in einem Akt.
P. S. Abend: Für seine Durchführung gibt es keine weiteren Belege.
Grüße auch Deiner Gattin: Else Lasker-Schüler.

571 Postkarte (Staats- und Universitätsbibliothek Hamburg)
(R. D. 17. 11. 11)
Heil dem achtzehnten November: Dehmels Geburtstag.
Michaelische Grüsse: Anspielung auf Dehmels Komödie »Michel Michael«, die im November 1911 im Hamburger Schauspielhaus uraufgeführt wurde.

572 Brief (Staats- und Universitätsbibliothek Hamburg)
(R. D. 27. 11. 11)
»Ueberirdische Reisen«: Der »Luftschifferroman«, der später den Titel »Meteorgeister« erhielt, ist niemals erschienen und blieb auch nicht als Manuskript erhalten. Er wurde nach dem Muster von »Ich liebe Dich!«, »Na prost!« und »Immer mutig!« konzipiert, also als Rahmenerzählung mit eingestreuten Geschichten. Die Fertigstellung des Werkes und der Ankauf durch Georg Müller sind brieflich belegt, s. Nr. 583 und Nr. 623. Nach Scheerbarts Tod scheint sich das Manuskript im Besitz seiner Witwe befunden zu haben, denn am 29. 10. 1929 ersuchte sie den späteren Nachlaßverwalter Helmut Draws-Tychsen, es für 2000 Mark zum Kauf anzubieten. (Rechenschaftsbericht eines literarischen Nachlaßpflegers. In: Beatrice Rolli: Paul Scheerbarts weltgestaltende Phantasiekraft, Diss. Zürich 1984, S. 144.) Seither fehlt von dem Manuskript jede Spur. Wahrscheinlich ist das Werk jedoch nicht zur Gänze verlorengegangen, sondern nur die Rahmenerzählung, während die eingestreuten Geschichten, zumindest teilweise, erhalten blieben. Scheerbart pflegte nämlich alle kleineren Arbeiten – Gedichte, Szenen, Prosastücke – zuerst in Zeitschriften und Zeitungen zu veröffentlichen. Es ist anzunehmen, daß ein großer Teil der ab 1904 veröffentlichten fiktiven Kurzprosa in den »Luftschifferroman« eingearbeitet wurde. Eine weitere Vermutung drängt sich auf: Scheerbart gibt die Anzahl der eingestreuten Geschichten mehrfach mit 333 an. Zählt man die ab 1904 separat veröffentlichten, narrativen kurzen Texte, die nicht in einen der nach diesem Zeitpunkt erschienenen oder geplanten Sammelbände aufgenommen wurden, so kommt man auf annähernd 100. Da auch gründliche Recherchen kaum die fehlenden 250 Texte zutage fördern dürften und nicht zu vermuten ist, daß Scheerbart eine solche Menge gut verkäuflicher Arbeiten in der Schublade aufbewahrte, bleibt nur der Schluß, daß er in die »Meteorgeister« sämtliche seiner kurzen Erzählungen aufnahm, deren bekannte Anzahl unter 300 liegt.
Dein Michalski: Verballhornung des Namens von Dehmels Komödienheld »Michel Michael«.

573 Brief (Staatsbibliothek PK Berlin)
(H. W. 17. 2. 12)
»Morgenidyll«: Der Text »Audienz beim König. Assyrisches Morgenidyll« erschien tatsächlich in der Nummer 100 im März 1912 im »Sturm«.
»Ueberirdische Reisen«: S. Anmerkung zu Nr. 572.

574 Gedruckte Vorlage (»Das literarische Deutschland«, 1951)
(P. S. 22. 2. 12)
einen kleinen Aprilscherz: Scheerbart dachte möglicherweise an einen Artikel im »Simplicissimus«. Das Vorhaben wurde nicht verwirklicht.

575 Gedruckte Vorlage (»Das literarische Deutschland«, 1951)
(P. S. 28. 2. 12)
»Überirdische Reisen«: S. Anmerkung zu Nr. 572.

576 Brief (Stadt- und Landesbibliothek, Dortmund)
(H. H. E. 3. 4. 12)
Hanns Heinz Ewers: (1871 Düsseldorf – 1943 Berlin), Dr. jur., Schriftsteller, Mitarbeiter bei Wolzogens »Überbrettl«, Verfasser phantastischer Romane und Erzählungen (»Alraune«), wandte sich später dem Nationalsozialismus zu und schrieb einen Horst-Wessel-Roman. Erich Mühsam schildert Ewers als einen »immer zuverlässigen und selbstlosen Freund«:

»Er verstand sich aufs Geldverdienen, aber, wo es irgend ging, ließ er andere mitverdienen. So beredete er einen Verleger zur Herausgabe einer großangelegten, vorzüglich ausgestatteten Kinderzeitschrift, deren Chefredakteur er wurde.« (Mühsam, S. 543.)

Der Verleger war Siegfried Cronbach, die Zeitschrift das »Heim der Jugend«, für die Scheerbart als Redakteur tätig war. Ewers hat Scheerbart auch anderweitig gefördert und unterstützt. Er schrieb über ihn in der »Rheinisch-Westfälischen Zeitung« und in dem von ihm edierten »Führer durch die moderne Literatur« (Berlin 1906). 1914 gründete er mit Adolf Grabowsky einen Hilfsfonds (»Paul-Scheerbart-Spende«), aus dem der Autor bis zu seinem Tod eine monatliche Unterstützung erhielt, s. Anmerkung zu N. 623.
Herrn Manasse: Gemeint ist vermutlich Waldeck M. (1864 Schlepzig b. Lübben – 1923 Berlin), Schriftsteller, Verfasser der Bücher »Lebensfragen« und »Bebel zum Gedächtnis«, Sprecher der freireligiösen Gemeinde. In einem Nachruf wird Waldeck Manasse als Redner an Scheerbarts Grab erwähnt.
100 M ... 200 M: Die Bedeutung der Summen konnte nicht völlig aufgeklärt werden. Vermutlich stammten sie aus einer Schadensersatzklage, die Scheerbart wegen eines verlorengegangenen Manuskripts angestrengt hatte. Hierbei könnte es sich entweder um den Roman »Die wilde Jenny« oder die Novellensammlung »Blutspäße« gehandelt haben.

577 Brief (Staatsbibliothek PK Berlin)
(F. D. 15. 4. 12)
Herr Droop: Fritz D. (1876 Minden – 1918 Frankfurt a. M.), Lehrer, Schriftsteller, Kritiker, Mitarbeiter der »Danziger Neuesten Nachrichten«, gab Anthologien mit Texten von Peter Hille, Max Bruns und Otto Julius Bierbaum heraus.
Mehr kann ich nicht senden: Möglicherweise plante Droop auch eine Scheerbart-Anthologie.

578 Brief (Staatsbibliothek PK Berlin)
(H. W. 28. 4. 12)
Herrn Gellert: Möglicherweise ist Georg G. (1868 Breslau – 1931 Berlin) gemeint, Dramaturg und Redakteur bei der »Berliner Theater- und Musikzeitung«.
Deine Ausstellung: Im März 1912 eröffnete Walden die Kunstgalerie »Der Sturm« in der Potsdamer Straße mit Werken der Künstlergruppe »Der Blaue Reiter«.

579 Postkarte (Staats- und Universitätsbibliothek Hamburg)
(R. D. 30. 4. 12)
unser Stammlokal: Die Gaststätte von »Papa« Hoffmann am S-Bahnhof »Botanischer Garten«, wenige Minuten von Scheerbarts Wohnung in der Marschner Straße entfernt, war in den letzten Lebensjahren sein täglicher Anlaufspunkt,
Rolle verschleudert: Nach Aussage von Scheerbarts Nachlaßverwalter Helmut Draws-Tychsen erwarb Anna Scheerbart ein Patent für eine »Wäscherolle fürs Haus« (s. Else Harkes: Nachwort

in den »Dichterischen Hauptwerken«, Stuttgart 1962, S. 729).

580 Postkarte (Staats- und Universitätsbibliothek Hamburg)
(R.D. 23.6.12)
mit meinem unbändigen Roman fertig: »Meteorgeister«, s. Anmerkung zu Nr. 572.
Onkel Glubsch: Seine Identität konnte nicht aufgeklärt werden.

581 Postkarte (Staats- und Universitätsbibliothek Hamburg)
(R.D. 26.6.12)
Safur mit dem Kopf die Wand einrennend: Anspielung auf das Schicksal der männlichen Hauptfigur in »Tarub«.
Ka-Sio: Hauptfigur aus der »astralen Novellette« »Die Zufriedenen«.
Köster Gohlis: Albert K. (1862 Hamburg - 1924 Leipzig), Dr. phil., Universitätsprofessor, Dramatiker, wohnte damals in Leipzig-Gohlis. Über Scheerbarts Kontakt zu Köster konnte nichts ermittelt werden.

582 Brief (Städtische Galerie im Lenbachhaus, München)
(A.Ku. 13.7.12)
Georg Hecht: (1885 Schwersens - 1915 La Vaux-Fery, Westfront), Schriftsteller, Essayist, Kritiker, Verfasser des Buches »Der neue Jude« (1912) und einer Geschichte der jiddischen Literatur (1913). Hecht veröffentlichte 1912 in der von ihm redigierten Zeitschrift »Kritische Tribüne« einen Artikel über Scheerbart und rezensierte im »Bücherwurm« die Münchhausen-Anthologie »Das große Licht«.
G. Müller: Georg M. (1877 Mainz - 1917 München), Verleger. Müller brachte von Scheerbart die Romane »Lesabéndio« und »Das graue Tuch und zehn Prozent Weiß« sowie, in 2. Auflage, »Astrale Novelletten« heraus. Ferner erwarb er die Rechte an den Buchmanuskripten »Der alte Orient« und »Meteorgeister«, die jedoch nicht veröffentlicht wurden. Im 2. Weltkrieg wurde das Verlagsarchiv vernichtet und mit ihm die vermutlich darin befindlichen Manuskripte und Briefe Scheerbarts.
Luftschiffer-Roman: »Meteorgeister«.

583 Postkarte (Staats- und Universitätsbibliothek Hamburg)
(R.D. 1.8.12)
L. R.: der »Luftschiffer-Roman« »Meteorgeister«, s. Anmerkung zu Nr. 572.

584 Brief (Städtische Galerie im Lenbachhaus, München)
(A.Ku. 9.8.12)
mit G.M. zum Abschluß gelangtest: Kubin verhandelte mit dem Verleger Georg Müller über die Illustration des Romans »Lesabéndio«.
auf dem Pallas: Schauplatz des Romans »Lesabéndio«.
L. R.: Der Luftschiffer-Roman »Meteorgeister«, s. Anmerkung zu Nr. 572.

585 Postkarte (Staats- und Universitätsbibliothek Hamburg)
(R.D. 21.8.12)
Gratulire Dir zur glücklichen Heimkehr: von einer Bergtour in die Savoyer Alpen.

586 Brief (Staats- und Universitätsbibliothek Hamburg)
(R.D. 22.8.12)
einen furchtbaren Aerger: s. nachfolgende Karte an Dehmel.

587 Postkarte (Staats- und Universitätsbibliothek Hamburg)
(R.D. 27.8.12)
Dr. Lilien: Der Dreililien-Verlag, Karlsruhe und Leipzig, brachte 1912 die »Astralen Novelletten« in Erstausgabe heraus.

Onkel Glubsch: S. Anmerkung zu Nr. 581.

588 Brief (Städtische Galerie im Lenbachhaus, München)
(A. Ku. 6.9.12)
Deine Zeichnungen: Kubins Illustrationen zum »Lesabéndio«: In dem Aufsatz »Wie ich illustriere« (1933) schreibt Kubin über seine Zusammenarbeit mit Scheerbart:

»Mit lebenden Autoren hatte ich eigentlich nur gute Erfahrungen, alle waren am Ende zufrieden. (...) Einzig ein Dichter – Paul Scheerbart – war nicht einverstanden mit meiner künstlerischen Auffassung seiner Eingebungen. Als ich die Blätter für seinen astralen Roman »Lesabéndio« zeichnete (übrigens so hübsch wie sie zum Lesen ist, so verdammt unorganisch ist diese Geschichte zum Illustrieren), schrieb er mir auf meine Frage, wie denn die Bewohner der Sterne Pallas und Quikko aussähen: Mach sie nur genau so wie Molche, mit recht kleinen Augen und einem Schneckenfuß. (Als wenn Molche so aussähen!) Als ich ihm dann die fertigen Blätter sandte, war er bitter enttäuscht, tief traurig verstört und verspürte sogleich wieder seine alten Schmerzen im Knie und an der großen Zehe. Ich änderte noch einiges, und auch Scheerbart war beruhigt.« (Kubin, S. 76.)

Müllers wegen: der Verleger Georg Müller.

589 Brief (Städtische Galerie im Lenbachhaus, München)
(A.Ku. 11.9.12)
die jetzt grandiose Collektion: Kubins Illustrationen zum »Lesabéndio«, s. vorhergehenden Brief an diesen.
»Das grosse Licht«: »Ein Münchhausen-Brevier« erschien 1912 im Verlag Sally Rabinowitz, Leipzig.

590 Brief (Städtische Galerie im Lenbachhaus, München)
(A.Ku. 18.9.12)
Manuskript u. Zeichnungen: der Roman »Lesabéndio« mit Kubins Illustrationen.

591 Postkarte (Städtische Galerie im Lenbachhaus, München)
(A.Ku. 25.9.12)
Honorar von Herrn G.M.: dem Verleger Georg Müller für den Roman »Lesabéndio«.
Drei Lilien: Verlag, in dem die »Astralen Novelletten« in Erstausgabe erschienen, s. Anmerkung zu Nr. 587.

592 Postkarte (Städtische Galerie im Lenbachhaus, München)
(A.Ku. 5.10.12)
Correktur: die Druckfahnen des »Lesabéndio«.
von H. zu H.: von Haus zu Haus.

593 Postkarte (Staats- und Universitätsbibliothek Hamburg)
(R.D. 13.10.12)
die Glaspaläste des Bo: die Gewächshäuser im Botanischen Garten in Berlin-Dahlem.

594 Brief (Hartmut Geerken, Herrsching)
(S.F. 16.10.12)
daß ich 50 Jahre alt werde: Friedlaender schrieb aus diesem Anlaß ein Scheerbart-Porträt, das im Dezember 1912 in der Zeitschrift »Die neue Kunst« erschien. Er zitiert darin den gesamten ersten Absatz aus Scheerbarts Brief.

595 Postkarte (Staatsbibliothek PK Berlin)
(H.W. 17.10.12)
Die Oberwelt: »Die neue Oberwelt. Eine Venus-Novellette« erschien 1912 in dem Sammelband »Astrale Novelletten«.

596 Postkarte (Staatsbibliothek PK Berlin)
(H. W. 18. 10. 12)
die Oberwelt: S. vorhergehende Karte an Walden.

597 Gedruckte Vorlage (»Das literarische Deutschland«, 1951)
(P. S. 4. 11. 12)
»Glaspaläste«: Ein Buch mit diesem Titel ist nicht erschienen. Der Titel paßt jedoch auf Erzählungen wie »Der Lichtclub von Batavia« und »Brillanten-Salut«, die 1912 bzw. 1913 veröffentlicht wurden.

598 Brief (Hartmut Geerken, Herrsching)
(S. F. 5. 11. 12)
Tag der Schlacht bei Rossbach: Sieg Friedrichs II. über Franzosen und Reichstruppen. Das Datum galt als nationaler Ehrentag, dessen Scheerbart als Antimilitarist hier sicher mit Ironie gedenkt.
das Gewünschte: vermutlich die erbetenen Rezensionsexemplare, s. Nr. 594.
Eugen Mondt: (1888 Trier – 1983 Dachau), Schriftsteller, Redakteur bei der »Kritischen Tribüne«, Freund und Co-Autor von Georg Hecht. Mondt schrieb mit Hecht für die Reihe »Die Dichtkunst« Bücher über Rilke und Hauptmann. Als erster Band der Reihe erschien 1912 eine Scheerbart-Monographie (»Paul Scheerbart. Ein Schöpfungsbericht«), die Mondt, nach »gemeinsamen Vorarbeiten« mit Hecht, verfaßte. Das Buch reflektiert, im epischen Gewand einer phantastischen Reise, die Leitgedanken des Scheerbartschen Werkes. Es lehnt sich thematisch wie stilistisch an seinen Untersuchungsgegenstand an.

599 Postkarte (Staats- und Universitätsbibliothek Hamburg)
(R. D. 6. 11. 12)

600 Brief (Hartmut Geerken, Herrsching)
(S. F. 9. 11. 12)
die boshafte Stelle: stand vermutlich in Friedlaenders vorhergehendem Brief an Scheerbart.
»Glaspaläste«: S. Anmerkung zu Nr. 597.
»Astralen«: Vermutlich hatte Friedlaender sowohl von Scheerbart als auch vom Verlag ein Exemplar der »Astralen Novelletten« erhalten.

601 Postkarte (Staatsbibliothek PK Berlin)
(H. W. 19. 12. 12)
Roman mit 1000 Glaspalästen: Möglicherweise ist der Roman »Das graue Tuch und zehn Prozent Weiß« gemeint, der 1914 im Verlag Georg Müller, München, erschien.

602 Postkarte (Nachlaß Franz Servaes, Wien)
(F. S. 5. 1. 13)
Zeitgeist: Name einer Kulturbeilage des »Berliner Tageblatts«.
»Architekten-Congress«: Erzählung von Scheerbart.

603 Postkarte (Nachlaß Franz Servaes, Wien)
(F. S. 10. 1. 13)
Es lebe der Jubelgreis: Scheerbart feierte am 8. 1. 1913 seinen 50. Geburtstag.

604 Brief (Staats- und Universitätsbibliothek Hamburg)
(R. D. 10. 1. 13)
Die Kiste: Dehmels Präsent zu Scheerbarts 50. Geburtstag.

605 Postkarte (Hartmut Geerken, Herrsching)
(S. F. 14. 1. 13)

das Telegramm: zu Scheerbarts 50. Geburtstag.

606 Brief (Deutsches Literaturarchiv, Marbach)
(R. A. S. 15. 2. 13)
verloren gegangenen Manuskripts: Vermutlich handelte es sich um die Geschichtensammlung »Blutspäße« oder den Roman »Die wilde Jenny«.

607 Postkarte (Maxim-Gorki-Institut, Moskau)
(E. M. 16. 2. 13)
prächtigen Artikel: Mühsams Hinweis auf den Pazifisten Scheerbart erschien im Februar 1913 in der von Alfred Hermann Fried edierten Zeitschrift »Die Friedenswarte«.
Die Flugschrift: »Die Entwicklung des Luftmilitarismus...«.

608 Postkarte (Städtische Galerie im Lenbachhaus, München)
(A. Ku. 7. 3. 13)
Lesa: der Roman »Lesabéndio«.
Exlibris: Es blieb nicht erhalten.

609 Postkarte (Stadt- und Landesbibliothek, Dortmund).
(H. H. E. 18. 3. 13)
75 M: das Honorar für Scheerbarts Vorwort zu Rolf Bongs' Anthologie »Das Buch der Abenteuer«. Sie erschien im Rahmen der von Hanns Heinz Ewers edierten »Galerie der Phantasten« im Verlag Georg Müller, München. Scheerbart verfaßte auch zu Bongs' Sammlung von Detektivgeschichten (»Die Jagd auf Menschen«, 1914) ein Vorwort.
»Architekten-Roman«: »Das graue Tuch und zehn Prozent Weiß«.
Herr Bongs: Rolf B. (1875 Solingen – ?). Weitere Angaben konnten nicht ermittelt werden.

610 Postkarte (Staats- und Universitätsbibliothek Hamburg)
(R. D. 14. 6. 13)
Dein Buch: der 1913 erschienene Gedichtband »Schöne wilde Welt«.
Ja - wenn die Ufer fliehen: Zitat aus dem Gedicht »Lied beim Segeln«, das die Widmung trägt: »Paul Scheerbart zum Angebinde«. Die angesprochene Passage lautet:
»Seht die Wimpel schweben,
seht die Möven ziehn;
leicht rauscht alles Leben,
wenn die Ufer fliehn.«
das Infinitesimale: Scheerbart nimmt hier einen Zentralbegriff aus Salomo Friedlaenders Philosophie auf. In der von Scheerbart sehr geschätzten Nietzsche-Monographie schreibt Friedlaender:

»Der Weltweisheit ist es Not, sich auf das zu besinnen, was aller Reflexion, ja aller Intuition vorauszugehen hat: auf das Wesen des Lebens, welches sowohl im ›Subjekte‹ wie im ›Objekt‹, a priori und a posteriori unverkennbar Infinitesimalität an den Tag legt.« (Friedrich Nietzsche. Eine intellektuale Biographie, Leipzig 1911, S. 10.)

611 Brief (Berlinische Galerie, Berlin)
(G. H. 11. 7. 13)
Sehr geehrter Herr: Gottfried Heinersdorff (1883 Berlin – 1941 Bergerac, Dordogne), Glasmaler, Inhaber der »Vereinigten Werkstätten für Mosaik und Glasmalerei« (Puhl und Wagner), Verfasser des Buches »Die Glasmalerei« (1914). Aus der Antwort von Heinersdorff geht hervor, daß dieser Scheerbart mit dem Architekten Bruno Taut bekannt machte, dem wichtigsten Förderer und Freund in seinen letzten Lebensjahren. Die Firma Puhl und Wagner wirkte auch beim Bau von Bruno Tauts Glashaus auf der Werkbundausstellung in Köln (1914) mit, das dieser vermutlich unter dem Einfluß Scheerbartscher Ideen konzipierte.
mit Ihrem Herrn Vater: Er besaß eine Glasmalerei in der Friedrichstraße.

612 Postkarte (Staats- und Universitätsbibliothek Hamburg)
(R.D. 15.7.13)
Signalalphabet für farbige Scheinwerfer: Die Lichtsignalsprache als Kommunikationsmittel zwischen Flugzeug und Bodenstation stammt aus dem Szenarium der »Glasarchitektur«, Kapitel LX, s. Anmerkung zu Nr. 614.

613 Brief (Berlinische Galerie, Berlin)
(G.H. 25.7.13)
dem Glasarchitekten: Bruno Taut.
eine Broschüre ... von den Glashäusern der Weltausstellung: 1980 wurden in dem Hamburger Auktionshaus Hauswedell & Nolte neben anderen Scheerbart-Autographen auch 16 Blätter mit Notizen, betitelt »Die Glaspaläste der Weltausstellung. Vorbericht aus dem Jahr 1913«, versteigert. Sie wurden von einem Berliner Antiquar erworben. Er verweigerte mir die Einsicht in das Manuskript. Vermutlich wollte Scheerbart die Notizen zu einer fiktiven Vorschau auf die tatsächlich erfolgte Weltausstellung 1915 in San Francisco verarbeiten.

614 Gedruckte Vorlage (»Frühlicht«, 1920)
(B.T. 24.12.13)
Bruno Taut: (1880 Königsberg - 1938 Istanbul), Architekt. Taut entwarf vor 1914 den auch von Scheerbart bewunderten Leipziger Ausstellungspavillon »Monument des Eisen« (- eine Ansichtskarte von dem Gebäude befindet sich unter den Briefen an Dehmel) sowie die Gartenstädte »Falkenberg« bei Berlin und »Reform« in Magdeburg. Wahrscheinlich 1913 entwarf er das von Scheerbarts Ideen inspirierte Glashaus für die Werkbundausstellung 1914 in Köln. Nach dem Krieg gründete Taut mit Architekten und Malern, unter ihnen Walter Gropius und Hans Scharoun, den Künstlerkreis »Die Gläserne Kette«, in dem man über Architektur diskutierte und phantastische Bauten im Geiste Scheerbarts entwarf. »Dem Geist Paul Scheerbarts« widmete Taut auch sein Tonschauspiel »Der Weltbaumeister« (1920). Als Sprachrohr der »Gläsernen Kette« fungierte die 1920 von Taut begründete Zeitschrift »Frühlicht«, in deren ersten Heften noch die utopische Tendenz dominiert. Im 3. Heft druckte Taut eine Reihe Scheerbart-Briefen ab, die zum Teil in diese Ausgabe aufgenommen wurden. Nach seiner Ernennung zum Stadtbaurat in Magdeburg 1921 löste sich Taut vom Einfluß Scheerbarts und entwickelte unter den Zwängen der Praxis einen sachlicheren Baustil. Für Scheerbart zählte die Begegnung mit Taut sicher zu den glücklichsten Episoden seines Lebens.
das China-Büchlein: konnte nicht identifiziert werden.
die Glasarchitektur: Das offenbar zu diesem Zeitpunkt bereits fertiggestellte Baumanifest erschien 1914 im Sturm-Verlag.
Bruckner: Anton B. (1824 Ansfelden - 1896 Wien), Komponist.

615 Brief (Staats- und Universitätsbibliothek Hamburg)
(R.D. 9.1.14)
Der Bär hat ... hinter meinem Rücken gehandelt: Anna Scheerbart hatte Dehmel am 5.1. um finanzielle Hilfe gebeten. Da ihr Brief ein plastisches Bild von Scheerbarts wirtschaftlicher Situation und seinem persönlichen Befinden vermittelt, sei er hier zur Gänze wiedergegeben:
»Lieber Herr Dehmel!

Verzeihen Sie bitte meinen Brief, aber ich weiß nicht mehr wohin ich denken soll. Und komme mit einer großen Bitte zu Ihnen. Ob es wohl nicht Leute gibt, die sich für meinen Mann interessieren. Und die etwas für ihn tun könnten? Uns geht es schon seit längerer Zeit sehr schlecht und der Paul kriegt fast nichts mehr unter. Kostbare Bücher kommen heraus, und der Dichter hat kaum das Notwendigste zum Leben. Es ist wirklich zu verzweifeln. Und dann jetzt das teure Leben. Der fünfzigste Geburtstag brachte uns nur viel Arbeit und das, was Sie selbst getan haben. Ich glaubte doch, daß die Schillerstiftung meinen Mann auch bedenken würde. Aber leider - Arno Holz wurden 950 Mrk angeboten, die er ablehnte. Und der Paul hat wahrlich mehr gemacht, als wie Holz. Allerdings kann sich Arno Holz leisten, zwei Wohnungen zu bewohnen im besten Stadtteil. Da brauchte er auch noch Zuschuß von der Schillerstiftung. Wir dagegen können nur kümmern. Bekommen haben wir ja auch schon öfters mehrere hundert Mark. Mein Mann hat sich so hingequält und kann voller Verbitterung augenblicklich nichts tun. Seit Monaten spricht er nur immer von Selbstmord und ich höre täglich nur einen tobenden Mann. Nun hat auch mein Mann ungefähr vor 14 Tagen sich wieder an den Generalsekreätr Herrn Bulle von der Schillerstiftung gewand. Aber – er giebt diesmal garkeine Nachricht wie sonst. Und ich bin daher in großer Sorge, daß wir auch da Nichts bekommen. Nur keinen Aufruf in den Zeitungen – dieses wäre mir furchtbar. Auch weiß der Paul bis jetzt nicht, daß ich geschrieben habe. Später könnte er es ja ruhig wissen. Ich bitte nun sehr, meinen Brief zu verzeihen – da ich mir absolut nicht anders helfen kann. Ich würde mich sehr freuen, wenn es eine Lösung gäbe. Mit den besten Grüßen auch an Ihre Frau Isi

Ihre

Anna Scheerbart«

Der Brief befindet sich im Dehmel-Archiv der Staats- und Universitätsbibliothek Hamburg.

616 Brief (Universitätsbibliothek Krakau)
(E. B. 31. 1. 14)
Birkenwerder: Buchners Wohnort, ein Dorf im Kreis Oranienburg.

617 Gedruckte Vorlage (»Frühlicht«, 1920)
(B. T. 8. 2. 14)
B.s Artikel in der Hartungschen: Am 30. 1. 14 veröffentlichte Adolf Behne in der »Königsberger Hartungschen Zeitung« unter dem Titel »Das Glashaus« einen Bericht über Tauts Entwurf für die Werkbundausstellung 1914 in Köln. Er erwähnt darin, daß das Bauwerk »durch eine Inschrift« Scheerbart gewidmet werden solle. Adolf B. (1885 Magdeburg – 1948 Berlin), Architekt, Kunstschriftsteller, war Mitarbeiter und einer der maßgeblichen Kunsttheoretiker des »Sturm«. Nach dem Krieg arbeitete er eng mit Bruno Taut zusammen und bestimmte mit seinen architekturtheoretischen Beiträgen das Profil der Zeitschrift »Frühlicht«. Behne hat Scheerbart außerordentlich bewundert und geschätzt. In seinem Buch »Die Wiederkehr der Kunst« (1919) weist er dem Dichter eine entscheidende Funktion als Wegbereiter der modernen Kunst zu. Auch als Behne sich in den 20er Jahren dem Funktionalismus verschrieb, blieb er ein Liebhaber Scheerbarts. Er war einer der Initiatoren der 1929 gegründeten »Paul-Scheerbart-Gesellschaft«. Behnes Nachlaß liegt in der Staatsbibliothek PK Berlin. Er enthält u. a. eine größere Anzahl von Zeitungs- und Zeitschriftenartikeln verschiedener Autoren über Scheerbart.
Geschichte von der Notwendigkeit: Taut hatte im »Sturm« (Nr. 196/197, 1913) die Gründung eines »Kunsthauses« angeregt.
Schwielowsee: Havel-See bei Potsdam. Unter den Scheerbart-Autographen, die im Mai 1980 bei Hauswedell & Nolte in Hamburg versteigert wurden, befanden sich auch 12 Blätter Notizen, die den Titel »Die Schwielow-Paläste am Schwielow-See« und das Datum »15. 11. 1913« tragen. Der Käufer, ein Berliner Antiquar, verweigerte mir die Einsicht in das Manuskript, s. auch Anmerkung zu Nr. 613.

618 Gedruckte Vorlage (»Frühlicht«, 1920)
(B. T. 10. 2. 14)
in jedem Spruch: Taut hatte Scheerbart beauftragt, für den Fries seines Glashauses auf der Werkbundausstellung eine Reihe von Denksprüchen zu verfassen.

619 Gedruckte Vorlage (»Frühlicht«, 1920)
(B. T. 12. 2. 14)
Dein Manuskript: Vielleicht handelte es sich um Tauts Artikel »Glashaus« in dem Begleitheft zu seinem Ausstellungsbau. Das Heft wird durch das 1. Kapitel aus Scheerbarts »Glasarchitektur« eingeleitet. Ein Exemplar befindet sich im Friedlaender/Mynona Archiv von Hartmut Geerken in Herrsching.

620 Gedruckte Vorlage (»Frühlicht«, 1920)
(B.T. 13.2.14 - I)
aus dem Ringspruch: Taut wünschte für den Rundfries seines Glashauses offenbar einen ›endlosen‹ Spruch.
10, 12, 9, 1: Die Nummern beziehen sich auf Scheerbarts Glashaussprüche, s. Nr. 618. Taut traf später eine andere Auswahl. Auf einem Foto des Ausstellungsbaus, das allerdings nur die Vorderseite zeigt, erkennt man Nr. 3 und den nachgelieferten Spruch über den Eisenbeton, s. Nr. 624.

621 Gedruckte Vorlage (»Frühlicht«, 1920)
(B.T. 13.2.13 - II)
für »Technische Monatshefte...« schreiben: Scheerbarts Artikel »Glashäuser. Bruno Tauts Glaspalast auf der Werkbund-Ausstellung in Cöln« erschien in Heft 4/1914.

622 Gedruckte Vorlage (»Frühlicht«, 1920)
(B.T. 17.2.14)
Es lebe der Cladow-Preis: Gemeinsam mit dem Ingenieur Schaar gewannt Taut den ersten Preis im Wettbewerb für einen Bebauungsplan des Havelgeländes Gatow-Cladow-Großglienecke.
Kondolation: Bruno Taut bemerkte hierzu in Klammern: »wegen des in Köln schlecht verpackten und deshalb zerbrochenen Glashausmodells«.
mit Dir zu W. zu gehen: Möglicherweise ist der Zeichner und Modellbauer Emil Weinert gemeint, der an der Ausgestaltung von Tauts Glashaus mitwirkte und wohl auch das Modell herstellte. Die Vermutung stützt sich auf den nicht abgedruckten Brief Scheerbarts an Taut vom 18.2.1914.
den Artikel: für die »Technischen Monatshefte«, s. vorhergehendes Schreiben an Taut.
den Herrn vom Eisenbeton: vermutlich ein Vertreter der »Allgemeinen Beton- und Eisengesellschaft m.b.H.«, Berlin, die die Betonarbeiten an Tauts Glashaus ausführte. Die Angabe stammt aus dem erwähnten Beiheft, s. Anmerkung zu Nr. 619. Offenbar hatte Taut Scheerbart gebeten, für den Fries seines Glashauses auch einen Spruch über den Eisenbeton zu dichten. Der in diesem Brief mitgeteilte Vers scheint ihm aber nicht gefallen zu haben, denn am 20.2. schickte Scheerbart einen neuen Lobpreis des Eisenbetons, der dann tatsächlich verwendet wurde.
Der Mäcen am Rhein: konnte nicht ermittelt werden.

623 Brief (Staats- und Universitätsbibliothek Hamburg)
(R.D. 19.2.14)
Rundschreiben: Es handelte sich offensichtlich um einen Brief der Initiatoren der »Paul-Scheerbart-Spende«. Ein späteres Rundschreiben dieses Hilfsfonds mit dem Datum »24.3.14« befindet sich im Nachlaß des Schriftstellers Wilhelm von Scholz im Deutschen Literaturarchiv in Marbach. In dem Formbrief wird darum gebeten, »der Paul-Scheerbart-Spende mit einem jährlichen Beitrag von M 20 bis M 50 beitreten zu wollen«. Ferner wird mitgeteilt, daß der erste Aufruf 800 Mark erbracht habe, daß diese Summe aber nicht ausreiche, »um dem Dichter ein auch nur einigermaßen sorgenfreies Schaffen ermöglichen zu können«. Der Brief ist von »Dr. H.H. Ewers« und »Dr. A. Grabowsky« unterzeichnet. Ein weiterer Hinweis auf den Hilfsfonds findet sich in einem Brief des Schriftstellers Arthur Schnitzler an den Verleger Samuel Fischer vom 22.5.1915. Darin heißt es:

»Darf ich Sie bitten, den Betrag von 30 Mark an Herrn Robert Breuer, Schutzverband deutscher Schriftsteller, Berlin-Wilmersdorf, Kaiserallee 173a, als Jahresbeitrag für die Paul Scheerbart Spende 1915 in meinem Namen gütigst absenden zu lassen?« (Briefe 1913-1932, hg. von Peter Michael Braunwarth, u.a., Frankfurt a.M. 1984, S. 87.)

stud. phil Fraz Graetzer: (1895 Sprottau, Schlesien -?), Lyriker, Dramaturg, Theaterleiter an verschiedenen Orten. Graetzer veröffentlichte zu Scheerbarts Lebzeiten und nach seinem Tod mehrere Artikel über den Autor und sein Werk.
Dr. Adolf Grabowsky: (1880 Berlin – 1969 Arlesheim b. Basel), Dr. jur., Lyriker, Dramatiker, Publizist, Herausgeber der »Zeitschrift für Politik«. Anläßlich Scheerbarts Tod veröffentlichte

er in der »Täglichen Rundschau« vom 20.10.1915 den Artikel »Scheerbarts kosmische Dichtung«.
»Meteorgeister«, »Der alte Orient«: s. Anmerkungen zu Nr. 562 und Nr. 571.
Lesa: der Roman »Lesabendio«.

624 Gedruckte Vorlage (»Frühlicht«, 1920)
(B.T. 20.2.14)
»Was wäre die Konstruktion...«: Der Vers wurde auf dem Fries des Tautschen Glashauses in Köln angebracht, s. Anmerkung zu Nr. 622.

625 Postkarte (Staatsbibliothek PK Berlin)
(H.W. 25.2.14)

626 Postkarte (Staats- und Universitätsbibliothek Hamburg)
(R.D. 7.3.14)
in dieser Angelegenheit: das Rundschreiben der »Paul-Scheerbart-Spende«, s. Anmerkung zu Nr. 623.

627 Gedruckte Vorlage (»Frühlicht«, 1920)
(B.T. 11.3.14)
Müllers »Damenroman«: »Das graue Tuch und zehn Prozent Weiß« erschien 1914 im Verlag Georg Müller, München.

628 Postkarte (Staatsbibliothek PK Berlin)
(H.W. 13.3.14)

629 Postkarte (Stadt- und Landesbibliothek, Dortmund)
(F.M.B. 12.4.14)
Fred M. Balte: (1881 Moskau – 1956 Eberswalde b. Berlin), Schriftsteller, Kritiker, Herausgeber der Korrespondenz »Chronos«, Übersetzer von Puschkin, Gogol, Turgenjew.

630 Brief (Staatsbibliothek PK Berlin)
(H.W. 21.4.14)
die ersten Exemplare Mitte Mai: Zu diesem Zeitpunkt wurde die Werkbund-Ausstellung in Köln eröffnet.
Propaganda-Plan: Scheerbart beabsichtigte, wie schon im Fall des »Luftmilitarismus« und des »Perpetuum mobile«, seine Ideen zur Glasarchitektur außerliterarisch zu verwerten. Dies sollte über eine »Gesellschaft für Glasarchitektur« geschehen, die er bereits im Brief an Heinersdorff vom 11.7.13 erwähnt. Der »Propagandaplan« blieb nicht erhalten, die geplante Gesellschaft wurde, soweit bekannt, nicht gegründet.

631 Brief (Staatsbibliothek PK Berlin)
(H.W. 7.5.14)
Entwurf des Firmenbriefes: für die »Gesellschaft für Glasarchitektur«, s. Anmerkung zu Nr. 630.
zu Stilke gehen: Folgendes könnte gemeint sein: Aufgrund eines Täuschungsmanövers von Ernst Rowohlt hatte die Firma Georg Stilke, die Zeitungskioske auf Berliner Bahnhöfen betrieb, Scheerbarts »Perpetuum mobile« in ihr Sortiment aufgenommen, s. Anmerkung zu Nr. 560. Scheerbart hoffte offenbar, daß Stilke auch die »Glasarchitektur« verkaufen werde.
Deine Anzeige im Sturm: Im ersten Maiheft kündigte Walden das Erscheinen der »Glasarchitektur« für den 15. Mai an.
die Vorsatz- und Deckelpapiere meiner Frau: Wie aus einer Annonce im »Sturm« hervorgeht, wurde von der »Glasarchitektur« eine Luxusausgabe mit 20 numerierten und signierten Exemplaren auf Van-Gelder-Bütten hergestellt, für die Anna Scheerbart das Deckel- und Vorsatzpapier anfertigte. Der Ladenpreis betrug 25 Mark.

632 Postkarte (Staatsbibliothek PK Berlin)
(H. W. 10. 5. 14)
die Correkturen: der »Glasarchitektur«.

633 Postkarte (Staatsbibliothek PK Berlin)
(H. W. 13. 5. 14 - I)
Das Titelblatt: der »Glasarchitektur«.

634 Brief (Staatsbibliothek PK Berlin)
(H. W. 13. 5. 14 - II)
Mit der Correktur: der »Glasarchitektur«.

635 Postkarte (Staatsbibliothek PK Berlin)
(H. W. 25. 5. 14)
die 15 Exemplare: der »Glasarchitektur«.

636 Postkarte (Staatsbibliothek PK Berlin)
(H. W. 4. 6. 14)
die Vorsatzpapiere: S. Anmerkung zu Nr. 631.

637 Postkarte (Staatsbibliothek PK Berlin)
(N. W. 14. 8. 14)
Liebe Nell: Nell Walden (1887 Karlskrona - ? Bad Schinznach, Aargau), seit 1912 Ehefrau und Mitarbeiterin Herwarth Waldens.
Behnes: das Ehepaar Elfriede und Adolf B.

638 Brief (Staatsbibliothek PK Berlin)
(H. W. 29. 8. 14)
momentan: Anfang August hatte der 1. Weltkrieg begonnen.
Abdruck des Strippenbombensports: Der Text erschien zuerst 1909 in der von Walden redigierten Zeitschrift »Der neue Weg«. Er stellt in satirischer Form ein erfundenes Kriegsgerät vor.

639 Postkarte (Staatsbibliothek PK Berlin)
(H. W. 17. 10. 14)
die beiden Bücher: vermutlich aus der Produktion des Sturm-Verlags.

640 Postkarte (Staatsbibliothek PK Berlin)
(H. W. 5. 11. 14)
Schlacht bei Rossbach: S. Anmerkung zu Nr. 598.

641 Brief (Deutsches Literaturarchiv, Marbach)
(F. M. H. 6. 11. 14)
Herr Huebner: Friedrich Markus H. (1886 Dresden - 1964 Amsterdam), Dr. phil., Prosaist, Kritiker, redigierte den 1. Jahrgang der Zeitschrift »Zeit-Echo. Ein Kriegstagebuch der Künstler«, in dem zwei Beiträge von Scheerbart erschienen.

642 Postkarte (Staatsbibliothek PK Berlin)
(H. W. 11. 11. 14)
Rezensionsexemplar: der »Glasarchitektur«.

643 Brief (Deutsches Literaturarchiv, Marbach)
(F. M. H. 15. 11. 14)
Anbei das Verspochene: der Text »Professor Grobleben über den ›Weltkrieg‹«. Scheerbart stellt darin Reflexionen über die kosmischen Ursachen des Krieges an und gibt einen halbwegs opti-

mistischen Ausblick auf die Nachkriegszeit, in der die zerstörten Bauten durch Glashäuser ersetzt werden sollen. Der Text erschien in Nr. 4/1914 des »Zeit-Echos«.

644 Postkarte (Staatsbibliothek PK Berlin)
(H. W. 19. 11. 14)
Hermann Häfker: (1873 Bremen – ?), Kritiker, Journalist, Herausgeber der »Gelegenheitskorrespondenz«.

645 Brief (Deutsches Literaturarchiv, Marbach)
(F. M. H. 2. 4. 15)
»Das Schicksal der Seemächte«: Scheerbart vertritt in diesem Artikel die auch im »Luftmilitarismus« geäußerte Überzeugung, daß die Entwicklung der Waffentechnik künftig Kriege verhindern werde. Der Text erschien unter dem Titel »Unterseebootflotte« in Nr. 16/1915 des »Zeit-Echos«.

646 Postkarte (Staatsbibliothek PK Berlin)
(H. W. 29. 6. 15)

647 Postkarte (Staatsbibliothek PK Berlin)
(H. W. 11. 8. 15)
August Stramm: (1874 Münster – 1915 Horodec, Ostfront), Dr. rer. pol., Postinspektor, Lyriker, Dramatiker. Stramm begründete die sprachexperimentelle Richtung in der expressionistischen Literatur. Seine Gedichte und Dramen bildeten die Basis der von Blümner und Schreyer formulierten »Wortkunst«-Theorie des »Sturm« und inspirierten junge Autoren wie Schwitters, Nebel und Behrens. Stramm kam Ende 1913 mit Walden in Kontakt, aus dem sich eine enge Freundschaft entwickelte. Scheerbart, der zur gleichen Zeit wie Stramm ein Buch im Sturm-Verlag veröffentlichte, dürfte Stramm durch Waldens Vermittlung kennengelernt haben. Wie Scheerbart über Stramms Gedichte dachte, ist nicht bekannt, es ist aber denkbar, daß er sie aufgrund ihrer sprachlichen Radikalität und Neuartigkeit geschätzt hat. Stramm äußerte sich in einem Brief an Nell und Herwarth Walden vom 11. 6. 1914 begeistert über Scheerbarts »Glasarchitektur«:
»Von der ›Glasarchitektur‹ habe ich übrigens die ersten Kapitel gelesen und bin entzückt. Gleich der Anfang bringt das, was mir schon lange ein Problem gewesen ist: Die Menschen leben in Höhlen! Warum? Daß dies Problem mit dem Glashause gelöst werden kann, gelöst wird, gelöst ist, dämmert mir erst jetzt nach dem Blick in das Buch. Bis dahin sah ich das Glashaus immer nur als reine Kunst.« (Briefe an Nell und Herwarth Walden, hg. von Michael Trebitzsch, Berlin 1988, S. 15 f.)
beide Stramms: August und seine Ehefrau Else Krafft-Stramm (1877 Breslau – 1947 Freiberg, Sachsen), Journalistin, Schriftstellerin.

648 Postkarte (Nachlaß Franz Servaes, Wien)
(F. S. 17. 8. 15)
auf baldiges Wiedersehen: Servaes war nach Kriegsausbruch sein Posten bei der »Neuen Freien Presse« in Wien gekündigt worden. Er übersiedelte nach Berlin und wurde Mitarbeiter der »Vossischen Zeitung« und der »Morgenpost«. (Wichtl, S. 17.)

649 Postkarte (Staats- und Universitätsbibliothek Hamburg)
(I. D. 15. 10. 15)
nach kurzem Unwohlsein: Als Todesursache Scheerbarts wird in mehreren Zeitungsartikeln ein Schlaganfall genannt. In keinem der Nachrufe findet sich die später von Walter Mehring verbreitete Behauptung, Scheerbart habe aus Protest gegen den Krieg die Nahrung verweigert und sei an Entkräftung gestorben (Die verlorene Bibliothek, München 1964, S. 144.) Urheber der Legende scheint Anna Scheerbart gewesen zu sein. So schreibt Salomo Friedlaender in einem Brief an Kubin vom 23. 3. /5. 4. 1916:

»Sie fragen nach Scheerbart. Wie seine Wittwe behauptet, ist er durch den Krieg lebensüberdrüssig geworden; sie stellt seinen Tod als halb und halb gewollt dar.« (Salomo Friedlaender / Alfred Kubin: Briefwechsel, hg. von Hartmut Geerken und Sigrid Hauff, Linz 1986, S. 62.)
Wie Scheerbarts Briefe aus den letzten Lebensjahren und das Schreiben seiner Frau an Dehmel vom 5. 1. 1914 (s. Anmerkung zu Nr. 615) belegen, war der Autor schon vor dem Krieg ein kranker, deprimierter Mensch, der mit seinem Mißerfolg immer schlechter fertig wurde. Seine Frustration bekämpfte er, anscheinend täglich, mit Alkohol. So ist anzunehmen, daß sein frühzeitiger Tod vor allem eine Folge des jahrzehntelang betriebenen, übermäßigen Alkoholkonsums war, was nicht ausschließt, daß der verhaßte Krieg sein Leben verkürzte.
der älteste Freund ... ihm das letzte Geleit geben würde: Dehmel, der als Freiwilliger am Krieg teilnahm, befand sich bei Scheerbarts Tod an der Ostfront. Am 20. 10. 1915 schrieb er an seine Frau aus Kowno in Litauen:

»Ich kann nicht trauern über Paul Scheerbarts Tod; wir waren niemals traurig zusammen, ich habe nur immer mit ihm gelacht, und so lebt er in mir, bis ich selbst sterbe.« (Dehmel, Bd. 2, S. 384f.)

650 Postkarte (Staats- und Universitätsbibliothek Hamburg)
(R. D. 27. 10. 15)
Franz Servaes hat gesprochen: In einer redaktionellen Fußnote zum Nachruf von Kurt Kamlah (»Eine Erinnerung an Paul Scheerbart«) heißt es:

»... nicht viele waren es, die ihn auf seinem letzten Wege begleiteten. Eine kleine Zahl von Freunden, Liebenden, Verstehenden. Franz Servaes hielt die Gedächtnisrede, und Waldeck-Manasse und Herwart Walden grüßten mit kurzen Worten den toten Freund zum letztenmal. Aber wo waren die, die mit ihm jung gewesen waren? Wo Arno Holz? Wo Johannes Schlaf? Wo Bruno Wille, Julius Hart – und die andern aus der Neuen Gemeinschaft?« (Unbezeichnete Seite einer Zeitschrift aus dem Nachlaß von Rosa Gerlach.)

sein stilles Grab: Scheerbart wurde in einem Reihengrab, Abteilung 3 C Nr. 391, beerdigt. 1940 wurde das Grab turnusgemäß geleert und neu belegt.

Verzeichnis mehrfach und abgekürzt zitierter Literatur:

Abshoff:	Autobiographische Skizze von Paul Scheerbart. In: Bildende Geister, hg. von Fritz Abshoff, Bd. 2, Berlin 1905
Bierbaum:	Otto Julius Bierbaum: Stilpe. Ein Roman aus der Froschperspektive, München 1963
Brühl:	Georg Brühl: Herwarth Walden und »Der Sturm«, Leipzig und Köln 1983
Dehmel:	Richard Dehmel: Ausgewählte Briefe, 2 Bd., Berlin 1923
Frecot:	Janos Frecot: Literatur zwischen Betrieb und Einsamkeit. In Berlin um 1900. Ausstellungskatalog der Berlinischen Galerie, Berlin 1984
Harke:	Nachwort. In: Paul Scheerbart: Dichterische Hauptwerke, Stuttgart 1962
Ikelaar:	Paul Scheerbart: Briefwechsel mit Max Bruns 1898–1903 und andere Dokumente, hg. von Leo Ikelaar, Frankfurt 1990
Kubin:	Alfred Kubin: Aus meiner Werkstatt. Gesammelte Prosa, hg. von Ulrich Riemerschmidt, München 1976
Przybyszewski:	Stanisław Przybyszewski: Erinnerungen an das literarische Berlin, München 1965
Rowohlt:	Ernst Rowohlt: Von Paul Scheerbart bis Siegfried von Kardorff, Privatdruck (Leipzig) 1930
Soergel:	Albert Soergel: Dichtung und Dichter der Zeit, 9. Auflage, Leipzig o. J.
Wichtl:	Otto Wichtl: Leben und Werk von Franz Servaes. In: Wiener Geschichtsblätter, H. 1, 1984

Bibliographie

Das Lachen ist verboten... Berlin (See-Igel IC-Verlag - Fritz Nürnberger) 1929
Paul Scheerbart. Eine Einführung in sein Werk und eine Auswahl von Carl Mumm. Wiesbaden (Steiner) 1955
Dichterische Hauptwerke. (Tarub, Bagdads berühmte Köchin. Rakkóx der Billionär. Die Seeschlange. Weltglanz. Münchhausen und Clarissa. Flora Mohr. Lesabéndio.) Herausgegeben und mit einem Nachwort von Else Harke. Stuttgart (Goverts) 1962
Katerpoesie. Hauptsächliche Gedichte. (Katerpoesie. Die Mopsiade.) Herausgegeben von Hellmut Draws-Tychsen. Stuttgart (Goverts) 1963
Münchhausens Wiederkehr. Phantastische Geschichten. Herausgegeben und mit einer Einführung von Anne Gabrisch. Mit Zeichnungen von Horst Hussel. Berlin DDR (Eulenspiegel) 1966 - Zürich (Limmat) 1966
Revolutionäre Theater-Bibliothek. Regierungsfreundliche Schauspiele. Gesammelte Arbeiten für das Theater. Herausgegeben und mit einem Nachwort von Mechthild Rausch. München (edition text+kritik) 1977
Katerpoesie und Die Mopsiade. Herausgegeben von Wilhelm Lüderitz. Mit Buchschmuck von Horst Hussel. Berlin DDR (Eulenspiegel) 1978
Jenseitsgalerie. Gesammelte Zeichnungen. Herausgegeben und mit einem Nachwort von Mechthild Rausch. München (Klaus G. Renner) 1981
Die große Revolution. Ein Mondroman. *Jenseitsgalerie.* Mit einem Nachwort von Vera Hauschild. Leipzig und Weimar (Gustav Kiepenheuer) 1983
Das Lachen ist verboten... Grotesken - Erzählungen - Gedichte und Schnurren. Mit Illustrationen von Paul Scheerbart. Herausgegeben von Klaus Konz und Rainer Leibbrand. Hamburg (Buntbuch) 1984
Die große Revolution. Ein Mondroman. *Jenseitsgalerie.* Phantastische Bibliothek. Frankfurt a. M. (suhrkamp taschenbuch) 1985
Meine Tinte ist meine Tinte. Prosa aus Zeitschriften. Mit Zeichnungen von Paul Scheerbart. Herausgegeben von Horst Hussel. Berlin DDR (Eulenspiegel) 1986
Gesammelte Werke. Herausgegeben von Thomas Bürk, Joachim Körber, Uli Kohnle. Linkenheim (Edition Phantasia) 1986 ff.
Das große Licht. Gesammelte Münchhausiaden. Phantastische Bibliothek. Frankfurt a. M. (suhrkamp taschenbuch) 1987
Der Kaiser von Utopia. Zwei utopische Romane. (Der Kaiser von Utopia. Das graue Tuch und zehn Prozent Weiß.) Phantastische Bibliothek. Frankfurt a. M. (suhrkamp taschenbuch) 1988
Unverantwortliche Gedichte. Ausgewählt und illustriert von Horst Hussel. München (Klaus G. Renner) 1988
Kometentanz. (Kometentanz. Liwûna und Kaidôh.) Phantastische Bibliothek. Frankfurt a. M. (suhrkamp taschenbuch) 1990

Katerpoesie, Mopsiade und andere Gedichte. Herausgegeben und mit einem Nachwort von Michael Matthias Schardt. Stuttgart (Reclam) 1990

Jenseitskarikaturen. Ausstellungskatalog der Hamburger Kunsthalle mit einer Einführung von Gerda Wendermann. Hamburg (Dölling und Galitz) 1990

Einzelausgaben

Das Paradies. Die Heimat der Kunst. Berlin (Commissionsverlag George und Fiedler) 1889. 2. Auflage: Berlin (Verlag deutscher Phantasten) 1893

Ja... was... möchten wir nicht Alles! Ein Wunderfabelbuch. Berlin (Verlag deutscher Phantasten) 1893

Tarub, Bagdads berühmte Köchin. Arabischer Kulturroman. Berlin (Verein für Deutsches Schriftthum) 1897. 2. Auflage: Minden (J.C.C. Bruns) 1900

Ich liebe Dich! Ein Eisenbahn-Roman mit 66 Intermezzos. Berlin (Schuster und Loeffler) 1897

Der Tod der Barmekiden. Arabischer Haremsroman. Leipzig (Kreisende Ringe - Max Spohr) 1897

Na prost! Phantastischer Königsroman. Berlin (Schuster und Loeffler) 1898

Rakkóx der Billionär. Ein Protzenroman. *Die wilde Jagd.* Ein Entwicklungsroman. Mit Illustrationen von Felix Valotton. Leipzig (Insel) 1900

Die Seeschlange. Ein See-Roman. Minden (J.C.C. Bruns 1901

Liwûna und Kaidôh. Ein Seelenroman. Leipzig (Insel) 1902

Die große Revolution. Ein Mondroman. Leipzig (Insel) 1902

Immer mutig! Ein phantastischer Nilpferderoman. Mit Buchschmuck von Paul Scheerbart. 2 Bände. Minden (J.C.C. Bruns) 1902

Der Aufgang zur Sonne. Hausmärchen. Mit einer Umschlagzeichnung von Paul Scheerbart. Minden (J.C.C. Bruns) 1903

Kometentanz. Astrale Pantomime in 2 Aufzügen. Mit Buchschmuck von Paul Scheerbart. Leipzig (Insel) 1903

Don Miguel de Cervantes Saaveedra. Berlin (Schuster und Loeffler) 1904

Revolutionäre Theater-Bibliothek. Mit Buchschmuck und 7 Zeichnungen von Paul Scheerbart. 6 Bände. Berlin (Eduard Eisselt) 1904

Der Kaiser von Utopia. Ein Volksroman. Mit Buchschmuck von Paul Scheerbart. Berlin (Eduard Eisselt) 1904

Münchhausen und Clarissa. Ein Berliner Roman. Mit Buchschmuck von Paul Scheerbart. Berlin (Oesterheld & Co) 1907

Jenseits-Galerie. Ein Mappen-Werk. Berlin (Oesterheld & Co) 1906

Flora Mohr. Eine Glasblumen-Novelle in 8 Kapiteln. Prag (Haase) 1909

Katerpoesie. Paris - Leipzig (Ernst Rowohlt) 1909

Die Entwicklung des Luftmilitarismus und die Auflösung der europäischen Land-Heere, Festungen und Seeflotten. Eine Flugschrift. Berlin (Oesterheld & Co) 1909

Das Perpetuum mobile. Die Geschichte einer Erfindung. Leipzig (Ernst Rowohlt) 1910
Das große Licht. Ein Münchhausen-Brevier. Leipzig (Sally Rabinowitz) 1912
Astrale Novelletten. Karlsruhe und Leipzig (Dreililien) 1912. 2. Auflage: München und Leipzig (Georg Müller) 1912
Lesabéndio. Ein Asteroïden-Roman. Mit Illustrationen von Alfred Kubin. München und Leipzig (Georg Müller) 1913
Das graue Tuch und zehn Prozent Weiß. Ein Damenroman. München und Berlin (Georg Müller) 1914
Glasarchitektur. Berlin (Verlag der Sturm) 1914
Die Mopsiade. Berlin (Alfred Richard Meyer) 1920
Lesabéndio. Ein Asteroiden-Roman. Mit einem Nachwort von Paul Raabe. München (Deutscher Taschenbuch Verlag) 1964
Glasarchitektur. Mit einem Nachwort von Wolfgang Pehnt. München (Rogner und Bernhard) 1971
Rakkóx der Billionär. Ein Protzenroman. *Die wilde Jagd.* Ein Entwicklungsroman. Mit Illustrationen von Felix Valotton. Nachwort von Franz Rottensteiner. Frankfurt a. M. (Insel) 1976
Das Perpetuum mobile. Die Geschichte einer Erfindung. Mit 9 Umschlagzeichnungen von Dieter Roth. Erlangen (Klaus G. Renner) 1977
Cervantes. Erlangen und München (Klaus G. Renner) 1979
Machtspäße. Arabische Novellen. Mit Federzeichnungen von Paul Scheerbart. München (Klaus G. Renner) 1981
Die Entwicklung des Luftmilitarismus und die Auflösung der europäischen Land-Heere, Festungen und Seeflotten. Eine Flugschrift. München (Klaus G. Renner) 1982
Der Aufgang zur Sonne. Hausmärchen. Mit Illustrationen von Horst Hussel. Leipzig und Weimar (Gustav Kiepenheuer) 1984
Das graue Tuch und zehn Prozent Weiß. Ein Damenroman. Herausgegeben und mit einem Nachwort von Mechthild Rausch. München (edition text+kritik) 1986
Lesabéndio. Ein Asteroïdenroman. Mit 14 Zeichnungen von Alfred Kubin und einem Essay von Kai Pfankuch. Hofheim (Wolke) 1986
Lesabéndio. Ein Asteroiden-Roman. Phantastische Bibliothek. Frankfurt a. M. (suhrkamp taschenbuch) 1986
Na prost! Phantastischer Königsroman. Herausgegeben und mit einem Nachwort von Michael Matthias Schardt. Siegen (Affholderbach und Strohmann) 1987
Immer mutig! Phantastischer Nilpferderoman. Herausgegeben und mit einem Nachwort von Michael Matthias Schardt. Siegen (Affholderbach und Strohmann) 1988
Ja... was... möchten wir nicht Alles! Ein Wunderfabelbuch. Herausgegeben

und mit einem Nachwort von Suanne Bek und Michael Matthias Schardt. Illustriert von Claudia Neuhaus. Paderborn (Igel-Verlag) 1988
Katerpoesie, Mopsiade und andere Gedichte. Herausgegeben und mit einem Nachwort von Michael Matthias Schardt. Stuttgart (Reclam) 1890

Beiträge in Zeitungen, Zeitschriften und Sammelwerken

Sphinx locuta est. Goethes Faust... von Ferdinand August Louvier. (Rezension). In: Kritisches Jahrbuch 1 (1889/90), H. 2, S. 85-88.
Die Polychromie in der Frontarchitektur. In: Das Atelier 1 /1890/91), Nr. 7, S. 5-7
Die moderne Goldschmiedekunst. In: Das Atelier 1 (1890/91), Nr. 8, S. 2-5
(Pseud. Kuno Küfer) *Berliner Kunstsalon:* In: Das Atelier 1 (1890/91), Nr. 9, S. 4-5
Die Phantastik im Kunstgewerbe. In: Das Atelier 1 (1890/91), Nr. 10, S. 4-5
Atelierstudio II. In: Das Atelier 1 (1890/91), Nr. 11, S. 6-7
Die Gartenbaukunst, ihre Geschichte und ihre Stellung zu den anderen Künsten: In: Das Atelier 1 (1890/91), Nr. 13, S. 3-4
Hat die Ornamentalkunst jemals nach Originalität gestrebt? In: Das Atelier 1 (1890/91), Nr. 24, S. 3-5
Die Phantastik in der Malerei. In: Freie Bühne (Die neue Rundschau) 2 (1891), S. 286-290
Dichtermacht. Eine altmekkanische Geschichte. In: Freie Bühne (Die neue Rundschau) 2 (1891), S. 846-848; 870-873
Max Klinger als Ästhetiker. In: Freie Bühne (Die neue Rundschau) 2 (1891), S. 1009-1012
Berliner Kunstschlosser. In: Das Atelier 2 (1891/92), Nr. 28, S. 5-6
(P. S.) *Das Elfenbein als Kunstmaterial.* In: Das Atelier 2 (1891/92), Nr. 30, S. 7-8
(Pseud. Kuno Küfer) *Das Panorama der Hohenzollern-Galerie.* In: Das Atelier 2 (1891/92), Nr. 30, S. 8
Die modernen Städte. In: Das Atelier 2 (1891/92), Nr. 31, S. 4
(P. S.) *Eine neue Technik in der Glasmalerei.* In: Das Atelier 2 (1891/92), Nr. 33, S. 7-8
Das ägyptische Museum zu Berlin. In: Das Atelier 2 (1891/92), Nr. 35, S. 4-5
Der arme Engel. Künstlerlegende. In: Das Atelier 3 (1892/93), Nr. 50, S. 4-6
Die Glasarchitektur. In: Das Atelier 3 (1892/93), Nr. 56, S. 3
Die andere Welt. Eine Phantastensure. In: O. J. Bierbaum, Moderner Musenalmanach auf das Jahr 1893. München (Albert Langen) 1893, S. 108-109
Die Erlösung der Müden. Ein Mysterium. In: Freie Bühne (Die neue Rundschau) 4 (1893), S. 1334-1342
Die Nacht war groß. Eine Sternengeschichte. *Hinter den Bergen der Gewöhn-*

lichkeit. Scherzo. *Der Tod Emins.* Ein Chalifenidyll. *Qualm und Rauch.* Ein Nachtstück. *Die hastigen Cyclopen.* Kratergeschichte. *Die kleine Fliege.* Winteridyll. In: Neuland, hg. v. Cäsar Flaischlen. Berlin (Verein für Bücherfreunde) 1894

Die Prinzessin Rona. Ein Märchen. In: Tägliche Rundschau (1894), Nr. 35, S. 139

Weltmacht. Altkordovanisches Kulturbild. In: Tägliche Rundschau (1894), Nr. 115, S. 459-460, Nr. 116, S. 462-463

Phantastische Geschichten »en miniature«. – 1. *Geistertanz.* Bewegungsstück. 2. *Nacht und Purpur.* Allegorie. 3. *Die alten Priester und die Knaben.* Eine Tempelphantasie. 4. *Menschenblut.* Sociale Fabel. In: Die Gesellschaft 10 (1894), S. 1133-1136 *Das Verhältnis der Grete zu ihrem Hans...* In: Deutsche Rundschau (Die neue Rundschau) 5 (1894), S. 199-201 *Der Gierige.* Eingangs-Stimmung. In: Amsler und Ruthardt‘s Wochenberichte 3 (1894), Nr. 1, S. 1

Die Ästhetik der Phantastik. In: Amsler und Ruthardt's Wochenberichte 3 (1894), Nr. 1, S. 2-3 und Nr. 2, S. 17

Der Neugierige. Schlußstimmung. In: Amsler und Ruthard's Wochenberichte 3 (1894), Nr. 2, S. 18

Otto Julius Bierbaum, Nemt frouwe disen Kranz. (Rezension.) In: Amsler und Ruthardt's Wochenberichte 3 (1894), Nr. 3, S. 31 *Der astropsychologische Dithyrambus.* In: Amsler und Ruthardt's Wochenberichte 3 (1894), Nr. 8, S. 71

Der Militarismus in der Architektur. In: Amsler und Ruthardt's Wochenberichte 3 (1894),, Nr. 9, S. 79-80

Die kleine Burg. Vignette. In: Amsler und Ruthardt's Wochenberichte 3 (1894), Nr. 10, S. 101

(Kunstbrief aus Berlin.) In: Amsler und Ruthardt's Wochenberichte 3 (1894), Beil. Kunst in aller Welt, Nr. 1, S. 3-4; Nr. 2, S. 7-8

(Pseud. Kuno Küfer) *Das Kunstgewerbe in der Berliner Kunstausstellung.* In: Amsler und Ruthardt's Wochenberichte 3 (1894), Nr. 2, S. 19; Nr. 3, S. 27-28; Nr. 4, S. 35-36; Nr. 5, S. 48

(Pseud. Kuno Küfer) *Die heraldische Ausstellung im Berliner Kunstgewerbemuseum.* In: Amsler und Ruthardt's Wochenberichte 3 (1984), Nr. 9, S. 82

(Pseud. Kuno Küfer) *Die Rembrandts in der Casseler Galerie.* In: Amsler und Ruthardt's Wochenberichte 3 (1894), Beilage: Kunst im Salon, Nr. 1, S. 2

Das Ende des Individualismus. Ein kosmo-psychologische Betrachtung. In: Die Gesellschaft 11 (1895), S. 1093-1097

Das Königslied. (Gedicht). In: Pan 1 (1895/96), S. 2-3

Aus den Kunstsalons. In: Die Gegenwart 50 (1896), Nr. 42, S. 254

Im Atelier von Anna Costenoble. In: Die Gegenwart 50 (1896), Nr. 45, S. 302-303

Lechter und Trübner. In: Die Gegenwart 50 (1896), Nr. 49, S. 365-366
Die gebratene Flunder. Tanz-Poëm der »tiefen« Richtung. In: Simplicissimus 1 (1896/97), Nr. 2, S. 2
Zwei Dramen. – *Der Regierungswechsel. Die Puppe und die Dauerwurst.* In: Neue Deutsche Rundschau (Die neue Rundschau) 8 (1897), S. 1292-1298
Das neue Leben. Architektonische Apokalypse. In: Die Gesellschaft 13, IV (1897), S. 332-338
Feuerblumen. In: Die Zeit, Bd. 11 (1897), S. 175-176
Eigenthümliche Poesie. *Der höfliche Eremit.* Ein Menuett. *Ich lass' dich nicht los.* Ein Zerrbild. *Meerglück.* Eine Groteske. *Säulenlied.* (Gedicht.) In: Wiener Rundschau 2 (1897/98) S. 572-574
Das Windspiel. Die Welt ist ein Kuhstall. Eine Kater-Scene. *Der Faun.* In: Die Wage (1898), Nr. 7, S. 118-119
Narr Nero. Eine wüste Nacht. In: Das Narrenschiff (1898), S. 179
Parademarsch. Verrückte Bein-Vision. In: Das Narrenschiff 1 (1898), S. 317 bis 318
Licht und Luft. In: Ver Sacrum 1 (1898), H. 7, S. 13-14
Das harte Rot. Zart! In: Die Gesellschaft 14, I (1898), S. 121-122
Rixrax, der Sonnenbruder. (Gedicht.) In: Die Gesellschaft 14, I (1898), S. 220
Tief. In: Die Gesellschaft 14, I (1898), S. 228-229
Gemeinplatz! (Gedicht.) In: Die Gesellschft 14, I (1898), S. 246
Mein Großvater. In: Die Gesellschaft 14, I (1898), S. 254
Stummer Kampf. (Im Anschluß an Ludwig Jacobowski, Stummer Kampf.) In: Die Gesellschaft 14, III (1898), S. 38
Offener Brief mit dem Vorschlag zur Gründung einer *»Einfachen Bühne«.* Von Paul Scheerbart-Hering und Georg Posener-Merloo. In: Die Gesellschaft 14, II (1898), S. 651
Der tote Palast. Adlerflug. Flausen. In: Pan 4 (1898/1899), S. 160-162
Nachdenkliche Geschichten. – 1. *Die drei Denkmäler.* 2. *Die gebratene Ameise.* Arbeitsspaß. *3. Freunde.* In: Die Gesellschaft 14, IV (1898), S. 44-45
Platzende Kometen. In: Jugend 4 (1899), S. 314
Die Thürklinke. In: Jugend 4 (1899), S. 680
Lika. Eine Künstler-Odyssee. In: Ver Sacrum 2 (1899), H. 6, S. 21-30
Das Märchen vom blauen Hund. Eine ganz unergründliche Geschichte. In: Jugend 4 (1899), S. 102-103
Wir maken Allens dot! Clownerie. In: Jugend 4 (1899), S. 130
Notturno. (Gedicht.) In: Die Gesellschaft 15, I (1899), S. 69
Kurze Geschichten. – *Die Welt von Eisen.* Ein großes Gebrumm. *Der Radaubengel.* Nihilisten-Ulk. *Krebsrot.* Ein Herren-Scherzo. In: Die Gesellschaft 15, I (1899), S. 299-301
Hobelphantasie. Groglied. (Gedichte.) In: Die Gesellschaft 15, I (1899), S. 307
Kurze Geschichten. *Der Weg zur Schlachtbank.* Rede eines Ochsen. *Groß!*

Das Knäblein. In: Die Gesellschaft 15, II (1899), S. 115-116
Wanderlied. (Gedicht). In: Die Gesellschaft 15, III (1899), S. 174
China und die Dampfbahn. Philanthropische Betrachtungen. In: Die Gesellschaft 15, IV (1899), S. 145-150
Indianerlied. Fliegenlied. (Gedichte.) In: Goethe-Festschrift zum 150. Geburtstag des Dichters. Prag 1899. S. 76
Zu Hause! In: Goethe-Festschrift zum 150. Geburtstag des Dichters. Prag 1899, S. 77-79
Der galante Räuber oder die angenehme Manier. Ein Garten-Scherzo. In: Die Insel 1, I (1899/1900), S. 37-41
Rakkóx der Billionär. Ein Protzen-Roman. In: Die Insel 1, II (1899/1900), S. 173-201
Indianerlied. In: Die Insel 1, II (1899/1900), S. 227
Die Helden. Gerettet. In: Pan 5 (1899/1900), S. 152
Lachende Giraffen. Ein Schattenspiel. In: Die Gesellschaft 16, I (1900), S. 168-169
Kirowátti. Ein stiller Abend. Der grimmige Igel. Weisheitsidyll. *Kuddel-Kuddel-Muddel oder die vielen Rosinen.* Trauermarsch. In: Die Gesellschaft 16, III (1900), S. 44-46
Schlechtes Publikum! In: Jugend 5 (1900), S. 503
Schlechtes Publikum! In: Jugend 5 (1900), S. 593
Liwûna und Kaidôh. Ein Seelenroman. In: Die Insel 2, II (1900/02), S. 33-101
Fritz, der Schweinejunge. Eine lehrreiche Geschichte. In: Jugend 6 (1901), S. 54
*Der Todesrausch.*Eine Mückenphantasie. In: Jugend 6 (1901), S. 284
Merkwürdige Geschichten. *Noahs Glück. Herbstmorgen. Silentium.* In: Der Lotse 1 (1901), H. 15, S. 489-491
Kometentanz. Astrale Pantomime. In: Die Insel 3, II (1901/02), S. 309-341
Die neue Maschine. Ein Sturmmärchen. In: Fröhliche Kunst (1902), H. 10, S. 398-404
Die angeführte Hexe. Die Rutschbahn. In: Der Buntscheck. Ein Sammelbuch herzhafter Kunst für Ohr und Auge deutscher Kinder, hg. von Richard Dehmel. Köln (Schaffstein) 1904
(Detlev von Liliencron.) In: Böckel, Detlev von Liliencron im Urteil zeitgenössischer Dichter. Berlin 1904, S. 123-124
(Über Spielzeug.) In: Paul Hildebrandt, Das Spielzeug im Leben des Kindes. Berlin (Söhlke) 1904, S. 14; 248
Das Kaiserreich Polen und die vereinigten Staaten von Europa. In: Kampf N. F. 1904, S. 43-45
Die Asteroidenbewohner. In: Kunst 1904
Rußlands Zukunft. In Kampf N. F. 1904, S. 75-79

Pastellbilder der Kunst. Hartleben. In: Kampf N. F. 1904, S. 548-551

Eine moderne Kassandra. Eine Zukunftsgeschichte. In: Kampf N. F. 1904, S. 665-670

Die Arbeit des Riesen. In: Kampf N. F. 1904, S. 696-701

Der magnetische Spiegel. In: Kunst (1904), Nr. 5 (Beilage: Das Andere), S. 3-6

Der Kanal. In: Die Welt am Montag X/48, (3. Beilage) 28. 11. 1904

Das große Los. Ein Kapitalsmärchen. In: Der liebe Augustin (1904), Nr. 15, S. 232

Die schlaue Katze. In: Der liebe Augustin (1904), Nr. 19, S. 303

*Geheimnisse des Himmels.*Eine Kometen-Geschichte. In: Die Zeit 38 (1904), S. 107-108

Die wilde Jenny: Ein Sensationsroman (Fragment) In: Europa 1 (1905), H. 21, S. 1056-1059; H. 22, S. 1112-1117; H. 23, S. 1163-1169

*Der Mitternachts-Besuch.*Eine ästhetische Geschichte. In: Freistatt 7, I (1905), S. 122-124

Der Künstlerkongreß. In: Die Zukunft 53 (1905), S. 76-79

Der Militarismus in der Revolutionszeit. In: Kampf N. F. 1905, S. 600-603

Die Bombenattentate und die Ruhe Europas. Ein Familiengespräch. In: Kampf N. F., H. 20, 3. 3. 1905

Die Weltkutsche. Eine Weltreise mit 13 großen Abenteuern. In: Heim der Jugend. Ein Jahrbuch für Kinder und Eltern, hg. v. Adolf Cronbach und Hanns Heinz Ewers. Berlin (Siegfried Cronbach) 1905

Paul Scheerbart. (Autobiographische Skizze) In: Bildende Geister, hg. v. Fritz Abshoff, Berlin 1905, Bd. 2, S. 100

Aus dem Tagebuch eines Geizhalses. In: Die Funken 3 (1905/06), Nr. 9, S. 282

Es zieht nichts mehr! Eine Heibranengeschichte. *Die Salonrevolution.* In: Die Funken 3 (1905/06), Nr. 18, S. 569

Der sterbende Gott. In: Die Funken 3 (1905/06), Nr. 18, S. 569

Der Tempel des Innern. (Auszug aus *Die Seeschlange*). In: Die Funken 3 (1905/06), Nr. 41, S. 1270-1280

Militarismus und Fleischesnot. In: Die Funken 3 (1905/06), Nr. 52, S. 1639-1640

Der Mitternachtsbesuch. Eine ästhetische Geschichte. In: Hannoverscher Courier Nr. 26287, 28. 6. 1906

Die kosmischen Postillone. Eine Marionetten-Theater-Geschichte. In: Hannoverscher Courier Nr. 26323, 19. 7. 1906

Das neue Architektur-Museum in Berlin. Eine Anregung. In: Hannoverscher Courier Nr. 26405, 5. 9. 1906

Was nützt uns der Militarismus? Eine sozialpolitische Betrachtung. In: Das Blaubuch 1 (1906), S. 212-213

Die Fabrik lebenslustiger Creaturen. Kosmische Existenz-Komödie. In: Die Gegenwart 35 (1906), Bd. 70, S. 12-13

Die drei Baumstaaten. Eine Staatsgeschichte des alten Münchhausen. In: Die Gegenwart 35 (1906), Bd. 70, S. 123-124
Münchhausen und Clarissa. Ein Berliner Roman (Selbstanzeige.) In: Die Zukunft 56 (1906), S. 418
Landhaus und Waarenhaus. In: Die Zukunft 56 (1906), S. 462-463
Dichterische Arbeit und Alkohol. (Antwort auf eine Rundfrage.) In: Das literarische Echo 9 (1906/07), Sp. 126
Unverantwortliche Gedichte. *Hohe Symbole. Kosmischer Trost.*
In: Die Fackel 8 (1906/07), Nr. 205, S. 22-24
Das kosmische Theater. In: Das Blaubuch 2 (1907), S. 252-258
Visionen. Schauspiel in einem Aufzug. In: Die Schaubühnen 3, 2 (1907), S. 557-559
Der gute König. Eine Klostergeschichte. In: Die Gegenwart 36 (1907), Bd. 71, S. 170-171
Die Arbeiter der Zukunft. In: Morgen 1 (1907), S. 871
Das Automobil-Theater. In: Morgen 1 (1907), S. 871
Der Kommandant der Festung Makatûbo. Volksschauspiel mit dem Teufel und seinen Helfershelfern. In: Schaubühne 3, 2 (1907), S. 364-368
Die stille Stadt. Eine Thüringer Gespenster-Geschichte. In: Hannoverscher Courier (Beilage: Welt und Wissen), 17.7.1907
Paul Scheerbarts »Planetenbewohner«. (Scheerbart über seine Zeichnungen.) In: Dokumente des Fortschritts, 1 (1907/08), S. 209-211
Hermann Wolfgang Zahn, Gestalten hinter mir. (Rezension.) In: Das Blaubuch 3 (1908), S. 59-60
General von Bax. Luftspaß. In: Das Blaubuch 3 (1908), S. 502-505
Der Held. Frommer Wunsch. (Gedichte.) In: Das Blaubuch 3 (1908), S. 1517
Das Donnerwetter. Ein Schauspiel für Weltverbesserer. In: Die Schaubühne 4, 1 (1908), S. 215-218
Jagdgesellschaft. Schauspiel mit den neuesten Entdeckungen. In: Die Schaubühne 4, 1 (1908), S. 440-443
Isis. Schauspiel in einem Aufzuge. In: Die Gegenwart 37 (1908), Bd. 73, S. 8-9
Die Nußbaumtorte. Eine Groteske. In: Die Gegenwart 37 (1908), Bd. 73, S. 28-29
Zwei Herren. Schauspiel in einem Aufzuge. In: Die Gegenwart 37 (1908), Bd. 73, S. 106-107
Die Anziehungskraft als Hypothese. Eine Betrachtung. In: Die Gegenwart 37 (1908), Bd. 74, S. 308-309
Das Gastmahl des Assurnasirabal. Ein regierungsfreundliches Schauspiel. In: Die Gegenwart 37 (1908), Bd. 74, S. 408-409
Die Revolution im Militarismus. In: Morgen 2 (1908), S. 26
Schamgefühl. In: Morgen 2 (1908), H. 12, S. 371

Neue Landkarten. (Rezension.) In: Morgen 2 (1908), S. 1536
Die Witzblattredakteure. In: Morgen 2 (1908), S. 1638
Der neue Abgrund. Eine Verwandlungs-Novellette. In: Hannoverscher Courier Nr. 90, 2.9.1908
Es muß etwas getan werden... In: Morgen 2 (1908), S. 1696-1697
Julius Cäsar in Afrika. Schauspiel in 2 Aufzügen. In: Masken 4 (1908/09), H. 24, S. 387-390
Sternschnuppen und Kometen. In: Die Gegenwart 38 (1909), Bd. 75, S. 242 bis 243
Der Tyrann. Ein regierungsfreundliches Schauspiel. In: Die Gegenwart 38 (1909), Bd. 75, S. 382-383
Kathinkas Finanzreform. In: Die Gegenwart 38 (1909), Bd. 76, S. 482-483
Eine gefährliche Erfindung. Die Gegenwart 38 (1909), Bd. 76, S. 502
Die Schattenseiten der Arbeit. In: Die Gegenwart 38 (1909), Bd. 76, S. 522
Die neueste Oppositionspartei. In: Die Gegenwart 38 (1909), S. 541
Aviatik und Baupolizei. In: Die Gegenwart 38 (1909), S. 602
Shakespeare, Bacon, Southampton, Rutland. In: Die Gegenwart 38 (1909), S. 614
Die Prophetennacht. In: Die Gegenwart 38 (1909), S. 641
Der Traum des Aviatikers. In: Die Gegenwart 38 (1909), S. 661
Die gefährlichen Millionäre. In: Die Gegenwart 38 (1909), S. 681
Astrale Aphorismen. In: Die Gegenwart 38 (1909), S. 702
Luftmilitarismus. In: Die Gegenwart 38 (1909), S. 722
Massenpsychologie. In: Die Gegenwart 38 (1909), S. 742-743
Transportable Städte. In: Die Gegenwart 38 (1909), S. 762
Das Luft-Sanatorium. In: Die Gegenwart 38 (1909), S. 781-782
Wilhelm von Kaulbach und Richard Wagner. In: Die Gegenwart 38 (1909), S. 802-803
Die Lenkbarkeit der Lufttorpedos. In: Die Gegenwart 38 (1909), S. 821
Die europäischen Parlamente und der Militaristen-Kongreß. In: Die Gegenwart 38 (1909), S. 842-843
Der Halleysche Komet. In: Die Gegenwart 38 (1909), S. 886
Dynamitkrieg und Dezentralisation. In: Die Gegenwart 38 (1909), S. 905-906
Panik und Höhlenarchitektur. In: Die Gegenwart 38 (1909), S. 926
So weit sind wir noch lange nicht! In: Die Gegenwart 38 (1909), S. 945-946
Die Nebulartheorie. Die Gegenwart 38 (1909), S. 969-970
Die gemütliche Gesellschaft. In: Die Gegenwart 38 (1909), S. 990
Katerpoesie. (5 Gedichte.) In: Jugend 14 (1909), S. 182
Die Verkehrsfragen und die Kanonen. In: Jugend 14 (1909), S. 370
Die andre Welt. Ein Phantastenpsalm. In: Jugend 14 (1909), S. 601
Die Gesellschaft des Herrn von Kaminski. Schauspiel in einem Aufzug. In: Die Schaubühne 5,1 (1909) S. 479-480

Der Strippenbomben-Sport. In: Der neue Weg 38 (1909), H.1, S. 28-29
Das Ende des Schornsteins. In: Der neue Weg 38 (1909), H.2, S. 63
Das Dualistische in der Bühnenkunst. In: Der neue Weg 38 (1909), S. 138
»Kriegstheater«. In: Der neue Weg 38 (1909), H.26, S. 16-17
(Für Herwarth Walden.) In: Ein Protest in Sachen Herwarth Walden. Hg. im Auftrag von Peter Baum, Rudolf Blümner, Salomo Friedlaender, Ferdinand Hardekopf, Rudolf Kurz, Paul Scheerbart, René Schickele. Berlin (Druckerei der Bibliophilen) 1909, S. 21
Frauenfrage und Militarismus. Japanische Salonplauderei. In: Frauen-Zukunft 1 (1910), H.4, S. 296-301
Die veraltete Milieukunst und die Verschwendungssucht in der Ausstattung der Theaterstücke. In: Masken 5 (1909/10), H.2, S. 45-47
Zwischenspiele. In: Theater 1 (1909/10), S. 5-6
Riesenpantomime mit Fesselballons. In: Das Theater 1 (1909/10), S. 92
Gespenster-Theater. In: Das Theater 1 (1909/10), S. 335-336
Schattenspiele. In: Das Theater 1 (1909/1910), Sonderh. 1, S. 7-8
Die Soziale Lage der deutschen Schriftsteller. (Beitrag zu einer Umfrage.) In: Das Blaubuch 5 (1910), S. 200
Pro domo. (Gegen Hermann Kienzls Rezension der Kater-Poesie.) In: Das Blaubuch 5 (1910), S. 259-260
Spaß oder Ernst. Eine wahre Geschichte. In: Das Blaubuch 5 (1910), S. 279-280
Militaristische Zukunfts-Musik. In: Das Blaubuch 5 (1910), S. 564-568
Alfred Richard Meyer, *Die Religion in der Literatur.* (Rezension.) In: Das Blaubuch 5 (1910), S. 647
Frauenfrage und Militarismus. Japanische Salon-Plauderei. In: Das Blaubuch 5 (1910), S. 901-904
Die Stadt auf Reisen. In: Das Blaubuch 5 (1910), S. 929-932
Die mechanistische Weltanschauung. In: Das Blaubuch 5 (1910), S. 950-952
Narciß, Liebesraserei, Weib und Dame. In: Das Blaubuch 5 (1910), S. 1000-1003
Das Äquator-Rennen. Eine Sports-Novelle. In: Der Demokrat 2 (1910), Nr. 28, Beilage
Steuermann Malwu. Eine Vestanovellette. In: Der Demokrat 2 (1910), Nr. 31, Beilage
Sapa und Fidak. Eine Eremitengeschichte. In: Der Demokrat 2 (1910), Nr. 33
Rebellenmacht. In: Der Demokrat 2 (1910), Nr. 34, Beilage
Der gute König. Eine Klostergeschichte. In: Der Demokrat 2 (1910), Nr. 36, Beilage
Mitternachtsbesuch. In: Der Demokrat 2 (1910), Nr. 39, Beilage
Grotesken. *Fragezeichen. Die Fabrik lebenslustiger Kreaturen.* In: Der Demo-

krat 2 (1910), Nr. 41, Beilage
Das Ende der Berliner Hausbesitzer. Eine Berliner Weißbierphantasie. In: Der Demokrat 2 (1910), Nr. 43, Beilage
Der Einsiedler. Eine Eros-Novelle. In: Der Demokrat 2 (1910), Nr. 45, Beilage
Die Zufriedenen. Eine Merkur-Novellette. In: Der Demokrat 2 (1910), Nr. 47, Beilage
Luftwunder. In: Der Demokrat 2 (1910), Nr. 51, Beilage
Die Entwicklung des Luftmilitarismus und die Auflösung der europäischen Landheere, Festungen und Seeflotten. (Selbstanzeige.) In: Die Zukunft 70 (1910), S. 235
Das Perpetuum mobile. (Selbstanzeige.) In: Die Zukunft 12 61910) S. 263-264
Entwicklungen. In: Die Gegenwart 77 (1910), S. 17-19
Hausbaupflanzen: In: Die Gegenwart 77 (1910), S. 77-79
Die Abhängigen. In: Die Gegenwart 77 (1910), S. 96-98
Die Zukunfts-Revolutionen. In: Die Gegenwart 77 (1910), S. 134-136
Jetzt geht's endlich los! In: Die Gegenwart 77 (1910), S. 158-159
Gelahrte Vergeßlichkeit. In: Die Gegenwart 77 (1910), S. 176
Konservative Witzblätter. In: Die Gegenwart 77 (1910), S. 198-199
Ballonmütze contra Pickelhaube. In: Die Gegenwart 77 (1910), S. 217
Das Ende der barbarischen Revolutionstracht. In: Die Gegenwart 77 (1910), S. 238-239
Sind Kometen lebendige Wesen? In: Die Gegenwart 77 (1910), S. 257-259
Die Luftschlange. In: Die Gegenwart 77 (1910), S. 277-278
Zack und Sidi und der große Kopf. Eine Ceres-Novellette. In: Die Gegenwart 77 (1910), S. 291-294; 310-313
Kulturwidrige Ereignisse. In: Die Gegenwart 77 (1910), S. 358-359
Ich warne Ungläubige! In: Die Gegenwart 77 (1910), S. 378-379
Glasplastik. In: Die Gegenwart 77 (1910), S. 398-399
Neue Kleinstaaterei in Sicht. In: Die Gegenwart 77 (1910), S. 418-419
Der Herr Gemeindevertreter und die Selbstmörder. In: Die Gegenwart 77 (1910), S. 437
Die Nachtseite der Venus. In: Die Gegenwart 77 (1910), S. 458
Endlich entdeckt! In: Die Gegenwart 77 (1910), S. 478
Die Entwicklung der Stadt. In: Die Gegenwart 77 (1910), S. 497-498
Das Vulgäre in der Sprache. In: Die Gegenwart 77 (1910), S. 518
Das Gewicht der Sterne. In: Die Gegenwart 78 (1910), S. 533-534
Der Direktor. Schauspiel in einem Aufzuge. In: Die Gegenwart 78 (1910), S. 609-610; 628-629
Die Gefährlichkeit der Tagespresse. In: Die Gegenwart 78 (1910), S. 654
Dr. Martin Luther und die neue Welt-Titulatur: In: Die Gegenwart 78 (1910), S. 673

Amerikanische Geheimpolizei. In: Die Gegenwart 78 (1910), S. 694
Die Hauptstadt und die Festungen. In: Die Gegenwart 78 (1910), S. 714-715
Das Innere der Sterne. In: Die Gegenwart 78 (1910), S. 734
Der Militarismus bei den alten Indianern. In: Die Gegenwart 78 (1910), S. 754
General Keim und das bedrohte Vaterland. In: Die Gegenwart 78 (1910), S. 774-775
Nebelsterne. In: Die Gegenwart 78 (1910), S. 789-790
Kapitän zur See v. Pustau und die europäischen Luftflotten. In: Die Gegenwart 78 (1910), S. 814
Der Reklame-Kaiser. In: Die Gegenwart 78 (1910), S. 834-835
Die Zukunft der exmittierten Potentaten. In: Die Gegenwart 78 (1910), S. 854-855
Wellman, Wellman über Alles... In: Die Gegenwart 78 (1910), S.873-874
Chinesische Gartenkultur. In: Die Gegenwart 78 (1910), S. 894
Das Glas-Theater. In: Die Gegenwart 78 (1910), S. 913-914
Eine neue Hypothese. In: Die Gegenwart 78 (1910), S. 934
Die Erleichterung der Regierungstätigkeit. In: Die Gegenwart 78 (1910), S. 954-955
Der Potentaten-Kongreß. In: Die Gegenwart 78 (1910), S. 974-975
Löwenjagd und Brennessel-Kultur. In: Die Gegenwart 78 (1910), S. 993-994
Die internationale Militaristen-Ausstellung auf dem Tempelhofer Felde. In: Die Gegenwart 78 (1910), S. 1014
Das Lachen ist verboten... In: Die Gegenwart 78 (1910), S. 1034-1036
Unter wilden Tieren. Eine Verzweiflungsgeschichte. In: Die Lese 1 (1910), S. 32
Die kleine Fliege. Winteridyll. In: Die Lese 1 (1910), S.117
Die unverständliche Sonne. Eine Seehundsgeschichte. In: Die Lese 1 (1910), S. 236
Die Perlmutterstadt. Eine chinesische Geschichte. In: Hamburger Fremdenblatt Nr. 125, 3.12.1910
Johann der Weise. Eine Mondschein-Novelle. In: Licht und Schatten 1 (1910/1911), Nr. 8
Wir maken Allens dot! Clownerie. In: Der Sturm 1 (1910/11), S. 110
Das neue Kriegsinstrument. Eine zeitgemäße Betrachtung. In: Der Sturm 1 (1910/11), S. 120
Gegenerklärung. (Zu: Siegfried Pfankuch, Liegt der Friede in der Luft?) In: Der Sturm 1 (1910/11), S. 159
Nackte Kultur. Schwarzer Spaß. In: Der Sturm 1 (1910/11), S. 165
Der Todesrausch. Eine Mückenphantasie. In: Der Sturm 1 (1910/11), S. 181-182
Luftquallen. Eine Entdeckungsgeschichte. In: Der Sturm 1 (1910/11), S. 190-191
Der blaue Himmel. Eine Garten-Novelle. In: Der Sturm 1 (1910/11), S. 197-198

Der Revolutionär. In: Der Sturm 1 (1910/11), S. 214
Der Wetterprophet. Eine chinesische Geschichte. In: Der Sturm 1 (1910/11), S. 279
Die Kühnsten. Eine Emanzipations-Novellette. In: Der Sturm 1 (1910/11), S. 302-303
Der Kaiser von Utopia. Ein Volksroman. In: Der Sturm 1 (1910/11), S. 326; 332-333; 340-341; 348-349; 357-358; 365; 373; 381-382; 389-390; 397-398; 406; 413-414; 420-421; 430-431; 437-438; 445-446; 2 (1911/12), S. 453-454; 461-462; 470-471; 478-479; 487-488
Die Königin von Saba. Schauspiel in einem Aufzuge. In: Masken 6 (1910/11), S. 252-256
Das abgekürzte Verfahren. In: Das Theater 2 (1910/11), S. 74-75
Kleopatra und das Krokodil. Schauspiel in einem Aufzuge. In: Das Theater 2 (1910/11), S. 219-221
Das Technische im Theater. In: Das Theater 2 (1910/11), S. 350-352
Das Dekorative und das Intime. In: Das Theater 2 (1910/11), S. 463
Die neue Oberwelt. Venus-Novellette. In: Die Aktion 1 (1911), Sp. 53-57
Schwerkraft, Astrophysik und drückende Luft. Ein Essay. In: Die Aktion 1 (1911), Sp. 77-79
Von Leuten, die den Kopf verloren. Palmyrenische Fackeltanz-Novellette. In: Die Aktion 1 (1911), Sp. 113-116
Nochmals die verfluchte Schwerkraft. Offenes Antwortschreiben an Herrn Dr. S. Friedländer. In: Die Aktion 1 (1911), Sp. 171-172
Transportable Städte. In: Die Lese 2 (1911), S. 188
Die schlechtesten Bücher des Jahres 1910. (Eine Umfrage mit Beiträgen von Kurt Hiller, Paul Scheerbart u. a.) In: Der Demokrat 3 (1911), Sp. 76-78; 111
Die Indiskretion des Grafen Katerbart. In: Der Demokrat 3 (1911), Sp. 313-315
Der Militarismus in der »Revolutionszeit«. Eisenbahngespräch von P. Scheerbart. In: Der Demokrat 3 (1911), Sp. 358-360
Frauenfrage und Militarismus. Japanische Salon-Plauderei. In: Der Demokrat 3 (1911), Sp. 517-520
Das Gespensterfest. Eine Silvestergeschichte. In: Die Gegenwart 79 (1911), S. 12-14
Reformation! Programm-Spaß. In: Die Gegenwart 79 (1911), S. 35
Merkwürdige Sitten bei den alten Assyrern. In: Die Gegenwart 79 (1911), S. 55
Des Kaisers Fluch. In: Die Gegenwart 79 (1911), S. 73-74
Die Nova. In: Die Gegenwart 79 (1911), S. 93-94
Vor Sonnenaufgang am Euphrat. In: Die Gegenwart 79 (1911), S. 114-116
Die Macht des Unsichtbaren. In: Die Gegenwart 79 (1911), S. 134-135
Das Perpetuum mobile in der Natur. In: Die Gegenwart 79 (1911), S. 155-156
Ein Ornament-Museum. In: Die Gegenwart 79 (1911), S. 175-176

Der ächte Patriotismus. In: Die Gegenwart 79 (1911), S. 195-196
Staats-Photographen. In: Die Gegenwart 79 (1911), S. 215-216
Der Flammentod des Satirikers. In: Die Gegenwart 79 (1911), S. 255
Die Entstehung unseres Sonnensystems. In: Die Gegenwart 79 (1911), S. 274 bis 275
Alter Schauspieler, Shakespeare und die Bierrede. In: Die Gegenwart 79 (1911), S. 311-312
Die Bequemlichkeits- und Geschäftsweisheit in der Architektur. In: Die Gegenwart 79 (1911), S. 326-237
Die Religionen auf Stern Erde und der gutmütige Pastor. In: Die Gegenwart 79 (1911), S. 343-344
Die Revolution der Architektur. In: Die Gegenwart 79 (1911), S. 355-356
Das Universum und die menschliche Philosophie. In: Die Gegenwart 79 (1911), S. 359-360
Hebel und Schiebel. In: Die Gegenwart 79 (1911), S. 375-376
Der Fortschritt im Luftmilitarismus. In: Die Gegenwart 79 (1911), S. 391-392
Der neunte Jupitermond. In: Die Gegenwart 79 (1911), S. 407-408
Ebbe, Flut und der gegenseitig wirkende Atmospärendruck der Weltkörper. In: Die Gegenwart 79 (1911), S. 438-439
Kant - Raum - Zeit. In: Die Gegenwart 80 (1911), S. 531-532
Ultraviolette Nebel. In: Die Gegenwart 80 (1911), S. 546-547
Der Luftdruck in den Polargebieten. In: Die Gegenwart 80 (1911), S. 562-563
Potentatentum und geheime Polizei. In: Die Gegenwart 80 (1911), S. 579-580
Ancien régime. Ein Begas-Nachruf. In: Die Gegenwart 80 (1911), S. 594
Die Heimat des Känguruhs. In: Die Gegenwart 80 (1911), S. 610
Ästhetik und Eitelkeit. In: Die Gegenwart 80 (1911), S. 643
Sternpyrometer. In: Die Gegenwart 80 (1911), S. 715
Das stumme Spiel der Hofgesellschaft. In: Jugend 16 (1911), S. 700-704
Die Baupolizei der Zukunft. In: Die Zukunft 74 (1911), S. 325-327
Das Rubin-Zimmer. Eine Luxus-Novellette. In: Berliner Tageblatt (Beilage: Der Welt-Spiegel), 29.6.1911
Aphoristisches über Zukunftsreligionen. In: Berliner Tageblatt (Beilage: Der Welt-Spiegel), 7.8.1911
Kidimuti. Assyrische Feldherren-Novellette. In: Hamburger Fremdenblatt Nr. 86, 11.4.1911
Der brennende Harem. Ninivetische Bibliotheks-Novellette. In: Hamburger Fremdenblatt Nr. 105, 5.5.1911
Kapitän Junker auf der Insel Tamuso. Eine Seemannsgeschichte. In: Hamburger Fremdenblatt Nr. 125, 30.5.1911
Der Franziskaner. Eine Novelle aus dem Mittelalter. In: Hamburger Fremdenblatt Nr. 162, 25.7.1911
Istar, der Morgen- und Abendstern. Babylonische Sternwarten-Novellette. In:

Hamburger Fremdenblatt Nr. 170, 2.8.1911
Die Reise ins Jenseits. Eine Spekulantennovellette. In: Hamburger Fremdenblatt Nr. 231, 5.10.1911
Die Perseiden und die Leoniden. Eine kulturhistorische Novellette. In: Hamburger Fremdenblatt Nr. 236, 10.10.1911
Das Höhere. Eine Räubergeschichte. In: Hamburger Fremdenblatt Nr. 241, 14.10.1911
Tempel und Paläste. Babylonische Hofnovellette. In: Hamburger Fremdenblatt Nr. 247, 20.10.1911
Tanzende Pflanzen - Tanzende Wälder. Amerikanische Sensationsgeschichte. In: Hamburger Fremdenblatt Nr. 260, 4.11.1911
Fax. Schauspiel in einem Aufzuge. In: Masken 7 (1911/12), S. 155-159
Tanzende Pflanzen - Tanzende Wälder. In: Der Brenner (1911/12), S. 224-228
Der kaltblütige Kommandant. In: Der Brenner 2 (1911/12), S. 331-335
Hoftrauer. Persische Novellette. In: Pan 2 (1911/12), S. 395-398
Der Geldschrank. Eine Ehenovellette. In: Simplicissimus 16 (1911/12), S. 268-269
Fliegendes Dynamit. Warenhaus-Novellette. In: Simplicissimus 16 (1911/12), S. 740-741
Lufthafen und Schwiegermama. In: Der Sturm 2 (1911/12), S. 501-502
Wir leben nicht im Zeitalter der Qualität (Polemik gegen den Literaturhistoriker Hermann Schilling.) In: Der Sturm 2 (1911/12), S. 535
Der brennende Harem. Ninivitische Bibliotheks-Novellette. In: Der Sturm 2 (1911/12), S. 573-574
Kapitän Junker auf der Insel Tamuso. Eine Seemannsgeschichte. In: Der Sturm 2 (1911/12), S. 605-606
Die Schlachtpomade. Assyrische Feldherrn-Novellette. In: Der Sturm 2 (1911/12), S. 645
Die Reise ins Jenseits. Eine Spekulanten-Novellette. In: Der Sturm 2 (1911/12), S. 670
Die Perseiden und die Leoniden. Eine kulturhistorische Novellette. In: Der Sturm 2 (1911/12), S. 724-725
Tempel und Paläste. Babylonische Hof-Novellette. In: Der Sturm 2 (1911/12), S. 765-766
Audienz beim König. Assyrisches Morgenidyll. In: Der Sturm 2 (1911/19), S. 796-797
(Otto Julius Bierbaum.) In: O. J. Bierbaum zum Gedächtnis. München (1912), S. 126
Das Ende der Fleischnot. Ein Vorschlag zur Güte. In: Die Gegenwart 81 (1912), S. 107-109
Lemurien. Ein kulthistorischer Essay. In: Berliner Tageblatt (Beilage: Der Zeitgeist), 7.10.1912

Der Lichtklub von Batavia. Eine Damennovellette. In: Die kritische Tribüne 1 (1912), S. 5-7
Oberluftkellner, Kohlensäcke und astronomische Reklamemanöver. Eine Hotelgeschichte. In: Die kritische Tribüne 1 (1912), S. 150-152
Tiefe Geschäftsweisheit. Eine Mondschein-Novelle. In: Der Sturm 3 (1912/13), S. 58-59
Mitternachtsbesuch. In: Der Sturm 3 (1912/13), S. 118-120
Das Ozeansanatorium für Heukranke. In: Der Sturm 3 (1912/13), S. 128-130
*Die neue Oberwelt.*In: Der Sturm 3 (1912/13), S. 174-175
Brillanten-Salut. Corsische Geschichte mit Tagebuchblättern einer Japanerin. In: Die Ähre 1 (1913), Nr. 6, S. 4-7
Wanderlied. (Gedicht.) In: Bücherei Maiandros, Buch 4-5 (1913), S. 50
Vorwort. In: Bongs, Das Buch der Abenteuer. München (1913), S. VI-VIII
Schriftsteller, Verleger und Publikum in ihren Wechselbeziehungen. (Antwort auf eine Rundfrage.) In: Zehnjahreskatalog Georg Müller (1913), S. 107-108.
Der Architektenkongreß. Eine Parlamentsgeschichte. In: Berliner Tageblatt (Beilage: Der Zeitgeist), 6.1.1913
Das Glashaus. Ein Vorbericht. In: Berliner Tageblatt, 22.10.1913
Herr Kammerdiener Kneetschke. Eine Kammerdiener-Tragödie in 5 Aufzügen. In: Der Sturm 4 (1913/14), S. 10-14
Vorwort. In: Bongs, Die Jagd auf Menschen. München, Berlin (1914), S. IX-XII
Onkel Nepomuk aus Celebes. Eine ganz verrückte Schloß-Novellette: In: Velhagen & Klasings Monatshefte (1914), H.6
Glashäuser: Bruno Tauts Glaspalast auf der Werkbund-Ausstellung in Cöln. In: Technische Monatshefte (1914), H. 4, S. 105-107
Kraftvergeudung. In: Berliner Tageblatt (1914)
Professor Grobleben über den »Weltkrieg«. In Zeit-Echo. Ein Kriegs-Tagebuch der Künstler (1914/15), S. 44-46
Unterseebootflotte. In: Zeit-Echo. Ein Kriegs-Tagebuch der Künstler (1914/15), S. 234-236
Die Zukunft der exmittierten Potentaten. In: Der Einzige 1 (1919), S. 9-10
Staats-Photographen. In: Der Einzige 1 (1919), S. 10
Das Lachen ist verboten... In: Der Einzige 1 (1919), S.10-11
Der Militarismus bei den alten Indianern. In: Der Einzige 1 (1919), S. 11
Die Prophetennacht. In: Der Einzige 1 (1919), S. 94-95
Germanische Mustergeduld. In: Der Einzige 1 (1919), S. 107
Der Traum des Aviatikers. In: Der Einzige 1 (1919), S. 131
Neue Kleinstaaterei in Sicht. In: Der Einzige 1 (1919), S.190
Eine Autobiographie. In: Der Einzige 1 (1919), S. 319-320
Rebellenmacht. In: Das hohe Ufer 1 (1919), S. 115-118

Mitternachtsbesuch. In: Das hohe Ufer 1 (1919), S. 285-288
Drei kleine Geschichten. *Der Neugierige. Die wilde Hummel. Die kleine Fliege.* In: Der silberne Spiegel 1 (1919), S. 6
Ermitage. (Gedicht.) In: Der Freihafen 2 (1919), S. 117
Frage. (Gedicht.) In: Der Freihafen 2 (1919), S. 127
Das neue Leben. Architektonische Apokalypse. In: Bruno Taut, Die Stadtkrone, Jena (Diederichs) 1919
Der tote Palast. Ein Architektentraum. In: Bruno Taut, Die Stadtkrone, Jena 1919.
Sei sanft und höhnisch! Donnerkarl der Schreckliche. In: Das Tagebuch 1 (1920), S. 1125
Sei sanft und höhnisch! In: Der Freihafen 3 (1921), S. 78
Der Architektenkongreß. Eine Parlamentsgeschichte. In: Frühlicht 1 (1921)
Frau Hevelius. In: Danziger Nachrichten, 7.12.1921
Die wilde Kralle. Der Weg zur Schlachtbank. Der grimmige Igel. Weisheit aus der Kreidezeit. In: Deutsches Volkstum (1926), H.2, S. 142-146
Der gläserne Schrecken. In: Düsseldorfer Nachrichten, 8.11.1928
Gesang der Walfische. In: Transition 21 (1932), S. 184-187
Kikakokú! Ekoralaps!. Frage. Ein Säufertraum. Der Frack-Komet. Eine Lichthetäre. Singende Schlangen. Gesang der Walfische. Donnerkarl der Schreckliche. Die Zappelpappeljöhre. Groglied. (Gedichte). In: Poètes a'l'écart. Antologie der Abseitigen, hg. von Carola Giedion-Welcker, Bern 1946
Die Leute mit den Teleskop- und Mikroskopaugen auf dem Wandelstern Pallas. (Auszug aus *Lesabéndio.)* In: Dichterphantasien über merkwürdige Gesterinsbewohner. In: du (1946), H. 1, S. 50
Weisheit aus der Kreidezeit. Mein Großvater. In: Das literarische Deutschland 1 (1951) Nr. 18, S. 12
Katerpoesie: *Ein Säufertraum. Hafentraum.* In: Rowohlt-Almanach 1908 bis 1962, hg. von Maria Hintermeier und Fritz J. Raddatz. Reinbek (Rowohlt) 1962, S. 44
Der vornehme Räuberhauptmann. Weisheit aus der Kreidezeit. Die gebratene Ameise. Platzende Kometen. In: Gegen-Zeitung. hg. von Helmut Arntzen. Heidelberg 1964, S. 249, 447, 479, 535
Jean Baptiste auf Gummischuhen. In: Feuerzauber, hg. von Wolter, Hamburg 1965
Phantastische Geschichten. *Geistertanz. Nacht und Purpur. Die alten Priester und die Knaben. Menschenblut.* In: Dichterische Prosa um 1900, hg. von Wolfdietrich Rasch, Tübingen 1970, S. 36-40
Die neue Maschine. Ein Sturmmärchen. In: Die goldene Bombe. Expressionstische Märchendichtungen und Grotesken, hg. von Hartmut Geerken, Darmstadt 1970, S. 223 ff
Auszüge aus *Glasarchitektur* (in Verbindung mit einer Rezension von

Mechthild Rausch). In: Süddeutsche Zeitung Nr. 224, 1971
Steuermann Malwu. In: Science fiction in Deutschland, hg. von Hans Joachim Alpers und Ronald M. Hahn, Frankfurt a.M. 1974, S. 211-218
Adlerflug. Der Revolutionär. Der alte Mörder. Nackte Kultur. Platzende Kometen. Frisches Menschenfleisch. Der Herr Gemeindevertreter und die Selbstmörder. Löwenjagd und Brennessel-Kultur. Der Militarismus bei den alten Indianern. In: Das regierungsfreundliche Theater des Paul Scheerbart. Programmheft des Theaters am Neumarkt, Zürich 1983
Die internationale Militaristen-Ausstellung auf dem Tempelhofer Felde. Konservative Witzblätter. Das Innere der Sterne. Die Revolution in der Architektur. Transportable Städte. In: Der Rabe (1983), H. 2, S. 18-27
Geisterburgen. Der Franziskaner. Der Braten-Vater. In: Beatrice Rolli, Paul Scheerbarts weltgestaltende Phantasiekult. Diss., Zürich 1984, S. 162-172

Offene Briefe

Vorschlag zur Gründung einer *Einfachen Bühne.* 1.4.1898. Unterzeichner: Paul Scheerbart-Hering, Georg Posener-Merloo.
Aufruf zur Gründung einer Tageszeitung *Das Vaterland.* 25.8.1903. Unterzeichner: Erich Mühsam, Paul Scheerbart. (Hektographie)

Briefe

Von Zimmer zu Zimmer. 70 Schmoll- und Liebesbriefe des Dichters an seine Frau. Berlin (A. R. Meyer) 1921. Neuausgabe München (Klaus G. Renner) 1977
Glashausbriefe. (Briefe an Bruno Taut). In: Frühlicht, 1 (1920), H. 3 Nachdruck in: Frühlicht. Eine Folge für die Verwirklichung des neuen Baugedankens. Berlin, Frankfurt a.M., Wien (Ullstein) 1963
Briefe an Peter Scher. In: Peter Scher, *Paul Scheerbart - ein deutscher Phantast.* In: Das literarische Deutschland 2 (1951), Nr. 18, S. 12
Briefwechsel mit Max Bruns 1898-1903 und andere Dokumente. Herausgegeben und eingeleitet von Leo Ikelaar. Frankfurt a.M., Bern, New York, Paris 1990

Übersetzungen

Tarub, Bagdad's beroemde Kookster. Romantisch Verhaal uit de Arabische Beschavingsgeschiedenis der IXe Eeuw. Vertailing door R.C. van H. Nijmegen (Cohen) 1898
Dva romány. *Rakkóx. Divoky lov.* (Rakkóx. Die wilde Jagd.) Spovolénim spisovatelovyn prelozil Karel. Kaminek. Prag (Otto) 1908

Nachwort

Last not least gibt sich Scheerbart in den Schlußformeln seiner Briefe zu erkennen. Natürlich nicht immer in gleicher Art und gleichem Maß. Geschäftspartnern und ihm fern stehenden Personen erweist er die üblichen Respektsbezeigungen, daran ist gewiß nichts Besonderes. Allerdings zeigt sich auch in den dazugehörigen Briefen ein auffälliges Streben nach Korrektheit, das man dem angeblichen Bohemien eigentlich nicht zutrauen würde. Diese, die bürgerliche Seite Scheerbarts wurde schon von Zeitgenossen wie Rudolf Steiner registriert, der in seinen Erinnerungen die Erscheinung des Dichters »philiströs« nennt und über seine Persönlichkeit urteilt: »Ein Bureaukrat, etwas ins Geistige gehoben.«[1] Mag dieses Urteil auch negativ überspitzt sein, so wird es doch durch Scheerbarts Briefe im Kern bestätigt. Seine Bemerkungen gegenüber Rosa Gerlach, er erlaube seiner Frau nicht, Geld zu verdienen (11.10.04), und die ebenfalls der Freundin einbekannte Vorliebe für Zylinderhüte (22.10.04) sprechen neben vielen anderen Indizien für eine bürgerliche, in einigen Punkten wohl auch spießbürgerliche Lebenseinstellung.

Ähnlich konventionell wie die Schreiben an Respektspersonen beendet Scheerbart die Briefe an die ihm besonders nahe stehende Jugendfreundin Rosa Gerlach. Sie schließen meist mit der klassischen Ergebenheitsformel »Ich bin Dein«, ergänzt durch Zusätze wie »immer und ewig«, »ganz und gar«, »nach wie vor«. In diesem Fall ist die Beachtung epistolographischer Konventionen jedoch anders motiviert als in dem zuvor beschriebenen. Hier beruht sie auf dem bewußten Verzicht auf Originalität und Selbstdarstellung zugunsten unverblümter Direktheit. So sah es auch die Empfängerin, die nach Scheerbarts Tod gegenüber Franz Servaes äußerte: »In diesen Briefen spielt er sich nicht als clown des heiligen Geistes auf, da läßt er auch – mir zuliebe – ganz das Groteske beiseit, da ist er nur Mensch...«.[2]

In den Briefen an Freunde und gute Bekannte hingegen, in Schreiben aus mittlerer persönlicher Distanz, dominiert die individuell gestaltete, vielfach variierte Schlußformel. Aus ihr spricht fast immer der Komiker und Ironiker. Offenbar gut gelaunt verabschiedet er sich mit »mit Trommeln und Trompeten« oder »mit den Klängen des Donauwalzers«, verärgert sendet er »Dynamit u. Pestbacillen«. Häufig empfiehlt sich der weder dem Sport noch dem Kriegshandwerk zugetane Dichter mit Schlachtrufen wie »Heil!«, »Hipp! Hopp!«, »Opp em!«, oder er parodiert das Genre mit Kalauern wie »Heil! Kranz und Kuchen!«. Der Sprachspieler verbleibt als »Dein Held u. Hosenträger« und versäumt es nicht, Herwarth Walden »Waldgrüße« zu entbieten. In Finalsentenzen wie »Jókki jókki búmdada!« und »Horriborri-

búmbawo! Hoho!« tritt schließlich der Lautdichter und Unsinnspoet hervor, »Pipapopaulus Weltverdreher«.
Oft spiegeln die Endfloskeln auch das jeweils in Arbeit befindliche Projekt wider. Während des mehrjährigen Versuchs, ein Perpetuum mobile zu erfinden, formuliert Scheerbart mit Vorliebe »Rad«-, »Zahnrad«- und »perpetuierliche Grüße«, während seiner Beschäftigung mit dem Luftmilitarismus häufen sich die »Dynamit«- und »Sprengstoffgrüße«, und während die Glasarchitektur sein Denken beherrscht, werden »Glas«- und »Glashausgrüße« verabreicht.
Jeder dieser Briefschlüsse verrät etwas über den Schriftsteller Scheerbart, keiner charakterisiert ihn und sein Werk jedoch besser als die meist hoch bezifferten »Weltgrüße«. Grüße in gigantischen Mengen werden bereits in den 90er Jahren vergeben. Vermutlich entwickelte sich die numerische Hochstapelei aus der ironischen Übertreibung der üblichen ›tausend Grüße‹, sie entsprach aber auch Scheerbarts Vorliebe für das gewaltig Große, die ja gleichfalls in seiner Weltraumschwärmerei Ausdruck findet. Das Kompositum »Weltgrüße« taucht in der vorliegenden Sammlung zum ersten Mal 1903 auf und wird in den folgenden Jahren wiederholt in Briefen an Walden und Kubin verwendet. Was die »Weltgrüße« als besonders charakteristisch erscheinen läßt, ist jedoch weniger ihr vielfaches Vorkommen – weit häufiger findet sich z. B. das Kompositum »Bärengrüße«, ein Kürzel für die eingeschlossenen Empfehlungen der Lebensgefährtin –, sondern die Tatsache, daß dieser Begriff Scheerbarts kosmische oder »astrale« Philosophie beinhaltet. Diese gründete sich auf die Annahme, daß alle Teile des Universums – also die gesamte belebte und unbelebte Materie – in unterschiedlichen Graden beseelt und darüber hinaus in einer Gemeinschaftsseele miteinander verbunden seien. An der Spitze dieser Bewußtseinshierarchie stehen die Sterne, nach Scheerbarts Auffassung rundum vollkommene Wesen, die ein Dasein in Schönheit und Harmonie führen. Scheerbart hat diese, von Gustav Theodor Fechner inspirierte und auf Spinoza zurückgehende Weltanschauung in Romanen, Erzählungen und Zeichnungen frei ausgestaltet und in Glossen und Aufsätzen mit humorvollem Fanatismus verteidigt. Sie bestimmte übrigens nicht nur sein künstlerisches Schaffen, sie beherrschte auch sein alltägliches Denken. So schreibt er am 22. 12. 01 an einen offenbar deprimierten Max Bruns: »Am meisten liegt mir daran, immer wieder (...) ein hohes Lied auf die Grandiosität der Welt zu singen. Ergo – muß der Pessimismus – und alle Traurigkeit energisch überwunden werden.« In einem Billet an seine Frau, »die Kleene Anna auf'm Feldstuhl auf'm Balkon«, verlangt er sogar unter Strafandrohung, sie möge sich doch endlich ein kosmisches Bewußtsein zulegen: »Wenn Du jetzt nicht bald etwas schreibst, was wirklich eine Ahnung von der großen Welt und allen Sternen gibt, so hau ich Dich tüchtig durch und verurteile Dich zu 2 Tagen Stubenarrest.«[3]

Der scherzhafte Ton des Briefchens läßt allerdings darauf schließen, daß Scheerbart von der Tauglichkeit seiner Astralphilosophie als Alltagsmoral nicht restlos überzeugt war. Auch als künstlerisches Programm dürfte sie ihm beträchtliche Schwierigkeiten bereitet haben. Bei seinen vielfachen Versuchen, sich in das Bewußtsein von Sternen zu versetzen, stieß er offensichtlich an Grenzen, die sich nur mit Humor überwinden ließen. (Auf die bitteren Wurzeln des Scheerbartschen Humors werden wir noch zu sprechen kommen.) Eine humoristische Relativierung des Phantastischen macht sich, mehr oder minder, in allen seinen »astralen« Dichtungen bemerkbar, am stärksten in jenen Gedichten der »Katerpoesie«, in denen sich der Autor etwa als »Frack-Komet« und als »Lichthetäre« porträtierte. Wegen der komischen Note seiner Phantastik, wohl auch, um ihn von Kosmopathetikern wie Alfred Mombert zu unterscheiden, titulierte die Kritik Scheerbart schon zu Lebzeiten als »Kosmokomiker«.
Aus den »70 Trillionen Weltgrüßen«, die u.a. am 13.9.06 an Alfred Kubin gingen, spricht also der Astralhumorist oder »Kosmokomiker«. Diese Feststellung impliziert, daß sich in erster Linie der Dichter, nicht die Privatperson zu Wort meldet. Das gleiche gilt auch für die übrigen, individuell gestalteten Briefschlüsse und selbstverständlich auch für die dazugehörigen Briefe. Ganz allgemein ist festzustellen, daß Scheerbart sich in seinen Episteln mehr verhüllt als offenbart und daß er – auch in Briefen an Freunde – mehr Distanz als Nähe herstellt. Kann man distanzierter grüßen als aus den Tiefen des Weltalls?
Die Zahl »70« bedarf noch der Erklärung. Wer Scheerbarts Werk nicht kennt, könnte sie für ein Zufallsprodukt oder einen Scherz halten, tatsächlich verbirgt sich aber in ihr ein tieferer Sinn. In dem Brief vom 16.10.12 an Salomo Friedlaender, in dem Scheerbart entschieden bestreitet, in Bälde sein 50. Lebensjahr zu vollenden, heißt es: »5 u. 7 sind heilige Zahlen«. Fast alle numerischen Angaben in seinen Dichtungen und Briefen beweisen, daß Scheerbart bestimmten Zahlen eine irrationale Bedeutung beimaß. Er scheint diese Überzeugung durch das Studium altorientalischer Religionen gewonnen zu haben, besonders der babylonisch-assyrischen Astralreligion, in der die Zahl 7 (und ihre Derivate) eine hervorragende Stellung einnimmt. Sicher wirkte in Scheerbarts Umgang mit Zahlen – wie übrigens auch in dem mit Worten – ein ausgeprägter Spieltrieb mit, doch besteht zwischen dem spielerischen und rituellen Umgang mit Zahlen und Worten ja bekanntlich kein Gegensatz. Man darf also annehmen, daß er seine Grüße an Freunde durch den Zauber »heiliger Zahlen« verstärken wollte.

*

Seine Abneigung gegen die literarische Beschäftigung mit der eigenen Person und seine konstante Weigerung, autobiographische Auskünfte zu erteilen, begründete Scheerbart mit dem Glauben an eine autonome Existenz der Seele, der Teil seiner kosmosophischen Weltanschauung war. In einer, für Fritz Abshoffs Anthologie »Bildende Geister« verfaßten, kurzen Selbstdarstellung schreibt er hierzu unter Vermeidung der ersten Person Singular:

»Die Bewohner Europas glauben heute nicht mehr daran, daß ihre Existenz an ihrem irdischen Geburtstage begonnen habe; die Bewohner Europas halten sich heute für älter. Wenn demnach heute ein Bewohner Europas etwas Autobiographisches sagen will, so ist er zunächst gezwungen, über das zu sprechen, was er vor seinem irdischen Geburtstage in anderen Sphären erlebte; das was nach seinem irdischen Geburtstage geschah, wird dem Vorangegangenen gegenüber immer ganz minimal erscheinen und demgemäß zu bewerten sein.«[4]

Auch als Briefschreiber bringt Scheerbart im strikten Sinne Persönliches nur selten zu Sprache. Selbst in den Bekenntnisbriefen an Rosa Gerlach spricht er hauptsächlich über sein literarisches Werk, auf das er sich auch in privaten Fragen zurückzieht. Wiederholt beschwört er die Freundin, seine Bücher zu lesen, und erntet dafür offensichtlich ihren Spott: »Du denkst, ich laufe immer zu meinen Büchern u. sehe nach, ob ich das oder dies thun darf? Du Teufel, nein, so komisch bin ich garnicht.« (13.12.04)

Über mögliche persönliche Motive dieser autobiographischen Enthaltsamkeit hat man sich in Scheerbarts Umgebung offenbar keine Gedanken gemacht; jedenfalls fehlen in den meist anekdotisch gehaltenen Erinnerungen von Freunden und Bekannten entsprechende Hinweise. Fast alle scheinen das stark stilisierte Selbstbild, das Scheerbart in seinen Büchern und seinem persönlichen Auftreten von sich entwarf, unbefragt übernommen zu haben. So präsentiert er sich in den Berichten seiner Mitmenschen als eine ständig in höheren Sphären schwebende Frohnatur, die die Widrigkeiten des Daseins mit humorvollem Stoizismus ertrug. Fast immer wird als charakteristische Äußerung sein Lachen erwähnt, als habe er ständig Heiterkeit um sich verbreitet. Selbst Richard Dehmel, der Scheerbart und seine Nöte genau kannte, reagierte auf die Nachricht vom Tode des Freundes mit den Worten: »Ich kann nicht trauern über Paul Scheerbarts Tod; wir waren niemals traurig zusammen, ich habe nur immer mit ihm gelacht...«.[5]

Problematische Eigenschaften und Gewohnheiten Scheerbarts werden in den Zeugnissen der Freunde als liebenswerte Marotten eines exzentrischen Charakters geschildert. So urteilt Otto Julius Bierbaum in seinem autobiographischen Roman »Stilpe« über Scheerbarts Trunksucht: »Doch selbst im Alkohol blieb er harmonisch. Es schien als ob er wirklich die Fakirkunst besäße, sich durch seelische Kräfte gegen das Giftige immun zu machen.«[6] Erich Mühsam nennt ihn in seinen »Unpolitischen Erinnerungen« liebevoll einen »von Bier und Phantasien ewig angesäuselten Don Quijote«.[7] Auch in Scheerbarts Ablehnung der Sexualität, der gelebten und unermüdlich gepredigten »Antierotik«, sah die Umwelt nichts Fragwürdiges, sondern eine originelle und amüsante Haltung; die als Bärendressur getarnte Überlebensgemeinschaft mit seiner ehemaligen Zimmervermieterin Anna Scherler wird von Beobachtern als gut funktionierende, wenn nicht glückliche Verbindung beschrieben. Natürlich muß man bei solchen Urteilen den historischen und sozialen Hintergrund berücksichtigen. In dem als »Boheme« verklärten, von Armut und materieller Unsicherheit stigmatisierten Künstlermilieu, in dem Scheerbart und viele seiner Freunde lebten, waren Alkoholismus und notgedrungene Versorgungsbeziehungen alltägliche Erscheinungen. Ganz zu schweigen von der habituellen Schönfärberei der Memoirenliteratur.

Nur wenige Mitmenschen sahen hinter die Kulissen der Scheerbartschen Selbstinszenierung. Stanisław Przybyszewski bemerkt in seinen »Erinnerungen an das literarische Berlin« mit dem ihm eigenen Pathos über Scheerbarts Charakter: »Neben all dem steckte in ihm eine verzweifelte Trauer und die Vornehmheit eines großen Herrn, der im Lachen den höllischen Lebensschmerz erstickt.«[8] Hanns von Gumppenberg entdeckte, wie er in seinen »Lebenserinnerungen« mitteilt, in Scheerbarts Wesen eine »krankhafte Überreiztheit«.[9] Salomo Friedlaender schließlich schreibt in seiner Hommage zu Scheerbarts 50. Geburtstag über den Propheten der Glasarchitektur: »Wie sehr! wie sehr muß jemand an allen Gefahren der Betrübung gelitten haben und leiden, um sich gar nicht anders zu helfen zu wissen als durch die radikale Verbannung aller Möglichkeit der Verdunkelung.«[10]

Nun hat Scheerbart sein Leiden an der Welt in seinen Dichtungen keineswegs verschwiegen, aber er hat dessen Darstellung doch durch verschiedene Mittel abgeschwächt und verharmlost. Gefühle der Angst, Ohnmacht, Einsamkeit, Trauer kommen vor allem in der frühen Kurzprosa vor, die zuerst in Zeitungen und Zeitschriften, später im Rahmen der Romane »Ich liebe Dich!«, »Na prost!« und »Immer mutig!« erschien. Die entsprechenden Stücke heißen z.B.: »Das fürchterliche Gelächter. Eine Sorgenvision«, »Auf der Flucht. Angststück«, »Das Reich der ewigen Qual«, »Unter wilden Tieren. Eine Verzweiflungsgeschichte«. Die in Titeln und Untertiteln angezeigten Seelenzustände werden in den Texten jedoch nicht genauer beschrieben, sondern in symbolische Tableaus, in Stimmungsbilder, übersetzt, wobei sich nicht selten die Bildeinfälle verselbständigen und die symbolisierte Stimmung in den Hintergrund drängen. Immerhin begegnet man in diesen Texten einem Menschen, der die Melancholie offensichtlich von innen kennt. Eine tragische Komponente enthalten auch Scheerbarts Romane, deren Helden fast alle an Weltschmerz und Lebensekel leiden. Die Beschreibung ihrer Trübsal hinterläßt jedoch keinen tieferen Eindruck, weil Scheerbart seinen Protagonisten - mit Ausnahme des Safur in dem pseudoarabischen Bohemeroman »Tarub« - immer einen Ausweg aus der Misere weist; sie finden ein seliges Ende in der Vereinigung mit dem Kosmos oder durch den Rückzug in ein künstliches Paradies. Dieses Modell zur Überwindung der Tragik hat Scheerbart schon in seinem ersten Buch mit dem bezeichnenden Titel »Das Paradies. Die Heimat der Kunst« entwickelt, in verkleinerter Form ist es auch in der »Phantastensure« von 1892 enthalten, deren erste Strophe lautet:

»Laß die Erde! Laß die Erde!
Laß sie liegen bis sie fault!
Über schwarze Wiesentriften
Fliegen große Purpurengel
In den grünen Himmel
Meiner Welt.«[11]

Ein weiteres, nicht weniger wirksames Mittel zur Überwindung von Weltschmerz und Lebensekel fand Scheerbart im Humor. Betrachtet man seine Dichtungen in der Reihenfolge der Entstehung, so bemerkt man, wie, nach den gänzlich humorlosen Frühwerken, ab etwa 1895 sein Sinn für das Komische sukzessiv wächst und sich in verschiedenen Spielarten entfaltet. Die Skala reicht von der furiosen Groteskkomik des »Rakkóx« über den bissigen Spott der epischen und dramatischen Sozialsatiren bis zum sanften Humor der »astralen« Dichtungen - den allgegenwärtigen Sprachwitz nicht zu vergessen.
Scheerbart selbst hat zur Erklärung seines Humors wenig Brauchbares beigetragen. Meist nennt er das »schlechte Leben« als Ursache, mehrfach führt er auch seine cholerische Veranlagung ins Feld - so z. B. in dem Brief an Eberhard Buchner vom 23. 8. 06 und in der mittlerweile geflügelten Sentenz aus dem »Rakkóx«: »Aus Wut bin ich sogar Humorist geworden - nicht aus Liebenswürdigkeit.«[12] Den inneren Mechanismus seines Humors hat Scheerbart nicht analysiert. Es gibt jedoch eine Definition des Humors von Christian Morgenstern, die aus Scheerbarts Dichtungen abgeleitet sein könnte (- es möglicherweise auch ist, da Morgenstern sich nach eigener Aussage bei der Abfassung der »Galgenlieder« von Scheerbarts Kurzprosa inspirieren ließ[13]). Humor ist nach dieser Definition »die Betrachtungsweise des Endlichen vom Standpunkt des Unendlichen«[14]. Scheerbarts humoristische Perspektive erweist sich demnach als eine andere Art der Distanzherstellung oder, um einen von Sigmund Freud zu Erklärung des Humors benutzten Begriff heranzuziehen, als eine Form der Abwehr.
Da Freuds Bemerkungen über den Humor in seiner Schrift »Der Witz und seine Beziehung zum Unbewußten« auch Scheerbarts Humor transparent

machen, seien sie an dieser Stelle etwas ausführlicher referiert. Freud erklärt zunächst, daß die Abwehrvorgänge »die psychische Korrelate des Fluchtreflexes« seien und der Verhinderung »der Unlust aus inneren Quellen« dienten. Unter den verschiedenen Formen der Abwehr sei der Humor die »höchststehende«, weil er die Unlust verursachenden Vorstellungen nicht verdränge, sondern sich auf eine Lust erzeugende Weise über sie erhebe. Diese Icherhebung werde möglich durch die Rückbesinnung auf das infantile Ich. »Im Kinderleben allein hat es intensive peinliche Affekte gegeben, über welche der Erwachsene heute lächeln würde, wie er als Humorist über seine gegenwärtigen peinlichen Affekte lacht.« In der humoristischen Icherhebung drücke sich unbewußt die Haltung aus: »Ich bin zu groß(artig), als daß diese Anlässe mich peinlich berühren sollten.«[15]

Folgt man Freuds Gedanken, so stellt sich Scheerbarts humoristische Seh- und Schreibweise als paralleles Verfahren zu den fiktiven Exkursen in astrale und utopische Sphären dar. In jedem dieser Manöver vollzieht er eine Flucht aus der Realität und begibt sich auf einen höheren Standpunkt, auf dem ihm die irdischen »Quarkgewalten« (»Loscha. Eine Resignationsphantasie«) nichts mehr anhaben können. Auch seine auffällige und vielzitierte Kindlichkeit erscheint vor dem Hintergrund der Freudschen Humor-Theorie in einem schärferen Licht. Sie wird begreiflich als Voraussetzung der humoristischen Selbsterhöhung und damit als Teil jenes komplexen Abwehrsystems, mit dem sich Scheerbart als Mensch und Dichter vor den Zumutungen der Wirklichkeit schützte.

In der psychologisch motivierten Verbindung von Phantastik und Humor besitzt Scheerbarts Dichtung den Garant ihres Gelingens; sie ermöglichte es ihm, seine Wunschvorstellungen und Albträume ohne einen Beigeschmack von Peinlichkeit auszudrücken – wie z. B. in dem folgenden Gedicht aus der »Katerpoesie«:

Ingrimm

Eine wilde Fratze
Muß ich schneiden,
Denn das Leben
Macht mir keinen Spaß.
Oh, ich möchte nur
Ein altes Rabenaas
Mit verzückter Wollust
In zehntausend Stücke reißen.
Und dann möcht ich
Hübsche Mädchenköpfe
Balsamieren mit verfaultem Tran

Oder andrer ekler Flüssigkeit.
Und dann möcht ich
In den Himmel springen
Und die Sterne fressen
Und zuletzt:
Den ganzen Lebensunsinn
Ohne weiteres vergessen
Und als Ätherwolke
Traumlos weiterschweben.
Dieses, glaub ich, wird mir
Noch einmal gelingen.[16]

*

»Es ist nicht ausgeschlossen, daß Paul Scheerbart nicht weiß, wer er ist...«, schreibt Salomo Friedlaender in der erwähnten Geburtstagshuldigung und spottet anschließend: »...der Paul wurde gleich weise, als die Unendlichkeit ihre geräumigen Fluren vor ihm auftat. Paul! Da kamst du dir so winzig vor und geruhtest doch, diese Winzigkeit erbaulich zu finden: warst du doch mit ihr ein Partikelchen wenigstens vom Riesenwesen, bescheidener kleiner Paul!«[17] Wie gut Scheerbart sich selbst kannte oder durchschaute, läßt sich heute nicht mehr entscheiden. Seine literarischen Arbeiten geben jedenfalls keinen Hinweis darauf, daß ihm an Selbsterkenntnis gelegen war. Die in ihnen vorherrschende Tendenz zur Selbstverleugnung und Selbstvermummung setzt sich in den Briefen fort. Dennoch verändern nicht wenige briefliche Äußerungen das von den Zeitgenossen entworfene Charakterbild – und zwar in einer Weise, die es ziemlich verdüstert. Wohl zeigt sich auch in diesen Selbstzeugnissen der heitere, harmonische, liebenswürdige Mensch – der »weise Clown«, wie Bierbaum sein frühes Scheerbart-Porträt betitelte –, es zeigt sich aber auch ein überempfindlicher, mißtrauischer, kontaktarmer Eigenbrötler.

»Die Frauen haben mir nichts geboten (...), nicht einmal Sympathie habe ich empfunden. (...) Und mit den Männern ist es mir ebenso gegangen...«, gesteht Scheerbart am 18.10.04 Rosa Gerlach. Was den zweiten Teil der Aussage betrifft, so wird er durch die Briefe an seine beiden engsten Freunde, Richard Dehmel und Franz Servaes, durchaus bestätigt, ja, man fragt sich nach der Lektüre dieser Dokumente sogar, ob Scheerbart überhaupt zu aufrichtiger Freundschaft fähig war. Beide Männer schätzten und förderten sein Werk, besorgten ihm Aufträge und Käufer und griffen ihm wiederholt finanziell unter die Arme. Nun fehlt es in den Briefen an »Franzi« und »Riccardo« zwar nicht an – zum Teil überschwenglichen – Freundschafts- und Dankbarkeitsäußerungen, es mangelt aber auch nicht an Bekundungen von Egoismus, Überheblichkeit und Kritiksucht.

Dehmel, der um die Jahrhundertwende als einer der führenden Lyriker galt, mußte sich neben gelegentlichem Lob häufig Sticheleien über seine Dichtungen (»Onkel Satanas« in Anspielung auf das Tanzspiel »Lucifer«, 25.2.06), deren erotische Tendenz (»Sexualisten-Häuptling a.D.«, 12.12.96) und angebliche Banalität (»Ich grüße Dich, Du populärer Dichter!«, 25.10.96) anhören. Dehmel scheint Scheerbart seine Bosheiten postwendend zurückgegeben zu haben, doch zog er die literarischen Qualitäten des Freundes nie in Zweifel[18]. Scheerbart dagegen signalisierte Dehmel durch seine Spötteleien, daß er ihn für einen Dichter zweiter Güte hielt oder, wie Servaes es auf einer gemeinsamen Karte an Dehmel ausdrückt: »Natürlich hält er sich noch immer für den Bedeutenderen« (26.10.96). Übrigens verwehrte Anna Scheerbart 1920 mit eben diesem Argument und wegen nicht erfüllter finanzieller Forderungen den Abdruck von Scheerbarts Briefen in einer geplanten Ausgabe mit Briefen an Richard Dehmel[19].
Den renommierten Kritiker und Gelegenheitsdichter Servaes ließ Scheerbart sein Superioritätsgefühl noch deutlicher spüren. Monatelang drückte er sich um die von Servaes erbetene Stellungnahme zu dessen Roman »Gährungen«, um ihn schließlich mit einigen Kalauern abzufertigen (30.11.98). Die Bemerkung in seinem Brief vom 13.3.02: »Nein – Du bist keine gewöhnliche Schreiberseele«, verrät, wie sich Servaes von Scheerbart bewertet fühlte. Eine abschätzige Haltung spricht auch aus der Karte vom 28.3.99, auf der Scheerbart ein Treffen in der Stadt mit dem Argument ablehnt, er sei »bei einer großen Arbeit, die mich mehr in Anspruch nimmt, als kleinliche Geschäftsangelegenheiten in Anspruch zu nehmen pflegen«. Scheerbarts Überheblichkeit und seine häufigen, insistierenden Forderungen dürften denn auch in erster Linie für das allmähliche Erkalten der Beziehung verantwortlich gewesen sein.
Während er selbst die Arbeiten der Freunde ungeniert kritisierte, reagierte er im umgekehrten Fall äußerst empfindlich. Weil Dehmel ihm auf das Erscheinen von »Rakkóx« und »Die Seeschlange« so »komische« Karten schickte, wollte Scheerbart die Mitarbeit am »Buntscheck« zunächst aufkündigen. Über die Beziehung zu Dehmel heißt es im Brief vom 11.2.02 an Max Bruns: »...wir schreiben uns eigentlich nur Ansichtskarten, in denen jede Ansichtsäußerung peinlich vermieden wird.« Als Dehmel, nach Erhalt des Scheerbartschen Beitrags für den »Buntscheck«, aus technischen Gründen eine Kürzung verlangte, zog Scheerbart das Schauspiel »Der alte Petrus« erbost zurück (20.7.02). Erst nach einem halben Jahr lenkte er ein und lieferte Dehmel passende Texte. Seine Kritikempfindlichkeit scheint sich im Lauf der Jahre noch gesteigert zu haben. Auf einer der letzten Karten an Franz Servaes heißt es: »Schönen Dank für die Vogelábschießkarte. Aber – auf der Rückseite steht wieder ›Kritisches‹ das ist gefährlich. Sieh doch zu, daß Du das so viel wie möglich in Dir unterdrückest.« (5.1.13)

Umgekehrt dürfte die enge Freundschaft mit Erich Mühsam deshalb so harmonisch verlaufen sein, weil dieser, wie seine Publikationen vermuten lassen, nichts an Scheerbart auszusetzen hatte. Scheerbarts ungetrübte Zuneigung zu »Erico« hatte ihr sicheres Fundament in Mühsams Bereitschaft, auf alle Ideen, Wünsche und Verrücktheiten Scheerbarts einzugehen. Der selbstlose Mühsam scheint es Scheerbart nicht einmal verübelt zu haben, daß dieser seine Untersuchungshaft mit der Bemerkung abtat: »... der Reclamewert der Zelle erscheint mir ungeheuerlich« und bei dem soeben aus dem Gefängnis entlassenen die Rezension des »Luftmilitarismus« anmahnte (14. 11. 09).
Scheerbarts extreme Kritikempfindlichkeit und sein Streben nach uneingeschränkter Anerkennung wurden von einem ausgeprägten Mißtrauen gegen seine Mitmenschen begleitet. Belege dieses Mißtrauens finden sich vor allem in der geschäftlichen Korrespondenz, was jedoch nicht weiter verwundert, weil Scheerbart sein Selbstgefühl offenbar ausschließlich aus seiner künstlerischen Produktion bezog und deren Herabsetzung oder Ablehnung als persönliche Beleidigung empfand. Bezeichnenderweise entzündete sich auch der erste größere Konflikt mit Rosa Gerlach (nach der brieflichen Kontaktaufnahme im Jahr 1904), der beinahe zum vorzeitigen Abbruch der erneuerten Beziehung führte, an diesem Punkt: »Und Du darfst auch nicht so thun, als wäre mein bisheriges Schaffen N i c h t s ! Wie mich das kränkte!« (11. 11. 04)
Das mit zunehmendem Alter sich verdichtende Gefühl, als Autor nicht die gebührende Anerkennung zu finden, entsprach nur teilweise den Tatsachen. Wohl hatte Scheerbart zeitlebens Mühe, seine Werke zu veröffentlichen – und viele hat er seinen Abnehmern regelrecht aufoktroyiert –, doch fanden sich immer wieder Verleger und Zeitschriftenredakteure, die sich für seine Arbeiten interessierten und sie auch druckten. Die Kritik reagierte auf seine Bücher vorwiegend positiv – und zwar während seiner gesamten Schaffensperiode. Man findet in dieser Zeit schwerlich einen zweiten Autor, der nicht nur innerhalb der eigenen Generation (Naturalisten, Antinaturalisten), sondern auch und besonders in der nachfolgenden (Expressionisten, Dadaisten) zu ähnlich hohem Ansehen kam. Ab Ende der 90er Jahre war Scheerbart ein bekannter und respektierter Autor, der bei seinem Tod von der regionalen und überregionalen Presse mit Nachrufen geehrt wurde.
Seine Schwierigkeiten mit den Verlegern resultierten hauptsächlich aus dem geringen Verkaufserfolg seiner Bücher, von denen, mit Ausnahme des »Lesabéndio«, keines in einer (echten) Zweitauflage erschien. Dieses simple Faktum konnte und wollte Scheerbart offenbar nicht akzeptieren; es fiel ihm anscheinend leichter, Neid und Mißgunst der Verleger für die Ablehnung seiner Manuskripte verantwortlich zu machen. Diese Haltung tritt besonders kraß in dem großen Konflikt mit dem Insel-Verlag im Jahr 1902 hervor,

in dem Scheerbarts Mißtrauen gegen Alfred Walter Heymel paranoide Züge annahm. Er machte seinen Gönner nicht nur fälschlicherweise für die unterbliebene Publikation zweier Bücher verantwortlich, er beschuldigte ihn auch noch zu Unrecht, in der »Insel« unter verschiedenen Pseudonymen gegen ihn und seinesgleichen zu polemisieren (11.2.02).

Der verständliche Wunsch nach Erfolg, den Scheerbart bis 1902 noch ausschließlich mit der Literatur verknüpfte, verselbständigte sich in den folgenden Jahren und entwickelte sich allmählich zu einer fixen Idee. Wie die Briefe enthüllen, stand er als treibende Kraft hinter allen außerliterarischen Initiativen Scheerbarts – also den Zeichnungen, der Beschäftigung mit dem Luftmilitarismus, der Arbeit am Perpetuum mobile, dem Konzept einer realisierbaren Glasarchitektur und anderen, nicht ausgeführten Vorhaben wie diversen Zeitschriftengründungen und der »Ausstellung für Landhausarchitektur«. Gewiß verfolgte Scheerbart mit diesen Initiativen auch ideelle Interessen, vor allem aber motivierte ihn dabei die Hoffnung auf Ruhm und Reichtum. Über die Flugschrift »Der Luftmilitarismus« schreibt er am 26.9.09 an Servaes: »Na – wenn ich damit nicht Erfolg habe – dann – verzage ich.« Materiellen Erfolg, notabene, nicht moralischen! Mag die Erwartung, durch die Flugschrift populär und wohlhabend zu werden, noch halbwegs realistisch gewesen sein, so lassen das Perpetuum-mobile-Projekt und die mit ihm verbundenen Aspirationen jeglichen Wirklichkeitssinn vermissen. In seinem Erfindertagebuch rückt Scheerbart das Unternehmen in ein komisches Licht, die Briefe verraten dagegen, daß er es mit pathologisch anmutendem Ernst betrieb.

Der im Unternehmen »Perpeh« besonders deutlich spürbare Realitätsverlust wurde durch Scheerbarts sukzessiven Rückzug aus der Gesellschaft begünstigt. Eremitische Tendenzen zeichneten bereits den jüngeren Mann aus, der in seiner Phantasie ans nordische Eismeer floh (»Ich liebe Dich!«) und de facto in ein Fischerdorf auf der Insel Rügen. Auch Niederschönhausen vor den Toren Berlins war ein Refugium, das er wegen angeblicher »Stadtscheu« (20.6.00 an Jacobowski) nur ungern verließ. Der letzte Umzug im Jahr 1910 an die südliche Peripherie von Groß-Berlin machte seine Selbstisolation schließlich perfekt. Am 13.10.12 begründet er gegenüber Dehmel seine Abneigung gegen einen Stadtbesuch mit dem »unerträglichen Elend der Backsteinhäusler«. Dieses Argument taucht auch in der »Glasarchitektur« auf, in der Scheerbart nicht nur gegen Steinhäuser, sondern auch gegen eine dichte städtische Bebauung polemisiert. Statt dessen empfiehlt er, wie schon in »Ich liebe Dich!«, eine »decentralisirte«, man könnte auch sagen: eine isolierte Form des Wohnens.

Am 9.1.14 schreibt er an Dehmel: »In der Stadt sind wir seit Oct. 1910 (...) nicht gewesen. Wir finden uns deshalb in der Stadt nicht mehr ordentlich zurecht.« Am 17.8.15 nötigt er Servaes mit der gleichen Begründung in seine Wohnung. Außer seiner Frau und den vermutlich nicht sehr zahlreichen Besuchern bekamen ihn in dieser Zeit nur noch die Gäste von »Papa« Hoffmanns Bierlokal am S-Bahnhof »Botanischer Garten« zu Gesicht. Das Ende der 90er Jahre entstandene Gedicht »Moderner Gassenhauer« trifft sicher in verstärktem Maß auf Scheerbarts Lichterfelder Existenz zu:

Der Eremit ist dick und groß;
Er haßt die Nebenmenschen bloß.
Er liebt nur seine Klause
Und bleibt daher zu Hause.
Die ganze Welt ist ihm Pomade.
Die Nebenmenschen sagen: schade!
Das aber rührt den Teufel nicht.
Hat er nur stets sein Leibgericht,
So ist ihm alles piepe –
Der Haß und auch die Liepe.[20]

*

Man ist geneigt, Scheerbarts Misanthropie und Abkapselung gegenüber der Umwelt auf die dauernden beruflichen Schwierigkeiten und den lebenslangen Existenzkampf zurückzuführen, doch befriedigt diese Erklärung nicht restlos, weil die erwähnten Eigenschaften schon beim literarischen Neuling auftreten. Sollten sie auf negativen Lebenserfahrungen beruhen, so müssen diese weiter zurückliegen. Leider gibt es über Scheerbarts Kindheit und Jugend nur spärliche Informationen. Zu ihnen gehört eine Reihe von autobiographischen Notizen, die sich, auf losen Zetteln niedergeschrieben, in Scheerbarts Nachlaß fanden. Sie ergänzen den am 3.12.95 an Franz Brümmer gesandten Lebenslauf nach vorne:
»1863 geb. 8. Jan. Danzig Fleischergasse 38 – 1867 Februar starb die Mutter, ich als elfter allein zu Hause. Älteste Schwester verheiratet – 1869 zweite Ehe meines Vaters – 1873 Tod meines Vaters – 1879 Okt.-März 1880 Stunden im Griechischen, kam aufs Gymnasium in die Untertertia (nebenbei eine Gemeinheit), wollte Missionar werden und darum Theologie studieren. 1882 Jan. von der Obertertia ab (unsäglich viel Philosophisches gelesen, nicht mehr Theologie) – Okt. 82 mit Ernst Schultz nach Berlin, um zum Abiturientenexamen für Realgymnasien vorbereitet zu werden – Jan. 1883 Einjähriger auf der besonderen Anstalt in Berlin – Oktober 1883 bis April 1884 Realgymnasium in St. Petri Danzig in Oberprima – Sommer 1884 Leipzig in Vorbereitung des Examens in Sachsen, dort nicht als Andersgebürtiger angenommen – Januar 1885 Berlin Börsen-Courier Kunstschriftsteller unter Poniatowski – Januar 1886 – Oktober in München 25 Mark monatlich –

Oktober, November in Wien – Dezember 1886 in Königsberg – Januar 1887 nach Danzig, da dort Erbschaft aus Hamburg (1100 Mark) – April 1887 bis August 1888 »Paradies« geschrieben – Oktober 1888 1000 Mark von Stiefmutter für Paradiesesdruck – 1889 Januar erschien Paradies – 1890 Berliner Tageblatt bis April (Kunstgewerbekritiker) – 1890 April bis Oktober Danziger Courier – Oktober 1890 wieder in Berlin, danach Bärenzeit.«[21]

Diese Datensammlung wirkt wie eine Abfolge kleiner, mittlerer und großer Katastrophen: eine vom Tod beider Eltern überschattete Kindheit, eine von Mißerfolgen geprägte, vorzeitig abgebrochene Schulkarriere, eine mehrjährige, entbehrungsreiche Suche nach einer beruflichen Perspektive. Die Unglückschronik endet mit zwei bescheidenen Erfolgserlebnissen: der Publikation des ersten Buches und der Bekanntschaft mit einer Frau, die ihm Unterschlupf und Fürsorge bot und es ihm ermöglichte, sein »unstätes Leben« (5. 12. 05 an Brümmer) aufzugeben.

Wie Scheerbart seine Kindheit und Jugend erlebte und verarbeitete, geht aus dieser dürren Faktensammlung natürlich nicht hervor. Andere Quellen zur Aufklärung des ersten Lebensabschnitts – wie z. B. Berichte von Familienmitgliedern – fehlen. Eine Erklärung dieses Mankos findet sich in den Kirchenbüchern der Danziger Pfarrei St. Trinitatis, die heute im Zentralarchiv der Evangelischen Kirche in Berlin liegen. Aus dem Sterberegister geht hervor, daß neun der zehn Geschwister Scheerbarts als Kinder starben. (Um genau zu sein: In den Tauf- und Sterberegistern werden nur acht der neun verstorbenen Geschwister aufgeführt. Da Scheerbart aber angibt, als Elfter geboren zu sein und im Sterbeeintrag der Mutter als Nachkommen nur zwei Kinder genannt werden, ist eines der Kinder vermutlich vor der Taufe gestorben und kommt deshalb nicht in den Kirchenbüchern vor.) Außer Paul überlebte nur die älteste Schwester, die 1845 geborene Mathilde Friederica, die Kinderzeit. Sie verließ offenbar schon in Pauls ersten Lebensjahren das Elternhaus, denn im erwähnten Sterbeeintrag wird sie als verheiratete Frau bezeichnet. Paul Scheerbart wuchs also nicht nur als Waise, sondern auch als Einzelkind auf, dessen Geschwister, bis auf eins, bereits unter der Erde lagen.

In seinen Büchern werden die traumatischen Erfahrungen der frühen Jahre zwar nicht ausführlich erörtert, sie werden aber auch nicht verschwiegen. Man liest über diese Stellen leicht hinweg, weil die üppige Phantasieproduktion und das weltanschauliche Raisonnement im Vordergrund stehen. So findet sich im Roman »Immer mutig!«, dessen Rahmenhandlung von der Überwindung der Traurigkeit handelt, die bezeichnende Aussage:

»Ich wollte über das nachdenken, was die alten Ägypter gesagt hatten (*die Nilpferde,* M. R.) – aber meine Gedanken schweiften ab und fuhren ruhlos umher durch meine Kindheit und durch die mathematische Bedeutung der Kegelschnitte und durch einen stillen Wald und durch Dinge, die mir immer unsympathisch waren – durch Geschrei und Gewimmer – Krankenbett und Totenhalle.«[22]

Aus dem Roman »Ich liebe Dich!« erfährt man, daß Scheerbart als junger Mann auch in seinem Freundeskreis schmerzliche Verluste erlitt. Er erzählt dort namentlich von drei Freunden, die er »geliebt« habe und von denen keiner älter als 25 Jahre alt geworden sei[23]. Zwei von ihnen tauchen – direkt und indirekt – in den vorliegenden Briefen auf. Aus der Freundschaft mit dem Komponisten Kurt Oertell dürfte das unvollständige »Tonschauspiel« »Der Asket« hervorgegangen sein, das Scheerbart am 21.10.99 im Entwurf des Briefes an Max Bruns erwähnt. Von dem Schriftsteller Oscar Joetze zitiert Scheerbart in einem Brief an seine Schwester Rosa (15.11.04) mehrere Gedichte und bekundet zugleich seine Hochachtung vor dem toten Freund.

Über den vermutlich größten Verlust seiner ersten Mannesjahre steht in seinen Büchern jedoch kein Wort. Er wurde ihm auch nicht durch den Tod, sondern durch das Leben in Gestalt seines Freundes Emil Gerlach zugefügt. Eine eingehende Analyse der Beziehung Scheerbarts zu Rosa Gerlach ist an dieser Stelle nicht möglich; sie würde den Rahmen eines Nachworts sprengen. Nur soviel: Betrachtet man nicht nur die Briefe, sondern auch die zahlreichen Frauengestalten in Scheerbarts Werken, in denen er ihre Person verarbeitete, so erkennt man, daß er in ihr eine Idealfigur sah und verehrte. Zu dieser Einschätzung dürfte, neben anderen Vorzügen der Jugendfreundin, vor allem die Tatsache beigetragen haben, daß sie die gleiche Passion für die Künste besaß und selbst, wenn auch nur als Dilettantin, künstlerisch tätig war. Mit ihr bewohnte er in seinen Träumen das paradiesische Reich des Schönen, wie er es in seinem ersten Roman beschrieben hat. In diesem Werk begegnet man übrigens nicht nur Rosa Gerlach – in Gestalt der »Blonden« –, sondern auch der Danziger Künstlerclique; sie figuriert hier als Gruppe junger Teufel, welche das »Paradies« erkunden. Wenn Scheerbart der Freundin am 18.10.04 schreibt: »... bei Dir fühl ich mich zu Haus – in der ewig ersehnten Heimat«, dann ist nicht zuletzt die »Heimat der Kunst« gemeint.

Daß sein weibliches Idol, das jahrzehntelang nur seiner Sehnsucht zugänglich war, sich ihm plötzlich leibhaftig näherte und eine Lebensgemeinschaft mit ihm anstrebte, scheint ihn zugleich entzückt und entsetzt zu haben. Kopflos vor Liebe, stemmt er sich in den Briefen gegen seine Gefühle und beschwört auch die Freundin, ihn nicht zu lieben. In diesem Sträuben verrät sich Angst vor der körperlichen Liebe, aber auch Furcht vor der Verwirklichung eines Traums – das instinktive Wissen, daß sich Phantasmen nicht realisieren lassen. Der Traum ging bekanntlich nicht in Erfüllung; Rosa Gerlach verließ ihn ein zweites Mal. Wie Scheerbart die unglückliche Affäre für sich verarbeitete, läßt sich dem Roman »Münchhausen und Clarissa«

entnehmen. In ihm wird Rosa Gerlach in jenen Zustand zurückversetzt, in dem Scheerbart sie kennenlernte, nämlich den der achtzehnjährigen Unschuld, während er sich selbst als Hundertachtzigjährigen darstellt, also als einen dem geschlechtsfähigen Alter entwachsenen Greis. Da die bürgerliche Gesellschaft für diese Mesalliance kein Verständnis hat, »brennen« die beiden »durch« und predigen fortan in aller Welt das Evangelium einer utopischen Kunst.
Ein sexuell aktives Verhältnis unterhielt Scheerbart, wenn überhaupt, wohl nur mit der Malerin Anna Costenoble. Leider ist über die Künstlerin und ihre Freundschaft mit Scheerbart zu wenig bekannt, um die Beziehung angemessen beurteilen zu können. Wenn der von Servaes geäußerte[24], von Scheerbart allerdings bestrittene Verdacht zutrifft, fand die Costenoble-Affäre im »Tod der Barmekiden« ihren Niederschlag. In dem arabisch kostümierten Roman praktiziert Abbasah, eine Schwester des Harun-al-Raschid, die »freie Liebe« und verursacht dadurch ein Blutbad. In der komisch-grotesken Rahmenhandlung verunglimpft der Autor die emanzipierten Frauen als »Hetären« und empfiehlt, sie zum Schutz der Männer und im Interesse der Evolution in Harems unterzubringen. Für die Vermutung, daß Anna Costenoble das Ziel dieser Emanzipierten-Attacke war, spricht auch die Tatsache, daß diese später eine satirische Streitschrift gegen die Männer veröffentlichte. Schließlich stützen Servaes' Äußerungen über die Malerin in seinen ungedruckten Lebenserinnerungen die Hypothese. Doch wer immer das im »Tod der Barmekiden« entrollte Horrorgemälde inspirierte, es verrät eindeutig, daß die Sexualität für Scheerbart ein höchst beängstigendes Problem darstellte.
Die Lebensgemeinschaft mit Anna Sommer mag in vieler Hinsicht schwierig gewesen sein, an diesem speziellen Problem krankte sie jedenfalls nicht. Wenn wir Scheerbarts Beschreibung seiner Ehe in den Briefen an Rosa Gerlach folgen, dann war die Verbindung in erster Linie eine Notgemeinschaft. Anna Sommer fungierte darin als unbezahlte Haushälterin, wofür sie nach neunjährigem Dienst geheiratet wurde. Doch diese Beschreibung zeigt, in verständlicher Negativität, nur eine Seite des Verhältnisses. Es steht außer Zweifel, daß Scheerbart eine starke Bindung an seine Frau hatte. Darauf weist auch Margarete Bruns in ihren Erinnerungen an das Ehepaar Scheerbart hin. Trotz häufiger Konflikte und bisweilen auch brachialer Auseinandersetzungen, schreibt sie,

»hing er (...) zärtlich an seiner Gattin. Wenn er ungeladen zu uns kam, war er immer allein, wohl in dem Gedanken, daß seine Frau nicht so ganz in die Art unserer Unterhaltung paßte. Aber schon nach wenigen Minuten begann er, unruhig auf seinem Stuhl hin und her zu rücken:
›Ach, wenn Sie doch – wie gesagt entschieden – den Bären herüberholen lassen wollten!‹«[25]

Diese Schilderung deckt sich mit einer Bemerkung Scheerbarts (6. 10. 06) gegenüber Alfred Kubin vor dessen Berlinbesuch, er werde seine Frau zum Bahnhof mitbringen: »... ich lasse sie niemals allein – das geht schon nicht anders.«

Für das Verständnis der Beziehung Scheerbarts zu seiner Frau findet sich in der Korrespondenz mit Rosa Gerlach ein Schlüsselsatz. »Ich glaube«, schreibt er am 15. 11. 04, »der Bär ist meine Stiefmutter; die vermochte es auch, täglich meine Wut zu entfachen.« Der Nachsatz deutet an, daß das Verhältnis zur Stiefmutter ähnlich konfliktgeladen war wie jenes zu seiner Frau, doch sollte man den positiven Gehalt dieser Identifikation nicht übersehen. In der Beziehung zu seiner Stiefmutter, die den Sechsjährigen in ihre Obhut nahm, erlebte Scheerbart die einzige dauerhafte und verläßliche Bindung seiner Kinder- und Jugendjahre. Auch über die Stiefmutter Emilie Scheerbart, geborene Möller, ist wenig bekannt. In den Kirchenbüchern von St. Trinitatis taucht sie nur im Sterbeeintrag von Carl Eduard Scheerbart als dessen Witwe auf, weitere Angaben zur Person fehlen. Der Eintrag bestätigt jedoch die den autobiographischen Notizen zu entnehmende Vermutung, daß die Ehe zwischen Emilie und Carl Eduard Scheerbart kinderlos blieb. Es ist also anzunehmen, daß Emilie Scheerbart nach dem Tod ihres Mannes im Jahr 1873 allein mit ihrem Stiefsohn lebte, bis dieser Danzig im Oktober 1882 verließ. Im Nachwort zu den »Dichterischen Hauptwerken« behauptet die Herausgeberin Else Harke, Scheerbarts Stiefmutter sei eine »Frau von verschrobener pietistischer Frömmigkeit« gewesen, doch diese Angabe beruht zweifellos auf einem Irrtum. Wie Scheerbart in seinem Curriculum für Franz Brümmers Literaturlexikon mitteilt (3. 12. 95), beschloß er mit 13 Jahren, Missionar zu werden. In einem Brief an Eberhard Buchner vom 26. 2. 10 berichtet er dasselbe und erwähnt auch, was ihn dazu motivierte:

»... religiöse Schriften, die meine Mutter hinterlassen, gaben die Anregung. Ich fand die Sachen unter altem Gerümpel auf dem Boden. Den ganzen Pietismus von Zinzendorf u. A. machte ich dann bis zum 19ten Jahre durch.«

Die Pietistin war also die frühverstorbene leibliche Mutter. Dagegen versuchte die Stiefmutter, den verstiegenen Knaben auf den Boden der Tatsachen zurückzuholen. Scheerbart schreibt darüber in »Ich liebe Dich!«:

»Sie erzählte mir (...) regelmäßig die Geschichte eines jungen Mannes, der auch immerfort für das Höhere war und nicht einmal Beamter werden wollte. ›Was ist aus ihm‹, schloß sie, ›schließlich geworden? Ein Komiker! Ein Faxenmacher.‹ Und zuletzt prophezeite sie mir fast jedes Mal, daß ich noch mal kleine Steinchen essen würde. Das war meine Stiefmutter.«[26]

Emilie Scheerbart war offenbar nicht nur eine praktisch denkende, sondern auch eine verständnisvolle Frau, denn sie bezahlte ihrem Stiefsohn den

Druck seines ersten Buches und ermöglichte ihm damit den Start in eine Schriftstellerkarriere.

Es scheint, als habe Scheerbart im »Bären« ein Wesen gefunden, das er zwar nicht ersehnte, aber instinktiv suchte: eine Mutter. Anna Sommer nahm diese Rolle an. Sie erlaubte ihm, mit einem großen Teil seines Wesens ein Kind zu bleiben, der »Paulemann«, wie er die Botschaften »Von Zimmer zu Zimmer« meistens unterzeichnete. Wie wichtig ihm dieser Status war, geht auch aus der Tatsache hervor, daß er während der Affäre mit Rosa Gerlach mit dem Gedanken an eine Menage à trois spielte. Am 16. 11. 04 schreibt er der Freundin:

»Eben hab ich meinen Bären immerzu geküßt und hab ihn gebeten: Sei meine Mutter, ich kann nicht mehr anders. Und er hat mich gestreichelt und hat mich getröstet – und hat mir versprochen, uns Mutter zu sein.«

Ein anderes Mal versucht er, Rosa Gerlach als »Zwillingsschwester« zu adaptieren (18. 10. 04). Auch im Umgang mit seinen Freunden neigte Scheerbart dazu, eine kindliche Verkehrsebene zu etablieren. Anscheinend konnte er nur mit solchen Personen vertraut werden, denen er sich als Kind nähern durfte und die sich von ihm als Kinder (»Riccardo«, »Franzi«, »Eriko«) ansprechen ließen.

Jenseits der Ebene infantiler Vertraulichkeit tat sich Scheerbart im Umgang mit Freunden schwer. Er spricht über dieses Thema ziemlich offen in dem Roman »Ich liebe Dich!«, der um die Problematik von Freundschaft, Liebe, Erotik und Sexualität kreist. Schon in diesem relativ frühen Werk lehnt er emotionale Beziehungen zwischen Menschen kategorisch ab. Er begründet seine »Antierotik« mit den klassischen Argumenten aller Liebesverächter: erotische Gefühle erzeugten Angst, Qual und Verwirrung, auch sei kein Verlaß auf sie.[27] Nicht weniger skeptisch urteilt er über die Freundschaft: »Die meisten Freundschaften sind nach meiner Meinung unter die ›unbewußt‹ perversen Geschlechtsregungen zu rangieren.«[28] »Das Mitteilungsbedürfnis ist auch nur ein verschleiertes sexuelles Begehren.«[29] Da die Liebe zwischen Menschen nach seiner Meinung nur Enttäuschungen in sich birgt, empfiehlt er eine »höhere« Form der Zuneigung, nämlich die den ganzen Kosmos einschließende »Weltgeistliebe«. Zwar erkennt er, daß auch diese Sorte Liebe ihm einiges abverlangt, weil sie ihn zwingt, »die allerunbedeutendsten und trivialsten Tintenkleckser für gleichberechtigte Weltgeistoffenbarungen«[30] zu halten, er hatte aber wohl erkannt, daß sie einen viel geringeren Gefühlsaufwand erforderte als die konkrete Hinwendung zu realen Wesen.

In der »Weltgeistliebe«, dieser Zuneigung zu Allen und Keinem, fand Scheerbart nicht nur die ihm entsprechende Form der Nächstenliebe. Da er der Überzeugung war, daß die Seelen der Verstorbenen im »Weltgeist« weiterleben, befriedigte sie auch sein Bedürfnis nach einem zeitgemäßen Unsterblichkeitsglauben. Daß ihn die »Weltgeistliebe« in die Einsamkeit und in eine emotionale Kältezone führte, war ihm wohl bewußt, denn er beendet seine Reise in »Ich liebe Dich!« auf der Insel Nowaja Semlja (d. h. Neuland) im Polarmeer. Weltanschauliche Zweifel blieben dem eingefleischten Skeptiker natürlich nicht erspart:

»Wenn, dachte ich, selbst die Existenz des Raumes mit gutem Rechte angezweifelt werden kann, so kann man auch – nein, so muß man auch die Existenz des Weltgeistes anzweifeln.

Und dann fallen alle meine tiefphilosophischen Theorien wie Kartenhäuser durcheinander – und ich kann wieder in wüstester Gesellschaft im Unsinn schwelgen – und kann mir tausend Frauen kaufen wie König Salomo – und kann wie mancher andre Prophet blödsinnig konstatieren, daß Alles – Alles Unsinn ist.

Ach ja!

Wir brauchen leider – einen Glauben!«[31]

Sein entferntes Idol zu entschleiern, sich womöglich selbst im »Weltgeist« zu entdecken, kam Scheerbart nicht in den Sinn; er zog den Glauben und das Staunen dem Wissen vor, und wenn sein Glaube versagte, rettete er sich in den Humor. Darin liegt die Beschränktheit, aber auch der Zauber seiner Dichtungen.

*

Die Frage, ob die unglücklichen Erfahrungen seiner Kindheit und Jugend Scheerbart in seiner Themenwahl bestimmten, läßt sich nur spekulativ beantworten. Dagegen steht fest, daß er schon in jungen Jahren eine transzendentale Realität anvisierte – zunächst im Rahmen der Religion, später auf künstlerischem Gebiet, wobei er religiöse Erwartungen auf seine ästhetischen Utopien übertrug.

In seinem ersten Buch, einem kindlichen Mummenschanz mit christlichem Jenseitspersonal, treten die religiösen Wurzeln seiner Kunst am deutlichsten zutage, aber auch in allen späteren Büchern suchen die Protagonisten im Kunstgenuß Erlösung und Verklärung. Sein oft bekundeter Drang nach dem »Neuen« und »Anderen«, der ihn fortwährend zu Innovationen antrieb, speist sich ebenso aus dieser Quelle wie sein emphatisches Verständnis der Kunstproduktion als schöpferischer Tätigkeit. Am 4. 7. 06 schreibt er an Alfred Kubin:

»Sie sagen, eine Tiefseespinne wird immer bedeutender sein als ein Wesen in einem andern Stern, das wir uns zusammenkonstruieren. Wie mich das gekränkt hat! Wenn das neue Wesen unbedeutender ist, als das Wesen, das wir auf Erden »sehen« können – dann ist der Künstler doch nicht einem schaffenden Gotte gleich! U n d d a s s o l l t e e r s e i n !«

Selbst das Konzept der »Glasarchitektur«, das strikt auf Verwirklichung angelegt war, beschreibt Scheerbart noch mit religiösen Metaphern. Im XVIII. Kapitel des Architekturmanifestes, das übrigens sein letztes Buch war, sagt er über die Wirkung seiner gläsernen Zukunftsvision: »Wir hätten dann ein Paradies auf Erden und brauchten nicht mehr sehnsüchtig nach dem Paradiese im Himmel auszuschauen.«[32]

Nun war Scheerbart zu seiner Zeit nicht der einzige, der der Kunst eine quasi religiöse Bedeutung beimaß. Gegen Ende des 19. Jahrhunderts entwickelte sich besonders in Deutschland eine starke irrationalistische Strömung, die Jost Hermand in seinem Aufsatz »Gralsmotive der Jahrhundertwende« als »metaphysische Wende« beschrieben hat.[33] Intellektuelle, Dichter und Maler traten mit dem Gestus des Sehers und Künders auf und verbreiteten letzte Wahrheiten. Häufig bildeten sich um diese Personen kleinere und größere Zirkel, in denen die Offenbarungen der säkularen Propheten in kultischer Form rezipiert wurden – als Beispiele seien die »Neue Gemeinschaft« der Brüder Hart, der »Giordano-Bruno-Bund« von Wille und Bölsche, der »St. Georgs-Bund« des Malers Fidus, die Anthroposophen um Rudolf Steiner, aber auch vorwiegend künstlerische Korporationen wie der George- und »Charon«-Kreis genannt. Scheerbarts metaphysische Tendenz wurzelte also nicht nur in seiner Biographie, sondern auch im Zeitgeist; bezeichnenderweise wird er in der 1925 erschienenen Literaturgeschichte von Werner Mahrholz unter die »neuromantischen Mythenbildner« eingereiht. Eine Gemeinde hat sich allerdings nicht um ihn gebildet – es sei denn, man wollte die Mitglieder der »Gläsernen Kette«, die kurz nach seinem Tod seine architektonischen Ideen kultivierten, als solche bezeichnen. Scheerbarts »astrale« Richtung war und blieb eine Privatmythologie.

Diese Privatmythologie vertrat er mit heiligem Ernst, auch wenn er sich erlaubte, sie gelegentlich zu belächeln. Seine Selbstdarstellung in der Anthologie »Bildende Geister« unterstreicht diesen Tatbestand. Sie schließt mit dem Satz:

»Die rasenden Anstrengungen, die ich (...) gemacht habe, diese Zeit des Sozialismus, des Militarismus und der Technik zu meinem fabelhaften Leben in Beziehung zu setzen, füllen mein sogenanntes Menschenleben aus und brachten meine Bücher hervor, die das Schwervereinbare doch immer wieder vereinen wollen – die fürs Massenhafte interessierte Zeit zu ›neuer‹ Romantik und zu ›neuem‹ Pietismus langsam hinziehen zu wollen.«[34]

Weder Mißerfolg noch Armut konnten ihn in seinen Anschauungen beirren. Am 19. 4. 14, nachdem Freunde erneut einen Fonds zu seiner Unterstützung gegründet hatten, schreibt er an Richard Dehmel: »Hol der Deiwel die Kleingläubigkeit! Ich habe nie (oder selten) an meinen Missionen gezweifelt.« Der unerschütterliche Glaube an eine weltanschaulich-künstlerische Sendung spricht auch aus vielen Briefen dieser Sammlung, und zwar

äußert er sich weniger in hochtrabenden Parolen als in dem sich indirekt mitteilenden Eindruck totaler Hingabe an das eigene Werk.
Durch die Erinnerungen von Zeitgenossen und die auf sie fixierte Sekundärliteratur geistert das Bild des Bohemiens Scheerbart, der die Tage im »Café des Westens« und die Nächte im »Schwarzen Ferkel« oder einem anderen Künstlerlokal verbrachte, der die dort anwesenden Gäste gegen Freibiere mit bizarren Einfällen ergötzte, welche er zuhause nur notgedrungen und ohne Sorgfalt zu Papier brachte, weil er ernsthafte Arbeit verachtete und nur den Lebensgenuß suchte. Die Briefe widersprechen diesem Bild, das mit Einschränkungen auf Scheerbarts erste Berliner Jahre zutreffen mag, ganz entschieden; sie zeigen einen zurückgezogen lebenden, häuslichen Menschen, der ganz in seiner Arbeit aufging.
Seine Tage scheinen in äußerster Gleichförmigkeit verlaufen zu sein. Wenn er nicht anderen Verpflichtungen nachging oder die Folgen eines extremen Alkoholgenusses auskurierte, scheint er täglich geschrieben zu haben; anders hätte er wohl auch kaum in 25 Jahren ein so umfangreiches literarisches und zeichnerisches Werk zustandegebracht. Bierbaum berichtet in »Stilpe«, Scheerbart habe von 10 bis 12 Uhr gedichtet[33], er selbst nennt in den Briefen mehrfach 4 Uhr nachmittags als Arbeitsschluß. Danach empfing er Gäste oder machte seinerseits Besuche, ging spazieren und kehrte – in seinen letzten Lebensjahren offenbar täglich – ins Wirtshaus ein.
An kulturellen Veranstaltungen oder größeren Geselligkeiten nahm er mit zunehmendem Alter immer weniger teil, was sich in den zahlreichen Absagebriefen dokumentiert. Die von ihm angegebenen Gründe: Zeitmangel und »Stadtscheu« müssen durch das Motiv: Menschenscheu, strenger gesagt: Menschenfeindlichkeit, ergänzt werden. Sein Leben spielte sich größtenteils in der näheren Umgebung seiner Wohnungen ab, die nach 1897 stets in den Außenbezirken von Berlin lagen. Dort absolvierte er auch seine bevorzugten Freizeitbeschäftigungen: die Gänge in die Natur und in die Bierlokale. Dem Alkohol sprach er nicht nur regelmäßig, sondern auch übermäßig zu, jedenfalls trank er mehr, als seiner Gesundheit zuträglich war. Der übertriebene Biergenuß, verbunden mit starkem Tabakkonsum, dürfte entscheidend zu seinem frühen Ende beigetragen haben, von dem ein Nachrufschreiber sagte, die Ironie des Schicksals habe Scheerbart einen Spießertod beschert.[36] Tatsächlich war es der Tod eines armen Schluckers, für den Bier und Zigarren die einzig erschwinglichen Luxusgüter darstellten.
Von der wirtschaftlichen Misere dieses Daseins legen die Briefe ein bewegendes Zeugnis ab. Auch wenn Scheerbart nicht vornehmlich an »Heringsgräten knabberte« – das Gerücht geht auf eine eher symbolisch gemeinte Bemerkung von Franz Servaes aus dem Jahr 1898 zurück[37] –, so fehlten ihm doch oft die nötigen Mittel für Nahrung und Miete. Diese Situation zwang ihn regelmäßig zu peinlichen Bittgängen bei Freunden und Institutionen.

Ob er tatsächlich zeitweise gehungert hat und manche Wohnung wegen Mietrückstand unfreiwillig räumen mußte, geht aus den Briefen nicht hervor, aber denkbar wäre es schon. Von Urlaubs- und Erholungsreisen konnte er nur träumen; in den Briefen sind lediglich drei kurze Aufenthalte außerhalb Berlins verzeichnet, von denen einer beruflich begründet war.[38] Dafür ist öfter von Erkrankungen die Rede (mehrfach von »Influenza«), die vermutlich durch schlechte Wohnverhältnisse und fehlende ärztliche Hilfe (»Meine Frau kennt jede Krankheit und - heilt Alles!«, 3.8.03 an Servaes) verschlimmert wurden.

Die Freude an der Arbeit scheint ihn jedoch bis zum letzten Lebensjahr mit den erbärmlichen Existenzbedingungen versöhnt zu haben. Das Schreiben wie das Zeichnen ging ihm offenbar leicht von der Hand - womit gemeint ist, daß er sich nicht übermäßig dabei quälte. Dieses Faktum wird auch von Bierbaum im »Stilpe« angemerkt, wo es über den »Bärenführer« heißt: »...er liebt seinen lieben Gott, der ihm täglich von 10 bis 12 Uhr zwanzig Quartseiten Phantasien schenkt.«[39] Die Mengenangabe ist sicher übertrieben, in der Tendenz dürfte die Aussage aber zutreffen. Scheerbart selbst schreibt am 2.7.03 an Servaes: »Meine Zeichnerei scheint mir eine etwas nachtwandlerische Kunst - ich gehe immer weiter und wundre mich - daß ich so gehen kann.«

Es ist nicht bekannt, daß Scheerbart jemals eine größere Arbeit verworfen oder grundlegend revidiert hätte. Das bedeutet allerdings nicht, daß er die literarische Arbeit auf die leichte Schulter genommen hätte, wie in der Sekundärliteratur häufig behauptet wird. Die wiederholte Bemerkung in Briefen an Bruns über die Mühe des »Ciselirens« widersprechen dieser Behauptung ebenso wie die in Briefen an Bruns, Heymel und Kubin enthaltenen Angaben über die Enstehungsdauer einzelner Bücher. Vergleicht man den Umfang seines in 25 Jahren entstandenen Lebenswerkes mit dem anderer Autoren und berücksichtigt man, daß Scheerbart in der Regel täglich daran arbeitete, kommt man wohl kaum zu dem Urteil, er sei ein Schnellschreiber gewesen. Ein Konvolut mit Notizen zu »Liwûna und Kaidôh« aus dem Jahr 1895 (!), das sich im Nachlaß des Insel-Verlags in Leipzig befindet, und die in den Briefen an Kubin dokumentierte Entstehungsgeschichte des »Lesabéndio« beweisen, daß er sich an einigen Werken über Jahre hinweg abmühte. Daß er nicht leichtfertig produzierte, geht auch aus den detaillierten Angaben hervor, mit denen er die graphische Gestaltung seiner Bücher dirigierte. Wie wichtig ihm diese Frage war, verdeutlicht am besten ein Telegramm vom 21.11.02 an Rudolf von Poellnitz, in dem er den Geschäftsführer des Insel-Verlags »flehentlich« bittet, die Verse in »Liwûna und Kaidôh« typographisch hervorzuheben. In einem Brief vom selben Tag verpflichtet sich der von Geldnöten geplagte Autor, die Mehrkosten dieser Operation notfalls selbst zu tragen.

Die Erfüllung seiner »Missionen« forderte von Scheerbart einen lebenslangen Kampf. Fast alles, was er erreichte – die Veröffentlichung seiner Manuskripte, die angemessene Honorierung und befriedigende Ausstattung seiner Bücher, die Aufführung seiner Theaterstücke, die Ausstellung und den Verkauf seiner Zeichnungen –, mußte er sich erstreiten, und häufig blieben seine Anstrengungen erfolglos. Diese Kämpfe bilden den Inhalt der meisten Briefe und den Tenor der verbliebenen Scheerbart-Korrespondenz. Dieser Eindruck würde sich vermutlich noch verstärken, wenn mehr Briefe von ihm erhalten geblieben wären; nach eigener Aussage (am 23. 8. 06 gegenüber Kubin) schrieb er an manchen Tagen 10 Briefe, die sicher größtenteils beruflicher Art waren. Die in der vorliegenden Sammlung absichtlich breit dokumentierte berufliche Korrespondenz bietet sicher keine fesselnde Lektüre, dafür vermittelt sie sehr konkrete, bis auf Mark und Pfennig genaue Einblicke in die Arbeitsmöglichkeiten und -bedingungen eines Schriftstellers der Jahrhundertwende. Die zahlreichen, auch in den Privatbriefen enthaltenen Informationen zu diesem Thema können hier nicht alle erörtert werden, nur auf einen Punkt wollen wir, pars pro toto, etwas genauer eingehen.

Neben Romanen und Erzählungen schrieb Scheerbart mehrere hundert kurze Prosastücke. Sie erschienen zuerst in Zeitungen und Zeitschriften, zum Teil wurden sie aber auch in Buchform veröffentlicht, eingebettet in eine Romanhandlung oder als thematisch gebundene Prosaanthologie. Die Publikation in Periodika erfolgte des relativ hohen und schnell erhältlichen Honorars wegen, die in Buchform wohl vor allem aus Prestigegründen. Der kurze Prosatext, der um 1900 von vielen namhaften Autoren kultiviert wurde, entstand also nicht zuletzt aus einem Verwertungskalkül. Christian Jeanjour hat in seiner Dissertation gezeigt, wie Scheerbart aus dem ökonomischen Zwang eine künstlerische Tugend machte[40], aber das ist ein anderes Thema. Nach bisherigen Kenntnissen erschien Scheerbarts Kurzprosa bis auf wenige Ausnahmen zuerst in Zeitschriften. Briefliche Hinweise lassen jedoch vermuten, daß weit mehr Texte zuerst »unter dem Strich«, also in Zeitungsfeuilletons, erschienen, als bis dato bekannt war. Eine Stichprobe im »Hamburger Fremdenblatt« von 1911 förderte 11 Erstdrucke zutage, von denen 6 im »Sturm« und einer im »Brenner« nachgedruckt wurden. Dieser Komplex müßte natürlich gründlich recherchiert, d. h. alle großen Tageszeitungen auf Scheerbart-Texte hin untersucht werden, doch steht jetzt schon fest, daß die Tagespresse für unseren Autor eine nicht unbedeutende Einnahmequelle darstellte und daß die Veröffentlichungen in Avantgarde-Zeitschriften wie »Der Sturm« für ihn eher eine ideelle Bedeutung hatten.

*

An den Begriff »unter dem Strich« lassen sich recht gut einige abschließende Bemerkungen über die Bedeutung des Schriftstellers Scheerbart anknüpfen. Die erste Scheerbart-Anthologie nach dem Zweiten Weltkrieg erschien 1955 im Rahmen der Reihe »Verschollene und Vergessene«. Im Unterschied zu vielen hochgeschätzten Autoren seiner Zeit war Scheerbart jedoch niemals wirklich vergessen; nach dem Ersten Weltkrieg kursierten seine Bücher in den Kreisen von Expressionisten, Dadaisten und Bauhäuslern, nach dem Zweiten Weltkrieg in den Zirkeln der experimentellen Literatur, wobei manche seiner Ideen aufgenommen und weitergeführt wurden. Einige Namen und Daten, die diese Nachwirkung belegen: 1918 zitiert der dadaistische Schriftsteller Raoul Hausmann in seinen Briefen an Hannah Höch ausführlich aus dem »Lesabéndio«[41]; 1920 fügt der Architekt und »Oberdada« Johannes Baader Scheerbarts Kopf in seine Assemblage »Deutschlands Größe und Untergang« ein[42]; zwischen 1919 und 1921 entwirft die Architektengruppe »Die gläserne Kette«, zu der u. a. Bruno Taut, Walter Gropius und Hans Scharoun gehören, utopische Architektur im Geiste Scheerbarts; 1924 widmet der expressionistische Lyriker Albert Ehrenstein Scheerbart einen Essay[43]; 1926 erinnert der Bauhauslehrer Lothar Schreyer in einem Aufsatz an Scheerbart[44]; 1932 veröffentlicht der expressionistische Dichter und Kunstschriftsteller Carl Einstein in der Pariser Avantgarde-Zeitschrift »Transition« Gedichte aus »Liwûna und Kaidôh«; 1946 erscheinen Gedichte von Scheerbart in Carola Giedion-Welckers »Anthologie der Abseitigen«, einer Sammlung von Texten aus dem Umkreis des Expressionismus, Dadaismus und Surrealismus; in den 50er Jahren entdecken die Autoren der »Wiener Gruppe« Scheerbart als einen ihrer geistigen Väter[45]; 1963 weist Franz Mon, ein Begründer der westdeutschen experimentellen Literatur, in einem Artikel zum 100. Geburtstag Scheerbarts auf dessen Vorläuferrolle hin[46].
Dagegen hat das breite Publikum, d. h. die schwer definierbare Menge potentieller Leser, Scheerbart schon zu Lebzeiten wenig Beachtung geschenkt, und dabei ist es geblieben. Ähnlich verhielt sich die Literaturwissenschaft, die, von Ausnahmen abgesehen, den Dichter entweder ignorierte oder zur Randfigur abstempelte. An der lustlosen Scheerbart-Rezeption sind sicher auch die fast durchweg unzulänglichen Neuausgaben seiner Bücher schuld, auf die wir hier jedoch nicht eingehen wollen. Wie aber läßt sich die ungewöhnliche Diskrepanz in der Beurteilung des Scheerbartschen Werkes erklären? Sicher nicht, wie geschehen, mit dem banalen Argument: die einen hätten ihn eben über-, die anderen unterschätzt. Dagegen hilft ein Blick auf die Liste seiner Verehrer, die Frage zu beantworten. Die Zustimmung zu Scheerbarts Œuvre setzt offenbar ein progressives, experimentelles Literaturverständnis voraus, während sich Geringschätzung und Ablehnung, wie die Praxis ebenfalls beweist, fast immer auf traditionelle literarische Normen stützen.

Der Motor des Scheerbartschen Schaffens, wir erwähnten es bereits, war der Drang nach dem Neuen und eine radikale Abneigung gegen das Bestehende, deshalb verlieh ihm Dehmel schon in den 90er Jahren den Titel »Spezial-Antist«.[47] Es gibt kaum ein literarisches Genre, das Scheerbart nicht erprobt und nach seinen Vorstellungen umgemodelt hätte. Dabei legte er weniger Nachdruck auf die Erfindung neuer als auf die ironische Entwertung geltender Formen. Dieses Faktum provozierte auch Arno Schmidts hochmütiges Verdikt: »Ich vermag es nicht über mich, Beifall zu klatschen, wenn einem Sorglosen der Roman, diese bedeutendste unserer literarischen Kunstformen, nun dauernd auf schludrigste aus allen Haspen und Angeln kippt.«[48] Als sei ihm nicht selbst diese Literaturform in »Zettels Traum« ins Überdimensionale mißraten! Als gäbe es in der neueren Literatur nicht genügend Beispiele höchst ehrenvollen Scheiterns dieser Gattung! »Sorglos« ist Scheerbart weder mit dieser, noch mit anderen literarischen Formen umgegangen; er dachte nur sehr viel skeptischer über die Möglichkeiten des literarisch Sagbaren und Machbaren als das Gros der Schriftsteller in seiner und unserer Zeit. Darum hat er sich auch nicht damit begnügt, literarische Konventionen zu verändern und zu ironisieren, sondern zeitweise die Grenzen der fiktiven Literatur überschritten und seine Ideen im Medium der Zeichnung oder des Sachbuchs (»Glasarchitektur«) realisiert.
Mit diesen Bemerkungen soll Scheerbart nicht gegen jede Kritik immunisiert werden; es soll lediglich dafür plädiert werden, ihn an seinen Zielsetzungen zu messen oder diese doch entsprechend zu berücksichtigen. Mit flachen Kategorien wie »gute« und »schlechte«, »große« und »kleine« Literatur wird man seiner künstlerischen Leistung nicht gerecht. Allenfalls böte sich der ins Positive gewendete Begriff einer »kleinen Literatur« zur Charakterisierung seines Œuvres wie überhaupt der künstlerisch progressiven Literatur dieses Jahrhunderts an. Es kennzeichnet ja Strömungen wie Expressionismus, Dadaismus, Surrealismus, konkrete Poesie, daß sie Texte von beschränktem Umfang produzierten daß sie die Dimensionen des Primitiven, Unbewußten, Pathologischen in die Literatur einschleusten und daß sie auf diese Weise die Demontage dichterischer Selbstherrlichkeit betrieben.
Dem Begriff der »kleinen Literatur« läßt sich auch die Kategorie des »Barbarischen« zuordnen, die Walter Benjamin 1930 in die Kulturdebatte einwarf. Benjamin entwickelt diese Kategorie in dem Essay »Erfahrung und Armut«, der zugleich eine subtile Deutung der utopischen Dimension in Scheerbarts Werk enthält. Das »Barbarentum« moderner Künstler resultiert nach Benjamins Auffassung aus der Einsicht, daß die heutige Welt für den einzelnen nicht mehr durchschaubar und damit, in einem fundamentalen Sinn, auch nicht mehr erfahrbar sei. Dieser Erfahrungsmangel, sagt Benjamin, nötige den Künstler, »von vorn zu beginnen; von Neuem anzufangen; aus Wenigem herauszukonstruieren und dabei weder nach rechts noch nach links zu

blicken. (...) Ein so verschachtelter Künstler wie der Maler Paul Klee und ein so programmatischer wie Adolf Loos - beide stoßen vom hergebrachten, feierlichen, edlen, mit den Opfergaben der Vergangenheit geschmückten Menschenbilde ab, um sich dem nackten Zeitgenossen zuzuwenden, der schreiend wie ein Neugeborenes in den schmutzigen Windeln dieser Epoche liegt. Niemand hat ihn froher und lachender begrüßt als Paul Scheerbart.«[49]

In einem Punkt irrte Benjamin allerdings: Scheerbart setzte seine Hoffnungen nicht auf den »Zeitgenossen«, sondern auf den Zukunftsmenschen. Durch die Brille eines utopischen Sozialismus gesehen, ist das aber vermutlich ein und dasselbe.

Berlin, März 1990 Mechthild Rausch

Abbildungsnachweis

Amsler & Ruthardt's Wochenberichte 3 (1894), Nr. 1: Frontispiz; Berliner Tageblatt, Beilage »Der Weltspiegel«, 21.5.1905: S. 291; Berlinische Galerie, Berlin: S. 257; Hartmut Geerken, Herrsching: S. 465; Das litterarische Echo 4 (1902), Sp. 1094: S. 39; Martin Möbius: Steckbriefe, Berlin & Leipzig 1900, Reprint Ernst Heimeran Verlag, München 1960: S. 102; Paul Scheerbart: Na prost!, Berlin 1898: S. 41; Nachlaß Franz Servaes, Wien: S. 158, S. 208, S. 285; Staatsbibliothek PK Berlin: S. 363; Staats- und Universitätsbibliothek Hamburg (Carl von Ossietzky): S. 37; Stadtbibliothek München: S. 423, S. 425, S. 427; alle übrigen Abbildungen: s. Quellennachweise in den Anmerkungen zu den entsprechenden Briefen.

Anmerkungen

1 Rudolf Steiner: Mein Lebensgang, Dornach 1925, S. 349
2 Brief an Franz Servaes vom 5.11.15. Nachlaß Franz Servaes, Wien
3 Von Zimmer zu Zimmer. 70 Schmoll- und Liebesbriefe des Dichters an seine Frau, Berlin 1921, S. 59
4 Fritz Abshoff (Hg.): Bildende Geister, Berlin 1905, S. 100
5 Richard Dehmel: Ausgewählte Briefe, Berlin 1923, Bd. 2, S. 384
6 Otto Julius Bierbaum: Stilpe. Ein Roman aus der Froschperspektive, München 1963, S. 158

[7] Erich Mühsam: Unpolitische Erinnerungen. In: Ausgewählte Werke, Berlin DDR 1978, Bd. 2, S. 532
[8] Stanisław Przybyszewski: Erinnerungen an das literarische Berlin, München 1965, S. 116
[9] Hanns von Gumppenberg: Lebenserinnerungen, Berlin - Zürich 1929, S. 215
[10] Salomo Friedlaender: Paul Scheerbart. In: Die neue Kunst 1 (1912/1913), S. 205
[11] Ja... was... möchten wir nicht Alles! Ein Wunderfabelbuch, Berlin 1893, S. 3
[12] Rakkóx der Billionär. Ein Protzenroman, Leipzig 1900, S. 21
[13] Alfred Liede: Dichtung als Spiel, Berlin 1963, Bd. 1, S. 307
[14] Liede, a.a.O., S. 296
[15] Sigmund Freud: Der Witz und seine Beziehung zum Unbewußten, Taschenbuchausgabe, Frankfurt 1958, S. 191
[16] Katerpoesie, Paris - Leipzig 1909, S. 47
[17] a.a.O., S. 203
[18] S. Dehmels Briefe an Willy Seibert und Johannes Meyer, a.a.O., Bd. 1, S. 365, Bd. 2, S. 42
[19] Brief an Ida Dehmel vom 25.9.1920, Dehmel-Archiv, Hamburg
[20] Katerpoesie, a.a.O., S. 38
[21] Die Notizen sind im Rechenschaftsbericht von Scheerbarts Nachlaßverwalter Helmut Draws-Tychsen enthalten. In: Beatrice Rolli: Paul Scheerbarts weltgestaltende Phantasiekraft, Diss. Zürich 1984, S. 141
[22] Immer mutig!, Minden 1902, Bd. 1, S. 187f.
[23] Ich liebe Dich!, Berlin 1897, S. 188f.
[24] S. Anmerkung zu Brief Nr. 16
[25] Margarete Bruns: Paul Scheerbart und sein Bär. Erinnerungen an eine Künstlerehe. In: Paul Scheerbart: Briefwechsel mit Max Bruns 1898-1903 und andere Dokumente, hg. von Leo Ikelaar, Frankfurt a.M. 1990, S. 131
[26] a.a.O., S. 54
[27] a.a.O., S. 122f.
[28] a.a.O., S. 185
[29] a.a.O., S. 180
[30] a.a.O., S. 187
[31] a.a.O., S. 273f.
[32] Glasarchitektur, München 1971, S. 42
[33] In: Victor Žmegač (Hg.): Deutsche Literatur der Jahrhundertwende, Königstein i.T., 1981, S. 145f.
[34] a.a.O., S. 100
[35] a.a.O., S. 158
[36] Hermann Kienzl: Paul Scheerbart, der Komisch-Kosmische. In: Hannoverscher Courier, 24.10.15
[37] Franz Servaes: Der Anti-Europäer. In: Die Zeit, Nr. 159 (1898), S. 203
[38] S. Nr. 254, 389, 497
[39] a.a.O., S. 158
[40] Christian Jeanjour: Sozialphänomenologie der Literatur, Diss. Heidelberg 1981, S. 270f.
[41] Hannah Höch: Eine Lebenscollage, hg. von Cornelia Thater-Schulz, Berlin 1989, S. 370 und 383
[42] Hanne Bergius, Norbert Miller, Karl Riha (Hg.): Johannes Baader, »Oberdada«, Lahn - Gießen 1977, S. 187
[43] Paul Scheerbart. In: Beilage des Berliner Börsen-Courier, Nr. 341, 23.7.1924
[44] Die Wundermittel des Paul Scheerbart. In: Deutsches Volkstum (1926), S. 104
[45] Gerhard Rühm (Hg.): Die Wiener Gruppe, Hamburg 1967, S. 9
[46] Paul Scheerbart. In: Diskus (1963), H. 1
[47] Der Anti-Europäer, a.a.O., S. 201
[48] Seifenblasen und nordisches Gemähre. In: Die Zeit, 20.1.63
[49] In: Illuminationen. Ausgewählte Schriften, Frankfurt a.M. 1961, S. 314f.

Register

Die Zahlen beziehen sich auf die Paginierung. Die mageren Zahlen bezeichnen die Nennung der entsprechenden Person, die fetten Zahlen jene Fälle, in denen sie als Briefempfänger fungiert.